Werner Gress
Guntram Mahl
Heinrich Strasser
Klaus Franke

Die Neue Handwerker-Fibel

Dipl.-Kaufmann Werner Gress
Dr. Guntram Mahl
Heinrich Strasser
Ass. Klaus Franke

Die Neue Handwerker-Fibel

für die Vorbereitung auf
die Meisterprüfung

Band 2 Rechts- und Sozialwesen

mit programmierten und textlich gestalteten, offenen Übungs-,
Wiederholungs- und Prüfungsfragen

33., völlig neubearbeitete Auflage

Holzmann Buchverlag

Die Handwerker-Fibel enthält in der Regel Berufsbezeichnungen, Gruppenbezeichnungen usw. nur in der männlichen Form. Wir bitten diese sinngemäß als Doppelbezeichnungen wie zum Beispiel Frau/Mann, Handwerksmeisterin/Handwerksmeister, Betriebsinhaberin/Betriebsinhaber usw. zu interpretieren und anzuwenden, um auch dem Anteil der weiblichen Berufsangehörigen des Handwerks zu entsprechen.

Impressum
33., völlig neubearbeitete Auflage 1993
Art.-Nr. 1700
ISBN 3-7783-0340-6 (3 Bände)

Umschlaggestaltung: Atelier Günter Egger, Bad Wörishofen
Herstellung: Holzmann Druck, Bad Wörishofen

Vorwort

Seit drei Jahrzehnten ist die Handwerker-Fibel das Lehrbuch, das bei der Vorbereitung auf die Meisterprüfung im Handwerk am häufigsten zum Einsatz kommt. Sie ist sowohl Grundlage für das Selbststudium, das für jeden Lernerfolg unentbehrlich ist, als auch das wichtigste Lernmittel und Begleitmaterial für Meistervorbereitungskurs oder Meisterschule.
Darüber hinaus hat sich die Handwerker-Fibel auch als Handbuch für die wirtschaftliche Betriebs- und Unternehmensführung des Praktikers nach der Meisterprüfung, sei es als selbständiger Unternehmer oder als angestellte Führungskraft im Handwerk, bewährt.
Jährlich wurde der Inhalt der Handwerker-Fibel überarbeitet, aktualisiert und an die neuesten Entwicklungen in der Praxis der Handwerkswirtschaft, in der Wissenschaft und in der Gesetzgebung und Rechtsprechung angepaßt.
Trotzdem haben sich Verlag und Autoren entschlossen, eine grundlegende Neugestaltung der bewährten Handwerker-Fibel vorzunehmen. Wir freuen uns, das Ergebnis mit dieser Neufassung vorlegen zu können.
Für die Neugestaltung gab es mehrere Gründe: Einmal die Forderung der Handwerksorganisationen nach einer inhaltlichen Modernisierung der Meistervorbereitung in den Prüfungsteilen III und IV im Sinne einer noch praxisnäheren Ausrichtung. Zum zweiten die Notwendigkeit einer besseren Gliederung und einer besseren optischen Gestaltung mit gestrafften Texten, großzügigerer Aufteilung der Texte, mehr Abbildungen und farblichen Hervorhebungen sowie einem größeren Format, weil nachgewiesenermaßen dadurch die Aufnahmefähigkeit und Lernfähigkeit erheblich gesteigert werden kann. Wir leben in einer Zeit stärkerer visueller Ausrichtung des Menschen ganz allgemein und im besonderen im Einsatz der Lehr- und Lernmittel.
Ferner gab es für die Neubearbeitung der Handwerker-Fibel noch einen besonderen, wichtigen Anlaß:
1992 und 1993 wurden vom Deutschen Handwerkskammertag in Zusammenarbeit mit Praktikern der Handwerksorganisationen, Lehrkräften an Meisterschulen und vor allem mit den zuständigen Handwerksinstituten neue Rahmenstoffpläne bzw. Lernzielkataloge für die Vorbereitung auf Teil III und IV der Meisterprüfung erarbeitet und zur Anwendung empfohlen, womit letztlich die oben genannten inhaltlichen Zielsetzungen erreicht werden sollen. Insbesondere durch die Lernzielfixierung und die den Anforderungen der Praxis entsprechenden Schwerpunktbildungen ist es möglich, bei der Lehrstoffvermittlung die sachgerechten Akzente zu setzen.
Die „Neue Handwerker-Fibel" ist nach diesen Vorgaben aufgebaut und gestaltet. Gegenüber der bisherigen Handwerker-Fibel wurden zahlreiche Kapitel stofflich entlastet. Neuen Anforderungen der Praxis wurde durch inhaltliche Erweiterungen, wo erforderlich, Rechnung getragen. Die Gliederung (Überschriften und Numerierungen) der Kapitel und der Abschnitte erfolgte nach den bundeseinheitlichen Rahmenstoffplänen für die Vorbereitung auf die Teile III und IV der Meisterprüfung im Handwerk. Den einzelnen Abschnitten wurden die Lernziele nach den Empfehlungen des Deutschen Handwerkskammertages und der Handwerksinstitute vorangestellt. Die folgenden Textdarstellungen decken die Lernzielanforderungen in verdichteter Form ab. Der Umfang und die inhaltliche sowie stoffliche Aufbereitung des Textes der neuen Handwerker-Fibel berücksichtigt die im Lernzielkatalog formulierten unterschiedlichen Anforderungsgrade an Kennen, Wissen, Verstehen, Können, Beherrschen. Dabei wurde der Schwerpunkt nicht nur auf fachsystematisches Begriffswissen, sondern auf Einsicht in Zusammenhänge und vor

allem auf die Vermittlung von anwendungsbezogenem Handlungswissen für die Praxis gelegt. Deshalb enthält der Textteil der Neuen Handwerker-Fibel zahlreiche Handlungsanleitungen.
Nach den größeren Abschnitten folgen jeweils zur Lernkontrolle programmierte und textlich gestaltete, offene Übungs-, Wiederholungs- und Prüfungsfragen, die wiederum auf die wichtigen Lernziele ausgerichtet sind.
Der Programm- bzw. Fragenteil ermöglicht in sachlicher und inhaltlicher Abstimmung und Ergänzung zum Textteil ein systematisches Lernen, Üben und Wiederholen der wichtigsten Stoffgebiete und somit für den Prüfling eine rationelle Vorbereitung auf die Meisterprüfung und eine den Lernprozeß begleitende Kontrolle.
Die programmierten Fragen, die durch Ankreuzen einer der fünf vorgegebenen richtigen Auswahlantworten zu lösen sind, ermöglichen eine denkwirksame Aneignung der Kenntnisse, eine Wiederholung der Lerninhalte im Unterricht oder im Selbststudium, fördern die persönliche Lernaktivität und Konzentration und bringen durch Vergleich mit den richtigen Lösungen, die am Schluß eines jeden Bandes abgedruckt sind, eine Lernstandskontrolle. Die programmierten Fragen geben ferner Prüfungssicherheit für die von den meisten Handwerkskammern durchgeführten teilprogrammierten Prüfungen.
Die textlich gestalteten, offenen Fragen ohne Auswahlantworten haben neben dem Übungs-, Wiederholungs- und Kontrolleffekt den Sinn, wenn sie schriftlich beantwortet werden, bestimmte Stoffgebiete textlich zutreffend zu Papier zu bringen. Dabei kann man in der Meisterprüfung feststellen, inwieweit der Prüfling in der Lage ist, sein Wissen textlich klar und in entsprechender Formulierung darzustellen und wie groß sein Wissen und Können in die Tiefe geht. Schließlich sind die textlich formulierten Fragen auch eine gute Vorbereitung auf mündliche Prüfungen.
Bei beiden Formen der Fragestellung kann der Lernende durch die bei jeder Frage am Schluß angebrachte Rückverweisung zum Textteil die noch festgestellten Lücken beim Verstehen, Wissen und Können nachlesen bzw. den Stoff nacharbeiten. Dies führt zur Absicherung des Lernerfolges.
Die Übersicht, die Lesbarkeit und die Lernbarkeit der Inhalte werden zusätzlich erhöht durch ein tief gegliedertes Inhaltsverzeichnis, großzügig und zahlreich gestaltete Überschriften, farblich hervorgehobene Texte, farbig gestaltete Abbildungen und farblich abgesetzte Randbemerkungen sowie ein umfangreiches Stichwortverzeichnis.
Schließlich wurde der Gesamtstoff zur Vorbereitung auf die Teile III und IV der Meisterprüfung in der Handwerker-Fibel von bisher einem Band auf drei Bände mit einem größeren Format aufgeteilt. Dies ermöglichte eine großzügigere platzmäßige Anordnung der Texte, eine größere, leicht lesbare Schrifttype, die Aufnahme zahlreicher Abbildungen und eine bessere „Handlichkeit" beim Umgang mit den Büchern.
Der Unterrichtsstoff für den Prüfungsteil III (wirtschaftliche und rechtliche Kenntnisse) ist enthalten in:

Band 1: Rechnungswesen
Wirtschaftslehre

Band 2: Rechts- und Sozialwesen

Der Unterrichtsstoff für Prüfungsteil IV (berufs- und arbeitspädagogische Kenntnisse) findet sich in:

Band 3: Berufs- und Arbeitspädagogik

Alle drei Bände bilden ein einheitliches Werk, also eine inhaltliche Gesamtheit, die für die Vorbereitung auf Teil III und IV der Meisterprüfung notwendig ist.
Um Doppeldarstellungen bei stofflichen Überschneidungen von Teil III und IV (zum Beispiel beim Arbeits- und Tarifrecht) insgesamt zu vermeiden, wird in den Bänden gegenseitig verwiesen, der Stoff also nur einmal behandelt.
Die bisher in 32 Auflagen mit bestem Erfolg eingesetzte einbändige Handwerker-Fibel wurde in den letzten drei Jahrzehnten von vielen Hunderttausenden jungen Handwerkern angeschafft und der erfolgreichen Prüfungsvorbereitung zugrunde gelegt.
So dürfte auch die völlig neubearbeitete, in nunmehr drei Bänden vorliegende „Neue Handwerker-Fibel" künftig vielen Tausenden jungen Handwerkern einen erfolgreichen Weg in die Meisterprüfung und in die weitere berufliche Zukunft eröffnen.
Möge die Neue Handwerker-Fibel die alten Freunde zufriedenstellen und neue hinzugewinnen.

November 1993

Die Verfasser
Holzmann Buchverlag

3 Rechts- und Sozialwesen

Vorbemerkung

Bei den im Fach Rechts- und Sozialwesen aufgeführten Lernzielen geht es nicht primär um die Beherrschung möglichst umfassender detaillierter Bestimmungen; hier geht es vielmehr um die Gewinnung der zur Führung eines Handwerksbetriebes unerläßlichen Grundkenntnisse unter Berücksichtigung der Möglichkeiten zur Nutzung der für den Handwerksbetrieb geeigneten Nachschlagequellen und Beratungsangebote; dazu gehört auch die Gewinnung eines sachrelevanten Rechtsverständnisses und Rechtsbewußtseins.

3.0 Allgemeines zur Rechtsordnung, Gesetzgebungsorgane und -verfahren, Überblick zum Privatrecht und öffentlichen Recht

Lernziele:

- Kennen und Verstehen der Grundlagen des demokratischen Rechtsstaates allgemein sowie der Bundesrepublik Deutschland im besonderen.
- Wissen, welche Grundrechte des Staatsbürgers im Grundgesetz der Bundesrepublik verankert sind.
- Kennen der Funktionen und der Organe der Gemeinde, des Landkreises sowie des Regierungsbezirkes.
- Kennen der Einteilung der Rechtsordnung in Privatrecht und öffentliches Recht und der in diesen beiden Rechtsgebieten geregelten Rechtsbeziehungen.

3.0.1 Begriff, Voraussetzungen, Aufgaben und Form des Staates

Staat

Vereinfacht ausgedrückt verstehen wir unter einem Staat das rechtlich geordnete Zusammenleben einer Personengemeinschaft in einem bestimmten Gebiet unter einer obersten Gewalt.

Voraussetzungen eines Staates sind: Staatsgebiet, Staatsvolk und Staatsgewalt.

Die Bestandteile eines Staates

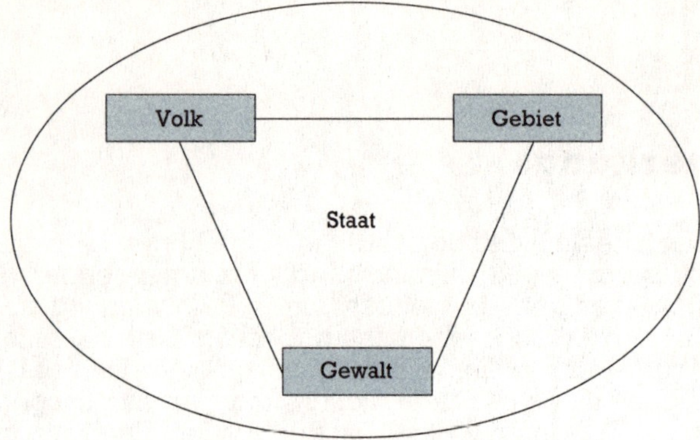

Abbildung 1

Aufgabe des Staates ist es, mit erlaubten Mitteln für das größtmögliche Wohl des Staatsvolkes zu sorgen. Die Staatsform, das heißt die rechtliche Grundordnung, bestimmt sich unter anderem

- nach dem Staatsoberhaupt (erbliches oder gewähltes Staatsoberhaupt – Monarchie, Republik),
- nach den Trägern der Staatsgewalt (Allein-, Mehr-, Volksherrschaft),
- nach der staatlichen Organisation (zentraler-dezentraler Staat),
- nach der Machtfülle der Herrschenden (unbeschränkte oder durch eine Verfassung beschränkte Macht) oder
- nach den vom Staat verfolgten Zwecken (Wohlfahrts-, Rechts-, Sozialstaat).

3.0.2 Die Bundesrepublik Deutschland, ein demokratischer Rechtsstaat

Bundesrepublik Deutschland

Die Bundesrepublik Deutschland ist ein demokratischer, sozialer und rechtsstaatlich verfaßter Bundesstaat.

Die Staatsordnung der Bundesrepublik Deutschland

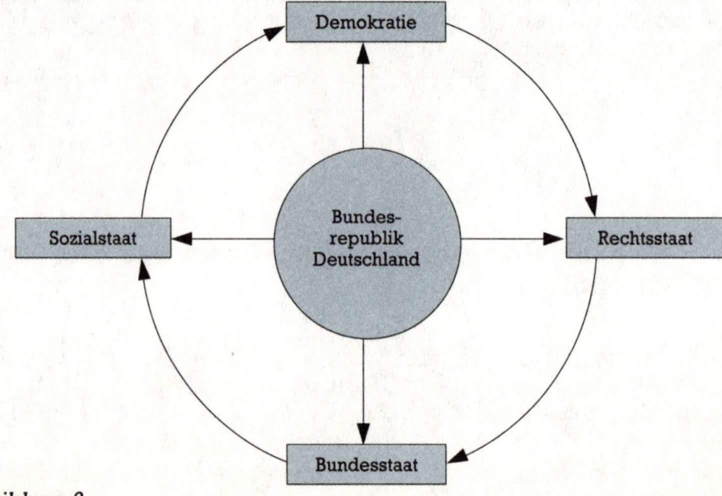

Abbildung 2

Die Bundesrepublik Deutschland ist:

- **Republik,** das heißt sie ist im Gegensatz zur Monarchie ein Freistaat, dessen Oberhaupt gewählt ist (Bundespräsident). Staatsform
- **Demokratie,** das heißt die Staatsgewalt geht vom Volk aus. Das Volk ist Träger des Staatswillens, den es in Wahlen bekundet. Staatsgewalt
- **Sozialstaat,** das heißt sie ist der Forderung nach sozialer Gerechtigkeit in Gesetzgebung, Verwaltung und Rechtsprechung verpflichtet. Sozialstaat
- **Rechtsstaat,** das heißt Gerechtigkeit und Rechtssicherheit werden gewährleistet, die Tätigkeit des Staates ist an Gesetz und Recht gebunden. Rechtsstaat
- **Bundesstaat,** das heißt die Länder, die ihre eigene Staatlichkeit behalten (Teilstaaten), haben sich zusammengeschlossen zu einem Bund (Zentralstaat). Zusammen bilden sie die Bundesrepublik Deutschland (Gesamtstaat). Bundesstaat

3.0.3 Rechtsstaatliche Grundlagen der Bundesrepublik Deutschland

3.0.3.1 Allgemeines zum rechtsstaatlichen System

Die Teilung der staatlichen Gewalten, die Gewährung persönlicher Grundrechte, die Errichtung von Verfassungsorganen und ihre Bindung an Verfassung, Gesetz und Rechtsprechung und das parlamentarische Regierungssystem sind tragende Säulen des Rechtsstaates.

Grundlagen des Rechtsstaates

Die Grundlagen des Rechtsstaates

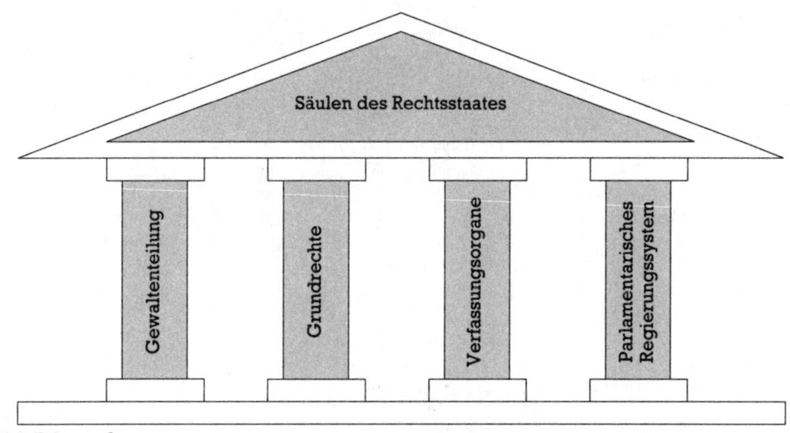

Abbildung 3

3.0.3.2 Der Grundsatz der Gewaltenteilung

Die Staatsgewalt geht nach dem Willen unserer Verfassungsgeber vom Volk aus. Sie wird vom Volk in Wahlen und Abstimmungen und durch getrennte Organe der Gesetzgebung (Legislative), der vollziehenden Gewalt (Exekutive) und der Rechtsprechung (Judikative) ausgeübt. Mit

Gewaltenteilung

der Dreiteilung der Gewalten soll die Zusammenballung staatlicher Macht in einer Hand verhindert werden.

Die Teilung der Staatsgewalt (Bundesrepublik Deutschland)

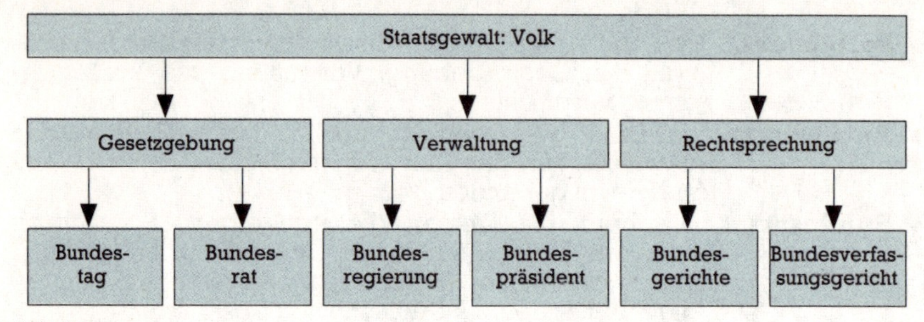

Abbildung 4

3.0.3.3 Die Gewährung persönlicher Grundrechte

Grundrechte

Die dem einzelnen Bürger zustehenden Grundrechte sind durch die Verfassung (Grundgesetz) verbürgte Elementarrechte.

Sie haben überragende Bedeutung für das staatliche Zusammenleben. Einschränkungen sind nur möglich, wenn der Wortlaut eines Grundrechts dies zuläßt. Im Wesensgehalt dürfen sie nicht angetastet werden. Die wichtigsten Grundrechte sind in folgenden Artikeln des Grundgesetzes geregelt:

Art. 1: Schutz der Menschenwürde
Art. 2: Freiheit der Person
Art. 3: Gleichheit vor dem Gesetz
Art. 4: Glaubens- und Gewissensfreiheit
Art. 5: Freie Meinungsäußerung, Pressefreiheit
Art. 6: Schutz von Ehe und Familie
Art. 7: Schulwesen und Elternrechte
Art. 8: Versammlungsfreiheit
Art. 9: Vereinigungsfreiheit
Art. 10: Brief- und Postgeheimnis
Art. 11: Recht der Freizügigkeit
Art. 12: Freie Berufswahl
Art. 13: Unverletzlichkeit der Wohnung
Art. 14: Gewährleistung des Eigentums und Erbrechts
Art. 15: Sozialbindung des Eigentums
Art. 16: Garantie der Staatsangehörigkeit, Asylrecht
Art. 17: Petitionsrecht
Art. 101: Anspruch auf den gesetzlichen Richter
Art. 103: Anspruch auf rechtliches Gehör vor Gericht
Art. 104: Schutz vor willkürlicher Verhaftung

3.0.3.4 Die Verfassungsorgane der Bundesrepublik Deutschland

Verfassungsorgane

Bestimmte in der Verfassung vorgesehene oberste Staatsorgane nennt man Verfassungsorgane. Hierzu zählen unter anderem: Bundestag, Bundesrat, Bundespräsident, Bundesregierung.

Bundestag

- Der **Bundestag** ist die Volksvertretung der Bundesrepublik. Er besteht aus den vom Volk gewählten Abgeordneten. Er repräsentiert das Volk und übt dessen Rechte aus (mittelbare oder repräsentative

Demokratie). Wahlberechtigt ist grundsätzlich jeder Deutsche, der 18 Jahre alt ist und sich seit mindestens drei Monaten in der Bundesrepublik Deutschland aufhält. Wählbar ist grundsätzlich jeder, der seit einem Jahr Deutscher ist und das 18. Lebensjahr vollendet hat.

- Der **Bundesrat** ist das föderative Organ des Bundesstaates zur Wahrung der Länderinteressen. Durch den Bundesrat wirken die Länder bei der Gesetzgebung und Verwaltung des Bundes mit. Er besteht aus Mitgliedern der 16 Länderregierungen. Jedes Land hat mindestens drei Stimmen, Länder mit mehr als zwei Millionen Einwohner haben vier, solche mit mehr als sechs Millionen Einwohner fünf Stimmen.

Bundesrat

- Der **Bundespräsident** ist das Staatsoberhaupt der Bundesrepublik Deutschland. Er vertritt die Bundesrepublik Deutschland völkerrechtlich. Wählbar ist jeder Deutsche, der das Wahlrecht zum Bundestag besitzt und das 40. Lebensjahr vollendet hat. Die Wahl erfolgt durch die Bundesversammlung (Abgeordnete des Bundestags und gleich viele Ländervertreter). Die Amtszeit beträgt fünf Jahre.

Bundespräsident

- Die **Bundesregierung** ist ein kollegiales Bundesorgan, das aus dem Bundeskanzler und den Bundesministern besteht. Der Bundeskanzler bestimmt die Richtlinien der Politik. Jeder Bundesminister leitet im Rahmen dieser Richtlinien seinen Geschäftsbereich selbständig. Der Bundeskanzler wird vom Bundestag gewählt, die Bundesminister werden auf Vorschlag des Bundeskanzlers vom Bundespräsidenten ernannt.

Bundesregierung

Überblick über die Verfassungsorgane der Bundesrepublik Deutschland

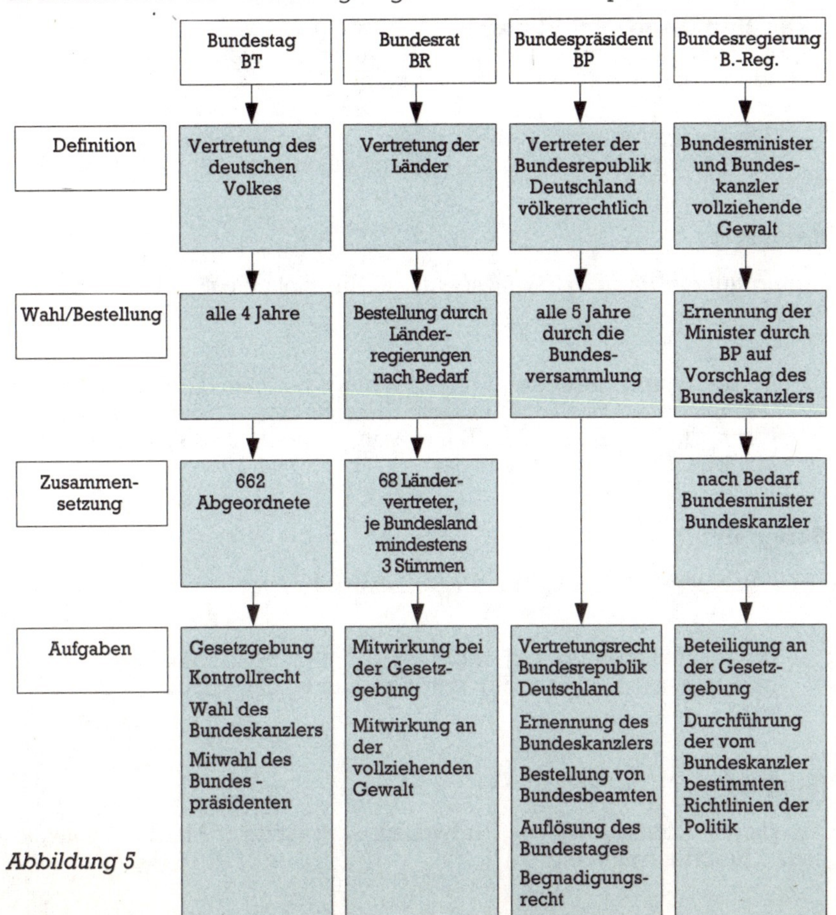

Abbildung 5

3.0.3.5 Das parlamentarische Regierungssystem

Parlamentarisches Regierungssystem

Wesensmerkmal der Demokratie ist ein vom Volk gewähltes Parlament. Neben der gesetzgebenden Gewalt hat das Parlament vor allem die Aufgabe, die Regierung zu kontrollieren. Die Regierung ist abhängig vom Vertrauen des Parlaments, das ihr zum Beispiel durch ein konstruktives Mißtrauensvotum entzogen werden kann.

3.0.4 Gesetzgebungskompetenzen und -verfahren in der Bundesrepublik Deutschland

Im Bundesstaat ist die Zuständigkeit zur Gesetzgebung zwischen Bund und Ländern aufgeteilt. Es gilt der Grundsatz: Die Länder sind für alle Bereiche zuständig, die das Grundgesetz nicht der Bundesgesetzgebung vorbehalten hat.

Bundesgesetzgebung

- Der **Bundesgesetzgebung** vorbehalten sind die im Grundgesetz im einzelnen aufgeführten Bereiche der ausschließlichen, der konkurrierenden und der Rahmengesetzgebung:

Ausschließliche Gesetzgebung

  - Zur ausschließlichen Gesetzgebung gehören die Rechtsgebiete, die im Interesse des Gesamtstaates einheitlich geregelt werden sollen.

Beispiele:

Verteidigung, Währung, Grenzschutz, Wehrpflicht, Post- und Fernmeldewesen.

Konkurrierende Gesetzgebung

  - In der konkurrierenden Gesetzgebung hat der Bund Vorrang vor den Ländern. Die Länder sind für diese Rechtsgebiete nur zuständig, wenn und solange der Bund von seinem Gesetzgebungsrecht keinen Gebrauch gemacht hat.

Beispiele:

Bürgerliches Recht, Strafrecht, Wirtschaftsrecht, Arbeitsrecht etc.

Rahmengesetzgebung

  - In der Rahmengesetzgebung erläßt der Bund bei Bedarf einen gesetzlichen Rahmen, der von den Ländergesetzgebern ausgefüllt wird.

Beispiele:

Öffentlicher Dienst, Presse-, Filmwesen, Naturschutz, Melde-, Ausweiswesen, Raumordnung etc.

Überblick über die Gesetzgebungsbefugnis von Bund und Ländern:

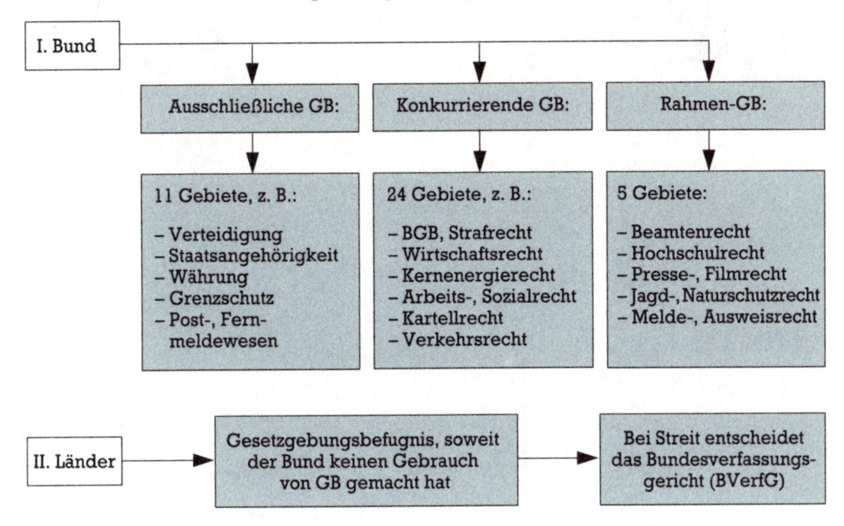

Abbildung 6

• Gesetzgebungsverfahren des Bundes

Gesetzgebungsverfahren

Das Gesetzgebungsverfahren vollzieht sich grundsätzlich in folgenden Abschnitten:

- Einbringung einer Gesetzesvorlage im Bundestag (durch den Bundestag, Bundesrat oder die Bundesregierung)
- Feststellung des Gesetzesinhaltes durch den Bundestag (drei Lesungen)
- Beteiligung des Bundesrats: Verfassungsändernde und föderative Gesetze bedürfen der Zustimmung des Bundesrats, bei einfachen Bundesgesetzen hat der Bundesrat nur ein Einspruchsrecht.
- Gegenzeichnung des im Bundestag beschlossenen Gesetzes durch den Bundeskanzler oder den zuständigen Bundesminister
- Ausfertigung des gegengezeichneten Gesetzes durch den Bundespräsidenten
- Verkündigung des Gesetzes im Bundesgesetzblatt.

Schematische Darstellung der Bundesgesetzgebung

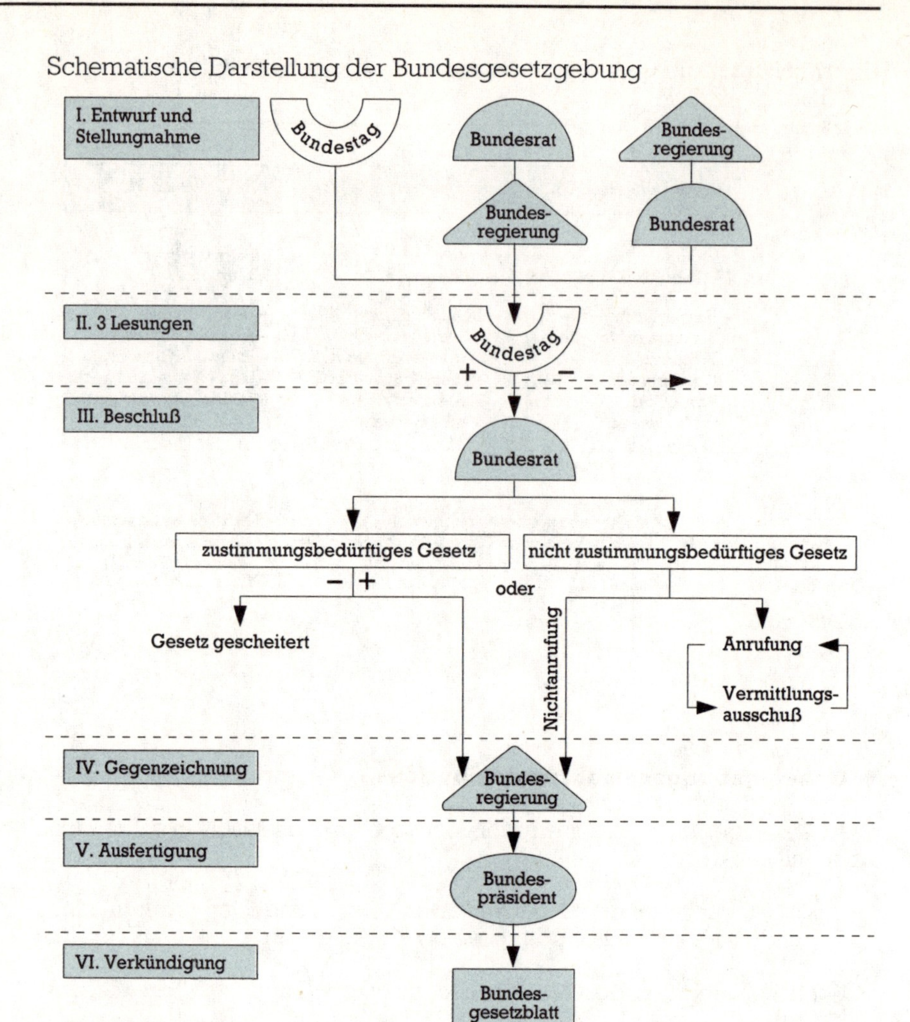

Abbildung 7

Länder

3.0.5 Die Länder der Bundesrepublik Deutschland, Verwaltungszuständigkeit und -aufbau

3.0.5.1 Die Bundesrepublik Deutschland als ein Bund der Länder

Die Bundesrepublik Deutschland ist als Bundesstaat ein Bund der Länder. Jedes Land ist für sich ein Staat mit demokratischer Verfassung, Parlament, Regierung, Gerichten, eigener Verwaltung und Steuereinkünften. Teile ihrer Staatsgewalt haben die Länder auf den Bund übertragen.

Manche Länder, zum Beispiel die Freistaaten Bayern und Sachsen, haben eine lange geschichtliche Tradition, die ihre Fortsetzung in der heutigen bundesstaatlichen Ordnung findet.

Seit dem Beitritt der Deutschen Demokratischen Republik am 3. 10. 1990 zur Bundesrepublik Deutschland gibt es auf deutschem Boden 16 Länder, die in der folgenden Abbildung im Überblick dargestellt sind.

Überblick über die Länder der Bundesrepublik Deutschland

Abbildung 8

3.0.5.2 Die Verwaltung in den Ländern

Verwaltungszuständigkeit

Verwaltungszuständigkeit

Die gesamtstaatlichen Befugnisse und Aufgaben haben nach dem Grundgesetz grundsätzlich die Länder auszuüben und zu erfüllen.

Beispiele:

Ausführung von Bundesgesetzen der ausschließlichen oder konkurrierenden Gesetzgebung oder Verwaltung der Landesangelegenheiten, die nicht durch Bundesgesetze geregelt sind.

Verwaltungsaufbau

Verwaltungsaufbau

Die Verwaltung ist in den Ländern in der Regel in drei Behördenstufen aufgebaut: Ober-, Mittel- und Unterstufe.

Auf der Ober- und Mittelstufe werden Staatsbehörden, auf der Unterstufe grundsätzlich kommunale Selbstverwaltungskörperschaften tätig. Abweichungen von dieser Verwaltungsgliederung gelten zwangsläufig in Stadtstaaten (zum Beispiel Berlin, Bremen, Hamburg) sowie dort, wo es keine Behördenmittelstufe gibt (zum Beispiel Saarland, Schleswig-Holstein).

- **Oberstufe** der allgemeinen Staatsverwaltung **sind die Ministerien der Länder,** zum Beispiel Innen-, Justiz-, Finanz-, Wirtschafts-, Kultusministerium. Die Minister sind für die Erfüllung der ihnen übertragenen Aufgaben verantwortlich. Die Ministerien führen die Aufsicht über die ihnen nachgeordneten Behörden.
- **Mittelstufe** der allgemeinen Staatsverwaltung **bilden die Regierungen.** Sie sind für alle Aufgaben zuständig, die nicht besonderen Verwaltungsbehörden übertragen sind. Sie führen die Aufsicht über die ihnen nachgeordneten Behörden.
- **Unterstufe** der allgemeinen Staatsverwaltung **sind die kreisfreien** (Städte) **und die kreisangehörigen Gemeinden, sowie die Landkreise** (Landratsämter) als untere staatliche Verwaltungsbehörden. Sie erfüllen in Doppelfunktion eigene örtliche Aufgaben (Selbstverwaltungsangelegenheiten) und staatliche Aufgaben (Auftragsangelegenheiten).

Der Verwaltungsaufbau in den Ländern

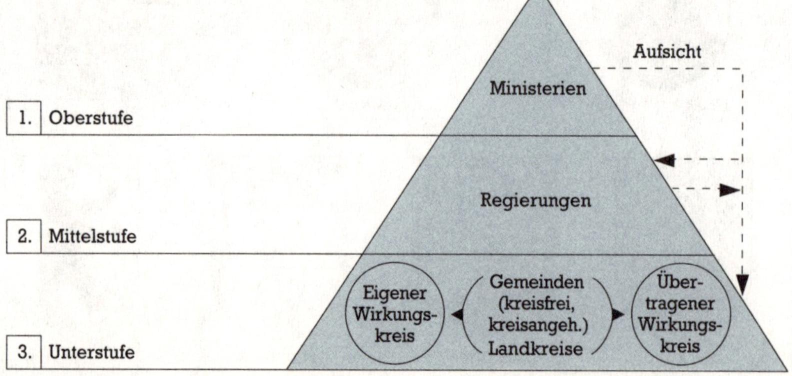

Aufsicht
Ministerien
1. Oberstufe
Regierungen
2. Mittelstufe
Eigener Wirkungskreis
Gemeinden (kreisfrei, kreisangeh.) Landkreise
Übertragener Wirkungskreis
3. Unterstufe

Abbildung 9

Einzelheiten zu den Gemeinden

Gemeinden

Die in geschichtlicher Zeit entstandenen Gemeinden bilden die Grundlage des Staates und des demokratischen Lebens.

Rechtsform

- Rechtsform der Gemeinde

Die Gemeinde ist die **kleinste Gebietskörperschaft des öffentlichen Rechts.** Ihr Hoheitsgebiet ist ein räumlich abgegrenzter Teil des Staatsgebiets.

Gemeinde-Aufgaben

- Aufgaben

Den Gemeinden steht in ihrem Gebiet **grundsätzlich die Erfüllung aller öffentlichen Aufgaben** zu. Innerhalb der Aufgaben gibt es solche des eigenen und solche des vom Staat übertragenen Wirkungskreises.

Beispiele:

Örtlicher Wegebau, Versorgung der Bevölkerung mit Wasser, Strom, Gas; Ortsplanung, Feuerschutz, örtliche Wohlfahrtspflege sind Aufgaben des eigenen Wirkungskreises. Führung des Melde- und standesamtlichen Registers, Wehrpflichterfassung, Ausweis- und Paßwesen sind Aufgaben des vom Staat übertragenen Wirkungskreises.

Gemeinde-Organe

- Organe

Jede Gemeinde muß ein oberstes kollegiales Verwaltungsorgan haben, **in der Regel Gemeinde-/Stadtrat, Gemeindevertretung.** Im übrigen weisen die Gemeindeverfassungen der Länder, insbesondere der Stadtstaaten, erhebliche Unterschiede auf. Ausführendes Organ für die Beschlüsse des kollegialen Verwaltungsorgans ist in vielen Ländern der Bürgermeister (in größeren Städten der Oberbürgermeister). In Bayern zum Beispiel erledigt der Oberbürgermeister die Angelegenheiten der laufenden Verwaltung allein. Die Wahl der Gemeindeorgane ist von Land zu Land verschieden geregelt.

Gemeinde-Geldmittel

- Geldmittel

Die Gemeinden erfüllen ihre Aufgaben teils aus Erträgen ihres eigenen Vermögens, teils aus der Erhebung von Gemeindeabgaben (Steuern, Beiträge, Gebühren).

Beispiele:

Wesentliche Finanzquellen sind die **Gemeindesteuern,** die Grund- und Gewerbesteuer und von Land zu Land unterschiedliche örtliche Verbrauchs- und Aufwandssteuern (wie Getränke-, Schankerlaubnis-, Hunde-, Fischerei-, Zweitwohnungssteuer).
Gemeindebeiträge sind Erschließungsbeiträge, Kurtaxe, Kurförderabgabe.
Gemeindegebühren fallen an für die Benutzung von Müllabfuhr, Gas, Wasser und Strom sowie sonstige Verwaltungstätigkeit.

Gemeinde-Aufsicht

- Aufsicht

Die Gemeinden unterstehen der Aufsicht des Staates. Die Aufsicht über die kleinen (kreisangehörigen) Gemeinden führt der Landrat (Oberkreisdirektor), über die Städte (kreisfreien Gemeinden) der Regierungspräsident.

Einzelheiten zum Landkreis

Landkreis

Rechtsform

- Rechtsform

Der Landkreis ist eine **Gebietskörperschaft des öffentlichen Rechts.** Kreisgebiet ist die Gesamtfläche der ihm zugeteilten gemeindefreien und Gemeindegebiete. Kreise bestehen in allen Ländern mit Ausnahme der Stadtstaaten.

Landkreis-Aufgaben

- Aufgaben

Der Landkreis erfüllt **Aufgaben von überörtlicher Bedeutung,** die über den Bereich oder die Leistungsfähigkeit seiner Einzelgemeinden hinausgehen.

Beispiele:

Bau und Unterhaltung von Kreisstraßen, Errichtung von Kreiskrankenhäusern (eigener Wirkungskreis); Erlaß von Kreisverordnungen, Gewährung von Mietbeihilfen (übertragener Wirkungskreis). Daneben ist der Landkreis in den meisten Ländern zugleich staatlicher Verwaltungsbezirk. Das Landratsamt als untere staatliche Verwaltungsbehörde nimmt in Doppelfunktion kommunale und staatliche Aufgaben wahr.

Landkreis-Organe Kreistag

- Organe

Oberstes Beschlußorgan ist der Kreistag, dessen Mitglieder von den Kreisbürgern gewählt werden. Der Kreisausschuß ist ein vom Kreistag bestellter ständiger Ausschuß. Er verwaltet den Landkreis, soweit nicht der Kreistag oder der Landrat zuständig sind. Er berät den Kreistag und bereitet dessen Sitzungen vor. Der Kreisausschuß besteht aus dem Landrat (auch Oberkreisdirektor) als Vorsitzendem und gewählten ehrenamtlichen Mitgliedern. Der Landrat (Oberkreisdirektor) wird in den meisten Ländern vom Kreistag auf bestimmte Zeit gewählt.

Landkreis-Geldmittel

- Geldmittel

Neben Einnahmen aus eigenem Vermögen erhält der Landkreis von den Gemeinden Abgaben (Umlagen) und vom Staat Zuschüsse zur Erfüllung seiner Aufgaben.

Landkreis-Aufsicht

- Aufsicht

Der Regierungspräsident führt die Aufsicht über die Landkreise.

Regierungsbezirk

Einzelheiten zum Regierungsbezirk

- Rechtsform

Der Regierungsbezirk ist eine **Gebietskörperschaft des öffentlichen Rechts.** Bezirksgebiet ist die Gesamtfläche der dem Bezirk zugeteilten Landkreise und kreisfreien Gemeinden. Nur in Bayern ist er in diesem Sinne die dritte kommunale Ebene, in vielen anderen Ländern ist er ausschließlich staatliche Mittelbehörde.

Dritte kommunale Ebene

Regierungsbezirk-Aufgaben

- Aufgaben

Er erfüllt als Selbstverwaltungskörperschaft in seinem Gebiet **alle öffentlichen Aufgaben** (eigene oder übertragene Angelegenheiten), **für die keine besondere Verwaltungsbehörde besteht.**

Beispiele:

Herstellung und Unterhaltung von Heil-, Pflege-, Blinden- und Taubstummenanstalten, Natur- und Umweltschutz, Denkmalpflege.
Gleichzeitig ist der Regierungsbezirk Mittelstufe der Staatsverwaltung (sogenannte höhere Verwaltungsbehörde).

Regierungsbezirk-Organe

- Organe

Oberstes Beschlußorgan ist der Bezirkstag, dessen Mitglieder in der Regel von den Bezirksbürgern gewählt werden. Der Bezirksausschuß bereitet die Sitzungen des Bezirkstages vor und erfüllt die ihm übertragenen Aufgaben. Seine Mitglieder, die Bezirksräte, werden vom Bezirkstag aus seiner Mitte gewählt.

Regierungsbezirk-Geldmittel

- Geldmittel

Seine Aufgaben erfüllt der Regierungsbezirk aus eigenen Mitteln, Bezirksumlagen von Landkreisen und kreisfreien Städten sowie mit staatlichen Zuschüssen.

- Aufsicht

In den Ländern führt meist das Staatsministerium des Innern die Aufsicht über die Regierungsbezirke.

Regierungs-bezirk-Aufsicht

3.0.6 Einteilung der Rechtsordnung in privates und öffentliches Recht

3.0.6.1 Allgemeines zur Rechtsordnung

Jeder Mensch steht von der Geburt bis zum Tod in persönlichen und rechtlichen Beziehungen zu seiner Umwelt. Seine rechtlichen Beziehungen sind in der Rechtsordnung des Staates geregelt, in dem er lebt. Im Interesse eines geordneten Zusammenlebens regelt die Rechtsordnung die Rechte und Pflichten des einzelnen gegenüber dem Mitmenschen und dem Staat.

Rechtsordnung

3.0.6.2 Begriff und Einteilung der Rechtsordnung

Unter Rechtsordnung verstehen wir die Gesamtheit aller Vorschriften, die das Rechtsleben in einem Staat regeln. Dies können Gesetze, Rechtsverordnungen, Erlasse oder auch Satzungen sein.

Begriff: Rechtsordnung

In der Bundesrepublik Deutschland sind die geltenden Rechtsbestimmungen eingeteilt in zwei Bereiche:

- **Öffentliches Recht,** das die Rechtsbeziehungen des Einzelmenschen zum Staat bzw. öffentlicher Träger untereinander regelt.

Öffentliches Recht

- **Privates Recht,** das die Rechtsbeziehungen der Einzelmenschen untereinander ordnet.

Privates Recht

Einteilung der Rechtsordnung

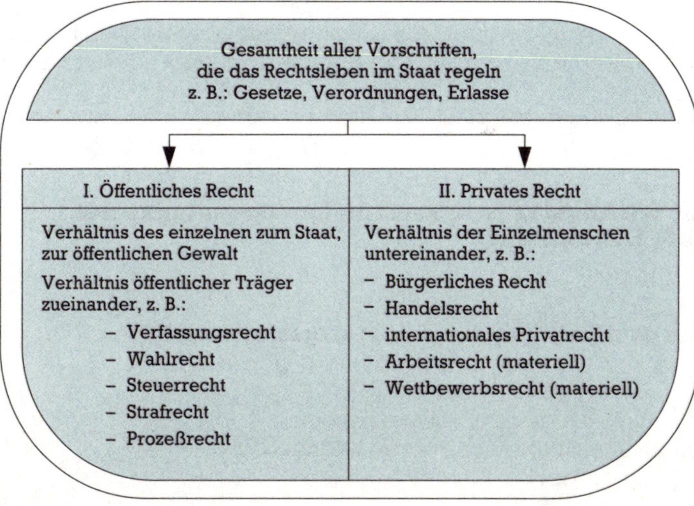

Abbildung 10

Programmierte und textlich gestaltete, offene Übungs-, Wiederholungs- und Prüfungsfragen

1. Erklären Sie vereinfacht, was man unter einem Staat im Rechtssinn versteht!

„Siehe Seite 1 des Textteils!"

2. Aus welchen Elementen besteht ein Staat?

☐ a) Staatsvolk, Staatsgebiet, Staatsgewalt
☐ b) Staatsbürger, Staatsgebiet, Staatsregierung
☐ c) Staatsangehörige, Staatsorgane, Staatspräsident
☐ d) Staatsvolk, Staatsregierung, Staatsbehörden
☐ e) Staatsgebiet, Staatshoheit, Staatsverwaltung.

„Siehe Seite 2 des Textteils!"

3. Welche Aufgabe hat der Staat?

„Siehe Seite 2 des Textteils!"

4. Nennen Sie die wichtigsten Wesensmerkmale der Bundesrepublik Deutschland!

„Siehe Seite 3 des Textteils!"

5. Was bedeutet der Begriff „Republik"?

☐ a) Das ist gleichbedeutend mit Demokratie.
☐ b) Das ist gleichbedeutend mit Bundesstaat.
☐ c) Das ist ein Freistaat im Gegensatz zur Monarchie.
☐ d) Das ist gleichbedeutend mit Sozialstaat.
☐ e) Das ist gleichbedeutend mit Rechtsstaat.

„Siehe Seite 3 des Textteils!"

6. Was bedeutet „Demokratie"?

☐ a) Das ist „Volksherrschaft". Die Staatsgewalt geht vom Volke aus.
☐ b) Das ist das gleiche wie Republik. Die Staatsgewalt liegt in den Händen der Parteien.
☐ c) Das ist das gleiche wie Bundesstaat. Die Staatsgewalt geht von den Ländern aus.
☐ d) Das ist das gleiche wie Sozialstaat. Die Staatsgewalt liegt in den Händen der Sozialpartner.
☐ e) Das ist das gleiche wie Rechtsstaat. Die Staatsgewalt geht vom Parlament aus.

„Siehe Seite 3 des Textteils!"

7. Nennen Sie die wichtigsten rechtsstaatlichen Grundlagen der Bundesrepublik Deutschland!

„Siehe Seite 3 des Textteils!"

8. Wie heißen die drei Teile, in die die Staatsgewalt zerfällt?

☐ a) Gesetzgebende, ausführende und rechtsprechende Gewalt
☐ b) Befehlsgewalt, Verbotsgewalt, Strafgewalt
☐ c) Ordnungsgewalt, Polizeigewalt, Vollzugsgewalt
☐ d) Gesetzgebende, ausführende und vollziehende Gewalt
☐ e) Bundesgewalt, Ländergewalt, Gemeindegewalt.

„Siehe Seite 3 des Textteils!"

9. In wessen Händen liegen die drei Teile der Staatsgewalt in der Bundesrepublik?

☐ a) Die Legislative in den Händen des Bundestags
Die Exekutive in den Händen des Bundesrats
Die Judikative in den Händen der Bundesregierung

☐ b) Die Legislative in den Händen des Bundestags und Bundesrats
Die Exekutive in den Händen der Länder
Die Judikative in den Händen des Bundesjustizministers

☐ c) Die Legislative in den Händen der Parlamente
Die Exekutive in den Händen der Verwaltungsbehörden
Die Judikative in den Händen der Juristen

☐ d) Die Legislative in den Händen des Bundestags
Die Exekutive in den Händen des Bundesrats und der Länder
Die Judikative in den Händen der Justizminister des Bundes und der Länder

☐ e) Die Legislative in den Händen des Bundestags und Bundesrats
Die Exekutive in den Händen der Bundesregierung und der nachgeordneten Behörden
Die Judikative in den Händen der Richter.

„Siehe Seite 4 des Textteils!"

10. Erklären Sie, welchen Zweck die Gewaltenteilung hat!

„Siehe Seite 4 des Textteils!"

11. Nennen Sie die wichtigsten Grundrechte der Verfassung!

„Siehe Seite 4 des Textteils!"

12. Die obersten Staatsorgane werden Verfassungsorgane genannt, nennen Sie die wichtigsten!

„Siehe Seite 4 des Textteils!"

13. Wer wählt die Bundestagsabgeordneten?

☐ a) Aktiv wahlberechtigt ist jeder Bundesdeutsche, der das 21. Lebensjahr vollendet hat.

☐ b) Aktiv wahlberechtigt ist jeder Bundesdeutsche, der das zwanzigste Lebensjahr vollendet hat.

☐ c) Aktiv wahlberechtigt ist jeder volljährige Deutsche, der im Besitz der bürgerlichen Ehrenrechte ist.

☐ d) Aktiv wahlberechtigt ist jeder, der in der Bundesrepublik geboren und volljährig ist.

☐ e) Aktiv wahlberechtigt ist jeder Bundesdeutsche, der die bürgerlichen Ehrenrechte hat.

„Siehe Seite 4 des Textteils!"

14. Wie oft finden regelmäßige Bundestagswahlen statt?

☐ a) Alle zwei Jahre

☐ b) Alle vier Jahre

☐ c) Alle fünf Jahre

☐ d) Alle sechs Jahre

☐ e) Alle sieben Jahre.

„Siehe Seite 5 des Textteils!"

15. Was ist der Bundesrat?

☐ a) Die Vertretung der einzelnen in der Bundesrepublik vorhandenen Berufe

☐ b) Die Vertretung der in der Bundesrepublik zusammengeschlossenen Länder

☐ c) Die Vertretung der in der Bundesrepublik bestehenden öffentlich-rechtlichen Körperschaften
☐ d) Die Vertretung der in der Bundesrepublik bestehenden Wirtschaftsverbände
☐ e) Die Vertretung der Bundesrepublik Deutschland im Europarat.

„Siehe Seite 5 des Textteils!"

16. Wer wählt den Bundespräsidenten?
☐ a) Die aktiv wahlberechtigten Staatsangehörigen der Bundesrepublik
☐ b) Der Bundestag und der Bundesrat in getrennten Abstimmungen
☐ c) Die Mitglieder des Bundestags und des Bundesrats (Bundesversammlung)
☐ d) Die Abgeordneten des Bundestags und ebenso viele Vertreter der Länder (Bundesversammlung)
☐ e) Der Bundespräsident wird unmittelbar und geheim vom Volk gewählt.

„Siehe Seite 5 des Textteils!"

17. Wie lange dauert die Amtsperiode des Bundespräsidenten?
☐ a) Ein Jahr
☐ b) Zwei Jahre
☐ c) Drei Jahre
☐ d) Vier Jahre
☐ e) Fünf Jahre.

„Siehe Seite 5 des Textteils!"

18. Wie setzt sich die Bundesregierung zusammen?
☐ a) Aus dem Bundestagspräsidenten und dem Bundeskanzler
☐ b) Aus dem Bundespräsidenten, dem Bundeskanzler und den Ministerpräsidenten
☐ c) Aus dem Bundeskanzler und den Bundesministern
☐ d) Aus dem Bundespräsidenten, dem Bundestagspräsidenten und dem Bundesratspräsidenten
☐ e) Aus dem Bundespräsidenten und den Bundesministern.

„Siehe Seite 5 des Textteils!"

19. Erklären Sie, wie die Gesetzgebung in der Bundesrepublik Deutschland aufgeteilt ist!

„Siehe Seite 6 des Textteils!"

20. Erklären Sie den Aufbau der Bundesrepublik Deutschland!

„Siehe Seite 8 des Textteils!"

21. Wie viele Länder sind in der Bundesrepublik Deutschland zusammengeschlossen?
☐ a) Fünf
☐ b) Sieben
☐ c) Neun
☐ d) Zehn
☐ e) Sechzehn.

„Siehe Seite 9 des Textteils!"

22. Wie stellt sich die Rechtsform der Gemeinde dar?
☐ a) Sie ist eine Gebietskörperschaft des öffentlichen Rechts und damit eine juristische Person.
☐ b) Sie ist eine Gebietskörperschaft und als solche eine juristische Person des Privatrechts.
☐ c) Sie ist eine aus den Gemeindebürgern bestehende Personenmehrheit, die als juristische Person anerkannt ist.

☐ d) Sie ist eine nichtrechtsfähige Personenmehrheit.
☐ e) Sie ist eine juristische Person mit privaten Einrichtungen und eigenem Vermögen.

„Siehe Seite 11 des Textteils!"

23. Von den nachstehend aufgeführten Aufgaben gehört eine nicht zu den Aufgaben der Gemeinde. Welche ist das?

☐ a) Der Ausbau von Gemeindestraßen mit Kanalisation, von Spielplätzen und Friedhöfen
☐ b) Die Versorgung der Gemeindemitglieder mit Wasser, Gas und elektrischem Strom
☐ c) Wohnungsbau und Straßenbau
☐ d) Die Anlage von Sportplätzen und Kinderspielplätzen
☐ e) Der Betrieb von Vergnügungsstätten, zum Beispiel eines Kinos.

„Siehe Seite 11 des Textteils!"

24. Welches ist das oberste Organ der Gemeinde?

☐ a) Der erste Bürgermeister bzw. in einer kreisfreien Stadt der Oberbürgermeister
☐ b) Die mehreren Bürgermeister gemeinsam
☐ c) Die Bürgerversammlung
☐ d) Der Gemeinderat
☐ e) Die Gemeindebürger.

„Siehe Seite 11 des Textteils!"

25. Wer wählt den ersten Bürgermeister (Oberbürgermeister) und den Gemeinderat?

☐ a) Alle volljährigen Einwohner der Gemeinde, die seit mindestens einem Jahr in der Gemeinde wohnen
☐ b) Alle über 21 Jahre alten Gemeindebürger, die nicht vorbestraft sind
☐ c) Alle mindestens 17 Jahre alten Bewohner der Gemeinde
☐ d) Das bestimmt sich nach Landesrecht und kann daher verschieden geregelt sein
☐ e) Alle Gemeindebürger, die 18 Jahre alt sind und sechs Monate in der Gemeinde wohnen.

„Siehe Seite 11 des Textteils!"

26. Woher erhalten die Gemeinden hauptsächlich die Geldmittel, die sie zur Erfüllung ihrer Aufgaben benötigen?

☐ a) Vom Staat im Wege des Finanzausgleichs
☐ b) Aus den von den Gemeindebewohnern zu zahlenden Gemeindesteuern
☐ c) Aus den Gewinnen der gemeindlichen Werke (Elektrizitäts- und Wasserwerke, Sparkassen, Krankenhäuser usw.)
☐ d) Die Gemeinde legt die Ausgaben eines Haushaltsjahres im nächsten Jahr auf ihre Bürger um.
☐ e) Aus von den Bürgern zu zahlenden Einkommens- und Körperschaftssteuern.

„Siehe Seite 11 des Textteils!"

27. Was ist das Gebiet eines Landkreises?

☐ a) Das Land und die Gemeinden, die in einer bestimmten Entfernung um die Kreisstadt herumliegen, sind zum Landkreis zusammengeschlossen.
☐ b) Das ist nur eine andere Bezeichnung für das Landratsamt, also für die untere Verwaltungsbehörde.
☐ c) Das Land, das außerhalb der Stadt- und Dorfgemeinden im Umkreis von 50 km liegt, ist der Landkreis.
☐ d) Die Gesamtfläche der dem Landkreis zugeteilten Gemeinden und gemeindefreien Gebiete bildet das Kreisgebiet.

☐ e) Eine kreisfreie Stadt und die umliegenden Kleingemeinden bilden den Landkreis.

„Siehe Seite 11 des Textteils!"

28. Eine der nachstehend aufgeführten Aufgaben gehört <u>nicht</u> zu den gesetzlichen Aufgaben des Landkreises. Welche ist das?

☐ a) Bau und Unterhaltung der Kreisstraßen
☐ b) Bau und Unterhaltung eines Amtssitzes für den Kreis
☐ c) Errichtung eines Kreiskrankenhauses und einer Kreissparkasse
☐ d) Beschaffung von größeren Feuerlöschgeräten
☐ e) Verwaltung des Vermögens der Gemeinden des Landkreises.

„Siehe Seite 12 des Textteils!"

29. Welches ist das oberste Organ des Landkreises?

☐ a) Der Landrat
☐ b) Der Landtag
☐ c) Der Kreisausschuß
☐ d) Der Kreistag
☐ e) Der Kreisrat.

„Siehe Seite 12 des Textteils!"

30. Welche nächstgrößere Gebietskörperschaft steht über dem Landkreis?

☐ a) Dasjenige Land, in dessen Bereich der Landkreis liegt
☐ b) Die Bundesrepublik Deutschland
☐ c) Der Regierungsbezirk
☐ d) Das Bezirksamt
☐ e) Die Kreisverwaltungsbehörde.

„Siehe Seite 12 des Textteils!"

3.1 Bürgerliches Recht, Mahn- und Zwangsvollstreckungsverfahrensrecht

3.1.1 Zur Systematik des Bürgerlichen Gesetzbuches (BGB)

Bürgerliches Gesetzbuch (BGB)

Lernziel:

– Informiert sein über Aufbau und Gliederung des BGB.

3.1.1.1 Allgemeines zum BGB

Das wichtigste Rechtsgebiet des Privatrechts ist das bürgerliche Recht, geregelt in den 2385 Paragraphen des BGB. Hierzu gibt es eine Reihe von Nebengesetzen, die das Zusammenleben zwischen den Einzelmenschen ordnen, wie zum Beispiel

- das Handelsgesetzbuch, das spezielle Vorschriften für Kaufleute enthält
- die Arbeitsgesetzgebung, die die Rechtsbeziehungen zwischen Arbeitgebern und Arbeitnehmern bestimmt
- das Wechsel- und Scheckrecht, das für die am Wechsel- und Scheckverkehr Beteiligten Bestimmungen enthält.

Zu diesen Nebengesetzen gibt es weitere Spezialgesetze und -bestimmungen. Bei der Rechtsanwendung der gesamten Vorschriften gilt der Grundsatz: Spezialgesetze haben Vorrang vor allgemeinen Gesetzen. Läßt sich mit speziellen Gesetzen eine Rechtsfrage nicht lösen, wird auf das BGB als Grundgesetz des privaten Rechts zurückgegriffen.

3.1.1.2 Entstehung und Inkrafttreten des BGB

Noch im 19. Jahrhundert gab es in Deutschland eine Vielzahl von Einzelstaaten mit jeweils eigenen Rechtsordnungen. Die damit gegebene Rechtszersplitterung führte zwangsläufig zu großer Rechtsunsicherheit. Erst mit der Reichsgründung 1871 war es möglich, diesen Zustand zu ändern. Eine Expertenkommission erhielt den Auftrag, ein für das ganze Deutsche Reich geltendes Bürgerliches Gesetzbuch zu erarbeiten. Die Arbeit der Kommission war 1896 beendet. Das Gesetz wurde am 18. 8. 1896 vom Reichstag erlassen und trat, nach einer Anpassungszeit von drei Jahren, am 1. 1. 1900 in Kraft.

Inkrafttreten des BGB am 1.1.1900

3.1.1.3 Einteilung und wesentlicher Inhalt des BGB

Die fünf Bücher des BGB beinhalten folgende wichtige Bereiche:

BGB

- **Allgemeiner Teil**
  Er enthält Bestimmungen über grundlegende Rechtsbegriffe wie zum Beispiel
  – natürliche und juristische Personen
  – Rechts-, Geschäfts-, Deliktsfähigkeit
  – Rechtsgeschäfte, Willenserklärungen, Verträge
  – Vollmacht, Verjährung usw.

Allgemeiner Teil

Schuldrecht

- **Recht der Schuldverhältnisse**
  - Regelung aller Schuldverhältnisse, soweit sie auf Verträgen oder unerlaubten Handlungen beruhen
  - Behandlung der sogenannten Typenverträge wie zum Beispiel Kauf- und Werkvertrag, Miete und Pacht, Darlehen, Bürgschaft, Gesellschaft

Sachenrecht

- **Sachenrecht**
  - Regelung der Rechte an Sachen
  - Dienstbarkeiten, Vorkaufsrecht
  - Grundpfandrechte wie Hypothek und Grundschuld
  - Pfandrechte an beweglichen Sachen und Rechten

Familienrecht

- **Familienrecht**
  - Regelung der Rechtsbeziehungen zwischen Verlobten
  - Wirkungen der Ehe im allgemeinen
  - persönliche und vermögensrechtliche Beziehungen zwischen Ehegatten
  - das Recht der ehelichen und nichtehelichen Kinder
  - Verwandtschaft, Vormundschaft, Betreuung, Pflegschaft

Erbrecht

- **Erbrecht**
  - Regelungen zur gesetzlichen Erbfolge
  - Bestimmungen zur gewillkürten Erbfolge wie Testament und Erbvertrag
  - Pflichtteilsanspruch, Erbenhaftung usw.

Die Einteilung des Bürgerlichen Gesetzbuches (BGB)

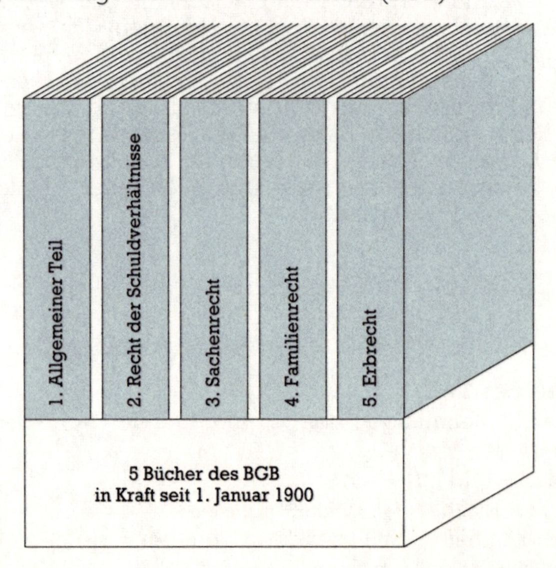

Abbildung 11

3.1.2 Allgemeiner Teil des Bürgerlichen Gesetzbuches

Lernziele:

- Den Begriff der Rechtsfähigkeit kennen und verstehen.
- Wissen, welche Personen rechtsfähig sind.
- Wissen, was unter natürlichen und juristischen Personen zu verstehen ist.
- Kennen des Beginns und des Endes der Rechtsfähigkeit bei natürlichen und juristischen Personen.
- Kennen und Verstehen der Formen der Geschäftsfähigkeit und deren Auswirkungen auf die Gültigkeit von Rechtsgeschäften.
- Wissen, was unter Deliktsfähigkeit zu verstehen ist.
- Wissen, welche Personen voll deliktsfähig, beschränkt deliktsfähig und deliktsunfähig sind.
- Kennen und Verstehen der rechtlichen Bedeutung von Willenserklärungen, Vertretung und Vollmacht, Einwilligung und Genehmigung.

3.1.2.1 Bestimmung der Begriffe Rechts-, Geschäfts-, Deliktsfähigkeit

Im Rechtsverkehr zu unterscheiden sind die Rechtsfähigkeit (das heißt Rechte zu begründen) und die Handlungsfähigkeit (das heißt verantwortlich zu handeln). Die Handlungsfähigkeit unterteilt sich in die Geschäftsfähigkeit und Deliktsfähigkeit.

Rechtsfähigkeit

Handlungsfähigkeit

Die Fähigkeiten im Rechtsverkehr

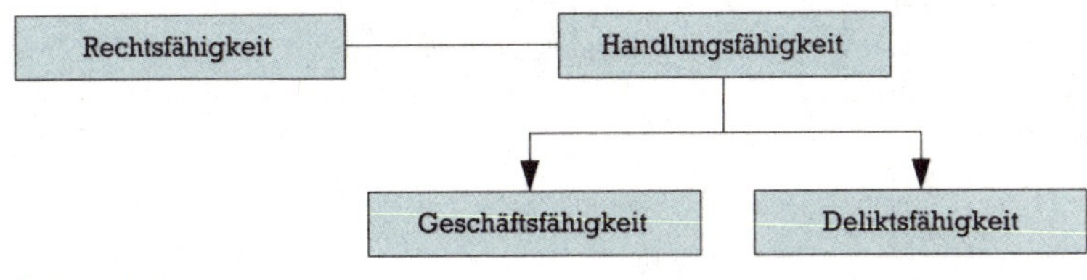

Abbildung 12

Definition der Grundbegriffe Rechts-, Geschäfts-, Deliktsfähigkeit

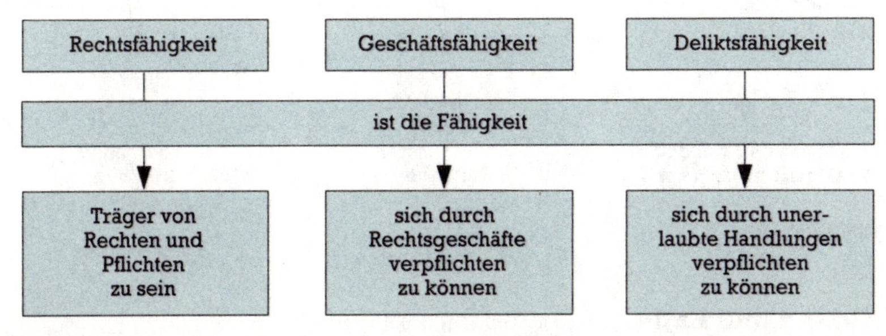

Abbildung 13

3.1.2.2 Rechtsfähigkeit

Begriff: Rechtsfähigkeit

Rechtsfähigkeit ist die Fähigkeit, Träger von Rechten und Pflichten zu sein.

Rechte und Pflichten in diesem Sinne sind die Summe aller Rechtsbestimmungen, die das Zusammenleben der Bürger regeln. Sie alle finden ihre Wurzeln in den Grundrechten des Grundgesetzes.

Beispiel:

Dem Recht Eigentümer einer Immobilie zu sein entspricht die Pflicht, hierfür Grundsteuern zu bezahlen.

Träger von Rechten und Pflichten

- **Träger** von Rechten und Pflichten sind:
  - Menschen (natürliche Personen)
  - Personenmehrheiten, Kapitalansammlungen oder Gebietskörperschaften, denen der Gesetzgeber eigene Rechtspersönlichkeit verliehen hat (juristische Personen des privaten und öffentlichen Rechts).

Beispiele:

GmbH, Aktiengesellschaft, eingetragener Verein, Stiftung, Gemeinde, Land, Staat, Handwerkskammer, Innung.

- **Nicht** Träger von Rechten und Pflichten sind:
  - Sachen
  - Tiere (sie genießen aber besonderen Rechtsschutz, zum Beispiel Tierschutzgesetz, Gesetz zur Verbesserung der Rechtsstellung des Tieres im BGB).

Rechtsfähigkeit

Rechtsfähigkeit

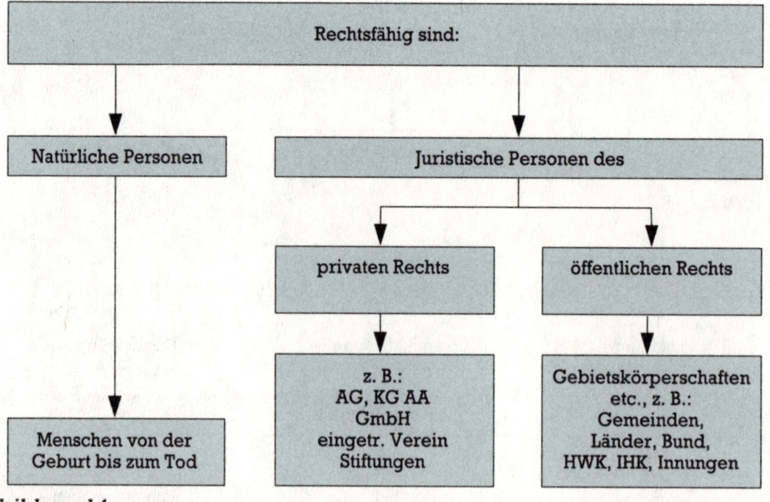

Abbildung 14

Beginn, Ende der Rechtsfähigkeit

- **Beginn und Ende** der Rechtsfähigkeit:
  - Natürliche Personen sind von der Geburt bis zum Tod rechtsfähig

- Juristische Personen sind rechtsfähig mit der Gründung bis zur Auflösung (zum Beispiel bei der GmbH mit der Eintragung im Handelsregister bis zur Beendigung der Liquidation).

Beispiele:

1) Die Eltern eines neugeborenen Kindes kommen bei einem Pkw-Unfall ums Leben. Erbt das Kind zum Beispiel das Haus, kann es dann im Grundbuch als Eigentümer eingetragen werden?

Das neugeborene Kind ist rechtsfähig und kann daher als Eigentümer im Grundbuch eingetragen werden.

2) Kann eine GmbH Eigentümerin eines Mietshauses werden?

Eine GmbH ist als juristische Person rechtsfähig und kann daher Eigentümerin eines Mietshauses werden.

3) Nach einem Zeitungsbericht erbt Dackel Waldi von seinem verstorbenen Besitzer eine Million!?

Dackel Waldi ist nicht rechtsfähig; an seiner Stelle kann eventuell der örtliche Tierschutzverein (juristische Person) erben.

Bei allen Beispielen hängt die Antwort also davon ab, wer Rechte und Pflichten hat, wer also rechtsfähig ist.

3.1.2.3 Geschäftsfähigkeit

Wenn eine Person rechtsfähig ist, steht damit noch nicht fest, daß sie ihre Rechte auch selbst wahrnehmen, ihre Pflichten selbst erfüllen kann. Dazu muß sie rechtswirksam handeln, das heißt Rechtshandlungen oder Rechtsgeschäfte vornehmen können, sie muß also geschäftsfähig sein.

Geschäftsfähigkeit ist die Fähigkeit, sich durch Rechtsgeschäfte (zum Beispiel Verträge, Willenserklärungen) verpflichten zu können.

Begriff: Geschäftsfähigkeit

Die Rechtsfähigkeit regelt, **wer** Rechte und Pflichten haben kann (zum Beispiel Eigentum), die Geschäftsfähigkeit bestimmt, wer die Rechte und Pflichten **selbst** ausüben kann, zum Beispiel über sein Eigentum selbst verfügen kann. Nach Alter und freier Willensbestimmung unterscheidet man drei Stufen der Geschäftsfähigkeit:

Geschäftsfähigkeit

Stufen der Geschäftsfähigkeit

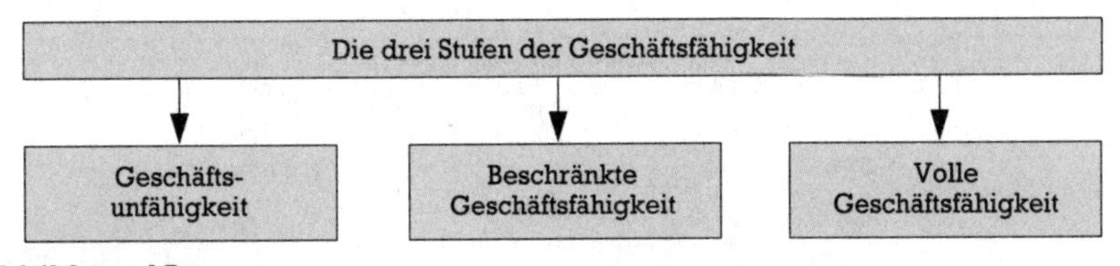

Abbildung 15

Geschäftsunfähigkeit

Geschäftsunfähig sind:

- Kinder bis zur Vollendung des 7. Lebensjahrs
- Personen, die sich nicht nur vorübergehend in einem die freie Willensbestimmung ausschließenden Zustand krankhafter Störung der Geistestätigkeit befinden (natürliche Geschäftsunfähigkeit).

Rechtsfolgen:

Nichtigkeit eines Rechtsgeschäfts mit einem Geschäftsunfähigen

Ein Geschäftsunfähiger kann Rechtsgeschäfte selbst nicht schließen. Er braucht dazu einen gesetzlichen Vertreter. Gesetzlicher Vertreter ehelicher Kinder sind die Eltern, des nichtehelichen Kindes die Mutter, eines Vollwaisen der vom Vormundschaftsgericht bestellte Vormund. Ein Rechtsgeschäft, das mit einem Geschäftsunfähigen abgeschlossen wird, ist nichtig.

Betreuer

- Volljährige, die aufgrund körperlicher, geistiger oder seelischer Krankheiten oder Behinderungen ihre Angelegenheit ganz oder teilweise nicht mehr selbst besorgen können, werden nicht mehr entmündigt, sondern erhalten seit 1. 1. 1992 einen Betreuer.
  Die Bestellung eines Betreuers hat nur dann die Geschäftsunfähigkeit zur Folge, wenn im Einzelfall die Voraussetzungen der natürlichen Geschäftsunfähigkeit (siehe oben) vorliegen.
  Zur Abwendung von erheblichen Gefahren für die Person oder das Vermögen des Betreuten kann gerichtlich seine rechtliche Handlungsfähigkeit eingeschränkt werden. Dies kommt einer Beschränkung der Geschäftsfähigkeit des Betreuten gleich. Die Vorschriften über die beschränkte Geschäftsfähigkeit gelten dann entsprechend.

Beschränkte Geschäftsfähigkeit

Beschränkte Geschäftsfähigkeit

Beschränkt geschäftsfähig sind:
- Minderjährige zwischen dem vollendeten 7. und dem vollendeten 18. Lebensjahr
- betreute Volljährige, für die gerichtlich ein Einwilligungsvorbehalt des Betreuers für bestimmte Handlungsbereiche (zum Beispiel Vermögensverfügungen) angeordnet wurde.

Rechtsfolgen:

Rechtsgeschäfte mit beschränkt Geschäftsfähigen

Der beschränkt Geschäftsfähige kann Rechtsgeschäfte (zum Beispiel Verträge) selbst abschließen. Rechtlich wirksam sind diese Rechtsgeschäfte, von Ausnahmen abgesehen, aber nur, wenn der gesetzliche Vertreter oder Betreuer vorher (Einwilligung) oder nachträglich (Genehmigung) zustimmt.

Einwilligung Genehmigung

Arten der Zustimmung

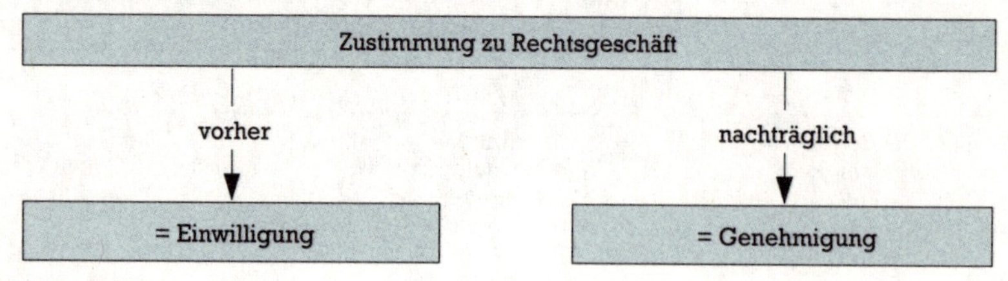

Abbildung 16

Stimmt der gesetzliche Vertreter dem Rechtsgeschäft zu (vorher oder nachträglich), ist das Rechtsgeschäft mit dem beschränkt Geschäftsfähigen rechtswirksam zustandegekommen.
Verweigert der gesetzliche Vertreter die Zustimmung, ist das Rechtsgeschäft unwirksam, das heißt nicht zustandegekommen.

Beispiel:

Ein 17jähriger kauft ohne Wissen seiner Eltern ein Mofa. Das Mofa muß nur dann bezahlt werden, wenn die Eltern nachträglich ihre Genehmigung zu dem Kaufvertrag erteilen. Verweigern sie die Genehmigung, muß der Händler das Mofa zurücknehmen und kann weder vom Minderjährigen noch von den Eltern Bezahlung verlangen.

Bis zur Zustimmung des gesetzlichen Vertreters sind Rechtsgeschäfte schwebend wirksam. Der Geschäftspartner des beschränkt Geschäftsfähigen kann den gesetzlichen Vertreter auffordern, dem Rechtsgeschäft zuzustimmen. Äußert sich der gesetzliche Vertreter hierzu binnen 14 Tagen nicht, gilt dies als Ablehnung der Zustimmung. Das Rechtsgeschäft mit dem beschränkt Geschäftsfähigen kommt dann nicht zustande, der Schwebezustand ist beendet.

Ausnahmen:

Ausnahmen

Eine strenge Anwendung der Vorschriften über die beschränkte Geschäftsfähigkeit würde den Bedürfnissen des praktischen Lebens nicht gerecht. Vorgesehen sind daher im Gesetz einige typische Rechtsgeschäfte des täglichen Lebens, zu denen die Zustimmung des gesetzlichen Vertreters nicht erforderlich ist. Dies gilt für

- **Taschengeldrechtsgeschäfte**

Taschengeld

Beispiel:

Kauf einer HiFi-Anlage, wenn der gesetzliche Vertreter die Mittel hierzu dem Minderjährigen zur freien Verfügung überlassen hat (Taschengeld, Lohn des minderjährigen Gesellen). Voraussetzung ist, daß der Kaufgegenstand bar bezahlt wird.

Für Teil- oder Abzahlungskäufe braucht der beschränkt Geschäftsfähige jedoch immer die Zustimmung seines gesetzlichen Vertreters, auch wenn die Raten mit Taschengeld bezahlt werden könnten.

- **Vorteilhafte Rechtsgeschäfte**

Vorteilhafte Rechtsgeschäfte

Beispiel:

Der Minderjährige erlangt durch ein Rechtsgeschäft einen nur rechtlichen Vorteil, ohne gleichzeitig Verpflichtungen übernehmen zu müssen (zum Beispiel die Annahme eines Geldgeschenkes).

- **Genehmigte Arbeitsverhältnisse**

Genehmigte Arbeitsverhältnisse

Beispiel:

Der Minderjährige hat mit Zustimmung seiner Eltern ein Arbeitsverhältnis angetreten. Er ist damit voll geschäftsfähig für alle Rechtsgeschäfte, die mit dem Arbeitsverhältnis zusammenhängen, das heißt er kann den Lohn in Empfang nehmen, aber auch das Arbeitsverhältnis kündigen. Die Eltern können allerdings die mit der Zustimmung gegebene Vollmacht wieder zurücknehmen oder einschränken.

- **Genehmigte Erwerbsgeschäfte**

Genehmigte Erwerbsgeschäfte

Beispiel:

Ermächtigen die Eltern mit Genehmigung des Vormundschaftsgerichts den Minderjährigen zum selbständigen Betrieb eines Bodenlegergewerbes, darf er alle damit zusammenhängenden Liefer-, Werk-, Dienst- oder Mietverträge rechtswirksam selbst abschließen.

Volle Geschäftsfähigkeit

Volle Geschäftsfähigkeit

Voll geschäftsfähig sind alle volljährigen Personen. Deutsche Staatsangehörige sind mit Vollendung des 18. Lebensjahres volljährig. Für Ausländer, die sich in Deutschland aufhalten (zum Beispiel Gastarbeiter), gelten die Vorschriften über die Volljährigkeit ihres Heimatlandes.

Rechtsfolgen:

Rechtsgeschäfte mit voll Geschäftsfähigen

Rechtsgeschäfte, die ein voll Geschäftsfähiger abschließt, sind rechtswirksam. Alle Rechte und Pflichten hieraus wirken für und gegen ihn.

Beispiele:

Ein voll Geschäftsfähiger
- kann alle Rechtsgeschäfte, das heißt auch alle Verträge selbst abschließen
- kann Beruf, Arbeitsplatz, Aufenthaltsort frei wählen
- kann über sein Einkommen und Vermögen frei verfügen
- kann wählen und gewählt werden (zum Beispiel Bundestag)
- muß aber auch alle Verpflichtungen aus seinen Rechtsgeschäften selbst erfüllen.

Geschäftsfähigkeit

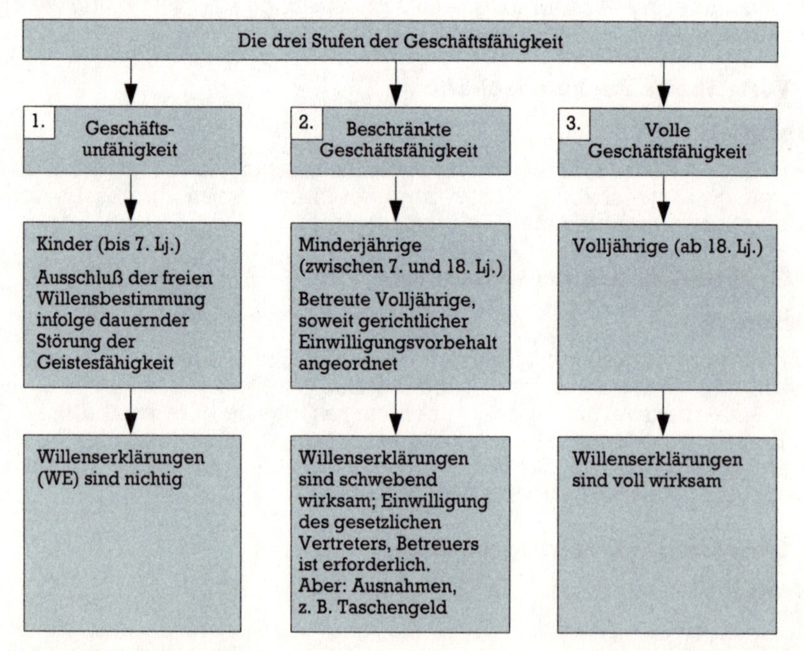

Abbildung 17

3.1.2.4 Deliktsfähigkeit

Deliktsfähigkeit

Die Deliktsfähigkeit ist eine Unterart der Handlungsfähigkeit. Während die Geschäftsfähigkeit abgrenzt, wer Rechte und Pflichten aus der Abwicklung von **rechtlichen** Handlungen (Rechtsgeschäften, Verträgen) zu tragen hat, regelt die Deliktsfähigkeit, wer aus **unerlaubten** Handlungen (Delikten) zivilrechtlich den Schaden zu tragen hat.

Beispiel:

Anläßlich einer Dachreparatur fällt infolge grober Unachtsamkeit ein Hammer auf ein ordnungsgemäß vor dem Haus geparktes Auto, dessen Frontscheibe zerstört wird. Der Verursacher ist schadenersatzpflichtig.

Begriff: Deliktsfähigkeit

Deliktsfähigkeit ist die Fähigkeit, sich durch unerlaubte Handlungen zu verpflichten.

Je nach Alter und besonderen Umständen unterscheidet man drei Stufen der Deliktsfähigkeit.

Deliktsfähigkeit

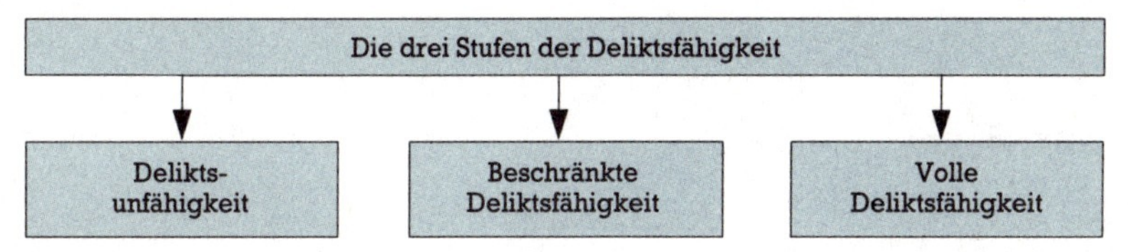

Abbildung 18

Delikts-unfähigkeit

Deliktsunfähigkeit

Deliktsunfähig sind:

- Kinder bis zur Vollendung des 7. Lebensjahrs
- Personen, die sich nicht nur vorübergehend in einem die freie Willensbestimmung ausschließenden Zustand krankhafter Störung der Geistestätigkeit befinden (Geisteskranke = natürlich Geschäftsunfähige).

Rechtsfolgen:

Schaden durch Deliktsunfähige

Deliktsunfähige haften nicht für den Schaden, den sie anderen zufügen. Unter Umständen haftet jedoch der gesetzliche Vertreter bei Verletzung der Aufsichtspflicht.

Beispiel:

Ein 6jähriger spielt mit Zündhölzern. Die Werkstatt des benachbarten Schreiners brennt ab.

Beschränkte Deliktsfähigkeit

Beschränkte Deliktsfähigkeit

Beschränkt deliktsfähig sind:

- Minderjährige zwischen vollendetem 7. und 18. Lebensjahr
- Taubstumme.

Rechtsfolgen:

Schaden durch beschränkt Deliktsfähige

Beschränkt Deliktsfähige haften für den verursachten Schaden nur, wenn sie bei Begehung der unerlaubten Handlung die zur Erkenntnis ihrer Verantwortlichkeit erforderliche Einsicht hatten. Unter Umständen haftet der gesetzliche Vertreter bei Verletzung der Aufsichtspflicht.

Beispiel:

Ein 13jähriger schießt mit einem Pfeil einem Spielkameraden ein Auge aus. Die Eltern hatten ständig gewarnt und wiederholt Pfeil und Bogen weggesperrt. Der Sohn hatte sich beides außer Haus neu besorgt.

Volle Deliktsfähigkeit

Volle Deliktsfähigkeit

Voll deliktsfähig sind:

- alle Personen ab Vollendung des 18. Lebensjahres, sofern sie geschäftsfähig sind.

Rechtsfolgen:

Schaden durch voll Deliktsfähige

Voll Deliktsfähige sind für die Folgen ihrer unerlaubten Handlungen voll verantwortlich.

Deliktsfähigkeit und Haftung

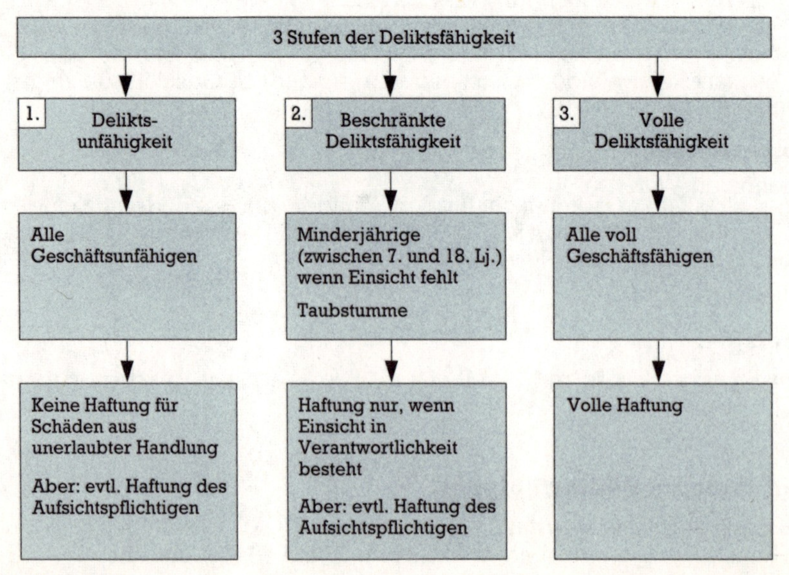

Abbildung 19

Lebensalter und Recht – Wechselwirkungen

Lebensalter und Recht

Lebensalter und Recht

Lebensjahre	
6.	Schulpflichtbeginn
7.	Beschränkte Geschäftsfähigkeit · beschränkte Deliktsfähigkeit
14.	Volle Religionsmündigkeit · bedingte Strafmündigkeit
16.	Beschränkte Testierfähigkeit · Pflicht zum Besitz eines Personalausweises Ehefähigkeit · Erwerb der Fahrerlaubnis Klasse 4 und 5 möglich
18.	Volljährigkeit · volle Geschäfts- und Testierfähigkeit · volle Deliktsfähigkeit Ehemündigkeit · aktives und passives Wahlrecht zum Bundestag und zu Landesparlamenten · Strafmündigkeit als Heranwachsender Erwerb der Fahrerlaubnis Klasse 1a und 3 möglich
21.	Volle strafrechtliche Verantwortlichkeit als Erwachsener Erwerb der Fahrerlaubnis Klasse 2 möglich
24.	Lehrlingsausbildungsbefugnis im Handwerk
25.	Adoptionsfähigkeit · Befähigung zum Schöffenamt, zum Richter beim Arbeits-, Sozialgericht ehrenamtlich
30.	Befähigung zum Amt des Handelsrichters · Befähigung zum ehrenamtlichen Richter beim Verwaltungs- und Finanzgericht
40.	Befähigung zum Amt des Bundespräsidenten
45.	Ende der Wehrpflicht für Mannschaftsgrade im Frieden
50.	Ende der Wehrpflicht für Offiziere und Unteroffiziere Ende der Wehrpflicht für alle im Verteidigungsfall Vorzeitiges Altersruhegeld in der Rentenversicherung für Frauen, Schwerbehinderte, bei Berufs- und Erwerbsunfähigkeit
63.	Vorzeitiges Altersruhegeld auf Antrag
65.	Altersruhegeld in der Rentenversicherung Altersgrenze für Beamte und Richter

Abbildung 20

3.1.2.5 Willenserklärungen

Inhalt und Ziel von Rechtsgeschäften

Der Mensch schließt zur Verwirklichung seiner vielfältigen Beziehungen Rechtsgeschäfte, zum Beispiel Verträge. Sie haben eine bestimmte Rechtsfolge zum Ziel. Rechtsgeschäfte bestehen daher aus einer oder mehreren Willenserklärungen, die die gewünschte Rechtsfolge herbeiführen.

Die Willenserklärung ist Grundlage und notwendiger Bestandteil jedes Rechtsgeschäfts.

Wirksamkeit der Willenserklärung

Wirksamkeit von Willenserklärungen

Für die Wirksamkeit einer Willenserklärung sind zwei Voraussetzungen erforderlich:

- **der Wille, eine bestimmte Rechtsfolge herbeizuführen,** zum Beispiel Anschaffung eines Pkw
- **Erklärung des Willens,** zum Beispiel: ich will einen Pkw kaufen. Die Erklärung kann ausdrücklich oder durch schlüssiges Verhalten erfolgen.

Arten von Rechtsgeschäften

Je nach der Anzahl der beteiligten Willenserklärungen unterscheiden wir:

Einseitige Rechtsgeschäfte

- **Einseitige Rechtsgeschäfte,** das heißt, es genügt eine Willenserklärung zur Wirksamkeit des Rechtsgeschäfts, zum Beispiel Errichtung eines Testaments. In manchen Fällen ist der Empfang der Willenserklärung zu ihrer Wirksamkeit erforderlich, zum Beispiel Kündigung.

Mehrseitige Rechtsgeschäfte

- **Mehrseitige Rechtsgeschäfte,** das heißt, zwei oder mehrere übereinstimmende Willenserklärungen machen das Rechtsgeschäft wirksam. Typisches Beispiel: Verträge.

Die Arten von Rechtsgeschäften

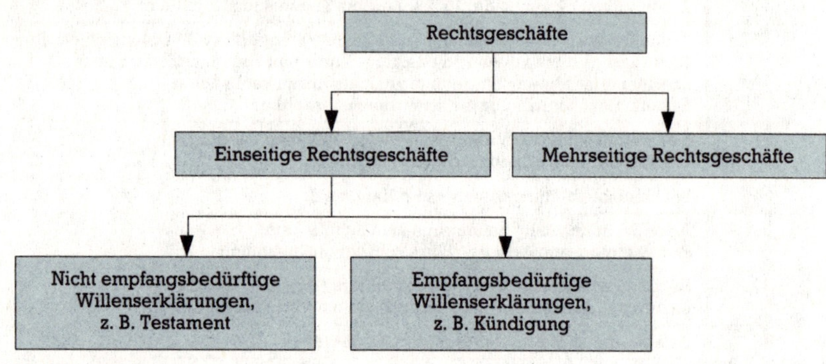

Abbildung 21

3.1.2.6 Vertretung und Vollmacht

Stellvertretung

In der Regel handelt der Mensch rechtsgeschäftlich in eigener Person (Ausnahmen: Geschäftsunfähige etc.). Bei den meisten Rechtsgeschäften kann man sich aber auch vertreten lassen. Der Vertreter gibt in diesem Fall die Willenserklärung für den Vertretenen ab oder nimmt diese entgegen. Die Rechtsfolgen treffen allein den Vertretenen.

Bestellung zum Vertreter

Die Bestellung zum Vertreter erfolgt durch Erteilung einer mündlichen oder schriftlichen Vollmacht. Sie wirkt nur im erteilten Umfang und ist jederzeit widerruflich.

Beispiel:

Das Zustandekommen eines Kaufvertrags durch Vollmacht

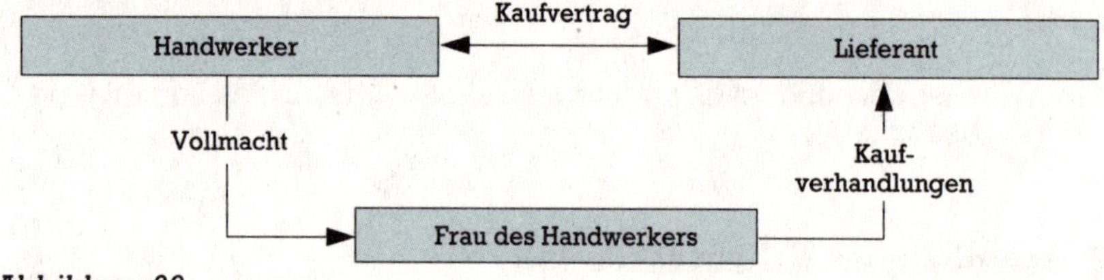

Abbildung 22

Vertretung ohne Vertretungsmacht

Der Vertreter wird aus dem Rechtsgeschäft selbst verpflichtet, wenn er nicht als Vertreter auftritt bzw. dies aus den Umständen nicht erkennbar wird. Gleiches gilt, wenn er ohne Vollmacht im Namen eines anderen einen Vertrag schließt.

3.1.3 Allgemeines Vertragsrecht

3.1.3.1 Grundlagen des Vertragsrechts

Lernziele:

- Verstehen des Wesens und der rechtlichen Bedeutung der Vertragsfreiheit.
- Kennen des Gesetzes zur Regelung des Rechts der Allgemeinen Geschäftsbedingungen (AGB) sowie der Voraussetzungen für die Gültigkeit der AGB.
- Wissen, wie Verträge zustande kommen.
- Wissen, aus welchen Gründen ein Vertrag nichtig bzw. anfechtbar sein kann (entsprechend den Ausführungen des Rahmenstoffplanes).

Vertragsfreiheiten

Das deutsche Vertragsrecht geht von drei grundsätzlichen Freiheiten aus:

Vertragliche Freiheiten nach dem BGB

- **Abschlußfreiheit,** das heißt die Parteien bestimmen, mit wem sie einen Vertrag schließen wollen.
- **Inhaltsfreiheit,** das heißt die Parteien legen, von wenigen Ausnahmen abgesehen, den Inhalt eines Vertrages nach ihren Vorstellungen fest.
- **Formfreiheit,** das heißt die Parteien entscheiden, von wenigen Ausnahmen abgesehen, frei über die Form des Vertragsabschlusses.

Die Freiheiten im Vertragsrecht

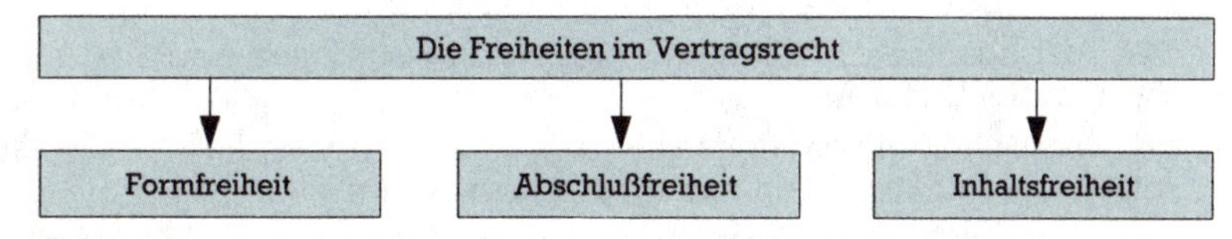

Abbildung 23

Allgemeine Geschäftsbedingungen

AGB

Treffen die Parteien bei Abschluß eines Vertrages, wie meist, keine Einzelabreden, gelten die Regeln des BGB, die die Interessen der Vertragspartner angemessen wahren. Will eine Partei davon abweichen, wird sie bestrebt sein, eigene Vertragsregeln (Allgemeine Geschäftsbedingungen) zur Vertragsgrundlage zu machen.

Beispiel:

Der Verkäufer strebt günstigere Bedingungen zur Kaufpreiszahlung, zur Haftung oder zu den Lieferfristen an.

Einzeln ausgehandelte Vertragsbedingungen

- AGB sind alle für eine Vielzahl von Verträgen vorformulierten Vertragsbedingungen, die eine Vertragspartei (Verwender) der anderen bei Abschluß eines Vertrages einseitig auferlegt.
- AGB liegen dann nicht vor, wenn die Vertragsbedingungen zwischen den Parteien im einzelnen ausgehandelt werden.

Voraussetzungen für die Gültigkeit von AGB

Anwendungsvoraussetzungen der AGB

- Der Verwender muß den anderen Vertragsteil ausdrücklich oder durch sichtbaren Aushang auf die AGB hinweisen.
- Der andere Vertragsteil muß die Möglichkeit haben, in zumutbarer Weise von den AGB Kenntnis zu nehmen.
- Der andere Vertragsteil muß mit den AGB erkennbar einverstanden sein, zum Beispiel durch Unterschrift.

Liegen alle drei Voraussetzungen für die Gültigkeit von AGB vor, werden die AGB Bestandteil des geschlossenen Vertrages.

Schutzbestimmungen bei Anwendung von AGB:

Weil AGB in der Regel das Gleichgewicht zwischen den Vertragsparteien verändern, enthält das Gesetz zur Regelung der AGB einige Bremsen und Verbote:

Schutz gegen verbotene AGB-Klauseln

- **Überraschende Klauseln,** mit denen der andere Teil nicht rechnen muß, werden nicht Vertragsbestandteil.
- **Unklar abgefaßte Klauseln** sind im Zweifel zugunsten des anderen Teils auszulegen.
- **Gegen Treu und Glauben benachteiligende Klauseln** sind unwirksam.

Verbotene AGB-Klauseln

- **Verboten** und damit unwirksam sind **ca. 40 Klauseln,** unter anderem folgende:
  - der Vorbehalt einer unangemessen langen oder einer nicht genügend bestimmten Frist für die Annahme oder Ablehnung eines Angebots oder für die Erbringung einer Leistung
  - der Vorbehalt einer zu langen oder zu unbestimmten Nachfrist beim Verzug des Lieferanten
  - der Vorbehalt eines Rücktrittsrechts des Verwenders der AGB, sofern der Rücktritt nicht sachlich gerechtfertigt ist
  - der Vorbehalt des Verwenders, die versprochene Leistung zu ändern, sofern die Änderung dem Kunden nicht zugemutet werden kann
  - der Vorbehalt des Verwenders, die Preise auch für solche Waren und Leistungen zu erhöhen, die binnen vier Monaten nach Vertragsabschluß geliefert oder erbracht werden sollen
  - der Ausschluß eines dem Kunden gesetzlich zustehenden Leistungsverweigerungs- und Rücktrittsrechts
  - der Ausschluß einer dem Kunden zustehenden Aufrechnungsmöglichkeit
  - die Vereinbarung einer an den Verwender zu zahlenden Vertragsstrafe
  - der Ausschluß der Haftung (oder ihre Begrenzung) bei grobem Verschulden des Verwenders (Vorsatz oder grobe Fahrlässigkeit)
  - der Ausschluß des Rücktrittsrechts des Kunden oder seines Schadenersatzanspruches bei Verzug des Verwenders
  - der Ausschluß von Gewährleistungsansprüchen bei Kaufverträgen über neue Sachen und bei Werkverträgen, sowie die Vereinbarung einer kürzeren als der gesetzlichen Mängelrügefrist und der gesetzlichen Gewährleistungsfristen.

Schutzmaßnahmen gegen rechtswidrige AGB:

- Verbraucherverbände, Handwerkskammern, Industrie- und Handelskammern oder Innungen können den Verwender auf Unterlassung und Widerruf verklagen.
- Der Betroffene kann vor Gericht die Unwirksamkeit einer Klausel in seinem speziellen Fall klären lassen.

Gerichtliche Schutzmaßnahmen gegen AGB

In **Einzel**verträgen kann grundsätzlich alles vereinbart werden, auch wenn es bei Verwendung als AGB rechtswidrig wäre. Grenzen sind in diesem Fall die allgemeinen gesetzlichen Verbote und die guten Sitten.

Zustandekommen eines Vertrages

Angebot und Annahme

Ein Vertrag kommt durch zwei Willenserklärungen zustande: Angebot (auch Antrag, Offerte) und Annahme. Voraussetzung ist, daß die Willenserklärungen inhaltlich übereinstimmen.

Erfolgt die Annahme unter Änderungen oder Einschränkungen, gilt das Angebot als abgelehnt, verbunden gleichzeitig mit einem neuen Angebot.

Zustandekommen eines Vertrages

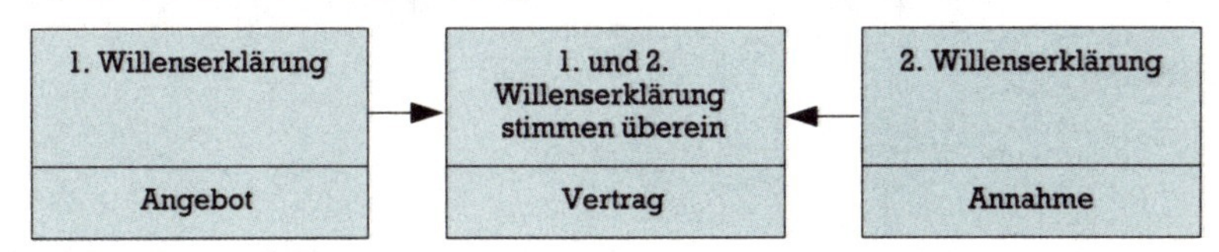

Abbildung 24

Kein Angebot im Sinne eines Vertragsabschlusses sind Werbung, Prospekte, Zeitungsanzeigen, Kataloge, Schaufensterauslagen etc.

Werbung

Sie gelten im Rechtssinne als Aufforderung an einen unbestimmten Kundenkreis, seinerseits dem Anbietenden ein Angebot zum Beispiel zum Kauf des beworbenen Gegenstandes zu unterbreiten.

Bindung an das Angebot

Hat der Anbieter sein Angebot zeitlich befristet, kann die Annahme nur innerhalb der Frist erfolgen. Danach erlischt das Angebot.

Bindungswirkung des Angebots

Ist das Angebot zeitlich nicht befristet, kommt es für die Bindungswirkung auf den Adressaten an:

- Ein Angebot **unter Anwesenden** kann nur sofort angenommen werden. Als solches gilt auch ein telefonisches Angebot. Schweigen gilt als Ablehnung.
- Ein Angebot **unter Abwesenden** (zum Beispiel schriftlich) bindet den Anbieter solange, wie er mit einer Antwort üblicherweise rechnen kann. Beförderungs- und Überlegungsfristen sind zu berücksichtigen. Eine zeitliche Befristung des Angebots vermeidet Differenzen.

Bindung eines zeitlich nicht befristeten Angebots

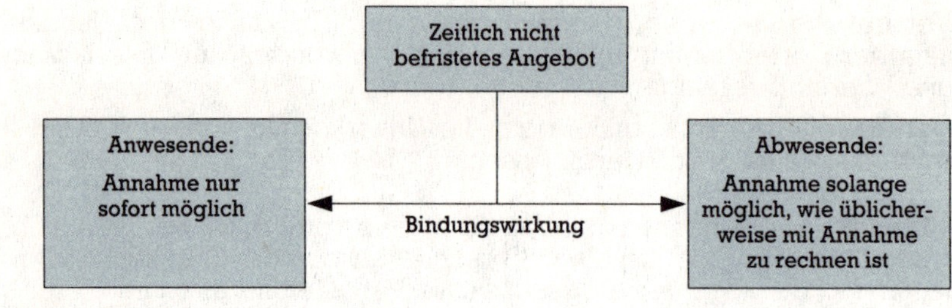

Abbildung 25

Erlöschen der Bindungswirkung des Angebots

Erlöschen des Angebots

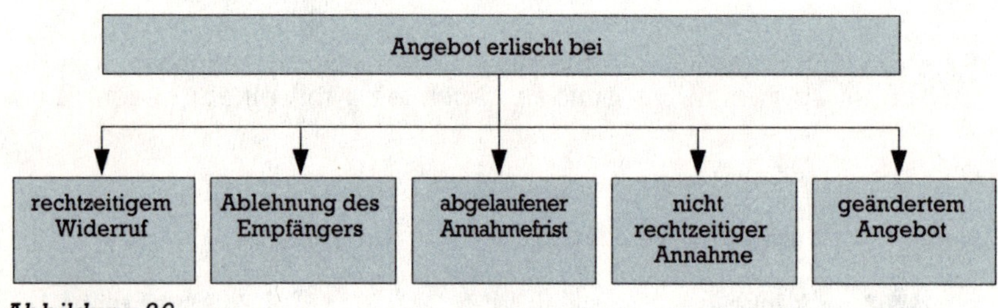

Abbildung 26

Achtung bei kaufmännischen Bestätigungsschreiben

Besonderheiten beim kaufmännischen Bestätigungsschreiben:
Ausnahmsweise kommt ein Vertrag auch dann zustande, wenn Angebot und Annahme nicht übereinstimmen.

Beispiel:

Zwei Kaufleute stehen in Geschäftsbeziehungen zueinander. Einer bestellt (Angebot) mündlich eine Maschine zum Preis von 5.000,00 DM, Zahlungsziel drei Monate nach Lieferung. Der Lieferant bestätigt (Annahme) dem Besteller schriftlich die telefonische Absprache, läßt aber das Zahlungsziel weg (sogenanntes kaufmännisches Bestätigungsschreiben). Der Kaufpreis wird sofort nach Lieferung fällig.

Die rechtliche Wirkung des inhaltlich abweichenden kaufmännischen Bestätigungsschreibens kann nur vermieden werden, wenn der Besteller der Änderung der telefonischen Absprache sofort widerspricht.

Fehlerhafte Rechtsgeschäfte (Nichtigkeit und Anfechtbarkeit)

Fehlerhafte Rechtsgeschäfte

Rechtsgeschäfte, das heißt einseitige oder mehrseitige Willenserklärungen, werden in der Regel geschlossen, um rechtliche Wirkungen zu erzielen. Dabei können den Handelnden Fehler unterlaufen, die Nichtigkeit oder Anfechtbarkeit des Rechtsgeschäfts zur Folge haben.

Der Charakter von Rechtsgeschäften

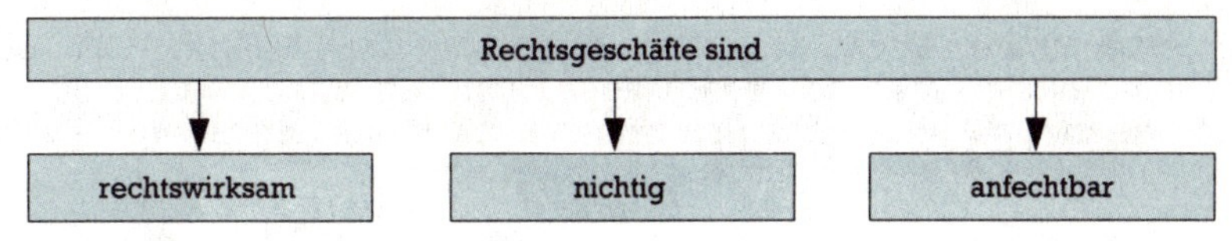

Abbildung 27

Nichtige Rechtsgeschäfte

Ein nichtiges Rechtsgeschäft entwickelt keine Rechtswirksamkeit. Es ist von Anfang an unwirksam. Jeder kann sich darauf berufen. Die Berufung auf die Nichtigkeit ist an keine Frist gebunden.

Wirkungen der Nichtigkeit

Nichtigkeitsgründe bei Rechtsgeschäften

Nichtigkeitsgründe

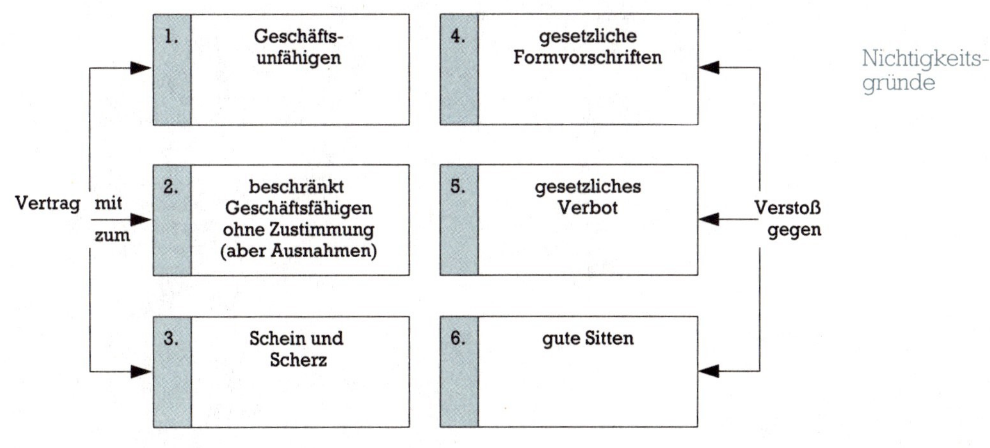

Abbildung 28

Beispiele:

zu 2.: Vertrag mit einem beschränkt Geschäftsfähigen, wenn kein Ausnahmefall, zum Beispiel Taschengeldprivileg, vorliegt, oder die Zustimmung des gesetzlichen Vertreters fehlt.

zu 3.: Beurkundung eines Grundstückskaufvertrages mit einem niedrigeren Kaufpreis als der Käufer tatsächlich bezahlt.

zu 4.: Der Kauf eines Grundstücks wird nicht notariell, sondern nur schriftlich abgeschlossen.

zu 5.: Vertrag zum illegalen Erwerb von Rauschgift.

zu 6.: Ein Unternehmer verkauft seinen Betrieb, tatsächlicher Wert 50.000,00 DM, an einen unerfahrenen jungen Kollegen für 100.000,00 DM.

Anfechtbare Rechtsgeschäfte

Wirkungen der Anfechtung

Ein anfechtbares Rechtsgeschäft wird erst mit der Erklärung der Anfechtung nichtig. Nur der Berechtigte kann gegenüber dem Anfechtungsgegner anfechten. Die Anfechtung kann nur binnen der im Gesetz vorgesehenen Anfechtungsfrist erklärt werden.

Gründe und Fristen zur Anfechtung eines Rechtsgeschäfts

Irrtum
Täuschung
Drohung

Anfechtungsfrist

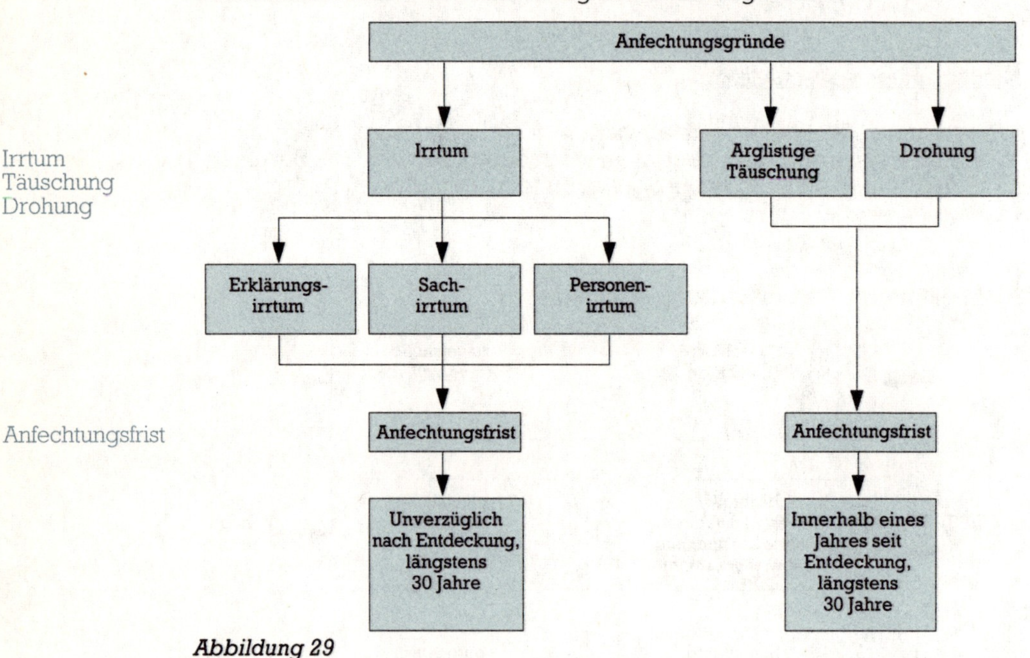

Abbildung 29

Beispiele:

- Erklärungsirrtum: Ein Bäcker bestellt monatlich 30 Sack Mehl. Er verschreibt sich und bestellt statt dessen 300 Sack Mehl. Er kann unverzüglich, das heißt ohne schuldhaftes Zögern, anfechten. Der Lieferant muß 270 Sack Mehl zurücknehmen, die unnötigen Transportkosten trägt der irrende Bäcker.
- Sachirrtum: Der Handwerker mietet einen Werkstattraum zum Lagern von empfindlichen Waren. Später stellt sich heraus, daß dies wegen Feuchtigkeit des Raumes nicht möglich ist. Er kann unverzüglich anfechten.
- Personenirrtum: Ein Fabrikant, der sich als zahlungsfähig ausgibt, erteilt einem Handwerker einen Auftrag, eine teure Maschine zu bauen. Tatsächlich ist der Fabrikant bereits zahlungsunfähig. Der Handwerker hat sich über eine wesentliche Eigenschaft seines Auftraggebers geirrt, er kann unverzüglich anfechten.

Motivirrtum

Der sogenannte Motivirrtum (Irrtum im Beweggrund), zum Beispiel Kalkulationsirrtum, berechtigt nicht zur Anfechtung.

3.1.3.2 Einzelheiten des Vertragsrechts

Lernziele:

- Wissen, unter welchen Voraussetzungen der Handwerksmeister für Erfüllungs- und Verrichtungsgehilfen haftet bzw. nicht haftet, zu welchem Zeitpunkt ein Vertrag zu erfüllen ist.
- Kennen der Voraussetzungen und Folgen des Verzugs des Schuldners und des Gläubigers.
- Wissen, in welchen Fällen Schadenersatz zu leisten ist.
- Wissen, welcher Ort als Ort der Erfüllung nach dem Gesetz gilt, welche Schulden Bringschulden oder Holschulden sind.
- Informiert sein über die wesentlichen Besonderheiten beim Versendungskauf.
- Wissen, wann ein Zurückbehaltungsrecht ausgeübt werden kann und bei welchen Ansprüchen es nicht ausgeübt werden darf.
- Kennen und Verstehen des Zwecks und der unabdingbaren Merkmale einer Quittung.
- Kennen des Zwecks und der Folgen der Forderungsabtretung.
- Wissen der wichtigsten Verjährungsfristen des Bürgerlichen Gesetzbuches, unter welchen Voraussetzungen die Verjährung durch den Gläubiger oder durch den Schuldner unterbrochen werden kann, wann eine Hemmung der Verjährung vorliegt.
- Kennen der wichtigsten Hemmungsgründe für die Verjährung.

Haftung für Erfüllungs- und Verrichtungsgehilfen

Meist setzt der Handwerker bei der Ausführung von vertraglich übernommenen Arbeiten (zum Beispiel Werkverträgen) seine Arbeitnehmer ein. Entsteht dabei ein Schaden, ist zwischen Erfüllungs- und Verrichtungsgehilfen zu unterscheiden:

Unterschied zwischen Erfüllungsgehilfe und Verrichtungsgehilfe

Erfüllungs-, Verrichtungsgehilfe

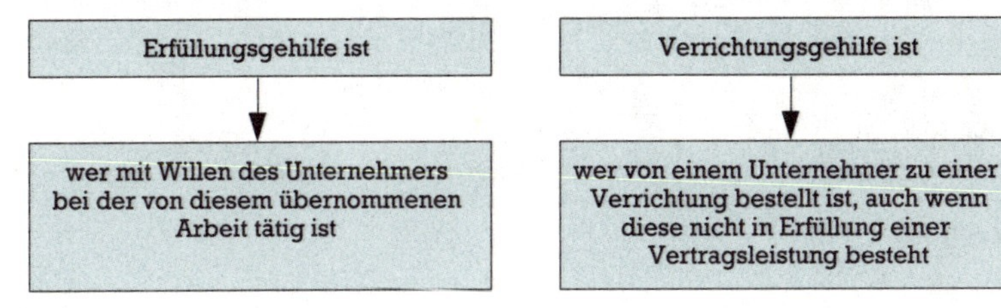

Abbildung 30

Haftung des Unternehmers

- Für Schäden, die der Erfüllungsgehilfe **bei Ausführung der übernommenen Arbeit** verursacht, haftet der Unternehmer seinem Vertragspartner (Kunden) wie für eigenes Verschulden.
- Für Schäden, die der Erfüllungs- oder Verrichtungsgehilfe (zum Beispiel Geselle) **bei Arbeiten** verursacht, **die er auf eigene Faust ausführt**, haftet der Geselle, nicht der Unternehmer.
- Für Schäden, die der Erfüllungs- oder Verrichtungsgehilfe **infolge unerlaubter Handlungen** anläßlich der Ausführung übernommener Arbeiten verursacht, haftet der Unternehmer nur, wenn er bei der Auswahl des Mitarbeiters nicht die im Geschäftsverkehr erforderliche Sorgfalt beachtet hat.

Erfüllungsort, Erfüllungszeit, Verzug

Für die erfolgreiche Abwicklung eines Vertrages ist von grundlegender Bedeutung, wo (Ort) und wann (Zeit) die Lieferung oder Leistung zu erfolgen hat. Ist hierzu vertraglich nichts vereinbart, gilt die gesetzliche Regelung.

Erfüllungsort

Erfüllungsort

> Gesetzlicher Erfüllungsort ist der Ort, an dem der Schuldner seinen Wohnsitz oder seine gewerbliche Niederlassung hat. Das Gericht dieses Orts ist für Klagen gegen den Schuldner zuständig.

Im übrigen gilt:

Holschulden

- **Sach-** (Waren-) **Schulden** sind Holschulden, das heißt der Gläubiger muß sie beim Schuldner holen.

Bringschulden

- **Geldschulden** sind Bringschulden bzw. Schickschulden, das heißt der Schuldner muß dem Gläubiger geschuldetes Geld bringen oder auf seine Kosten schicken.

Versendungskauf

- Ein **Versendungskauf** liegt vor, wenn der Sach- (Waren-) Schuldner die verkaufte Sache auf Verlangen des Gläubigers (Käufers) nach einem anderen Ort als dem Erfüllungsort (Wohnsitz des Schuldners) versendet.
  Mit Übergabe an den Spediteur (Bahn, Post etc.) hat der Schuldner seine Verpflichtung erfüllt, der Gläubiger trägt die Kosten und die Transportgefahr. Anweisungen des Gläubigers hat der Schuldner zu befolgen. Abweichende Vereinbarungen sind möglich, zum Beispiel „frei Haus", das heißt der Schuldner trägt die Versandkosten, der Gläubiger die Transportgefahr.

Der Erfüllungsort

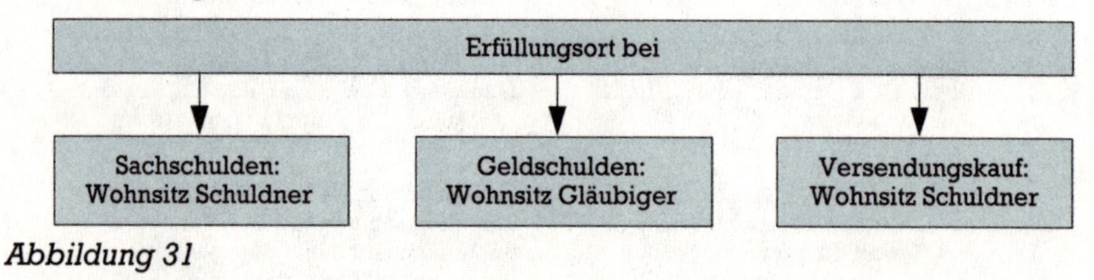

Abbildung 31

Erfüllungszeit:

Erfüllungszeit

> Gesetzliche Erfüllungszeit:
> Fehlt eine Vereinbarung, kann der Gläubiger die Lieferung/Leistung sofort verlangen, der Schuldner sie sofort bewirken.

Der Vertrag ist Zug um Zug, das heißt „hier Ware/Leistung – hier Geld" zu erfüllen. Jede Vertragspartei ist sowohl Gläubiger als auch Schuldner.

Beispiel:

Der Käufer einer Ware ist verpflichtet, diese abzunehmen (Gläubigerpflicht) und den Kaufpreis zu bezahlen (Schuldnerpflicht). Der Verkäufer einer Ware ist verpflichtet, diese zu übergeben (Schuldnerpflicht) und den Kaufpreis anzunehmen (Gläubigerpflicht).

Erfüllt eine Partei (Käufer/Verkäufer) eine Schuldnerpflicht nicht, kommt sie in Leistungsverzug des Schuldners.
Erfüllt eine Partei (Käufer/Verkäufer) eine Gläubigerpflicht nicht, kommt sie in Annahmeverzug des Gläubigers.
Beides hat für den, der sich in Verzug befindet, nachteilige Folgen.

Verzug

Verzug

Leistungsverzug des Schuldners

Leistungsverzug bei Schuldnerverpflichtung

Erfüllt der Schuldner seine Verpflichtung zur Leistung nicht oder nicht rechtzeitig, kommt er in Verzug.

Leistungsverzug des Schuldners

Voraussetzungen

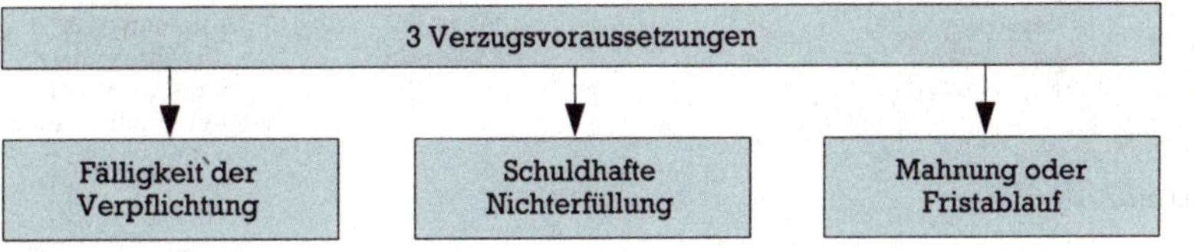

Abbildung 32

Beispiel:

Der Handwerker hat eine Maschine gekauft, die am 1. 7. geliefert werden muß. Liefert der Verkäufer nicht spätestens am 1. 7., ist er am 2. 7. in Verzug. Eine Mahnung ist nicht erforderlich.

Variante:

War kein Kalendertermin für die Lieferung bestimmt, kommt der Verkäufer mit der ersten Mahnung des Handwerkers in Verzug. Aus Beweisgründen sollte die Mahnung schriftlich erfolgen.

Verzugsfolgen bei Nichterfüllung einer Geldforderung

Verzugsfolgen bei Geldforderung

Verzugsfolgen bei Geldforderungen

Verzugszins

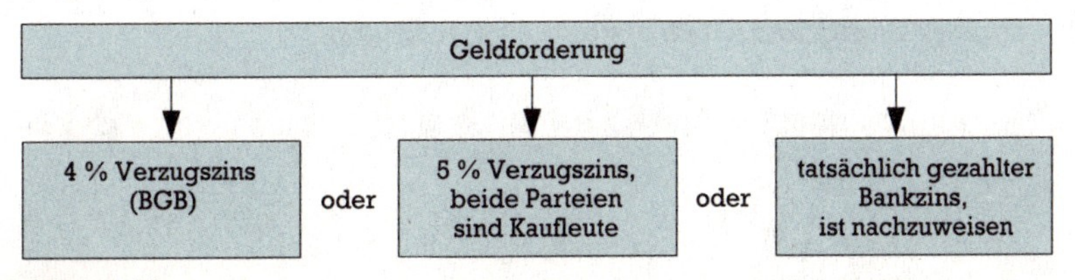

Abbildung 33

Verzugsfolgen bei Nichterfüllung einer sonstigen Verpflichtung

Verzugsfolgen bei Nichterfüllung sonstiger Verpflichtungen

Verzugsfolgen bei Nichterfüllung sonstiger Verpflichtungen

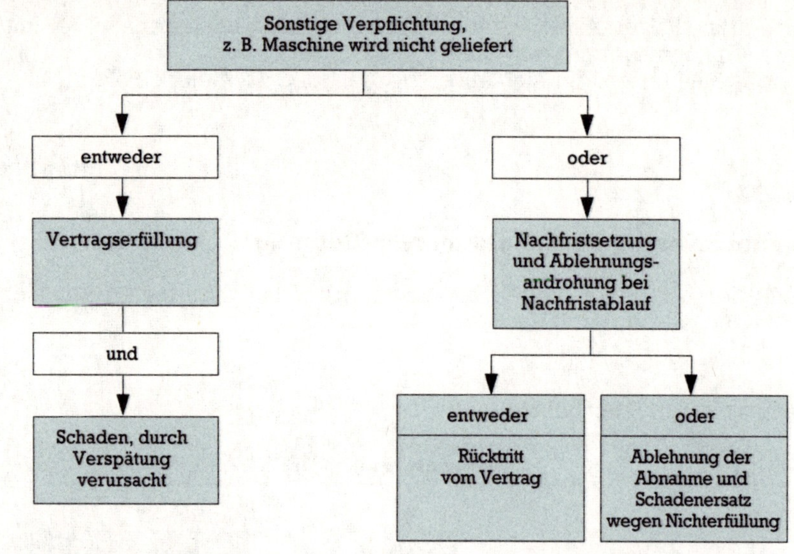

Rücktritt oder Schadenersatz

Abbildung 34

- Nachfristsetzung und Ablehnungsandrohung bei erfolglosem Ablauf der Nachfrist müssen miteinander verbunden sein. Die Nachfrist sollte nicht zu kurz gewählt werden.
- Ist eine Nachfrist erfolglos verstrichen, besteht der Anspruch auf Erfüllung nicht mehr. Es kann nur noch Rücktritt oder Schadenersatz gewählt werden. Beides zusammen ist nicht möglich. Die gewählte Alternative ist klar zu bezeichnen.
- Wird der Rücktritt vom Vertrag gewählt, wirkt dies, als wäre nie ein Vertrag zustande gekommen. Vorleistungen oder Anzahlungen sind sofort zurückzuerstatten.
- Wird Schadenersatz gewählt, ist der durch Nichtlieferung entstandene Verlust zu ersetzen, zum Beispiel der Mehrpreis einer anderweitig beschafften Maschine.
- Nachfristsetzung erübrigt sich, wenn die Erfüllung infolge des Verzuges für den Gläubiger kein Interesse mehr hat, zum Beispiel Saisonware, Ware für Weihnachten etc.

Annahmeverzug des Gläubigers

Annahmeverzug bei Gläubigerverpflichtung

Der Gläubiger kommt in Annahmeverzug durch Nichtannahme der ihm

- zur rechten Zeit
- am rechten Ort
- in der rechten Art

} angebotenen Leistung.

Während des Annahmeverzugs des Gläubigers gelten folgende Grundsätze:
- Bei Geldschulden ruht die Zinspflicht.
- Der Schuldner haftet nur für Vorsatz und grobe Fahrlässigkeit.
- Die Gefahr der zufälligen Beschädigung oder des zufälligen Untergangs des Vertragsgegenstandes geht auf den Gläubiger über.
- Sachen dürfen hinterlegt werden; nicht hinterlegungsfähige Sachen können versteigert, der Erlös hinterlegt werden.

Gefahrübergang Hinterlegung

Zurückbehaltungsrecht

Zurückbehaltungsrecht

Es gibt Fälle, in denen jeder Partner eines Rechtsverhältnisses (zum Beispiel eines Vertrages) vom anderen etwas fordern kann, diesem aber zugleich etwas schuldet. Besondere Beispiele hierfür sind gegenseitige Verträge wie der Kaufvertrag, der Werkvertrag und der Mietvertrag. Aus einem gegenseitigen Vertrag sollen grundsätzlich beide Seiten gleichzeitig leisten. Es wäre unbillig, wenn ein Vertragspartner zur Leistung gezwungen werden könnte, obgleich der andere nicht zugleich auch leistet.

Schutz gegen eine einseitige Vorleistungspflicht bietet das gesetzliche Zurückbehaltungsrecht.
Das Zurückbehaltungsrecht ist an folgende Voraussetzungen geknüpft:
- Fälligkeit der Gegenleistung und
- ein innerer natürlicher wirtschaftlicher Zusammenhang der Ansprüche.

Liegen diese Voraussetzungen vor, ist der Schuldner berechtigt, die geschuldete Gegenleistung zu verweigern, bis die ihm gebührende Leistung bewirkt ist.

Voraussetzungen

Beispiel:

Ein Hersteller beliefert einen Handwerker, mit dem er in ständiger Geschäftsverbindung steht, fortlaufend mit Waren. Hat der Handwerker bereits gelieferte Waren aus früheren Verträgen noch nicht bezahlt, kann der Hersteller die aus dem letzten Vertrag geschuldeten Warenlieferungen zurückhalten.

Das Zurückbehaltungsrecht gibt dem Schuldner nur eine Einrede, das heißt es wird nur beachtet, wenn es der Schuldner geltend macht.

Einrede

Wird die Einrede in einem Prozeß erhoben, erfolgt die Verurteilung zur Leistung „Zug um Zug" gegen Empfang der Gegenleistung.
Das Zurückbehaltungsrecht kann gesetzlich, durch Vereinbarung, aus der Natur des Schuldverhältnisses oder nach Treu und Glauben ausgeschlossen sein.

Ausschluß

Beispiel:

Wer selbst vertragsuntreu oder vertraglich vorleistungspflichtig ist, oder wer für seinen Gegenanspruch ausreichend Sicherheiten besitzt, hat kein Zurückbehaltungsrecht. Ausgeschlossen ist dieses auch bei Arbeitspapieren, Reisepässen, Führerscheinen, Krankenunterlagen.

Quittung

Die Quittung bestätigt die Bezahlung einer Schuld. Sie ist Beweismittel für die Erfüllung.

Anspruch auf Quittung

Auf Verlangen muß der Gläubiger eine schriftliche Quittung ausstellen. Die Bezahlung an den Überbringer einer Quittung befreit den Schuldner ebenso wie die Bezahlung an den Gläubiger.

Beispiel:

Der Meister schickt den Lehrling nach durchgeführtem Auftrag mit der Quittung zum Kunden. Der Kunde zahlt und erhält die Quittung. Der Lehrling veruntreut das Geld. Der Meister kann nur vom Lehrling, nicht erneut vom Kunden Zahlung verlangen.

Forderungsabtretung

Forderungsabtretung

Eine Forderung kann vom Gläubiger an einen anderen abgetreten werden. Dieser ist dann neuer Gläubiger des Schuldners. Der Schuldner kann vom Zeitpunkt der Kenntnis der Abtretung eine Zahlung mit befreiender Wirkung nur noch an den neuen Gläubiger leisten.

Zahlung nur noch an den neuen Gläubiger

- Eine Zustimmung des Schuldners zur Forderungsabtretung ist nicht erforderlich.
- Der Schuldner ist von der Abtretung vom alten oder neuen Gläubiger in Kenntnis zu setzen.
- Die dem Schuldner vom alten Gläubiger gewährten Erleichterungen (zum Beispiel Stundung etc.) gelten auch gegenüber dem neuen Gläubiger.

Verjährung

Zwischen Menschen können im Laufe der Zeit vielfältige Forderungen und Ansprüche entstehen. Solange diese nicht erfüllt sind, ist im Rechtssinn der Rechtsfriede zwischen ihnen gestört.

Verjährung: Recht auf Leistungverweigerung

Das Institut der Verjährung gibt dem Schuldner unter bestimmten Voraussetzungen ein Leistungsverweigerungsrecht (sogenannte Einrede der Verjährung).

Die Verjährung hilft die mit zunehmendem Zeitablauf entstehende Rechtsunsicherheit bei Durchsetzung von Ansprüchen zu vermeiden und stellt den zwischen den Parteien gestörten Rechtsfrieden wieder her. Erreicht wird dies durch Bereitstellung einer Vielzahl von gesetzlichen Verjährungsfristen, auf die sich der Schuldner berufen kann.

Zweck und Wirkung der Verjährung

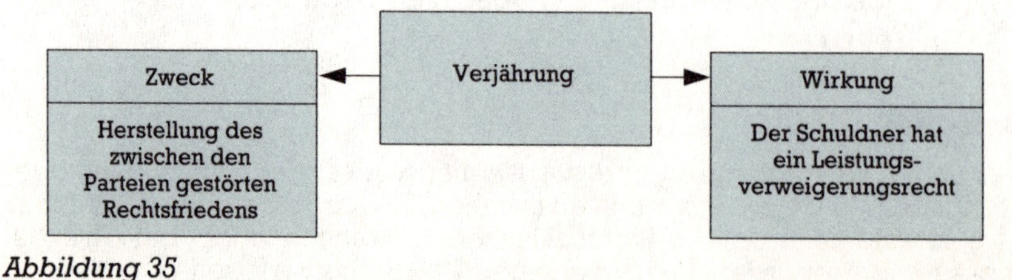

Abbildung 35

Die wichtigsten Verjährungsfristen

Die wichtigsten Verjährungsfristen des BGB sind aus der folgenden Abbildung ersichtlich.

Verjährungsfristen des BGB

Wichtige Verjährungsfristen des BGB

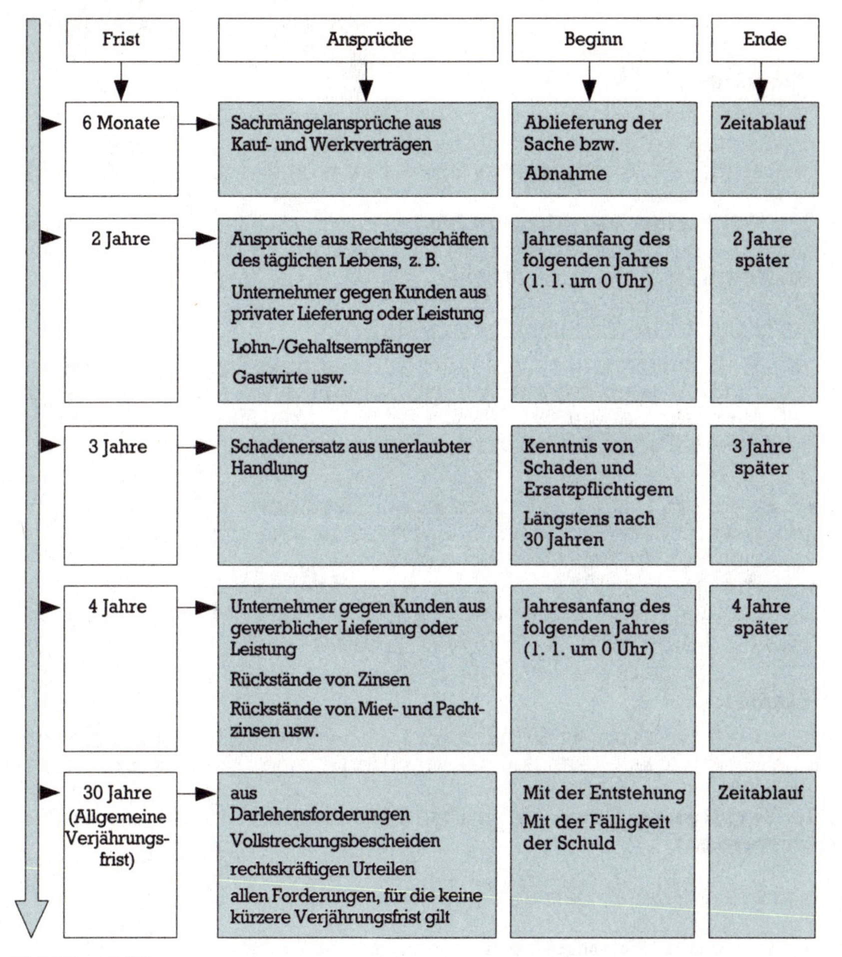

Frist	Ansprüche	Beginn	Ende
6 Monate	Sachmängelansprüche aus Kauf- und Werkverträgen	Ablieferung der Sache bzw. Abnahme	Zeitablauf
2 Jahre	Ansprüche aus Rechtsgeschäften des täglichen Lebens, z. B. Unternehmer gegen Kunden aus privater Lieferung oder Leistung; Lohn-/Gehaltsempfänger; Gastwirte usw.	Jahresanfang des folgenden Jahres (1. 1. um 0 Uhr)	2 Jahre später
3 Jahre	Schadenersatz aus unerlaubter Handlung	Kenntnis von Schaden und Ersatzpflichtigem; Längstens nach 30 Jahren	3 Jahre später
4 Jahre	Unternehmer gegen Kunden aus gewerblicher Lieferung oder Leistung; Rückstände von Zinsen; Rückstände von Miet- und Pachtzinsen usw.	Jahresanfang des folgenden Jahres (1. 1. um 0 Uhr)	4 Jahre später
30 Jahre (Allgemeine Verjährungsfrist)	aus Darlehensforderungen; Vollstreckungsbescheiden; rechtskräftigen Urteilen; allen Forderungen, für die keine kürzere Verjährungsfrist gilt	Mit der Entstehung; Mit der Fälligkeit der Schuld	Zeitablauf

Abbildung 36

Wirkung der Verjährung

- Eine Forderung erlischt nicht mit Ablauf der Verjährungsfrist. Der Schuldner erhält lediglich das Recht, die Erfüllung der Forderung zu verweigern.
- Erfüllt der Schuldner eine bereits verjährte Forderung, kann die Zahlung nicht zurückgefordert werden, weil die Forderung und damit auch die Schuld noch bestand.
- Gerichte berücksichtigen die Verjährung einer Forderung nicht von Amts wegen. Erhebt der Schuldner allerdings die Einrede der Verjährung, muß das Gericht sie berücksichtigen.

Beginn und Ende der Verjährung

Berechnung der Verjährungsfrist

- Die **zwei- und vierjährige Verjährungsfrist** beginnt mit Ende des Jahres, in dem der Anspruch entsteht. Sie endet mit dem Ablauf des zweiten bzw. vierten Jahres seit Beginn. Die Rechnungstellung ist für Beginn und Ende der Verjährung nicht maßgeblich.

Beispiel:

Ein Kunde erhält seinen privaten Pkw am 15. 7. repariert zurück. Die Verjährung der Werklohnforderung des Kfz-Meisters beginnt am 31. 12. um 0.00 Uhr dieses Jahres und endet zwei Jahre später am 31. 12. um 24.00 Uhr.

Variante:

Wie Beispiel oben, aber es handelt sich um einen gewerblichen Pkw. Beginn der Verjährung ist wiederum der 31. 12. um 0.00 Uhr desselben Jahres, die Verjährungsfrist endet vier Jahre später am 31. 12. um 24.00 Uhr.

- Die **30jährige Verjährungsfrist** beginnt jeweils mit dem Ereignis, zum Beispiel Auszahlung des Darlehens am 15. 7. eines Jahres und endet am 15. 7. nach 30 Jahren.

Unterbrechung und Hemmung der Verjährung

Kann der Schuldner nach Ablauf der Verjährungsfrist die Einrede der Verjährung erheben, fragt sich der Gläubiger, wie er die für ihn negativen Folgen der Verjährung, Verlust seiner Forderung, verhindern kann. Möglichkeiten hierzu bieten ihm die Unterbrechung und die Hemmung.

Unterbrechung

Hemmung

- Unterbrechung der Verjährung bedeutet Abbruch der noch laufenden Verjährungsfrist und völliger Neubeginn der ursprünglichen Verjährungsfrist mit dem Abbruchzeitpunkt.
- Hemmung der Verjährung hat zur Folge, daß der Zeitraum der Hemmung (zum Beispiel Stundung) in den Lauf der Verjährungsfrist nicht eingerechnet, sondern hintangehängt wird.

Beispiel:

Beträgt bei zweijähriger Verjährungsfrist die Hemmung (Stundung) drei Monate, wird die Gesamtlaufzeit der Verjährungsfrist um drei Monate verlängert.

Die Verjährung kann durch Unterbrechung und Hemmung **verhindert werden:**

Verhinderung der Verjährung

Gründe für Unterbrechung Hemmung

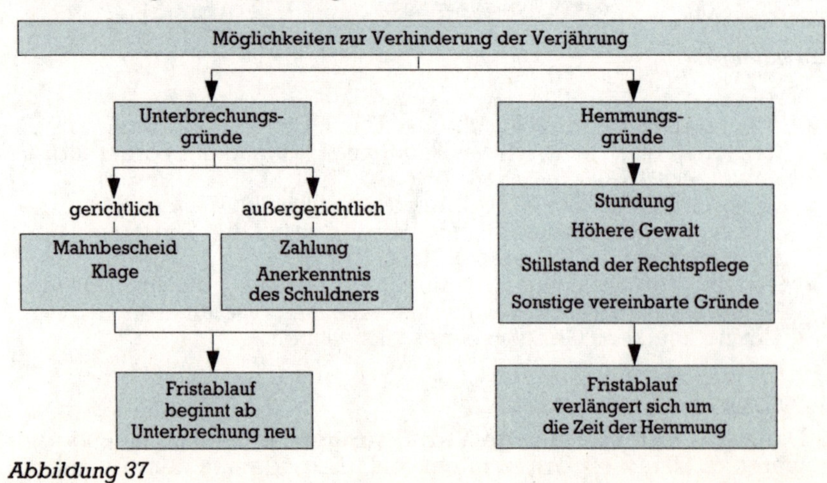

Abbildung 37

3.1.3.3 Die wichtigsten Verträge

Lernziele:

- Wissen, wie ein Kaufvertrag zustandekommt, welcher Form ein Kaufvertrag bedarf.
- Kennen der Rechte und Pflichten der Vertragsparteien beim Kaufvertrag.
- Wissen, wofür der Verkäufer einer Verkaufssache gegenüber dem Käufer haftet bzw. nicht haftet, welche Ansprüche der Käufer bei verborgenen Mängeln der Kaufsache gegenüber dem Verkäufer geltend machen kann und welche Verjährungsfristen hierfür gelten.
- Kennen der verschiedenen Arten des Kaufs und ihrer rechtlichen Besonderheiten (entsprechend der Aufzählung im Rahmenstoffplan).
- Kennen und Verstehen des Zwecks und des Hauptinhalts eines Werkvertrages und eines Werklieferungsvertrages sowie der Rechte und Pflichten der Vertragspartner bei beiden Vertragsarten.
- Wissen, wofür der Unternehmer beim bestellten Werk gegenüber dem Besteller haftet,
  - welche Gewährleistungsansprüche der Besteller bei Mängeln des Werkes gegenüber dem Unternehmer hat,
  - welche besonderen Verjährungsfristen bei Gewährleistungsansprüchen gelten und ab wann die Verjährungsfrist beginnt,
  - welche Arten von Kostenvoranschlägen beim Werkvertrag in Frage kommen und welche Wirkung sie für den Unternehmer haben,
  - wann ein Werkvertrag durch den Besteller gekündigt werden kann und welche Verpflichtungen dem Besteller daraus entstehen,
  - wie das gesetzliche Pfandrecht an beweglichen Sachen wirkt und welche Rechte sich aus dem Pfandrecht für den Handwerker ergeben,
  - wie der Anspruch auf Werklohn bei unbeweglichen Sachen sichergestellt werden kann.
- Die wichtigsten Kriterien für den Vertragsinhalt beurteilen können.
- Einen Vertrag aufsetzen können.
- Kennen des Inhalts und der Form des Miet- und des Pachtvertrages.
- Kennen der Rechte und Pflichten der Vertragsparteien.
- Kennen der Kündigungsmöglichkeiten und Kündigungsfristen.
- Kennen der Beteiligten und Verstehen des Wesens des Bürgschaftsvertrages.
- Wissen, welche Form zur Gültigkeit einer Bürgschaftserklärung vorgeschrieben ist,
  - wann der Gläubiger bei Nichtzahlung der Geldforderung vom Bürgen Begleichung der Schuld fordern kann,
  - was die „Einrede der Vorausklage" bedeutet,
  - wofür der Bürge bei einer Ausfallbürgschaft haftet,
  - welche besondere Gefahr für den Bürgen bei einer selbstschuldnerischen Bürgschaft besteht.

Der Kaufvertrag

Allgemeines zum Kaufvertrag

Kaufvertrag

- Parteien

Die Parteien des Kaufvertrages heißen **Verkäufer und Käufer**. Der Kaufvertrag ist ein gegenseitiger Vertrag. Er kommt zustande, wenn die

Erklärungen der Parteien, Angebot und Annahme, inhaltlich übereinstimmen.

- Ziel

Übertragung eines Gegenstandes

Ziel des Kaufvertrages ist die **Übertragung (Austausch) eines Gegenstandes** gegen Geld. In erster Linie werden bewegliche und unbewegliche Sachen übertragen, es können aber auch Sachgesamtheiten (Unternehmen) und Rechte (Patente) sein.

- Inhalt

Differenzen zwischen den Parteien bei Abwicklung des Kaufvertrages lassen sich vermeiden, wenn der Inhalt des Vertrages so klar und genau wie irgend möglich geregelt ist, zum Beispiel Gegenstand, Kaufpreis, Erfüllungsort und -zeit, Zahlungsmodalitäten, Vorbehalte, Bedingungen etc.

- Form

Ein Kaufvertrag kann **grundsätzlich in jeder beliebigen Form** geschlossen werden. Schreibt das Gesetz in besonderen Fällen eine bestimmte Form vor, ist diese einzuhalten.

Beispiel:

Der Kauf eines Grundstücks muß notariell beurkundet werden, um rechtswirksam zu sein.

Die Pflichten der Parteien beim Kaufvertrag

Übergabe und Übereignung

Aufgrund des Kaufvertrages ist der Verkäufer verpflichtet, dem Käufer den verkauften Gegenstand zu übergeben und zu übereignen (Hauptverpflichtung des Verkäufers).

Abnahme und Bezahlung

Der Käufer ist demgegenüber verpflichtet, den gekauften Gegenstand abzunehmen und zu bezahlen (Hauptverpflichtung des Käufers).

Aus Gesetz und Vertrag können sich weitere Pflichten der Parteien ergeben. Der Abschluß des Kaufvertrages heißt Verpflichtungsgeschäft; die Erfüllung des Kaufvertrages ist das Erfüllungsgeschäft.

Verpflichtungs- und Erfüllungsgeschäft beim Kaufvertrag

Verpflichtungsgeschäft

Erfüllungsgeschäft

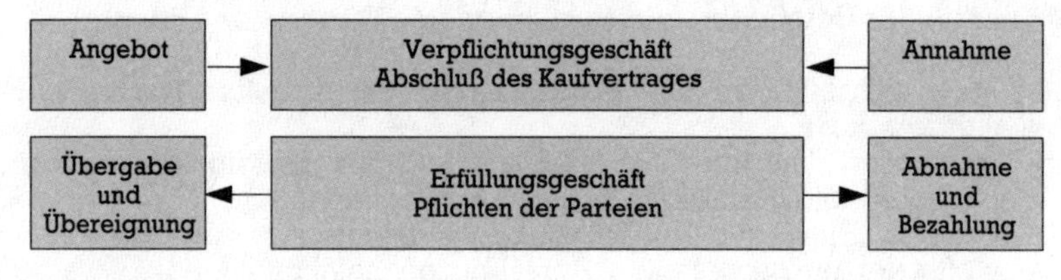

Abbildung 38

Die Gegenseitigkeit des Kaufvertrages bewirkt, daß beide Parteien gleichzeitig jeweils Schuldner und Gläubiger sind.

Beispiele:

Der Verkäufer ist Schuldner der Übergabe und Übereignung der Sache, aber auch Gläubiger hinsichtlich Abnahme und Bezahlung durch den Käufer.

Der Käufer ist Schuldner der Abnahme und Bezahlung, aber auch Gläubiger der Übergabe und Übereignung der Sache durch den Verkäufer.

Pflichten von Gläubiger und Schuldner beim Kaufvertrag

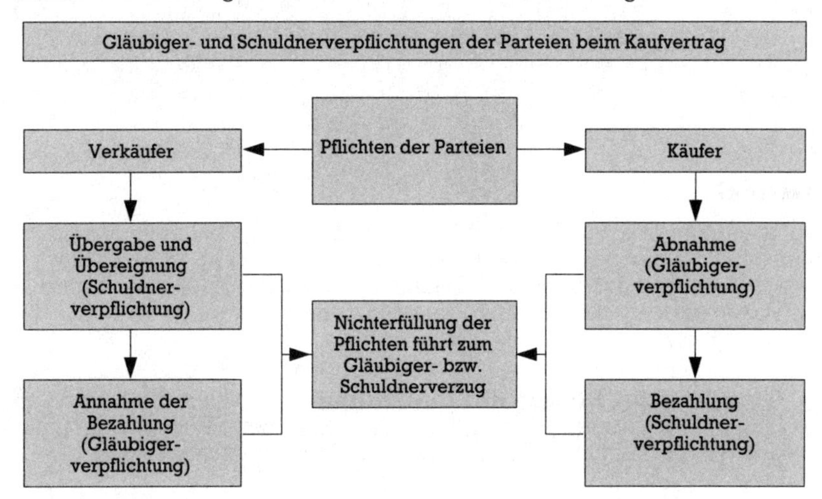

Abbildung 39

Einzelheiten zu den Erfüllungspflichten des Verkäufers

Erfüllungspflichten des Verkäufers

Bei der **Übergabe** der Kaufsache an den Käufer ist folgendes zu beachten:

Übergabe der Kaufsache

- Der Käufer wird Eigentümer der Sache erst mit Übergabe durch den Verkäufer und Einigung über den Eigentumsübergang.
- Die Sache ist am Erfüllungsort dem Käufer zu übergeben. Dies ist gewöhnlich der Wohnsitz oder die gewerbliche Niederlassung des Verkäufers.
- Mit der Übergabe der Sache geht die Gefahr des Untergangs oder der Beschädigung infolge Zufall oder höherer Gewalt auf den Käufer über. Der Eintritt dieser Gefahren entbindet ihn nicht von der Pflicht, den Kaufpreis zu bezahlen.
- Die körperliche Übergabe der Sache an den Käufer kann ersetzt werden in vier Fällen:
  - durch Vereinbarung zwischen Verkäufer und Käufer, wenn der Käufer die Sache bereits im Besitz hat, zum Beispiel er ist Mieter der Sache
  - durch Übergabe der Traditionspapiere im Handelsrecht (Seefrachtbrief, Orderlagerschein etc.)
  - durch Abtretung des Herausgabeanspruchs an den Käufer, wenn ein Dritter die Sache im Besitz hat
  - durch Vereinbarung eines Besitzmittlungsverhältnisses zwischen Käufer und Verkäufer, zum Beispiel im Rahmen einer Sicherungsübereignung.

Ersatz der Übergabe

Übereignung der Kaufsache

Bei **Übereignung** der Kaufsache an den Käufer gelten folgende Bestimmungen:

- Die Übereignung der Sache erfolgt durch Einigung der Parteien in der Weise, daß die im Eigentum des Verkäufers befindliche Sache in das Eigentum des Käufers übergeht.
- Ausnahmsweise kann der Käufer gutgläubig Eigentum auch dann erwerben, wenn der Verkäufer nicht Eigentümer der Sache ist. Voraussetzung ist, daß der Verkäufer die Sache mit Willen des tatsächlichen Eigentümers erlangt hatte.

Beispiel:

Gutgläubiger Erwerb des Eigentums

Der Eigentümer eines Fernsehgerätes gibt sein Gerät einem Bastler zur Reparatur. Dieser verkauft das Gerät absprachewidrig an einen Interessenten, der den Bastler für den Eigentümer hält. Der Käufer wird gutgläubig Eigentümer, der Bastler begeht Unterschlagung und ist dem tatsächlichen Eigentümer ersatzpflichtig.

- **Gutgläubiger Erwerb des Eigentums** ist jedoch nicht möglich an Sachen, die dem Eigentümer gegen seinen Willen abhanden gekommen sind, zum Beispiel verloren oder gestohlen wurden.

Beispiel:

Ausschluß gutgläubigen Erwerbs bei Diebstahl

Ein Radler stellt sein Rad vor einem Geschäft ab. Dort wird es entwendet und vom Dieb an einen gutgläubigen Freund verkauft und übergeben. Der Freund kann nicht Eigentümer werden, weil das Rad dem tatsächlichen Eigentümer gegen dessen Willen abhanden gekommen ist. Dieser kann sein Rad von jedem zu jeder Zeit herausverlangen.

Erfüllungspflichten des Käufers

Einzelheiten zu den Erfüllungspflichten des Käufers

Erfüllung Zug um Zug

Zahlung mit Übergabe

- Die gegenseitigen Verpflichtungen von Verkäufer und Käufer sind grundsätzlich Zug um Zug zu erfüllen.
- Der Käufer muß daher den Kaufpreis unmittelbar bei Übergabe der Sache bezahlen.
- Der Käufer ist verpflichtet, die Sache abzunehmen. Der Verkäufer kann ihn erforderlichenfalls hierauf verklagen.
- Der Verkäufer hat bei Nichtabnahme der Sache durch den Käufer die Möglichkeiten des Annahmeverzugs des Gläubigers.

Gewährleistung

Haftung des Verkäufers für Mängel der Sache (Gewährleistung)

Der Verkäufer ist nicht nur verpflichtet, die Sache dem Käufer zu übergeben und zu übereignen. Er haftet dem Käufer auch dafür, daß die Sache zum Zeitpunkt der Übergabe **mangelfrei** ist, **das heißt**

Fehler

- **keine Fehler** hat, die den Wert oder die Tauglichkeit der Sache zu dem gewöhnlichen oder vertragsmäßigen Gebrauch beeinträchtigen und daß sie

Zugesicherte Eigenschaft

- die **zugesicherten Eigenschaften** hat.

Mängel

Schematische Darstellung der Mängel nach Erkennbarkeit und Art

Der Mangel: Erkennbarkeit und Art

Unterscheidung der Mängel nach Erkennbarkeit und Art

Unterscheidung der Mängel

nach | nach

Erkennbarkeit des Mangels	Art des Mangels
Erkennbarer Mangel, z. B. zerbrochene Gläser	Güte-Mangel (auch Eigenschaftsmangel), z. B. Konserven sind verdorben
Nichterkennbarer Mangel, z. B. neue Uhr bleibt nach kurzem Gebrauch stehen	Mengen-Mangel, z. B. statt 10 Hemden werden 20 geliefert
Arglistig verschwiegener Mangel, z. B. Pkw-Verkäufer verschweigt ihm bekannte Motordefekte	Gattungs-Mangel, z. B. statt Buchen- werden Fichtenmöbel geliefert

Abbildung 40

- Der Verkäufer haftet für Mängel ohne Rücksicht auf sein Verschulden.
- Der Verkäufer haftet nicht für Mängel, die dem Käufer zum Zeitpunkt der Übergabe bekannt sind und die er nicht sofort beanstandet.
- Der Verkäufer haftet nicht für Mängel, die den Wert der Sache nur unwesentlich mindern.

Haftung ohne Verschulden

Keine Haftung für bekannte Mängel

Beispiel:

Im Kleidungsstoff ist ein kleiner Webfehler. War jedoch Spitzenqualität zugesichert, haftet der Verkäufer.

Ansprüche des Käufers bei Sachmängeln:

Gewährleistungsansprüche des Käufers beim Sachmangel

Gewährleistungsansprüche beim Kaufvertrag

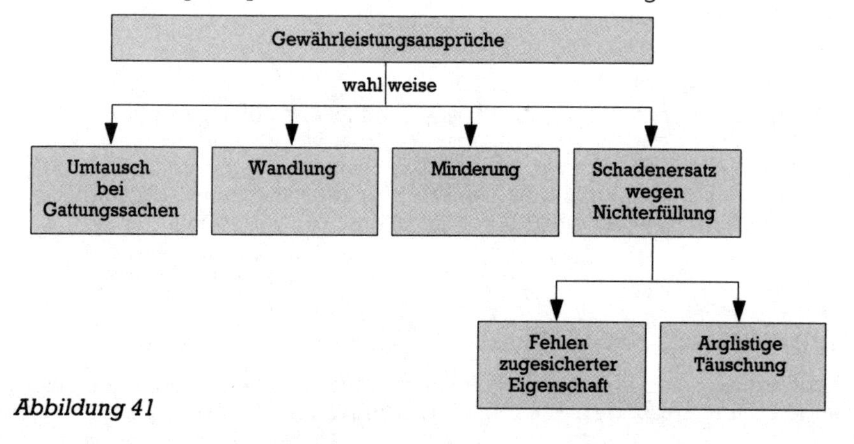

Abbildung 41

Einzelheiten zu den Gewährleistungsansprüchen

Umtausch

Gattungssachen

- **Umtausch**

Der Käufer kann Umtausch nur bei sogenannten Gattungssachen verlangen. Das sind Sachen, die serienmäßig, fabrikmäßig hergestellt werden, in großen Mengen auf dem Markt sind und nach Größe, Zahl oder Gewicht verkauft werden, zum Beispiel Kleidung, Stoffe, Geräte, Sportartikel etc. In diesen Fällen schuldet der Verkäufer Ware mittlerer Art und Güte. Wurde ein individuelles Stück gekauft, zum Beispiel ein Kunstbild, ist Umtausch ausgeschlossen.

Wandlung

Ware und Geld zurück

- **Wandlung**

Wandlung bedeutet Rückgängigmachung des Kaufvertrages. Sie wirkt wie der Rücktritt vom Vertrag, der Verkäufer erhält die Ware, der Käufer das Geld zurück. Hat der Käufer durch sein Verschulden die Ware beschädigt oder vernichtet, ist die Wandlung ausgeschlossen.

Minderung

- **Minderung**

Der Käufer behält die mangelhafte Ware, kann aber Herabsetzung des Kaufpreises entsprechend der Wertminderung verlangen.

Schadenersatz

- **Schadenersatz wegen Nichterfüllung**

Fehlt der Ware zur Zeit der Übergabe eine zugesicherte Eigenschaft oder wurde ein Mangel arglistig verschwiegen, kann der Käufer auch Schadenersatz verlangen.

Er hat die Wahl:

Wahlmöglichkeiten des Käufers bei Fehlen einer zugesicherten Eigenschaft

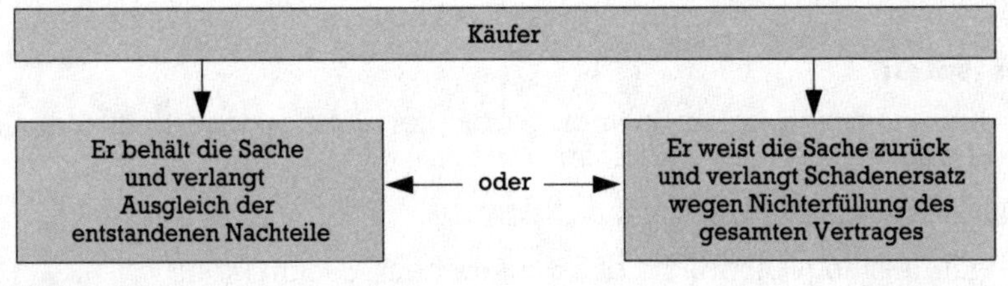

Abbildung 42

- Die Gewährleistungsrechte stehen wahlweise zur Verfügung.
- Der Käufer entscheidet, welches Recht er wählt.
- Eine Gutschrift oder ein bestimmtes Gewährleistungsrecht muß der Käufer nur dann akzeptieren, wenn er dies mit dem Verkäufer bei Abschluß des Kaufvertrages oder später vereinbart hat.

Verjährung der Gewährleistungsansprüche

Kaufverträge sind in der Regel Geschäfte des täglichen Lebens, sie unterliegen daher besonders kurzen Verjährungsfristen.

Verjährungsfristen beim Kaufvertrag

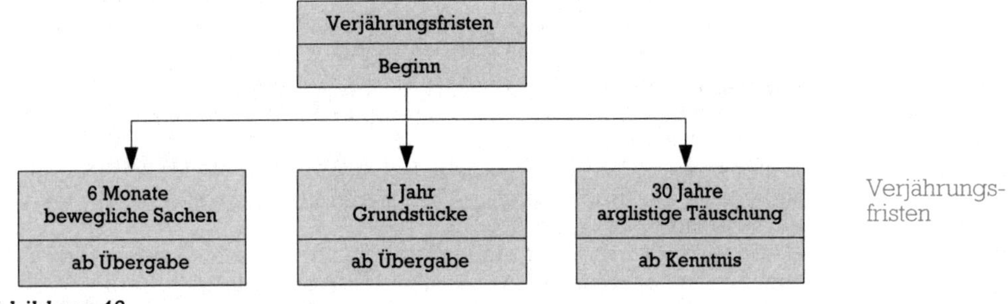

Verjährungsfristen

Abbildung 43

Beim Handelskauf (Kauf ist für beide Teile ein Handelsgeschäft) muß der Käufer die Ware unverzüglich prüfen und erkannte Mängel unverzüglich rügen, um sich die Gewährleistungsansprüche zu erhalten.

Handelskauf

Beispiel:

Ein Autohändler kauft Reifen beim Großhändler. Er muß diese unverzüglich prüfen und erkannte Mängel unverzüglich rügen.

Die Gewährleistungsansprüche können durch individuelle Vereinbarungen eingeschränkt oder ausgeschlossen werden. Dies gilt vor allem beim Verkauf gebrauchter Sachen.

Einschränkung oder Ausschluß der Gewährleistung

Beispiel:

Kauf eines gebrauchten Pkw „wie besichtigt unter Ausschluß jeder Haftung für irgendwelche Mängel". Der gewerbliche Verkäufer haftet aber, wenn er den Mangel kannte oder hätte kennen müssen.

Besondere Arten des Kaufs

- **Vorkauf**

Vorkauf Eintrittsrecht

Der Eigentümer einer Sache oder eines Grundstücks räumt vertraglich dem Vorkaufsberechtigten das Recht ein, zu den gleichen Bedingungen in den Kaufvertrag einzutreten, den er (der Eigentümer) über das Verkaufsobjekt mit einem Dritten abschließt. Der Berechtigte übt das Vorkaufsrecht durch formlose Erklärung gegenüber dem Eigentümer aus. Der Kauf kommt zu den mit dem Dritten ausgehandelten Bedingungen zustande.

- **Kauf nach Probe** (Muster)

Kauf nach Probe Warenprobe

Wird nach Vorlage und Prüfung einer Warenprobe ein Kaufvertrag abgeschlossen, dem eine Probe zugrundeliegt, gilt die Qualität der Probe als zugesicherte Eigenschaft. Weicht das gelieferte Material davon ab, hat der Käufer die bei Eigenschaftsmangel geltenden Gewährleistungsansprüche.

Zugesicherte Eigenschaft

- **Verbraucherkreditgeschäfte,** vormals Abzahlungskauf

Verbraucherkreditgeschäfte

Zum Schutz der Verbraucher, aber auch bestimmter Berufsgruppen, zum Beispiel der Handwerker, enthält das Verbraucherkreditgesetz auch den bisherigen Abzahlungskauf. Geregelt wird der Kauf beweglicher Sachen gegen Einmal- oder Ratenzahlung. Unter den Schutzbereich fallen alle

Sachlicher Geltungsbereich

Arten von Verträgen, wenn die Gegenleistung in einem Betrag oder neben einer Anzahlung in einer Rate zu erbringen ist, zum Beispiel Kaufverträge, Werkverträge, Dienstverträge, Darlehensverträge, Lieferverträge, Finanzierungs-, Leasingverträge etc.

Besonderheiten zu Verbraucherkreditgeschäften:

Schriftlichkeit

- Kreditverträge sind schriftlich abzufassen; Verstöße dagegen führen grundsätzlich zur Nichtigkeit.

Inhaltsangaben bei allgem. Kreditverträgen und bei Abzahlungsgeschäften

- In allgemeinen Kreditverträgen sind anzugeben: Nettokreditbetrag, Art und Weise der Rückzahlung, Zinssatz und Kosten, effektiver Jahreszins, Versicherungskosten etc.
- Kreditverträge über Abzahlungsgeschäfte mit mindestens zwei Raten müssen enthalten: Bar- bzw. Teilzahlungspreis, Betrag, Zahl und Fälligkeit der einzelnen Teilzahlungen, effektiven Jahreszins, Versicherungskosten etc.

Widerrufsrecht

- Der Verbraucher hat ein schriftliches Widerrufsrecht binnen einer Woche seit Aushändigung der Widerrufsbelehrung. Unterbleibt die Belehrung, erlischt das Widerrufsrecht spätestens ein Jahr nach Vertragsschluß.

Tilgungsrangfolge

- Tilgungszahlungen werden in dieser Rangfolge verrechnet: Kosten der Rechtsverfolgung, Hauptschuld, Zinsen.

Kündigung

- Der Teilzahlungskredit ist kündbar, wenn der Verbraucher mit mindestens zwei Folgeraten im Verzug ist, die 10 % (bei Laufzeit über drei Jahre 5 %) des Kreditnennbetrages ausmachen.

Vollstreckung

- Die Vollstreckung eines sittenwidrigen Kreditvertrages im Mahnverfahren ist ausgeschlossen.

Werkvertrag und Werklieferungsvertrag

Werkvertrag

Allgemeines zum Werkvertrag

Parteien

- Parteien

Die Parteien des Werkvertrages heißen **Besteller** (auch Auftraggeber, Kunde) **und Unternehmer** (auch Auftragnehmer, Handwerker).

Zweck

- Zweck

Der Werkvertrag ist ein gegenseitiger Vertrag, durch den der Unternehmer zur **Herstellung des versprochenen Werkes** und der Besteller zur Entrichtung der vereinbarten Vergütung verpflichtet wird. Anders als beim Dienstvertrag wird nicht nur eine Tätigkeit oder Leistung, sondern ein Erfolg geschuldet.

Beispiel:

Bei Ausführung einer Dachreparatur muß das Dach dicht sein.

Inhalt

- Inhalt

Es liegt im Interesse der Parteien, den Inhalt des Vertrages so klar und genau wie möglich zu bestimmen, zum Beispiel Beschreibung des Werkes, Ausführungsfristen, Werklohn, Zahlungsmodalitäten, Anwendung technischer Vorschriften, Bedingungen, Vorbehalte etc.

Form

- Form

Das BGB sieht für den Werkvertrag **keine besondere Form** vor. Die meisten Werkverträge werden daher mündlich geschlossen. Aus Beweisgründen ist bei Aufträgen größeren Umfangs dringend Schriftform anzuraten.

Abgrenzung zwischen Werkvertrag und Werklieferungsvertrag

Das Gesetz unterscheidet zwischen dem Werkvertrag (auch echter Werkvertrag genannt) und dem Werklieferungsvertrag.

Werkvertrag

- Beim **Werkvertrag** stellt der Kunde das Material selbst zur Verfügung. Der Kunde besorgt zum Beispiel das Material, mit dem der Maurermeister die Grenzmauer errichtet. Es kommt ausschließlich Werkvertragsrecht zur Anwendung.

- Beim **Werklieferungsvertrag** stellt der Unternehmer auch das verwendete Material selbst zur Verfügung. Er errichtet zum Beispiel die Grenzmauer mit von ihm selbst besorgtem Material. Es kann Werkvertrags-, aber auch Kaufvertragsrecht zur Anwendung kommen, je nachdem, ob der Unternehmer vertretbare oder nicht vertretbare Sachen herstellt. Fertigt der Unternehmer vertretbare Sachen (Gattungssachen, das heißt nach Maß, Zahl und Gewicht bestimmbare Sachen) wie zum Beispiel Brote, findet auf diesen Werkvertrag Kaufrecht Anwendung.
  Meist jedoch wird der Unternehmer ein individuelles Werk fertigen (eine nicht vertretbare Sache, zum Beispiel Mauerbau), auf das das Werkvertragsrecht Anwendung findet.

Werklieferungsvertrag

Unterschied Werkvertrag und Werklieferungsvertrag

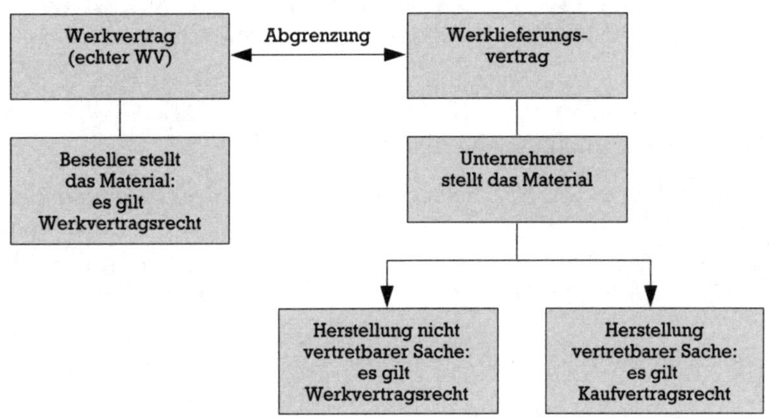

Abbildung 44

<u>Pflichten der Parteien beim Werkvertrag</u>

- Der Unternehmer ist verpflichtet, das Werk so herzustellen, daß es nicht mit Fehlern behaftet ist und die zugesicherten Eigenschaften hat. Einschließlich einer Reihe von Nebenverpflichtungen, zum Beispiel Beratungs-, Verkehrssicherungs-, Verwahrungspflichten etc., hat er das ordnungsgemäß hergestellte Werk dem Besteller zu übergeben.
- Der Besteller hat den vereinbarten Werklohn zu bezahlen und das ordnungsgemäß hergestellte Werk abzunehmen.

Pflichten der Parteien

Werklohn

Pflichten beim Werkvertrag

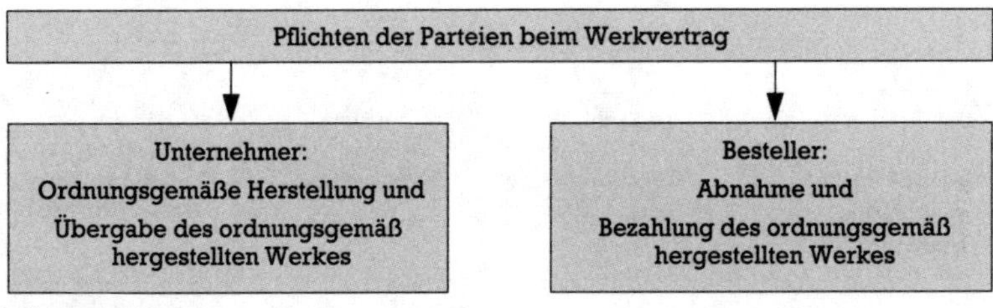

Abbildung 45

Vorleistungspflicht
Übliche Vergütung
Mehrwertsteuer

- Der Unternehmer ist nach dem BGB vorleistungspflichtig.
- Wurde keine Preisvereinbarung zwischen den Parteien getroffen, gilt die übliche Vergütung als vereinbart. Bei Differenzen hilft ein Sachverständiger.
- Wurde ein Preis vereinbart, ist die Mehrwertsteuer enthalten, wenn sich aus dem Vertrag nichts anderes ergibt.
- Zur Abnahme ist der Besteller nur verpflichtet, wenn das Werk im wesentlichen mangelfrei ist.

Wirkung der Abnahme

- Die Abnahme hat folgende Wirkungen:
  - die Vergütung wird fällig
  - die Verjährung der Gewährleistungsansprüche beginnt
  - die Gewährleistungsansprüche für bekannte, nicht vorbehaltene Mängel gehen unter
  - die Beweislast für das Vorliegen von Mängeln geht auf den Besteller über (Beweislast)
  - die Preisgefahr geht auf den Besteller über, das heißt, wird das Werk ohne Verschulden der Parteien beschädigt oder zerstört, hat der Besteller den Werklohn dennoch zu bezahlen. (Preisgefahr)

Haftung des Unternehmers für Mängel

Haftung des Unternehmers für Mängel des Werkes

Der Unternehmer ist verpflichtet, das bestellte Werk ordnungsgemäß herzustellen, das heißt so,

- daß es nicht mit Fehlern behaftet ist, die seinen Wert oder seine Tauglichkeit zu dem gewöhnlichen oder vertragsgemäßen Gebrauch aufheben oder mindern
- daß es die zugesicherten Eigenschaften hat.

Gewährleistungsansprüche des Bestellers

Gewährleistungsansprüche des Bestellers

Weist das Werk Mängel auf, kann der Besteller, ähnlich wie beim Kaufvertrag, auf den verwiesen wird, Gewährleistungsansprüche geltend machen. Abweichend von den Regelungen des Kaufvertrages kann der Besteller wahlweise Wandlung, Minderung oder Schadenersatz erst verlangen, nachdem er dem Unternehmer eine angemessene Frist zur Beseitigung des Mangels (Nachbesserung, Selbstbeseitigung) gesetzt hat.

Gewährleistungsansprüche des Bestellers bei Mängeln

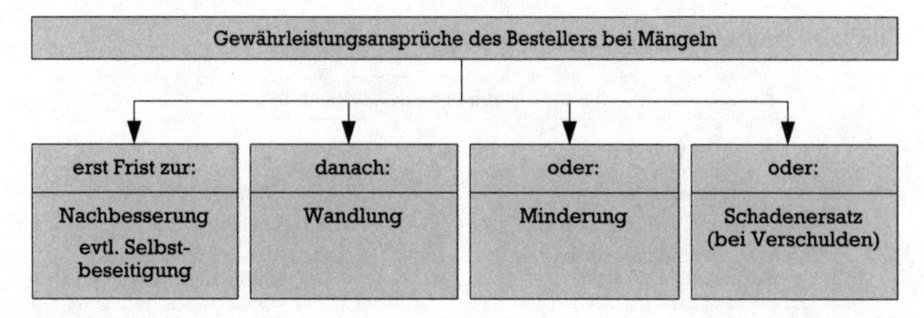

Abbildung 46

Einzelheiten zu den Gewährleistungsansprüchen beim Werkvertrag:

- **Nachbesserung, Selbstbeseitigung**

Zunächst kann der Besteller nur verlangen, daß der Unternehmer einen Mangel innerhalb einer angemessenen Frist beseitigt. Der Unternehmer hat ein Recht auf Nachbesserung, das heißt, läßt der Besteller ohne Grund den Mangel anderweitig nachbessern, verliert er die Gewährleistungsansprüche.

Nachbesserung Selbsthilfe

Welche Frist angemessen ist, hängt von den Umständen des Einzelfalles ab, das BGB schweigt hierzu.

Beispiel:

Ist eine Heizung bei –25 °C defekt, wird die Frist wegen der drohenden Schadensgefahr nur wenige Stunden betragen.

Eine **Nachbesserung ist ausgeschlossen,** wenn

Ausschluß der Nachbesserung

- sie objektiv unmöglich ist, zum Beispiel der Anzug zu klein geraten ist
- der Unternehmer sie von vornherein abgelehnt hat oder die Frist verstreichen läßt
- die Kosten der Nachbesserung unverhältnismäßig hoch sind
- das Vertrauen des Bestellers in eine Behebung der Mängel durch den Unternehmer nachhaltig erschüttert ist, zum Beispiel der Unternehmer mehrmalig erfolglos die Nachbesserung versucht hat.

Der Besteller kann den Mangel selbst beseitigen, wenn der Unternehmer damit in Verzug ist und den Verzug zu vertreten hat. Die erforderlichen Kosten hat der Unternehmer auf Verlangen dem Besteller zu ersetzen.

- **Wandlung, Minderung**

Wandlung Minderung

Behebt der Unternehmer den Mangel innerhalb der ihm gesetzten Frist nicht, kann der Besteller Wandlung oder Minderung verlangen. Sobald er dies fordert, ist die Nachbesserung ausgeschlossen. Es gilt das zum Kaufvertrag Gesagte.

- **Schadenersatz wegen Nichterfüllung**

Schadenersatz

kann der Besteller anstelle von Wandlung oder Minderung verlangen, wenn der Unternehmer den Mangel zu vertreten hat, das heißt, wenn ihn ein Verschulden trifft.

Beispiel:

Der Schneider verschneidet den vom Kunden gestellten Anzugstoff.

Im übrigen kann der Besteller wählen, ob er

- das Werk behält und Ersatz für den durch den Mangel verursachten Schaden verlangt oder
- das Werk zurückweist und Ersatz des durch die Nichterfüllung des Vertrages entstandenen gesamten Schadens verlangt.

Nachbesserung

- Zunächst kann der Besteller grundsätzlich nur Nachbesserung verlangen. Der Unternehmer hat ein Recht auf Nachbesserung.

Frist

- Für die Nachbesserung ist eine angemessene Frist zu setzen, verbunden mit der Androhung, die Nachbesserung nach Ablauf der gesetzten Frist abzulehnen.

Ausschluß der Nachbesserung

- Fordert der Besteller anschließend Wandlung oder Minderung oder Schadenersatz, ist der Nachbesserungsanspruch ausgeschlossen.

Verjährung der Gewährleistungsansprüche

Auch die Gewährleistungsansprüche des Werkvertrages unterliegen sehr kurzen Verjährungsfristen, die vom Besteller zu beachten sind.

Verjährung der Gewährleistungsansprüche

Verjährung der Gewährleistungsansprüche

Beginn

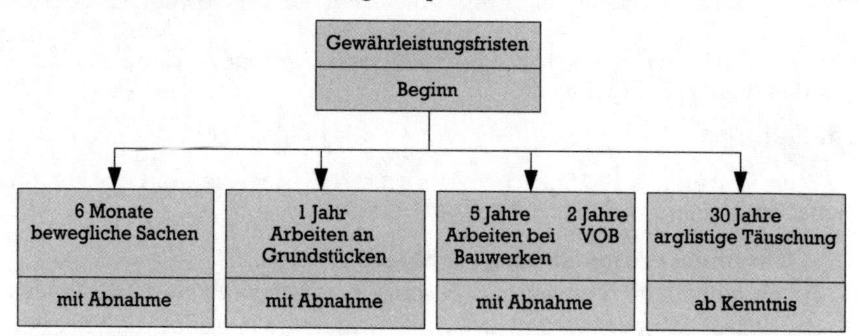

Abbildung 47

- Die kurzen Verjährungsfristen beginnen mit der Abnahme des Werkes.
- Die Verjährung kann durch rechtzeitige geeignete Maßnahmen (siehe Kaufvertrag) unterbrochen oder gehemmt werden.
- Die Abnahme kann offiziell zwischen den Parteien, aber auch durch Ingebrauchnahme des Werkes erfolgen.
- Arbeiten an Grundstücken sind nach der Rechtsprechung auch Malerarbeiten zur Renovierung von Altbauten.
- Arbeiten an Bauwerken sind solche zur Herstellung, Erneuerung sowie für den wesentlichen Bestand bedeutsamen Arbeiten, zum Beispiel alle Neubau-, aber auch Renovierungs- und Sanierungsarbeiten.
- Die Parteien können im Baubereich die **Verdingungsordnung** für **Bauleistungen** (**VOB**; drei Teile: A Vergabe-, B Ausführungs-, C technische Bestimmungen) vereinbaren. Es handelt sich hierbei um AGB (Teil B, C). Die Interessen der Parteien sind im Rahmen der VOB ausgewogen, so daß einseitige belastende Abweichungen von der ansonsten vereinbarten VOB unzulässig sind.

VOB-Vorzüge

Für den Handwerker bietet die **VOB** vor allem folgende **Vorzüge:**
- Die Verjährungsfrist bei Bauwerken beträgt zwei Jahre.
- Abschlagszahlungen für Teilleistungen können auch ohne besondere Vereinbarung gefordert werden.
- Die Bauleistung gilt 12 Werktage nach schriftlicher Mitteilung an den Besteller als abgenommen, wenn nichts anderes vereinbart ist.
- Der Handwerker kann schriftlich kündigen, wenn die Arbeit durch den Besteller länger als zwei Monate unterbrochen wird.

Kostenvoranschlag beim Werkvertrag

Kostenvoranschlag

Oft möchte der Kunde vor Erteilung eines Werkauftrages wissen, welche Kosten auf ihn zukommen. Häufig erstellt der Unternehmer dann einen Kostenvoranschlag oder eine Kostennote, das heißt eine mehr oder weniger fachmännisch ausgeführte überschlägige Berechnung der voraussichtlich entstehenden Kosten. Nach der jeweiligen Verbindlichkeit lassen sich drei Typen unterscheiden mit unterschiedlicher Auswirkung auf den Werklohn und die Vertragsabwicklung.

Der Kostenvoranschlag beim Werkvertrag

Verbindlicher, unverbindlicher Kostenvoranschlag

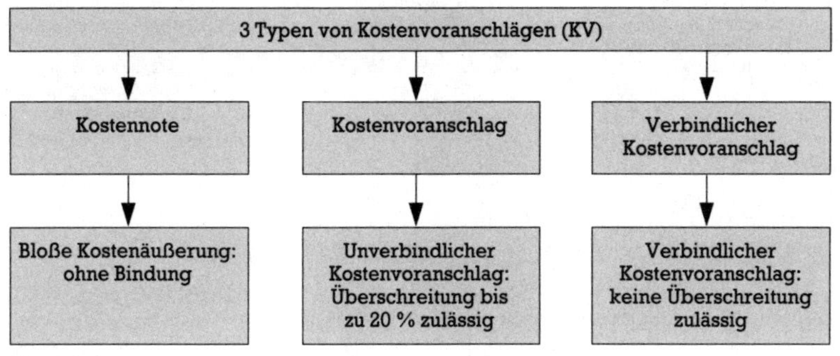

Abbildung 48

Kostenäußerung

- Von einer bloßen Kostenäußerung spricht man, wenn die Preise vage, ohne jede Verbindlichkeit genannt werden.

Unverbindlicher Kostenvoranschlag

- Der übliche Kostenvoranschlag enthält Worte wie „ca., etwa, ungefähr, unverbindlich" etc. Die Rechtsprechung läßt hier ohne Mitteilung an den Besteller eine Kostenüberschreitung von 10–20 % zu (unerhebliche Überschreitung). Eine erhebliche Kostenüberschreitung ist dem Besteller rechtzeitig mitzuteilen. Dieser kann dann wählen:
  entweder Weiterarbeit → und Bezahlung der Mehrkosten
  oder Kündigung → und Abrechnung der bisher geleisteten Arbeit.
  Unterläßt der Unternehmer, was in der Praxis häufig ist, die rechtzeitige Mitteilung der Mehrkosten, ist er dem Besteller zum Schadenersatz verpflichtet. Er hat den Besteller so zu stellen, wie er bei rechtzeitiger Anzeige und darauf folgender Kündigung stehen würde.

Verbindlicher Kostenvoranschlag

- Legen die Parteien den verbindlichen Kostenvoranschlag der Preisgestaltung des Werkvertrages zugrunde (Festpreis), sind Mehrforderungen ohne Einwilligung des Bestellers ausgeschlossen. Das Risiko höherer Kosten trägt in diesem Falle der Unternehmer.
- Die Erstellung eines Kostenvoranschlages durch den Unternehmer ist nach der Rechtsprechung kostenfrei (Ausnahmen: Kosten werden vereinbart oder der Kostenvoranschlag ist ein eigener Auftrag).
- Nachträgliche, zusätzliche Aufträge können auch beim verbindlichen Kostenvoranschlag gesondert abgerechnet werden.

Kündigung des Werkvertrages durch den Besteller

Kündigung des Werkvertrages

Der Werkvertrag kann vom Besteller vor Vollendung des Werkes jederzeit gekündigt werden. Der Besteller muß, macht er davon Gebrauch, die gesamte vereinbarte oder übliche Vergütung bezahlen. Abzuziehen ist hiervon allerdings

- was der Unternehmer an Material und Löhnen erspart und

- was der Unternehmer durch anderweitige Verwendung seiner Arbeitskraft erwirbt oder zu erwerben böswillig unterläßt.

Kündigung des Werkvertrags durch den Besteller

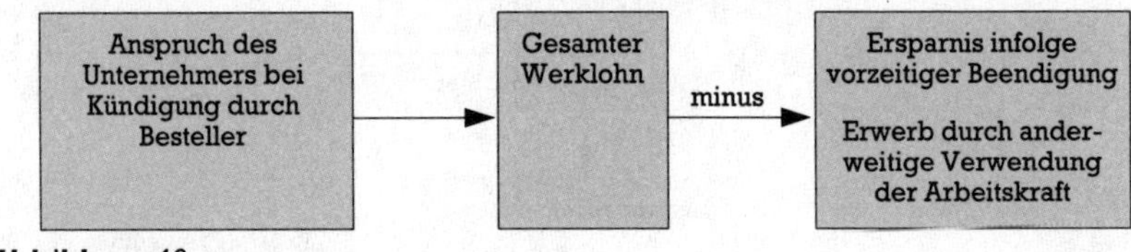

Abbildung 49

Sicherung der Werklohnforderung des Unternehmers

Sicherung der Werklohnforderung

Das BGB verpflichtet den Unternehmer, bis zur Abnahme des Werkes durch den Besteller vorzuleisten. Der Unternehmer hat daher ein besonderes Bedürfnis, seine Werklohnforderung abzusichern. Vorrangig hat er folgende Sicherungsmöglichkeiten:

Sicherung der Werklohnforderung

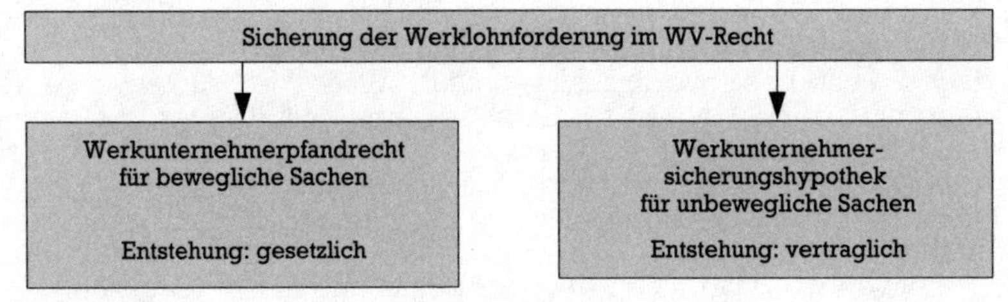

Abbildung 50

Werkunternehmerpfandrecht

Einzelheiten zum Werkunternehmerpfandrecht:

- Es entsteht nur an beweglichen Sachen des Bestellers, die pfändbar sind.
- Die Sachen müssen dem Besteller gehören.
- Das Pfandrecht entsteht ohne besondere Abrede kraft Gesetzes mit Abschluß des Werkvertrages.

Zurückbehaltungsrecht

- Der Unternehmer ist aufgrund des Pfandrechts berechtigt, die Sache bis zur Bezahlung des Werklohnes zurückzuhalten.

Verwertungsrecht

- Der Unternehmer kann die Pfandsache bei Nichtzahlung durch gerichtliche Versteigerung verwerten. Voraussetzung ist die Fälligkeit seiner Forderung und die Setzung einer Zahlungsfrist (zum Beispiel ein Monat) unter gleichzeitiger Androhung, daß er die Pfandverwertung betreiben wird.

Beispiel:

Der Radio- und Fernsehtechniker hat das Gerät des Kunden repariert, die Fertigstellung mitgeteilt und die Rechnung gestellt. Der Kunde zahlt nicht, holt das Gerät nicht ab. Die Mahnung beachtet der Kunde nicht (Verzug). Reagiert der Kunde auf die nun folgende Fristsetzung mit Versteigerungsandrohung nicht, kann der Handwerker das Gerät nach Ablauf der Frist gerichtlich versteigern lassen und aus dem Erlös seinen Werklohnanspruch decken.

- Achtung: Gibt der Unternehmer die Pfandsache auch ohne Bezahlung dem Besteller heraus, erlischt das Pfandrecht.

Einzelheiten zur Bauhandwerkersicherungshypothek:

Werkunternehmersicherungshypothek

- Sie entsteht nur an unbeweglichen Gegenständen (Grundstücke), die dem Besteller gehören.
- Sie entsteht nicht kraft Gesetzes, sondern nur mit Einwilligung des Bestellers.
- Weigert sich der Besteller, die Sicherungshypothek freiwillig auf seinem Grundstück eintragen zu lassen, kann der Unternehmer auf Bewilligung klagen und zur Sicherung der Rangstelle eine Vormerkung im Grundbuch eintragen lassen.

Der Miet- und Pachtvertrag

Grundsätzliches zum Mietvertrag

Mietvertrag

- Parteien

Parteien

Die Parteien des Mietvertrages heißen **Vermieter und Mieter**.

- Zweck

Zweck

Die Miete ist ein gegenseitiger Vertrag, durch den sich der Vermieter verpflichtet, dem Mieter den **Gebrauch einer Sache** (beweglich und unbeweglich) für die Dauer der Mietzeit gegen Entgelt zu überlassen.

- Form

Form

Der Mietvertrag ist **grundsätzlich formfrei**. Mietverträge über Wohnraum und Grundstücke mit einer Laufdauer über einem Jahr sind schriftlich abzuschließen.

- Pflichten

Pflichten

Der Vermieter ist verpflichtet, die Mietsache dem Mieter in geeignetem Zustand zu überlassen und während der Mietzeit in diesem Zustand zu erhalten. Er haftet für Mietmängel nach Gewährleistungsregeln.
Der Mieter ist verpflichtet, den vereinbarten **Mietzins** rechtzeitig zu **bezahlen** und die Mietsache pfleglich zu behandeln.

Grundbegriffe zum Mietvertrag

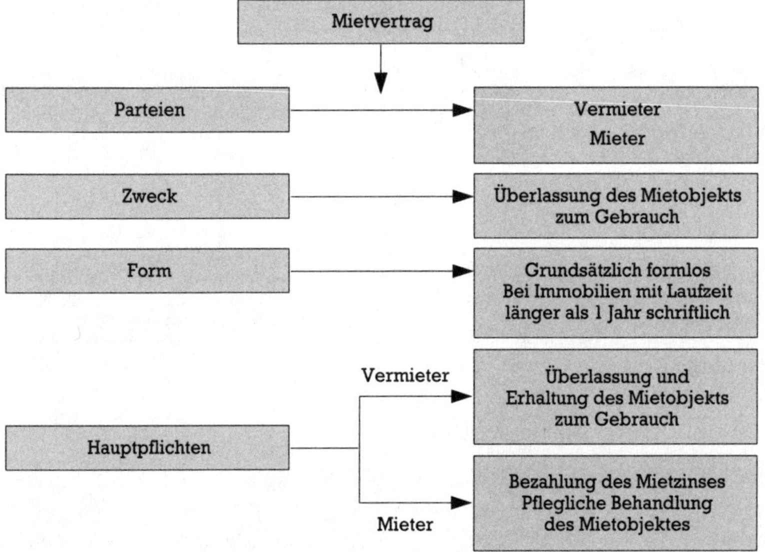

Abbildung 51

- Die Parteien treffen in der Regel eigene Vereinbarungen über die Mietsache. Diese haben grundsätzlich Vorrang vor den gesetzlichen Mietbestimmungen, die aber dann gelten, wenn keine Vereinbarungen getroffen werden.

Schönheitsreparaturen

- **Schönheitsreparaturen** (zum Beispiel: Streichen und Tapezieren, Wände, Decken, Boden, Türen etc.) trägt nach dem Gesetz der Vermieter. In der Praxis sind sie jedoch vertraglich auf den Mieter übertragen.
- Der Mieter darf die Mietsache nur zu dem vertragsgemäßen Gebrauch benutzen. Für jede Abweichung ist die Zustimmung des Vermieters erforderlich.
- Eventuelle Schäden hat der Mieter alsbald dem Vermieter mitzuteilen.

Kauf bricht nicht Miete

- „Kauf bricht nicht Miete", das heißt ein Erwerber der Mietsache tritt in alle Verpflichtungen des bisherigen Vermieters ein.
- Mit Ablauf der Mietzeit ist die Mietsache in vertragsgemäßem Zustand zurückzugeben.

Beendigung des Mietverhältnisses

Beendigung des Mietverhältnisses

Mietverhältnisse können durch Zeitablauf, ordentliche oder fristlose Kündigung und einvernehmliche Aufhebung beendet werden. Vertragliche Kündigungsvereinbarungen haben Vorrang vor gesetzlichen Kündigungsfristen.

Beendigung des Mietverhältnisses

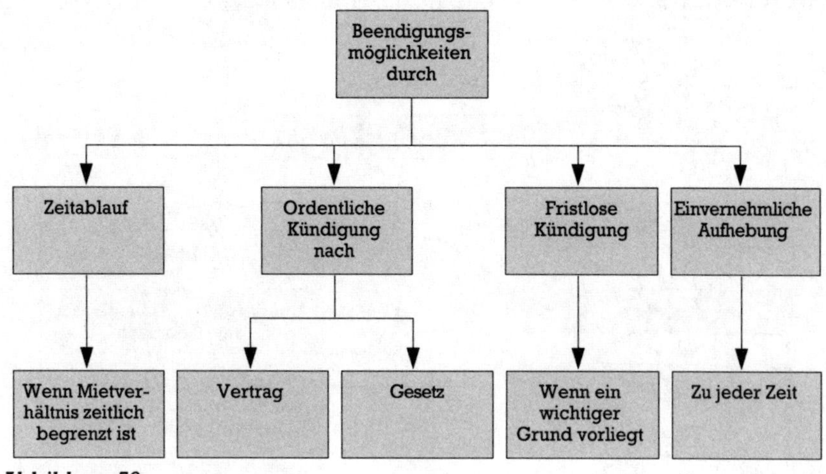

Abbildung 52

Gesetzliche Kündigungsfristen

Gesetzliche Kündigungsfristen bei Mietverträgen

Sie gelten, wenn die Parteien vertraglich die Kündigung nicht geregelt haben. Je nach Mietsache und Zeitraum der Mietzinszahlung sind folgende Fristen für eine ordentliche Kündigung zu beachten:

Mietobjekt	Tagesmietzins	Wochenmietzins	Monatsmietzins	Besonderheiten
Bewegliche Sachen	jeder Tag zum Ablauf des folgenden Tages	spätestens 3. Tag vor Ende des Mietvertrages	=	
Unbewegliche Sachen	"	1. Werktag der Woche für den Ablauf des Sonnabends	spätestens 3. Werktag des Kalendermonats für den Ablauf des übernächsten Monats (= 3. Mo.)	
Geschäftsräume	"	"	"	bei Monatsmietzins ist Kündigung nur für das Quartalsende zulässig (Verkürzung der Frist durch Vertrag unzulässig)
Wohnungen	"	"	"	bei Monatsmietzins Verlängerung der gesetzlichen Kündigungsfrist nach 5, 8, 10 Jahren um jeweils drei Monate
Möblierte Zimmer	"	"	spätestens am 15. des Monats für den Ablauf desselben Monats	

Mieterschutz, Vermieterschutz

Mieterschutz

- Die Mieter, vor allem von **Geschäftsräumen**, sind gesetzlich kaum geschützt. Ihnen sind dringend vertragliche Schutzvereinbarungen (zum Beispiel Vertragsdauer, Kündigungsfristen) zu empfehlen.

  Für Mieter von **Wohnräumen** gelten demgegenüber vielfältige gesetzliche Schutzvorschriften, zum Beispiel Verlängerung der Mietdauer um jeweils drei Monate nach einer Mietdauer von 5, 8 und 10 Jahren. Überdies kann der Mieter der Kündigung des Vermieters widersprechen und Fortsetzung des Mietverhältnisses verlangen, wenn die Beendigung des Mietvertrages für ihn eine unzumutbare Härte bedeuten würde.

Gesetzliches Pfandrecht des Vermieters

- Der Vermieter hat zur Absicherung der Mietzinsforderung ein gesetzliches Pfandrecht an den eingebrachten, dem Mieter gehörenden Sachen. Weitere Voraussetzung ist, daß diese Sachen pfändbar sind.

Beispiel:

Möbelstücke, Geräte, Maschinen, Werkzeuge, die der Mieter zum Leben oder zum Broterwerb benötigt, sind unpfändbar. Luxusgegenstände, zum Beispiel Bilder, Teppiche, Silber, sind dagegen pfändbar und unterliegen daher dem gesetzlichen Vermieterpfandrecht.

Der Vermieter kann die Entfernung dieser Mietersachen notfalls mit Gewalt verhindern, eventuell im Wege der Nacheile (bei Auszug des Mieters) zurückholen.

Pachtvertrag

Grundsätzliches zum Pachtvertrag

Parteien

- Parteien

Die Parteien des Pachtvertrages heißen **Verpächter und Pächter.**

Zweck

- Zweck

Durch den Pachtvertrag (gegenseitiger Vertrag) wird der Verpächter verpflichtet, dem Pächter gegen Zahlung des Pachtzinses den **Gebrauch und die Nutzung des gepachteten Gegenstandes** (Sachen, Rechte) während der Pachtzeit zu gewähren.

Form

- Form

Der Pachtvertrag ist **grundsätzlich formfrei.** Pachtverträge über Grundstücke mit längerer Laufzeit als ein Jahr sind schriftlich abzuschließen.

Pflichten

- Pflichten

Der Verpächter ist verpflichtet, das Pachtobjekt zum Gebrauch und zur Nutzung zu überlassen und zu erhalten.
Der Pächter ist verpflichtet, den vereinbarten Pachtzins rechtzeitig zu bezahlen und das Pachtobjekt pfleglich zu behandeln.

Grundbegriffe zum Pachtvertrag

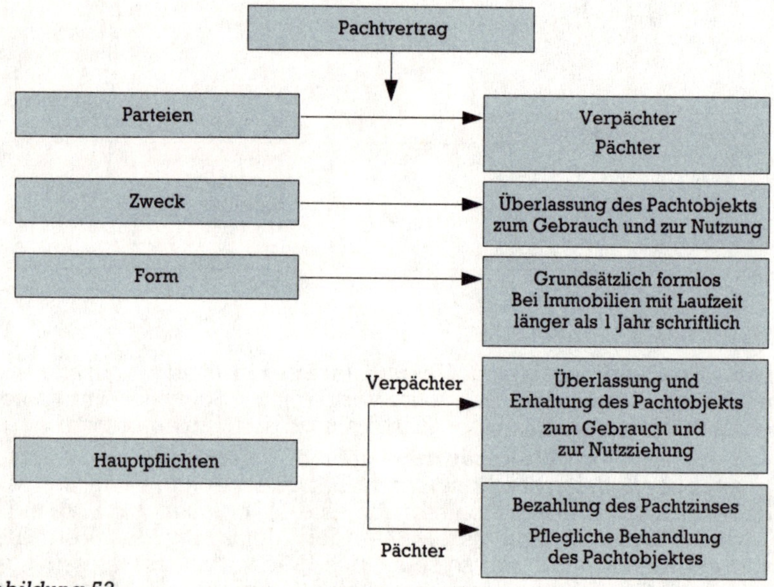

Abbildung 53

Besonderheiten des Pachtvertrages gegenüber dem Mietvertrag

- Eine vertraglich vereinbarte Kündigungsfrist darf nicht kürzer als drei Monate sein.

Gesetzliche Kündigungsfrist bei Pachtverträgen

- Die gesetzliche Kündigung ist, wenn nichts anderes vereinbart ist, nur für den Schluß eines Pachtjahres zulässig. Die Kündigung muß spätestens am 3. Werktag des Halbjahres erklärt werden, mit dessen Ablauf die Pacht endet.
- Wird ein Grundstück mit Inventar verpachtet, muß der Pächter für die Erhaltung der Pachtstücke sorgen. Der Verpächter muß Pachtstücke ersetzen, die ohne Verschulden des Pächters unbrauchbar werden.

Die Bürgschaft

Die Bürgschaft ist ein Vertrag, durch den sich der Bürge gegenüber dem Gläubiger verpflichtet, für die Erfüllung der Verbindlichkeit eines Dritten (Schuldner) einzustehen.

Bürgschaft

Beteiligt am Bürgschaftsverhältnis sind drei Personen: Gläubiger, Schuldner, Bürge.

Beteiligte Personen

Beispiel:

A kauft eine Maschine bei B, die A nicht sofort bezahlen kann. B fordert von A eine Sicherheit. A überredet seinen Freund C, für die Bezahlung der Maschine zu bürgen. A ist Schuldner, B ist Gläubiger, C ist Bürge. Es bestehen zwei Verträge: Kaufvertrag zwischen A und B, Bürgschaftsvertrag zwischen B und C.

Das Bürgschaftsverhältnis beim Kaufvertrag

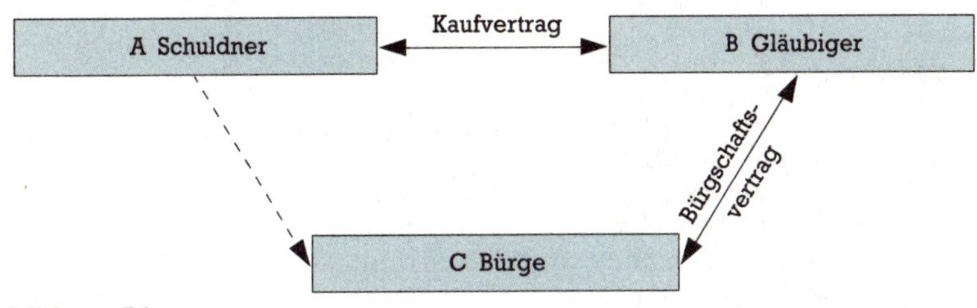

Abbildung 54

Form der Bürgschaftserklärung, Pflichten des Bürgen, besondere Arten der Bürgschaft

- Form

Form

Zur Gültigkeit des Bürgschaftsvertrages ist die **schriftliche Erteilung der Bürgschaftserklärung** gegenüber dem Gläubiger erforderlich. Bei Kaufleuten und Handwerkern, die im Handelsregister eingetragen sind, genügt die mündliche Bürgschaftserklärung.

- Pflichten des Bürgen

Erfüllt der Schuldner seine Verbindlichkeit gegenüber dem Gläubiger nicht, muß der Bürge zahlen. Er kann allerdings alle dem Schuldner gegen die Forderung zustehenden Einreden, zum Beispiel Verjährung etc. geltend machen. Insbesondere kann er die Befriedigung des Gläubigers verweigern, solange nicht der Gläubiger die Zwangsvollstreckung gegen den Schuldner ohne Erfolg versucht hat (Einrede der Vorausklage). Die **Einrede der Vorausklage** ist jedoch in folgenden Fällen ausgeschlossen:

Einrede der Vorausklage

- Über das Vermögen des Schuldners wurde das Konkursverfahren eröffnet.
- Der Schuldner hat im Inland keinen Wohnsitz oder Aufenthalt.
- Der Bürge hat eine selbstschuldnerische Bürgschaft übernommen.

Selbstschuldnerische-, Ausfallbürgschaft

• Arten
Die **selbstschuldnerische Bürgschaft** entsteht, wenn der Bürge auf die Einrede der Vorausklage verzichtet. Die Bürgschaft eines Vollkaufmanns ist stets selbstschuldnerisch. Bei der **Ausfallbürgschaft** haftet der Bürge nur für den Teil der Forderung, der dem Gläubiger trotz Wahrnehmung aller rechtlichen Möglichkeiten ausfällt.

- Für die Höhe der Verpflichtung des Bürgen ist der Bestand der Verbindlichkeit des Schuldners maßgeblich.
- Die Bürgschaft erlischt mit der Verbindlichkeit des Schuldners, zum Beispiel Erfüllung, Aufrechnung, Erlaß.
- Der Bürge kann dem Gläubiger alle Einreden entgegenhalten, die der Schuldner hat, zum Beispiel Verjährung.
- Befriedigt der Bürge den Gläubiger, geht die Forderung des Gläubigers gegen den Schuldner auf den Bürgen über. Der Schuldner haftet jetzt dem Bürgen.

3.1.4 Sachenrecht

Lernziele:

- Wissen, welcher rechtliche Unterschied zwischen „Besitz" und „Eigentum" an einer Sache besteht.
- Kennen des Begriffes „Sachen" im Sinne des Gesetzes sowie des Unterschieds zwischen „beweglichen" und „unbeweglichen" Sachen.
- Wissen, wie das Eigentum an beweglichen Sachen übertragen bzw. erworben wird.
- Kennen der Sicherungsrechte zur Absicherung einer Forderung (Werkunternehmerpfandrecht, Bauhandwerkersicherungshypothek, Vermieterpfandrecht, zu Bürgschaft siehe Abschnitt 3.1.3.3).
- Wissen, was unter Eigentumsvorbehalt zu verstehen und wie er zu handhaben ist.
- Kennen der Begriffsinhalte „Pfandrecht an beweglichen Sachen" und „Sicherungsübereignung".
- Wissen, welcher Unterschied zwischen Pfandrecht und Sicherungsübereignung besteht.
- Wissen, wie das Eigentum bei unbeweglichen Sachen übertragen bzw. erworben wird,
  - welche Form bei der Übertragung zu beachten ist,
  - was unter einer Hypothek und unter einer Grundschuld zu verstehen ist,
  - wie und in welcher Form eine Hypothek bzw. eine Grundschuld zu bestellen ist.
- Kennen der Bedeutung des Vorkaufsrechts (siehe Abschnitt 3.1.3.3).
- Kennen und Verstehen des Begriffes Nießbrauch und seiner Bedeutung im Handwerk.

3.1.4.1 Allgemeines zum Sachenrecht

Sachenrecht im BGB

Das Schuldrecht des BGB befaßt sich mit den Rechtsbeziehungen zwischen Personen, das Sachenrecht (3. Buch des BGB) regelt dagegen überwiegend die Rechtsbeziehungen zwischen Personen und Sachen.

Das Schuldrecht bietet die Möglichkeit, Verträge weitgehend frei zu gestalten, **im Sachenrecht gelten die strengen gesetzlichen Regelungen.** Die wichtigsten Begriffe im Sachenrecht sind Besitz, Eigentum, bewegliche und unbewegliche Sachen, Grundbuch, Grundpfandrechte etc., die auch für die Absicherung von Forderungen grundlegende Bedeutung haben.

3.1.4.2 Besitz und Eigentum

Im Sprachgebrauch wird meist nicht genau zwischen diesen Begriffen unterschieden. Man spricht vom Hausbesitzer und meint den Hauseigentümer. Das Gesetz ist jedoch präziser.

- Besitz ist die tatsächliche Herrschaft einer Person über eine Sache.
- Eigentum ist das umfassende Recht einer Person an einer Sache.

Besitz
Eigentum

Erläuterung:

Dem Eigentümer gehört die Sache rechtlich, der Besitzer hat nur die tatsächliche Gewalt über die Sache.

Der Eigentümer kann über die Sache nach Belieben verfügen, der Besitzer ist an die Vorgaben des Eigentümers gebunden.

Beispiel:

Besitzer einer Sache sind Mieter, Entleiher, Pächter, Finder, auch der Dieb. Eigentümer sind andere Personen.

3.1.4.3 Bewegliche und unbewegliche Sachen (Grundstücke)

Sachen im Sinne des Gesetzes sind alle körperlichen Gegenstände. Sie können beweglich oder unbeweglich sein.

Sachen

- Bewegliche Sachen sind solche, die nicht Grundstücke oder Bestandteile von Grundstücken sind. Die Unzahl von beweglichen Sachen erlaubt nur eine negative Abgrenzung. Vereinfacht ausgedrückt sind es Sachen, die bewegt werden können.

Bewegliche Sachen

Beispiel:

Möbel, Geräte, Waren, Kleidung etc.

Auch Schiffe und Flugzeuge sind eigentlich bewegliche Sachen, werden aber zum Teil wie Grundstücke behandelt.

- Unbewegliche Sachen sind Grundstücke, Bestandteile von Grundstücken und grundstücksgleiche Rechte.

Unbewegliche Sachen

Beispiel:

Bebaute, unbebaute Grundstücke, Immobilien, Erbbaurecht.

Übertragung von Besitz und Eigentum

Besitzübertragung
Eigentumsübertragung

- Besitz wird übertragen durch Verschaffung der tatsächlichen Gewalt über die Sache.
- Eigentum an einer beweglichen Sache wird übertragen durch Einigung der Parteien und Übergabe (eventuell Übergabeersatz, siehe Kaufrecht).
- Eigentum an einer unbeweglichen Sache wird übertragen durch Einigung (Auflassung) und Eintragung im Grundbuch. Die Auflassung erfolgt bei gleichzeitiger Anwesenheit der Parteien vor dem Notar.

Übertragung von Besitz und Eigentum

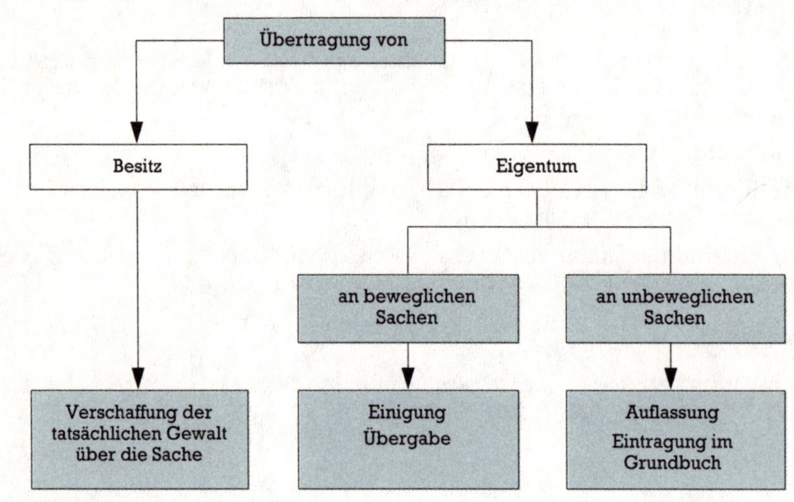

Abbildung 55

3.1.4.4 Grundbuch

Grundbuch

Das Grundbuch gibt verbindlich Auskunft über die Rechtsverhältnisse an einem Grundstück. Jedes Grundstück wird auf einem eigenen Blatt im Grundbuch des Amtsgerichts geführt, in dessen Bezirk das Grundstück gelegen ist. Jedes Grundbuchblatt hat drei Abteilungen.

Das Grundbuch

Grundbuchblatt

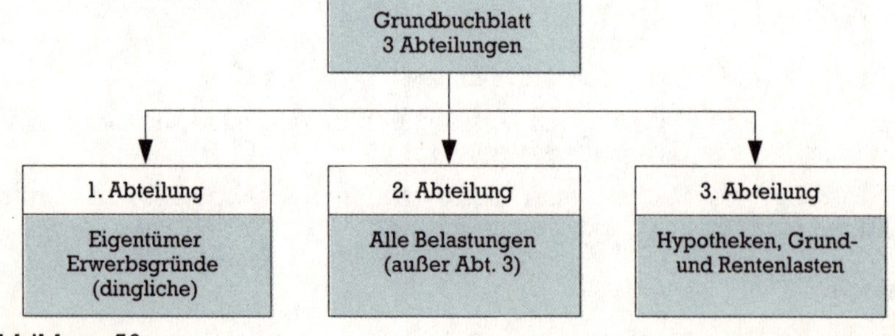

Abbildung 56

3.1.4.5 Nießbrauch

Nießbrauch

Der Eigentümer von Sachen (beweglichen und unbeweglichen), Rechten und Vermögen, kann einem anderen (Nießbraucher) die Nutzziehung aus diesen Gegenständen ganz oder zum Teil einräumen. Der Nießbrauch ist grundsätzlich nicht übertragbar und nicht vererbbar.

Beispiel:

Ein Bäckermeister überträgt das Eigentum an seiner Wohnanlage auf seine Kinder. Die Einkünfte aus der vermieteten Wohnanlage sollen seinen Lebensunterhalt decken. Zu seinen Gunsten wird ein Nießbrauchsrecht im Grundbuch eingetragen.

3.1.4.6 Sicherungsrechte

Sicherungsrechte

Zweck und Übersicht

Zweck Sicherung von Forderungen

Der Mensch schließt im täglichen Leben unablässig Rechtsgeschäfte der verschiedensten Art. Daraus ergeben sich für ihn nicht nur Rechte, sondern auch Verpflichtungen. Bei deren Abwicklung wird eine höchstmögliche persönliche Sicherheit angestrebt. Der einzelne hat es in der Hand, rechtzeitig durch geeignete vertragliche Vereinbarungen vorzusorgen. Unterstützt wird er dabei vom Gesetzgeber, der eine Reihe von gesetzlichen Sicherungsrechten bereitstellt. Sicherungsrechte lassen sich nach der Entstehungsform (vertraglich, gesetzlich) und nach der Art der Abwicklung (Personen, Sachen) unterscheiden.

Sicherungsrechte nach der Form der Entstehung

Die wichtigsten Sicherungsrechte (SR) und ihre Entstehungsform

Entstehungsform: gesetzliche, vertragliche Sicherungsrechte

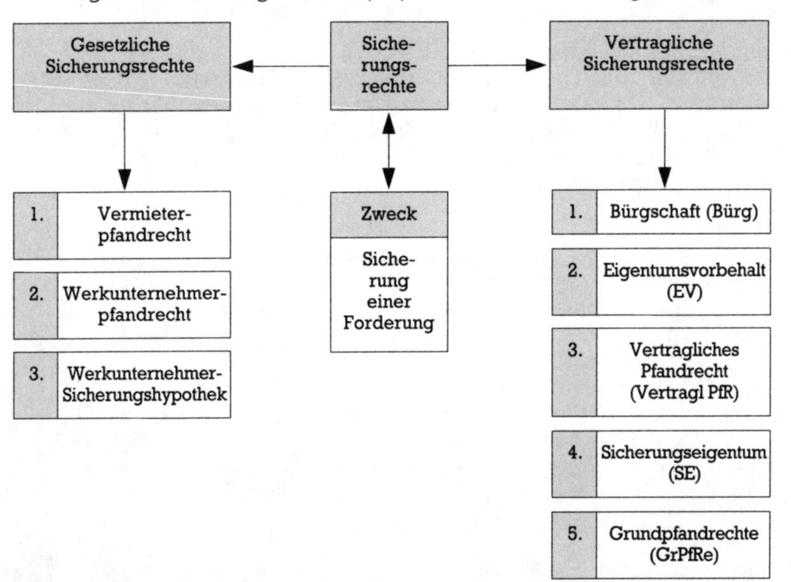

Abbildung 57

Sicherungsrechte nach der Art der Sicherheit

Art der Sicherheiten

Personal-, Realsicherheiten

Die unterschiedlichen Arten der Sicherheiten

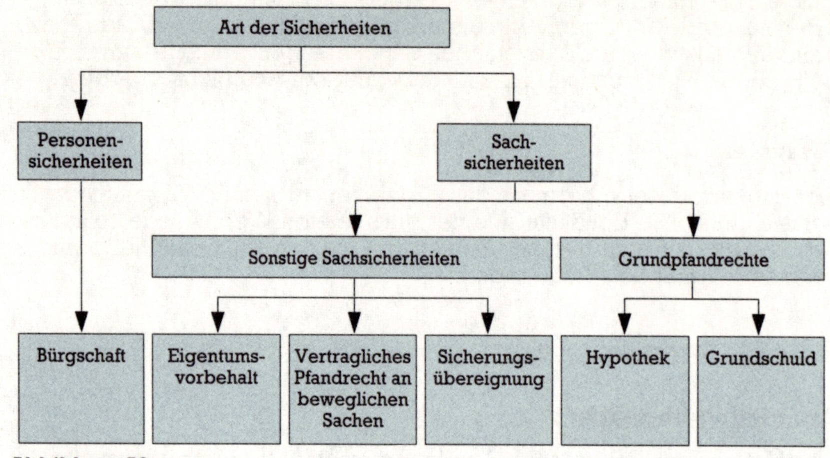

Abbildung 58

Sachsicherheiten

Sachsicherheiten

Die gesetzlichen Sachsicherheiten wurden beim Werkvertrag (Unternehmerpfandrecht, Bauhandwerkersicherungshypothek) und beim Mietvertrag (Vermieterpfandrecht) besprochen. Die vertraglichen Sachsicherheiten sind in erster Linie Eigentumsvorbehalt, Sicherungsübereignung, vertragliches Pfandrecht und Grundpfandrechte.

Im folgenden sollen die Besonderheiten (Zweck, Form, Wirkungen, Grenzen) der einzelnen vertraglichen Sachsicherheiten dargestellt werden:

Eigentumsvorbehalt

Eigentumsvorbehalt

Zweck

- Zweck

Kann der Käufer einer beweglichen Sache den Kaufpreis nicht sofort bezahlen, wird sich der Verkäufer dadurch **sichern,** daß er sich das Eigentum an der Sache **bis zur vollständigen Bezahlung** rechtzeitig und ausdrücklich vorbehält. Der Käufer wird zwar sofort Besitzer, kann also auch die Kaufsache nutzen, Eigentum erwirbt er aber erst mit vollständiger Kaufpreisbezahlung.

Form

- Form

Zwar ist **keine Form vorgeschrieben,** aus Beweisgründen ist aber Schriftform zu empfehlen. Der Eigentumsvorbehalt ist spätestens bei der Übergabe der Sache zu erklären.

Beispiel:

Der Eigentumsvorbehalt wird erst nach Übergabe der Sache auf der später ausgehändigten Rechnung erklärt. Der Eigentumsvorbehalt ist verspätet und daher unwirksam, mit der Übergabe der Sache ist der Käufer auch Eigentümer geworden.

Wirkungen

- Wirkungen

Zahlt der Käufer nicht oder geht er in Konkurs, **kann der Verkäufer die Sache herausverlangen,** da er noch Eigentümer ist.

Grenzen

• Grenzen
Der Eigentumsvorbehalt erlischt in dem Augenblick, in dem die Sache durch Vermischung oder Verarbeitung, Einbau etc. ihre rechtliche Selbständigkeit verliert.

Beispiel:

Lieferung und Einbau von Bauteilen (Steine, Fenster, Gläser) in ein Haus; Vermischen von Mehl zum Brotbacken. Der Eigentümer der Hauptsache (Haus, Brot) wird auch Eigentümer der Nebensachen (Steine etc., Mehl).

- Der Eigentumsvorbehalt ist nur an beweglichen, nicht an unbeweglichen Sachen möglich.
- Erfüllt der Käufer seine Zahlungspflicht, geht das vorbehaltene Eigentum automatisch auf ihn über.

Vertragliches Pfandrecht

Vertragliches Pfandrecht an beweglichen Sachen

Zweck

• Zweck
Eine bewegliche Sache kann einem **Gläubiger zur Sicherung seiner Forderung** verpfändet werden.

Form

• Form
Eine besondere Form sieht das Gesetz nicht vor, zum Nachweis wird Schriftform empfohlen.

Wirkungen

• Wirkungen
Die **Sicherheit** für den Gläubiger **entsteht nur, wenn der Schuldner das Pfand dem Gläubiger übergibt (Faustpfand)** und beide sich einig sind, daß das Pfandrecht dem Gläubiger zustehen soll.

Beispiel:

Der Kürschner hat seinem Lieferanten zur Sicherung einer Kaufpreisforderung einen teuren Pelzmantel zum Pfand gegeben. Zahlt der Kürschner bei Fälligkeit die Kaufpreisforderung nicht, kann der Lieferant den Pelzmantel nach den Regeln der Pfandverwertung öffentlich versteigern lassen, um seine Ansprüche aus dem Erlös zu befriedigen.

Grenzen

• Grenzen
Braucht der Schuldner den Pfandgegenstand in seinem Betrieb, zeigen sich die Grenzen des vertraglichen Pfandrechts.

Beispiel:

Der Metallbauer kauft eine Maschine, die er dringend im Betrieb benötigt. Da er den Kaufpreis nicht bezahlen kann, sucht er eine Möglichkeit, die Forderung des Verkäufers zu sichern. Die gekaufte Maschine kommt als Pfand nicht in Betracht, da er sie im Betrieb benötigt. Er kann allenfalls eine andere Maschine oder einen anderen Gegenstand zum Pfand geben.

Erlöschen des Pfandrechts

Gibt der Pfandgläubiger das Pfand aus der Hand, erlischt das Pfandrecht.

Sicherungsübereignung

Sicherungsübereignung

Zweck

• Zweck
Die Verpfändung einer beweglichen Sache ist aus praktischen Erwägungen in vielen Fällen nicht möglich, weil der Schuldner die Sache, zum Beispiel eine Maschine, in seinem Betrieb selbst braucht. Hier helfen sich die Parteien in der Praxis dadurch, daß der **Schuldner die Sache dem**

Gläubiger wegen dessen Forderung **zur Sicherung übereignet und übergibt** und beide vereinbaren, daß die Sache dem Schuldner leihweise wieder ausgehändigt wird. Auf diese Weise kann der Schuldner mit der Sache arbeiten, der Gläubiger hat treuhänderisches Eigentum.

Form

- Form

Eine besondere Form sieht das Gesetz nicht vor; wie vorstehend, wird Schriftform empfohlen.

Wirkungen

- Wirkungen

Zahlt der Schuldner nicht, kann der Gläubiger, da er Eigentümer ist, die Sache vom Schuldner herausverlangen. Im Konkurs des Schuldners hat der Gläubiger ein Absonderungsrecht an der Sache.

Grenzen

- Grenzen

Da der Gläubiger Eigentum nur zur Sicherheit hat, darf er mit der Sache nicht nach Belieben verfahren, zum Beispiel darf er sie nicht verkaufen.

Grundpfandrechte

Grundpfandrechte

Hypothek

- **Hypothek**

Die Hypothek ist die Belastung eines Grundstücks in der Weise, daß zugunsten des Berechtigten (Hypothekengläubiger = Kreditgeber) eine bestimmte Geldsumme wegen der diesem zustehenden Forderung (zum Beispiel Baudarlehen) aus dem Grundstück zu zahlen ist. Sie ist die wichtigste Form des Realkredits neben der

Grundschuld

- **Grundschuld,**

die ein Grundstück in der Weise belastet, daß dieses für die Zahlung einer bestimmten Geldsumme haftet. Sie ist, anders als die Hypothek, rechtlich nicht zur Sicherung einer Forderung bestellt, wenngleich dies der Praxis entspricht.

Hypothek ist forderungsabhängig
Grundschuld ist von Forderung unabhängig

- Die Eintragung und Übertragung von Grundpfandrechten erfolgt nach den Regeln der Übertragung von unbeweglichen Sachen (siehe oben).
- Die Hypothek ist abhängig von der ihr zugrundeliegenden Forderung (akzessorisch).
- Die Grundschuld ist unabhängig von einer eventuell zugrundeliegenden Forderung (nicht akzessorisch). Sie kann, weil von einer Forderung unabhängig, auch für den Eigentümer (sogenannte Eigentümergrundschuld) im Grundbuch eingetragen werden und sichert damit die Rangstelle, zum Beispiel zum Zweck der Kreditbeschaffung.

Unterschied Hypothek und Grundschuld

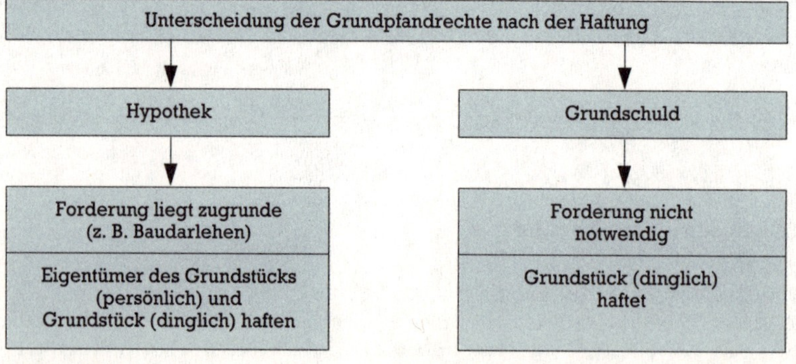

Abbildung 59

Übersicht über alle vertraglichen Sicherheiten

Vertragliche Sicherheiten

Übersicht über vertragliche Sicherheiten

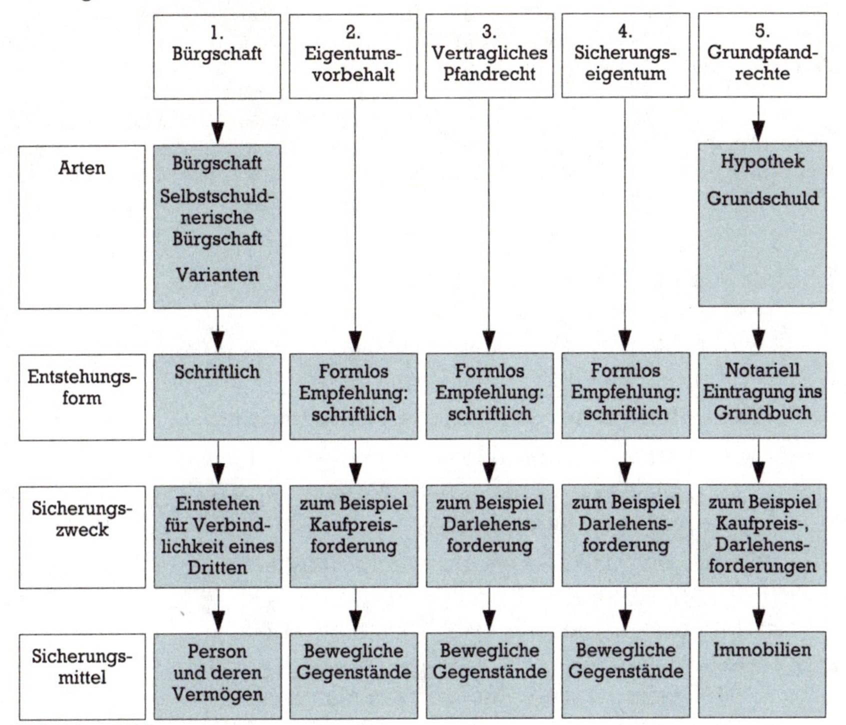

Abbildung 60

3.1.5 Familienrecht

Lernziele:

- Kennen der wichtigsten Bestimmungen des „Gesetzes über die Gleichberechtigung von Mann und Frau".
- Kennen der wesentlichen Bestimmungen des gesetzlichen Güterstandes der Zugewinngemeinschaft.
- Wissen, wie sich das Eigentum am Vermögen in der Zugewinngemeinschaft auf die beiden Ehegatten aufteilt, wie die Schuldenhaftung, die Vererbung und der Ausgleichsanspruch bei Scheidung in der Zugewinngemeinschaft geregelt sind.
- Kennen und Verstehen der Grundzüge der vertraglichen Güterstände zwischen Ehegatten.
- Wissen, welche Form ein Ehevertrag haben muß, der einen vertraglichen Güterstand vereinbart, was erforderlich ist, wenn dieser Vertrag auch gegenüber Dritten gelten soll,
  - was man unter Gütertrennung versteht,
  - wie die Schuldenhaftung, die Vererbung und der Ausgleichsanspruch bei Scheidung bei der Gütertrennung geregelt sind,
  - wie die vermögensrechtlichen Verhältnisse in der Gütergemeinschaft sind.
- Kennen der gegenseitigen Vertretungsmacht der Ehegatten bei Rechtsgeschäften zur angemessenen Deckung des Lebensbedarfs der Familie.

3.1.5.1 Allgemeines zum Familienrecht

Familienrecht im BGB

Unsere Verfassung stellt Ehe und Familie als Grundlage jedes staatlichen Gemeinschaftslebens unter den besonderen Schutz der staatlichen Ordnung. Das Familienrecht ist in der Hauptsache im 4. Buch des BGB geregelt. Es enthält die Gesamtheit der staatlichen Rechtsnormen, welche die rechtlichen Beziehungen der Familienmitglieder zueinander und zu Dritten regeln. Den Unternehmer interessieren vor allem die vermögensrechtlichen Beziehungen der Ehegatten, das eheliche Güterrecht und die gegenseitige Vertretungsmacht von Mann und Frau.

3.1.5.2 Gleichberechtigung von Mann und Frau

Gleichberechtigung

Mann und Frau sind nach unserer Verfassung gleichberechtigt.

Hierzu **Einzelheiten der gesetzlichen Entwicklung:**

- Seit dem Gleichberechtigungsgesetz vom 18. 6. 1957
  - ist das alleinige Entscheidungsrecht des Mannes in gemeinsamen Angelegenheiten abgeschafft
  - steht die elterliche Sorge um gemeinschaftliche Kinder Mann und Frau gemeinsam zu
  - ist der Aussteueranspruch der Tochter weggefallen.
- Mit dem Gesetz zur Reform des Ehe- und Familienrechts vom 14. 6. 1976 gelten weitere Änderungen, zum Beispiel:
  - Beide Ehegatten sind nun berechtigt, erwerbstätig zu sein; auf die Belange des anderen Ehegatten und die Familie ist dabei in gebotener Weise Rücksicht zu nehmen.
  - Die Haushaltsführung regeln die Ehegatten in gegenseitigem Einvernehmen. Wird sie einem der Ehegatten überlassen, leitet er den Haushalt in eigener Verantwortung.
  - Es besteht eine gegenseitige Verpflichtung der Ehegatten, durch Arbeit und mit ihrem Vermögen die Familie angemessen zu unterhalten; wird einem Ehegatten die Haushaltsführung überlassen, erfüllt er diese Verpflichtung mit der Haushaltsführung.

3.1.5.3 Gegenseitige Vertretungsmacht der Ehegatten

Gegenseitige Vertretungsmacht

Jeder Ehegatte ist berechtigt, alle Rechtsgeschäfte zur angemessenen Deckung des Lebensbedarfs der Familie auch mit Wirkung für und gegen den anderen Ehegatten abzuschließen (ehemalige Schlüsselgewalt, dieses Recht hatte früher nur die Frau).

Beispiele:

Einkauf von Lebensmitteln, Buchung eines Familienurlaubs, Ergänzungskauf eines defekten Haushaltsgerätes.

Kauft dagegen die Frau eine Maschine für das Unternehmen des Mannes, ohne hierzu ermächtigt zu sein, wird der Mann nicht verpflichtet, weil es kein Rechtsgeschäft zur angemessenen Deckung des Lebensbedarfs der Familie ist.

- Die gesetzliche Vertretungsmacht **kann eingeschränkt oder ausgeschlossen werden,** wenn sie zum Nachteil des anderen Ehegatten ausgenutzt wird.
- Dritten gegenüber wirkt die Einschränkung oder der Ausschluß nur bei Eintragung im Güterrechtsregister beim Amtsgericht-Registergericht. Der davon betroffene Ehegatte haftet in diesem Fall allein für die Erfüllung von Vertragsverpflichtungen, auch wenn es sich um einen Vertrag zur Deckung des Lebensbedarfs der Familie handelt.
- Leben die Ehegatten getrennt, ruht die gegenseitige Vertretungsmacht.

3.1.5.4 Eheliches Güterrecht

Die Ehe ist Lebens- und Vermögensgemeinschaft. Für die Regelung der Vermögensbeziehungen stehen den Ehegatten drei Möglichkeiten zur Verfügung: Zugewinngemeinschaft, Gütergemeinschaft und Gütertrennung.

Eheliches Güterrecht

Das eheliche Güterrecht

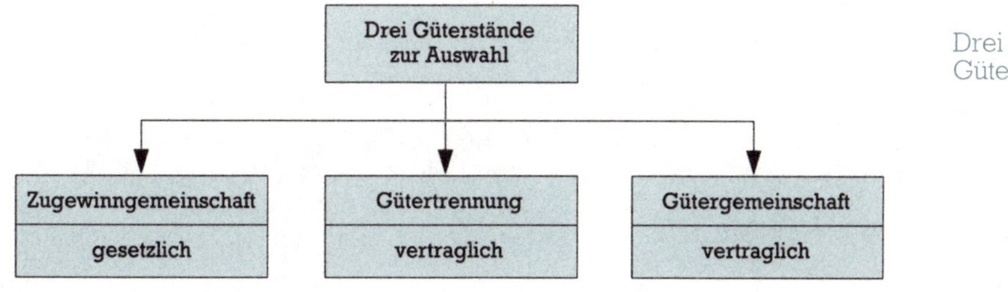

Drei Güterstände

Abbildung 61

<u>Zugewinngemeinschaft (ZG), gesetzlicher Güterstand</u>

- Form

Die Zugewinngemeinschaft entsteht in der Regel durch Heirat **kraft Gesetzes,** wenn kein notarieller Ehevertrag vereinbart wird.

Zugewinngemeinschaft

- Wesen

Der Zugewinngemeinschaft liegen zwei gedankliche Vorstellungen zugrunde:

1. **Solange die Zugewinngemeinschaft besteht, gelten im wesentlichen die Regeln der Gütertrennung.**
2. **Endet die Zugewinngemeinschaft** (zum Beispiel Tod, Scheidung), **ist der Zugewinn unter den Ehegatten auszugleichen.**

Daraus ergeben sich folgende weitere Konsequenzen:

- Vermögen

Was ein Ehegatte in die Ehe einbringt und während der Ehe hinzuerwirbt, gehört ihm allein.

● Verwaltung

Es gibt **zwei Vermögensmassen,** Mannes- und Frauenvermögen. Jeder verwaltet sein Vermögen selbst. Es gibt allerdings zwei Einschränkungen:
- Verfügungen über das gesamte Vermögen und
- Verfügungen über Hausratsgegenstände bedürfen der Zustimmung des anderen Ehegatten.

● Schulden

Jeder haftet für seine Schulden allein (Ausnahme: Rechtsgeschäfte im Rahmen der Schlüsselgewalt).

● Ende der Zugewinngemeinschaft

Der **Zugewinn ist** unter den Ehegatten **auszugleichen.**

Ausgleich bei Tod

Ausgleich des Zugewinns bei Tod

Das gesetzliche Erbteil des überlebenden Ehegatten erhöht sich um ein Viertel. Dabei spielt es keine Rolle, ob tatsächlich ein Zugewinn erzielt wurde oder ob der Überlebende einen höheren Zugewinn hatte (erbrechtliche Regelung). Der überlebende Ehegatte kann aber die Erbschaft auch ausschlagen, oder falls er nicht erbt, Ausgleich des Zugewinns und seinen Pflichtteil verlangen (güterrechtliche Regelung).

Ausgleich bei Scheidung

Ausgleich des Zugewinns bei Scheidung

In diesem Fall ist der beiderseitige Zugewinn zu berechnen und auszugleichen.

Berechnung des Zugewinns

Zugewinn ist der Betrag, um den das Endvermögen eines Ehegatten sein Anfangsvermögen übersteigt. Wer während der Ehe mehr Zugewinn erzielt hat als der Ehepartner, muß diesem die Hälfte des Überschusses auszahlen.

Für die Berechnung des Anfangs- und des Endvermögens gelten jeweils drei Regeln:

Regeln zur Berechnung des Anfangs- und Endvermögens

- **Berechnung des Anfangsvermögens:**
  - Es kann nicht geringer sein als Null; ein passives Vermögen wird mit Null angesetzt.
  - Während der Ehe erhaltene Schenkungen und Erbschaften werden dem Anfangsvermögen zugerechnet, werden also vom Endvermögen abgezogen.
  - Kann ein Ehegatte sein Anfangsvermögen nicht beweisen, wird es mit Null angesetzt.
- **Berechnung des Endvermögens:**
  - Auch das Endvermögen kann nicht geringer als Null sein.
  - Hat ein Ehegatte in den letzten 10 Jahren Vermögen verschenkt und war dies nicht durch Anstand und Sitte geboten, kann der andere Ehegatte verlangen, daß das Verschenkte dem Endvermögen zugerechnet wird, also auszugleichen ist.
  - Reicht das Vermögen nach einer solchen Schenkung nicht mehr aus, um den Ausgleichsanspruch des anderen Ehegatten zu befriedigen, kann dieser das Erforderliche als ungerechtfertigte Bereicherung vom Beschenkten herausverlangen.

Beispiel:

	Mann	Frau
Anfangsvermögen:	10.000,00	50.000,00
Endvermögen:	100.000,00	60.000,00
Zugewinn:	90.000,00	10.000,00
Differenz:	80.000,00	

Die Hälfte davon hat der Mann der Frau auszugleichen, das heißt 40.000,00 DM.

Beispiel:

	Mann	Frau
Anfangsvermögen:	– 10.000,00	50.000,00
Erbschaft:	50.000,00	200.000,00
Endvermögen:	100.000,00	300.000,00
Zugewinn:	50.000,00	50.000,00
Differenz:	——	

Da beide Ehegatten denselben Zugewinn haben, erfolgt kein Ausgleich.

Gütertrennung (GTr), vertraglicher Güterstand

Gütertrennung

- Form

Erforderlich ist **notarielle Vereinbarung** bei gleichzeitiger Anwesenheit beider Ehegatten.

- Wesen

Es handelt sich um eine **absolute Trennung der Vermögensmassen** zwischen den Ehegatten.

- Vermögen

Es gibt zwei Vermögensmassen: Mannes- und Frauenvermögen.

- Verwaltung

Jeder Ehegatte verwaltet sein Vermögen allein. Er unterliegt keinen Verfügungsbeschränkungen.

- Schulden

Jeder Ehegatte haftet für seine Schulden allein (Ausnahme: Rechtsgeschäfte im Rahmen der Schlüsselgewalt).

- Ende der Gütertrennung

Es findet **kein Vermögensausgleich** statt.

Gütergemeinschaft (GG), vertraglicher Güterstand

Gütergemeinschaft

- Form

Es gilt das zur Gütertrennung Gesagte.

- Wesen

Die Gütergemeinschaft beinhaltet die **Vereinigung der Vermögen der Ehegatten**.

- Vermögen

Das Gesamtgut bildet das **gemeinschaftliche Vermögen der Ehegatten.** Beide Ehegatten können im Alleineigentum Vorbehaltsgut (zum Beispiel Aktienvermögen) und Sondergut (zum Beispiel Schmerzensgeldforderung) haben.

- Verwaltung

Das Gesamtgut verwalten **beide Ehegatten zusammen** oder ein Ehegatte nach Vereinbarung allein. Vorbehalts- und Sondergut verwaltet jeder Ehegatte allein.

- Schulden

Schulden des Gesamtguts **betreffen beide,** Schulden von Vorbehalts- oder Sondergut jeden allein.

- Ende der Gütergemeinschaft

Jeder Ehegatte erhält die **Hälfte des Gesamtguts** sowie sein Vorbehalts- und Sondergut.

Übersicht: Eheliche Güterstände

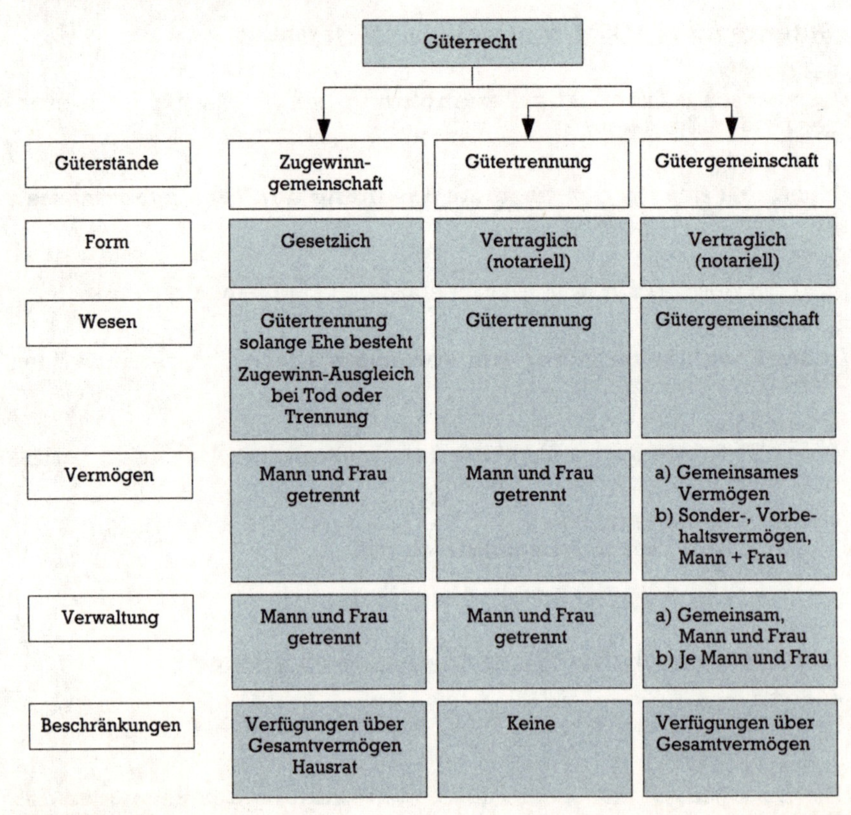

Güterrecht
Güterstände
Zugewinn-gemeinschaft
Gütertrennung
Gütergemeinschaft
Form
Gesetzlich
Vertraglich (notariell)
Vertraglich (notariell)
Wesen
Gütertrennung solange Ehe besteht
Zugewinn-Ausgleich bei Tod oder Trennung
Gütertrennung
Gütergemeinschaft
Vermögen
Mann und Frau getrennt
Mann und Frau getrennt
a) Gemeinsames Vermögen
b) Sonder-, Vorbehaltsvermögen, Mann + Frau
Verwaltung
Mann und Frau getrennt
Mann und Frau getrennt
a) Gemeinsam, Mann und Frau
b) Je Mann und Frau
Beschränkungen
Verfügungen über Gesamtvermögen Hausrat
Keine
Verfügungen über Gesamtvermögen

Abbildung 62

3.1.6 Erbrecht

Lernziele:

- Kennen und Verstehen der wesentlichen Regelungen der gesetzlichen Erbfolge.
- Wissen, wann die gesetzliche Erbfolge eintritt, wie die Rangfolge bei gesetzlicher Erbfolge sowie das Erbrecht des Ehegatten im allgemeinen und bei Zugewinngemeinschaft geregelt ist.
- Kennen des Zwecks des Erbscheins.
- Wissen, wann und in welcher Weise der Erbe für die Schulden des Erblassers haftet, welche Frist bei Ausschlagung des Erbes beachtet werden muß und welcher Form die Ausschlagung des Erbes bedarf, welche Möglichkeit der Haftungsbeschränkung besteht, wenn das Erbe nicht mehr ausgeschlagen werden kann.
- Wissen, durch welche letztwilligen Verfügungen die Erbfolge anders als im Gesetz vorgesehen geregelt werden kann.
- Kennen und Verstehen der Bedeutung und der Folgen des Erbvertrages mit seinen Besonderheiten gegenüber dem Testament.
- Wissen, in welcher Form ein Erbvertrag abgeschlossen wird.
- Wissen, welche Arten von Testamenten es gibt und Kennen der Unterschiede zwischen den einzelnen Arten, in welcher Form ein Testament errichtet werden muß, um rechtsgültig zu sein.
- Wissen, wie der Pflichtteilanspruch bei willkürlich festgelegter Erbfolge geregelt ist.

3.1.6.1 Allgemeines zum Erbrecht

Erbrecht im BGB

Das 5. Buch des BGB regelt unter anderem die Erbfolge, rechtliche Stellung der Erben, Testament, Erbvertrag, Pflichtteil, Erbschein. Mit dem Erbfall geht das gesamte Vermögen (Nachlaß) des Erblassers mit allen Rechten und Pflichten auf den oder die Erben über (Gesamtrechtsnachfolge).

Beispiel:

Wird ein Grundstück vererbt, bedarf es keiner Auflassung und Eintragung im Grundbuch, sondern nur der Berichtigung des Grundbuches.

3.1.6.2 Grundbegriffe im Erbrecht

Erbfall

- Erbfall

Mit dem Tode einer Person geht deren Vermögen auf seine Erben über.

Erblasser

- Erblasser

Der Erblasser ist eine **natürliche Person (Mensch),** durch deren Tod die Erbschaft auf die Erben übergeht.

Nachlaß

- Erbschaft (Nachlaß)

Erbschaft ist das Vermögen, das heißt die **Gesamtheit der Rechtsverhältnisse des Erblassers,** das auf die Erben übergeht. Es beinhaltet Eigentum, Beteiligungen, Forderungen, Rechte, aber auch Schulden des Erblassers. Nicht vererbbar sind höchstpersönliche Rechte, zum Beispiel Schmerzensgeld, Unterhaltsansprüche, Nießbrauch, Ehrungen, persönliche Titel.

Erbe

- Erbe

Erbe ist, wer beim Tode einer Person kraft Gesetzes (gesetzlicher Erbe) oder kraft Verfügung von Todes wegen (gewillkürter Erbe) Gesamtnachfolger des Erblassers wird. Erbe kann **jede natürliche (Mensch) oder jede juristische Person** (zum Beispiel GmbH) werden, die zum Zeitpunkt des Erbfalles lebt bzw. besteht.

Gesetzliche Erben

- Gesetzliche Erben

Die gesetzlichen Erben sind die **Verwandten des Erblassers,** sein **Ehegatte** und ersatzweise der Staat (Fiskus).

Gewillkürte Erben

- Gewillkürte Erben

Gewillkürte Erben sind die natürlichen oder juristischen Personen, die der Erblasser **durch Testament oder Erbvertrag bestimmt.**

Erbschein

- Erbschein

Der Erbschein ist das **amtliche Zeugnis** über Erbteile, Berechtigte, eventuelle Beschränkungen der Erbberechtigung. Zuständig ist das Amtsgericht-Nachlaßgericht am letzten Wohnsitz des Erblassers (eventuell Amtsgericht Berlin bei Auslandswohnsitz).

Ausschlagung bei Schulden

- Ausschlagung

Jeder Erbe kann **innerhalb von sechs Wochen** seit Kenntnis vom Erbfall und dem Berufungsgrund die Erbschaft **ausschlagen.** Vor allem bei Überschuldung des Nachlasses wird er diesen Weg wählen. Zuständig ist das Nachlaßgericht. Die Ausschlagung bewirkt, daß der Nachlaß nicht an den Ausschlagenden fällt.

3.1.6.3 Gesetzliche Erbfolge

Gesetzliche Erbfolge

Gesetzliche Erben sind die Verwandten des Erblassers und sein Ehegatte. Sie erben, wenn der Erblasser die Erbfolge durch letztwillige Verfügung (Testament, Erbvertrag) nicht anders geregelt hat.

Die Verwandten sind in fünf Erbordnungen zur Erbfolge berufen:

Erbordnungen

1. Erbordnung: Alle Abkömmlinge des Erblassers, das heißt Kinder und deren Abkömmlinge.
2. Erbordnung: Die Eltern des Erblassers und deren Abkömmlinge.
3. Erbordnung: Die Großeltern des Erblassers und deren Abkömmlinge.
4. Erbordnung: Die Urgroßeltern und deren Abkömmlinge.
5. Erbordnung: Alle entfernteren Verwandten.

Uneheliches Kind

Zur ersten Erbordnung gehören auch adoptierte und uneheliche Kinder des Erblassers. Letztere haben neben Abkömmlingen und dem überlebenden Ehegatten nur einen Erbersatzanspruch, das heißt Geldanspruch, allerdings in Höhe ihres Erbteils. Der Anspruch verjährt in drei Jahren seit Kenntnis, längstens in 30 Jahren.

Grundregeln der gesetzlichen Erbfolge

Erben einer näheren Erbordnung schließen Erben einer entfernteren Erbordnung aus.

Beispiel:

Sind Kinder vorhanden, erben Eltern und Geschwister nichts.

Lebende Erben innerhalb einer Erbordnung schließen entferntere Erben derselben Erbordnung aus.

Beispiel:

Kinder schließen Enkel aus.

Erben der ersten drei Erbordnungen erben nach Stämmen und zu gleichen Teilen.

Beispiel:

Stirbt ein Witwer, erhalten seine drei Kinder je $\frac{1}{3}$ vom Nachlaß. Eventuell vorhandene Enkel erhalten nichts.

Variante:

Ist ein Kind vorverstorben, bekommen seinen Anteil von einem Drittel seine drei Kinder (Stamm) zu gleichen Teilen, das heißt je $\frac{1}{9}$.

Ab der vierten Erbordnung wird derjenige Erbe des gesamten Nachlasses, der zum Erblasser am nächsten verwandt ist.

Gesetzliche Erbfolge des Ehegatten

Der Ehegatte hat ein eigenes gesetzliches Erbrecht neben den Verwandten. Grundsätzlich erhält er neben Verwandten der ersten Erbordnung $\frac{1}{4}$, neben Verwandten der zweiten Erbordnung und Großeltern $\frac{1}{2}$ des Nachlasses. Sind nur noch Verwandte der dritten oder fernerer Erbordnungen vorhanden, bekommt der Ehegatte den gesamten Nachlaß. Sein Anteil am Nachlaß hängt also davon ab,

- neben welchen Verwandten er erbt und zusätzlich davon
- in welchem Güterstand er mit dem Erblasser bis zu dessen Tod gelebt hat.

Beispiele für die drei möglichen Güterstände neben einem, zwei oder drei Kindern (1. Erbordnung) sind aus der folgenden Abbildung ersichtlich.

Das Erbe des Ehegatten bei den drei Güterständen

	Ehegatte/1 Kind	Ehegatte/2 Kinder	Ehegatte/3 Kinder
Gütergemeinschaft	1/4 EG; 3/4 Kind	1/4 EG; 3/8 Kind; 3/8 Kind	1/4 EG; 1/4 Ki 1; 1/4 Ki 2; 1/4 Ki 3
Gütertrennung	1/2 EG; 1/2 Kind	1/3 EG; 1/3 Ki 1; 1/3 Ki 2	1/4 EG; 1/4 Ki 1; 1/4 Ki 2; 1/4 Ki 3
Zugewinngemeinschaft	1/4 + 1/4 EG; 1/2 Kind	1/4 + 1/4 EG; 1/4 Ki 1; 1/4 Ki 2	1/4 + 1/4 EG; 1/6 Ki 1; 1/6 Ki 2; 1/6 Ki 3

Abbildung 63

Eine schematische Darstellung der gesetzlichen Erbfolge nach Erbordnungen gibt die folgende Abbildung.

Die gesetzliche Erbfolge nach Erbordnungen

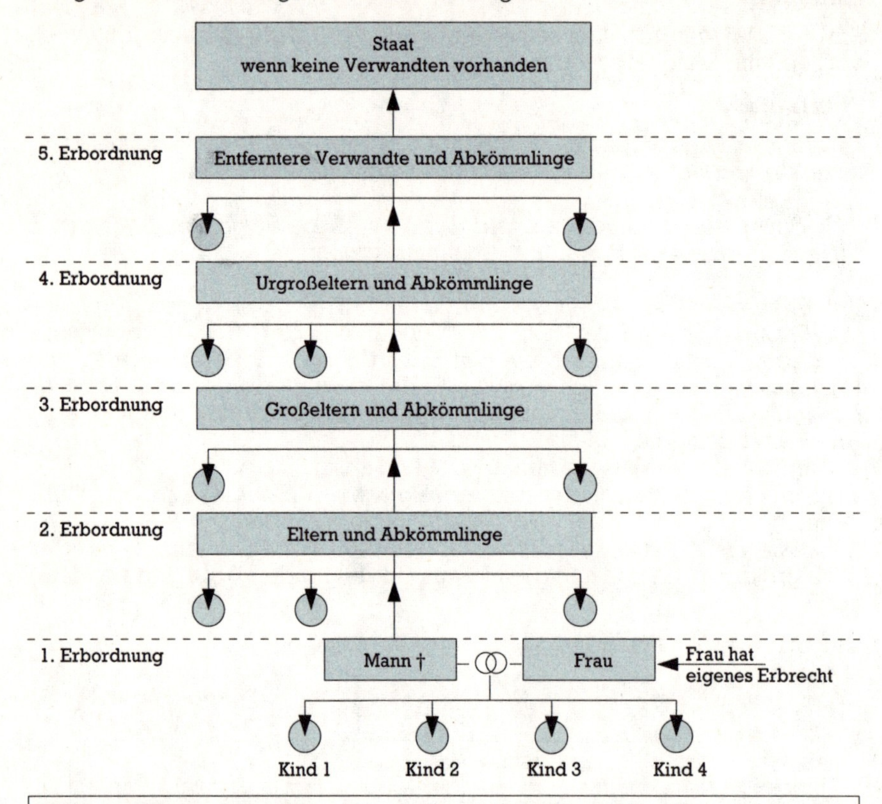

Merke: Verwandte einer näheren Erbordnung schließen Verwandte einer entfernteren Erbordnung aus

Abbildung 64

3.1.6.4 Gewillkürte Erbfolge (Erbvertrag und Testament)

Gewillkürte Erbfolge

Jeder Mensch kann seinen Nachlaß und seine Erbfolge vertraglich oder testamentarisch anders regeln, wenn die gesetzliche Erbfolge seinen Vorstellungen nicht entspricht. Dazu bedarf es bestimmter Willenserklärungen, die an strenge Formen gebunden sind.

Erbvertrag, Einzelheiten

- Zweck

Erbvertrag

Der Erbvertrag ist im Gegensatz zum Testament eine den Erblasser bindende und **in der Regel unwiderrufliche Verfügung von Todes wegen**. Der Erbvertrag kann zwischen Verwandten und Nichtverwandten geschlossen werden.

- Form

Er muß bei gleichzeitiger Anwesenheit der Vertragsteile (Erblasser, Begünstigter) **vor einem Notar** geschlossen werden. Er kann nur in gleicher Form wieder aufgehoben werden. Stirbt ein Vertragsteil, ist die vertragliche Aufhebung unmöglich.

- Inhalt

Inhalt des Erbvertrages sind Erbeinsetzungen, Anordnungen, Vermächtnisse, Auflagen oder sonstige Verfügungen des Erblassers.

Testament, Einzelheiten

- Zweck

Das Testament ist eine **einseitige Verfügung von Todes wegen,** die der Erblasser nur persönlich treffen kann. Er muß testierfähig sein, das heißt geschäftsfähig.

Testament

- Inhalt

Durch Testament bestimmt der Erblasser den Erben und schließt damit die gesetzliche Erbfolge aus. Möglich sind Vermächtnisse, Auflagen, Anordnungen für den Todesfall, Enterbung etc.

- Arten und Formen

Arten

Es gibt **ordentliche** (eigenhändiges und öffentliches), **außerordentliche und gemeinschaftliche Testamente.**

- Beim eigenhändigen Testament muß die letztwillige Verfügung vom Erblasser zwingend eigenhändig in einer verständlichen Sprache und Schrift geschrieben und unterschrieben sein. Der Aussteller muß erkennbar sein. Zeit und Ort sollen angegeben werden, um den letzten Willen sicher feststellen zu können. Das letzte Testament gilt.
- Das öffentliche Testament wird zur Niederschrift eines Notars errichtet. Der Erblasser erklärt seinen letzten Willen mündlich oder übergibt eine Schrift mit der Erklärung, daß diese seinen letzten Willen enthält (Minderjährige ab 16. Lebensjahr).
- Außerordentliche oder Nottestamente sind für die Fälle vorgesehen, in denen der Erblasser nicht mehr in der Lage ist, ein öffentliches Testament vor einem Notar zu errichten, zum Beispiel Seetestament, Bürgermeistertestament.
- Gemeinschaftliches Testament (nur Ehegatten) ist die gleichzeitige, gemeinschaftliche letztwillige Verfügung mehrerer Erblasser in der Weise, daß jeder von ihnen einseitig (anders Erbvertrag) für den Fall seines Todes Anordnungen trifft. Die Verfügungen können völlig selbständig sein, gegenseitig oder wechselbezüglich, das heißt abhängig vom Bestand der Verfügung des anderen. Der Widerruf des gemeinsamen Testaments ist grundsätzlich möglich, wechselbezügliche Verfügungen sind jedoch nach dem Tode des Erstversterbenden unwiderruflich. Für den Abschluß kann jede vorgenannte Form gewählt werden.

3.1.6.5 Pflichtteilsanspruch

- Zweck

Die **Testierfreiheit** des Erblassers wird durch das Pflichtteilsrecht zugunsten der Berechtigten **eingeschränkt.**

Pflichtteil

Beispiel:

Setzt der Ehemann seine langjährige Freundin als Alleinerbin ein, sind seine Abkömmlinge und seine Frau durch das Pflichtteilsrecht geschützt.

- Berechtigter Personenkreis

Abkömmlinge, Ehegatte; Eltern, wenn keine Abkömmlinge vorhanden sind.

- Voraussetzung des Anspruchs

Die Berechtigten sind durch Verfügung des Erblassers von Todes wegen (Testament, Erbvertrag) **von der gesetzlichen Erbfolge** ganz oder zu einem wesentlichen Teil **ausgeschlossen.**

- Art

Der Pflichtteilsanspruch ist ein **persönlicher Geldanspruch** gegen den tatsächlichen Erben.

- Höhe

Der Geldanspruch beträgt **die Hälfte des gesetzlichen Erbteils** zum Zeitpunkt des Erbfalles. Hat der Berechtigte geerbt, aber weniger als den Pflichtteil, hat er einen Pflichtteilsergänzungsanspruch. Hat die Ehefrau bis zum Tode des Erblassers mit diesem in Zugewinngemeinschaft gelebt, hat sie unter bestimmten Voraussetzungen Wahlmöglichkeiten (siehe Eherecht).

- Verjährung

Der Pflichtteilsanspruch verjährt drei Jahre nach Kenntnis vom Erbfall und der die Erbfolge ausschließenden Verfügung.

- Entziehung

Entziehung des Pflichtteils ist möglich, wenn der Berechtigte dem Erblasser nach dem Leben getrachtet, diesen oder dessen Ehegatten vorsätzlich körperlich mißhandelt, einen unsittlichen Lebenswandel gegen den Willen des Erblassers geführt oder die Unterhaltspflicht schuldhaft verletzt hat.

Der Pflichtteilsanspruch im Erbrecht

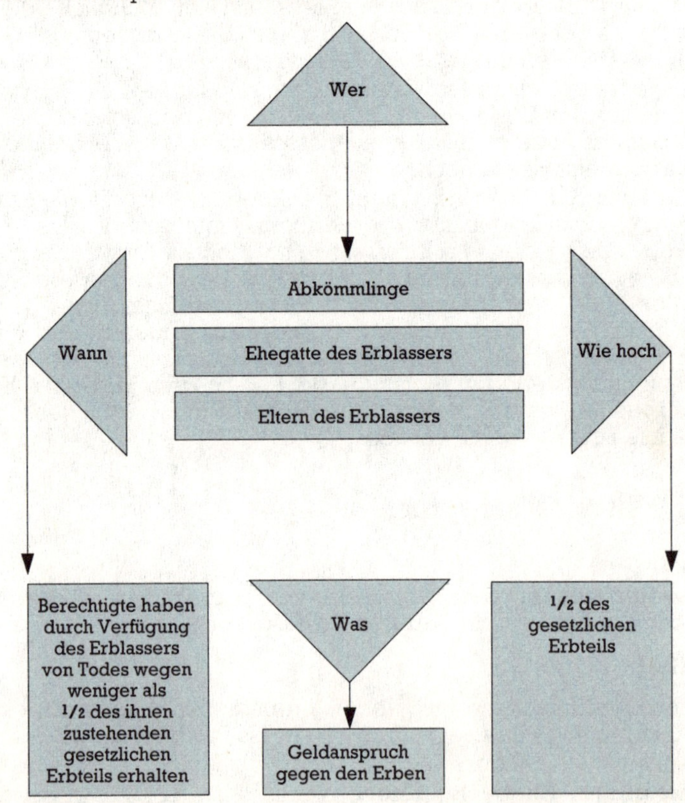

Abbildung 65

3.1.7 Mahn- und Klageverfahren

Lernziele:

- Kennen der verschiedenen Gerichtsarten und ihrer Zuständigkeit nach der Art der Rechtsansprüche.
- Kennen der ordentlichen Gerichte, der Sparten der Rechtspflege, in denen die ordentlichen Gerichte tätig werden.
- Wissen, welche ordentlichen Gerichte in erster Instanz für eine Klage zuständig sind, wer grundsätzlich die Prozeßkosten trägt, bei welchen Gerichten bzw. Verfahren im Zivilprozeß die Vertretung durch einen Rechtsanwalt obligatorisch ist.
- Kennen des Gangs des gerichtlichen Mahn- und Klageverfahrens, der Voraussetzungen, die zu einem Versäumnisverfahren bzw. Versäumnisurteil führen.
- Kennen der Voraussetzungen und Wirkungen des Mahn- und Vollstreckungsbescheids.
- Wissen, bei welchem Gericht man einen Mahnbescheid erwirken kann.
- Wissen, welche Rechtsmittel gegen richterliche Entscheidungen vom Gesetz vorgesehen sind.

3.1.7.1 Zuständigkeit der Gerichte nach Art der Ansprüche

Gerichtsbarkeiten

In einem Rechtsstaat ist es unzulässig, Rechtsansprüche auf eigene Faust durchzusetzen. Wer einen Anspruch gegen einen säumigen oder unwilligen Schuldner selbst nicht durchsetzen kann, muß sich der Hilfe der vom Staat eingesetzten Gerichte und Vollstreckungsorgane bedienen. Je nach Art eines Anspruches erhält der Bürger für die Wechselfälle des täglichen Lebens Rechtsschutz bei folgenden Gerichtsbarkeiten:

Ordentliche und außerordentliche Gerichtsbarkeit

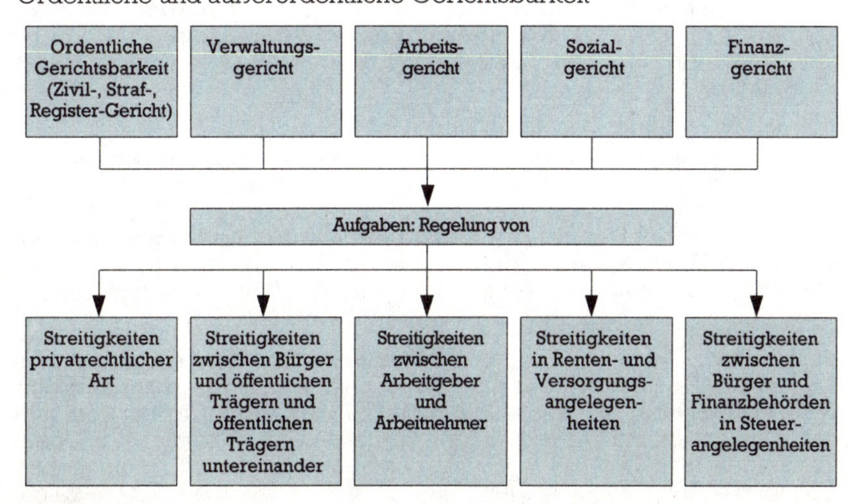

Abbildung 66

3.1.7.2 Arten und Tätigwerden der ordentlichen Gerichte

Ordentliche Gerichte

Ordentliche Gerichte sind: Amtsgericht (AG), Landgericht (LG), Oberlandesgericht (OLG) und Bundesgerichtshof (BGH). Sie werden in drei Bereichen der Rechtspflege tätig.

Die Tätigkeitsbereiche der ordentlichen Gerichte

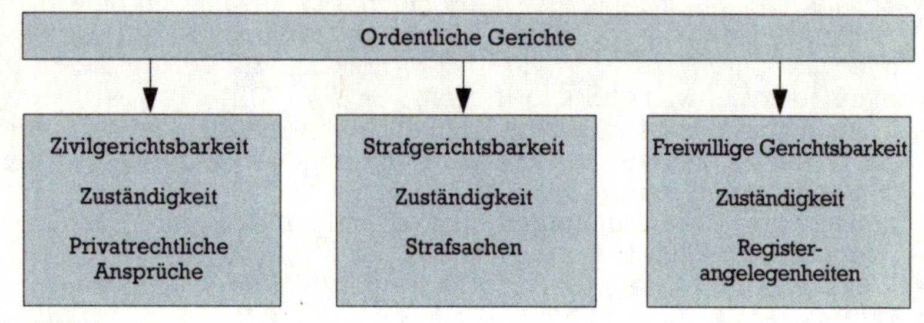

Abbildung 67

Die Zivilgerichtsbarkeit

Zivilgerichtsbarkeit

- Allgemeine Zuständigkeit

Die Zivilgerichte sind für **alle privatrechtlichen Streitigkeiten und Ansprüche der Bürger untereinander** zuständig. Ansprüche können auf ein Tun oder Unterlassen gerichtet sein.

- Parteien

Die Parteien im Zivilprozeß heißen **Kläger und Beklagter.**

Aufgabenteilung

- Aufgabenverteilung (örtliche und sachliche Zuständigkeit)

Klagen sind bei den Gerichten der **ersten Instanz** einzureichen. Es sind dies die **Amts- und Landgerichte** in Deutschland, unter denen die Aufgaben örtlich und sachlich aufgeteilt sind. **Örtlich** zuständig ist das **Gericht am Wohnsitz** (Allgemeiner Gerichtsstand) oder gewerblichen Sitz (Besonderer Gerichtsstand) des Schuldners. Die vertragliche Vereinbarung eines davon abweichenden örtlichen Gerichtsstandes ist nur in Sonderfällen möglich, zum Beispiel unter Kaufleuten. **Sachlich** zuständig sind in erster Instanz das **Amtsgericht oder Landgericht** je nach Höhe des Streitwerts oder der Zuweisung von Aufgaben durch das Gesetz (siehe unten).

Prozeßvertretung

- Prozeßvertretung

Vor dem Amtsgericht kann jeder als Partei selbst auftreten oder sich von einer geschäftsfähigen Person vertreten lassen. In letzterem Fall ist Prozeßvollmacht nachzuweisen. Im Scheidungsverfahren vor dem Amtsgericht gilt Anwaltszwang. **Beim Landgericht und allen anderen Gerichten der Zivilgerichtsbarkeit gilt Anwaltszwang.** Damit soll fach- und sachkundige Vertretung der Parteien sichergestellt werden.

Kosten

- Gerichts- und Parteikosten

Im Verfahren vor Gericht entstehen **Gerichts- und Parteikosten** (zum Beispiel Anwälte, Sachverständige etc.). Die Kosten **trägt grundsätzlich der Unterlegene;** der Kläger hat in der Regel Gerichtskosten vorzuleisten. Die Kosten richten sich nach dem Streitwert (Tabelle) oder dem Streitgegenstand. Bedürftige Parteien erhalten auf Antrag Beratungs- und Prozeßkostenhilfe, wenn Bedürftigkeit und hinreichende Erfolgsaussicht im beabsichtigten Verfahren (bei Prozeßkostenhilfe) besteht. Die Parteikosten sind dem Gegner in jedem Fall zu ersetzen, wenn die bedürftige Partei unterliegt.

Verfahrensziel

• Ziel
Ziel des Verfahrens ist die **rechtskräftige Feststellung des erhobenen Anspruchs** durch das Gericht, also dessen Unanfechtbarkeit durch weitere Rechtsmittel, **und die Vollstreckbarkeit** des festgestellten Anspruchs auch gegen den Willen des Unterlegenen.

Die Verteilung der Aufgaben in der ersten Gerichtsinstanz

Sachliche Zuständigkeit von Amts- und Landgericht

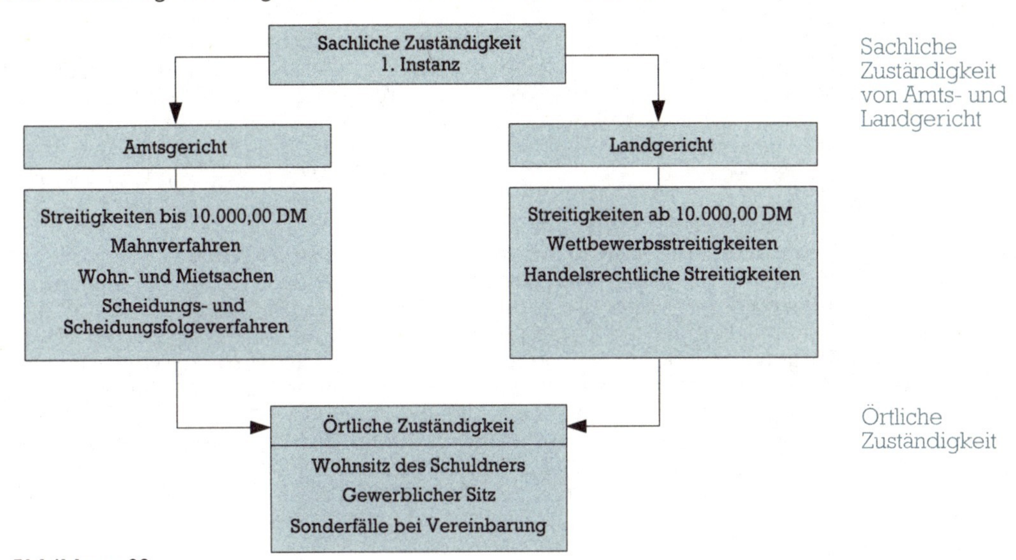

Örtliche Zuständigkeit

Abbildung 68

3.1.7.3 Das gerichtliche Klageverfahren

Gerichtliches Klageverfahren

Antrag

Rechtsschutz gewährt der Staat nur auf Antrag. Erforderlich ist daher die Einleitung einer Klage bei Gericht. Nach Einzahlung der Gerichtsgebühr durch den Kläger stellt das Gericht die Klageschrift dem Beklagten zu mit der Aufforderung, hierzu binnen einer bestimmten Frist Stellung zu nehmen.

Inhalt der Klage

• Inhalt der Klage
Die Klageschrift muß enthalten: Bezeichnung des Gerichts, der **Parteien** und ihrer Anschriften, einen **Klageantrag, Klagegegenstand, Grund und Höhe des geltend gemachten Anspruches.**

Beispiel:

Werklohnanspruch für Malerarbeiten in Höhe von 5.000,00 DM laut Rechnung vom ...

Mündliche Verhandlung

• Mündliche Verhandlung
Der Verhandlungstermin soll so vorbereitet sein, daß die **Streitsache in der Regel in einem mündlichen Termin erledigt** werden kann. In bestimmten Fällen (geringer Streitwert) kann das Gericht die Erledigung im schriftlichen Verfahren anordnen. Gleiches gilt, wenn die Parteien zustimmen. Über die mündliche Verhandlung wird vom Gericht ein **Sitzungsprotokoll** geführt, das alle wesentlichen Vorgänge und Förmlichkeiten wiedergibt.

- Beweisaufnahme

Erbringt die Verhandlung keine Klärung der strittigen Fragen, ordnet das Gericht die Beweisaufnahme an. Es kann Zeugen vernehmen, Sachverständige anhören, Urkunden verlesen, amtliche Auskünfte einholen oder durch Augenschein vor Ort sich einen eigenen Eindruck verschaffen.

Beweislast

Jede Partei muß die für sie günstigen Tatsachen beweisen (sogenannte **Beweislast**). Gelingt ihr dies nicht, trägt sie den Nachteil.

- Entscheidungen: Vergleich oder Urteil

Vergleich

Urteil

Die Parteien können sich in jedem Stadium des Verfahrens außergerichtlich oder gerichtlich einigen. Ein **gerichtlicher Vergleich** ist dann zu empfehlen, wenn die Rechtslage unklar, das Prozeßrisiko groß ist. Aus einem Vergleich kann wie aus einem Urteil vollstreckt werden.

Wenn kein Vergleich zustandekommt oder der Rechtsstreit sich nicht auf sonstige Weise erledigt (zum Beispiel Klagerücknahme), entscheidet das Gericht durch **Urteil.** Das Gericht kann dem Klageanspruch ganz oder teilweise stattgeben oder diesen abweisen, die Gründe hierfür sind anzugeben. Kostenentscheidung und Vollstreckbarkeit ergeben sich aus dem Urteil.

- Besonderheit: Versäumnisurteil

Versäumnisurteil

Versäumt der Kläger oder Beklagte einen Termin zur mündlichen Verhandlung, **kann auf Antrag** der erschienenen Partei ein **Versäumnisurteil ergehen**. Voraussetzung ist die Zulässigkeit der Klage und, wenn es gegen den Beklagten ergeht, auch die Schlüssigkeit der Klage. Gegen den Beklagten ergeht ein Versäumnisurteil also nur, wenn die vom Kläger vorgetragenen Gründe seinen Klageanspruch rechtfertigen. Aus einem Versäumnisurteil kann die Zwangsvollstreckung betrieben werden. Gegen ein Versäumnisurteil kann der Betroffene binnen zwei Wochen seit Zustellung Einspruch einlegen. Der Prozeß wird dann in dem Stadium fortgesetzt, in dem er sich zum Zeitpunkt der Säumnis befand.

3.1.7.4 Rechtsmittel gegen ein Urteil (Berufung und Revision)

Rechtsmittel

Gegen ein ihm nachteiliges Urteil kann der Unterlegene die Rechtsmittel der Berufung bzw. Revision einlegen.

Berufung

Berufung

Berufung findet statt gegen Endurteile der ersten Instanz (Amts-, Landgericht). Über die Berufung entscheidet das übergeordnete Gericht (Landgericht oder Oberlandesgericht). Im Berufungsverfahren wird der Streitfall in tatsächlicher und rechtlicher Hinsicht nochmals überprüft. Voraussetzung ist, daß der Berufungsführer mit mehr als 1.500,00 DM aus dem erstinstanziellen Urteil beschwert ist (dies ist die Differenz zwischen Antrag und ergangener Entscheidung).

Das Berufungsverfahren

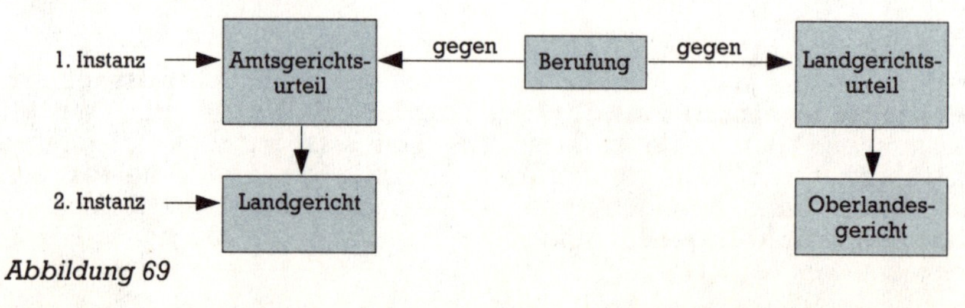

Abbildung 69

Revision

Revision

Revision ist möglich gegen Berufungsurteile des Oberlandesgerichts,
- wenn der Beschwerdegegenstand in vermögensrechtlichen Streitigkeiten 60.000,00 DM übersteigt oder
- wenn das OLG sie wegen grundsätzlicher Bedeutung der Rechtssache oder wegen Abweichung von der BGH-Rechtsprechung zugelassen hat oder
- wenn mit Einwilligung des Gegners Sprungrevision gegen ein erstinstanzielles Urteil des LG erhoben wird.

Die Revision geht zum BGH und kann nur auf Gesetzesverletzung gestützt werden.

Das Revisionsverfahren

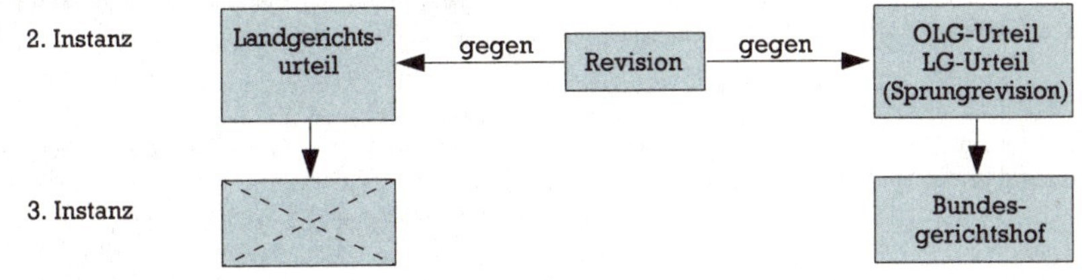

Abbildung 70

Fristen für Berufung und Revision

Fristen

Die Fristen für Berufung und Revision

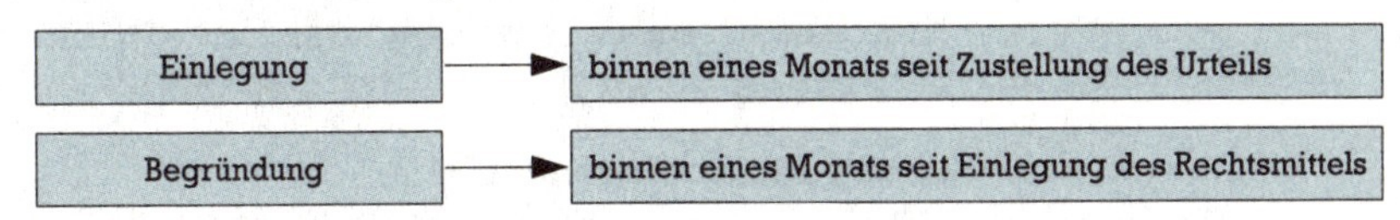

Abbildung 71

Gesamtübersicht zum Zivilprozeß

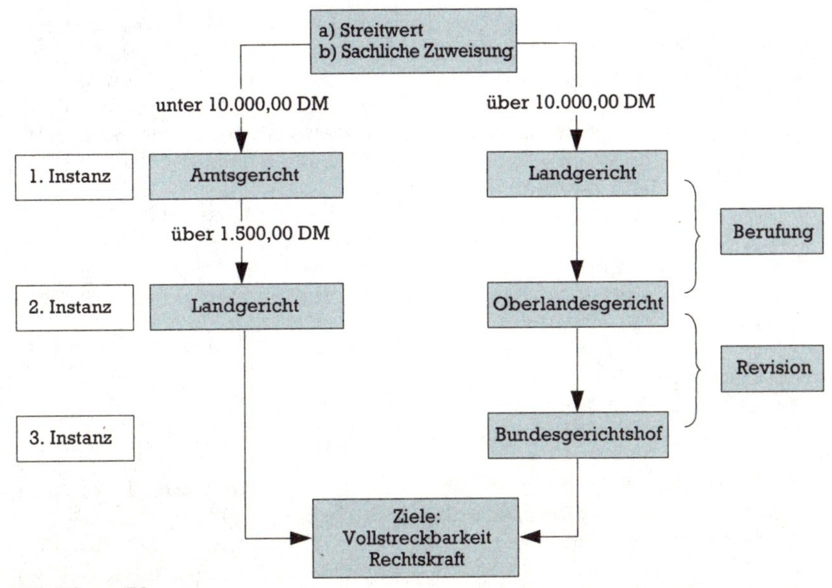

Abbildung 72

Mahnverfahren

3.1.7.5 Das Mahnverfahren

Die Unterschiede zum Klageverfahren sind folgende:

Zuständiges Gericht

- Zuständiges Gericht

Örtlich zuständig ist das Amtsgericht, in dessen Bezirk der **Antragsteller** seinen allgemeinen Gerichtsstand (**Wohnsitz**) hat.
Sachlich zuständig, unabhängig von der Höhe des Streitwerts, **sind die Amtsgerichte.** Handelt es sich um eine Lohnforderung oder andere Zahlungen aus einem Arbeitsverhältnis, ist das Arbeitsgericht zuständig (es gelten besondere Verfahren und Vordrucke).

Parteien

- Parteien

Im Gegensatz zur Klage heißen die Parteien **Antragsteller (Gläubiger)** und **Antragsgegner (Schuldner).**

Zulässigkeit

- Zulässigkeit

Das Mahnverfahren ist nur zulässig für Ansprüche auf **Zahlung einer bestimmten Geldsumme** in inländischer Währung. Eine eventuelle Gegenleistung (zum Beispiel Ware) muß bereits erbracht sein.

Vorzüge des Mahnverfahrens

- Vorzüge

Das Mahnverfahren soll als abgekürztes zivilprozessuales Verfahren dem Gläubiger rasch zu einem Vollstreckungstitel verhelfen. Dies wird erreicht durch:

1. ein **Formularverfahren** (Erwerb im Schreibwarenhandel)
2. Erlaß gerichtlicher **Bescheide ohne Prüfung der inhaltlichen Berechtigung der Forderung** durch den Rechtspfleger (nicht Richter) bei Gericht
3. Einführung **kurzer Fristen für Rechtsmittel**
4. **niedrige Gerichtsgebühr** (eine halbe Klagegebühr), in der Regel keine Rechtsanwaltsgebühr, weil kein Anwaltszwang besteht.

- Verfahren

Mahnbescheid (MB)

Das Amtsgericht erläßt auf Antrag des Gläubigers einen **Mahnbescheid (erste Stufe)** und stellt ihn dem Schuldner zu. Dieser kann zahlen, innerhalb von zwei Wochen Widerspruch erheben oder untätig bleiben.

Vollstreckungsbescheid (VB)

Reagiert der Schuldner nicht, erläßt das Amtsgericht auf Antrag des Gläubigers den **Vollstreckungsbescheid (zweite Stufe)** und stellt ihn dem Schuldner zu. Dieser kann wiederum zahlen, innerhalb von zwei Wochen Einspruch einlegen oder untätig bleiben.
Reagiert der Schuldner auch hierauf nicht, kann der Gläubiger die Zwangsvollstreckung in das Vermögen des Schuldners betreiben.
Achtung: Der Vollstreckungsbescheid muß vom Gläubiger binnen sechs Monaten seit Zustellung des Mahnbescheides an den Schuldner beantragt werden.

- Beendigung

Das Verfahren endet, wenn der Schuldner in Stufe 1 (Mahnbescheid) oder Stufe 2 (Vollstreckungsbescheid) die Forderung des Gläubigers erfüllt.

Widerspruch Einspruch

Das Verfahren endet auch, wenn der Schuldner **in Stufe 1** (Mahnbescheid) fristgerecht **Widerspruch, in Stufe 2** (Vollstreckungsbescheid) fristgerecht **Einspruch** erhebt. In diesem Fall kann die Forderung nur im ordentlichen Gerichtsverfahren vor dem dann örtlich und sachlich zuständigen Gericht geltend gemacht werden (siehe folgende Abbildung).

Das Mahnverfahren bei Geldforderungen

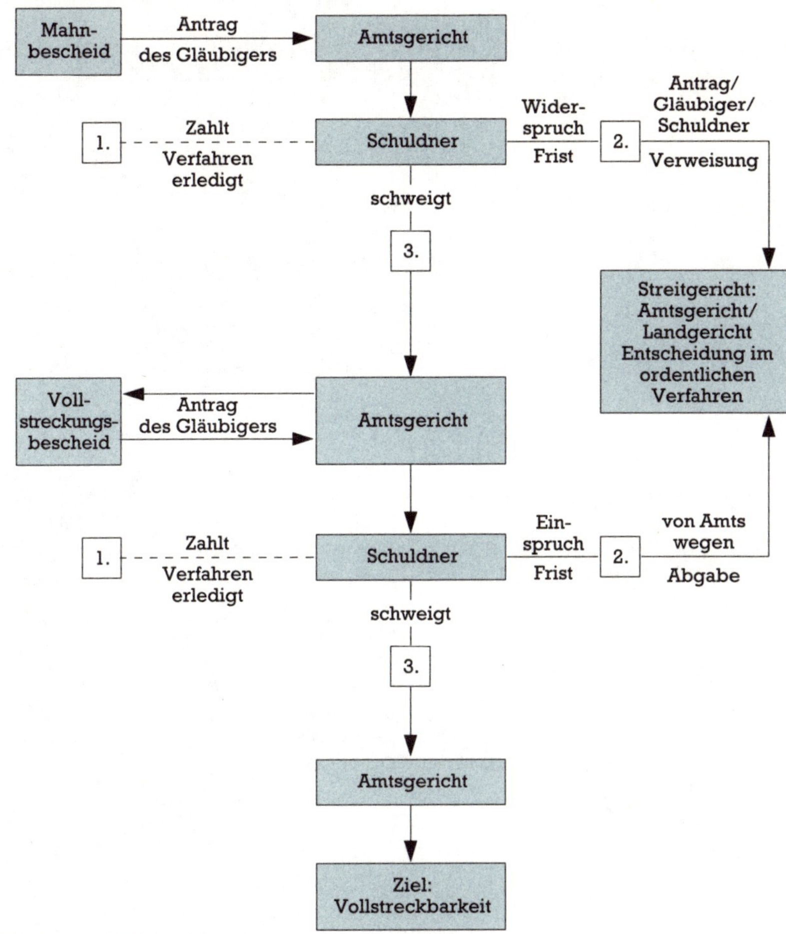

Abbildung 73

3.1.8 Die Zwangsvollstreckung

Lernziel:

- Kennen der Voraussetzungen, der Zuständigkeit, der Titel sowie der Arten und Rechtsfolgen der Zwangsvollstreckung wegen Geldforderungen.

Zwangs-
vollstreckung

Hat der Gläubiger gegen den Schuldner ein rechtskräftiges Urteil erwirkt, ist damit noch nicht sichergestellt, daß der Schuldner die gerichtlich festgestellte Forderung erfüllt. Weigert er sich oder ist er untätig, kann der Gläubiger seinen Anspruch auch gegen den Willen des Schuldners durchsetzen, er muß allerdings staatliche Machtmittel zu Hilfe nehmen (Zwangsvollstreckung).

3.1.8.1 Voraussetzungen der Zwangsvollstreckung

Voraus-
setzungen

Die Zwangsvollstreckung ist an drei Voraussetzungen gebunden: Vollstreckbarer Titel, Vollstreckungsklausel, Zustellung des vollstreckbaren Titels an den Schuldner.

Die Voraussetzungen für eine Zwangsvollstreckung

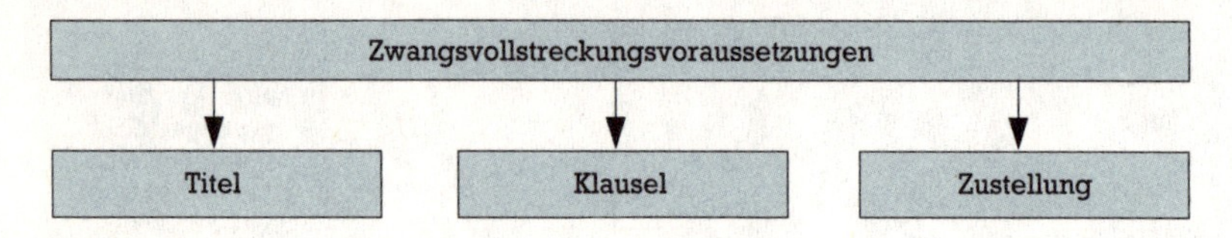

Abbildung 74

Die Vollstreckungstitel

Vollstreckungs-
titel

Vollstreckungstitel sind in erster Linie rechtskräftige Urteile. Es gibt jedoch, wie die folgende Abbildung zeigt, weitere Vollstreckungstitel.

Übersicht über Zwangsvollstreckungstitel

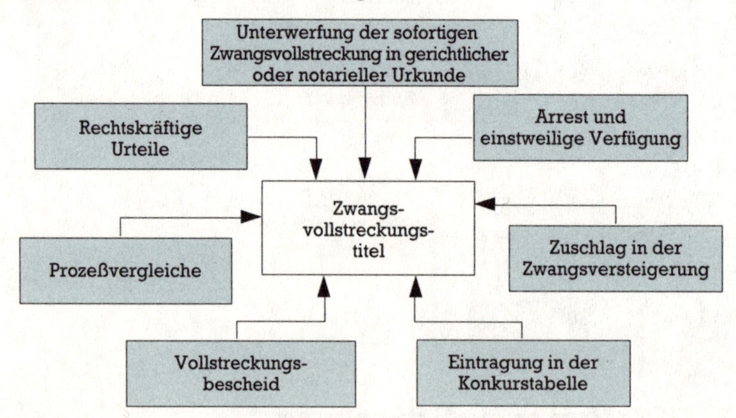

Abbildung 75

Die Vollstreckungsklausel

Klausel

Die Vollstreckungsklausel macht den Titel in der Regel vollstreckbar. Der Urkundsbeamte des Gerichts vermerkt auf dem Urteil: „Vorstehende Ausfertigung wird dem Gläubiger zum Zwecke der Zwangsvollstreckung erteilt."

Die Zustellung des Vollstreckungstitels

Zustellung

Die Zustellung des Vollstreckungstitels muß vor oder mit dem Beginn der Zwangsvollstreckung erfolgen.

3.1.8.2 Arten der Zwangsvollstreckung, Vollstreckungsorgane, Zuständigkeit

Arten der Zwangsvollstreckung

Für Zwangsvollstreckungsmaßnahmen sind eine Reihe von staatlichen Organen zuständig, je nachdem, ob wegen Geld- oder sonstiger Forderungen (zum Beispiel auf Herausgabe einer Urkunde, Abgabe einer Willenserklärung, Unterlassung einer Handlung) und ob in das bewegliche oder unbewegliche Vermögen des Schuldners vollstreckt werden soll.

Die Organe einer Zwangsvollstreckung

Vollstreckungsorgane

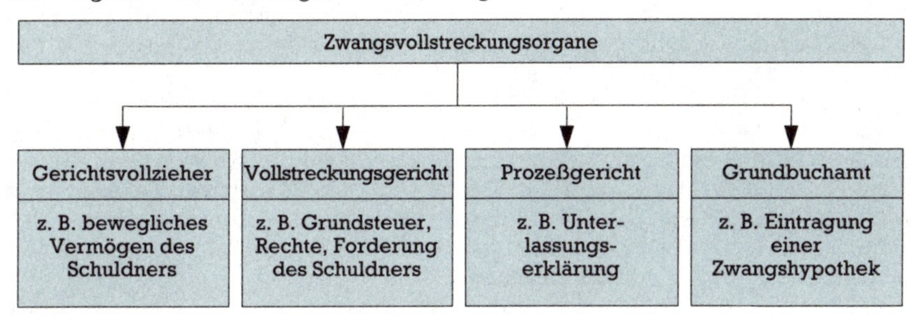

Abbildung 76

Zwangsvollstreckung wegen Geldforderungen

Zwangsvollstreckung wegen Geldforderungen

Sie sind der häufigste Grund für Zwangsvollstreckungsmaßnahmen. Die Vollstreckung kann erfolgen in bewegliches, unbewegliches Vermögen sowie Rechte und Forderungen des Schuldners. Bei der Zwangsvollstreckung in die verschiedenen Vermögensgegenstände des Schuldners gelten folgende Besonderheiten und Unterschiede:

Zwangsvollstreckung in	bewegliche Sachen	unbewegliche Sachen	Forderungen und Rechte
Vollstreckungsorgane	Gerichtsvollzieher	Amtsgericht-Vollstreckungsgericht	Amtsgericht-Vollstreckungsgericht
Art und Weise der Vollstreckung	– Pfändung und Mitnahme – Anbringung des Pfandsiegels	– Zwangsversteigerung – Zwangsverwaltung – Eintragung einer Zwangshypothek im Grundbuch	Pfändung von Forderungen des Schuldners gegen andere, zum Beispiel – Lohnforderungen – Außenstände eines Unternehmers – Bank und Sparkassenguthaben durch Pfändungs- und Überweisungsbeschluß gegen den Drittschuldner
Grenzen der Vollstreckung	unpfändbar sind: – lebensnotwendige Sachen – berufsnotwendige Sachen – Fremdsachen		nur in Grenzen pfändbar: – Lohnforderungen
Rechtsmittel	– Einspruch des Schuldners – Interventionsklage des Dritten		
Befriedigung des Gläubigers	aus Versteigerungserlös nach Abzug der Verfahrenskosten	aus Versteigerungs-, Zwangs-, Verwaltungserlös nach Abzug der Verfahrenskosten	Drittschuldner muß gepfändete Forderung an den Gläubiger abführen; Gläubiger kann ihn auf Zahlung verklagen

3.1.8.3 Eidesstattliche Versicherung (ehem. Offenbarungseid) und Schuldnerverzeichnis

Eidesstattliche Versicherung

Bleibt die Zwangsvollstreckung wegen einer Geldforderung in das bewegliche Vermögen des Schuldners erfolglos, kann der Gläubiger beim Amtsgericht-Vollstreckungsgericht beantragen, daß der **Schuldner ein Verzeichnis über sein Vermögen aufstellt und dieses eidesstattlich bekräftigt.** In die aus dem Verzeichnis ersichtlichen Vermögensgegenstände kann der Gläubiger zwangsvollstrecken lassen. Verweigert der Schuldner die Erstellung eines Vermögensverzeichnisses bzw. die Abgabe einer eidesstattlichen Versicherung, kann das Gericht auf Antrag des Gläubigers Beugehaft – längstens sechs Monate – zur Erzwingung der Abgabe der eidesstattlichen Versicherung anordnen.

Schuldnerverzeichnis

Schuldner, die eine eidesstattliche Versicherung abgegeben haben oder gegen die Beugehaft angeordnet wurde, werden in das Schuldnerverzeichnis beim Vollstreckungsgericht eingetragen, in das jeder auf Antrag Einsicht nehmen kann. Die Eintragung in das **Schuldnerverzeichnis** wird gelöscht, wenn der Schuldner die Erfüllung der Forderung des Gläubigers nachweist oder drei Jahre seit Ende des Jahres, in dem die Eintragung erfolgte, verstrichen sind.

Die Zwangsvollstreckung wegen Geldforderung

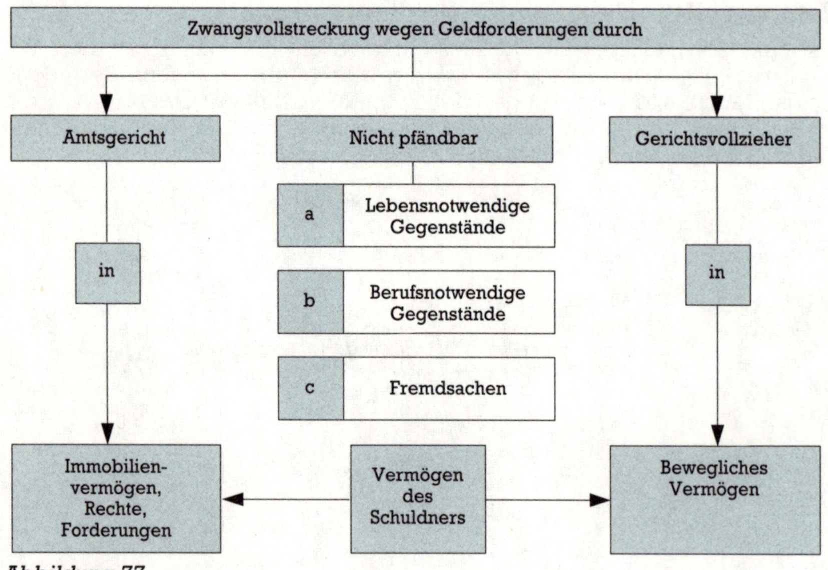

Abbildung 77

3.1.9 Vergleichs- und Konkursverfahren

Lernziele:

- Kennen und Verstehen des Unterschieds zwischen Konkurs- und Vergleichsverfahren.
- Wissen, welche rechtlichen Schritte der Schuldner bzw. Gläubiger bei einem Konkurs- bzw. Vergleichsverfahren zu beachten hat.
- Kennen der Rechtsfolgen des Konkurs- bzw. Vergleichsverfahrens für den Schuldner.

3.1.9.1 Allgemeines zum Vergleichs- und Konkursverfahren

Ein Unternehmen kann durch eine Reihe von betrieblichen Ursachen (zum Beispiel Fehlentscheidungen der Führung, falsche oder fehlerhafte Produkte etc.), aber auch durch außerbetriebliche Gründe (zum Beispiel Konkurrenz, Rezession, Ausfall von Absatzmärkten) in seiner Existenz bedroht werden. Kommt eine Sanierung nicht zustande, kann das Unternehmen unter bestimmten Voraussetzungen durch einen Vergleich (außergerichtlich oder gerichtlich) gerettet werden. Ist auch das nicht möglich, bleibt nur die zwangsweise Auflösung des Unternehmens in einem gerichtlichen Verfahren (Konkurs).

3.1.9.2 Vergleichsverfahren, außergerichtlicher, gerichtlicher Vergleich

Vergleichsverfahren

Ziel jedes Vergleichs ist die Erhaltung des Unternehmens. Der Unternehmer wird daher zunächst einen außergerichtlichen Vergleich anstreben.

Außergerichtlicher Vergleich

Außergerichtlicher Vergleich

Dem Betriebsinhaber stehen dabei folgende Angebote zur Verfügung:
- Darlehensaufnahme
- Aufnahme eines kapitalkräftigen Gesellschafters in das Unternehmen
- Stundungs- oder Erlaßvergleich in Absprache mit den Gläubigern.

Beim Stundungsvergleich stunden die Gläubiger dem Schuldner alle oder Teile ihrer Forderungen für einen bestimmten Zeitraum.
Beim Erlaßvergleich erlassen die Gläubiger dem Schuldner endgültig einen Teil ihrer Forderungen.

Die **Vorteile** eines außergerichtlichen Vergleiches liegen auf der Hand:
- Möglichkeit der Fortsetzung des Betriebes
- kein Aufsehen in der Öffentlichkeit
- keine Turbulenzen im Unternehmen
- keine gerichtlichen Kosten.

Voraussetzung ist, daß alle Gläubiger mit dem Vergleich einverstanden sind. Scheitern die Verhandlungen, bleibt dem Unternehmer nur der Weg zum Vergleichs- oder Konkursgericht.

Gerichtlicher Vergleich

Gerichtlicher Vergleich

Der gerichtliche Vergleich ist ein gerichtliches Sammelverfahren mit dem Zweck, den Konkurs abzuwenden und die Gläubiger zu einem bestimmten Teil ihrer Forderungen gleichmäßig zu befriedigen. Das Verfahren ist in der Vergleichsordnung geregelt.

Wichtige Einzelheiten zum gerichtlichen Vergleich

Einzelheiten zum gerichtlichen Vergleich

- Zuständigkeit

Zuständig ist das Amtsgericht beim allgemeinen Gerichtsstand des Schuldners.

- Zweck

Der gerichtliche Vergleich soll die **Fortführung des Unternehmens** und **gleichmäßige Befriedigung der Gläubiger** sicherstellen.

- Voraussetzungen

Voraussetzung zur Einleitung des Verfahrens ist Zahlungsunfähigkeit (nicht nur vorübergehende Zahlungseinstellung).

- Antragsrecht

Das **Antragsrecht** hat **nur der Schuldner.**

- Inhalt des Antrags

Im Antrag enthalten sind zum Beispiel eine Vermögensübersicht des Schuldners, ein Verzeichnis der Gläubiger und Schuldner, ein Verzeichnis der Ab- und Aussonderungsberechtigten sowie eine Erklärung über die Vollständigkeit und Richtigkeit der Aufstellung.

- Ablehnungsgründe

Abgelehnt werden kann ein gerichtlicher Vergleich, wenn weniger als 35 % jeder Gläubigerforderung befriedigt wird (bei längerer als ein Jahr Zahlungsfrist: 40 %) oder der Schuldner den Vermögensverfall unredlich herbeigeführt hat oder die Betriebsfortführung nicht zu erwarten ist.

- Folgen der Eröffnung des Verfahrens

Während der Dauer des Verfahrens sind **Einzelvollstreckungsmaßnahmen unzulässig.** Zudem **bestellt das Gericht einen Vergleichsverwalter** zur Überwachung der Betriebs- und Lebensführung des Schuldners. Außerdem sind Entnahmen des Schuldners aus dem Unternehmen nur zum Zweck einer bescheidenen Lebensführung zulässig.

- Abschluß des Verfahrens, Rechtsfolgen

Der Vergleich kommt zustande, wenn die Gläubigerversammlung mit mindestens $^{3}/_{4}$ der Forderungen zustimmt, der Vergleich für und gegen alle Gläubiger wirkt, ob sie abgelehnt oder zugestimmt haben oder die **Gläubiger auf alle über die Vergleichsquote gehenden Forderungen verzichten.**

Übersicht über das gerichtliche Vergleichsverfahren

Vergleichsverfahren

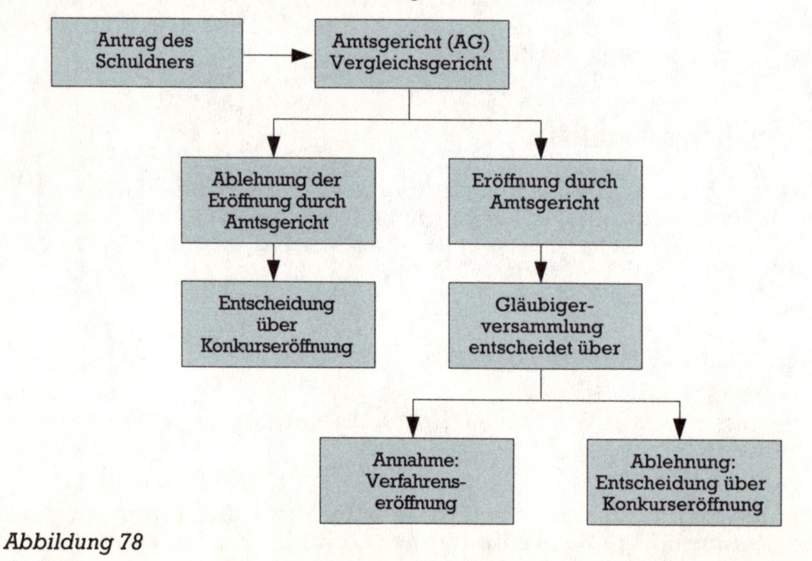

Abbildung 78

3.1.9.3 Das Konkursverfahren

Der Konkurs ist ein gerichtliches Sammelverfahren zur zwangsweisen Auflösung eines Unternehmens, wobei das gesamte Vermögen des Schuldners gleichmäßig an seine Gläubiger verteilt wird. Das Verfahren ist in der Konkursordnung geregelt.

Konkurs-verfahren

Wichtige Einzelheiten zum Konkursverfahren

Einzelheiten zum Konkurs-verfahren

- Zuständigkeit

Zuständig ist das Amtsgericht am allgemeinen Gerichtsstand des Schuldners.

- Zweck

Die **gleichmäßige Befriedigung aller Gläubiger** wird durch das Konkursverfahren bezweckt.

- Voraussetzungen

Bei Zahlungsunfähigkeit bzw. Verschuldung (bei juristischen Personen) kann das Verfahren eingeleitet werden.

- Antragsrecht

Der **Schuldner und jeder Gläubiger** hat das Antragsrecht.

- Am Konkursverfahren nicht Beteiligte

Am Verfahren nicht beteiligt sind Aussonderungsberechtigte (zum Beispiel Eigentumsvorbehalt; Gegenstände, die dem Schuldner nicht gehören; unpfändbare Gegenstände), Absonderungsberechtigte (zum Beispiel sicherungsübereignete Gegenstände).

- Inhalt des Antrags

Zum Inhalt siehe „Wichtige Einzelheiten zum gerichtlichen Vergleich" im Abschnitt 3.1.9.2 „Vergleichsverfahren, außergerichtlicher, gerichtlicher Vergleich" in diesem Band.

- Ablehnung der Konkurseröffnung

Wenn die Prüfung des Gerichts ergibt, daß der Schuldner die Forderungen seiner Gläubiger erfüllen kann oder **wenn das noch vorhandene Vermögen weder die Masse- noch Verfahrenskosten deckt,** kann die Eröffnung des Verfahrens abgelehnt werden. In diesem Fall wird der Schuldner vom Konkursgericht in die Schuldnerliste aufgenommen.

Schuldnerliste

- Folgen der Verfahrenseröffnung

Wenn das Verfahren eröffnet wird, **bestellt das Gericht einen Konkursverwalter;** die Konkurseröffnung wird öffentlich bekanntgemacht. Zudem verliert der Schuldner die Verfügungsbefugnis über sein Unternehmen und sein Vermögen; **Einzelvollstreckungsmaßnahmen** von Gläubigern **sind nicht mehr zulässig.** Der Konkursverwalter nimmt das gesamte Vermögen des Schuldners in Besitz; Zahlungen können nur noch an ihn geleistet werden.

- Reihenfolge der Erfüllung der Forderungen

Vorab sind die **Massekosten** (Konkursverwalter, Verträge des Konkursverwalters) und die **Masseschulden** (Gerichtsgebühren etc.) zu befriedigen. Alle übrigen Forderungen sind in folgender Reihenfolge zu erfüllen (sechs Gruppen):

1. rückständige Löhne und Gehälter
2. öffentliche Abgaben
3. rückständige Forderungen von Kirchen, Schulen, öffentlichen Verbänden
4. Heil- und Pflegekosten (letztes Jahr vor Konkurseröffnung)

5. Mündelansprüche (Forderungen von Kindern und Pflegebedürftigen des Schuldners)
6. alle übrigen Gläubiger.

• Abschluß des Verfahrens, Rechtsfolgen
Jeder Gläubiger erhält die festgesetzte Konkursquote; die **Restforderungen bleiben bestehen** und werden in der Konkurstabelle festgehalten. Jeder **Gläubiger kann** mit seiner Forderung aus der Konkurstabelle (= Vollstreckungstitel) **30 Jahre** in das Vermögen des Schuldners **Zwangsvollstreckung betreiben.**

Das Konkursverfahren

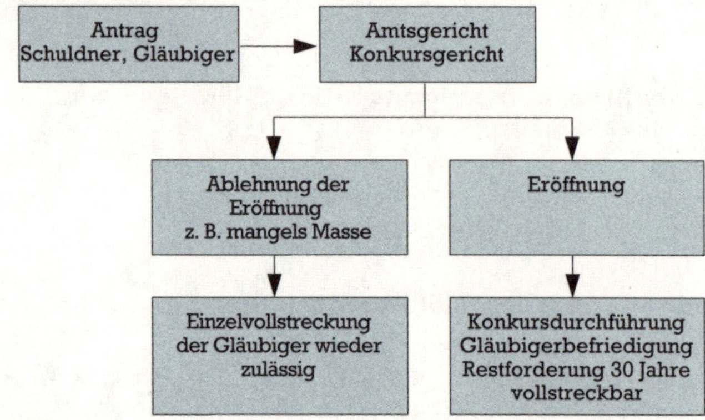

Abbildung 79

Die wichtigsten Unterschiede zwischen Vergleich und Konkurs ergeben sich aus der folgenden Abbildung.

Unterschied: Vergleich – Konkurs

Unterschiede: Vergleich, Konkurs

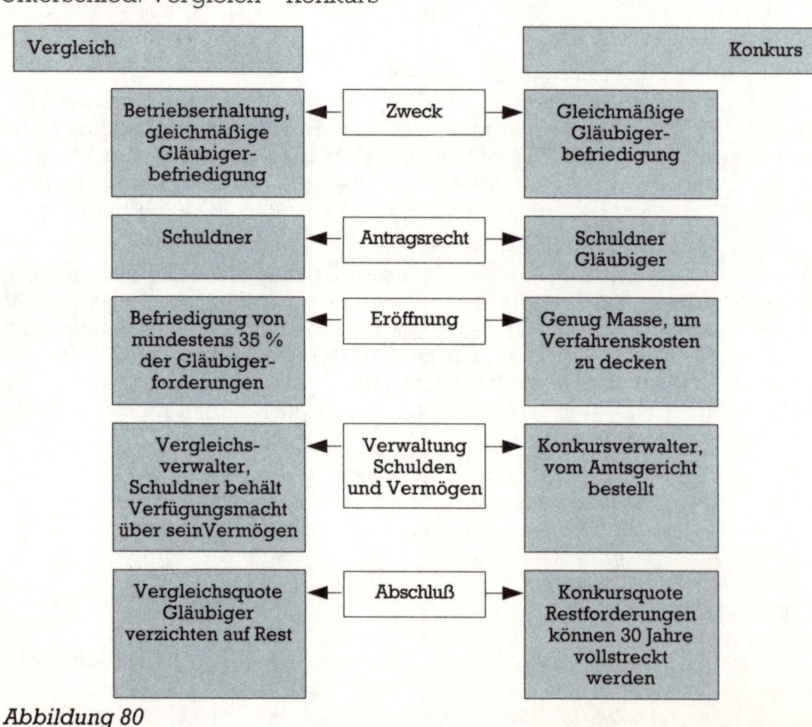

Abbildung 80

Programmierte und textlich gestaltete, offene Übungs-, Wiederholungs- und Prüfungsfragen

1. Nennen Sie die fünf Teile des BGB und ihre Hauptgegenstände!

„Siehe Seite 19 des Textteils!"

2. Was versteht man unter Rechtsfähigkeit?

☐ a) Die Fähigkeit, Rechtsgeschäfte abschließen zu können
☐ b) Die Fähigkeit, einen Rechtsstreit führen zu können
☐ c) Die Fähigkeit, sich durch das Begehen von Straftaten strafbar zu machen
☐ d) Die Fähigkeit, Träger von Rechten und Pflichten zu sein
☐ e) Die Fähigkeit zu unterscheiden, was Recht und Unrecht ist.

„Siehe Seite 22 des Textteils!"

3. Wer ist rechtsfähig?

☐ a) Nur die volljährigen Personen
☐ b) Alle natürlichen Personen (Menschen) und die juristischen Personen
☐ c) Nur diejenigen Personen, die im Besitz der bürgerlichen Ehrenrechte sind
☐ d) Nur diejenigen Personen, die im Vollbesitz ihrer Geisteskräfte sind
☐ e) Alle Menschen, die Rechte und Pflichten haben.

„Siehe Seite 22 des Textteils!"

4. Welche der aufgeführten Personen sind juristische Personen?

☐ a) Die eingetragenen Vereine, die Kapitalgesellschaften und die Gebietskörperschaften
☐ b) Die Rechtsanwälte, Notare, Richter und Staatsanwälte sowie alle sonstigen Juristen
☐ c) Die offene Handelsgesellschaft und die Kommanditgesellschaft
☐ d) Die Gesellschaft des Bürgerlichen Rechts und der nichtrechtsfähige Verein
☐ e) Die Personengesellschaften, die in die Handwerksrolle eingetragen sind.

„Siehe Seite 22 des Textteils!"

5. Die Rechtsfähigkeit des Menschen beginnt

☐ a) mit der Empfängnis.
☐ b) mit der Geburt.
☐ c) mit der Vollendung des 7. Lebensjahres.
☐ d) mit der Vollendung des 18. Lebensjahres.
☐ e) mit der Vollendung des 21. Lebensjahres.

„Siehe Seite 22 des Textteils!"

6. Die Rechtsfähigkeit des Menschen endet

☐ a) wenn er entmündigt wird.
☐ b) mit der Vollendung des 65. Lebensjahres.
☐ c) mit Verlust der freien Willensbestimmung.
☐ d) immer mit dem Tode.
☐ e) mit der Entziehung der bürgerlichen Ehrenrechte.

„Siehe Seite 22 des Textteils!"

7. Welche Formen der Geschäftsfähigkeit gibt es und welche Auswirkungen haben sie auf die Gültigkeit von Rechtsgeschäften?

„Siehe Seite 23 des Textteils!"

8. Was versteht man unter Geschäftsfähigkeit?

☐ a) Die Fähigkeit, Rechtsgeschäfte rechtswirksam abschließen zu können

☐ b) Die Fähigkeit, ein Erwerbsgeschäft selbständig führen zu können
☐ c) Die Fähigkeit, ein Erwerbsgeschäft erfolgreich zu führen
☐ d) Die Fähigkeit, sich durch eine verbotene Handlung strafbar zu machen
☐ e) Die Fähigkeit, rechtsvorteilhafte Geschäfte selbst abschließen zu können.

„Siehe Seite 23 des Textteils!"

9. Wer ist voll geschäftsfähig?
☐ a) Alle Menschen, die das 7. Lebensjahr vollendet haben
☐ b) Alle Menschen, die das 14. Lebensjahr vollendet haben
☐ c) Alle Menschen, die das 16. Lebensjahr vollendet haben
☐ d) Alle Menschen, die das 20. Lebensjahr vollendet haben
☐ e) Alle Menschen, die wirksam Rechtsgeschäfte abschließen.

„Siehe Seite 26 des Textteils!"

10. Wann wird man bei uns volljährig?
☐ a) Mit Vollendung des 14. Lebensjahres
☐ b) Mit Vollendung des 18. Lebensjahres
☐ c) Mit Vollendung des 20. Lebensjahres
☐ d) Mit Vollendung des 21. Lebensjahres
☐ e) Mit Vollendung des 22. Lebensjahres.

„Siehe Seite 26 des Textteils!"

11. Geschäftsunfähigkeit bedeutet,
☐ a) daß der Geschäftsunfähige kein selbständiges Geschäft eröffnen darf.
☐ b) daß der Geschäftsunfähige nicht fähig ist, ein Erwerbsgeschäft zu betreiben, sondern in Konkurs geht.
☐ c) daß der Geschäftsunfähige Geschäfte nur mit ihm zur freien Verfügung überlassenem Geld selbst abschließen kann.
☐ d) daß der Geschäftsunfähige sich nicht durch eine unerlaubte Handlung verpflichten kann.
☐ e) daß der Geschäftsunfähige kein Rechtsgeschäft selbst abschließen kann, für ihn muß immer sein gesetzlicher Vertreter tätig werden.

„Siehe Seite 24 des Textteils!"

12. Unter den nachstehend aufgeführten Personen sind einige, die geschäftsunfähig sind. Welche sind das?
☐ a) Ein Kind mit sechs Jahren und ein nicht nur vorübergehend geistig Kranker
☐ b) Ein Kind mit zwölf Jahren und ein Erwachsener mit über 80 Jahren
☐ c) Ein Siebzehnjähriger und ein volljähriger Betreuter
☐ d) Ein 22jähriger Kranker, der im Krankenhaus liegt, und ein 33jähriger Häftling, der seine Freiheitsstrafe verbüßt
☐ e) Ein Volljähriger, der trunksüchtig ist, und ein Drogenabhängiger auf Entziehungskur.

„Siehe Seite 23 des Textteils!"

13. Wer ist der gesetzliche Vertreter eines ehelichen Kindes?
☐ a) Der Vater für sich allein
☐ b) Die Mutter für sich allein
☐ c) Das Amtsgericht (Vormundschaftsgericht)
☐ d) Der Amtsvormund beim Jugendamt
☐ e) Beide Eltern gemeinsam.

„Siehe Seite 24 des Textteils!"

14. Wer ist der gesetzliche Vertreter eines nichtehelichen Kindes?
☐ a) Der Vater

☐ b) Die Mutter
☐ c) Der Vater und die Mutter gemeinsam
☐ d) Der Amtsvormund beim Jugendamt
☐ e) Der Vormundschaftsrichter beim Amtsgericht.

„Siehe Seite 24 des Textteils!"

15. Ist ein Vertrag, den ein Handwerksmeister mit einem Geschäftsunfähigen abschließt, rechtsgültig?

☐ a) Nein, der Vertrag ist nichtig.
☐ b) Ein solcher Vertrag kann rechtswirksam werden, wenn der gesetzliche Vertreter nachträglich seine Genehmigung erteilt.
☐ c) Er ist rechtswirksam, wenn das Vormundschaftsgericht ihn genehmigt.
☐ d) Ja, ein solcher Vertrag ist genauso wirksam wie ein Vertrag, der mit einem Geschäftsfähigen abgeschlossen wurde.
☐ e) Der Vertrag ist rechtsgültig, wenn eigenes Taschengeld eingesetzt wird.

„Siehe Seite 24 des Textteils!"

16. Was versteht man unter beschränkter Geschäftsfähigkeit?

☐ a) Der beschränkt Geschäftsfähige kann nur solche Rechtsgeschäfte selbst abschließen, deren Gegenstandswert 100,00 DM nicht übersteigt.
☐ b) Ein beschränkt Geschäftsfähiger kann ein Erwerbsgeschäft nur in beschränktem Umfang betreiben.
☐ c) Ein geistig Beschränkter braucht für manche Rechtsgeschäfte die Zustimmung des gesetzlichen Vertreters.
☐ d) Der beschränkt Geschäftsfähige kann alle Rechtsgeschäfte selbst abschließen, braucht aber die vorherige Einwilligung oder die nachträgliche Genehmigung des gesetzlichen Vertreters.
☐ e) Beschränkt geschäftsfähig sind alle Minderjährigen, wenn sie die erforderliche Einsichtsfähigkeit haben.

„Siehe Seite 24 des Textteils!"

17. Unter den nachfolgend aufgeführten Personen ist eine, die beschränkt geschäftsfähig ist. Welche ist das?

☐ a) Ein Erwachsener, dem die bürgerlichen Ehrenrechte entzogen sind.
☐ b) Ein Kind mit 12 Jahren, das bei seinen Großeltern lebt.
☐ c) Ein Gastwirt, der laut Vertrag nur das Bier einer bestimmten Brauerei ausschenken darf.
☐ d) Ein Gast des Gastwirts zu c), der betrunken unterm Tisch liegt.
☐ e) Ein nicht nur vorübergehend geistig Kranker.

„Siehe Seite 24 des Textteils!"

18. Was muß der Geschäftsmann tun, wenn er mit einem beschränkt Geschäftsfähigen (zum Beispiel mit einem 17jährigen Minderjährigen) einen Vertrag abschließen will?

☐ a) Er braucht gar nichts zu tun, denn es ist Sache des Minderjährigen, sich um die Zustimmung seines gesetzlichen Vertreters zu kümmern.
☐ b) Er braucht gar nichts zu tun, weil er bei einem 17jährigen annehmen kann, daß dieser die Genehmigung seines gesetzlichen Vertreters schon hat.
☐ c) Er muß schriftlich beim gesetzlichen Vertreter des Minderjährigen anfragen, ob dieser das Rechtsgeschäft genehmigt. Erhält er darauf binnen zwei Wochen keine Antwort, so lehnt der gesetzlichen Vertreter die Genehmigung des Vertrags ab.
☐ d) Es genügt, wenn er die zu c) erwähnte Anfrage mündlich an den gesetzlichen Vertreter richtet.

☐ e) Er muß den gesetzlichen Vertreter persönlich um seine Zustimmung ersuchen. Diese kann nur sofort erteilt werden.

„Siehe Seite 24 des Textteils!"

19. Nennen Sie den Unterschied zwischen Einwilligung und Genehmigung!

„Siehe Seite 24 des Textteils!"

20. In einem der nachfolgend aufgeführten Fälle braucht der Minderjährige nicht die Zustimmung des gesetzlichen Vertreters, sondern kann den Vertrag allein rechtswirksam abschließen. Welcher Fall ist das?

☐ a) Wenn es sich um einen Vertrag mit einem Gegenstandswert von unter 100,00 DM handelt

☐ b) Wenn der Minderjährige seinen gesetzlichen Vertreter gerade nicht erreichen kann

☐ c) Wenn der Minderjährige den Kaufpreis in kleinen, für ihn tragbaren Raten bezahlt

☐ d) Wenn der Minderjährige sich eine Skiausrüstung kaufen will, weil der Skisport seiner Gesundheit förderlich ist

☐ e) Wenn es sich um einen Vertrag handelt, den der Minderjährige mit Taschengeld sofort erfüllt.

„Siehe Seite 25 des Textteils!"

21. Erklären Sie den Begriff Deliktsfähigkeit!

„Siehe Seite 27 des Textteils!"

22. Welche Personen sind nach unserer Rechtsordnung deliktsfähig, beschränkt deliktsfähig und deliktsunfähig?

„Siehe Seite 28 des Textteils!"

23. Wie heißen die notwendigen Bestandteile jedes Rechtsgeschäfts?

„Siehe Seite 29 des Textteils!"

24. Wie heißt die Willenserklärung, durch die eine Person zum Vertreter bestellt wird?

„Siehe Seite 30 des Textteils!"

25. Wer wird durch Erklärungen des Vertreters in der Regel rechtlich verpflichtet?

„Siehe Seite 30 des Textteils!"

26. Nennen Sie die drei grundsätzlichen Freiheiten des Vertragsrechts!

„Siehe Seite 31 des Textteils!"

27. Erklären Sie, was unter Allgemeinen Geschäftsbedingungen im Gegensatz zu Einzelvereinbarungen zu verstehen ist!

„Siehe Seite 31 des Textteils!"

28. Das Gesetz über Allgemeine Geschäftsbedingungen verbietet einige, für den Kunden nachteilige Klauseln, die jedoch in Einzelverträgen vereinbart werden dürfen. Zählen Sie wenigstens drei dieser Klauseln auf!

„Siehe Seite 32 des Textteils!"

29. Ein Vertrag kommt durch zwei Willenserklärungen zustande. Wie heißen diese?

☐ a) Auftrag und Bestätigung
☐ b) Angebot und Zustimmung
☐ c) Antrag (Angebot) und Annahme
☐ d) Anfrage und Genehmigung
☐ e) Ersuchen und Zusage.

„Siehe Seite 33 des Textteils!"

30. Nennen Sie die wichtigsten Nichtigkeits- und die wichtigsten Anfechtungsgründe!

„Siehe Seite 35 des Textteils!"

31. Manche Verträge sind nichtig, weil sie an einem schweren Mangel leiden. Im folgenden sind fünf Verträge aufgeführt, von denen vier nichtig sind, während einer gültig ist. Welcher Vertrag ist gültig?

☐ a) Ein Vertrag, der gegen eine gesetzliche Formvorschrift verstößt, wenn zum Beispiel ein Grundstückskaufvertrag nicht notariell beurkundet, sondern nur schriftlich abgeschlossen wird
☐ b) Ein Kaufvertrag über den Ankauf einer Maschine zum Preise von 50.000,00 DM, der nur mündlich geschlossen wurde
☐ c) Ein Vertrag, der mit den guten Sitten nicht in Einklang steht
☐ d) Ein Abzahlungsvertrag, den ein 17jähriger Geselle ohne Genehmigung seiner Eltern abschließt
☐ e) Ein Vertrag mit einem Geschäftsunfähigen, dem ein Geldbetrag geschenkt wurde.

„Siehe Seite 35 des Textteils!"

32. Manche Verträge leiden zwar auch an Mängeln, sind aber nicht sofort nichtig, sondern können vom einen oder anderen Vertragsteil angefochten und durch die Anfechtung nichtig werden. Aus welchen der nachfolgend aufgeführten Gründen kann man einen Vertrag anfechten?

☐ a) Nur wegen Irrtum, und zwar auch wegen Motivirrtum
☐ b) Wegen Erklärungsirrtum, Sachirrtum oder Personenirrtum sowie wegen arglistiger Täuschung und Drohung
☐ c) Wegen finanzieller Schwierigkeiten, die nach Vertragsabschluß eingetreten sind, die der in Not geratene Vertragspartner aber nicht voraussehen konnte
☐ d) Wegen Fehlens reiflicher Überlegung beim Vertragsabschluß
☐ e) Wegen einer fehlerhaften Kalkulation, die zur Grundlage des Vertrages gemacht wurde.

„Siehe Seite 36 des Textteils!"

33. Welches sind die wichtigsten Unterschiede zwischen dem Erfüllungs- und dem Verrichtungsgehilfen und welche haftungsrechtlichen Folgen ergeben sich hieraus?

„Siehe Seite 37 des Textteils!"

34. Erklären Sie, welcher Ort als gesetzlicher Erfüllungsort gilt!

„Siehe Seite 38 des Textteils!"

35. Welche Besonderheiten gelten beim Versendungskauf?

„Siehe Seite 38 des Textteils!"

36. Wenn jemand eine vertragliche Verpflichtung nicht rechtzeitig erfüllt, so kommt er in Verzug. In einem der nachaufgeführten Fälle liegt kein Verzug vor. Welcher ist das?

☐ a) Es ist ein Termin oder eine Frist für eine Lieferung, Leistung oder Zahlung vereinbart. Der Schuldner liefert, leistet oder zahlt nicht termin- oder fristgerecht.
☐ b) Es ist eine Nachfrist vereinbart worden. Der Schuldner zahlt auch innerhalb dieser Frist nicht termingerecht.
☐ c) Es ist kein Termin und keine Frist vereinbart. Der Schuldner liefert, leistet oder zahlt auch auf die erste Mahnung des Gläubigers nicht.
☐ d) Es ist kein Termin und keine Frist vereinbart. Der Gläubiger übersieht es zu mahnen und erwirkt erst kurz vor Ablauf der Verjährungsfrist einen Mahnbescheid gegen den Schuldner.
☐ e) Es ist kein Termin und keine Frist vereinbart. Der Schuldner liefert, leistet oder zahlt nicht binnen einer Woche.

„Siehe Seite 39 des Textteils!"

37. Wie oft soll man einen Schuldner mahnen, bevor man gerichtlich gegen ihn vorgeht?

☐ a) Mindestens einmal, denn man muß den Schuldner erst in Verzug setzen.
☐ b) Mindestens zweimal, denn die erste Mahnung könnte beim Schuldner nicht angekommen sein.
☐ c) Man braucht gar nicht zu mahnen, denn der Schuldner muß selbst wissen, daß man seine Schulden bezahlen muß.
☐ d) Darüber gibt es keine Vorschrift, es ist aber üblich, mindestens dreimal zu mahnen.
☐ e) Die Mahnung durch den Gläubiger genügt nicht, nur die Abmahnung durch den Rechtsanwalt setzt den Schuldner in Verzug.

„Siehe Seite 39 des Textteils!"

38. Was kann der Gläubiger tun, wenn der Schuldner in Verzug ist?

☐ a) Er kann dem Schuldner eine angemessene Nachfrist setzen und ihm androhen, daß er nach ergebnislosem Ablauf der Nachfrist entweder vom Vertrag zurücktreten oder Schadenersatz wegen Nichterfüllung des Vertrags verlangen wird.
☐ b) Er braucht dem Schuldner keine Nachfrist zu setzen, sondern kann sofort vom Vertrag zurücktreten.
☐ c) Er kann die Abnahme der geschuldeten Sache oder Leistung verweigern, vom Vertrag zurücktreten und Schadenersatz wegen Nichterfüllung des Vertrags verlangen, ohne daß er eine Nachfrist setzt.
☐ d) Er kann auf Aufhebung des Vertrags bei Gericht klagen.
☐ e) Er kann sofort einen Vertrag mit einem neuen Partner schließen und vom Schuldner Schadenersatz wegen Nichterfüllung verlangen.

„Siehe Seite 40 des Textteils!"

39. Bei Geldschulden kann der Gläubiger vom Schuldner vom Zeitpunkt des Verzugs ab Verzugszinsen verlangen, und zwar mindestens den gesetzlichen Verzugszins. Wie hoch ist dieser?

☐ a) So hoch wie der jeweilige Diskontsatz der Bundesbank
☐ b) 1 % unter Bundesbankdiskont
☐ c) 2 % über Bundesbankdiskont
☐ d) 4 % nach BGB und 5 % nach HGB
☐ e) 6 % bei Privatschulden und 8 % bei Geschäftsschulden.

„Siehe Seite 39 des Textteils!"

40. Kann der Gläubiger auch manchmal höhere als die gesetzlichen Verzugszinsen verlangen?

☐ a) Ja, er kann in jedem Fall beliebig hohe Verzugszinsen fordern.

☐ b) Nein, er darf höchstens den gesetzlichen Verzugszins verlangen.
☐ c) Er kann in jedem Fall den gleichen Zinssatz beanspruchen, den er für einen Bankkredit bezahlen müßte.
☐ d) Wenn er Bankkredit in Anspruch genommen hat, so kann er 2 % mehr Verzugszins beanspruchen, als er bei der Bank an Sollzins bezahlen muß.
☐ e) Wenn er Bankkredit in Anspruch genommen hat, so kann er den gleichen Zins beanspruchen, den er bei der Bank zahlen muß.

„Siehe Seite 39 des Textteils!"

41. Nennen Sie den Zweck und die wesentlichen Merkmale einer Quittung!

„Siehe Seite 42 des Textteils!"

42. Was ist zu beachten, wenn eine Forderung abgetreten wird?

„Siehe Seite 42 des Textteils!"

43. Was versteht man unter Verjährung?
☐ a) Daß ein Anspruch nach Ablauf einer bestimmten Frist (der Verjährungsfrist) erlischt
☐ b) Daß der Gläubiger gesetzlich verpflichtet ist, seine Forderung vor Ablauf der Verjährungsfrist schriftlich geltend zu machen
☐ c) Daß der Gläubiger erst nach Ablauf der Verjährungsfrist auf Erfüllung des Anspruchs klagen darf
☐ d) Verjährung gibt es nicht mehr. Der Schuldner bleibt zeit seines Lebens verpflichtet, den Anspruch des Gläubigers zu erfüllen
☐ e) Daß der Schuldner nach Ablauf der Verjährungsfrist das Recht hat, die Erfüllung der Schuld zu verweigern.

„Siehe Seite 42 des Textteils!"

44. Wie lang ist die allgemeine Verjährungsfrist?
☐ a) Ein Jahr
☐ b) Zwei Jahre
☐ c) Fünf Jahre
☐ d) Zehn Jahre
☐ e) Dreißig Jahre.

„Siehe Seite 43 des Textteils!"

45. Für manche Geldforderungen, darunter auch für die Werklohn- und Kaufpreisforderungen der Handwerker und Kaufleute, hat der Gesetzgeber besondere Verjährungsfristen festgelegt. Wie lang sind diese?
☐ a) Sechs Monate, wenn der Gläubiger etwas für den privaten Bedarf des Schuldners geleistet hat (Privatschuld), ein Jahr, wenn er etwas für den gewerblichen Bedarf des Schuldners geleistet hat (Geschäftsschuld)
☐ b) Ein Jahr, wenn es sich um eine Privatschuld, zwei Jahre, wenn es sich um eine Geschäftsschuld handelt
☐ c) Ein Jahr, wenn es sich um eine Geschäftsschuld, zwei Jahre, wenn es sich um eine Privatschuld handelt
☐ d) Zwei Jahre, wenn es sich um eine Geschäftsschuld, vier Jahre, wenn es sich um eine Privatschuld handelt
☐ e) Zwei Jahre, wenn es sich um eine Privatschuld des Schuldners, vier Jahre, wenn es sich um eine Geschäftsschuld handelt.

„Siehe Seite 43 des Textteils!"

46. Wann beginnen die kurzen Verjährungsfristen, die für Werklohnforderungen der Handwerker gelten, zu laufen?

☐ a) Sofort mit der Entstehung der Schuld, das heißt, sobald der Handwerker seine Lieferung oder Leistung getätigt hat
☐ b) Erst dann, wenn der Handwerker dem Schuldner die Rechnung übergibt
☐ c) Mit dem ersten Tag des Monats, der auf die Entstehung der Forderung folgt
☐ d) Mit dem ersten Tag des Jahres, das auf die Rechnungsstellung folgt
☐ e) Mit dem ersten Tag des Jahres, das auf die Lieferung oder Leistung des Handwerkers folgt.

„Siehe Seite 43 des Textteils!"

47. Nennen Sie Möglichkeiten, wie der Ablauf einer Verjährungsfrist verhindert werden kann!

„Siehe Seite 44 des Textteils!"

48. Was kann der Gläubiger tun, um den Ablauf der Verjährungsfrist zu verhindern?

☐ a) Er kann den Schuldner mahnen. Mit dem Datum der Mahnung beginnt eine neue zwei- oder vierjährige Verjährungsfrist zu laufen.
☐ b) Er kann den Schuldner mahnen. Mit dem Datum der Mahnung beginnt dann eine 30jährige Verjährungsfrist zu laufen.
☐ c) Er kann beim zuständigen Gericht Klage erheben oder den Erlaß eines Mahnbescheides beantragen.
☐ d) Er kann dem Schuldner das geschuldete Geld durch die Polizei wegnehmen lassen.
☐ e) Er stellt dem Schuldner eine neue Rechnung über die Forderung zu. Damit ist die Verjährung der Forderung unterbrochen.

„Siehe Seite 44 des Textteils!"

49. Wodurch unterbricht der Schuldner die Verjährung?

☐ a) Wenn er auf eine Mahnung des Gläubigers schweigt, denn dadurch erkennt er die Forderung an
☐ b) Wenn er in irgendeiner Form die Forderung anerkennt, zum Beispiel ausdrücklich oder durch Leistung einer Teilzahlung
☐ c) Wenn er dem Gläubiger gegenüber die Schuld bestreitet
☐ d) Nur wenn er bei Gericht Klage erhebt auf Feststellung, daß er dem Gläubiger dessen Forderung nicht schuldet
☐ e) Wenn er dem Gläubiger einen neuen Auftrag erteilt.

„Siehe Seite 44 des Textteils!"

50. Welche Wirkung hat es, wenn der Schuldner die Verjährung einer Handwerkerforderung unterbricht?

☐ a) Dann beginnt eine neue, und zwar eine 10jährige Verjährungsfrist zu laufen
☐ b) Dann beginnt eine neue, und zwar eine 30jährige Verjährungsfrist zu laufen
☐ c) Dann kann die Forderung überhaupt nicht mehr verjähren
☐ d) Dann beginnt eine neue zwei- oder vierjährige Verjährungsfrist zu laufen
☐ e) Dann verlängert sich die Verjährungsfrist um die Zeit der Unterbrechung.

„Siehe Seite 44 des Textteils!"

51. Muß ein Kaufvertrag immer schriftlich abgeschlossen werden?

☐ a) Nein, grundsätzlich kann jeder Kaufvertrag in jeder beliebigen Form abgeschlossen werden.
☐ b) Ja, jeder Kaufvertrag muß schriftlich ausgefertigt werden, sonst ist er ungültig.
☐ c) Jeder Kaufvertrag muß dann schriftlich gemacht werden, wenn der Kaufgegenstand einen höheren Wert als 1.000,00 DM hat.

☐ d) Jeder Kaufvertrag muß dann notariell beurkundet werden, wenn der Wert der Kaufsache höher ist als 10.000,00 DM.
☐ e) Jeder Kaufvertrag über ein Grundstück muß notariell beurkundet werden.

„Siehe Seite 46 des Textteils!"

52. Erklären Sie, wie ein Kaufvertrag zustande kommt!

„Siehe Seite 46 des Textteils!"

53. Wie heißen die Parteien beim Kaufvertrag und welche Pflichten haben sie?

„Siehe Seite 45 des Textteils!"

54. Nachfolgend sind einige Pflichten des Verkäufers aufgeführt. Eine davon ist im Gesetz nicht vorgesehen. Welche ist das?
☐ a) Er muß die Kaufsache instand setzen lassen.
☐ b) Er muß die Kaufsache dem Käufer übergeben.
☐ c) Er muß dem Käufer das Eigentum an der Kaufsache verschaffen.
☐ d) Er muß dem Käufer für Mängel der Kaufsache haften.
☐ e) Er muß dem Käufer die Kaufsache frei von Rechten Dritter übergeben.

„Siehe Seite 47 des Textteils!"

55. Unter den nachfolgend aufgeführten Pflichten des Käufers ist eine, die ihm nicht durch das Gesetz auferlegt ist. Welche ist das?
☐ a) Er muß die Kaufsache abnehmen.
☐ b) Er muß den vereinbarten Kaufpreis bezahlen.
☐ c) Er muß eventuelle Gewährleistungsansprüche vor Ablauf der Verjährungsfrist geltend machen.
☐ d) Er muß die Kaufsache schonend behandeln.
☐ e) Er muß bei Vorliegen von Mängeln rechtzeitig Umtausch verlangen.

„Siehe Seite 48 des Textteils!"

56. Zählen Sie die Gewährleistungsansprüche auf, die der Käufer bei Vorliegen von Mängeln gegen den Verkäufer hat!

„Siehe Seite 49 des Textteils!"

57. Erklären Sie, wofür der Verkäufer gewährleistungspflichtig ist!

„Siehe Seite 48 des Textteils!"

58. Was kann der Käufer tun, wenn sich nach der Übergabe der Kaufsache herausstellt, daß sie erhebliche Mängel hat, die er bei Kaufabschluß nicht kannte?
☐ a) Er kann Rückgängigmachung des Kaufs (Wandlung) oder Minderung des Kaufpreises, in manchen Fällen auch Umtausch oder Schadenersatz verlangen.
☐ b) Er kann Instandsetzung der Kaufsache durch den Verkäufer binnen einer vom Käufer zu bestimmenden Frist fordern.
☐ c) Er kann sofort den Vertrag wegen arglistiger Täuschung anfechten.
☐ d) Er braucht gar nicht erst anzufechten, der Vertrag ist schon wegen der mangelnden Lieferung nichtig.
☐ e) Er kann den Vertrag kündigen, da der Kaufgegenstand unbrauchbar ist.

„Siehe Seite 50 des Textteils!"

59. In welcher Frist verjähren diese Gewährleistungsansprüche des Käufers?
☐ a) Bei beweglichen Sachen in einem Monat, bei Grundstücken in sechs Monaten

☐ b) Bei beweglichen Sachen in sechs Monaten, bei Grundstücken in einem Jahr
☐ c) Bei beweglichen Sachen in einem Jahr, bei Grundstücken in zwei Jahren
☐ d) Bei beweglichen Sachen in zwei Jahren und bei Grundstücken in vier Jahren
☐ e) Bei beweglichen Sachen in fünf Jahren, bei Grundstücken in zehn Jahren.

„Siehe Seite 51 des Textteils!"

60. Wann liegt in den nachgenannten Fällen ein Handelskauf vor?
☐ a) Wenn die Hausfrau Lebensmittel, zum Beispiel Backwaren, einkauft
☐ b) Wenn ein Kaufmann von einem anderen Ware einkauft, die er zur Weiterveräußerung an seine Kunden verwendet
☐ c) Immer wenn ein Kaufmann (Händler) etwas kauft
☐ d) Wenn der Verbraucher in einem Handelsgeschäft (nicht in einem Handwerksbetrieb) etwas kauft
☐ e) Immer wenn ein Händler für den eigenen Bedarf Handelsware kauft.

„Siehe Seite 51 des Textteils!"

61. Beim Handelskauf gilt für die Gewährleistungsansprüche des Käufers etwas Besonderes. Was ist das?
☐ a) Er kann seine Gewährleistungsansprüche wegen Mängeln der Kaufsache nur binnen einem Monat geltend machen.
☐ b) Er kann in jedem Fall Schadenersatz vom Verkäufer beanspruchen.
☐ c) Er muß die gelieferte Ware sofort nach Erhalt prüfen und erkennbare Mängel dem Verkäufer unverzüglich mitteilen (Mängelrüge).
☐ d) Er kann wegen Mängeln der Kaufsache nur Umtausch, aber nicht Wandlung, Minderung oder Schadenersatz beanspruchen.
☐ e) Er muß die Ware sofort nach Erhalt prüfen und erkennbare Mängel dem Verkäufer innerhalb von sechs Monaten mitteilen (Mängelrüge).

„Siehe Seite 51 des Textteils!"

62. Nennen Sie die besonderen Arten des Kaufs und ihre Unterscheidungsmerkmale!

„Siehe Seite 51 des Textteils!"

63. Wie heißen die Parteien beim Werkvertrag und welche Pflichten haben sie?

„Siehe Seite 52 des Textteils!"

64. Ist für einen Werkvertrag Schriftform vorgeschrieben?
☐ a) Nein, der Werkvertrag kann in jeder beliebigen Form geschlossen werden.
☐ b) Ja, er muß immer schriftlich gemacht werden.
☐ c) Ja, aber nur, wenn es sich um Arbeiten an einem Bauwerk handelt.
☐ d) Ja, aber nur, wenn der Werklohn verbindlich vereinbart werden soll.
☐ e) Nein, nur der Vertrag über den Bau eines Hauses muß notariell beglaubigt werden.

„Siehe Seite 52 des Textteils!"

65. Nennen Sie die Unterscheidungsmerkmale des Werkvertrages und des Werklieferungsvertrages sowie die sich daraus ergebenden unterschiedlichen Rechtsfolgen!

„Siehe Seite 52 des Textteils!"

66. Welche der nachstehend aufgeführten Verpflichtungen hat der Handwerksmeister beim Werkvertrag kraft Gesetzes?
☐ a) Er muß den Kunden über den Beginn und die Beendigung seiner Arbeiten informieren.

☐ b) Er muß den Kunden über den Fortschritt der Arbeiten auf dem laufenden halten.
☐ c) Er muß seine Arbeiten fachgerecht ausführen und sie dann dem Kunden übergeben.
☐ d) Er muß das fertiggestellte Werk dem Kunden in dessen Wohnung oder Geschäftslokal abliefern.
☐ e) Er muß fertiggestellte Teile des Werkes dem Kunden sofort in Rechnung stellen.

„Siehe Seite 53 des Textteils!"

67. Welche der nachstehend aufgeführten Verpflichtungen hat der Besteller beim Werkvertrag?

☐ a) Er muß die Ausführung der Arbeit überwachen und erkennbare Mängel unverzüglich rügen.
☐ b) Er muß schon während der Arbeit Abschlagszahlungen an den Handwerksmeister zahlen, auch wenn dies nicht ausdrücklich vereinbart wurde.
☐ c) Er muß nach Beendigung der Arbeiten einen Beweisbeschluß bei Gericht beantragen, um eventuelle Gewährleistungsansprüche zu sichern.
☐ d) Er muß den vereinbarten bzw. einen angemessenen Werklohn bezahlen, kann sich aber mit der Abnahme einen Monat Zeit lassen.
☐ e) Er muß das ordnungsgemäß und fehlerfrei hergestellte Werk abnehmen und den vereinbarten Werklohn bezahlen.

„Siehe Seite 53 des Textteils!"

68. Was schuldet der Besteller dem Handwerksmeister, wenn bezüglich des Werklohns nichts vereinbart wurde?

☐ a) Überhaupt nichts
☐ b) Dann kann der Handwerker verlangen, was er will
☐ c) Eine ortsübliche, angemessene Vergütung
☐ d) Der Werklohn des Handwerkers wird dann von der Innung festgesetzt
☐ e) Der Werklohn richtet sich nach den von der Handwerkskammer festgelegten Werklohn-Richtsätzen.

„Siehe Seite 54 des Textteils!"

69. Für welche Mängel hat der Unternehmer Gewähr zu leisten?

„Siehe Seite 54 des Textteils!"

**70. Wenn die vom Handwerksmeister ausgeführte Reparatur oder die von ihm hergestellte Sache Mängel aufweist, so kann der Kunde Gewährleistungsansprüche geltend machen.
Welche der nachfolgend aufgeführten Ansprüche sind das?**

☐ a) Er kann Nachbesserung binnen angemessener Frist fordern und nach ergebnislosem Ablauf der Frist Wandlung, Minderung oder Schadenersatz verlangen.
☐ b) Er kann sofort vom Vertrag zurücktreten mit der Wirkung, daß er die mangelhafte Arbeit nicht abnehmen und nichts zu bezahlen braucht.
☐ c) Er braucht dem Handwerker keine Gelegenheit zur Nachbesserung zu geben, sondern kann sofort Minderung des Werklohns verlangen.
☐ d) Er kann die erforderlichen Nachbesserungsarbeiten durch einen anderen Handwerker ausführen lassen und den dafür aufgewendeten Betrag vom Unternehmer ersetzt verlangen.
☐ e) Er kann sofort Schadenersatz wegen Schlechterfüllung verlangen, weil Mängel immer sichtbar bleiben.

„Siehe Seite 54 des Textteils!"

71. Wie verhält sich der Handwerksmeister, wenn der Kunde Mängelrüge erhebt?

☐ a) Er lehnt zunächst einmal alle Gewährleistungsansprüche des Kunden ab und verlangt, daß der Kunde auf seine Kosten einen Sachverständigen hinzuzieht.

☐ b) Er prüft die gerügten Mängel und bessert nach, wenn er die Beanstandungen des Kunden als gerechtfertigt anerkennen muß.

☐ c) Er macht auf jeden Fall alles, was der Kunde an Nachbesserungsarbeiten verlangt und stellt diese dem Kunden dann in Rechnung.

☐ d) Er schaltet selbst einen Sachverständigen ein und bessert nur das nach, was dieser als mangelhaft bezeichnet.

☐ e) Er lehnt Nachbesserung ab und gewährt sofort einen Preisnachlaß (Minderung), weil dies wirtschaftlicher ist.

„Siehe Seite 55 des Textteils!"

72. Wie lange läuft die gesetzliche Verjährungsfrist für die Gewährleistungsansprüche des Bestellers?

☐ a) Bei Arbeiten an beweglichen Sachen eine Woche, bei Arbeiten an einem Grundstück einen Monat, bei Arbeiten an einem Bauwerk ein Jahr

☐ b) Bei beweglichen Sachen einen Monat, bei Arbeiten an einem Grundstück zwei Monate und bei Arbeiten an einem Bauwerk drei Monate

☐ c) Bei Arbeiten an beweglichen Sachen drei Monate, bei Arbeiten an einem Grundstück sechs Monate und bei Arbeiten an einem Bauwerk neun Monate

☐ d) Bei Arbeiten an beweglichen Sachen sechs Monate, bei Arbeiten an einem Grundstück ein Jahr und bei Arbeiten an einem Bauwerk fünf Jahre

☐ e) Bei Arbeiten an beweglichen Sachen ein Jahr, bei Arbeiten an einem Grundstück zwei Jahre, bei Arbeiten an einem Bauwerk zehn Jahre.

„Siehe Seite 56 des Textteils!"

73. Können diese gesetzlichen Verjährungsfristen durch Vereinbarung abgekürzt werden?

☐ a) Nein, diese Fristen sind zwingend vorgeschrieben.

☐ b) Ja, sie können durch Einzelvertrag abgekürzt werden, aber grundsätzlich nicht durch Allgemeine Geschäftsbedingungen.

☐ c) Sie können nur bei Bauarbeiten und nur mit besonderer Genehmigung der obersten Baubehörde abgekürzt werden.

☐ d) Sie können nur bei Arbeiten an beweglichen Sachen, aber nicht bei Bauarbeiten abgekürzt werden.

☐ e) Sie können durch Allgemeine Geschäftsbedingungen ohne weiteres, nicht aber durch Einzelvertrag abgekürzt werden.

„Siehe Seite 32 des Textteils!"

74. Wann beginnen die Verjährungsfristen für die Gewährleistungsansprüche des Bestellers beim Werkvertrag zu laufen?

☐ a) Mit der Feststellung des Mangels durch den Besteller

☐ b) Mit der Beendigung der Arbeiten des Handwerkers

☐ c) Mit der Abnahme der Arbeiten durch den Besteller

☐ d) Mit der Rechnungsstellung durch den Handwerker

☐ e) Mit der Bezahlung der Rechnung durch den Besteller.

„Siehe Seite 56 des Textteils!"

75. Nennen Sie die verschiedenen Arten von Kostenvoranschlägen und ihre jeweiligen Rechtsfolgen!

„Siehe Seite 57 des Textteils!"

76. Darf ein verbindlich veranschlagter Preis überschritten werden?

☐ a) Nein, er darf grundsätzlich nicht überschritten werden, außer wenn der Besteller damit einverstanden ist.
☐ b) Nein, er darf grundsätzlich nicht überschritten werden, außer wenn der Unternehmer damit einverstanden ist.
☐ c) Ja, er darf dann überschritten werden, wenn der Handwerker nachweist, daß er die Arbeit nicht zu dem veranschlagten Preis ausführen kann.
☐ d) Ja, er darf dann überschritten werden, wenn zwischen Auftragserteilung und Auftragsbeendigung Lohnerhöhungen oder Materialpreissteigerungen eingetreten sind.
☐ e) Ja, er darf ohne Begründung überschritten werden, weil das Verlangen des Bestellers nach einem verbindlichen Voranschlag sittenwidrig ist.

„Siehe Seite 57 des Textteils!"

77. Darf ein unverbindlich veranschlagter Preis überschritten werden?

☐ a) Ja, deshalb ist er ja unverbindlich.
☐ b) Ja, die Überschreitung darf aber höchstens 20 % betragen und ist nur dann zulässig, wenn der Handwerksmeister mehr gemacht hat, als der Kunde in Auftrag gegeben hat.
☐ c) Ja, wenn es sich nur um eine unwesentliche Überschreitung (allgemein 10 % bis 20 %, bei öffentlichen Aufträgen bis 7 %) handelt.
☐ d) Ja, die Überschreitung muß aber wesentlich sein (allgemein ab 20 %, bei öffentlichen Aufträgen ab 10 %).
☐ e) Ja, wenn der Handwerker bei Rechnungsstellung nachweist, daß die Überschreitung auf Lohn- und Materialpreiserhöhungen beruht.

„Siehe Seite 57 des Textteils!"

78. Unter welchen Voraussetzungen kann der Besteller den Werkvertrag kündigen und welche Rechtsfolgen ergeben sich daraus für ihn?

„Siehe Seite 57 des Textteils!"

79. Nennen Sie Möglichkeiten, wie der Unternehmer seine Werklohnforderung sichern kann!

„Siehe Seite 58 des Textteils!"

80. Ein Kunde bringt ein beschädigtes Gerät zum Handwerksmeister zur Reparatur. Als er das fertige Gerät abholen will, hat er kein Geld dabei. Muß der Handwerksmeister ihm das Gerät ohne Bezahlung herausgeben?

☐ a) Ja, denn das Gerät gehört ja dem Kunden.
☐ b) Nein, denn der Handwerksmeister hat ein gesetzliches Pfandrecht und ein Zurückbehaltungsrecht an dem Gerät.
☐ c) Nein, denn durch die Ausführung der Reparatur ist der Handwerker Miteigentümer des Geräts geworden.
☐ d) Ja, er muß es trotz seines Pfandrechts herausgeben, wenn der Kunde das Gerät unbedingt benötigt.
☐ e) Ja, denn der Handwerker behält den Anspruch auf seinen Werklohn, den er bei Gericht einklagen kann.

„Siehe Seite 58 des Textteils!"

81. Kann der Handwerksmeister das zurückbehaltene Gerät veräußern, um sich für seinen Werklohn bezahlt zu machen?

☐ a) Nein, das kann er nicht, weil das Gerät immer noch dem Kunden gehört.
☐ b) Ja, er kann das Gerät nach dreimaliger erfolgloser Mahnung an irgendeinen Dritten verkaufen und den Erlös für sich behalten.

☐ c) Ja, er kann das Gerät drei Monate nach Beendigung der Reparatur an einen Dritten verkaufen und sich aus dem Erlös bezahlt machen. Einen Mehrerlös muß er dem Kunden herauszahlen.

☐ d) Er kann dem Kunden eine Frist von einem Monat setzen und ihm androhen, daß er nach ergebnislosem Ablauf dieser Frist das Gerät öffentlich versteigern lassen wird.

☐ e) Ja, er hat ein Pfandrecht am Gerät, es gehört ihm nach einem Monat, wenn der Kunde es nicht abholt.

„Siehe Seite 58 des Textteils!"

82. Dem Bauhandwerker gibt der Gesetzgeber ein ähnliches Sicherungsrecht wie dem Handwerker, der bewegliche Sachen seines Kunden bearbeitet oder verarbeitet. Welchen Anspruch hat der Bauhandwerker?

☐ a) Anspruch auf Eintragung einer Bauhandwerker-Sicherungshypothek im Grundbuch

☐ b) Anspruch auf Eintragung einer Bauhandwerker-Grundschuld im Grundbuch

☐ c) Anspruch auf Stellung eines Bürgen für die ganze Werklohnforderung

☐ d) Anspruch auf Vorauszahlung des gesamten vereinbarten Werklohns

☐ e) Anspruch auf Einzahlung des Werklohns auf ein Sperrkonto.

„Siehe Seite 59 des Textteils!"

83. Nennen Sie die Parteien des Miet- bzw. des Pachtvertrages sowie ihre jeweiligen vertraglichen Pflichten!

„Siehe Seite 59, 61 des Textteils!"

84. Muß der Miet- oder Pachtvertrag immer schriftlich gemacht werden?

☐ a) Nein, er braucht niemals schriftlich gemacht zu werden, sondern kann in jeder beliebigen Form geschlossen werden.

☐ b) Ja, er muß immer schriftlich gemacht werden.

☐ c) Er muß immer dann schriftlich gemacht werden, wenn er sich auf Räume bezieht und mindestens fünf Jahre unkündbar sein soll.

☐ d) Er muß dann schriftlich gemacht werden, wenn er sich auf Grundstücke oder Räume bezieht und länger als ein Jahr unkündbar sein soll.

☐ e) Er muß immer dann schriftlich gemacht werden, wenn dies aus Beweisgründen notwendig ist.

„Siehe Seite 59, 62 des Textteils!"

85. Wer trägt die Kosten der Reparatur der Mieträume, wenn nichts Besonderes vereinbart ist?

☐ a) Diese Kosten trägt immer der Vermieter.

☐ b) Reparaturkosten, ausgenommen Schönheitsreparaturen, trägt der Vermieter.

☐ c) Reparaturkosten, ausgenommen Schönheitsreparaturen, trägt der Mieter.

☐ d) Diese Kosten trägt immer und in vollem Umfang der Mieter.

☐ e) Reparaturkosten, ausgenommen Schönheitsreparaturen, tragen Vermieter und Mieter je zur Hälfte.

„Siehe Seite 59 des Textteils!"

86. Welches Recht hat der Mieter aufgrund des Mietvertrages?

☐ a) Er darf die Mietsache zu jedem beliebigen Zweck benutzen.

☐ b) Er darf die Mietsache zu dem Zweck benutzen, zu dem er sie gemietet hat.

☐ c) Er darf die Mietsache zu dem Zweck benutzen, zu dem er sie gemietet hat, muß sich dabei aber an die Weisungen des Vermieters halten.

☐ d) Er darf die Mietsache sowohl selbst benutzen als auch (selbst ohne Genehmigung des Vermieters) einem anderen zur Benützung überlassen (untervermieten).

☐ e) Er darf die Mietsache wie der Eigentümer benutzen, da sie ihm für die Mietdauer gehört.

„Siehe Seite 60 des Textteils!“

87. Welche Pflichten hat der Mieter bezüglich der Mieträume?

☐ a) Er muß die Mieträume schonend behandeln, soweit vereinbart die notwendigen Schönheitsreparaturen machen lassen und den vereinbarten Mietzins pünktlich bezahlen.
☐ b) Er muß alle notwendig werdenden Reparaturen auf seine Kosten machen lassen und den vereinbarten Mietzins bezahlen.
☐ c) Er muß den vereinbarten Mietzins bezahlen und die Mieträume bei Beendigung des Mietverhältnisses in dem Zustand zurückgeben, in dem sie sich dann befinden.
☐ d) Er muß eine Haftpflichtversicherung bezüglich der Mieträume abschließen.
☐ e) Er muß den Mietzins bezahlen, Schönheitsreparaturen ausführen lassen und eine Brand- und Hausratsversicherung abschließen.

„Siehe Seite 59 des Textteils!“

88. Nennen Sie die verschiedenen Möglichkeiten zur Beendigung eines Mietverhältnisses!

„Siehe Seite 60 des Textteils!“

89. Welche gesetzliche Kündigungsfrist gilt für Wohnungen bzw. Geschäftsräume bei monatlicher Mietzinszahlung?

„Siehe Seite 61 des Textteils!“

90. Wie ist die Kündigungsfrist bei Mietverhältnissen über Geschäftsräume gesetzlich geregelt?

☐ a) Die gesetzliche Kündigungsfrist beträgt drei Monate zum Ende eines Kalendervierteljahres.
☐ b) Es gilt eine dreimonatige Kündigungsfrist zum Ende eines Kalenderjahres.
☐ c) Die gesetzliche Kündigungsfrist ist zwei Wochen zum Ende jeden Monats.
☐ d) Die gesetzliche Kündigungsfrist beträgt zwölf Monate zum Ende eines Kalenderjahres.
☐ e) Der Vermieter kann überhaupt nicht kündigen, wenn die Beendigung des Mietverhältnisses für den Mieter eine Existenzgefährdung bedeutet. Er kann bei dringendem Eigenbedarf auf Aufhebung des Mietverhältnisses klagen. Der Mieter kann jederzeit kündigen.

„Siehe Seite 61 des Textteils!“

91. Kann eine andere als die gesetzliche Kündigungsfrist bei der Geschäftsraummiete vertraglich vereinbart werden?

☐ a) Nein, es gilt immer die gesetzliche Kündigungsfrist.
☐ b) Ja, es kann eine beliebige andere Kündigungsfrist vereinbart werden.
☐ c) Eine kürzere als dreimonatige Kündigungsfrist kann vereinbart werden, eine längere aber nicht.
☐ d) Eine längere als dreimonatige Kündigungsfrist kann vereinbart werden, eine kürzere aber nicht.
☐ e) Eine längere als dreimonatige Kündigungsfrist ist sittenwidrig, weil sie die Parteien knebelt.

„Siehe Seite 61 des Textteils!“

92. Wie ist die gesetzliche Kündigungsfrist bei Pachtverhältnissen über Gewerbebetriebe geregelt?

☐ a) Sie beträgt einen Monat zum Ende eines Kalendervierteljahres.

☐ b) Sie beträgt ebenso wie bei Mietverhältnissen drei Monate zum Ende eines Kalendervierteljahres.
☐ c) Sie beträgt ein halbes Jahr zum Ende eines Pachtjahres.
☐ d) Sie beträgt ein Jahr zum Ende eines Kalenderjahres.
☐ e) Sie beträgt ein Jahr zum Ende eines Pachtjahres.

„Siehe Seite 62 des Textteils!"

93. Damit der Vermieter auch bestimmt zu seinem Mietzins kommt, gibt ihm das Gesetz ein Sicherungsrecht. Welches ist das?
☐ a) Er kann den Mieter, wenn dieser unter Hinterlassung von Mietschulden ausziehen möchte, so lange in die Mieträume einsperren, bis er bezahlt hat.
☐ b) Er hat ein gesetzliches Pfandrecht an den vom Mieter in die Mieträume eingebrachten, beweglichen Sachen, soweit sie pfändbar sind, und kann sich aus diesen Sachen bezahlt machen.
☐ c) Er ist dadurch, daß der Mieter bewegliche Sachen in die Mieträume eingebracht hat, Miteigentümer an diesen Sachen geworden und kann sie deshalb zurückbehalten.
☐ d) Er muß, um zu seinem Geld zu kommen, den Mieter verklagen und die Zwangsvollstreckung gegen ihn betreiben.
☐ e) Er kann die vom Mieter geleistete Kaution mit allen Forderungen gegen den Mieter aufrechnen.

„Siehe Seite 61 des Textteils!"

94. Kann bei Pachtverhältnissen über Gewerbebetriebe eine andere als die gesetzliche Kündigungsfrist vereinbart werden?
☐ a) Ja, es kann eine beliebige Kündigungsfrist ausgemacht werden.
☐ b) Nein, es gilt immer die gesetzliche Kündigungsfrist.
☐ c) Ja, es kann eine andere Kündigungsfrist vereinbart werden, sie darf aber nicht kürzer sein als ein Monat.
☐ d) Ja, es kann eine andere Kündigungsfrist vereinbart werden, sie darf aber nicht kürzer sein als drei Monate.
☐ e) Ja, es kann eine andere Kündigungsfrist vereinbart werden, sie darf aber nicht länger sein als zwölf Monate.

„Siehe Seite 62 des Textteils!"

95. Wie viele Personen sind in der Regel an einem Bürgschaftsverhältnis beteiligt?
☐ a) Zwei Personen: der Bürge und der Schuldner
☐ b) Drei Personen: der Bürge, der Schuldner und der Gläubiger
☐ c) Drei Personen: der Bürge, der Gläubiger und der Notar, der den Bürgschaftsvertrag beurkunden muß
☐ d) Mehr als drei Personen, nämlich: Bürge, Schuldner, Gläubiger und eine Bank
☐ e) Zwei Personen: der Bürge und der Gläubiger.

„Siehe Seite 63 des Textteils!"

96. Bedarf die Bürgschaftserklärung zu ihrer Gültigkeit einer bestimmten Form?

„Siehe Seite 63 des Textteils!"

97. Wenn der Schuldner bei Fälligkeit einer durch Bürgschaft abgesicherten Geldforderung den Gläubiger nicht befriedigt, kann der Gläubiger dann sofort vom Bürgen Zahlung erzwingen?
☐ a) Ja, dann muß der Bürge sofort zahlen.
☐ b) Ja, dann muß der Bürge sofort zahlen, wenn der Gläubiger nachweist, daß er den Schuldner mindestens dreimal erfolglos gemahnt hat.

☐ c) Ja, denn jede Bürgschaft ist selbstschuldnerisch, das heißt der Bürge haftet wie der Schuldner selbst.
☐ d) Nein, der Gläubiger muß in jedem Fall – das heißt auch ohne Einwand des Bürgen – zuerst den Schuldner verklagen und gegen ihn die Zwangsvollstreckung betreiben.
☐ e) Nein, der Bürge kann dem Gläubiger die Einrede der Vorausklage entgegenhalten, dann muß der Gläubiger zuerst den Schuldner verklagen.

„Siehe Seite 63 des Textteils!"

98. Erklären Sie die selbstschuldnerische Bürgschaft und die besondere Gefahr für den Bürgen!

„Siehe Seite 63 des Textteils!"

99. In manchen Fällen hat der Bürge die Einrede der Vorausklage nicht. Welche von den nachfolgenden Fällen sind das?
☐ a) Wenn der Gläubiger den Schuldner bei einem anderen Gericht als dem Wohnsitzgericht des Gläubigers verklagen müßte.
☐ b) Wenn der Gläubiger schon weiß, daß der Schuldner nicht zahlen kann, weil dieser die Offenbarungsversicherung abgegeben hat.
☐ c) Wenn der Schuldner den Gläubiger, der von ihm Zahlung verlangt, an den Bürgen verweist.
☐ d) Wenn es für den Gläubiger bequemer ist, den Bürgen anstelle des Schuldners zu verklagen.
☐ e) Wenn der Bürge die selbstschuldnerische Bürgschaft übernommen hat oder wenn der Schuldner im Konkurs- oder Vergleichsverfahren steht oder im Inland keinen Wohnsitz oder Aufenthalt hat.

„Siehe Seite 63 des Textteils!"

100. Wofür haftet der Bürge bei einer Ausfallbürgschaft?

„Siehe Seite 64 des Textteils!"

101. Welcher Unterschied ist zwischen Besitz und Eigentum an einer Sache?
☐ a) Da ist überhaupt kein Unterschied, zum Beispiel ist der Hausbesitzer auch der Hauseigentümer.
☐ b) Besitzer ist, wer die Sache in seiner tatsächlichen Gewalt hat; Eigentümer ist, wem die Sache gehört.
☐ c) Wenn jemand eine Sache gekauft und bezahlt hat, so ist er Eigentümer, auch wenn diese ihm noch nicht vom Verkäufer übergeben wurde. Besitzer ist bis zur Übergabe noch der Verkäufer.
☐ d) Besitzer ist derjenige, dem die Sache gehört; Eigentümer ist, wer die Sache in Gewahrsam hat.
☐ e) Der Eigentümer einer Sache hat alle Rechte, der Besitzer einer Sache hat alle Pflichten.

„Siehe Seite 65 des Textteils!"

102. Erklären Sie, was der Gesetzgeber unter beweglichen und unbeweglichen Sachen versteht!

„Siehe Seite 65 des Textteils!"

103. Was sind bewegliche Sachen?
☐ a) Das sind solche Gegenstände, die sich selbst bewegen, zum Beispiel Auto, Schiff, Flugzeug, Eisenbahn usw.
☐ b) Das sind solche Gegenstände, die man leicht bewegen kann und die nicht zu schwer sind, zum Beispiel ist eine schwere Maschine, die mehrere Tonnen wiegt, keine bewegliche Sache.

☐ c) Das sind alle Gegenstände, die keine Grundstücke oder grundstücksgleiche Rechte (unbewegliche Sachen) sind.
☐ d) Das sind alle Gegenstände, die dazu dienen, um andere Gegenstände zu bewegen, insbesondere Motoren aller Art.
☐ e) Das sind alle Gegenstände, ausgenommen Häuser und Hausteile.

„Siehe Seite 65 des Textteils!"

104. Was ist erforderlich, um das Eigentum an einer Sache auf einen anderen zu übertragen?

☐ a) Bei beweglichen Sachen genügt es, daß der Erwerber sich den Besitz an der Sache verschafft; bei Grundstücken muß er mindestens 30 Jahre lang das Grundstück benutzt haben (Ersitzung).
☐ b) Bei beweglichen Sachen müssen Veräußerer und Erwerber sich über den Eigentumsübergang einigen; bei Grundstücken muß diese Einigung bei gleichzeitiger Anwesenheit der Beteiligten auf dem Grundstück erklärt werden.
☐ c) Bei beweglichen Sachen und bei Grundstücken muß der Übernehmer den Kaufpreis bezahlt haben, sonst geht das Eigentum überhaupt nicht auf ihn über.
☐ d) Bei beweglichen Sachen ist die Übergabe vom Veräußerer an den Erwerber erforderlich, und beide müssen sich über den Eigentumsübergang einig sein; bei Grundstücken ist Einigung über den Eigentumsübergang (Auflassung) und Eintragung des Erwerbers im Grundbuch nötig.
☐ e) Bei beweglichen Sachen müssen sich Erwerber und Veräußerer über den Besitzübergang einigen; bei Grundstücken und Häusern geht das Eigentum erst mit der Aushändigung der Schlüssel an den Erwerber über.

„Siehe Seite 66 des Textteils!"

105. Wie wird das Eigentum an unbeweglichen Sachen übertragen und welche Form ist dabei zu beachten?

„Siehe Seite 66 des Textteils!"

106. Was versteht man unter Nießbrauch und welche Bedeutung hat er für den Handwerker?

„Siehe Seite 67 des Textteils!"

107. Sicherheiten zur Absicherung einer vertraglichen Forderung unterscheiden sich nach der Art und der Entstehungsform. Nennen Sie die wichtigsten Sicherungsrechte nach ihrer Art und nach ihrer rechtlichen Entstehungsform!

„Siehe Seite 67 des Textteils!"

108. Was versteht man unter Eigentumsvorbehalt?

☐ a) Daß der Verkäufer die Kaufsache so lange in seinem Besitz behält, bis der Käufer bezahlt hat
☐ b) Daß der Käufer kraft Gesetzes so lange nicht Eigentümer der Kaufsache wird, wie er sie nicht bezahlt hat
☐ c) Daß der Verkäufer die Kaufsache persönlich wieder an sich nehmen darf, wenn der Käufer auch nach der dritten Mahnung den Kaufpreis nicht bezahlt
☐ d) Daß der Besitzer einer Sache diese dem Eigentümer vorenthält (nicht herausgibt), wenn dieser sie von ihm verlangt
☐ e) Daß der Verkäufer dem nicht sofort zahlenden Käufer die Kaufsache zwar übergibt, aber ausdrücklich und nachweisbar sich das Eigentum an der Kaufsache vorbehält.

„Siehe Seite 68 des Textteils!"

109. Wenn ein Tischlermeister seinem Kunden (Bauherrn) Türen und Fensterstöcke unter Eigentumsvorbehalt liefert, wann gehen diese Sachen in das Eigentum des Bauherrn über?

☐ a) Sofort mit dem Abschluß des Werkvertrags
☐ b) Sofort mit der Ablieferung beim Bauherrn
☐ c) In dem Augenblick, in dem sie in das Gebäude eingebaut werden
☐ d) Erst dann, wenn der Bauherr die Rechnung bezahlt
☐ e) In dem Augenblick, in dem sie auf dem Baugrundstück eingelagert werden.

„Siehe Seite 69 des Textteils!"

110. Kann ein Handwerksmeister seine Maschinen, die im Betrieb unentbehrlich sind, verpfänden?

☐ a) Nein, weil Maschinen, die man zur Berufsausübung unbedingt braucht, unpfändbar sind.
☐ b) Nein, er braucht sie in seinem Betrieb und kann sie deshalb nicht dem Gläubiger übergeben. Das aber müßte er tun, weil das Pfandrecht an beweglichen Sachen ein sogenanntes Faustpfandrecht ist.
☐ c) Ja, er kann seine Maschinen verpfänden und mit dem Gläubiger ausmachen, daß dieser ihm die Maschinen für die Dauer des Pfandrechts leihweise überläßt.
☐ d) Ja, er kann seine Maschinen verpfänden, kann sie aber auch ohne Vereinbarung einer Leihe weiterbenutzen, weil sie ihm nach wie vor gehören.
☐ e) Nein, Maschinen sind Gebrauchsgegenstände, die nur gepfändet, nicht verpfändet werden können.

„Siehe Seite 69 des Textteils!"

111. Wenn der Handwerker dem Gläubiger die Maschine nicht verpfänden kann, weil er sie braucht, wie helfen sich die beiden dann in der Praxis?

☐ a) Indem der Handwerker sich dem Gläubiger gegenüber verpflichtet, die Maschine so lange nicht an einen anderen zu übereignen, bis er die Schuld bezahlt hat.
☐ b) Indem der Handwerker dem Gläubiger die Maschine als unbeschränktes Eigentum übereignet und sich dann wieder leihen läßt.
☐ c) Indem der Gläubiger bei Gericht einen dinglichen Arrest über die Maschinen des Handwerkers erwirkt.
☐ d) Indem der Handwerker sich vom Gläubiger schriftlich bestätigen läßt, daß dieser auf ein Pfandbesitzrecht verzichtet.
☐ e) Indem der Handwerker die Maschinen dem Gläubiger nur zur Sicherung übereignet und sie sich dann leihweise wieder zurückgeben läßt.

„Siehe Seite 69 des Textteils!"

112. Nennen Sie den wichtigsten Unterschied zwischen dem Pfandrecht an beweglichen Sachen und der Sicherungsübereignung!

„Siehe Seite 69 des Textteils!"

113. Erklären Sie den Zweck und die rechtlichen Auswirkungen des Eigentumsvorbehalts, des Pfandrechts an beweglichen Sachen und der Sicherungsübereignung!

„Siehe Seite 71 des Textteils!"

114. Man kann einem Gläubiger vertraglich eine Sicherheit bestellen

☐ a) in der Form einer einfachen Bürgschaft.
☐ b) in der Form einer selbstschuldnerischen Bürgschaft.
☐ c) in der Form eines Pfandrechts an einer beweglichen Sache.
☐ d) in der Form der Sicherungsübereignung einer beweglichen Sache.

☐ e) in der Form der Eintragung eines Grundstückspfandrechts (Hypothek oder Grundschuld) im Grundbuch.

Welches ist in der Regel die beste Sicherheit für den Gläubiger?

„Siehe Seite 70 des Textteils!"

115. In welcher Form wird die Hypothekenbestellung vorgenommen?

☐ a) Mündlich
☐ b) Schriftlich
☐ c) In öffentlich beglaubigter Form
☐ d) In notariell beurkundeter Form
☐ e) Notariell, beide Parteien müssen persönlich anwesend sein.

„Siehe Seite 71 des Textteils!"

116. Was kann der Hypotheken- oder Grundschuldgläubiger tun, wenn der Schuldner seinen Verpflichtungen nicht nachkommt?

☐ a) Er muß den Schuldner verklagen und einen Vollstreckungstitel gegen ihn erwirken, damit er die Zwangsvollstreckung gegen ihn betreiben kann.
☐ b) Er hat mit der Hypotheken- oder Grundschuldurkunde in der Regel schon einen Vollstreckungstitel und kann daher sofort die Zwangsversteigerung des Grundstücks, das damit belastet ist, betreiben.
☐ c) Er kann beim Grundbuchamt beantragen, daß er als Miteigentümer im Grundbuch eingetragen wird und kann dann die Zwangsversteigerung zum Zwecke der Auseinandersetzung dieser Gemeinschaft beantragen.
☐ d) Er kann den Grundstückseigentümer über die ordentlichen Gerichte zwingen, das Grundstück an ihn, den Gläubiger, zu verkaufen. Vom Kaufpreis kann er seine Forderung gegen den Schuldner abziehen.
☐ e) Er kann das Grundbuchamt auffordern, ihn als Eigentümer im Grundbuch einzutragen und alle bisherigen Eintragungen im Grundbuch zu löschen.

„Siehe Seite 70 des Textteils!"

117. Nennen Sie die Gemeinsamkeiten von Hypothek und Grundschuld und erklären Sie den wichtigsten Unterschied zwischen beiden!

„Siehe Seite 70 des Textteils!"

118. Nennen Sie die wichtigsten Grundregelungen zur Sicherstellung der Gleichberechtigung von Mann und Frau!

„Siehe Seite 72 des Textteils!"

119. Erklären Sie, wie der Gesetzgeber die gegenseitige Vertretungsmacht der Ehegatten bei Rechtsgeschäften zur angemessenen Deckung des Lebensbedarfs der Familie geregelt hat!

„Siehe Seite 72 des Textteils!"

120. Nennen Sie die Güterstände, die den Ehegatten zur Regelung ihrer Güterverhältnisse zur Verfügung stehen!

„Siehe Seite 73 des Textteils!"

121. In welcher Form sind diese Güterstände abzuschließen?

„Siehe Seite 73 des Textteils!"

122. In welchem Güterstand leben Ehegatten, die keinen vertraglichen Güterstand ausgemacht haben?

☐ a) Im gesetzlichen Güterstand der Gütergemeinschaft
☐ b) Im gesetzlichen Güterstand der Gütertrennung

☐ c) Im gesetzlichen Güterstand der Zugewinngemeinschaft
☐ d) In keinem geregelten Güterstand, da sie immer bei Eheschließung einen der drei vorgenannten Güterstände vereinbaren müssen
☐ e) Im gesetzlichen Güterstand des Güterausgleichs.

„Siehe Seite 73 des Textteils!"

123. Erklären Sie, was die Zugewinngemeinschaft dem Wesen nach ist, wer das Vermögen verwaltet und wie das Vermögen im Falle einer Scheidung auszugleichen ist!

„Siehe Seite 73 des Textteils!"

124. Wie teilt sich das Eigentum am Vermögen der beiden Ehegatten in der Zugewinngemeinschaft auf?
☐ a) Jeder Ehegatte ist Eigentümer dessen, was er in die Ehe mitgebracht hat (Anfangsvermögen). Was beide während der Ehe dazugewonnen haben, gehört ihnen gemeinsam.
☐ b) Alles was die Ehegatten besitzen, gehört ihnen gemeinsam.
☐ c) Was beide Ehegatten in die Ehe mitbringen, gehört ihnen gemeinsam; was einer von ihnen während der Ehe erwirbt, gehört ihm allein.
☐ d) Jeder Ehegatte ist Eigentümer dessen, was er in die Ehe mitgebracht hat und was er in der Ehe hinzuerworben hat. Die Vermögen von Mann und Frau bleiben getrennt.
☐ e) Jeder Ehegatte hat den anderen zur Hälfte an dem Eingebrachten zu beteiligen. Während der Ehe erzielter Zugewinn ist sofort auszugleichen.

„Siehe Seite 73 des Textteils!"

125. Welche Ansprüche haben die in Zugewinngemeinschaft lebenden Ehegatten gegeneinander, wenn die Ehe geschieden wird?
☐ a) Jeder Ehegatte hat nur Anspruch auf Herausgabe seines Vermögens.
☐ b) Derjenige Ehegatte, der den geringeren Zugewinn erzielt hat, kann vom anderen Ehegatten „Ausgleich" beanspruchen, das heißt, er kann verlangen, daß der andere Ehegatte ihm von seinem Zugewinn soviel Geld auszahlt, daß er den gleichen Zugewinn hat.
☐ c) Der Ehegatte mit dem geringeren Zugewinn hat die beiden unter a) und b) erwähnten Ansprüche, der andere Ehegatte kann Herausgabe seiner Vermögensstücke verlangen.
☐ d) Der an der Scheidung nicht schuldige Ehegatte hat Anspruch auf Auszahlung der Hälfte des Zugewinns des schuldigen Ehegatten. Sind beide schuldig, so wird der gesamte Zugewinn geteilt.
☐ e) Der Ehegatte mit dem höheren Zugewinn hat dem anderen Ausgleich zu leisten, einschließlich von Erbschaften und Schenkungen, dem anderen verbleiben Anfangsvermögen und Zugewinn.

„Siehe Seite 74 des Textteils!"

126. Haftet das Vermögen der Frau für die Schulden des Mannes oder umgekehrt, wenn die Ehegatten in Zugewinngemeinschaft leben?
☐ a) Nein, das Vermögen des Mannes haftet nicht für die Schulden der Frau und auch nicht umgekehrt.
☐ b) Ja, das Vermögen des einen Ehegatten haftet immer für die Schulden des anderen.
☐ c) Das Vermögen der Frau haftet zwar für die Schulden des Mannes, aber sein Vermögen nicht für die Schulden der Frau.
☐ d) Das Vermögen des Mannes haftet zwar für die Schulden der Frau, aber ihr Vermögen nicht für die Schulden des Mannes.

☐ e) Aus Rechtsgeschäften im Rahmen der Schlüsselgewalt haftet zunächst die Frau, nachrangig der Mann.

„Siehe Seite 74 des Textteils!"

127. Hat bei Zugewinngemeinschaft im Falle des Todes eines Ehegatten der andere Ehegatte auch einen Ausgleichsanspruch wie bei Scheidung der Ehe?

☐ a) Ja, er kann den gleichen Ausgleichsanspruch gegen die Erben des Verstorbenen geltend machen.
☐ b) Nein, er hat nur gegen die Erben einen Anspruch auf Herausgabe seines Vermögens.
☐ c) Nein, er hat weder einen Ausgleichsanspruch noch ein erhöhtes Erbrecht; er erbt vielmehr so, wie wenn er in Gütertrennung gelebt hätte.
☐ d) Nein, er hat weder einen Ausgleichsanspruch noch ein erhöhtes Erbrecht; er erbt vielmehr so, wie wenn er in Gütergemeinschaft gelebt hätte.
☐ e) Nein, anstelle des Ausgleichsanspruchs hat er ein um ein Viertel höheres Erbrecht.

„Siehe Seite 74 des Textteils!"

128. Wie heißen die beiden Güterstände, die Ehegatten vertraglich vereinbaren können?

☐ a) Gütergemeinschaft und Gütertrennung
☐ b) Zugewinngemeinschaft und Gütergemeinschaft
☐ c) Zugewinngemeinschaft und Gütertrennung
☐ d) Ausgleichsgemeinschaft und Gütertrennung
☐ e) Ausgleichsgemeinschaft und Zugewinntrennung.

„Siehe Seite 75 des Textteils!"

129. In welcher Form muß ein Ehevertrag geschlossen werden?

☐ a) Der Ehevertrag muß schriftlich geschlossen werden.
☐ b) Ein Ehevertrag muß schriftlich geschlossen und die Unterschriften beglaubigt werden.
☐ c) Der Ehevertrag muß notariell beurkundet werden.
☐ d) Es genügt eine mündliche Vereinbarung unter den Ehegatten.
☐ e) Der Ehevertrag muß höchstrichterlich geschlossen und unterschrieben werden.

„Siehe Seite 75 des Textteils!"

130. Erklären Sie, was die Gütertrennung dem Wesen nach ist, wer das Vermögen verwaltet und wie das Vermögen bei Scheidung aufzuteilen ist!

„Siehe Seite 75 des Textteils!"

131. Erklären Sie, was die Gütergemeinschaft dem Wesen nach ist, welche Vermögensmassen es gibt, wer sie verwaltet und wie das Vermögen bei Scheidung aufzuteilen ist!

„Siehe Seite 75 des Textteils!"

132. Wie sind die vermögensrechtlichen Verhältnisse in der Gütergemeinschaft?

☐ a) Die Vermögen von Mann und Frau bilden ihr Gesamtgut und sind ihr gemeinschaftliches Eigentum, soweit nicht im Ehevertrag für den einen oder anderen Ehegatten ein Sondergut oder ein Vorbehaltsgut ausgemacht wurde.
☐ b) Die Ehegatten haben gemeinschaftliches Eigentum nur an dem Vermögen, das sie während der Ehe erarbeiten; was sie in die Ehe mitbringen, bleibt getrennt und bildet ihr Vorbehaltsgut.

☐ c) Die Ehegatten haben gemeinschaftliches Eigentum nur an dem, was sie schon bei Beginn der Ehe besaßen. Was jeder während der Ehe erarbeitet, gehört ihm allein und ist sein Sondergut.
☐ d) Die Ehegatten haben gemeinschaftliches Eigentum an Grundstücken und Anwesen (Gütern), getrenntes Eigentum aber an den beweglichen Sachen und am Geld.
☐ e) Eingebrachtes Vermögen von Mann und Frau ist auch ohne besondere Vereinbarung Vorbehaltsgut, alles andere ist gemeinsames Gesamtgut.

„Siehe Seite 76 des Textteils!"

133. Wann tritt die gesetzliche Erbfolge ein?
☐ a) Immer dann, wenn ein Mensch stirbt, gleichgültig, ob er eine letztwillige Verfügung hinterlassen hat oder nicht.
☐ b) Nur dann, wenn der Verstorbene nicht durch Testament oder Erbvertrag die Erbfolge anders geregelt hat.
☐ c) Immer dann, wenn als Erben der überlebende Ehegatte oder Kinder in Betracht kommen.
☐ d) Nur dann, wenn der Verstorbene mindestens ein Kind hinterläßt.
☐ e) Immer dann, wenn mehrere letztwillige Verfügungen des Verstorbenen gefunden werden.

„Siehe Seite 78 des Textteils!"

134. Wer sind die gesetzlichen Erben eines Verstorbenen, der seinen Ehepartner, zwei Kinder, Eltern und Geschwister sowie Vettern und Basen hinterläßt?
☐ a) Alle aufgezählten Angehörigen
☐ b) Nur sein Ehepartner
☐ c) Nur seine Eltern
☐ d) Nur sein Ehepartner und seine Kinder
☐ e) Nur sein Ehepartner, seine Kinder und seine Eltern.

„Siehe Seite 78 des Textteils!"

135. Zu welcher Erbordnung zählen die Kinder des Verstorbenen?
☐ a) Zur ersten Erbordnung
☐ b) Zur zweiten Erbordnung
☐ c) Zur dritten Erbordnung
☐ d) Zur vierten Erbordnung
☐ e) Zu keiner, sie sind pflichtteilsberechtigt.

„Siehe Seite 78 des Textteils!"

136. Zu welcher Erbordnung zählen die Eltern und Geschwister?
☐ a) Zur ersten Erbordnung
☐ b) Zur zweiten Erbordnung
☐ c) Zur dritten Erbordnung
☐ d) Zur vierten Erbordnung
☐ e) Zu keiner, sie sind gesetzliche Erben.

„Siehe Seite 78 des Textteils!"

137. Zu welcher Erbordnung zählt der überlebende Ehegatte?
☐ a) Er zählt zur ersten Erbordnung wie die Kinder des Verstorbenen.
☐ b) Er zählt zur zweiten Erbordnung wie die Eltern und Geschwister des Verstorbenen.
☐ c) Er zählt zur dritten Erbordnung wie die Großeltern des Verstorbenen.
☐ d) Er zählt in keine Erbordnung und hat ein besonders geregeltes Erbrecht.

☐ e) Er zählt zur ersten Erbordnung, wenn der Verstorbene keine Kinder hatte.

„Siehe Seite 79 des Textteils!“

138. Wie hoch ist der gesetzliche Erbteil des überlebenden Ehegatten, wenn er mit dem verstorbenen Ehepartner nicht in Zugewinngemeinschaft gelebt hat und wenn drei Kinder vorhanden sind?

☐ a) Ein Fünftel
☐ b) Ein Viertel
☐ c) Ein Drittel
☐ d) Die Hälfte
☐ e) Drei Viertel.

„Siehe Seite 79 des Textteils!“

139. Wie hoch ist der gesetzliche Erbteil des überlebenden Ehegatten, wenn er mit seinem Ehepartner in Zugewinngemeinschaft gelebt hat und wenn drei Kinder vorhanden sind?

☐ a) Ein Fünftel
☐ b) Ein Viertel
☐ c) Ein Drittel
☐ d) Die Hälfte
☐ e) Drei Viertel.

„Siehe Seite 79 des Textteils!“

140. Wie heißen die möglichen letztwilligen Verfügungen, durch die die Erbfolge anders als im Gesetz vorgesehen ist, geregelt werden kann?

☐ a) Testament und Erbvertrag
☐ b) Auseinandersetzungs- und Teilungsvertrag
☐ c) Übergabe- und Auseinandersetzungsvertrag
☐ d) Ehe- und Erbvertrag
☐ e) Güter- und Pflichtteilsvertrag.

„Siehe Seite 80 des Textteils!“

141. Nennen Sie die wichtigsten Unterschiede (Zweck, Form, Inhalt) zwischen Testament und Erbvertrag!

„Siehe Seite 80 des Textteils!“

142. In welcher Form muß ein Testament errichtet werden, damit es rechtsgültig ist?

☐ a) Es kann durch mündliche Erklärung vor zwei Zeugen errichtet werden.
☐ b) Es muß schriftlich errichtet und vom Testator und zwei Zeugen unterschrieben werden.
☐ c) Es muß schriftlich abgefaßt und die Unterschrift des Testators von einer amtlichen Stelle beglaubigt werden.
☐ d) Es muß bei einem Rechtsanwalt errichtet werden.
☐ e) Es muß entweder mit der Hand (nicht mit der Maschine) geschrieben oder beim Notar beurkundet werden.

„Siehe Seite 81 des Textteils!“

143. Ehegatten haben bei der Errichtung eines Testaments ein besonderes Recht. Welches?

☐ a) Sie können ein gemeinschaftliches Testament errichten.
☐ b) Sie können ihrer beider letzten Willen in getrennten Urkunden niederlegen.
☐ c) Sie können ein Testament formlos errichten.
☐ d) Sie müssen zwar ein notarielles Testament errichten, brauchen dafür aber nur die halbe Gebühr zu bezahlen.

☐ e) Sie können sich notariell gegenseitig als Vorerben einsetzen.

„Siehe Seite 81 des Textteils!“

144. Erklären Sie den Zweck der Pflichtteilsregelung!

„Siehe Seite 81 des Textteils!“

145. Wann hat ein überlebender Angehöriger einen Pflichtteilsanspruch?

☐ a) Wenn er aufgrund einer letztwilligen Verfügung des Verstorbenen weniger erhält als die Hälfte dessen, was er bei gesetzlicher Erbfolge erhalten hätte, und wenn er zu dem pflichtteilsberechtigten Personenkreis gehört.
☐ b) Den Pflichtteilsanspruch hat jeder Verwandte des Verstorbenen, der aufgrund des Testaments oder Erbvertrags nichts erhält, sofern er bei gesetzlicher Erbfolge etwas erhalten hätte.
☐ c) Den Pflichtteil kann jeder Erbe verlangen, der aufgrund von Testament oder Erbvertrag weniger als den gesetzlichen Erbteil erhält.
☐ d) Ein Pflichtteilsanspruch steht nur den Kindern zu, und zwar auch nur dann, wenn sie wegen einer letztwilligen Verfügung weniger erhalten, als sie bei gesetzlicher Erbfolge bekommen würden.
☐ e) Einen Pflichtteilsanspruch haben Kinder, Ehegatte und Eltern, wenn sie gesetzlich erben und damit von der testamentarischen Erbfolge ausgeschlossen sind.

„Siehe Seite 82 des Textteils!“

146. Wer gehört zu dem pflichtteilsberechtigten Personenkreis?

☐ a) Die Kinder, die Geschwister und die Eltern des Verstorbenen
☐ b) Die Geschwister und der Ehegatte des Verstorbenen
☐ c) Nur die Kinder und der Ehegatte des Verstorbenen
☐ d) Nur die Kinder und die Eltern des Verstorbenen
☐ e) Die Abkömmlinge, die Eltern und der Ehegatte des Verstorbenen.

„Siehe Seite 81 des Textteils!“

147. Wie hoch ist der Pflichtteilsanspruch?

☐ a) Ein Fünftel des gesetzlichen Erbteils
☐ b) Ein Viertel des gesetzlichen Erbteils
☐ c) Ein Drittel des gesetzlichen Erbteils
☐ d) Die Hälfte des gesetzlichen Erbteils
☐ e) Drei Viertel des gesetzlichen Erbteils.

„Siehe Seite 82 des Textteils!“

148. Haftet der Erbe für die Schulden des Erblassers?

☐ a) Nein, niemals, denn grundsätzlich haftet jeder Mensch nur für seine eigenen Schulden.
☐ b) Ja, immer, denn die Erbfolge ist eine Gesamtrechtsnachfolge.
☐ c) Ja, wenn er die Haftung nicht auf den Nachlaß beschränkt hat, was er durch einen Antrag auf Nachlaßkonkurs oder Nachlaßvergleichsverfahren erreichen kann.
☐ d) Nur dann, wenn der Erblasser durch letztwillige Verfügung bestimmt hat, daß der Erbe für die Schulden haften soll.
☐ e) Ja, immer, anderenfalls würden die Gläubiger des Verstorbenen leer ausgehen.

„Siehe Seite 77 des Textteils!“

149. Kann man die Erbschaft ausschlagen?

☐ a) Ja, wenn man gesetzlicher Erbe ist.
☐ b) Nein, sonst müßte der Staat die Schulden des Verstorbenen tragen.
☐ c) Ja, aber nur binnen drei Monaten nach dem Tode des Erblassers.
☐ d) Ja, aber nur binnen sechs Wochen nach Kenntnis vom Anfall der Erbschaft.

☐ e) Ja, aber nur 14 Tage seit der Mitteilung durch das Nachlaßgericht.

„Siehe Seite 78 des Textteils!"

150. Welche Arten von Testamenten sind Ihnen bekannt und wie unterscheiden sie sich?

„Siehe Seite 81 des Textteils!"

151. Nennen Sie den Zweck des Erbscheins!

„Siehe Seite 78 des Textteils!"

152. Nennen Sie die verschiedenen Gerichtswege und ihre Zuständigkeit nach der Art der Rechtsansprüche!

„Siehe Seite 83 des Textteils!"

153. Welche von den nachfolgend aufgeführten Gerichten gehören zu den ordentlichen Gerichten?

☐ a) Amtsgericht, Landgericht, Oberlandesgericht, Bundesgerichtshof
☐ b) Arbeitsgericht, Landesarbeitsgericht, Bundesarbeitsgericht
☐ c) Verwaltungsgericht, Verwaltungsgerichtshof, Bundesverwaltungsgericht
☐ d) Sozialgericht, Landessozialgericht, Bundessozialgericht
☐ e) Finanzgericht und Bundesfinanzhof.

„Siehe Seite 84 des Textteils!"

154. In welchen Bereichen der Rechtspflege sind die ordentlichen Gerichte tätig?

„Siehe Seite 84 des Textteils!"

155. Erklären Sie die sachliche und örtliche Zuständigkeit der Zivilgerichte in erster Instanz!

„Siehe Seite 84 des Textteils!"

156. Wenn ein Handwerksmeister gegen einen Kunden gerichtlich vorgehen muß, weil dieser eine Rechnung nicht bezahlt, an welches Gericht wendet er sich dann?

☐ a) Immer zuerst an das Amtsgericht
☐ b) Zuerst an das Amtsgericht, wenn er einen Mahnbescheid beantragen oder eine Klage über einen Streitwert bis zu 10.000,00 DM einreichen will. Eine Klage mit einem Streitwert von über 10.000,00 DM muß er über seinen Rechtsanwalt beim Landgericht einreichen
☐ c) Immer zuerst an das Landgericht, wenn der Streitwert 1.000,00 DM übersteigt
☐ d) Zuerst an das Amtsgericht, wenn seine Forderung 6.000,00 DM nicht übersteigt und er Klage einreichen oder Mahnbescheid beantragen will. Bei höherem Streitwert reicht er Antrag auf Mahnbescheid oder Klage beim Landgericht ein
☐ e) An das Landgericht, das für alle Streitigkeiten zwischen Handwerker und Kunden, auch im Mahnverfahren, zuständig ist.

„Siehe Seite 84 des Textteils!"

157. Welches Gericht ist in der Regel örtlich zuständig?

☐ a) Das Wohnsitzgericht des Gläubigers (Klägers)
☐ b) Das Wohnsitzgericht des Schuldners (Beklagten)
☐ c) Das Wohnsitzgericht des Schuldners (Beklagten), wenn kein anderer Gerichtsstand (zum Beispiel der Wohnsitz des Gläubigers) vereinbart ist
☐ d) Sowohl das Wohnsitzgericht des Gläubigers wie das des Schuldners; der Gläubiger kann wählen

☐ e) Das Gericht, auf das sich die Parteien vorher geeinigt haben.

„Siehe Seite 84 des Textteils!"

158. Muß man sich in Zivilsachen vor den ordentlichen Gerichten immer durch einen Rechtsanwalt vertreten lassen?

☐ a) Nein, man braucht niemals einen Rechtsanwalt.
☐ b) Ja, man braucht immer einen Rechtsanwalt.
☐ c) In allen Sachen, die vor dem Amtsgericht (außer Ehesachen) verhandelt werden, braucht man keinen Rechtsanwalt. Bei allen höheren Gerichten herrscht Anwaltszwang.
☐ d) Bei den Amts- und Landgerichten braucht man keinen Rechtsanwalt, wohl aber beim Oberlandesgericht und beim Bundesgerichtshof.
☐ e) Bei den Amts- und Landgerichten braucht man einen Rechtsanwalt. In den höheren Instanzen nicht mehr, weil dort mehrere und erfahrenere Richter tätig sind.

„Siehe Seite 84 des Textteils!"

159. Wer trägt grundsätzlich die Prozeßkosten?

☐ a) Der Kläger
☐ b) Der Beklagte
☐ c) Derjenige, der den Prozeß verliert; der Kläger muß die Kosten aber vorschußweise einzahlen
☐ d) Die Parteien gemeinsam, und zwar je zur Hälfte
☐ e) Der Staat, weil es sich bei den Gerichten um soziale Institutionen handelt.

„Siehe Seite 84 des Textteils!"

160. Nach Einreichung der Klage und Bezahlung der Gerichtsgebühr werden die Parteien zur mündlichen Verhandlung des Rechtsstreits geladen. Muß man zu einem solchen Termin selbst hingehen?

☐ a) Ja, man muß immer persönlich erscheinen.
☐ b) Nein, man kann im amtsgerichtlichen Prozeß irgendeinen Vertreter (außer Scheidungsverfahren) schicken. Beim Landgericht und den höheren Gerichten muß man durch einen Rechtsanwalt vertreten sein.
☐ c) Man darf überhaupt nur dann persönlich erscheinen, wenn das Gericht dies ausdrücklich angeordnet hat.
☐ d) Man muß nicht, aber man kann bei allen Gerichten entweder persönlich auftreten oder sich durch eine Vertrauensperson vertreten lassen.
☐ e) Nein, beim Amtsgericht kann ein Rechtsanwalt, bei allen höheren Gerichten muß ein Landesanwalt bestellt werden.

„Siehe Seite 84 des Textteils!"

161. Was geschieht, wenn im Termin zur mündlichen Verhandlung eine Prozeßpartei weder erschienen noch vertreten ist?

☐ a) Dann werden beide Parteien vom Gericht zu einem neuen Termin geladen.
☐ b) Dann ist die Sache erledigt, weil ohne beide Parteien nicht verhandelt werden kann.
☐ c) Dann verhängt das Gericht gegen die unentschuldigt fehlende Partei eine Geldstrafe.
☐ d) Dann verweist das Gericht die Sache an die höhere Instanz.
☐ e) Dann kann das Gericht gegen die fehlende Partei auf Antrag ein Versäumnisurteil erlassen.

„Siehe Seite 86 des Textteils!"

162. Nennen Sie die Rechtsmittel, die gegen richterliche Entscheidungen eingelegt werden können!

„Siehe Seite 86 des Textteils!"

163. Wenn man mit einem erstinstanziellen Urteil nicht zufrieden ist, kann man dagegen ein Rechtsmittel einlegen. Wie heißt dieses und wo muß es eingelegt werden?

☐ a) Das Rechtsmittel heißt Berufung und muß beim nächsthöheren Gericht eingelegt werden.

☐ b) Das Rechtsmittel heißt Revision und muß immer beim Bundesgerichtshof eingelegt werden.

☐ c) Man kann bei dem gleichen Gericht, das das Urteil erlassen hat, Einspruch einlegen.

☐ d) Man kann beim übergeordneten Gericht Beschwerde erheben.

☐ e) Das Rechtsmittel heißt Widerspruch und muß beim Landgericht eingelegt werden.

„Siehe Seite 86 des Textteils!"

164. Wie macht man eine Geldforderung am einfachsten gerichtlich geltend?

☐ a) Durch Einreichung einer Klage bei dem zuständigen Gericht

☐ b) Indem man einen Antrag auf Erlaß eines Mahnbescheides bei dem nach dem Streitwert zuständigen Gericht einreicht

☐ c) Indem man ein Mahnbescheidsformular selbst ausfüllt und beim Amtsgericht einreicht

☐ d) Indem man seine Klage bei der Geschäftsstelle des zuständigen Gerichts zu Protokoll erklärt

☐ e) Indem man beim Amtsgericht den Erlaß einer einstweiligen Verfügung beantragt.

„Siehe Seite 88 des Textteils!"

165. Nennen Sie die wesentlichen Unterschiede zwischen dem ordentlichen Klage- und dem gerichtlichen Mahnverfahren!

„Siehe Seite 85, 88 des Textteils!"

166. Erklären Sie die Vorzüge, die das gerichtliche Mahnverfahren bietet!

„Siehe Seite 88 des Textteils!"

167. Wie heißt das Rechtsmittel, das man gegen einen Mahnbescheid einlegen kann?

☐ a) Berufung

☐ b) Einspruch

☐ c) Beschwerde

☐ d) Widerspruch

☐ e) Revision.

„Siehe Seite 88 des Textteils!"

168. Binnen welcher Frist kann gegen den Mahnbescheid Widerspruch eingelegt werden?

☐ a) Binnen drei Tagen

☐ b) Binnen einer Woche

☐ c) Binnen zwei Wochen

☐ d) Binnen einem Monat

☐ e) Binnen zwei Monaten.

„Siehe Seite 88 des Textteils!"

169. Wenn der Schuldner gegen den Mahnbescheid nicht fristgerecht Widerspruch eingelegt hat, erläßt das Gericht auf Antrag des Gläubigers eine Entscheidung. Wie heißt diese?

☐ a) Urteil
☐ b) Beschluß
☐ c) Vollstreckungsbescheid
☐ d) Pfändungsbeschluß
☐ e) Vollstreckungs- und Überweisungsbeschluß.

„Siehe Seite 88 des Textteils!"

170. Wenn man gegen einen Schuldner die Zwangsvollstreckung betreiben will, braucht man einen Vollstreckungstitel. Was ist das?

☐ a) Das ist ein Amtstitel, der mit der Vollstreckung in Zusammenhang steht, zum Beispiel Vollstreckungssekretär.
☐ b) Eine gerichtliche oder notarielle Urkunde, aus der man die Zwangsvollstreckung betreiben kann.
☐ c) Das ist eine Urkunde mit einer Überschrift (Titel), die sich über die ganze Breite der Urkunde erstreckt.
☐ d) Das ist eine Urkunde, die sich auf das ganze (volle) Vermögen des Schuldners erstreckt.
☐ e) Das ist eine gerichtliche Liste, auf der die Vermögensgegenstände des Schuldners verzeichnet sind.

„Siehe Seite 90 des Textteils!"

171. Nennen Sie die drei Voraussetzungen für die Zwangsvollstreckung!

„Siehe Seite 90 des Textteils!"

172. Nennen Sie verschiedene Titel, aus denen die Zwangsvollstreckung betrieben werden kann!

„Siehe Seite 90 des Textteils!"

173. Welche gerichtlichen Organe sind für die Zwangsvollstreckung zuständig?

„Siehe Seite 91 des Textteils!"

174. Welche Art der Zwangsvollstreckung erledigt der Gerichtsvollzieher?
Er kann vollstrecken

☐ a) in die beweglichen Sachen des Schuldners.
☐ b) in die unbeweglichen Sachen des Schuldners (Grundstücke, Häuser).
☐ c) in Forderungen des Schuldners (Außenstände, Bankguthaben, Lohnforderungen usw.).
☐ d) in sonstige Rechte des Schuldners, zum Beispiel Patente, Gebrauchsmuster, Herausgabeansprüche usw.
☐ e) in Lohn- und Gehaltsforderungen des Schuldners gegen seinen Arbeitgeber.

„Siehe Seite 91 des Textteils!"

175. Bei welcher Stelle muß man die Durchführung der Arten der Zwangsvollstreckung beantragen, die nicht der Gerichtsvollzieher erledigt?

☐ a) Beim Landgericht – Vollstreckungsabteilung
☐ b) Beim Obergerichtsvollzieher
☐ c) Beim Amtsgericht – Streitgericht
☐ d) Beim Grundbuchamt
☐ e) Beim Amtsgericht – Vollstreckungsgericht.

„Siehe Seite 91 des Textteils!"

176. Was darf der Gerichtsvollzieher nicht pfänden?

☐ a) Kleidungsstücke
☐ b) Möbel
☐ c) Sachen, deren Wert mehr als das Dreifache des Wertes der Gläubigerforderung ist
☐ d) Wertpapiere, Edelmetalle und Edelsteine
☐ e) Sachen, die Dritten gehören oder die lebens- oder berufsnotwendig für den Schuldner sind.

„Siehe Seite 91 des Textteils!"

177. Wenn der Gerichtsvollzieher eine Sache pfändet, die dem Schuldner nicht gehört, was kann der Eigentümer dieser Sache tun?

☐ a) Er kann das Pfandsiegel abmachen und die Sache beim Schuldner wegholen.
☐ b) Er kann beim Dienstvorgesetzten des Gerichtsvollziehers „Erinnerungen gegen die Art und Weise der Zwangsvollstreckung" erheben, und dieser hebt die Pfändung auf.
☐ c) Er kann sich über den Gerichtsvollzieher beim Amtsgericht – Vollstreckungsgericht – beschweren, und dieses hebt dann die Pfändung auf.
☐ d) Er kann vom Gläubiger verlangen, daß dieser die gepfändete Sache freigibt, und er kann die Freigabe notfalls im Wege der Interventionsklage erzwingen.
☐ e) Er kann sich eine Ersatzsache kaufen und die Kosten dafür dem Schuldner in Rechnung stellen.

„Siehe Seite 91 des Textteils!"

178. Was kann der Schuldner tun, wenn der Gerichtsvollzieher bei ihm eine Sache pfändet, die er für seinen Haushalt oder die Berufsausübung unbedingt benötigt?

☐ a) Er kann den Gläubiger auf Freigabe verklagen.
☐ b) Er kann den Gerichtsvollzieher auf Freigabe verklagen.
☐ c) Er kann beim Amtsgericht (Vollstreckungsgericht) Erinnerungen erheben.
☐ d) Er kann beim Dienstvorgesetzten des Gerichtsvollziehers Beschwerde einlegen.
☐ e) Er kann den Gerichtsvollzieher auf Schadenersatz verklagen.

„Siehe Seite 91 des Textteils!"

179. Wenn der Gerichtsvollzieher beim Schuldner nichts findet, was er pfänden kann, was tut der Gläubiger dann?

☐ a) Er geht selbst zum Schuldner und zwingt ihn, ihm einen Wertgegenstand als Pfand zu geben.
☐ b) Er wendet sich an die Polizei und erstattet dort Anzeige gegen den Schuldner wegen Betrugs.
☐ c) Er hält den Schuldner – erforderlichenfalls wiederholt – fest und pfändet dessen Tascheninhalt.
☐ d) Er beantragt beim Amtsgericht – Vollstreckungsgericht den Erlaß eines persönlichen Arrestes gegen den Schuldner. Dieser wird dann verhaftet und muß die Schuld im Gefängnis abarbeiten.
☐ e) Er beantragt beim Amtsgericht gegen den Schuldner das Offenbarungsverfahren.

„Siehe Seite 92 des Textteils!"

180. Was geschieht, wenn der Schuldner der Aufforderung des Gerichts, ein Vermögensverzeichnis aufzustellen und eine eidesstattliche Versicherung über dessen Vollständigkeit abzugeben, keine Folge leistet?

☐ a) Dann erläßt das Gericht auf Antrag des Gläubigers gegen den Schuldner einen Haftbefehl zur Erzwingung der eidesstattlichen Versicherung.
☐ b) Dann können der Gläubiger und das Gericht gar nichts machen.

☐ c) Dann muß der Gläubiger beim höheren Gericht (Landgericht) Beschwerde einlegen.
☐ d) Dann muß der Gläubiger den Schuldner auf Abgabe des Vermögensverzeichnisses und der eidesstattlichen Versicherung verklagen.
☐ e) Dann wendet der Gläubiger sich an die Staatsanwaltschaft, und diese ermittelt, wo der Schuldner sein Vermögen hat.

„Siehe Seite 92 des Textteils!"

181. Nennen Sie den Zweck des Vergleichs- und des Konkursverfahrens!

„Siehe Seite 93 des Textteils!"

182. Was tut der Geschäftsmann, wenn er feststellt, daß er überschuldet oder zahlungsunfähig ist?
☐ a) Er tut zunächst gar nichts und läßt es darauf ankommen, daß seine Gläubiger ihn verklagen und mit Zwangsvollstreckung gegen ihn vorgehen.
☐ b) Er überschreibt sein vorhandenes Vermögen schleunigst seiner Frau, damit der Gerichtsvollzieher oder das Vollstreckungsgericht nichts mehr vorfinden.
☐ c) Er beantragt beim Amtsgericht die Durchführung des Konkurs- oder des Vergleichsverfahrens zur Abwendung des Konkurses.
☐ d) Er beantragt beim Landgericht die Durchführung eines sogenannten Entschuldungsverfahrens.
☐ e) Er begibt sich sofort ins Ausland und führt von dort seine Geschäfte weiter.

„Siehe Seite 94 des Textteils!"

183. Wieviel Prozent ihrer Forderungen muß der Schuldner den am Vergleichsverfahren beteiligten Gläubigern mindestens bieten können, damit dieses Verfahren eröffnet werden kann?
☐ a) Mindestens 20 %
☐ b) Mindestens 25 %
☐ c) Mindestens 30 %
☐ d) Mindestens 35 %
☐ e) Mindestens 40 %.

„Siehe Seite 94 des Textteils!"

184. Wer entscheidet im Vergleichsverfahren darüber, ob der vom Schuldner angebotene Vergleich angenommen wird?
☐ a) Das Amtsgericht – Vergleichsgericht
☐ b) Die Gläubigerversammlung
☐ c) Der Vergleichsverwalter
☐ d) Alle Vorgenannten gemeinsam
☐ e) Der Hauptgläubiger.

„Siehe Seite 94 des Textteils!"

185. Wer kann das Vergleichs- und das Konkursverfahren beantragen?

„Siehe Seite 94 des Textteils!"

186. Nennen Sie die Rechtsfolgen für den Schuldner nach Abschluß des Vergleichs- und Konkursverfahrens!

„Siehe Seite 96 des Textteils!"

187. Was ist vom Standpunkt der Gläubiger aus der wichtigste Unterschied zwischen dem Konkursverfahren und dem Vergleichsverfahren zur Abwendung des Konkurses?

☐ a) Im Vergleichsverfahren stimmen die Gläubiger über die Annahme des Vergleichsangebots des Schuldners ab, im Konkursverfahren gibt es eine solche Abstimmung nicht.

☐ b) Im Vergleichsverfahren verzichten die Gläubiger auf den über die Vergleichsquote hinausgehenden Teil ihrer Forderung, wenn sie den Vergleich annehmen; im Konkursverfahren behalten sie die Restforderung und können noch 30 Jahre lang gegen den Schuldner zwangsvollstrecken.

☐ c) Im Vergleichsverfahren bleibt der Betrieb des Schuldners erhalten, während er im Konkursverfahren meist zum Erliegen kommt.

☐ d) Im Vergleichsverfahren bekommen die Gläubiger ihr ganzes Geld, wenn auch in langfristigen Raten; im Konkursverfahren müssen sie sich mit der Konkursquote begnügen.

☐ e) Im Vergleichsverfahren behält der Schuldner meist die Verfügungsgewalt über seinen Betrieb, im Konkursverfahren wird ein Verwalter bestellt, der die Geschäfte abwickelt.

„Siehe Seite 94, 96 des Textteils!"

3.2 Handwerksrecht, Gewerberecht, Handelsrecht

3.2.1 Handwerks- und Gewerberecht

Lernziele:

- Kennen der wichtigsten Bestimmungen und Voraussetzungen für die selbständige Ausübung eines Handwerks,
  des Verzeichnisses der Gewerbe, die als Handwerk betrieben werden können und
  des Verzeichnisses der handwerksähnlichen Gewerbe.
- Kennen der Voraussetzungen für die Eintragung in die Handwerksrolle.
- Wissen, bei welchen Stellen die Eröffnung, Änderung und Übernahme eines Handwerksbetriebes anzuzeigen ist.
- Wissen, welche rechtlichen Folgen die unbefugte Ausübung eines Handwerks und die Schwarzarbeit haben.
- Kennen der Gründe für die Untersagung der Ausübung eines Handwerks.
- Wissen, bei welchen Stellen die Beendigung der handwerklichen Selbständigkeit angezeigt werden muß.

3.2.1.1 Überblick über die gesetzlichen Bestimmungen zur selbständigen Ausübung eines Handwerks

Gewerbeordnung
Handwerksordnung

Rechtsgrundlage jeder selbständigen Gewerbeausübung ist die Gewerbeordnung. Sie wird durch Spezialvorschriften ergänzt. Für die selbständige Ausübung eines Handwerks ist die Handwerksordnung gewerbliche Spezialvorschrift.

Gewerbefreiheit

In Deutschland ist die selbständige Gewerbetätigkeit vom Verfassungsgrundsatz der Gewerbefreiheit geprägt. Jedermann hat nach diesem Leitsatz Anspruch darauf, jedes Gewerbe ungehindert beginnen und betreiben zu dürfen, soweit die Gewerbeordnung oder andere Gesetze nicht Ausnahmen, Beschränkungen oder Auflagen vorsehen. Für das Handwerk gilt zum Beispiel die Besonderheit, daß die selbständige Ausübung an den Nachweis einer handwerklichen Befähigung und die Eintragung in die Handwerksrolle gebunden ist.

Handwerk

Ein Handwerk ist ein Gewerbe, das handwerksmäßig betrieben wird. Es muß zu einem der in der Anlage A zur Handwerksordnung (sogenannte Positivliste) aufgeführten Gewerbe gehören, und es muß als stehendes Gewerbe betrieben werden.

3.2.1.2 Voraussetzungen der Eintragung (Gewerbe, Stehendes Gewerbe, Selbständigkeit)

Gewerbe

Der Gesetzgeber hat den Begriff Gewerbe nicht näher bestimmt. Man versteht darunter jede erlaubte, auf Gewinnerzielung gerichtete, private selbständige Tätigkeit, die fortgesetzt und nicht nur gelegentlich ausgeübt wird.

Die gewerbliche Tätigkeit

Voraussetzungen

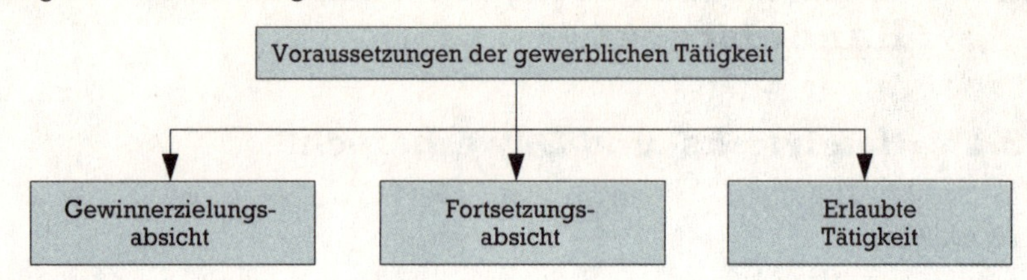

Abbildung 81

Beispiele:

Handel, Industrie, Handwerk, sonstige Dienstleistungsbetriebe wie Gaststätten, Hotels, Vermittlungen etc.

Fehlt eine der Voraussetzungen, meist ist es die Gewinnerzielungsabsicht, liegt keine gewerbliche Tätigkeit im Sinne der Gewerbeordnung vor, das heißt weder die Gewerbeordnung noch sonstige gewerbliche Spezialgesetze sind anwendbar.

Keine gewerbliche Tätigkeit

Nichtgewerbliche Tätigkeiten

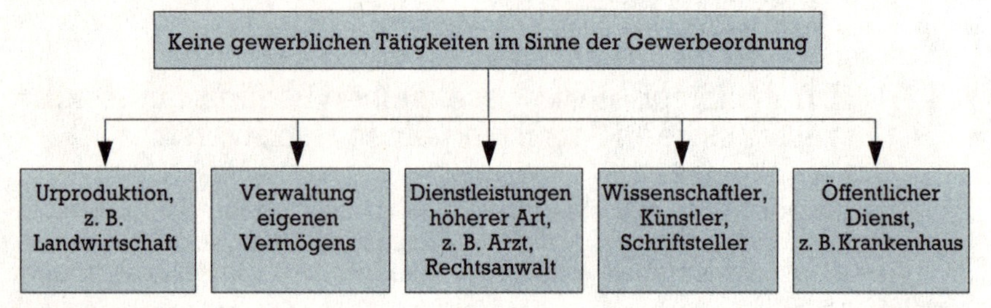

Abbildung 82

Arten der Gewerbe

Gewerbearten

Nach der Art der gewerblichen Tätigkeit unterscheidet die Gewerbeordnung drei Arten von gewerblichen Tätigkeiten.

Die Gewerbearten nach der Gewerbeordnung

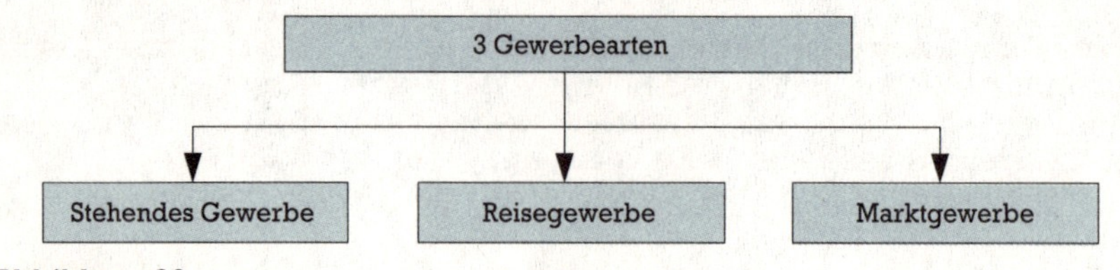

Abbildung 83

Einzelheiten zu den drei Gewerbearten

Stehendes Gewerbe

- **Stehendes Gewerbe**

ist **jedes Gewerbe, das nicht Reise- oder Marktgewerbe ist.** Es kann innerhalb, aber auch außerhalb der Räume der gewerblichen Niederlassung nach vorheriger Bestellung ausgeübt werden. Voraussetzung ist Selbständigkeit.

- **Reisegewerbe**

Reisegewerbe

ist jede näher in der Gewerbeordnung dargestellte Tätigkeit, die **ohne vorangegangene Bestellung** außerhalb der gewerblichen Niederlassung oder ohne eine solche zu haben, ausgeübt wird.

Beispiele:

Handel mit Waren, Anbieten von gewerblichen Leistungen und von Lustbarkeiten.

- **Marktgewerbe**

Marktgewerbe

sind **Messe-, Ausstellungs- und Marktveranstaltungen** mit obrigkeitlicher Ermächtigung und gewissen Vergünstigungen, die das Ziel haben, Verkäufer und Käufer zu bestimmten Zeiten und an bestimmten Orten zum Zweck der Förderung des Handels zusammenzubringen.

Selbständigkeit

Selbständigkeit

Als selbständig gilt, wer ein Gewerbe für eigene Rechnung und in eigener Verantwortung betreibt. Er stellt das Betriebskapital zur Verfügung, erhält den Gewinn, trägt den Verlust, entscheidet über die Führung des Betriebes und trägt die Verantwortung für den Betrieb. Äußeres Kennzeichen des selbständig Gewerbetreibenden ist in der Regel die eigene Betriebsstätte.

3.2.1.3 Eintragung in die Handwerksrolle (Handwerk, handwerkliche Befähigungen, handwerkliche Betriebsformen, Handwerksrolle, Anlage A und B)

Handwerksordnung

Die Handwerksordnung gilt nur für Selbständige, die ein Handwerk als Stehendes Gewerbe betreiben und damit in der Handwerksrolle eingetragen sind. Ein handwerkliches Unternehmen kann als Einzelbetrieb, als Personengesellschaft oder als Kapitalgesellschaft geführt werden. Auch Privilegierungstatbestände sieht die Handwerksordnung vor. Die Besonderheit des Handwerks gegenüber den sonstigen gewerblichen Tätigkeiten ist die handwerkliche Befähigung, die erst den selbständigen Betrieb eines Handwerks erlaubt.

Merkmale eines handwerklichen Betriebes

Merkmale des handwerklichen Betriebes

- Gewerbe

Voraussetzungen sind: **Gewinnerzielungsabsicht, Fortsetzungsabsicht**.

- Stehendes Gewerbe

Die Reisegewerbetätigkeit fällt nicht unter die Handwerksordnung.

- Art der Tätigkeit

Tätigkeit nach der Anlage A

Es muß sich um ein **Gewerbe der Anlage A** zur Handwerksordnung handeln (sogenannte Positivliste; sie umfaßt zur Zeit 127 Vollhandwerke).

- Handwerksmäßige Ausübung

Die Handwerksordnung ist nur dann anwendbar, wenn **Kernbereiche eines Handwerks** (wesentliche Tätigkeiten), nicht nur unwesentliche Teilbereiche, ausgeübt werden.

Wesentliche Tätigkeiten

Beispiel:

Beschränkt sich ein Tankstelleninhaber ausschließlich auf kleine Servicereparaturen in seiner Tankstelle (Wischer, Beleuchtung, Batterie etc.), wird das Kraftfahrzeugmechanikerhandwerk nicht ausgeübt, die Handwerksordnung ist nicht anwendbar.

- Abgrenzung zu anderen Bereichen
  - **Industrielle- und Handelstätigkeit** (Abgrenzungsmerkmale zum Handwerk siehe unten): Die Handwerksordnung kommt nicht zur Anwendung.
  - **Minderhandwerkliche Tätigkeit** (unwesentliche Teiltätigkeiten, nicht Kernbereichtätigkeiten): Die Handwerksordnung kommt nicht zur Anwendung, es sei denn, es handelt sich um handwerksähnliche Tätigkeiten.

Tätigkeit nach der Anlage B

  - **Handwerksähnliche Tätigkeiten** (siehe hierzu das Verzeichnis der handwerksähnlichen Gewerbe Anlage B zur Handwerksordnung): Teilbereiche der Handwerksordnung kommen zur Anwendung.

Verwandte Handwerke

  - **Verwandte Handwerke** (siehe hierzu die Liste der verwandten Handwerke): Die Meisterprüfung in einem Handwerk genügt, um auch ein mit diesem verwandtes Handwerk selbständig auszuüben. Die Handwerksordnung gilt in vollem Umfang.

Beispiel:

Der Bäckermeister kann auch das Konditorenhandwerk mit ausüben und umgekehrt.

Abgrenzung zur Industrie

Abgrenzungskriterien zur industriellen Tätigkeit

Während die Abgrenzung zum Handel kein Problem aufwirft, ist die Unterscheidung zwischen Handwerk und Industrie schwieriger, weil oftmals gleiche oder ähnliche Tätigkeiten ausgeübt werden, zum Beispiel die Herstellung von Bier. Die Rechtsprechung hat hierzu eine Reihe von Abgrenzungskriterien entwickelt, die in der folgenden Abbildung dargestellt sind.

Die Abgrenzung zwischen Handwerk und Industrie

Kriterien

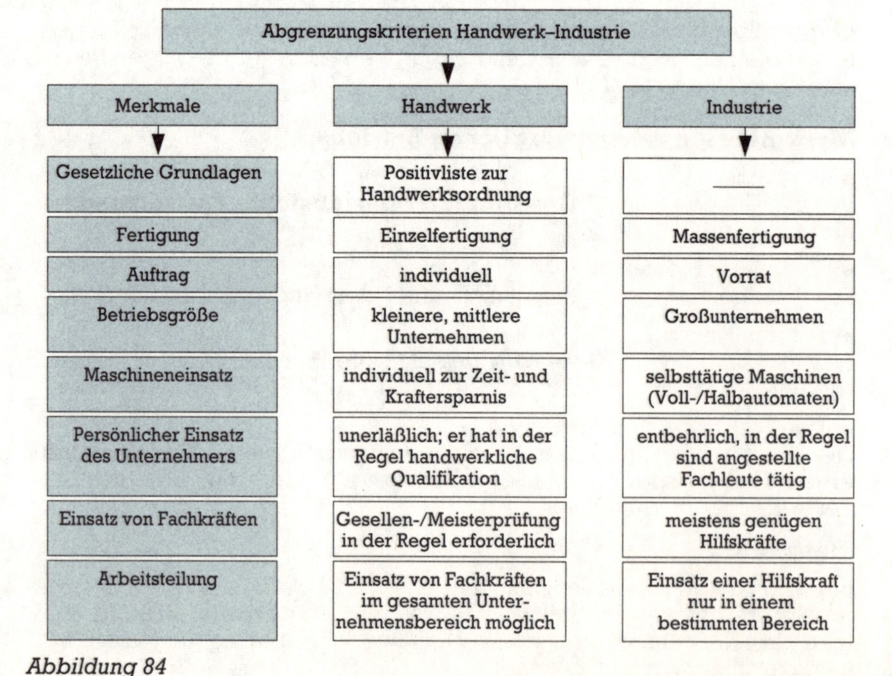

Abgrenzungskriterien Handwerk–Industrie

Merkmale	Handwerk	Industrie
Gesetzliche Grundlagen	Positivliste zur Handwerksordnung	——
Fertigung	Einzelfertigung	Massenfertigung
Auftrag	individuell	Vorrat
Betriebsgröße	kleinere, mittlere Unternehmen	Großunternehmen
Maschineneinsatz	individuell zur Zeit- und Kraftersparnis	selbsttätige Maschinen (Voll-/Halbautomaten)
Persönlicher Einsatz des Unternehmers	unerläßlich; er hat in der Regel handwerkliche Qualifikation	entbehrlich, in der Regel sind angestellte Fachleute tätig
Einsatz von Fachkräften	Gesellen-/Meisterprüfung in der Regel erforderlich	meistens genügen Hilfskräfte
Arbeitsteilung	Einsatz von Fachkräften im gesamten Unternehmensbereich möglich	Einsatz einer Hilfskraft nur in einem bestimmten Bereich

Abbildung 84

Die Aufzählung der von der Rechtsprechung entwickelten Kriterien ist nicht abschließend. Die jeweilige Zuordnung zu Handwerk oder Industrie erfolgt durch die Handwerkskammer nach der Mehrzahl der im Einzelfall vorliegenden Kriterien.

Zuordnung

Handwerksrolle

Handwerksrolle

Die Handwerksrolle ist ein von der Handwerkskammer geführtes Verzeichnis (elektronische Datei), in das die selbständigen Handwerker des Kammerbezirks mit ihrem Handwerk einzutragen sind. Das Handwerk darf erst mit der Eintragung in die Handwerksrolle selbständig betrieben werden. Vor der Eintragung in die Handwerksrolle muß die handwerkliche Befähigung für den Betrieb des Handwerks nachgewiesen werden, zum Beispiel Meisterprüfung, gleichwertige Prüfung etc.

Der Betriebsinhaber muß grundsätzlich in eigener Person die handwerkliche Befähigung nachweisen (Inhaberprinzip).

Das handwerkliche Befähigungssystem als Voraussetzung zur Eintragung in die Handwerksrolle

Handwerkliches Befähigungssystem

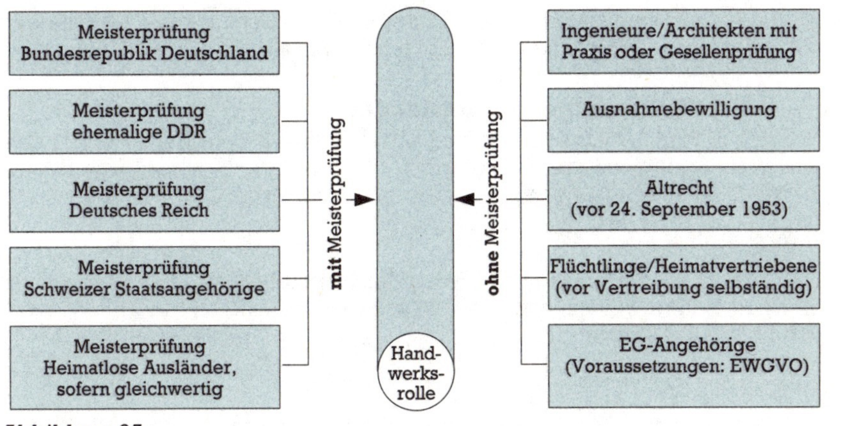

Abbildung 85

Einzelheiten zu den handwerklichen Befähigungen

Meisterprüfung

- Meisterprüfung
  - **Meisterprüfung,** die **in Deutschland** und der ehemaligen DDR abgelegt wurde
  - Meisterprüfung, die im ehemaligen Deutschen Reich nach dem Gebietsstand 1937 abgelegt wurde
  - Meisterprüfung eines heimatlosen Ausländers, sofern sie der deutschen Meisterprüfung gleichwertig ist
  - Meisterprüfung, die ein Schweizer Staatsangehöriger in der Schweiz abgelegt hat (aufgrund Staatsvertrag mit der Schweiz).

- Gleichwertige Prüfungen (Ing./Architekt)

Gleichwertige Prüfung

Inhaber von Diplom- und Abschlußprüfungen an deutschen Hochschulen (staatlich oder staatlich anerkannt) sind berechtigt, das ihrer Fachrichtung entsprechende Handwerk selbständig auszuüben, **wenn**

sie entweder eine einschlägige **Gesellenprüfung oder drei Jahre Praxis nachweisen.**

Beispiel:

Ein Diplom-Ingenieur der Fachrichtung Hochbau mit Gesellenprüfung oder drei Jahren Praxis im Maurerhandwerk ist berechtigt, dieses Handwerk selbständig auszuüben.

Ausnahmebewilligung

- Ausnahmebewilligung

In Ausnahmefällen kann die Regierung eine Ausnahmebewilligung zum Betrieb eines Handwerks erteilen. Voraussetzung ist der

- **Nachweis eines Ausnahmefalles** (zum Beispiel durch besondere Umstände erhält der Altgeselle die Chance, den Betrieb des Meisters zu übernehmen).
- **Nachweis meistergleicher Kenntnisse und Fertigkeiten auf andere Weise als durch die Meisterprüfung** (zum Beispiel durch eine Eignungsprüfung vor einer Fachkommission).

Ausnahmebewilligungen erhalten auch Unternehmer aus EG-Staaten, die nach den Vorschriften ihres jeweiligen Staates die Voraussetzungen zum Betrieb eines Handwerks nachgewiesen haben.

Beispiel:

Ein Italiener hat in Italien einen Friseurbetrieb sechs Jahre selbständig oder drei Jahre selbständig und drei Jahre in leitender Position geführt.

Altrecht

- Altrecht **(Wahrung des Besitzstandes)**

Wurde ein Handwerk bis zum Inkrafttreten von Befähigungsvorschriften ohne Befähigung selbständig geführt, darf es danach auch ohne Befähigung aus Gründen der Besitzstandwahrung weitergeführt werden.

Beispiel:

Ausübung eines Handwerks ohne Meisterprüfung in der ehemaligen amerikanischen Besatzungszone zwischen 1945 und 16. 9. 1953 (Handwerksordnung in Kraft).

Flüchtlinge Vertriebene

- Flüchtlinge/Vertriebene

Sie dürfen nach Flucht und Vertreibung ihr Handwerk weiterhin selbständig ausüben, das sie vorher nachweislich selbständig betrieben haben.

Meisterrechte

Nur die Meisterprüfung im Handwerk gewährt drei Rechte: selbständige Ausübung des erlernten Handwerks, Ausbildung von Lehrlingen im erlernten Handwerk und das Recht zur Führung des Meistertitels. Der Meister hat auch das Recht, verwandte Handwerke auszuüben.

Rechte aufgrund der Meisterprüfung

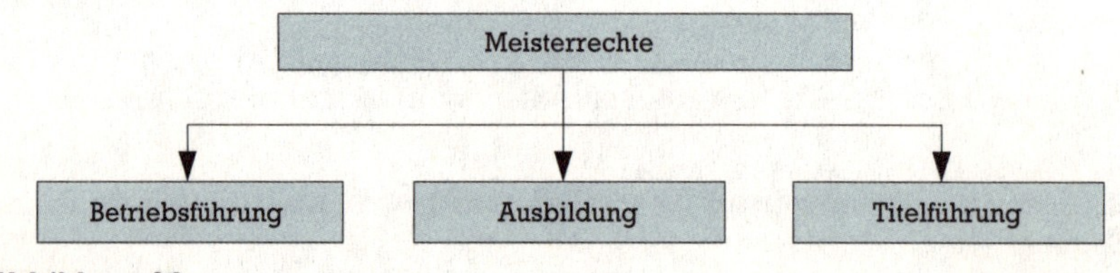

Abbildung 86

Gesetzliche Erleichterungen für den Zugang zur selbständigen Handwerksausübung

Das ursprünglich strenge **Inhaberprinzip** (das heißt der Einzelbetriebsinhaber muß in eigener Person die handwerkliche Befähigung besitzen) hat im Laufe der Jahre eine Reihe von Erleichterungen erfahren. Je nach Wahl der Betriebsform kann heute auch derjenige selbständig ein Handwerk betreiben, der in eigener Person keine handwerkliche Befähigung besitzt. In vielen Fällen genügt es, einen fachlich-technischen Betriebsleiter anzustellen, der eine der oben behandelten handwerklichen Befähigungen nachweist. Den Zusammenhang zwischen Betriebsform und handwerklicher Befähigung verdeutlicht die folgende Übersichtstabelle:

Inhaberprinzip

Voraussetzungen zur Eintragung in die Handwerksrolle

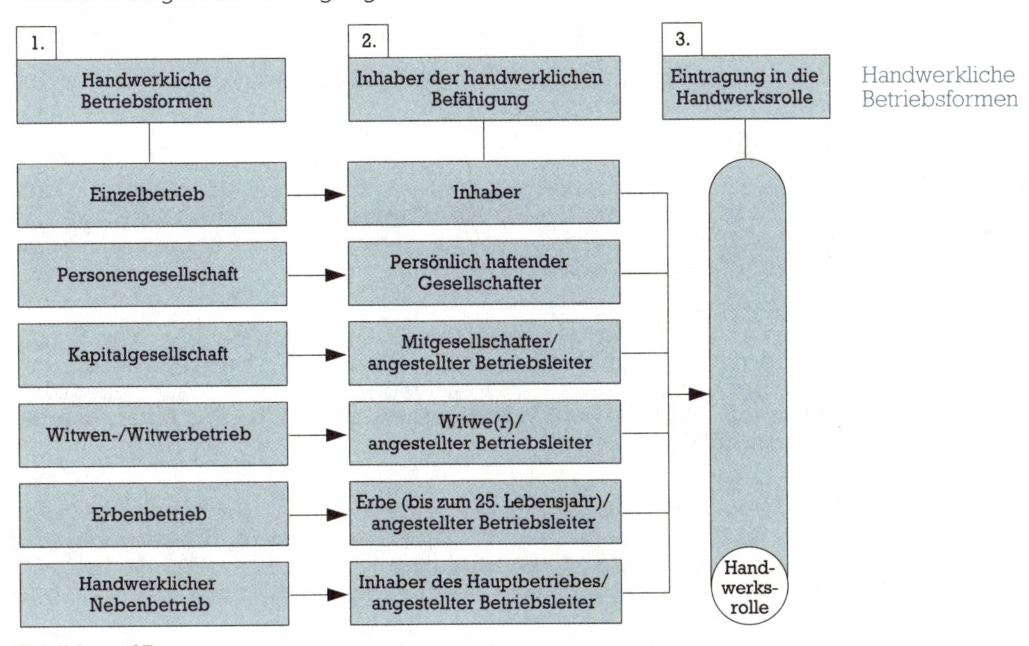

Handwerkliche Betriebsformen

Abbildung 87

Einzelheiten zu den verschiedenen Betriebsformen

Betriebsformen

- Einzelbetrieb

Einzelbetrieb

Der **Inhaber muß grundsätzlich in eigener Person eine handwerkliche Befähigung nachweisen.**

- Personengesellschaft

Personengesellschaften

Eine BGB-Gesellschaft, OHG oder KG wird in die Handwerksrolle eingetragen, wenn ein **persönlich haftender Gesellschafter** den Betrieb fachlich-technisch leitet, **der** eine **handwerkliche Befähigung** hierzu **besitzt.**

- Kapitalgesellschaft

Kapitalgesellschaften

Die Eintragung zum Beispiel einer GmbH in die Handwerksrolle erfolgt, wenn ein Gesellschafter, aber auch ein **angestellter Betriebsleiter** den **Betrieb fachlich-technisch tatsächlich** leitet und die hierfür **erforderliche handwerkliche Befähigung besitzt.**

Nebenbetrieb

- Nebenbetrieb

Führt ein Unternehmer nebenbei eine Reparaturwerkstätte, wird er damit in die Handwerksrolle eingetragen, wenn er für den handwerklichen Nebenbetrieb einen Betriebsleiter (nach dem Muster der Kapitalgesellschaft) anstellt.
Das Privileg gilt allerdings nur, wenn der Nebenbetrieb mit dem Hauptbetrieb verbunden ist, das heißt der Befriedigung der gleichen Lebensbedürfnisse dient.

Beispiele:

Radio- und Fernsehhandel mit Reparaturwerkstatt; Gaststätte und Metzgerei.
Eine Verpflichtung zur Eintragung in die Handwerksrolle besteht allerdings nur dann, wenn der Jahresumsatz des handwerklichen Nebenbetriebes höher ist als der eines Einmannbetriebes des betreffenden Handwerks. Ist der Jahresumsatz geringer, ist die Handwerksordnung nicht anwendbar.
Ein handwerklicher Nebenbetrieb liegt dann nicht vor, wenn kein Leistungsaustausch mit Dritten stattfindet.

Beispiel:

Hilfsbetrieb

Ein Spediteur repariert die eigenen Pkw und Lkw in einer eigenen Werkstatt. Es handelt sich um einen **Hilfsbetrieb,** auf den die Handwerksordnung nicht anwendbar ist. Motiv für den Hilfsbetrieb ist Kostenersparnis, nicht die Absicht, Gewinne zu erzielen.

Witwenbetrieb

- Witwen-/Witwerbetrieb

Stirbt der Meister, ist der überlebende Ehegatte berechtigt, den Betrieb zu übernehmen und bis zu seinem Tod zu führen. Er wird als Inhaber des Betriebes in die Handwerksrolle eingetragen. Er ist allerdings **verpflichtet, nach Ablauf eines Jahres einen qualifizierten Betriebsleiter zu beschäftigen.**

Erbenbetrieb

- Erbenbetrieb

Der Erbe eines handwerklichen Betriebes wird, auch wenn er selbst keine handwerkliche Befähigung hat, **für zwei Jahre, längstens bis zur Vollendung des 25. Lebensjahres,** in die Handwerksrolle eingetragen. Nach Ablauf eines Jahres muß ein qualifizierter Betriebsleiter angestellt werden.

Meldepflichten

Meldepflichten

Jede Eröffnung, Änderung, Übernahme oder Beendigung seiner gewerblichen/handwerklichen Tätigkeit hat der Unternehmer unverzüglich einer Reihe von Dienststellen zu melden. Daneben muß er weitere wichtige betriebliche Gegebenheiten beachten.

Dienststellen für betriebliche Meldungen

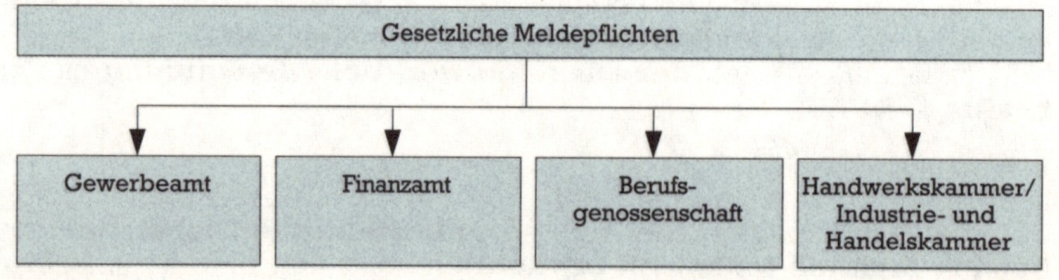

Abbildung 88

Einzelheiten der gesetzlichen Meldepflichten und sonstige Gegebenheiten

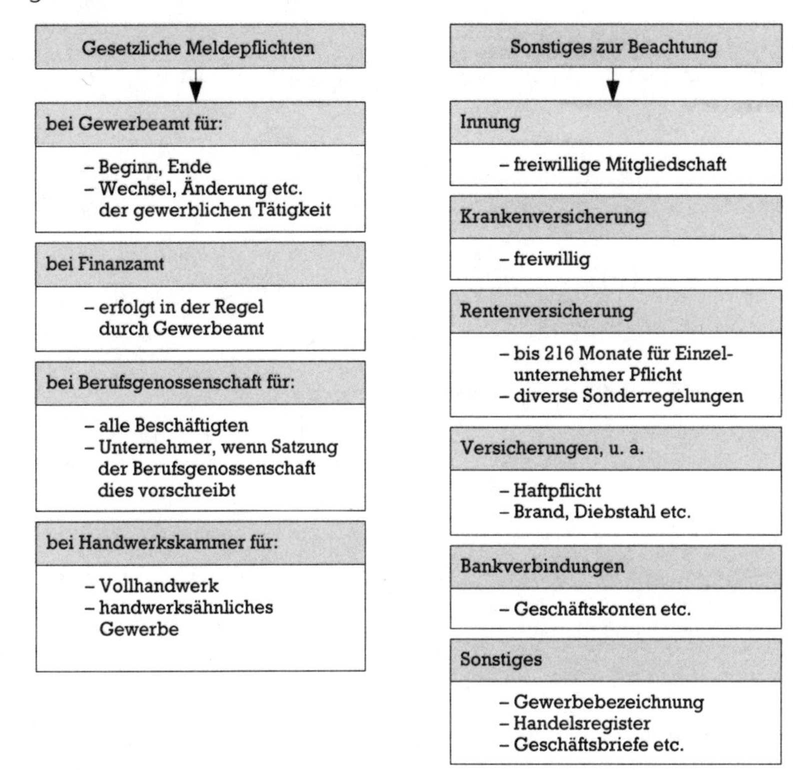

Abbildung 89

3.2.1.4 Unbefugte Handwerksausübung, Schwarzarbeit, Rechtsfolgen

Verstöße gegen die gesetzlich vorgesehenen Auskunfts-, Eintragungs- und Meldepflichten können mit Bußgeld und Untersagung geahndet werden.

- Auskunftspflicht

Auskunftspflicht

Der Unternehmer hat der Handwerkskammer **alle Auskünfte** zu geben, **die eine handwerkliche Zuordnung des Betriebes ermöglichen.** Beauftragte der Kammer sind zur Überprüfung des Betriebes berechtigt. Verstöße gegen die Auskunftspflicht können auf Betreiben der Kammer mit Geldbuße bis 2.000,00 DM belegt werden.

- Unberechtigte Handwerksausübung

Unberechtigte Handwerksausübung

Wer ohne Eintragung in die Handwerksrolle ein Handwerk selbständig betreibt, begeht eine **Ordnungswidrigkeit** und kann mit Geldbuße bis zu 10.000,00 DM belegt werden. Auch die Schließung des Betriebes kann angeordnet werden.

- Schwarzarbeit

Schwarzarbeit

Erzielt der Unternehmer aus der unberechtigten Handwerksausübung **wirtschaftliche Vorteile in erheblichem Umfang,** verstößt er auch gegen Vorschriften des Schwarzarbeitsgesetzes. Gegen ihn und den Auftraggeber kann ein Bußgeld bis zu 50.000,00 DM verhängt werden.

Gewerbeuntersagung

- Gewerbeuntersagung

Begeht der Unternehmer strafbare Handlungen, mißbraucht er seinen Beruf oder verletzt er in grober Weise seine Berufspflichten, kann ihm im Rahmen eines Strafverfahrens oder wegen gewerblicher Unzuverlässigkeit im Rahmen eines Verwaltungsverfahrens die Ausübung seines Gewerbes untersagt werden.

Vollhandwerke

3.2.1.5 Verzeichnis der Gewerbe, die als Handwerk betrieben werden können (Anlage A)

I Gruppe der Bau-und Ausbaugewerbe

1 Maurer
2 Beton- und Stahlbetonbauer
3 Feuerungs- und Schornsteinbauer
4 Backofenbauer
5 Zimmerer
6 Dachdecker
7 Straßenbauer
8 Wärme-, Kälte- und Schallschutzisolierer
9 Fliesen-, Platten- und Mosaikleger
10 Betonstein- und Terrazzohersteller
11 Estrichleger
12 Brunnenbauer
13 Steinmetzen und Steinbildhauer
14 Stukkateure
15 Maler und Lackierer
16 Kachelofen- und Luftheizungsbauer
17 Schornsteinfeger

II Gruppe der Elektro- und Metallgewerbe

18 Metallbauer
19 Chirurgiemechaniker
20 Karosserie- und Fahrzeugbauer
21 Maschinenbaumechaniker
22 Werkzeugmacher
23 Dreher
24 Zweiradmechaniker
24a Kälteanlagenbauer
25 Büroinformationselektroniker
26 Kraftfahrzeugmechaniker
27 Kraftfahrzeugelektriker
28 Landmaschinenmechaniker
29 Feinmechaniker
30 Büchsenmacher
31 Klempner
32 Gas- und Wasserinstallateure
33 Zentralheizungs- und Lüftungsbauer
34 Kupferschmiede
35 Elektroinstallateure
36 Elektromechaniker
37 Fernmeldeanlagenelektroniker
38 Elektromaschinenbauer
39 Radio- und Fernsehtechniker
40 Uhrmacher
41 Graveure
42 Ziseleure
43 Galvaniseure und Metallschleifer
44 Gürtler und Metalldrücker
45 Zinngießer
46 Metallformer und Metallgießer
47 Glockengießer
48 Schneidewerkzeugmechaniker
49 Goldschmiede
50 Silberschmiede
51 Gold-, Silber- und Aluminiumschläger

III Gruppe der Holzgewerbe

52 Tischler
53 Parkettleger
54 Rolladen- und Jalousiebauer
55 Bootsbauer
56 Schiffbauer
57 Modellbauer
58 Wagner
59 Drechsler (Elfenbeinschnitzer)
59a Holzspielzeugmacher
60 Schirmmacher
61 Holzbildhauer
62 Böttcher
63 Bürsten- und Pinselmacher
64 Korbmacher

IV Gruppe der Bekleidungs-, Textil- und Ledergewerbe

65 Herrenschneider
66 Damenschneider
67 Wäscheschneider
68 Sticker
69 Stricker
70 Modisten
71 Weber
72 Seiler
73 Segelmacher
74 Kürschner
75 Hut- und Mützenmacher
76 Handschuhmacher
77 Schuhmacher
79 Gerber
80 Sattler
81 Feintäschner
82 Raumausstatter

V Gruppe der Nahrungsmittelgewerbe

83 Bäcker
84 Konditoren
85 Fleischer
86 Müller
87 Brauer und Mälzer
88 Weinküfer

VI Gruppe der Gewerbe für Gesundheits- und Körperpflege sowie der chemischen und Reinigungsgewerbe

89 Augenoptiker
90 Hörgeräteakustiker
91 Orthopädiemechaniker und Bandagisten
93 Orthopädieschuhmacher
94 Zahntechniker
95 Friseure
96 Textilreiniger
97 Wachszieher
99 Gebäudereiniger

VII Gruppe der Glas-, Papier-, keramischen und sonstigen Gewerbe

100 Glaser
101 Glasveredler
102 Feinoptiker
103 Glasapparatebauer
103a Thermometermacher
104 Glas- und Porzellanmaler
105 Edelsteinschleifer
105a Edelsteingraveure
106 Fotografen
107 Buchbinder
108 Buchdrucker, Schriftsetzer, Drucker
109 Steindrucker
110 Siebdrucker
111 Flexografen
112 Chemigrafen
113 Stereotypeure
114 Galvanoplastiker
115 Keramiker
116 Orgel- und Harmoniumbauer
117 Klavier- und Cembalobauer
118 Handzuginstrumentenmacher
119 Geigenbauer
119a Bogenmacher
120 Metallblasinstrumenten- und Schlagzeugmacher
121 Holzblasinstrumentenmacher
122 Zupfinstrumentenmacher
123 Vergolder
124 Schilder- und Lichtreklamehersteller
125 Vulkaniseure und Reifenmechaniker

3.2.1.6 Verzeichnis der verwandten Handwerke

Verwandte Handwerke

1	Bäcker	Konditoren
3	Beton- und Stahlbetonbauer	Maurer
4	Böttcher	Weinküfer
5	Bootsbauer	Schiffbauer
6	Damenschneider	Herrenschneider
7	Dreher	Maschinenbaumechaniker
7a	Drechsler (Elfenbeinschnitzer)	Holzspielzeugmacher

8	Feinmechaniker	Maschinenbaumechaniker, Werkzeugmacher
9	Feintäschner	Sattler
10	Galvanoplastiker	Stereotypeure
11	Glaser	Glasveredler
12	Glasveredler	Glaser
13	Graveure	Werkzeugmacher
14	Gürtler und Metalldrücker	Metallbauer; Silberschmiede
15	Herrenschneider	Damenschneider
16	Holzbildhauer	Steinmetzen und Steinbildhauer; Holzspielzeugmacher
16a	Holzspielzeugmacher	Drechsler (Elfenbeinschnitzer); Holzbildhauer
17	Karosserie- und Fahrzeugbauer	Wagner
18	Klempner	Kupferschmiede
19	Konditoren	Bäcker
20	Kupferschmiede	Klempner
21	Landmaschinenmechaniker	Metallbauer
22	Maschinenbaumechaniker	Dreher; Feinmechaniker; Zweiradmechaniker; Metallbauer, Werkzeugmacher
23	Maurer	Beton- und Stahlbetonbauer
24	Zweiradmechaniker	Maschinenbaumechaniker; Werkzeugmacher
26	Sattler	Feintäschner
27	Schiffbauer	Bootsbauer
28	Metallbauer	Gürtler und Metalldrücker; Maschinenbaumechaniker; Werkzeugmacher; Landmaschinenmechaniker;
30	Silberschmiede	Gürtler und Metalldrücker
31	Steinmetzen und Steinbildbauer	Holzbildhauer
32	Stereotypeure	Galvanoplastiker
32a	Tischler	Holzspielzeugmacher
33	Wagner	Karosserie- und Fahrzeugbauer
34	Weinküfer	Böttcher
35	Werkzeugmacher	Graveure; Maschinenbaumechaniker; Feinmechaniker, Zweiradmechaniker; Metallbauer

3.2.1.7 Verzeichnis der Gewerbe, die handwerksähnlich betrieben werden können (Anlage B)

I Gruppe der Bau- und Ausbaugewerbe

Handwerksähnliche Gewerbe

1 Gerüstbauer (Aufstellen und Vermieten von Holz-, Stahl- und Leichtmetallgerüsten)
2 Bautentrocknungsgewerbe
3 Bodenleger (Verlegen von Linoleum-, Kunststoff- und Gummiböden)
4 Asphaltierer (ohne Straßenbau)
5 Fuger (im Hochbau)
6 Holz- und Bautenschutzgewerbe (Mauerschutz und Holzimprägnierung in Gebäuden)
7 Rammgewerbe (Einrammen von Pfählen im Wasserbau)

II Gruppe der Metallgewerbe

8 Herstellung von Drahtgestellen für Dekorationszwecke in Sonderanfertigung
9 Metallschleifer und Metallpolierer
10 Metallsägen-Schleifer, Metallsägen-Schärfer
11 Tankschutzbetriebe (Korrosionsschutz von Öltanks für Feuerungsanlagen ohne chemische Verfahren)

III Gruppe der Holzgewerbe

12 Holzschuhmacher
13 Holzblockmacher
14 Daubenhauer
15 Holzleitermacher (Sonderanfertigung)
16 Muldenhauer
17 Holzreifenmacher
18 Holzschindelmacher

IV Gruppe der Bekleidungs-, Textil- und Ledergewerbe

19 Bügelanstalten für Herren-Oberbekleidung
20 Dekorationsnäher (ohne Schaufensterdekoration)
21 Fleckteppichhersteller
22 Klöppler
23 Theaterkostümnäher
24 Plisseebrenner
25 Posamentierer
26 Stoffmaler
27 Handapparate-Stricker
28 Textil-Handdrucker
29 Kunststopfer
30 Flickschneider

V Gruppe der Nahrungsmittelgewerbe

31 Innereien-Fleischer (Kuttler)
32 Speiseeishersteller (mit Vertrieb von Speiseeis mit üblichem Zubehör)

VI Gruppe der Gewerbe für Gesundheits- und Körperpflege sowie der chemischen und Reinigungsgewerbe

33 Appreteure, Dekateure
34 Schnellreiniger
35 Teppichreiniger
36 Getränkeleitungsreiniger
37 Schönheitspfleger

VII Gruppe der sonstigen Gewerbe

38 Bestattungsgewerbe
39 Lampenschirmhersteller (Sonderanfertigung)
40 Klavierstimmer

3.2.2 Handelsrecht, Genossenschaftsrecht

Lernziele:

- Kennen der Hauptgegenstände des Handelsgesetzbuches (HGB).
- Wissen, was der Begriff „Kaufmann" im Sinne des HGB bedeutet.
- Kennen der rechtlichen Merkmale des Vollkaufmanns und des Minderkaufmanns sowie der Kaufmannseigenschaft von Handwerkern.
- Wissen, was eine „Firma" im rechtlichen Sinne ist.
- Wissen, wo das Handelsregister geführt wird und wer sich ins Handelsregister eintragen lassen muß.
- Wissen, welche Folgen die Handelsregistereintragung für das eingetragene Unternehmen hat.
- Kennen der wesentlichen Unterscheidungsmerkmale und des Haftungsumfanges bei den Personen- und Kapitalgesellschaften.
- Kennen der für das Handwerk relevanten Genossenschaften.

3.2.2.1 Überblick über das Handelsgesetzbuch (HGB), Folgen der Geltung des HGB

Handelsgesetzbuch

Das HGB ist ein Teil des bürgerlichen Rechts und enthält Sonderbestimmungen für Kaufleute. Das BGB gilt für alle Bürger, das Handelsrecht nur für Kaufleute.

Wichtigstes Gesetz ist das HGB, das 5 Bücher umfaßt:

1. Handelsstand,
2. Handelsgesellschaften und Stille Gesellschaft,
3. Handelsbücher,
4. Handelsgeschäfte und
5. Seehandel.

Eine Reihe weiterer Gesetze ergänzen das Handelsrecht:

GmbH- und Aktiengesetz, Wechsel- und Scheckgesetz sowie diverse Gesetze zur Regelung des Wettbewerbs.

Geltung des HGB

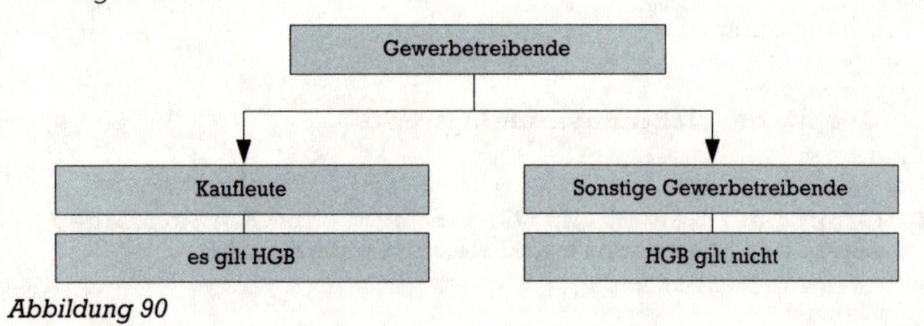

Abbildung 90

Besonderheiten und Folgen der Geltung des HGB

Das HGB gilt vor allem für die Handelsgeschäfte eines Kaufmanns, die dieser im Rahmen seines Handelsgewerbes abschließt. Gegenüber dem BGB enthält es für die Vertragsabwicklung eine Vielzahl erheblich schärferer Vorschriften, aber auch Vorzüge (zum Beispiel das Firmenführungsrecht).

Beispiele:

Für Kaufleute gilt:

Besonders scharfe Bestimmungen für Kaufleute

- Die Sorgfalt eines ordentlichen Kaufmanns bei Abwicklung von Verträgen. Das heißt, an den Kaufmann werden höhere Anforderungen gestellt als an sonstige Gewerbetreibende.
- Handelsgewohnheiten und -gebräuche sind vor Vertrag und Gesetz zu beachten.
- Schweigen auf ein kaufmännisches Bestätigungsschreiben läßt einen Vertrag, eventuell auch mit Abweichungen, zustandekommen.
- Auch eine mündlich erklärte Übernahme einer Bürgschaft verpflichtet den Kaufmann.

- Jede Bürgschaft des Kaufmanns ohne Vorbehalt gilt als selbstschuldnerische Bürgschaft, das heißt die Einrede der Vorausklage ist unzulässig.
- Gelieferte Waren muß der Kaufmann unverzüglich auf Mängel untersuchen und erforderlichenfalls unverzüglich rügen, um sich die Gewährleistungsrechte zu erhalten.
- Die Verpflichtung, Handelsbücher, Inventuren und Bilanzen zu führen und für bestimmte Zeit aufzubewahren.

Diesen erheblichen Einschränkungen stehen einige Vorzüge gegenüber, zum Beispiel:
- Die gesetzlichen Verzugszinsen betragen 5 % (BGB 4 %), wenn nichts anderes vereinbart oder nachgewiesen wird.
- Der Kaufmann ist firmenführungsberechtigt.

3.2.2.2 Der Kaufmannsbegriff, Voll- und Minderkaufmann

Kaufmann im Sinne des Gesetzes ist, wer ein Handelsgewerbe betreibt. Kaufmann

Abhängig von der Art des Handelsgewerbes, dem Erfordernis der Eintragung ins Handelsregister oder der Rechtsform unterscheidet das HGB den Muß-, Soll-, Kann- und Formkaufmann (sogenannte Vollkaufleute) sowie den Minderkaufmann. **Für Vollkaufleute gelten die Bestimmungen des HGB uneingeschränkt, für Minderkaufleute gelten die wichtigsten Bestimmungen des HGB nicht.**

Die Bestimmungen des HGB für Vollkaufmann und Minderkaufmann

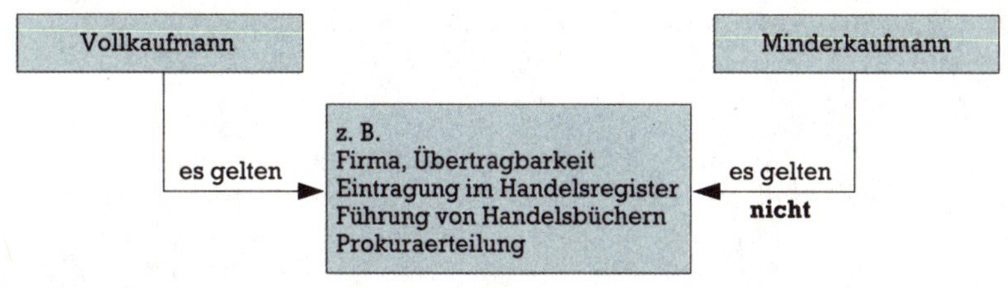

Abbildung 91

Mußkaufmann

Mußkaufmann ist, wer eines der in § 1 Abs. 2 HGB aufgezählten Handelsgeschäfte (sogenannte Grundhandelsgeschäfte) betreibt. Vorausgesetzt wird dabei, daß er zum Betrieb des Grundhandelsgeschäfts kaufmännische Einrichtungen benötigt. Mußkaufmann

Grundhandelsgeschäft

Kaufmännische Einrichtungen

Erforderlich sind also zwei Voraussetzungen:

Kriterien für einen Mußkaufmann nach dem HGB

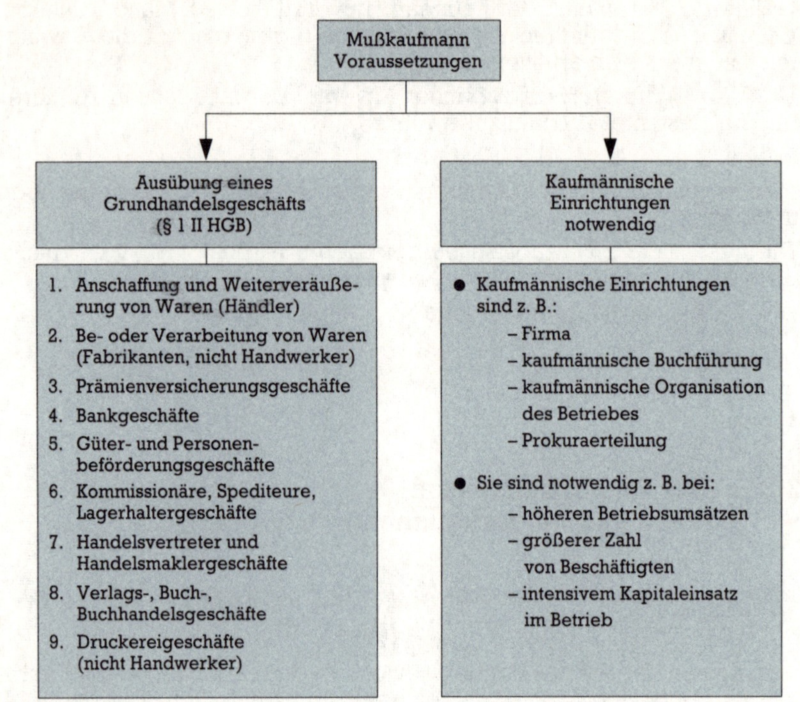

Abbildung 92

Beispiel:

Die Fabrikation von Waren des täglichen Bedarfs (Pkw, Haushaltsmaschinen etc.) erfordert höheren Personaleinsatz sowie notwendigerweise eine kaufmännische Organisation des Betriebes. Der Fabrikant ist Vollkaufmann in der Variante Mußkaufmann (§ 1 Abs. 2 Ziff. 1 HGB). Auch große Warenhandwerker (Bäcker, Konditoren, Fleischer) gehören zu den Mußkaufleuten.

Aufgrund seiner Gewerbetätigkeit und der Größe seines Betriebes gilt für den Mußkaufmann kraft Gesetzes Kaufmannsrecht auch **ohne** Eintragung im Handelsregister. Er bleibt allerdings zur Eintragung im Handelsregister verpflichtet. Das HGB regelt im einzelnen nicht, wann kaufmännische Einrichtungen notwendig sind. Diese Feststellung bleibt dem Amtsgericht-Handelsregister im Zusammenwirken mit Handwerkskammern und Industrie- und Handelskammern vorbehalten.

Sollkaufmann

Sollkaufmann

Sollkaufmann ist, wer ein sonstiges gewerbliches Unternehmen oder ein Handwerk (also kein Grundhandelsgewerbe) betreibt und hierfür einen in kaufmännischer Weise eingerichteten Geschäftsbetrieb benötigt (also Notwendigkeit kaufmännischer Einrichtungen).

Kriterien für einen Sollkaufmann

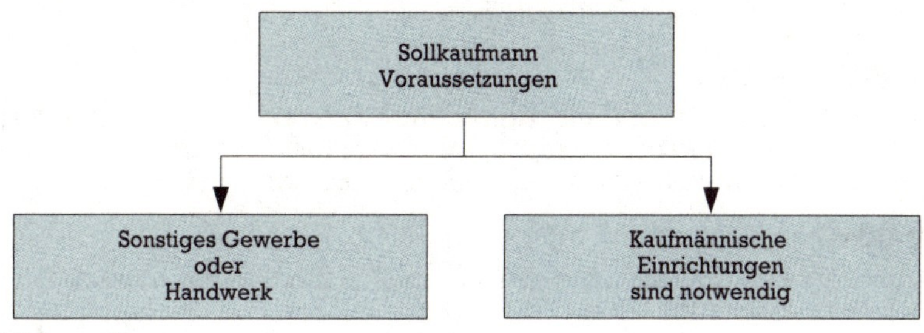

Abbildung 93

Beispiel:

Hierunter fallen insbesondere die verschiedenen größeren Bauhandwerksbetriebe. Sie können nicht Mußkaufmann sein, weil auf Dienstleistungshandwerke § 1 Abs. 2 Ziff. 2 HGB nicht anwendbar ist. Sie sind jedoch bei entsprechender Größe Vollkaufleute in der Variante Sollkaufleute.

Der Sollkaufmann ist zur Eintragung ins Handelsregister verpflichtet. Erst mit der Eintragung erwirbt er die Vollkaufmannseigenschaft. Als Handwerker bleibt er Angehöriger der Handwerkskammer.

Vollkaufmann erst mit Eintragung ins Handelsregister

Kannkaufmann

Kannkaufmann ist der Inhaber eines land- oder forstwirtschaftlichen Betriebes, sofern dieser Betrieb oder ein damit verbundenes Nebengewerbe (zum Beispiel Molkerei, Sägewerk, Brauerei) einen in kaufmännischer Weise eingerichteten Geschäftsbetrieb benötigt (also Notwendigkeit kaufmännischer Einrichtungen).

Kannkaufmann

Kriterien für einen Kannkaufmann

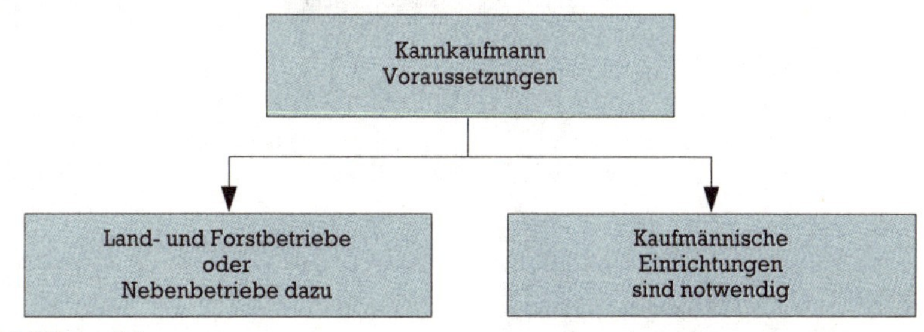

Abbildung 94

Der Kannkaufmann ist bei Vorliegen der Voraussetzungen nicht zur Eintragung im Handelsregister verpflichtet. Entscheidet er sich freiwillig dazu, ist er Vollkaufmann in der Variante Kannkaufmann.

Eintragung ins Handelsregister ist freiwillig

Formkaufmann

Kaufmann kraft Rechtsform sind die Handelsgesellschaften (OHG, KG, GmbH, AG) und Genossenschaften. Diese Gesellschaften erlangen die

Formkaufmann

Vollkaufmannseigenschaft in der Variante Formkaufmann kraft Gesetzes durch Eintragung ins Handelsregister.

Minderkaufmann

Minderkaufmann

In vielen Fällen betreibt ein Unternehmer zwar ein Grundhandelsgeschäft, jedoch sind kaufmännische Einrichtungen nicht notwendig, weil er mit geringem Personaleinsatz vergleichsweise geringe Umsätze erzielt.

Beispiel:

Hierzu gehören Inhaber kleiner Ladengeschäfte, kleiner Gaststätten und Schenken, aber auch kleine Warenhandwerker wie Bäcker, Fleischer, Konditoren.

Kriterien für einen Minderkaufmann nach dem HGB

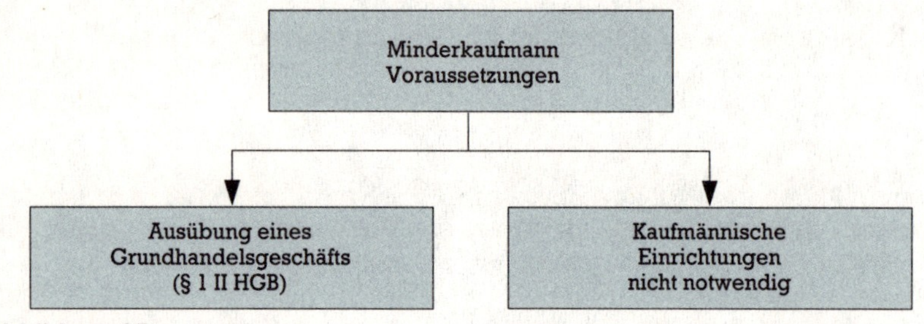

Abbildung 95

Für den Minderkaufmann gelten die wichtigsten Vorschriften der Vollkaufleute nicht (siehe oben).

Der Kaufmann im Handelsrecht

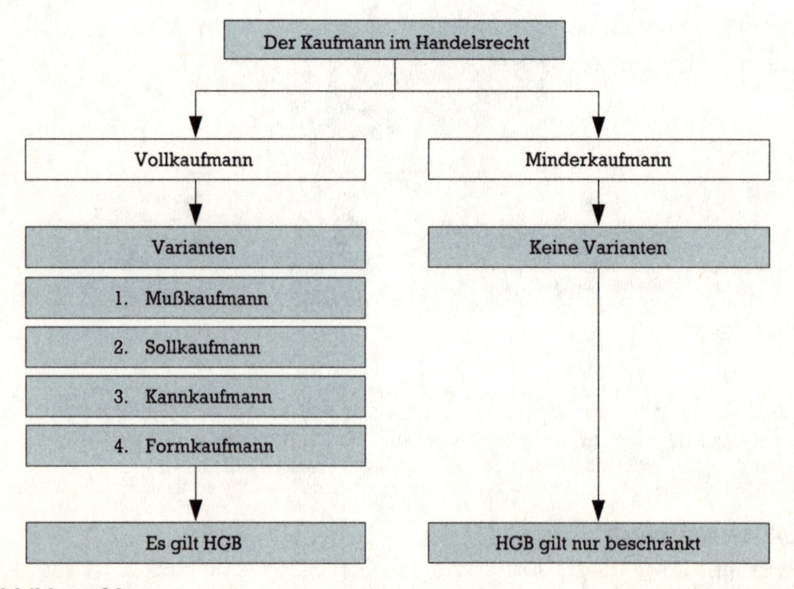

Abbildung 96

Einzelheiten zum Kaufmann im Handelsrecht

Arten	Bezeichnung	Geschäftsform	Merkmale des Handelsgewerbes	Eintragung ins Handelsregister	besondere und a) Rechte b) Pflichten
I. Vollkaufmann	Mußkaufmann	Betrieb eines **Grundhandelsgeschäftes** (siehe Liste zu § 1 HGB)	a) Gewinnerzielungsabsicht b) gewisse Dauer c) Betrieb eines Grundhandelsgeschäftes (§ 1 HGB) d) Notwendigkeit kaufm. Einrichtungen	Kaufmann auch **ohne** Eintragung ins Handelsregister	a) Wahl eines Firmennamens; Übertragbarkeit des Firmennamens; Prokuraerteilung; mündlicher Abschluß einer Bürgschaft; höhere Verzugszinsen (5 %)
	Sollkaufmann	Jedes **sonstige Unternehmen**, das nach Art und Umfang einen kaufmännisch eingerichteten Geschäftsbetrieb erfordert	a) wie oben b) wie oben d) wie oben	Kaufmann **nur** mit Eintragung ins Handelsregister	
	Kannkaufmann	Kaufmännisches **Nebengewerbe** eines land- oder forstwirtschaftlichen Betriebes	a) wie oben b) wie oben c) wie oben	Kaufmann **nur** mit Eintragung ins Handelsregister	b) Führen von Handelsbüchern, Bilanzen etc.; sofortige Rügepflicht bei Kaufmängeln; Haftung für Geschäftsschulden
	Formkaufmann	**Handelsgesellschaften** und deren persönlich **haftende Gesellschafter**	a) wie oben b) wie oben c) wie oben d) wie oben	Kaufmann kraft Rechtsform (i.d. Regel erst mit Eintragung ins Handelsregister)	
II. Minderkaufmann		**Kleingewerbetreibende** und Handwerker, sofern ein Grundhandelsgeschäft geführt wird, aber kaufm. Einrichtungen nicht erforderlich sind	a) Gewinnerzielungsabsicht b) gewisse Dauer c) Betrieb eines Grundhandelsgeschäftes (§ 1 HGB)	**keine** Eintragung ins Handelsregister	keine Firma keine Handelsbücher keine Prokura keine Eintragung ins Handelsregister
III. Sonstiger Gewerbetreibender					

Abbildung 97

3.2.2.3 Das Handelsregister

Handelsregister

Das Handelsregister ist ein öffentliches Buch mit Urkundencharakter (Verzeichnis), das über die Rechtsverhältnisse der in seinem Bezirk bestehenden Handelsfirmen Auskunft gibt.

Aufbau des Handelsregisters

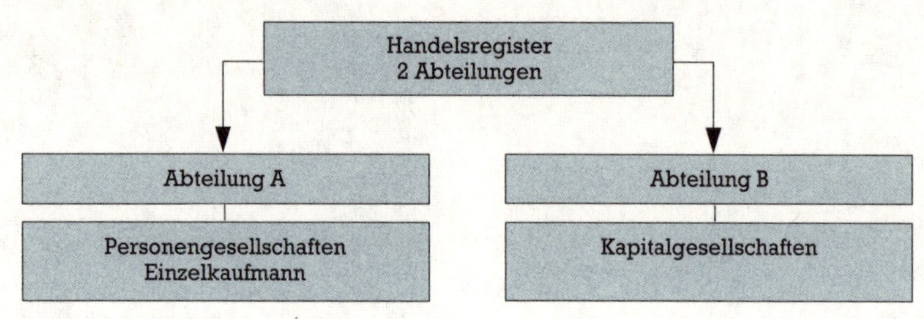

Abbildung 98

Einzelheiten zum Handelsregister

- Zuständigkeit

Amtsgericht-Registergericht

Das Handelsregister wird von dem **Amtsgericht als Registergericht** geführt, in dessen Bezirk das einzutragende Unternehmen seinen Sitz hat. Die Handwerkskammern und die Industrie- und Handelskammern haben daran mitzuwirken, unrichtige Eintragungen zu vermeiden oder zu berichtigen und unvollständige zu ergänzen. Hierfür sind sie antrags- und beschwerdeberechtigt.

- Geltungsbereich

Vollkaufleute

Alle **Vollkaufleute** und bestimmte auf sie bezogene Tatsachen und Rechtsverhältnisse **sind in das Handelsregister einzutragen.** Eintragungen erfolgen in der Regel auf Antrag. Die Anmeldung muß in öffentlich beglaubigter Form erfolgen (Notar).

- Zweck

Auskunft
Einsicht

Jedermann soll Auskunft erhalten, wer Kaufmann ist und wie seine wichtigsten Rechtsverhältnisse geregelt sind. Deshalb ist die **Einsicht in das Handelsregister jedermann gestattet** (Öffentlichkeit des Handelsregisters). Sicherheit und Vertrauen im Rechtsverkehr sollen damit gefördert werden.

Inhalt

- Inhalt

Einzutragen sind zum Beispiel **Name, Vorname und Wohnort des Unternehmers** (des Gesellschafters), die **Firma** und der **Sitz** der Niederlassung, Zeitpunkt des Betriebsbeginns, eventuelle Einlagen, eventuelle Prokuraerteilung.

Auch alle grundsätzlichen Statusänderungen sind einzutragen, wie zum Beispiel Neugründung, Veränderungen (Gesellschafterwechsel, Erteilung der Prokura) und Löschungen (Entzug der Prokura).

Wirkungen der Eintragung

- Wirkungen der Eintragung
  - Eingetragene und bekanntgemachte Tatsachen muß ein Dritter ab dem 16. Tag nach Bekanntmachung gegen sich gelten lassen **(positive Publizität).**

  Beispiel:

  Mit dem entlassenen Prokuristen kann nach Ablauf der Frist für den Vollkaufmann verbindlich kein Rechtsgeschäft mehr abgeschlossen werden.
  - Einzutragende, aber noch nicht eingetragene oder noch nicht bekanntgemachte Tatsachen (zum Beispiel Ausscheiden eines Gesellschafters) braucht ein Dritter nicht gegen sich gelten zu lassen **(negative Publizität).**

Veröffentlichung

- Bekanntmachung der Eintragung

Jede Eintragung muß vom Amtsgericht-Registergericht **im Bundesanzeiger und in mindestens einem weiteren Blatt,** in der Regel der führenden örtlichen Tageszeitung, veröffentlicht werden.

3.2.2.4 Die Firma

Firma

Die Firma ist der Name, unter dem der Vollkaufmann (natürliche Person oder Handelsgesellschaft) seine Handelsgeschäfte betreibt und die Unterschrift abgibt.

Im Gegensatz zu Vollkaufleuten führen sonstige Gewerbetreibende und Minderkaufleute keine Firma. Sie können im Rechts- und Geschäftsverkehr nur unter ihrem ausgeschriebenen Vor- und Zunamen auftreten (Gewerbe- oder auch Geschäftsbezeichnung). Gestattet sind ihnen sogenannte Etablissementbezeichnungen, sofern eine Verwechslung mit einem vollkaufmännischen Betrieb ausgeschlossen ist.

Beispiel:

Ein Gastwirt, der kein vollkaufmännisches Unternehmen hat, darf sein Gasthaus „Roter Hahn", „Zum Elefanten" oder dergleichen nennen.

Beschränkungen im Firmenrecht, Firmenklarheit, Firmenwahrheit

Im einzelnen ist folgendes zu beachten:

- Nur Vollkaufleute dürfen eine Firma führen.
- Die Firma kann nicht vom Betrieb getrennt werden, das heißt Firma und Betrieb können nur gemeinsam übertragen werden. *(Firmenklarheit)*
- Die Firma muß erkennen lassen, wer den Betrieb führt. Unterscheidende Zusätze sind erlaubt.
- Jede Firma muß sich deutlich von allen anderen Firmen am Ort unterscheiden. Erreicht wird dies durch Firmenzusätze.
- Die Firma muß nach außen wahrheitsgemäß bezeichnet werden. Unklarheiten und Verwechslungsmöglichkeiten sind unzulässig. *(Firmenwahrheit)*

Beispiel:

Die Verwendung der Bezeichnung „Werk" oder „Werke" ist unzulässig, wenn es sich nur um einen bescheidenen Betrieb handelt.

Einzelheiten zur Firmierung

- Einzelkaufmann

Firma des Einzelkaufmanns

Die Firma besteht aus dem **Familiennamen mit mindestens einem ausgeschriebenen Vornamen.** Sachzusätze sind erlaubt, zur Unterscheidung unter Umständen notwendig.

Beispiel:

„Rudolf Blei", „Tankstelle Bleifuß" oder „Backhaus Eduard Meier".

- Personenhandelsgesellschaften

Firma von Personenhandelsgesellschaften

Die Firma der OHG und der KG muß den **Namen wenigstens eines persönlich haftenden Gesellschafters und einen Zusatz** enthalten, der ein Gesellschaftsverhältnis andeutet.

Beispiel:

„Möbel Meier OHG" oder „Dietz und Co. KG".

- Kapitalgesellschaften

Firma von Kapitalgesellschaften

Die Firma zum Beispiel der GmbH **kann Namens-, oder Sach-, oder kombinierte Namens-Sach-Firma sein.** In jedem Fall muß die **Bezeichnung GmbH** hinzugefügt werden.

Beispiel:

„Meier GmbH" oder „Mahlholzwerk GmbH" oder „Meier Mahlholzwerk GmbH".

Der Gründer kann dem Betrieb grundsätzlich nur seinen Namen geben, der dann Firmenname ist. Käufern kann das Recht eingeräumt werden, den Betrieb mit dem ursprünglichen Firmennamen fortzuführen (abgeleitete Firma).

3.2.2.5 Die Handelsgesellschaften

Mehrere Personen können sich zusammenschließen, um gemeinsam einen bestimmten Zweck zu erreichen, zum Beispiel die Herstellung von oder der Handel mit Waren und Erzeugnissen, die Ausführung handwerklicher Leistungen oder die Erbringung sonstiger Dienstleistungen. Bei den gewerblichen Gesellschaften steht im Vordergrund die Absicht, Gewinn zu erzielen.

Überblick über die Unternehmensformen, **insbesondere** Handelsgesellschaften

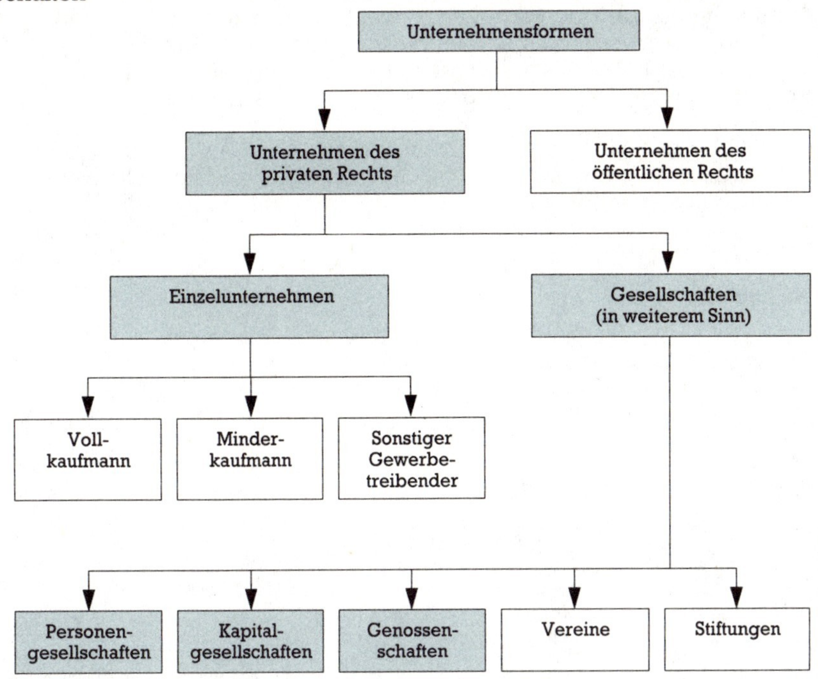

Abbildung 99

Vereinigen sich Personen zum gemeinsamen Betrieb eines Handelsgewerbes unter gemeinsamer Firma, spricht man von einer Handelsgesellschaft. Es gibt Personen- und Kapitalgesellschaften.

Handelsgesellschaften

Die Formen der Handelsgesellschaft

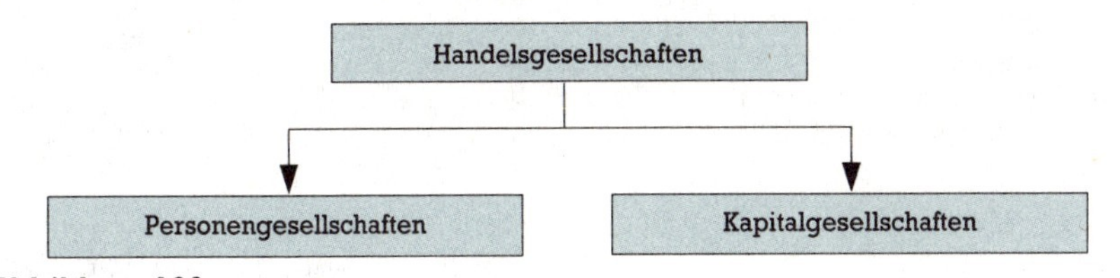

Abbildung 100

Unterscheidung der Personen- und Kapitalgesellschaften

Personengesellschaften

- Bei den Personengesellschaften ist die Mitgliedschaft auf die Person und die einzelnen Gesellschafter zugeschnitten. Wesentliches Merkmal ist das Zusammengehen und Zusammenbleiben der Mitgesellschafter.

Beispiel:

Die persönliche Bindung zeigt sich darin, daß eine Personengesellschaft aufzulösen ist, wenn ein Gesellschafter ausscheidet und der Gesellschaftsvertrag keine Folgeregelung enthält.

BGB-Gesellschaft

Die Grundform aller Personengesellschaften ist die Gesellschaft bürgerlichen Rechts (BGB-Gesellschaft), die allerdings keine Handelsgesellschaft ist. Der Gesellschaftsvertrag ist grundsätzlich formfrei (anders zum Beispiel bei Einbringung eines Grundstücks). Jeder Gesellschafter haftet grundsätzlich mit seiner eventuellen Einlage und seinem Privatvermögen für die gemeinschaftlich eingegangenen Verbindlichkeiten.

Kapitalgesellschaften

- Eine Kapitalgesellschaft ist im Gegensatz dazu auf die reine Kapital-(Geld)beteiligung und nicht auf die persönliche Mitarbeit der Gesellschafter zugeschnitten. Das Ausscheiden eines Gesellschafters oder die Veräußerung eines Gesellschaftsanteils wirkt sich daher nicht auf den Bestand der Gesellschaft aus.

Beispiel:

Ob und wer im einzelnen Anteile an einer GmbH oder AG hat, ist für den Bestand der Gesellschaft unmaßgeblich.

Überblick über die Personengesellschaften

Die unterschiedlichen Arten der Personengesellschaften

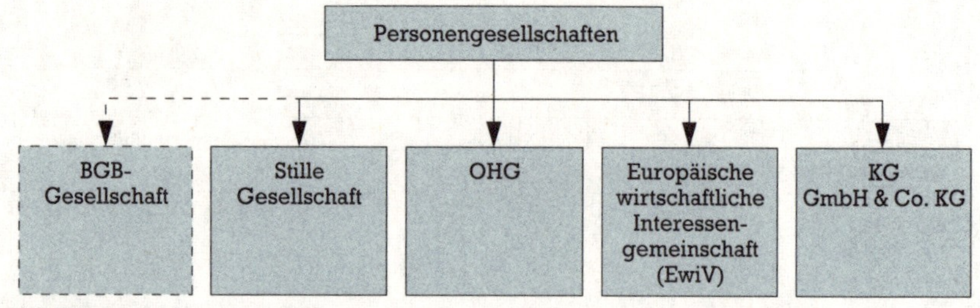

Abbildung 101

Einzelheiten zu den Personengesellschaften des Handelsrechts

Stille Gesellschaft

Die Stille Gesellschaft

- Wesen

Es handelt sich um eine **Innengesellschaft.** Der stille Gesellschafter beteiligt sich mit einer Einlage an dem von einem anderen betriebenen Handelsgeschäft. Er tritt nach außen nicht in Erscheinung, der **Inhaber führt die Geschäfte allein.** Die stille Gesellschaft ist eine besondere Art der Gesellschaft des bürgerlichen Rechts. Der stille Gesellschafter nimmt teil an Gewinn und Verlust des Handelsgeschäfts.

- Abschlußform

Der Vertrag über eine stille Gesellschaft ist **grundsätzlich formfrei.** Schriftform ist aus Beweisgründen zu empfehlen.

- Rechtsform

Sie besitzt **keine eigene Rechtsfähigkeit.** Rechtsträger ist der Kaufmann, an dessen Handelsgeschäft sich der stille Gesellschafter beteiligt.

- Einlagen

Das **HGB schreibt Einlagen nicht** im einzelnen **vor.** Der stille Gesellschafter kann dem Geschäftsinhaber jede denkbare Vermögenseinlage (Geld, bewegliche und unbewegliche Sachen) zur Verfügung stellen. Diese geht in das Vermögen des Geschäftsinhabers über.

- Haftung

Der **stille Gesellschafter haftet** Geschäftsgläubigern unmittelbar nur aus besonderer Verpflichtung (zum Beispiel Bürgschaft). Mittelbar haftet er **mit seiner Geschäftseinlage,** das heißt Verluste trägt er bis zur Höhe seiner Einlage.

- Eintragung ins Handelsregister

Die stille Gesellschaft als Sonderform der Gesellschaft des bürgerlichen Rechts kann **im Handelsregister** nicht eingetragen werden. **Eingetragen ist allein der Inhaber des Handelsgeschäfts,** an dem der stille Gesellschafter beteiligt ist.

Die offene Handelsgesellschaft (OHG) und die Europäische wirtschaftliche Interessengemeinschaft (EwiV)

OHG
EwiV

Die OHG und die EwiV sind in wesentlichen Belangen vergleichbar und werden daher im folgenden zusammen behandelt. Die EwiV soll Unternehmern und Angehörigen freier Berufe grenzüberschreitende Zusammenarbeit im EG-Raum erleichtern. Ihr Zweck ist die Förderung der wirtschaftlichen Tätigkeit ihrer Mitglieder, während die OHG auf Gewinnerzielung ausgerichtet ist.

- Abschlußform

Mit Abschluß des Gesellschaftsvertrages, der **keiner besonderen Form** bedarf, wird die Gesellschaft im Innenverhältnis wirksam. Als Handelsgesellschaft ist sie im Handelsregister einzutragen. Die Anmeldung beim Handelsregister erfolgt über den Notar.

- Rechtsform

Es besteht **keine eigene Rechtsfähigkeit.** Im Hinblick auf die Eintragung im Handelsregister bestehen **aber gewisse rechtliche Selbständigkeiten.**

Beispiel:

Unter der Firma können Rechte erworben und Verbindlichkeiten eingegangen, Eigentum an einer Immobilie erworben, vor Gericht geklagt oder verklagt werden.

- Einlagen

Einlagen schreibt das Gesetz nicht vor. Es bleibt den Gesellschaftern überlassen, ob und welche Einlagen sie erbringen.

- Haftung

Alle Gesellschafter haften den Gesellschaftsgläubigern **persönlich und unbeschränkt.**

- Eintragung ins Handelsregister

Die **Eintragung ins Handelsregister** ist erforderlich.

Die Kommanditgesellschaft (KG) und die GmbH & Co. KG

KG

Hinsichtlich der Abschlußform, der Rechtsfähigkeit, der Einlagen und der Eintragung im Handelsregister gilt das zur OHG Gesagte.

Von der OHG unterscheidet sich die KG allein dadurch, daß bei einem Teil der Gesellschafter die Haftung gegenüber den Gesellschaftsgläubigern beschränkt ist. Es gibt folglich zwei Gruppen von Gesellschaftern: den Komplementär, der unbeschränkt haftet, und den Kommanditisten, der nur mit seiner Einlage haftet. Jede KG muß mindestens einen Komplementär und einen Kommanditisten haben, die in der Regel natürliche Personen sind.

Komplementär
Kommanditist

Die Gesellschaftergruppen der KG

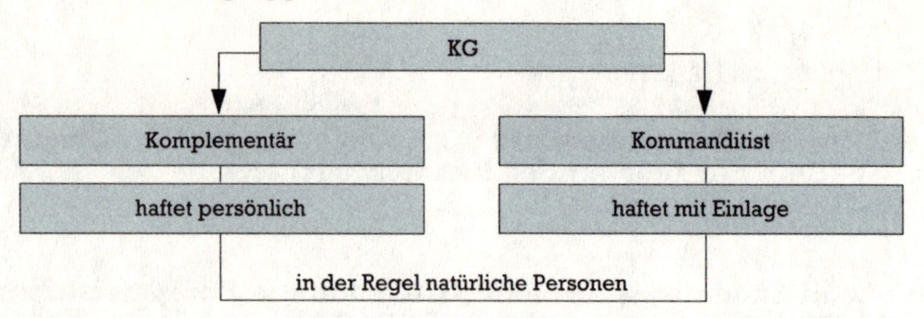

Abbildung 102

Das Gesetz schreibt jedoch nicht vor, daß der Komplementär eine natürliche Person (Mensch) sein muß. Als Komplementär kommt daher auch eine juristische Person in Betracht, zum Beispiel eine GmbH. Gerade diese Rechtsform bietet sich an, wenn keiner der Gesellschafter persönlich die unbeschränkte Haftung übernehmen will.

Die GmbH als Komplementär der KG

GmbH & Co. KG

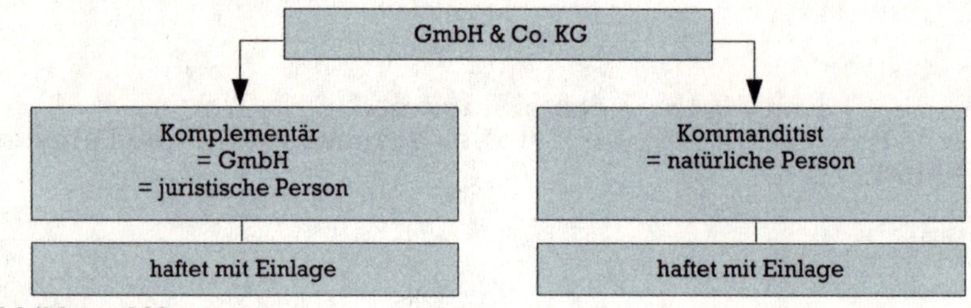

Abbildung 103

Überblick über die Kapitalgesellschaften

Kapitalgesellschaften

Kapitalgesellschaften sind im Gegensatz zu den Personengesellschaften auf die reine Kapitalbeteiligung zugeschnitten. Besondere Merkmale einer Kapitalgesellschaft sind die eigene Rechtspersönlichkeit, die grundsätzliche freie Übertragbarkeit der Anteile und der Ausschluß der persönlichen Haftung der Gesellschafter. Die Mitarbeit bei der Geschäftsführung ist nicht notwendig. Kapitalgesellschaften sind die GmbH, die AG und die KGaA.

Die unterschiedlichen Arten der Kapitalgesellschaften

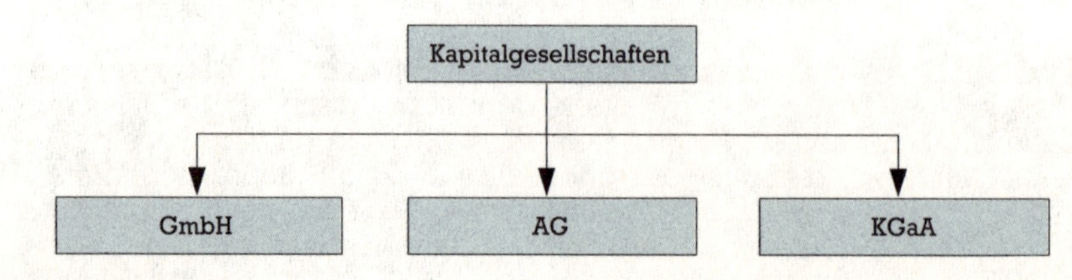

Abbildung 104

Einzelheiten zur Gesellschaft mit beschränkter Haftung

GmbH

Besonders die GmbH hat im Rechts- und Geschäftsverkehr große praktische Bedeutung erlangt. Sie eignet sich vor allem auch für mittelgroße Dienstleistungs- und Bauhandwerksbetriebe. Stellvertretend für die Kapitalgesellschaften soll sich die folgende Übersicht auf Einzelheiten zur GmbH beschränken.

Einzelheiten zur GmbH

- Abschlußform

Der **Gesellschaftsvertrag muß notariell** abgeschlossen werden. Er wird als Satzung bezeichnet. Die GmbH muß **im Handelsregister eingetragen werden.** Anmeldungen erfolgen durch den Notar.

- Rechtsform

Die GmbH ist eine **juristische Person** des privaten Rechts.

- Gründung

Die GmbH kann für jeden gesetzlich zulässigen Zweck errichtet werden. Die Gründung durch eine Person (sogenannte Einmanngesellschaft) ist zulässig.

- Einlagen

Das **Stammkapital** muß **mindestens 50.000,00 DM** betragen. Jeder Gesellschafter hat eine Stammeinlage von mindestens 500,00 DM zu übernehmen. Die GmbH entsteht erst, wenn 25.000,00 DM in Geld oder Sacheinlagen erbracht sind. Dies gilt für eine Mehrpersonen-GmbH. Der **Gesamtbetrag der Stammeinlagen muß mit dem Stammkapital übereinstimmen.** Bei der Einmann-GmbH hat folglich der einzige Gesellschafter bereits bei der Gründung eine Stammeinlage in Höhe des Stammkapitals (mindestens 50.000,00 DM) zu erbringen. Eine Auszahlung des Stammkapitals an die Gesellschafter ist unzulässig. Eine Erhöhung oder Ermäßigung des Stammkapitals (jedoch nicht unter das Mindeststammkapital) können die Gesellschafter im Wege der Satzungsänderung beschließen. Stammeinlagen können veräußert oder von Mitgesellschaftern übernommen werden.

- Haftung

Für die Verbindlichkeiten der Gesellschaft haftet **nur das Gesellschaftsvermögen.** Die persönliche Haftung der Gesellschafter ist grundsätzlich ausgeschlossen. In besonderen Fällen hat die Rechtsprechung allerdings die sogenannte Durchgriffshaftung gegen Gesellschafter und Geschäftsführer entwickelt.

- Organe

Organe der GmbH sind die **Gesellschafterversammlung,** die **Geschäftsführer** und eventuell ein Aufsichtsrat.

Schematische Übersicht über die Wahl der Unternehmensform

Unternehmensformen

Bei der Wahl der Rechtsform spielen persönliche, betriebswirtschaftliche, gesellschaftsrechtliche und steuerliche Aspekte eine Rolle. Die Frage nach der günstigsten Alternative kann daher nicht allgemeingültig, sondern nur für den konkreten Einzelfall beantwortet werden. Man sollte sich insbesondere davor hüten, die Entscheidung allein aus vordergründigen Motiven wie Haftungsbeschränkung oder Steuerersparnis zu treffen.

Im Handwerk sind folgende Rechtsformen gebräuchlich:

Rechtsformen für Handwerksbetriebe

Rechtsformen							
Arten: Rechtsform	Bezeichnung:	Form des Abschlusses:	Eintragung ins Handelsregister:	Einlage:	Haftung:	Gründungsgesellschafter:	Firmierung:
I. Einzelunternehmen		--	ja, wenn kaufm. Unternehmen	gesetzlich nicht vorgeschrieben	Inhaber mit Betriebs- und Privatvermögen	1 Inhaber	ausgeschriebener Vor- und Nachname des Inhabers einschließlich evtl. Zusatz (zum Beispiel „Hans Huber" oder „Metzgerei Hans Huber"
II. Personengesellschaften	Stille Gesellschaft	grundsätzlich: formfrei Empfehlung: Schriftform	nein	Höhe gesetzl. nicht vorgeschrieben, i.d. Regel durch stillen Teilhaber	Inhaber wie oben, stiller Gesellschafter nur mit Einlage	1 Einzelunternehmen oder Gesellschaft 1 stiller Gesellschafter	keine eigene Firma
	Gesellschaft des bürgerl. Rechts	wie oben	nein	gesetzlich nicht vorgeschrieben, möglich: Arbeitskraft, Geld, Sachen, Rechte	alle Gesellschafter mit Einlage und Privatvermögen (Beschränkung im Einzelfall möglich)	mindestens 2 Gesellschafter	ausgeschriebene Vor- und Nachnamen aller Gesellschafter
	Offene Handelsgesellschaft	wie oben	ja, da Gegenstand ein kaufm. Unternehmen ist	wie oben	wie oben (Beschränkung nicht möglich)	mindestens 2 Gesellschafter	Nachname mindestens eines der Gesellschafter mit einem das Gesellschaftsverhältnis andeutenden Zusatz (OHG & Co.) oder die Nachnamen aller Gesellschafter (Huber OHG, Huber & Co., Huber & Schmidt)
	Kommanditgesellschaft	wie oben	wie oben	wie oben	Komplementär: voll, das heißt Einlage + Privatvermögen; Kommanditist: nur mit Einlage	mindestens 1 Komplementär 1 Kommanditist	Nachname mindestens eines vollhaftenden Gesellschafter mit einem das Gesellschaftsverhältnis andeutenden Zusatz (KG & Co.: zum Beispiel Huber KG, Huber & Co.)
	GmbH & Co. KG	notariell formfrei	wie oben	Stammkapital der GmbH Kommanditist wie oben	i.d.R. nur GmbH (als Komplementär mit Einlage), Kommanditist: nur mit Einlage	mindestens 1 GmbH als Komplementär 1 Kommanditist	wie KG (zum Beispiel GmbH & Co. KG)
III. Kapitalgesellschaft / juristische Person	GmbH	notariell Schriftform	ja	mindestens 50.000,00 DM	GmbH mit Einlage	mindestens 1 Gesellschafter	Name eines Gesellschafters (Personenfirma, zum Beispiel Huber GmbH) oder Bezeichnung der Tätigkeit (Sachfirma, zum Beispiel MB Maschinenbau GmbH) oder gemischte Firma (zum Beispiel Maschinenbau Huber GmbH). Der Zusatz GmbH ist in jedem Fall erforderlich

Abbildung 105

Wird ein Betrieb übernommen, so darf der Firmenname des Vorgängers nur dann fortgeführt werden, wenn die Firma bereits im Handelsregister eingetragen ist. Zu beachten ist, daß in bestimmten Fällen die Haftung für die Verbindlichkeiten des Vorgängers übernommen werden muß. Der Erfolg einer Gesellschaftsgründung hängt nicht zuletzt vom Verhältnis der Gesellschafter zueinander ab. Die auf den Einzelfall zugeschnittene Ausgestaltung des Gesellschaftsvertrages ist daher von entscheidender Bedeutung. Über die Vor- und Nachteile der einzelnen Rechtsformen und die damit zusammenhängenden Fragen der Handelsregistereintragung, der Haftung, der Vertragsgestaltung, der Auswirkungen im Erbfall usw. informieren Sie der Unternehmensberater sowie die Rechts- und Steuerabteilung Ihrer Handwerkskammer.

3.2.2.6 Genossenschaften

Die Gesellschaftsform der Genossenschaft gibt mittelständischen Unternehmern und wirtschaftlich Schwächeren Gelegenheit, sich zu einem leistungsfähigen und wirtschaftlich bedeutenden Geschäftsbetrieb zusammenzuschließen.

Beispiele:

Einkaufs-, Verkaufs-, Produktions-, Kredit-, Wohnungsbaugenossenschaften.

Die Genossenschaft ist eine Personenvereinigung mit nicht geschlossener (das heißt freier und wechselnder) Mitgliederzahl zur Führung des Erwerbs oder der Wirtschaft ihrer Mitglieder (Genossen) mittels gemeinschaftlichen Geschäftsbetriebs.

Genossenschaft

Arten der Genossenschaften

Arten

Die Genossenschaften unterscheiden sich nach der Art des von ihnen verfolgten Zwecks.

Die wichtigsten Genossenschaftsarten

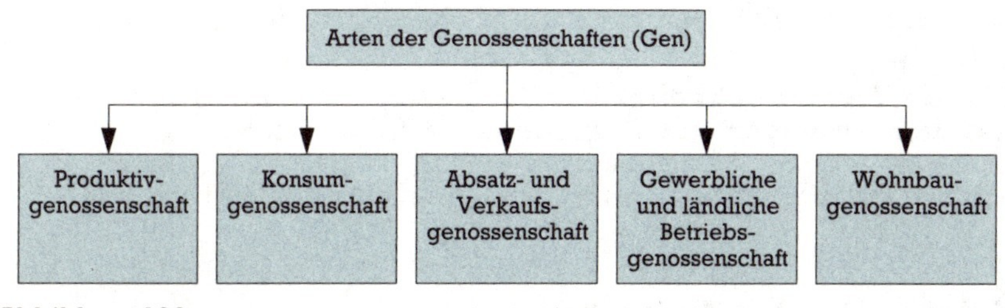

Abbildung 106

Gründung der Genossenschaft

Gründung

Eine Genossenschaft kann von mindestens sieben Personen gegründet werden. Über Ziel, Betätigung und notwendige Betriebsmittel muß völlige Klarheit bestehen. Sie finden Niederschlag in der Satzung, die zusammen mit den Mitgliedern und der Genossenschaft im Genossenschaftsregister beim Amtsgericht-Registergericht eingetragen wird. Mit der Eintragung wird die Genossenschaft rechtsfähig.

Organe

Organe der Genossenschaft

Die Genossenschaftsorgane

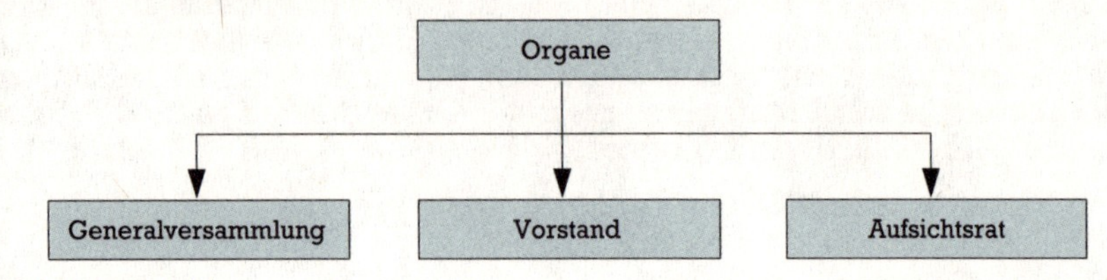

Abbildung 107

Aufgaben der Organe

Der Vorstand führt die Geschäfte und vertritt die Genossenschaft nach außen, der Aufsichtsrat überwacht die Geschäftsführung und prüft den Jahresabschluß. Die Generalversammlung stellt unter anderem den Jahresabschluß fest, entlastet Vorstand und Aufsichtsrat und ist zuständig für Satzungsänderungen.

Einzelheiten zur Genossenschaft

Einzelheiten zur Genossenschaft

- Abschlußform

Die **Satzung muß schriftlich** aufgestellt werden und den gesetzlich vorgeschriebenen Mindestinhalt haben. Satzung, Mitglieder und Genossenschaft müssen **im Genossenschaftsregister** des zuständigen Amtsgerichts **eingetragen werden.**

- Rechtsform

Die Genossenschaft ist eine **juristische Person** und einer **Handelsgesellschaft gleichgestellt.** Der Firmenname ist dem Zweck oder der Art ihrer Tätigkeit entlehnt und muß den Zusatz „eingetragene Genossenschaft" (e.G.) führen.

- Einlagen

Das **Genossenschaftsrecht schreibt Höhe und Art der Einlagen nicht vor.** Die Mitglieder bestimmen in der Satzung unter anderem über die Leistung der Einlagen sowie die Pflicht, Nachschüsse zu leisten.

- Haftung

Für die Verbindlichkeiten der Genossenschaft **haftet** den Gläubigern **nur das Vermögen der Genossenschaft.** Für den Fall des Konkurses muß die Satzung Bestimmungen enthalten, ob die Mitglieder Nachschüsse zu leisten haben, wenn Gläubiger nicht befriedigt werden.

3.2.3 Das Wettbewerbsrecht

Lernziele:

- Kennen der Grundzüge des Wettbewerbsrechts, des Urheberrechts, des Preisrechts.
- Kennen der wichtigsten Bestimmungen des Wirtschaftsstraf- und Ordnungswidrigkeitengesetzes.

Auch Werbung und Wettbewerb beruhen bei uns auf dem verfassungsrechtlichen Grundrecht der freien Persönlichkeitsentfaltung. Gewerbetreibende können daher Art und Form ihrer Tätigkeit grundsätzlich frei bestimmen. Wie bei allen Grundrechten endet die eigene freie Entfaltung jedoch dort, wo gleiche Rechte anderer beeinträchtigt werden. Wettbewerbsregelnde und damit den freien Wettbewerb einschränkende wichtige Gesetze, die teils alle Stufen des Wettbewerbs, teils nur den Endverbraucher schützen, zeigt die folgende Übersicht:

Werbung Wettbewerb

Wettbewerb und Schutzvorschriften

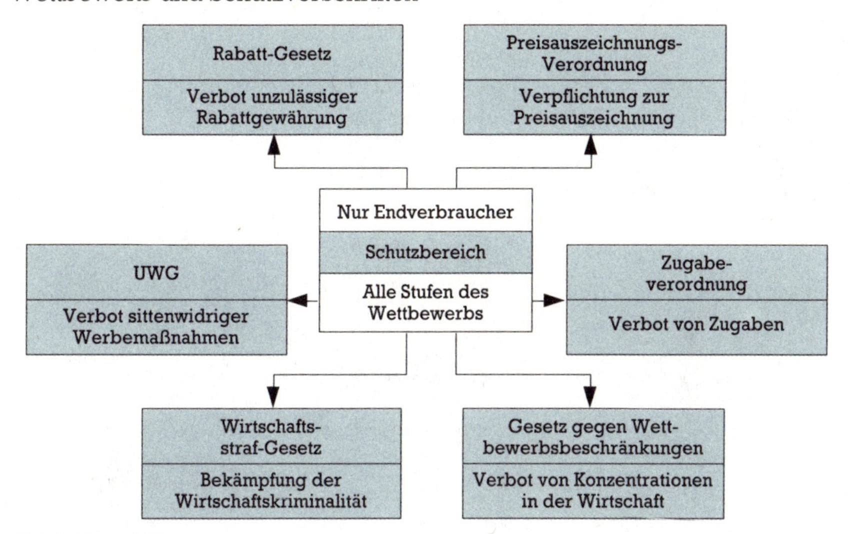

Abbildung 108

Wichtige Rechtsvorschriften

3.2.3.1 Das Gesetz gegen den unlauteren Wettbewerb (UWG)

Das Gesetz gegen den unlauteren Wettbewerb verbietet im geschäftlichen Verkehr alle Handlungen zum Zwecke des Wettbewerbs, die gegen die guten Sitten verstoßen (§ 1 UWG).

Gesetz gegen den unlauteren Wettbewerb

Die Generalklausel (§ 1) gibt eine allgemeine Begriffsbestimmung des unlauteren Wettbewerbs. Darüber hinaus zählt das UWG selbst eine Reihe von Verstößen gegen die guten Sitten auf, zum Beispiel:

- Irreführende Werbung

Beispiel:

„Führendes Fachgeschäft", wenn das Geschäft weder Fachgeschäft noch führend ist.

- Bestechung von Angestellten anderer Betriebe, Zahlung von Schmiergeldern
- Preisunterbietung, Preisschleuderei (Dumping)

- Preisgegenüberstellung

Beispiel:

Blickfangmäßig hervorgehobene Preisgegenüberstellung einzelner Waren, zum Beispiel früher 300,00 DM jetzt 100,00 DM.

- Unzulässige Sonderveranstaltungen außerhalb des regelmäßigen Geschäftsverkehrs.

Drei Grundsätze im UWG

Vereinfacht dargestellt gelten im UWG drei Grundsätze:
1. Wettbewerb und Werbung im regelmäßigen Geschäftsverkehr sind grundsätzlich zulässig.
2. Wettbewerb und Werbung im regelmäßigen Geschäftsverkehr, die gegen die guten Sitten verstoßen, sind verboten.
3. Wettbewerb und Werbung außerhalb des regelmäßigen Geschäftsverkehrs sind, von Ausnahmen abgesehen, verboten.

Der Aufbau des UWG

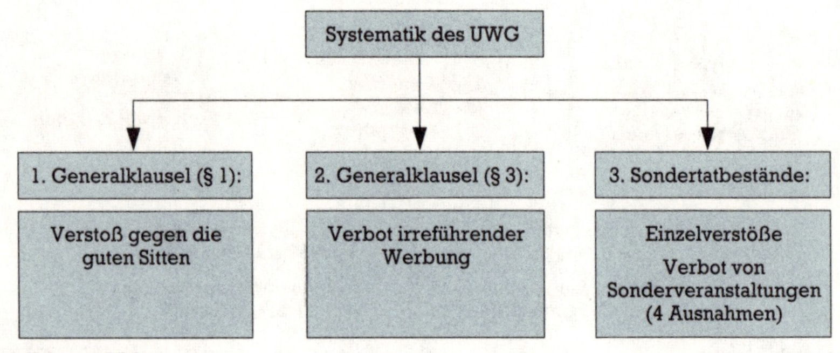

Abbildung 109

Sonderveranstaltung nach dem UWG

Sonderveranstaltungen

Sonderveranstaltungen sind Verkaufsveranstaltungen im Einzelhandel, die außerhalb des regelmäßigen Geschäftsverkehrs stattfinden, die der Beschleunigung des Warenabsatzes dienen und den Eindruck besonderer Kaufvorteile hervorrufen. Sie sind, von folgenden Ausnahmen abgesehen, verboten.

Zulässige Sonderveranstaltungen

- Sonderangebote
sind einzelne nach Güte oder Preis gekennzeichnete **Waren, die im regelmäßigen Geschäftsbetrieb ohne zeitliche Beschränkung angeboten werden.**

- Sommer-/Winterschlußverkäufe
sind **alljährlich Ende Juli und Ende Januar** für die Dauer von **12 Werktagen** stattfindende Verkaufsveranstaltungen des Handels zur Räumung der Lager. Betroffen sind unter anderem Textilien, Bekleidung, Schuhe, Lederwaren, Sportartikel.

- Jubiläumsverkäufe
sind Veranstaltungen zur Feier des Bestehens des Unternehmens im selben Geschäftszweig **nach Ablauf von jeweils 25 Jahren,** begrenzt für die Dauer von **12 Werktagen.**

- Räumungsverkauf
ist die Räumung eines vorhandenen Warenvorrats zu herabgesetzten Preisen. Gründe hierfür sind die **Aufgabe des gesamten Geschäfts-**

betriebes, Schadensfälle (Wasser, Feuer) und **genehmigungspflichtige Geschäftsumbauten.** Die Sonderverkaufsdauer ist in den beiden letzten Fällen auf 12 Werktage, beim Räumungsverkauf auf 24 Werktage be-schränkt. Räumungsverkäufe sind der zuständigen Berufsvertretung (HK/IHK) vor der erstmaligen Ankündigung anzuzeigen.

Zulässige Sonderveranstaltungen nach dem UWG

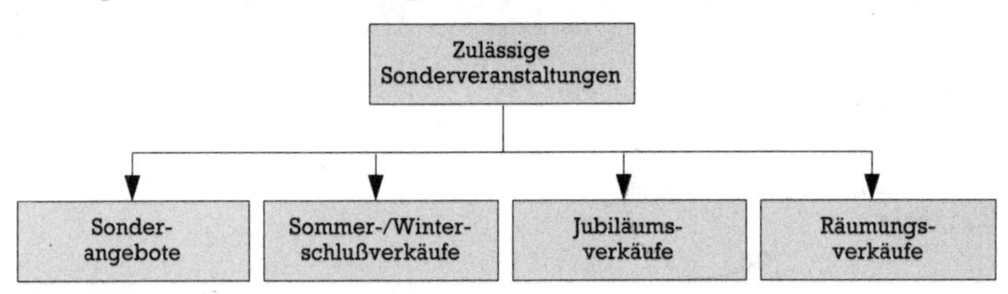

Abbildung 110

Zur Beilegung von Wettbewerbsstreitigkeiten sind bei den Industrie- und Handelskammern unter Mitwirkung der Handwerkskammern und der Verbraucherverbände Einigungsstellen errichtet worden. Ihre Aufgabe ist es, Wettbewerbsstreitigkeiten außergerichtlich zu erledigen. Läßt sich eine gerichtliche Auseinandersetzung nicht vermeiden, weil sich die Betroffenen nicht einigen können, sind die Landgerichte zuständig.

Einigungsstellen für Wettbewerbsstreitigkeiten

Landgericht

3.2.3.2 Das Gesetz gegen Wettbewerbsbeschränkungen (Kartellgesetz)

Gesetz gegen Wettbewerbsbeschränkungen

Die beiden Grundformen der Wirtschaftsordnung eines Staates sind Marktwirtschaft oder Planwirtschaft. Das Wirtschaftssystem der Bundesrepublik Deutschland ist entsprechend ihrer freiheitlich ausgerichteten Gesellschaftsordnung nach den Prinzipien der Marktwirtschaft aufgebaut. Im ehemaligen Ostblock galt das Prinzip der staatlichen Wirtschaftslenkung, das heißt der Planwirtschaft.

In der Marktwirtschaft bilden sich Preise für Waren und Leistungen frei nach Angebot und Nachfrage. Überläßt der Staat allerdings die Marktwirtschaft sich selbst, finden Unternehmer rasch Mittel und Wege, den Markt durch Zusammenschlüsse, Vereinbarungen, abgestimmtes Verhalten für sich vorteilhaft und für Verbraucher und Konkurrenten nachteilig zu beeinflussen (sogenannte **freie Marktwirtschaft**). Die **Bundesrepublik Deutschland** als moderner Sozialstaat hat verfassungsrechtlich sichergestellt, daß aus sozialen Rücksichten korrigierend in die freie Marktwirtschaft eingegriffen werden kann. Es gilt somit die **soziale Marktwirtschaft.**

Freie Marktwirtschaft

Soziale Marktwirtschaft

Verboten sind in der sozialen Marktwirtschaft grundsätzlich Wettbewerbsbeschränkungen durch Kartelle, marktbeherrschende Unternehmen und abgestimmtes Verhalten.

Verbotene Wettbewerbsbeschränkungen

Verbotene Wettbewerbsbeschränkungen in der Bundesrepublik Deutschland

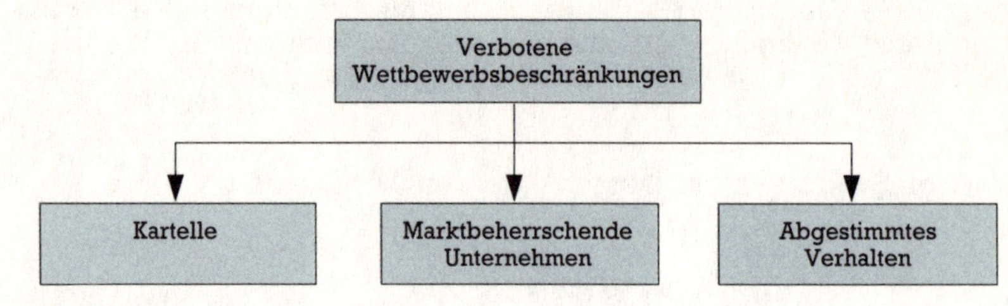

Abbildung 111

Kartelle

Kartelle

> Kartelle sind Zusammenschlüsse von wirtschaftlich selbständig bleibenden Unternehmen der gleichen Wirtschaftsstufe zur Beeinflussung, das heißt Ausschaltung oder Verringerung des Wettbewerbs zwischen den Mitgliedern.

Sie sind verboten, wenn sie geeignet sind, die Erzeugung von Waren oder die Marktverhältnisse für den Verkehr mit Waren oder gewerblichen Leistungen durch Beschränkung des Wettbewerbs zu beeinflussen.

Beispiele:

Treibstofflieferanten beschließen, die Treibstoffpreise zu einem vereinbarten Stichtag gemeinsam auf ein einheitliches Niveau anzuheben. Mitglieder der Bäcker-Innung beschließen, daß ab morgen Brote generell um 20 Pfennig teurer werden.

Erlaubte Kartelle

Von dem Verbot gibt es eine Reihe von Ausnahmen, zum Beispiel Konditionen-, Rabatt-, Export-, Import- und Sonderkartelle.

Weitere Kartelle werden ohne Erlaubnis wirksam, wenn die Kartellbehörde, bei der sie anzumelden sind, nicht binnen drei Monaten widerspricht.

Beispiel:

Kooperationserleichterungen für die Zusammenarbeit kleiner und mittlerer Unternehmen für den Einkauf von Waren, die Verwaltung, Werbung oder Produktion, wenn dadurch der Wettbewerb nicht wesentlich beeinflußt wird.

Marktbeherrschende Unternehmen

Marktbeherrschende Unternehmen

> Ein Unternehmen ist marktbeherrschend, wenn es für bestimmte Waren oder Leistungen ohne Wettbewerber ist oder keinem wesentlichen Wettbewerb ausgesetzt ist oder eine überragende Marktstellung hat.

Die Absicht des Zusammenschlusses zu einem marktbeherrschenden Unternehmen ist der Kartellbehörde zu melden, die den Zusammenschluß untersagen kann (zum Beispiel: Mercedes/VW). Eine Monopolkommission kontrolliert laufend die Entwicklung von Unternehmenskonzentrationen.

Abgestimmte Verhaltensweisen

Abgestimmte Verhaltensweisen sind Maßnahmen marktbeherrschender Unternehmen zum Zweck der Wettbewerbsbeschränkung.

Beispiele:

Liefer- und Bezugssperren, Versprechen von Vorteilen, Androhung von Nachteilen oder unterschiedliche (diskriminierende) Behandlung.

Diskriminierung

Kartellbehörden sind das **Bundeskartellamt** in Berlin und die **Kartellämter der Länder** (in der Regel das Wirtschaftsministerium).

Kartellbehörden

Verstöße gegen das Kartellgesetz sind Ordnungswidrigkeiten, die mit Geldbuße bis 100.000,00 DM und zusätzlich bis zur dreifachen Höhe des durch die Zuwiderhandlung erzielten Mehrerlöses geahndet werden können.

Geldbußen

3.2.3.3 Das Rabattgesetz

Rabattgesetz

Rabatt ist ein Nachlaß auf den allgemein verlangten Verkaufspreis oder Werklohn; er wird in Form eines prozentualen Abzugs oder eines Sonderpreises für bestimmte Personengruppen gewährt.

Rabatt

Die Rabattgewährung ist durch das Rabattgesetz für den Einzelverkauf von Waren und Leistungen des täglichen Bedarfs für Endverbraucher eingeschränkt. Erlaubt sind unter anderem folgende Rabatte:

Erlaubte Rabatte nach dem Rabattgesetz

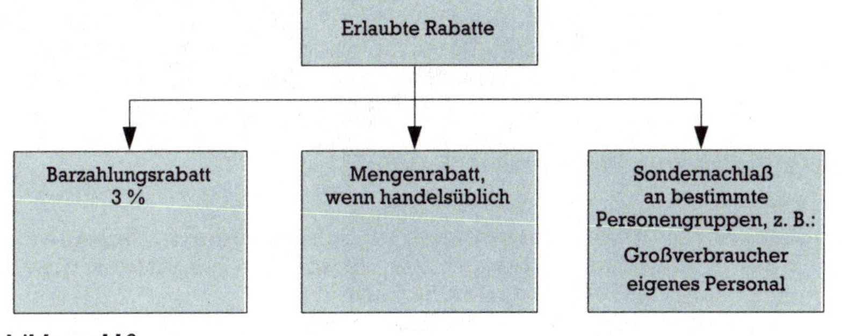

Erlaubte Rabatte

Barzahlungs-, Mengenrabatt Sondernachlaß

Abbildung 112

3.2.3.4 Die Zugabeverordnung

Zugabeverordnung

Zugabe ist im geschäftlichen Verkehr eine unentgeltliche Zuwendung (Ware oder Leistung), die dem Kunden neben der Ware oder Leistung gewährt wird. Unerheblich ist, ob zum Schein ein (auch geringfügiges) Entgelt verlangt oder zur Verschleierung der Zugabe ein Gesamtpreis berechnet wird.

Zugabe

Die Zugabeverordnung verbietet grundsätzlich jedes Anbieten, Ankündigen oder Gewähren von Zugaben.

Erlaubte Zugaben

Ausnahmen gelten unter anderem für:
- Reklamegegenstände von geringem Wert
- geringwertige Kleinigkeiten
- handelsübliches Zubehör zu Waren oder Leistungen
- Zeitschriften belehrenden und unterhaltenden Inhalts
- Erteilung von Ratschlägen und Auskünften.

Es darf bei Anbieten, Ankündigen oder Gewähren nicht auf die Unentgeltlichkeit dieser Zugaben hingewiesen werden.

Preisangabenverordnung

3.2.3.5 Die Preisangabenverordnung, Preisauszeichnung

Grundsätzliches zur Preisangabe

Endpreise

Jeder Unternehmer, der unter Angabe von Preisen wirbt, hat zum Schutz der Endverbraucher die Preise anzugeben, die einschließlich der Umsatzsteuer und sonstiger Preisbestandteile zu zahlen sind (Endpreise). Die Preisangabenpflicht trifft jeden Unternehmer, der gewerbs- oder geschäftsmäßig Letztverbrauchern Waren oder Leistungen anbietet oder damit in Presse, Rundfunk, Fernsehen oder sonstigen Medien wirbt.

Änderungsvorbehalt

Hiervon ausgenommen sind Preise mit Änderungsvorbehalt bei Liefer- oder Leistungsfristen von mehr als vier Monaten und bei Dauerschuldverhältnissen.

Beispiel:

Der Maschinenbaumechanikermeister wirbt in der Zeitung für eine von ihm entwickelte Maschine zum Preis von 10.000,00 DM, Lieferfrist fünf Monate. Durch Hinweis auf Material- und Lohnerhöhungen während der Lieferfrist kann er sich eine Preisänderung vorbehalten.

Einzelheiten zur Preisauszeichnung

Preisauszeichnung bei Waren

- Handel
  - **Waren in Verkaufsräumen, in Schaufenstern, Schaukästen oder Verkaufsständen** müssen **durch Preisschilder** oder Beschriftung der Ware **ausgezeichnet** werden.
  - **Für alle anderen Waren gilt:** entweder Auszeichnung wie vorstehend oder Beschriftung der Behältnisse oder Regale, oder Anbringen/Auslegen von Preisverzeichnissen.

bei Krediten

- Kredite

Der **effektive Jahreszins** (Zinsen; Vermittlungsgebühren und sonstige Kosten) **und die sonstigen Nebenbedingungen und Nebenkosten sind durch Aushang auszuweisen** bzw. im Angebot bekanntzugeben (Gesamtbelastung pro Jahr in einem Vomhundertsatz). Sind Änderungen vorbehalten, ist der anfängliche effektive Jahreszins zu bezeichnen.

bei Leistungen

- Leistungen
  - Dienstleistungsbetriebe und Handwerker müssen ihre **wesentlichen Leistungen** (eventuell nach Verrechnungssätzen) **in** einem **Preisverzeichnis zusammenstellen** und im Geschäftslokal und Schaufenster oder Schaukasten anbringen.

- Werden üblicherweise sämtliche angebotenen Leistungen in ein Preisverzeichnis aufgenommen, genügt es, dieses zur Einsichtnahme bereitzuhalten.

- Gaststätten

Speisen und Getränke müssen inclusive Bedienungsgeld am Lokaleingang und auf den Gasttischen ausgezeichnet werden. Bei Bestellung und Bezahlung kann der Gast die Vorlage der Preiskarte verlangen. Ähnliches gilt für Beherbergungsbetriebe, Kioske usw.

bei Gaststätten

- Tankstellen
  - Kraftstoffpreise müssen so ausgezeichnet werden, daß der auf der Straße heranfahrende Kraftfahrer sie lesen kann.
  - Bei Bundesautobahnen genügt es, wenn die Kraftstoffpreise bei der Einfahrt zu lesen sind.

bei Tankstellen

Ausnahmen von der Preisauszeichnungspflicht gelten zum Beispiel für:

- Kunstgegenstände, Antiquitäten, Sammlerstücke
- Leistungen, die üblicherweise aufgrund schriftlicher Angebote oder Kostenvoranschläge in Auftrag gegeben werden (zum Beispiel Bauleistungen).

Ausnahmen

Verstöße sind Ordnungswidrigkeiten und können mit Geldbuße geahndet werden.

Geldbuße

3.2.3.6 Das Ladenschlußgesetz

Die Vorschriften über den Ladenschluß haben eine Doppelfunktion: Einerseits schützen sie die Arbeitnehmer in den Betrieben, andererseits sollen sie den Wettbewerb der Betriebe untereinander regeln, weshalb die Behandlung an dieser Stelle erfolgt.

Ladenschlußgesetz

Geltungsbereich des Ladenschlußgesetzes

Das Ladenschlußgesetz gilt für Verkaufsstellen, das heißt Ladengeschäfte aller Art, Tankstellen, Kioske, Basare und ähnliche Einrichtungen, in denen von einer festen Stelle aus ständig Waren zum Verkauf an jedermann feilgehalten werden.

Geltungsbereich Verkaufsstellen

Nicht Verkaufstätigkeit und damit von den Ladenschlußzeiten freigestellt sind:

- die Auslieferung bereits bestellter Waren
- das Zuendebedienen von Kunden zum Zeitpunkt des Ladenschlusses
- Werbeveranstaltungen, wenn eine Verkaufstätigkeit sicher ausgeschlossen ist.

Allgemeines und Besonderes zu den Ladenschlußzeiten

Übersicht über die Ladenschlußzeiten

Ladenschluß-zeiten

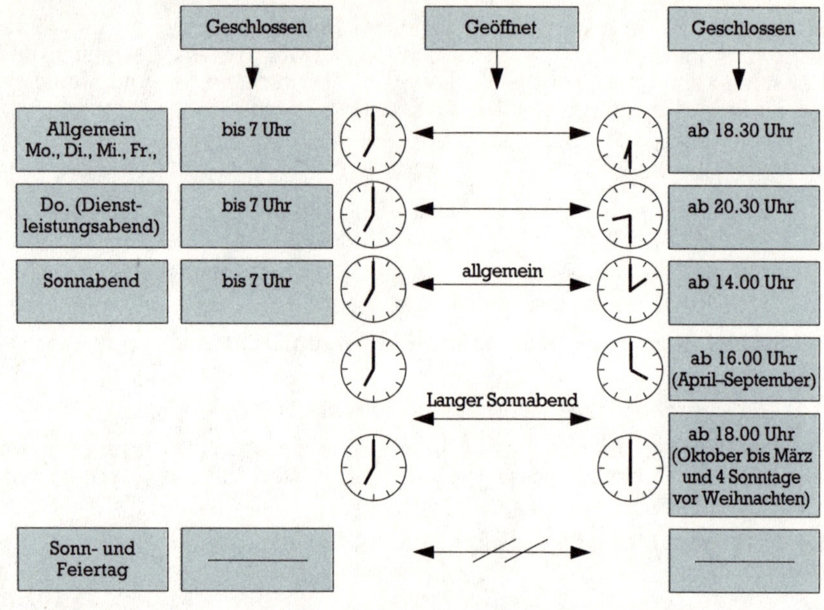

Bäcker, Laden-schluß

Friseure, Laden-schluß

24. Dezember	Fällt Weihnachten auf einen Werktag, sind Geschäfte ab 14 Uhr zu schließen.
Bäcker	können werktags bereits um 6.30 Uhr ihr Geschäft öffnen.
Friseure	haben ein Wahlrecht: entweder sie halten sich an die allgemeinen Öffnungszeiten oder sie öffnen ihr Geschäft am Sonnabend bis 18.00 Uhr und halten es dafür am Montag bis 13.00 Uhr geschlossen.

Abbildung 113

Besonderheiten

Weitere Besonderheiten gelten unter anderem für Apotheken, Tankstellen, Zeitungskioske, Warenautomaten, Verkaufsstellen auf Flug-, Fähr- und Personenbahnhöfen, Blumengeschäfte und den Marktverkehr.

Die Bundesländer sind im übrigen berechtigt, Verordnungen über den Ladenschluß in ländlichen Gebieten, in Kur-, Erholungs- und Wallfahrtsorten und in der Nähe der Bundesgrenze zu erlassen.

Arbeitnehmer-schutz

Schutz der Arbeitnehmer

Der Inhaber einer Verkaufsstelle mit mehr als einem Arbeitnehmer ist verpflichtet, den Text des Ladenschlußgesetzes und der einschlägigen Rechtsverordnungen, die seinen Betrieb betreffen, in der Verkaufsstelle auszulegen oder auszuhängen. Die Arbeitszeitvorschriften sind einzuhalten. Zuwiderhandlungen gegen das Ladenschlußgesetz können als Straftaten oder Ordnungswidrigkeiten verfolgt werden.

3.2.3.7 Das Wirtschaftsstrafgesetz

Wirtschaftsstrafgesetz

Wer nach diesem Gesetz
- gegen bestimmte Vorschriften zur Sicherstellung der Wirtschaft, des Verkehrs, der Ernährung oder der Wasserversorgung verstößt oder
- sich gegen Preisvorschriften vergeht oder
- unangemessene Entgelte für Güter oder Leistungen des lebenswichtigen Bedarfs fordert, verspricht, vereinbart, annimmt oder gewährt,

wird mit Freiheitsstrafe bis zu fünf Jahren oder einer Geldstrafe bis zu 3,6 Millionen DM, oder bei leichteren Verstößen mit einem Bußgeld bis zu 50.000,00 DM bestraft.

Subventions- und Kreditbetrug, Preiswucher sowie Konkursstraftaten können im übrigen nach den allgemeinen und besonderen Strafgesetzen mit besonders schweren Freiheits- und Geldstrafen geahndet werden.

3.2.3.8 Gewerblicher Rechtsschutz und das Urheberrecht

Allgemeines

Gewerblicher Rechtsschutz

Der gewerbliche Rechtsschutz dient dem **Schutz der gewerblich-geistigen Leistung** und der damit zusammenhängenden Interessen. Im weiteren Sinne gehören hierzu Patent-, Gebrauchsmuster-, Geschmacksmuster-, Marken- sowie Urheberrecht, denn alle haben das Ziel, eine individuelle geistige Leistung zu schützen. Unterschiede ergeben sich nach dem Inhalt der geschützten Leistungen. Das Urheberrecht schützt kulturelles Schaffen, während die gewerblich-technischen Rechte Leistungen technischer Art schützen.

Urheberrecht

Schutzbereiche des gewerblichen Rechtsschutzes und des Urheberrechts

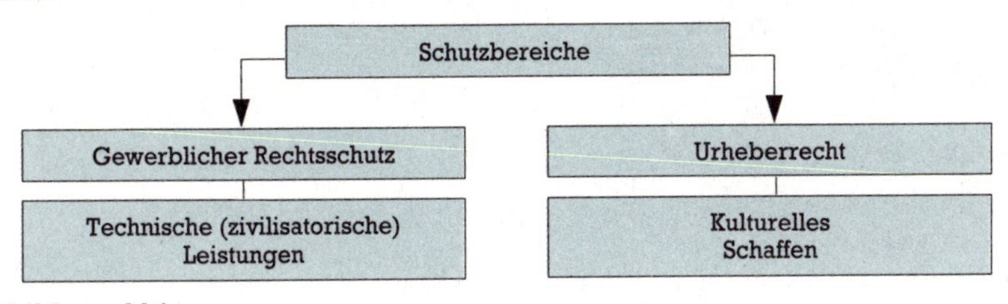

Abbildung 114

Einzelheiten zum gewerblichen Rechtsschutz

Patent

Patent

> Patent ist die dem Erfinder vom Staat erteilte ausschließliche, aber zeitlich begrenzte Befugnis, eine Erfindung zu benutzen.

- Schutzbereich

Geschützt werden kann ein technisches Herstellungs- oder Anwendungsverfahren oder ein Erzeugnis und dessen Einrichtung. Die **Erfindung muß einen nennenswerten Fortschritt der Technik bedeuten.**

Technischer Fortschritt

Schutzdauer

- Schutzdauer

Sie beträgt **20 Jahre** und beginnt mit dem der Anmeldung folgenden Tag. Der Schutz erlischt mit Ablauf der Frist, bei schriftlichem Verzicht oder bei Nichtzahlung der Patentgebühr.

- Wirkung

Nutzung

Allein der Patentinhaber ist berechtigt, die patentierte Erfindung zu benutzen. Unbefugter Benutzung durch Dritte kann der Berechtigte mit Unterlassungs- und Schadenersatzansprüchen begegnen.

- Zuständigkeit

Patentamt

Das Patent kann **national** und international geschützt werden. Für die Bundesrepublik Deutschland ist das **Deutsche Patentamt** in München zuständig.

Gebrauchsmuster

Gebrauchsmuster

Es wird auch das „kleine Patent" genannt; es gelten daher weitgehend die Patentbestimmungen mit folgenden Abweichungen:

Schutzbereich

- Schutzbereich

Geschützt werden **Arbeitsgeräte und Gebrauchsgegenstände oder Teile davon,** soweit sie dem Arbeits- oder Gebrauchszweck durch eine neue Gestaltung, Anordnung, Vorrichtung oder Schaltung dienen sollen.

Beispiele:

Werkzeuge, Haushaltsgeräte, Maschinen, Spielzeug etc.

Schutzdauer

- Schutzdauer

Die Schutzfrist beträgt **drei Jahre,** sie kann um drei und zwei Jahre verlängert werden.

Geschmacksmuster

Geschmacksmuster

- Schutzbereich

Schutzbereich

Geschützt sind **Muster (in Flächenform) und Modelle (in Raumform), die ästhetisch wirken,** wenn sie als neues und eigentümliches Erzeugnis angesehen werden. Der wesentliche Unterschied gegenüber dem Geschmacksmuster liegt in dem über das Auge wirkenden ästhetischen Gehalt.

Beispiele:

Kleiderschnitte, Tapetenmuster, Lampen, Bestecke, Vasen etc.

Schutzdauer

- Schutzdauer

Sie beträgt **fünf Jahre, maximal 20 Jahre** ab Anmeldung.

Warenzeichen und Dienstleistungsmarken

Warenzeichen und Dienstleistungsmarken

- Schutzbereich

Schutzbereich

Es handelt sich um **Kennzeichen, die dazu dienen, Waren oder Dienstleistungen** eines Gewerbetreibenden von den Waren oder Dienstleistungen anderer Gewerbetreibender **zu unterscheiden.**

Beispiele:

Wortzeichen (BMW, Milkana), Bildzeichen (Stern, Schriftzüge), kombinierte Wort- und Bildzeichen, Symbole, Firmenabkürzungen.

Schutzdauer

- Schutzdauer

Sie beträgt **10 Jahre** und **kann beliebig oft verlängert werden** (um jeweils 10 Jahre).

Urheberrecht

Urheberrecht

Urheberrecht ist das eigentumsähnliche Recht des Werkschöpfers (Urhebers) an seinem individuellen geistigen Werk.

- Schutzbereich

Schutzbereich

Geschützt sind unter anderem Werke der Literatur, Wissenschaft, Kunst, Sprach- und Schriftwerke, Musik, bildende Kunst, Baukunst, Rechen- und Computerprogramme.

Beispiele:

Auch künstlerische Metallbauer- (Schmiede-) und Schreinerarbeiten.

- Schutzdauer

Schutzdauer

Das Urheberrecht erlischt **70 Jahre nach dem Tod des Urhebers,** bei anonymen Werken 70 Jahre nach Veröffentlichung. Bei Lichtbildwerken gibt es – je nach Art des Bildes – unterschiedliche Schutzfristen.

- Wirkung

Rechte des Urhebers

Der **Urheber hat höchstpersönliche Rechte** (zum Beispiel Veröffentlichungsrecht, Anerkennung der Urheberschaft), **Verwertungsrechte** (zum Beispiel Vervielfältigung, Verbreitung, Ausstellung, öffentliche Wiedergabe) und **sonstige Rechte** (Zugang zu seinem Werk, Vergütung bei Vervielfältigung).

- Verletzung

Folgen der Rechtsverletzung

Der Urheber ist strafrechtlich gegen schuldhafte rechtswidrige Verletzung seines Rechts geschützt. Zivilrechtlich kann er bei schuldhafter Verletzung seines Rechts Schadenersatz, Unterlassung und Beseitigung von Beeinträchtigungen sowie Vernichtung von Vervielfältigungsstücken verlangen. Die Rechte von Tondichtern nimmt in Deutschland die GEMA wahr. Das Gesetz zur Stärkung des Schutzes geistigen Eigentums und zur Bekämpfung von Produktpiraterie erweitert die Schutzmöglichkeiten und verschärft den Strafrahmen.

Überblick über die gewerblichen Schutzrechte und das Urheberrecht

Gewerbliche Schutzrechte

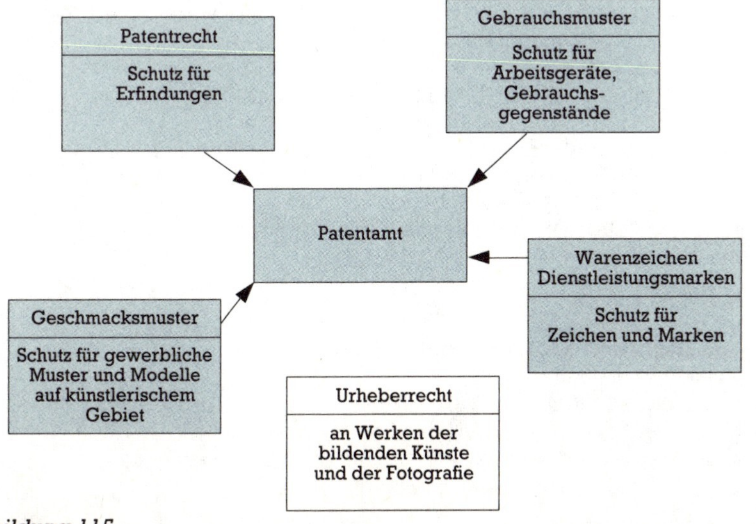

Abbildung 115

Programmierte und textlich gestaltete, offene Übungs-, Wiederholungs- und Prüfungsfragen

1. In welchem Gesetz ist die selbständige Berufsausübung im Handwerk geregelt?

☐ a) Im Bürgerlichen Gesetzbuch
☐ b) In der Handwerksordnung
☐ c) In der Gewerbeordnung
☐ d) Im Handelsgesetzbuch
☐ e) Im Berufsbildungsgesetz.

„Siehe Seite 129 des Textteils!“

2. Was versteht man unter Gewerbefreiheit?

☐ a) Daß man sich auch in einem Handwerk ohne weiteres selbständig machen kann, gleichgültig, ob man es erlernt hat oder nicht
☐ b) Daß man ein Handwerk zwar ohne Prüfung, aber erst nach abgeschlossener Berufsausbildung selbständig betreiben darf
☐ c) Daß man für die Selbständigmachung im Handwerk zwar keine Meisterprüfung, wohl aber die Gesellenprüfung bestanden haben muß
☐ d) Daß man sich nach Bestehen der Meisterprüfung überall im Bundesgebiet selbständig machen kann
☐ e) Daß man jedes Gewerbe selbständig ausüben kann, ausgenommen im Handwerk, für das eine Befähigung erforderlich ist.

„Siehe Seite 129 des Textteils!“

3. Wer darf nach den Bestimmungen der Handwerksordnung ein Handwerk selbständig als stehendes Gewerbe betreiben?

☐ a) Jeder, der seinen Betrieb bei der Gemeindebehörde angemeldet hat
☐ b) Jeder, der seinen Betrieb beim Finanzamt angemeldet hat
☐ c) Jeder, der für das betreffende Handwerk in der Handwerksrolle eingetragen ist
☐ d) Jeder, der sich dazu befähigt fühlt, ohne Anmeldung
☐ e) Nur der, der seinen Betrieb bei der Berufsgenossenschaft angemeldet hat.

„Siehe Seite 129, 133 des Textteils!“

4. Was versteht man unter Gewerbe im Sinne der Handwerksordnung?

☐ a) Jede Art von Tätigkeit, die mit der Absicht betrieben wird, einen Gewinn zu erzielen, der für den Lebensunterhalt ausreicht
☐ b) Alles, was nicht Handel ist
☐ c) Gewerbe ist gleichbedeutend mit Handwerk und bezeichnet daher jede Tätigkeit, die vorwiegend mit der Hand ausgeführt wird
☐ d) Jede mit der Absicht dauernder Gewinnerzielung betriebene Tätigkeit, soweit es sich nicht um freiberufliche Tätigkeit, Urproduktion, Dienstleistungen höherer Art oder den öffentlichen Dienst handelt
☐ e) Jede gewinnorientierte Tätigkeit, die der Sicherung des Lebensunterhalts dient, ausgenommen unselbständige Dienstleistungen.

„Siehe Seite 129 des Textteils!“

5. Was ist ein „stehender“ Gewerbebetrieb?

☐ a) Ein stillgelegter Gewerbebetrieb
☐ b) Ein Betrieb, der ausschließlich in der eigenen Werkstatt ausgeübt wird
☐ c) Ein Betrieb, bei dem nur im Stehen gearbeitet wird
☐ d) Ein Betrieb, der von einem festen Betriebssitz aus betrieben wird
☐ e) Ein Betrieb, der immer am selben Ort ausgeübt wird.

„Siehe Seite 130 des Textteils!“

6. Wer übt ein Handwerk „selbständig" aus?

☐ a) Der Unternehmer, auf dessen Rechnung der Betrieb läuft
☐ b) Der Arbeitnehmer, der an selbständiges Arbeiten gewöhnt ist und dem der Arbeitgeber deshalb keine Anweisungen zu geben braucht
☐ c) Der Werkmeister, der die Aufsicht über den Betrieb seines Arbeitgebers führt
☐ d) Ein älterer Geselle, dem mindestens zwei jüngere unterstellt sind
☐ e) Der angestellte Betriebsleiter einer GmbH, der die Meisterprüfung besitzt.

„Siehe Seite 131 des Textteils!"

7. Wann ist eine Tätigkeit „Handwerk" im Sinne der Handwerksordnung?

☐ a) Immer dann, wenn eine Tätigkeit nur mit der Hand ausgeübt wird
☐ b) Immer dann, wenn eine Tätigkeit hauptsächlich mit der Hand ausgeführt wird, wobei aber auch Werkzeuge und einfache Maschinen verwendet werden
☐ c) Immer dann, wenn handwerkliche Produkte in Serie auf Vorrat hergestellt werden
☐ d) Immer dann, wenn in einer Werkstatt gearbeitet wird
☐ e) Immer dann, wenn eine Tätigkeit, die in der Anlage A zur Handwerksordnung (Positivliste) aufgeführt ist, in handwerksmäßiger Form betrieben wird.

„Siehe Seite 131 des Textteils!"

8. Wie viele Gewerbe, die als Handwerk betrieben werden können, sind in der Anlage A zur Handwerksordnung (Positivliste) aufgeführt?

☐ a) 75
☐ b) 100
☐ c) 127
☐ d) 150
☐ e) 175

„Siehe Seite 131 des Textteils!"

9. Welche Merkmale hat die Rechtsprechung zur Abgrenzung zwischen Handwerk und Industrie entwickelt?

„Siehe Seite 132 des Textteils!"

10. Unter welcher Voraussetzung kann jemand im Falle der Selbständigmachung im Handwerk in der Regel in der Handwerksrolle eingetragen werden?

☐ a) Wenn er die Anmeldung seines Betriebes bei der Gemeinde nachweist
☐ b) Wenn er seine Berufsausbildung abgeschlossen und die Gesellenprüfung bestanden hat
☐ c) Wenn er zwar keine Gesellen- und Meisterprüfung abgelegt hat, sich aber zur Nachholung der Meisterprüfung binnen zwei Jahren verpflichtet
☐ d) Wenn er das Bestehen der Gesellenprüfung nachweist und sich verpflichtet, innerhalb einer bestimmten Frist die Meisterprüfung nachzumachen
☐ e) Wenn er das Bestehen der Meisterprüfung nachweist.

„Siehe Seite 133 des Textteils!"

11. Kann ein Handwerksmeister nur für das Handwerk in der Handwerksrolle eingetragen werden, in dem er die Meisterprüfung bestanden hat?

☐ a) Ja, denn das Bestehen der Meisterprüfung beweist nur, daß er das Handwerk beherrscht, in dem er die Meisterprüfung bestanden hat.
☐ b) Nein, wer die Meisterprüfung in einem Handwerk bestanden hat, kann für jedes beliebige Handwerk in der Handwerksrolle eingetragen werden.
☐ c) Wer die Meisterprüfung in einem Handwerk bestanden hat, kann für alle Handwerke, die zu seiner Berufsgruppe gehören, in der Handwerksrolle eingetragen werden.

☐ d) Wer die Meisterprüfung in einem Handwerk bestanden hat, kann außer für dieses Handwerk auch für ein solches Handwerk in der Handwerksrolle eingetragen werden, das mit seinem Handwerk verwandt ist.

☐ e) Ja, denn es gibt 127 verschiedene Vollhandwerke, die nur mit der jeweiligen Meisterprüfung betrieben werden können.

„Siehe Seite 132 des Textteils!"

12. Kann auch ein geprüfter Ingenieur oder Diplomingenieur in der Handwerksrolle eingetragen werden?

☐ a) Der Ingenieur nicht, wohl aber der Diplomingenieur, der seine Diplomprüfung in einem entsprechenden Fach abgelegt hat.

☐ b) Ja, aber nur, wenn er außer der Ingenieur- oder Diplomingenieurprüfung noch die Gesellenprüfung oder mindestens drei Jahre Praxis nachweist.

☐ c) Ja, er kann jederzeit für das Handwerk in der Handwerksrolle eingetragen werden, das der Fachrichtung seiner Ingenieurprüfung oder Diplomingenieurprüfung entspricht.

☐ d) Nein, die Ingenieur- oder Diplomingenieurprüfung ersetzt nicht die handwerkliche Meisterprüfung.

☐ e) Ja, er muß aber vorher die Teile III (Wirtschaft und Recht) oder IV (Berufspädagogik) der handwerklichen Meisterprüfung ablegen.

„Siehe Seite 133 des Textteils!"

13. Man kann in der Handwerksrolle auch dann für ein bestimmtes Handwerk eingetragen werden, wenn man von der höheren Verwaltungsbehörde eine sogenannte Ausnahmebewilligung erhalten hat. Kann jeder so eine Ausnahmebewilligung erhalten?

☐ a) Eine solche Ausnahmebewilligung erhält nur, wer finanzielle Bedürftigkeit nachweist.

☐ b) Eine solche Ausnahmebewilligung erhält jeder, der die Gesellenprüfung in seinem Handwerk bestanden und fünf Jahre als Geselle gearbeitet hat, sofern ein wichtiger Grund vorliegt.

☐ c) Eine solche Ausnahmebewilligung erhält nur ein älterer Geselle, der mindestens 50 Jahre alt ist und nachweist, daß er mindestens 30 Jahre ständig in seinem Handwerk gearbeitet hat.

☐ d) Eine solche Ausnahmebewilligung erhält nur, wer nachweist, daß er meisterliche Kenntnisse und Fertigkeiten in seinem Handwerk hat und daß besondere Gründe vorliegen, die die Ablegung der Meisterprüfung als nicht mehr zumutbar erscheinen lassen.

☐ e) Eine solche Ausnahmebewilligung erhält nur, wer in einem gewerblichen Betrieb lange Jahre leitend tätig war und besondere Kenntnisse in der Ausführung von Dienstleistungen erworben hat.

„Siehe Seite 134 des Textteils!"

14. Kann auch eine juristische Person, zum Beispiel eine GmbH, in der Handwerksrolle eingetragen werden?

☐ a) Nein, Handwerksbetriebe dürfen nur von natürlichen Personen betrieben werden.

☐ b) Ja, eine GmbH kann immer in der Handwerksrolle eingetragen werden, auch wenn kein qualifizierter Betriebsleiter vorhanden ist.

☐ c) Ja, auch eine GmbH kann in der Handwerksrolle eingetragen werden, wenn wenigstens ein Gesellschafter die Eintragungsvoraussetzungen (Meisterprüfung, Ausnahmebewilligung usw.) erfüllt.

☐ d) Ja, eine GmbH kann in der Handwerksrolle eingetragen werden, wenn eine Person den Betrieb in technischer Beziehung leitet, die eine Voraussetzung für die Eintragung in die Handwerksrolle erfüllt.

☐ e) Nein, eine GmbH kann selbst keine Meisterprüfung ablegen; dies wäre aber Voraussetzung für eine Eintragung in die Handwerksrolle.

„Siehe Seite 135 des Textteils!"

15. Unter welchen Voraussetzungen wird eine Personengesellschaft in der Handwerksrolle eingetragen?

☐ a) Nur wenn alle Gesellschafter die Meisterprüfung in dem betreffenden Handwerk bestanden oder eine Ausnahmebewilligung erhalten haben
☐ b) Nur wenn der persönlich haftende Gesellschafter eine Meisterprüfung besitzt und die übrigen Gesellschafter wenigstens eine Gesellenprüfung in diesem Handwerk nachweisen
☐ c) Nur wenn ein angestellter Betriebsleiter vorhanden ist, der die Meisterprüfung abgelegt oder eine Ausnahmebewilligung erhalten hat
☐ d) Nur wenn ein angestellter technischer Leiter vorhanden ist, der die Gesellenprüfung in dem betreffenden Handwerk bestanden hat und fünf Jahre praktisch tätig war
☐ e) Nur wenn mindestens ein persönlich haftender Gesellschafter eine Voraussetzung für die Eintragung in der Handwerksrolle erfüllt und wenn dieser den Betrieb in technischer Beziehung leitet.

„Siehe Seite 135 des Textteils!"

16. Muß auch der Unternehmer eines Hauptbetriebes (zum Beispiel Handel, Industrie), der einen handwerklichen Nebenbetrieb führt, in der Handwerksrolle eingetragen sein?

☐ a) Nein, ein Nebenbetrieb zählt nicht als Handwerksbetrieb.
☐ b) Nein, ein Nebenbetrieb kann zwar auch ein Handwerksbetrieb sein, es kommt aber immer nur auf den Hauptbetrieb an.
☐ c) Nur dann, wenn der Nebenbetrieb in erheblichem Umfang betrieben wird.
☐ d) Ja, in jedem Falle.
☐ e) Nur dann, wenn der Hauptbetrieb in erheblichem Umfang betrieben wird.

„Siehe Seite 136 des Textteils!"

17. Darf die Witwe eines verstorbenen Handwerksmeisters dessen Betrieb fortführen?

☐ a) Ja, und zwar ohne irgendwelche Beschränkungen.
☐ b) Ja, aber nur dann, wenn sie mindestens fünf Jahre im Betrieb des verstorbenen Ehemannes praktisch mitgearbeitet hat.
☐ c) Sie darf den Betrieb nur dann fortführen, wenn sie mindestens die Gesellenprüfung im Handwerk des Verstorbenen bestanden hat und sich verpflichtet, die Meisterprüfung binnen drei Jahren nachzuholen.
☐ d) Sie darf den Betrieb nur fortführen, wenn sie binnen einem Jahr die Meisterprüfung ablegt.
☐ e) Sie kann den Betrieb zeitlebens fortführen, muß aber nach Ablauf eines Jahres einen Betriebsleiter einstellen, der in die Handwerksrolle eingetragen werden kann.

„Siehe Seite 136 des Textteils!"

18. Darf auch ein anderer Erbe (außer der Witwe) nach dem Tode des Handwerksmeisters dessen Betrieb fortführen?

☐ a) Nein, in keinem Falle.
☐ b) Ja, solange er will und ohne besondere Voraussetzungen.
☐ c) Ja, aber nur, wenn er im Handwerk des Verstorbenen die Gesellenprüfung abgelegt hat und sich verpflichtet, binnen zwei Jahren die Meisterprüfung nachzuholen.
☐ d) Ja, aber nur bis zur Vollendung des 21. Lebensjahres. Bis dahin muß er die Meisterprüfung abgelegt haben.

☐ e) Nur bis zur Vollendung des 25. Lebensjahres, mindestens aber auf die Dauer von zwei Jahren. Nach Ablauf eines Jahres muß ein qualifizierter Betriebsleiter vorhanden sein.

„Siehe Seite 136 des Textteils!"

19. Wer sich im Handwerk selbständig machen will, muß sich bei verschiedenen amtlichen Stellen melden. Wo meldet er sich?

☐ a) Beim Amtsgericht und beim Landratsamt
☐ b) Bei der höheren Verwaltungsbehörde (Regierung) und beim Arbeitsamt
☐ c) Bei der Handwerkskammer, der Gemeinde, dem Finanzamt und der Berufsgenossenschaft
☐ d) Beim Statistischen Landesamt, beim Gewerbeaufsichtsamt, beim Finanzamt und bei der Ortskrankenkasse
☐ e) Beim Registergericht und bei der Industrie- und Handelskammer.

„Siehe Seite 136 des Textteils!"

20. Wer ein Handwerk selbständig als stehendes Gewerbe betreibt, ohne in der Handwerksrolle eingetragen zu sein, begeht

☐ a) Steuerhinterziehung, die mit Geldstrafe in unbegrenzter Höhe bestraft wird.
☐ b) Betrug, der mit schwerer Freiheitsstrafe geahndet wird.
☐ c) Schwarzarbeit, das ist eine Ordnungswidrigkeit, die mit Geldbuße bis zu 50.000,00 DM und mit Betriebsschließung bedroht ist.
☐ d) unberechtigte Handwerksausübung, die mit Geldstrafe bis zu 2.000,00 DM bestraft wird.
☐ e) einen Verstoß gegen die Gewerbeordnung, der mit Strafgeld bis 30.000,00 DM verfolgt wird.

„Siehe Seite 137 des Textteils!"

21. Nennen Sie Gründe für die Untersagung der selbständigen Ausübung eines Handwerks!

„Siehe Seite 138 des Textteils!"

22. Jeder, der ein Gewerbe betreibt, das möglicherweise Handwerk sein kann, ist verpflichtet, der Handwerkskammer Auskünfte über seinen Betrieb zu erteilen. Wer diese Auskünfte nicht erteilt, begeht

☐ a) Betrug gegenüber der Handwerkskammer (Freiheitsstrafe bis zu einem Jahr).
☐ b) eine Ordnungswidrigkeit, die mit Geldbuße bis zu 2.000,00 DM bedroht ist.
☐ c) eine Auskunftsverweigerung, die strafbar ist (Geldstrafe bis 1.000,00 DM).
☐ d) eine Übertretung, die mit Geldstrafe bis 150,00 DM bestraft wird.
☐ e) ein Ordnungsdelikt, das mit Bußgeld bis 5.000,00 DM bestraft wird.

„Siehe Seite 137 des Textteils!"

23. In welchen Verzeichnissen sind die mit dem Handwerk zusammenhängenden Gewerbe erfaßt? Wodurch unterscheiden sich die beiden Verzeichnisse?

„Siehe Seite 138, 140 des Textteils!"

24. Muß der Inhaber eines Handwerksbetriebes in das Handelsregister beim Amtsgericht – Registergericht eingetragen sein?

☐ a) Ja, immer, denn nach dem Gesetz über die Kaufmannseigenschaft von Handwerkern müssen auch alle Handwerksbetriebe im Handelsregister eingetragen sein.
☐ b) Nein, niemals, denn Handwerksbetriebe sind keine Handelsbetriebe.

☐ c) Nur dann, wenn sein Unternehmen nach Art und Umfang so groß ist, daß es einen in kaufmännischer Weise eingerichteten Geschäftsbetrieb unbedingt benötigt.
☐ d) Er muß zwar nicht, aber er kann eingetragen werden, wenn er es aus einem wichtigen Grunde beantragt.
☐ e) Immer dann, wenn der betriebliche Jahresumsatz 100.000,00 DM überschreitet.

„Siehe Seite 144 des Textteils!"

25. Definieren Sie, wer Kaufmann im Sinne des HGB ist!

„Siehe Seite 143 des Textteils!"

26. Ist gesetzlich festgelegt, bei welcher Mindesthöhe des Umsatzes, des Anlagevermögens und des Personalstandes ein Handwerksbetrieb im Handelsregister eingetragen sein muß?
☐ a) Ja, nämlich Umsatz 500.000,00 DM, Anlagevermögen 100.000,00 DM, Personalstand mindestens zwölf Personen.
☐ b) Nein, dies entscheidet das Amtsgericht (Handelsregister) von Fall zu Fall.
☐ c) Ja, nämlich Umsatz 50.000,00 DM, Anlagevermögen 10.000,00 DM, Personalstand fünf Personen.
☐ d) Ja, nämlich Umsatz 100.000,00 DM, Anlagevermögen 25.000,00 DM, Personalstand zehn Personen.
☐ e) Nein, dies entscheidet das Landgericht (Kammer für Handelssachen) von Fall zu Fall.

„Siehe Seite 144 des Textteils!"

27. Erklären Sie, was eine Firma im rechtlichen Sinn ist!

„Siehe Seite 149 des Textteils!"

28. Nennen Sie rechtliche Merkmale, mit denen sich Vollkaufleute von Minderkaufleuten unterscheiden!

„Siehe Seite 144, 146 des Textteils!"

29. Was ist das Handelsregister, welche Aufgaben hat es und wo wird es geführt?

„Siehe Seite 148 des Textteils!"

30. Kann der Alleininhaber eines zum handwerklichen Großbetrieb angewachsenen Unternehmens unter jeder beliebigen Firmenbezeichnung ins Handelsregister eingetragen werden?
☐ a) Ja, er kann sogar eine Phantasiebezeichnung als Firma wählen.
☐ b) Nein, er muß entweder seinen Namen (ohne Vornamen) wählen oder den Gegenstand seines Unternehmens angeben.
☐ c) Er kann seinen Familiennamen, eine Abkürzung oder eine passende Phantasiebezeichnung wählen.
☐ d) Er muß mit seinem Familiennamen und allen ausgeschriebenen Vornamen firmieren.
☐ e) Er kann nur seinen Familien- und mindestens einen ausgeschriebenen Vornamen als Firma wählen.

„Siehe Seite 150 des Textteils!"

31. Welches ist für den Handwerker der wichtigste Vorteil einer Eintragung in das Handelsregister?
☐ a) Er kann gleichzeitig Mitglied der Handwerkskammer und der Industrie- und Handelskammer sein.

☐ b) Er ist gezwungen, Geschäftsbücher nach den Vorschriften des Handelsgesetzbuches zu führen und seinen Gewinn durch Bilanzierung zu ermitteln.
☐ c) Die im Handelsregister eingetragene Firma kann von einem Nachfolger (Erben, Pächter oder Käufer) fortgeführt werden.
☐ d) Für ihn gelten dann auch die sogenannten Handelsbräuche (Usancen).
☐ e) Er kann dann eine Prokura (Gesamtvollmacht) erteilen.

„Siehe Seite 150 des Textteils!"

32. Nennen Sie die wichtigsten Personen- und Kapitalgesellschaften!

„Siehe Seite 152, 154 des Textteils!"

33. Welche von den nachfolgend aufgeführten Gesellschaften sind Personengesellschaften?
☐ a) Gesellschaft des bürgerlichen Rechts, Offene Handelsgesellschaft, Kommanditgesellschaft
☐ b) Gesellschaft mit beschränkter Haftung (GmbH) und eingetragene Genossenschaft
☐ c) Aktiengesellschaft (AG) und Kommanditgesellschaft auf Aktien (KGaA)
☐ d) Eingetragene Genossenschaft und Kommanditgesellschaft auf Aktien
☐ e) Stille Gesellschaft, eingetragener Verein, Aktiengesellschaft.

„Siehe Seite 152 des Textteils!"

34. Welche der nachfolgend aufgeführten Gesellschaften sind Kapitalgesellschaften?
☐ a) Gesellschaft des bürgerlichen Rechts und Stille Gesellschaft
☐ b) Offene Handelsgesellschaft und Kommanditgesellschaft (OHG, KG)
☐ c) Kommanditgesellschaft und Schachtelgesellschaft (GmbH u. Co. KG)
☐ d) Gesellschaft mit beschränkter Haftung und Aktiengesellschaft
☐ e) Eingetragene Genossenschaft und gemeinnütziger Verein.

„Siehe Seite 154 des Textteils!"

35. Welche der nachfolgend aufgeführten Gesellschaften sind juristische Personen?
☐ a) Gesellschaft des bürgerlichen Rechts und Stille Gesellschaft
☐ b) Offene Handelsgesellschaft und Kommanditgesellschaft
☐ c) Gesellschaft mit beschränkter Haftung und Aktiengesellschaft
☐ d) Kommanditgesellschaft und Stille Gesellschaft
☐ e) Arbeitsgemeinschaft und nicht eingetragener Verein.

„Siehe Seite 155 des Textteils!"

36. Welche der nachfolgend aufgeführten Gesellschaften können nicht im Handelsregister eingetragen werden?
☐ a) Gesellschaft des bürgerlichen Rechts und Stille Gesellschaft
☐ b) Offene Handelsgesellschaft und Kommanditgesellschaft
☐ c) Gesellschaft mit beschränkter Haftung
☐ d) Genossenschaft und Schachtelgesellschaft (GmbH u. Co. KG)
☐ e) Aktiengesellschaft und KGaA.

„Siehe Seite 153 des Textteils!"

37. Eine der nachstehend aufgeführten Behauptungen ist <u>falsch</u>. Welche?
☐ a) Bei der Gesellschaft des bürgerlichen Rechts und bei der Offenen Handelsgesellschaft haften sämtliche Gesellschafter mit ihrem ganzen Vermögen für die Schulden der Gesellschaft.

☐ b) Bei der Kommanditgesellschaft haftet der Kommanditist mit seinem ganzen Vermögen und der Komplementär nur mit seiner Einlage für die Schulden der Gesellschaft.
☐ c) Bei der Gesellschaft mit beschränkter Haftung haften die Gesellschafter überhaupt nicht für die Schulden der Gesellschaft, sondern nur die Gesellschaft selbst (juristische Person) mit ihrem Vermögen, das sich allerdings mindestens zum Teil aus den Einlagen der Gesellschafter zusammensetzt.
☐ d) Bei der Aktiengesellschaft haftet nur das Vermögen der Gesellschaft für ihre Schulden, weil sie eine juristische Person ist.
☐ e) Bei einer Gesellschaft des bürgerlichen Rechts haften alle Gesellschafter mit ihrem gesamten Vermögen; eine interne Haftungsbeschränkung unter den Gesellschaftern ist Dritten gegenüber unwirksam.

„Siehe Seite 153 des Textteils!"

38. Nennen Sie die Unterschiede in der Haftung bei der OHG und der KG!

„Siehe Seite 153 des Textteils!"

39. Zählen Sie mindestens vier Gesetze auf, die der Handwerksmeister bei seiner Werbung beachten muß!

„Siehe Seite 159 des Textteils!"

40. Welche Handlungen verbietet das Gesetz gegen unlauteren Wettbewerb?

„Siehe Seite 159 des Textteils!"

41. Was ist nach den Vorschriften des Gesetzes gegen den unlauteren Wettbewerb (UWG) verboten?

☐ a) Alle Wettbewerbshandlungen, die gegen die guten Sitten verstoßen.
☐ b) Das UWG ist nur eine Sollvorschrift und verbietet überhaupt nichts.
☐ c) Verboten ist nur jede Art der vergleichenden Werbung.
☐ d) Verboten ist vor allem, die Preise der Konkurrenz zu unterbieten.
☐ e) Verboten sind alle Sonderveranstaltungen und Sonderangebote.

„Siehe Seite 160 des Textteils!"

42. Nennen Sie die nach dem UWG zulässigen Sonderveranstaltungen!

„Siehe Seite 160 des Textteils!"

43. In welchen Fällen und wie lange sind Räumungsverkäufe zulässig?

„Siehe Seite 160 des Textteils!"

44. An welche Stelle wendet man sich, wenn ein Konkurrent unlauteren Wettbewerb betreibt und eine Abmahnung erfolglos blieb?

☐ a) An das zuständige Gewerbeaufsichtsamt oder an die höhere Verwaltungsbehörde (Bezirksregierung)
☐ b) An die untere Verwaltungsbehörde – Gewerbereferat (Landratsamt)
☐ c) An das zuständige Landgericht über einen dort zugelassenen Rechtsanwalt oder an die Einigungsstelle für Wettbewerbsstreitigkeiten bei der Industrie- und Handelskammer
☐ d) An die nächste Polizeidienststelle oder an die Staatsanwaltschaft beim zuständigen Landgericht
☐ e) An die Schiedsstelle für allgemeine Streitigkeiten beim örtlich zuständigen Amtsgericht.

„Siehe Seite 161 des Textteils!"

45. Welches Wirtschaftssystem haben wir in der Bundesrepublik Deutschland?

☐ a) Freie Marktwirtschaft
☐ b) Soziale Marktwirtschaft
☐ c) Reine Planwirtschaft
☐ d) Soziale Planwirtschaft
☐ e) Freie Planwirtschaft.

„Siehe Seite 161 des Textteils!"

46. Nennen Sie drei Verhaltensweisen, mit denen Unternehmer den Wettbewerb beschränken!

„Siehe Seite 162 des Textteils!"

47. Was sind Kartelle und welchen Zweck verfolgen sie?

„Siehe Seite 162 des Textteils!"

48. Was versteht man unter einem verbotenen Kartell im Sinne des Gesetzes gegen Wettbewerbsbeschränkungen?

☐ a) Das ist der Zusammenschluß von selbständigen Unternehmen zum Zwecke der Einschränkung oder des Ausschlusses des Wettbewerbs unter den Beteiligten.
☐ b) Das ist der Zusammenschluß von Unternehmern zur Pflege von Kollegialität und Gemeingeist.
☐ c) Das ist der Zusammenschluß von Unternehmen zum Zwecke gemeinsamer Anstrengungen zur Hebung des Exports.
☐ d) Das ist die Zusammenarbeit von mehreren Unternehmen zum Zwecke der Ausführung größerer Aufträge.
☐ e) Das ist der Zusammenschluß von selbständigen Unternehmern zur einheitlichen Anwendung von genehmigten Allgemeinen Geschäfts-, Liefer- und Zahlungsbedingungen.

„Siehe Seite 162 des Textteils!"

49. Darf eine Innung Preise für Erzeugnisse oder Dienstleistungen ihrer Mitglieder festsetzen?

☐ a) Nein, solche Preisfestsetzungen sind verboten, die Innung kann höchstens Preisempfehlungen herausgeben.
☐ b) Nein, die Innung darf zwar keine Festpreise bestimmen, sie kann aber Preisspannen festsetzen.
☐ c) Die Innung darf sich in die Preisbildung überhaupt nicht einschalten. Jeder Unternehmer muß seine Preise selbst kalkulieren.
☐ d) Die Innung darf sich zwar in die Preisbildung nicht einschalten; sie kann aber Richtpreise ermitteln und diese ihren Mitgliedern empfehlen.
☐ e) Die Innung darf zum Schutz der Verbraucher dann Preise festsetzen, wenn die Kalkulation der Mitglieder erhebliche Preisspannen aufweist.

„Siehe Seite 162 des Textteils!"

50. Die sämtlichen in einer Stadt ansässigen Handwerksmeister eines bestimmten Handwerkszweiges verabreden, daß sie alle am Mittwoch ihr Geschäft geschlossen halten. Ist das zulässig?

☐ a) Nein, weil diese Verabredung unter anderem dazu dient, den Konkurrenzkampf am Mittwoch auszuschalten.
☐ b) Ja, denn es ist jedem Geschäftsmann freigestellt, ob und wann er während der gesetzlichen Ladenöffnungszeiten sein Geschäft aufhalten oder schließen will.
☐ c) Die Verabredung ist nur zulässig, wenn sie von der Bezirksregierung genehmigt wird.
☐ d) Die Verabredung bedarf der Genehmigung durch die Handwerkskammer.

☐ e) Ja, weil an diesem Tag die im Interesse des Staates erforderliche Büroarbeit ohne Beeinträchtigung des Betriebes verrichtet werden kann.

„Siehe Seite 163 des Textteils!"

51. Was versteht man unter einem Rabatt und wann ist die Rabattgewährung zulässig?

„Siehe Seite 163 des Textteils!"

52. Wieviel Prozent darf der Barzahlungsrabatt höchstens betragen?

☐ a) Er kann beliebig hoch vereinbart werden.
☐ b) Das richtet sich danach, was in der betreffenden Branche üblich ist.
☐ c) Er darf höchstens 5 % betragen.
☐ d) Er darf höchstens 4 % betragen.
☐ e) Er darf höchstens 3 % betragen.

„Siehe Seite 163 des Textteils!"

53. Darf der Kunde des Handwerksmeisters bei Barzahlung in jedem Fall 3 % Barzahlungsrabatt abziehen?

☐ a) Ja, denn dieser Rabatt steht ihm nach dem Rabattgesetz zu.
☐ b) Nein, denn ein solcher Rabatt steht dem Kunden nur zu, wenn er dies mit dem Handwerksmeister vereinbart hat.
☐ c) Er kann zwar auch ohne Vereinbarung Rabatt abziehen, aber höchstens 2 %.
☐ d) Bei Handwerkerrechnungen darf ein Rabatt überhaupt nicht vereinbart, also auch nicht abgezogen werden.
☐ e) Ja, denn Rabatte bedürfen keiner Vereinbarung und sind heute auch im Handwerk üblich.

„Siehe Seite 163 des Textteils!"

54. Was ist eine Zugabe und wann ist sie zulässig?

„Siehe Seite 163 des Textteils!"

55. Sind Zugaben in beliebiger Menge erlaubt?

☐ a) Ja, in jeder Menge, denn Zugaben sind Geschenke, und dafür gibt es keine Beschränkungen.
☐ b) Nein, Zugaben sind überhaupt verboten.
☐ c) Die Zugabe geringwertiger Reklamegegenstände, die als solche gekennzeichnet sind, ist zulässig.
☐ d) Werbegeschenke dürfen nur an Stammkunden gegeben werden.
☐ e) Nein, weil Zugaben jeder Art den Kunden bestechen sollen, was strafrechtlich verboten ist.

„Siehe Seite 164 des Textteils!"

56. Warum ist jeder Geschäftsmann verpflichtet, seine Waren oder Leistungen mit Preisauszeichnungen zu versehen?

☐ a) Damit der Geschäftsmann und sein Personal sich gleich auskennen und nicht verschiedenen Kunden verschiedene Preise nennen
☐ b) Damit die Preisbehörde seine Preisgestaltung leichter überwachen kann
☐ c) Damit das Finanzamt bei der Überprüfung der Angaben in der Einkommensteuererklärung eine Handhabe für die Schätzung der Einnahmen des Geschäftsmannes hat
☐ d) Damit der Kunde die Preise leichter mit den Preisen der Konkurrenz vergleichen und sich leichter vor Überforderungen schützen kann
☐ e) Damit konkurrierende Unternehmer durch Vergleich ihrer Preise leichter kalkulieren können.

„Siehe Seite 164 des Textteils!"

57. Darf der Geschäftsmann bei Verhandlungen über den Verkauf einer Ware mehr verlangen als den ausgezeichneten Preis?

☐ a) Nein, in keinem Fall.
☐ b) Ja, er kann auf jeden Fall noch Umsatzsteuer hinzurechnen.
☐ c) Ja, er kann dann mehr verlangen, wenn ihm die Preisbehörde dies genehmigt.
☐ d) Ja, er kann dann mehr verlangen, wenn er nachweisen kann, daß ihm bei der Preisauszeichnung versehentlich ein Fehler unterlaufen ist.
☐ e) Nein, denn Verhandlungen über den Preis sind gesetzlich nicht zugelassen.

„Siehe Seite 164 des Textteils!"

58. Wie erfolgt die Preisauszeichnung im allgemeinen?

☐ a) Indem man an der Ladentür oder Werkstattür ein Verzeichnis der (im Laden, in der Werkstatt) erhältlichen Waren (Leistungen) anbringt und die entsprechenden Preise hinzufügt
☐ b) Indem man die einzelnen Waren mit einem Preisschild (Preisbeschriftung) versieht bzw. die handwerklichen Leistungen in einem Preisverzeichnis, das im Schaufenster oder in einer Werkstatt sichtbar ausgehängt wird, zusammenfaßt
☐ c) Indem man die Preise für Waren und Leistungen in einem Preisverzeichnis zusammenstellt, das man auf Verlangen dem Kunden vorlegen muß
☐ d) Wenn die Auszeichnung der Waren und die Aufstellung eines Preisverzeichnisses für handwerkliche Leistungen zu umständlich sind, so genügt es, dem Kunden auf Verlangen die Einkaufsrechnungen vorzulegen
☐ e) Es genügt, nur die wertvollen Waren auszuzeichnen und die besonderen Dienstleistungen in eine Preisliste aufzunehmen.

„Siehe Seite 164 des Textteils!"

59. Muß auch der Bauhandwerker ein Preisverzeichnis für seine Leistungen aufstellen?

☐ a) Nein, weil er seine Aufträge üblicherweise aufgrund von schriftlichen Angeboten (Leistungsverzeichnis und Kostenangebot) erhält und deshalb von der Preisauszeichnungspflicht befreit ist.
☐ b) Ja, er muß wie jeder andere Handwerker, der Leistungen anbietet, ein Verzeichnis seiner wesentlichen Leistungen mit den entsprechenden Preisen aufstellen und dieses in seinem Büro an leicht sichtbarer Stelle aushängen.
☐ c) Ja, er muß ein Verzeichnis wie zu b) aufstellen und dieses auf Verlangen dem Auftraggeber aushändigen.
☐ d) Ja, er muß ein Verzeichnis wie zu b) aufstellen und dieses unaufgefordert dem Auftraggeber vor Erteilung des Auftrags vorlegen.
☐ e) Nein, die auf die Baustelle gelieferten Waren sind mit Preisetiketten versehen, so daß der Kunde alle Kosten im Auge behalten kann.

„Siehe Seite 165 des Textteils!"

60. Für welche Betriebe gilt das Ladenschlußgesetz?

☐ a) Für alle Betriebe des Handels und Gewerbes, gleichgültig, ob sie in Läden oder Verkaufsstellen, in Werkstätten oder auf einem unbebauten Grundstück betrieben werden.
☐ b) Es gilt nur für Handelsbetriebe, aber nicht für Gewerbebetriebe, die nur in geringem Umfang Handel betreiben.
☐ c) Es gilt nur – wie der Name schon sagt – für Läden, aber nicht für sonstige Verkaufsstellen wie zum Beispiel Kioske und schon gar nicht für Gewerbebetriebe, wenn diese nicht in einem Laden betrieben werden.
☐ d) Es gilt für alle Verkaufsstellen, also für Läden, Verkaufsstände, Verkaufsbuden, Kioske und für Friseurbetriebe.
☐ e) Es gilt nur für gewerbliche Betriebe, die Waren kaufen und verkaufen und die im Handelsregister eingetragen sind.

„Siehe Seite 165 des Textteils!"

61. In welcher Zeit dürfen Verkaufsstellen allgemein an den Wochentagen Montag mit Freitag offen sein?

☐ a) Von 6.30 Uhr bis 18.30 Uhr, Donnerstag bis 20.00 Uhr
☐ b) Von 7.00 Uhr bis 12.00 Uhr und von 13.00 Uhr bis 18.00 Uhr, Donnerstag bis 20.30 Uhr
☐ c) Von 7.30 Uhr bis 18.30 Uhr, Donnerstag bis 20.00 Uhr
☐ d) Von 6.30 Uhr bis 13.00 Uhr und von 15.00 bis 18.30 Uhr, Donnerstag bis 20.30 Uhr
☐ e) Von 7.00 Uhr bis 18.30 Uhr, Donnerstag bis 20.30 Uhr.

„Siehe Seite 166 des Textteils!"

62. In welcher Zeit dürfen Verkaufsstellen allgemein am Sonnabend (Werktag) offen sein?

☐ a) Immer von 7.00 Uhr bis 14.00 Uhr
☐ b) Immer von 7.00 Uhr bis 12.00 Uhr
☐ c) Von 7.00 Uhr bis 14.00 Uhr, am 1. Sonnabend eines jeden Monats und an den vier Sonnabenden vor dem 24. Dezember bis 18.00 Uhr, in den Monaten April bis September bis 16.00 Uhr
☐ d) Normalerweise von 7.00 Uhr bis 12.00 Uhr, außerdem am 1. Sonnabend eines jeden Monats und an den vier Sonnabenden vor dem 24. Dezember von 7.00 Uhr bis 16.00 Uhr
☐ e) Immer von 7.00 Uhr bis 14.00 Uhr, außerdem an den Sonnabenden vor Ostern, Pfingsten und Weihnachten von 7.00 Uhr bis 18.00 Uhr.

„Siehe Seite 166 des Textteils!"

63. An welchen Tagen und zu welchen Zeiten dürfen Friseurbetriebe, die keinerlei Handel betreiben, geöffnet sein? Und wenn sie Handel betreiben?

„Siehe Seite 166 des Textteils!"

64. Welchen Bereich schützt das Urheberrecht, welchen die gewerblichen Schutzrechte?

„Siehe Seite 167 des Textteils!"

65. Das Gesetz gegen den unlauteren Wettbewerb verbietet unter anderem auch die sklavische Nachahmung der Erzeugnisse eines Konkurrenten. Kann sich der Handwerksmeister auch noch auf andere Weise gegen Nachahmung seiner Erzeugnisse sichern?

☐ a) Nein, es gibt keine weitere Schutzmöglichkeit.
☐ b) Nein, denn Patente und Gebrauchsmuster können nur im Handelsregister eingetragene Kaufleute schützen lassen.
☐ c) Ja, er kann ein Muster des zu schützenden Erzeugnisses beim Bundeskartellamt hinterlegen. Dieses sorgt dann dafür, daß es nicht nachgeahmt wird.
☐ d) Die Hinterlegung eines Musters erfolgt beim Europäischen Patentamt in München.
☐ e) Ja, er kann unter Umständen beim Deutschen Patentamt in München die Erteilung eines Patents oder eines Gebrauchsmusters erreichen oder ein Geschmacksmuster anmelden.

„Siehe Seite 168 des Textteils!"

3.3 Das Arbeitsrecht

Vorbemerkung

Bei den Lernzielen geht es nicht in jedem Fall darum, alle Fakten und Daten aus dem Gedächtnis zu beherrschen; in vielen Fällen genügt auch das Wissen um grundsätzliche Besonderheiten für die nachfolgend angesprochenen Mitarbeiterkategorien sowie Kenntnis der Nachschlagequellen und auch der Beratungsmöglichkeiten.

3.3.0 Einführung

Lernziele:

- Über die Rolle des Arbeitsrechts und dessen wichtigste Rechtsgrundlagen informiert sein.
- Kennen der Arbeitsbehörden und ihrer Aufgaben.
- Die Zusammenschlüsse (Koalitionen) von Interessengruppen im Arbeitsrecht sowie ihre Ziel- und Zwecksetzungen kennen.

3.3.0.1 Rechtsgrundlagen des Arbeitsrechts

Das Arbeitsrecht regelt die Rechtsverhältnisse zwischen den Arbeitnehmern und Arbeitgebern.

Arbeitsrecht

Rechtsgrundlagen des Arbeitsrechts

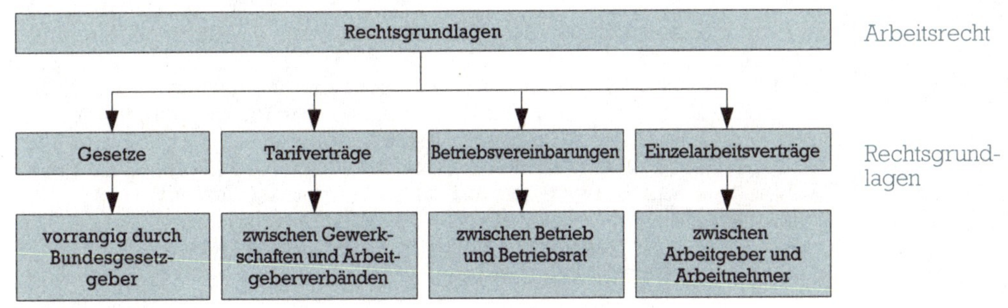

Rechtsgrundlagen

Abbildung 116

3.3.0.2 Arbeitsbehörden

Bundesministerium für Arbeit und Sozialordnung

Bundesbehörde

Oberste Arbeitsbehörde der Bundesrepublik ist das Bundesministerium für Arbeit und Sozialordnung, in deren Zuständigkeit vor allem fallen:

- das Arbeitsrecht
- die Arbeitsmarktpolitik
- die Sozialversicherung.

Es führt die oberste Dienstaufsicht über das Bundesarbeitsgericht, das Bundessozialgericht und die auf Bundesebene errichteten Sozialversicherungsträger.

Teilzuständigkeiten haben das Bundesministerium für Gesundheit und das Bundesministerium für Familie und Senioren.

Landesarbeitsministerien

Landesarbeitsministerien

Ihnen obliegen
- die Durchführung der arbeits- und sozialrechtlichen Bundes- und Landesgesetze
- die Dienstaufsicht über die auf Landesebene errichteten Sozialversicherungsträger und Arbeitsbehörden sowie die Arbeits- und Landesarbeitsgerichte, Sozial- und Landessozialgerichte.

Gewerbeaufsichtsämter

Gewerbeaufsichtsämter

Die Gewerbeaufsichtsämter sind auf Landesebene errichtet, den Landesarbeitsministerien unterstellt und für die Überwachung der Einhaltung der Arbeitsschutzgesetze zuständig.

Bundesanstalt für Arbeit

Bundesanstalt für Arbeit

Zum Aufgabenbereich der Bundesanstalt für Arbeit und ihrer Dienststellen (Landesarbeitsämter und Arbeitsämter) siehe die Abschnitte 3.4.6.5 „Leistungen der Arbeitslosenversicherung" und 3.4.7.2 „Kindergeld" in diesem Band..

3.3.0.3 Koalitionsfreiheit

Koalitionen

> Artikel 9/III des Grundgesetzes garantiert das Recht zur Bildung von Vereinigungen zur Wahrung und Förderung der Arbeits- und Wirtschaftsbedingungen. Zusammenschlüsse dieser Art, auch Koalitionen genannt, sind die Gewerkschaften und die Arbeitgeberverbände.

Freiwillige Mitgliedschaft

Jeder Arbeitnehmer und Unternehmer ist berechtigt, einem Berufsverband als Mitglied beizutreten oder diesem fernzubleiben. Maßnahmen, die die Koalitionsfreiheit einschränken oder behindern, sind unzulässig.

Arbeitskampf

Zur Durchsetzung ihrer Ziele steht den Arbeitnehmer- und Arbeitgeberverbänden unter Wahrung des Grundsatzes der Verhältnismäßigkeit als letztes Mittel der Arbeitskampf zur Verfügung.

Streik

Als Streik bezeichnet man die kollektive Arbeitsniederlegung mehrerer Arbeitnehmer zur Erzwingung einer bestimmten Forderung.

Aussperrung

Das Kampfmittel der Arbeitgeber ist die Aussperrung. Durch Suspendierung mehrerer Arbeitnehmer soll den Erfordernissen der Arbeitgeberseite Nachdruck verliehen werden.

3.3.0.4 Arbeitnehmer- und Arbeitgeberverbände

Gewerkschaften

Gewerkschaften

Die Gewerkschaften sind überkonfessionell und überparteilich.

Aufgaben

> Die Aufgaben der Gewerkschaften sind unter anderem
> - Einflußnahme auf Sozial-, Wirtschafts- und Gesellschaftspolitik
> - Erreichen günstiger Arbeitsbedingungen für ihre Mitglieder durch Abschluß von Tarifverträgen
> - Betreuung ihrer Mitglieder in allen sozial- und arbeitsrechtlichen Angelegenheiten.

Arbeitgeberverbände

Arbeitgeberverbände

Die Arbeitgeberverbände sind ebenfalls überkonfessionell und überparteilich. Im Handwerk sind dies: Innungen, Landes-/Bundesinnungsverbände.

Die Aufgaben der Arbeitgeberverbände sind vor allem
- Vertretung der sozial- und wirtschaftspolitischen Vorstellungen der Unternehmer gegenüber dem Gesetzgeber
- Abschluß von Tarifverträgen mit Arbeitsbedingungen, die sich für die Betriebe in tragbaren Grenzen halten
- Betreuung der Mitglieder.

Aufgaben

Die Koalitionsfreiheit in der Bundesrepublik Deutschland

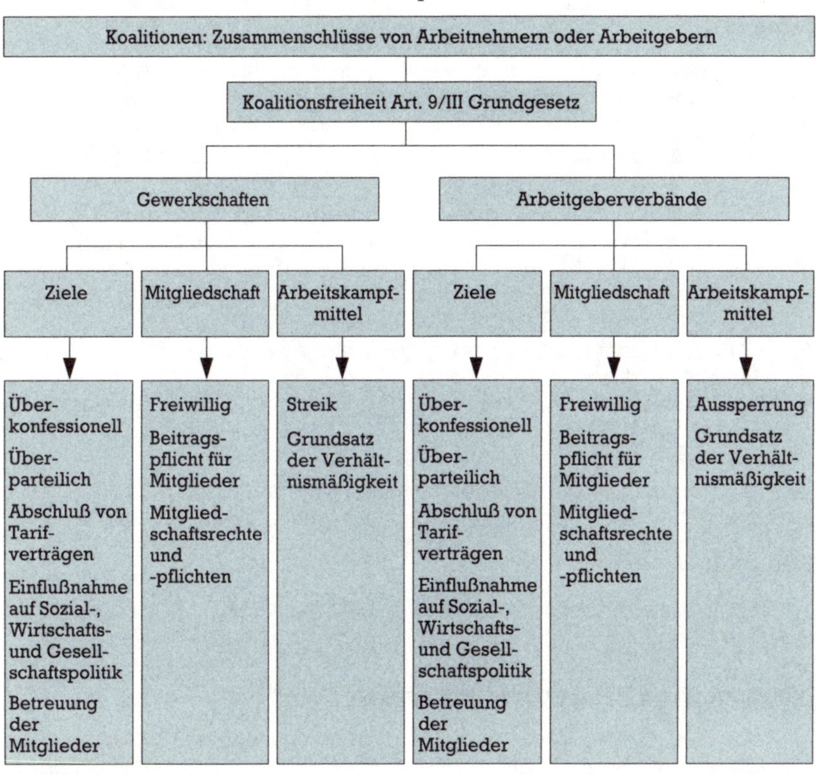

Abbildung 117

3.3.1 Der Arbeitsvertrag

Lernziele:
- Kennen der Form und des wesentlichen Inhalts von Arbeitsverträgen.
- Die Bedeutung schriftlicher Arbeitsverträge kennen.
- Kennen der Anwendungsmöglichkeit von Musterverträgen.
- Wissen, welche Personen Arbeitsverträge abschließen können.
- Kennen der für den Handwerksbetrieb im allgemeinen relevanten Arbeitsvertragsarten.
- Wissen, welches die wesentlichen Vertragspflichten des Arbeitgebers sind.
- Wissen, welches die wesentlichen Vertragspflichten des Arbeitnehmers sind.

3.3.1.1 Form und Zustandekommen des Arbeitsvertrages

Arbeitsvertrag

Vereinbaren Arbeitnehmer und Arbeitgeber die Aufnahme eines Arbeitsverhältnisses, so bewirken sie damit den Abschluß eines Arbeitsvertrages.

Mündliche oder schriftliche Form

Der Arbeitsvertrag ist an keine Form gebunden; er kann mündlich oder schriftlich abgeschlossen werden. Aus Gründen der Beweissicherung und der Rechtssicherheit empfiehlt sich jedoch der Abschluß von schriftlichen Arbeitsverträgen.

Beispiel:

Musterarbeitsverträge

Verwendung von Musterarbeitsverträgen, die bei den verschiedenen Organisationen und im Handel erhältlich sind.

Gebot der Schriftform

Der Schriftform bedürfen Wettbewerbsvereinbarungen mit Arbeitnehmern; außerdem kann durch Tarifvertrag die Schriftform vorgeschrieben sein.

Inhalt des Arbeitsvertrages sind die beiderseitigen Rechte und Pflichten der Vertragsparteien (siehe Abschnitte 3.3.1.3 „Vertragspflichten des Arbeitgebers" und 3.3.1.4 „Vertragspflichten des Arbeitnehmers" in diesem Band).

Arbeitsvertrag mit Minderjährigen

Zum Abschluß eines Arbeitsvertrages befugt sind

- volljährige Personen
- Minderjährige, wenn und soweit sie hierzu von dem gesetzlichen Vertreter ermächtigt sind.

Vereinbarungen, die den Minderjährigen in besonderem Maße verpflichten, bedürfen jedoch der Zustimmung des gesetzlichen Vertreters.

Beispiel:

Wettbewerbsvereinbarungen für die Zeit nach dem Ausscheiden aus dem Betrieb.

Arbeitsvertrag bei Betriebsinhaberwechsel

Arbeitsvertrag bei Gesamtrechtsnachfolge

Im Falle der Gesamtrechtsnachfolge geht das ganze Vermögen des Arbeitgebers einschließlich der Arbeitsverhältnisse auf den Nachfolger über.

Beispiel:

Betriebsnachfolge durch Erbfolge.

Arbeitsvertrag bei Einzelrechtsnachfolge

Geht der Betrieb durch Rechtsgeschäft auf einen anderen Inhaber über, so tritt dieser in die Rechte und Pflichten der bestehenden Arbeitsverhältnisse ein.

Beispiel:

Betriebsübernahme durch Kauf oder Pacht.

Für Verpflichtungen aus den Arbeitsverhältnissen, soweit sie vor dem Betriebsübergang entstanden sind und vor Ablauf von einem Jahr nach diesem Zeitpunkt fällig werden, haftet neben dem neuen Betriebsinhaber der bisherige Arbeitgeber als Gesamtschuldner.

3.3.1.2 Vertragsarten

Arbeitsvertrag auf unbestimmte Zeit

In der Regel wird der Arbeitsvertrag auf unbestimmte Zeit abgeschlossen; er endet erst mit Kündigung durch einen der beiden Vertragspartner.

Unbefristeter Arbeitsvertrag

Arbeitsvertrag auf bestimmte Zeit

Der Arbeitsvertrag auf bestimmte Zeit endet mit Ablauf der vereinbarten Befristung, ohne daß es einer Kündigung bedarf. Befristete Verträge sind nur zulässig, wenn sachliche Gründe hierfür vorliegen.

Befristeter Arbeitsvertrag

Beispiel:

Aushilfsbeschäftigungsverhältnis wegen Erkrankung eines Mitarbeiters für die Dauer von drei Monaten.

Eine Ausnahme hiervon sieht das Beschäftigungsförderungsgesetz für die Zeit bis zum 31. 12. 1995 vor, in der die einmalige Befristung bis zu 18 Monaten zulässig ist, wenn der Arbeitnehmer
- neu eingestellt wird oder
- im Anschluß an die Berufsausbildung nur vorübergehend weiter beschäftigt werden kann, weil kein Dauerarbeitsplatz zur Verfügung steht.

Arbeitsvertrag zur Probe

Die Probezeit bedarf der ausdrücklichen Vereinbarung, es sei denn, daß der Tarifvertrag eine solche vorsieht.

Probezeit

Die unterschiedlichen Arten des Arbeitsvertrages

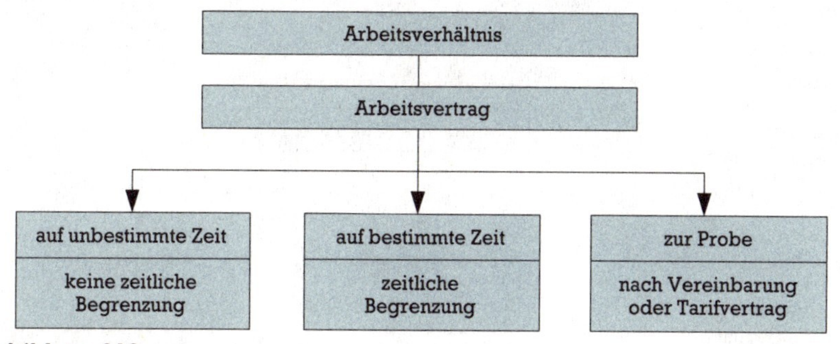

Abbildung 118

Leiharbeitsvertrag

Arbeitgeber, die Dritten Arbeitnehmer gewerbsmäßig zur Arbeitsleistung überlassen, bedürfen hierfür einer Erlaubnis des Landesarbeitsamtes.

Gewerbsmäßige Arbeitnehmerüberlassung

Sowohl der Arbeitsvertrag zwischen dem Arbeitgeber und dem Leiharbeitnehmer als auch der Vertrag zwischen Verleiher und Entleiher bedürfen der Schriftform.

Schriftform

Die gewerbsmäßige Arbeitnehmerüberlassung

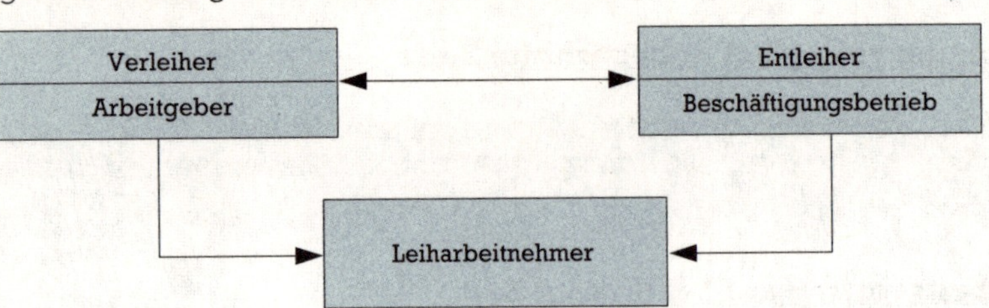

Abbildung 119

Unterscheidung gewerbliche Arbeiter – Angestellte

Maßgebend für die Unterscheidung zwischen gewerbliche Arbeiter und Angestellte ist allein die Art der Tätigkeit, nicht die Bezeichnung der Tätigkeit.

Gewerbliche Arbeiter

- Gewerbliche Arbeiter sind Arbeitnehmer, die überwiegend körperliche und handwerkliche Arbeiten ausführen.

  Beispiel:

  Hilfsarbeiter, Gesellen, Vorarbeiter.

Angestellte

- Angestellte sind Arbeitnehmer, die überwiegend kaufmännische oder büromäßige Arbeiten verrichten oder leitende bzw. aufsichtsführende Tätigkeiten ausüben.

  Beispiel:

  Verkäufer, Ausbildungsmeister, Werkmeister, Betriebsleiter.

3.3.1.3 Vertragspflichten des Arbeitgebers

Aus dem Arbeitsvertrag ergeben sich für die Arbeitgeber folgende Hauptpflichten:

Pflichten des Arbeitgebers aus dem Arbeitsvertrag

Hauptpflichten des Arbeitgebers aus dem Arbeitsvertrag

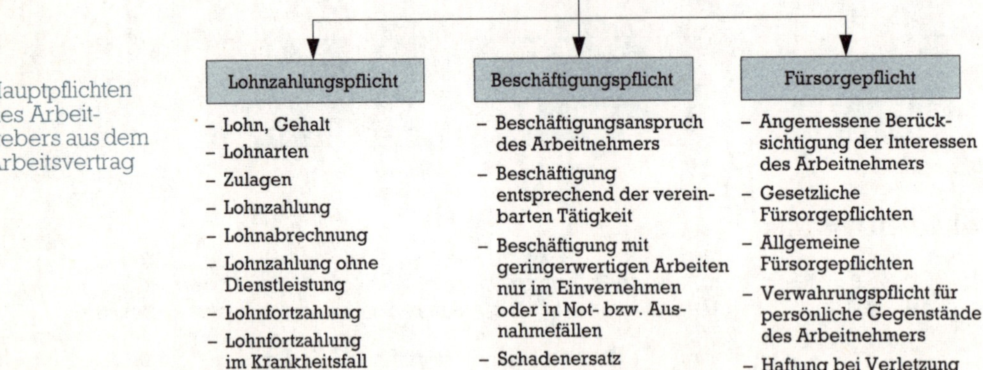

Abbildung 120

Lohnzahlungspflicht

Lohnzahlungspflicht

Lohnanspruch des Arbeitnehmers

Arbeitsentgelt

Der Arbeitgeber schuldet für die Arbeitsleistung eine angemessene Vergütung, deren Höhe mit dem Arbeitnehmer frei vereinbart werden kann.

Tariflohn

Besteht ein verbindlicher Tarifvertrag, dürfen die tariflich festgelegten Entgelte nicht unterschritten werden.

Lohnarten

Im wesentlichen wird unterschieden zwischen Zeitlohn und Leistungslohn.

Zeitlohn

Der Zeitlohn wird nach der Dauer der Arbeitsleistung berechnet.

Beispiel:

Stunden-, Wochen-, Monatslohn.

Leistungslohn

Der Leistungslohn berechnet sich nach dem Ergebnis der Arbeitsleistung.

Beispiel:

Akkord- und Prämienlohn, Stücklohn, Provision, Gewinn- und Umsatzbeteiligung.

Zuschläge – Zulagen, Sondervergütung

Mehrarbeitszuschlag

Für die über die gesetzliche oder tarifliche Arbeitszeit hinausgehende Mehrarbeit erhält der Arbeitnehmer einen Mehrarbeitszuschlag von mindestens 25 v.H.

Weitere Zuschläge und deren Höhe richten sich nach Tarifvertrag, Betriebsvereinbarung oder Einzelvertrag.

Beispiel:

Nacht-, Sonn- und Feiertagsarbeit.

Lohnzulagen

Zulagen werden gewährt in Form von

- Leistungszulagen,
- Montagezulagen bzw. Auslösungen bei auswärtiger Beschäftigung,
- Gefahren-, Schmutz- und Hitzezulagen.

Sondervergütungen

Sondervergütungen sind zusätzliche Entgeltleistungen.

Beispiel:

Gratifikationen, 13. Monatsentgelt, vermögenswirksame Leistungen.

Weihnachtsgratifikation

Ein Rechtsanspruch auf Weihnachtsgratifikation besteht nur, wenn eine solche tarif- oder einzelvertraglich vereinbart oder mindestens drei Jahre hintereinander ohne den ausdrücklichen Vorbehalt der Freiwilligkeit geleistet worden ist.

Zeitpunkt, Ort und Form der Lohnzahlung

Fälligkeit der Lohnzahlung

Das Arbeitsentgelt ist nach Ablauf des Zeitabschnitts, für den es bemessen ist, zur Zahlung fällig; in der Regel ist dies am Monatsende der Fall.

Auszahlungsort

Auszahlungsort ist der Betrieb oder Arbeitsort.

Zahlungsart

Die Lohnzahlung erfolgt in bar oder bargeldlos auf das Bankkonto des Arbeitnehmers.

Lohnabrechnung

Schriftliche Lohnabrechnung

Inhalt der Lohnabrechnung

Der Arbeitgeber ist zur Aushändigung einer
- schriftlichen Lohnabrechnung

verpflichtet, um dem Arbeitnehmer eine Übersicht über seinen Entgeltanspruch zu ermöglichen. Die Abrechnung muß enthalten:
- Höhe des Bruttoarbeitsentgelts
- Zuschläge und sonstige Vergütungen
- gesetzliche Abzüge
- Höhe des verbleibenden Nettoarbeitsentgelts.

Lohnzahlung ohne Dienstleistung

Lohnzahlung ohne Dienstleistung

Anspruch auf Arbeitslohn besteht nur für geleistete Arbeit.

In bestimmten Fällen wird von diesem Grundsatz abgewichen.

Beispiele:

Annahmeverzug
- bei Arbeitsausfall, den der Arbeitgeber zu vertreten hat (Arbeitsmangel, Betriebsstörungen und dergleichen)

Feiertage
- bei Arbeitsausfall durch gesetzliche Feiertage

Krankheit
- bei arbeitsunfähiger Erkrankung des Arbeitnehmers

Urlaub
- während der Dauer des Urlaubsanspruchs

Musterung
- bei Arbeitsausfall wegen Vorladung zur Wehrerfassungsbehörde

Berufsschule
- bei Besuch der Berufsschule

Unverschuldete Arbeitsverhinderung
- bei unverschuldeter Arbeitsverhinderung für eine verhältnismäßig nicht erhebliche Zeit aus einem in der Person des Arbeitnehmers liegenden Grund (Teilnahme an einer Beerdigung und dgl.).

Einzelheiten hierzu regeln die Gesetze und Tarifverträge.

Lohnzahlung an Feiertagen

Lohnzahlung an Feiertagen

Lohnausfallprinzip

An gesetzlichen Feiertagen ruht die Arbeit; für die Arbeitszeit, die hierdurch ausfällt, ist dem Arbeitnehmer das Arbeitsentgelt zu zahlen, das er ohne den Arbeitsausfall erhalten hätte.

Wegfall des Entgeltanspruchs

Arbeitnehmer, die am letzten Arbeitstag vor oder am ersten Arbeitstag nach Feiertagen unentschuldigt (ohne Rechtfertigungsgrund) der Arbeit fernbleiben, haben keinen Anspruch auf Bezahlung des Feiertages.

Die gesetzlichen Feiertage sind in den einzelnen Ländern der Bundesrepublik durch Ländergesetze geregelt; nur der Tag der deutschen Einheit (3. 10.) ist durch eine bundeseinheitliche Regelung festgelegt.

Übersicht über die gesetzlichen Feiertage in der Bundesrepublik Deutschland (Stand 30. 10. '93)

	Baden-Württemberg	Bayern	Berlin	Brandenburg	Bremen	Hamburg	Hessen	Mecklenburg-Vorpommern	Niedersachsen	Nordrhein-Westfalen	Rheinland-Pfalz	Saarland	Sachsen	Sachsen-Anhalt	Schleswig-Holstein	Thüringen
Neujahrstag (1.1.)	x	x	x	x	x	x	x	x	x	x	x	x	x	x	x	x
Hl. Drei Könige (6.1.)	x	x	—	—	—	—	—	—	—	—	—	—	—	x	—	—
Karfreitag	x	x	x	x	x	x	x	x	x	x	x	x	x	x	x	x
Ostermontag	x	x	x	x	x	x	x	x	x	x	x	x	x	x	x	x
1. Mai	x	x	x	x	x	x	x	x	x	x	x	x	x	x	x	x
Christi Himmelfahrt	x	x	x	x	x	x	x	x	x	x	x	x	x	x	x	x
Pfingstmontag	x	x	x	x	x	x	x	x	x	x	x	x	x	x	x	x
Fronleichnam	x	x	—	—	—	—	x	—	—	x	x	x	K	—	—	K
Friedensfest (8. 8.)	—	A	—	—	—	—	—	—	—	—	—	—	—	—	—	—
Mariä Himmelfahrt (15. 8.)	—	K	—	—	—	—	—	—	—	—	—	—	x	—	—	—
Tag der deutschen Einheit (3. 10.)	x	x	x	x	x	x	x	x	x	x	x	x	x	x	x	x
Reformationstag (31. 10.)	—	—	—	x	—	—	—	x	—	—	—	—	x	x	—	E
Allerheiligen (1. 11.)	x	x	—	—	—	—	—	—	—	x	x	x	—	—	—	K
Buß- und Bettag	x	x	x	x	x	x	x	x	x	x	x	x	x	x	x	x
1. Weihnachtstag (25. 12.)	x	x	x	x	x	x	x	x	x	x	x	x	x	x	x	x
2. Weihnachtstag (26. 12.)	x	x	x	x	x	x	x	x	x	x	x	x	x	x	x	x

x = Gesetzlicher Feiertag
E = Gesetzlicher Feiertag nur in Gemeinden mit überwiegend evangelischer Bevölkerung
A = Gesetzlicher Feiertag nur im Stadtkreis Augsburg
K = Gesetzlicher Feiertag nur in Gemeinden mit überwiegend katholischer Bevölkerung

Abbildung 121

Lohnzahlung im Krankheitsfall

Lohnzahlung im Krankheitsfall

Lohnzahlung bei Krankheit

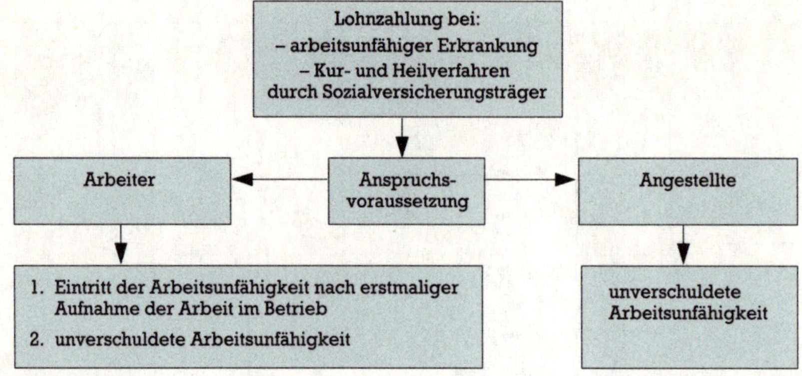

Abbildung 122

Verschuldete Arbeitsunfähigkeit

Bei verschuldeter Arbeitsunfähigkeit entfällt der Lohnfortzahlungsanspruch. Als Verschulden wird ein ungewöhnlich leichtfertiges oder mutwilliges oder gegen die guten Sitten verstoßendes Verhalten des Arbeitnehmers angenommen, dessen Folgen auf den Arbeitgeber abzuwälzen unbillig wäre.

Beispiel:

Bei Verkehrsunfall infolge Trunkenheit, Verletzung durch provozierte Rauferei oder durch eine von der Rechtsordnung mißbilligten Tätigkeit (zum Beispiel Schwarzarbeit).

Anspruchsdauer 6 Wochen

Das Arbeitsentgelt ist für jeden Fall der arbeitsunfähigen Erkrankung bis zur Dauer von sechs Wochen zu zahlen, jedoch nicht über die Beendigung des Arbeitsverhältnisses hinaus; es sei denn, daß
- der Arbeitgeber aus Anlaß der Arbeitsunfähigkeit kündigt oder
- der Arbeitnehmer von sich aus fristlos kündigt, weil ihm aus Gründen, die der Arbeitgeber zu vertreten hat, die Fortsetzung des Arbeitsverhältnisses nicht mehr zumutbar ist.

Lohnausfallprinzip

Während der Arbeitsunfähigkeit ist dem Arbeitnehmer das ihm bei der für ihn maßgebenden regelmäßigen Arbeitszeit zustehende Arbeitsentgelt fortzuzahlen. Fortzuzahlen sind neben dem regulären Entgelt auch alle sonstigen Entgelte im arbeitsrechtlichen Sinne; unberücksichtigt bleiben solche Leistungen, die der Arbeitnehmer auch bei Arbeitsunfähigkeit nur dann erhalten hätte, wenn sie tatsächlich entstanden wären.

Entgeltberechnung nach dem Lohnausfallprinzip

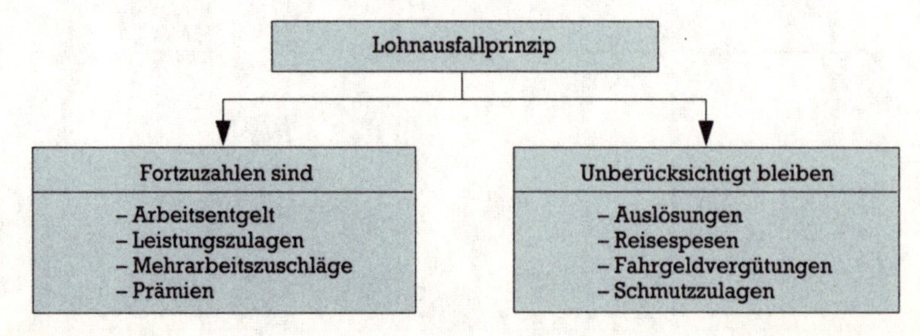

Abbildung 123

Bei Eintritt der Arbeitsunfähigkeit hat der Arbeitnehmer gegenüber dem Arbeitgeber eine Anzeige- und Nachweispflicht.

Anzeige- und Nachweispflicht bei Arbeitsunfähigkeit

Die Pflichten des Arbeitnehmers bei Arbeitsunfähigkeit

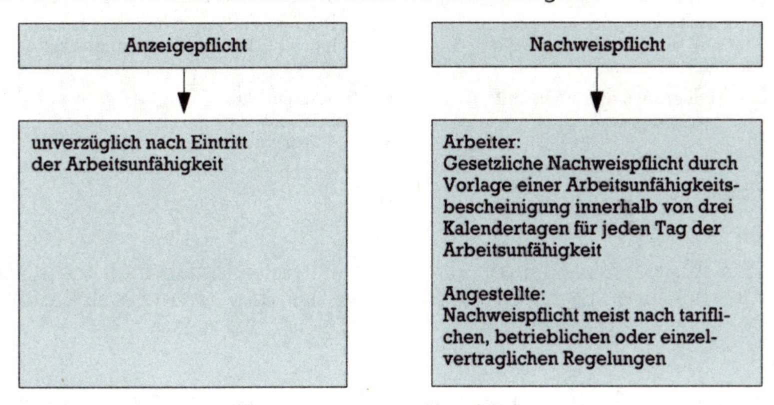

Abbildung 124

Kommt der gewerbliche Arbeiter schuldhaft seiner Pflicht zur Vorlage der ärztlichen Bescheinigung nicht nach, so ist der Arbeitgeber berechtigt, die Lohnfortzahlung so lange zu verweigern, bis die Bescheinigung vorgelegt wird.

Gesetzliches Leistungsverweigerungsrecht bei Arbeitern

Ist die Arbeitsunfähigkeit auf das Verschulden eines Dritten zurückzuführen, so gehen mögliche Schadenersatzansprüche des Arbeitnehmers in Höhe des Lohnfortzahlungsanspruchs einschließlich der Arbeitgeberanteile zur Sozialversicherung auf den Arbeitgeber über. Bei Arbeitern kraft Gesetzes, bei Angestellten mittels Abtretungserklärung.

Forderungsübergang

Beispiel:

Arbeitsunfähigkeit durch Verschulden eines Dritten, zum Beispiel eines Kraftfahrers.

Ausgleichsverfahren

Für Betriebe, die in der Regel nicht mehr als 20 Arbeitnehmer beschäftigen, findet ein Ausgleichsverfahren über die bei den Orts- und Innungskrankenkassen errichteten Ausgleichskassen statt. Die Satzung der Kasse kann das Ausgleichsverfahren auf Betriebe bis zu 30 Arbeitnehmern ausdehnen.

Ausgleichskassen

Bei der Ermittlung der Betriebsgröße werden

Betriebsgröße

- Auszubildende
- Schwerbehinderte
- Wehr- und Zivildienstleistende
- Beschäftigte mit einer Arbeitszeit bis 10 Stunden wöchentlich oder 45 Stunden monatlich

nicht, Teilzeitbeschäftigte nur anteilig mitgerechnet.

Erstattungsanspruch

Die am Ausgleichsverfahren beteiligten Betriebe erhalten erstattet:

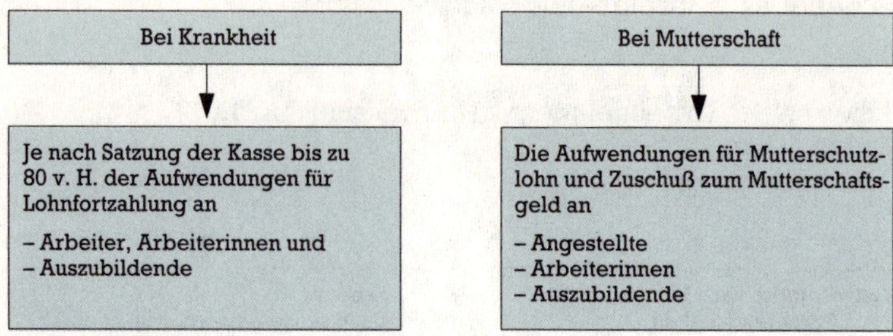

Abbildung 125

Umlage zur Ausgleichskasse

Für das Ausgleichsverfahren zahlen die Betriebe Umlagebeträge an die Ausgleichskasse. Bemessungsgrundlage ist das rentenversicherungspflichtige Bruttoarbeitsentgelt:

Umlagepflichtige Bruttoarbeitsentgelte

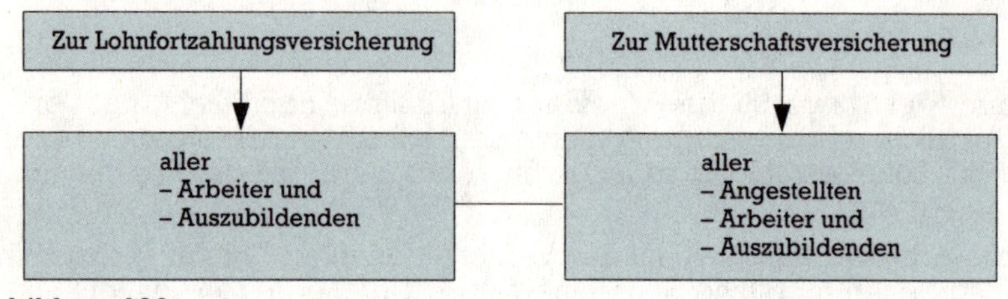

Abbildung 126

Urlaub

Urlaub

Der Urlaubsanspruch der Arbeitnehmer leitet sich aus folgenden Rechtsgrundlagen ab:

Rechtsgrundlagen des Urlaubsanspruchs

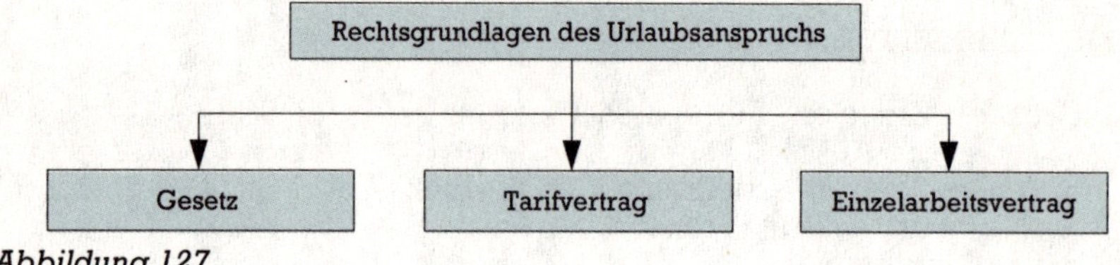

Abbildung 127

Bundesurlaubsgesetz

Das Urlaubsrecht ist bundeseinheitlich durch das Bundesurlaubsgesetz geregelt; es findet auf alle Arbeits- und Ausbildungsverhältnisse Anwendung. Daneben bestehen Sonderregelungen für Jugendliche, Schwerbehinderte und Heimarbeiter.

Das Bundesurlaubsgesetz regelt Mindestbedingungen; darüber hinaus können durch Tarifvertrag oder Einzelarbeitsverträge günstigere Regelungen bestehen.

Der gesetzliche Mindesturlaub verschiedener Personengruppen

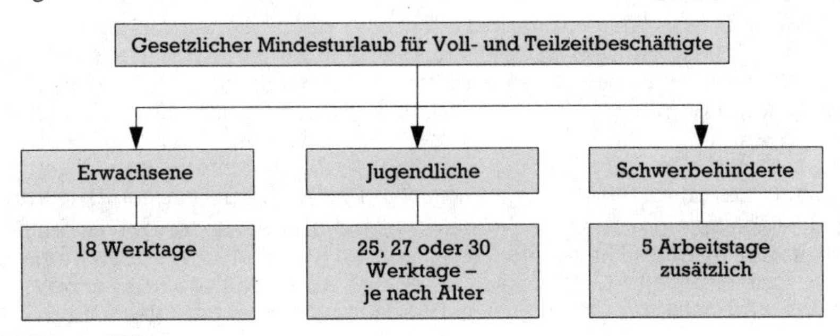

Abbildung 128

Der gesetzliche Urlaubsanspruch ist unabdingbar; abweichende Vereinbarungen zuungunsten des Arbeitnehmers sind unwirksam.

Unabdingbarkeit des Urlaubsanspruchs

Urlaubsjahr ist das Kalenderjahr 1. 1. bis 31. 12.

Der gesetzliche Mindesturlaub beträgt jährlich:

Mindesturlaubsanspruch

Wenn der Arbeitnehmer oder Auszubildende zu Beginn des Kalenderjahres

Jugendliche

- noch nicht 16 Jahre alt ist 30 Werktage
- noch nicht 17 Jahre alt ist 27 Werktage
- noch nicht 18 Jahre alt ist 25 Werktage
- bereits 18 Jahre alt ist 18 Werktage.

Erwachsene

Als Werktage gelten alle Kalendertage mit Ausnahme der Sonntage und Feiertage.

Beispiel:

Samstage, die in die Urlaubszeit fallen, zählen als Urlaubstage.

- Der Urlaubsanspruch Schwerbehinderter

Schwerbehinderte erhalten einen Zusatzurlaub von fünf Arbeitstagen im Jahr. Arbeitet der Schwerbehinderte regelmäßig an mehr oder weniger als fünf Tagen in der Woche, erhöht oder vermindert sich der Zusatzurlaub entsprechend.

Schwerbehinderte

- Der Urlaubsanspruch Teilzeitbeschäftigter

Teilzeitbeschäftigte haben den gleichen Urlaubsanspruch wie Vollbeschäftigte; die Urlaubsvergütung berechnet sich jedoch nach dem verminderten Durchschnittsentgelt.

Teilzeitbeschäftigte

Der Urlaubsanspruch besteht unabhängig davon, ob und in welchem Umfang der Arbeitnehmer im Urlaubsjahr Arbeitsleistung erbringt.

Urlaub ohne Arbeitsleistung

Beispiel:

Auch wenn infolge Krankheit im Urlaubsjahr nicht oder nur geringfügig gearbeitet wird, tritt eine Kürzung des gesetzlichen Urlaubsanspruchs nicht ein.

Arbeitnehmer- und Arbeitgeberpflichten aus dem Urlaubsrecht

Wartezeit 6 Monate

$^{1}/_{12}$-Anspruch

Teilurlaub

Der volle Urlaubsanspruch wird erstmalig nach sechsmonatigem Bestehen des Arbeitsverhältnisses erworben. Erfüllt der Arbeitnehmer diese Wartezeit während des Kalenderjahres nicht, so erhält er für jeden vollen Beschäftigungsmonat $^{1}/_{12}$ des Jahresurlaubsanspruchs. Das gleiche gilt auch, wenn er in der ersten Hälfte des Kalenderjahres ausscheidet. Ergeben sich bei der Berechnung des Teilurlaubs Bruchteile von Urlaubstagen in Höhe eines halben Tages, so ist auf volle Urlaubstage aufzurunden.

Vollurlaub

Urlaubsbescheinigung

Ist die Wartezeit von sechs Monaten erfüllt und scheidet der Arbeitnehmer in der zweiten Hälfte des Jahres aus, so erhält er den vollen Jahresurlaub. Eine doppelte Gewährung ist jedoch ausgeschlossen. Die Betriebe sind zur Ausstellung einer Urlaubsbescheinigung verpflichtet.

Zeitpunkt der Urlaubseinbringung

Im Rahmen seines Weisungsrechts ist der Arbeitgeber berechtigt, den Zeitpunkt der Urlaubsgewährung festzulegen. Er muß aber die Urlaubswünsche der Arbeitnehmer unter Abwägung der betrieblichen Belange angemessen berücksichtigen.

Zusammenhängende Urlaubseinbringung

Der Urlaub muß zusammenhängend gewährt und genommen werden. Ist dies aus dringenden betrieblichen oder in der Person des Arbeitnehmers liegenden Gründen nicht möglich, so muß einer der Urlaubsteile mindestens zwölf aufeinanderfolgende Werktage umfassen.

Rechtzeitige Urlaubseinbringung

Der Urlaub muß innerhalb des laufenden Kalenderjahres gewährt und eingebracht werden. Eine Übertragung auf das nächste Kalenderjahr ist nur in Ausnahmefällen bis spätestens 31.3. möglich.

Abgeltungsverbot

Eine Barabgeltung des Urlaubs ist verboten, es sei denn, daß die Einbringung in Form von Freizeit wegen Beendigung des Arbeitsverhältnisses nicht mehr möglich ist.

Urlaubsentgelt

Das Urlaubsentgelt errechnet sich aus dem Durchschnittsarbeitsverdienst der letzten 13 abgerechneten Wochen vor Beginn des Urlaubs.

Berechnungszeitraum

Einmalige Zuwendungen bleiben außer Ansatz. Bei Verdiensterhöhungen, die während des Berechnungszeitraums oder Urlaubs eintreten (zum Beispiel Lohnerhöhungen durch Tarifabschluß), ist von dem erhöhten Verdienst auszugehen.

Beispiele:

78 Werktage

- Berechnungsbeispiel bei 6-Tage-Woche

  Das gesamte Bruttoarbeitsentgelt der letzten abgerechneten 13 Wochen ist durch 78 Werktage zu teilen:

  12.000,00 DM brutto: 78 Werktage = 153,85 DM werktägliches Entgelt.

  Für 18 Urlaubstage = 2.769,23 DM.

65 Arbeitstage

- Berechnungsbeispiel bei 5-Tage-Woche

  Das Bruttoarbeitsentgelt der letzten abgerechneten 13 Wochen ist durch 65 Arbeitstage zu teilen:

  12.000,00 DM brutto: 65 Arbeitstage = 184,62 DM arbeitstägliches Entgelt.

  Dieser Arbeitnehmer muß sich für je 6 Urlaubstage einen arbeitsfreien Werktag anrechnen lassen. Er erhält deshalb das Entgelt für 15 Arbeitstage = 2.769,23 DM

Zusätzliches Urlaubsgeld

Ein Anspruch auf zusätzliches Urlaubsgeld kann sich aufgrund tariflicher oder einzelvertraglicher Regelungen ergeben.

Für einige Bereiche bestehen aufgrund allgemeinverbindlich erklärter Tarifverträge Urlaubskassen, denen die Durchführung des Urlaubsverfahrens übertragen ist.

Urlaubskassen

Beispiel:

Im Bauhauptgewerbe, Maler- und Lackiererhandwerk.

Arbeitnehmer- und Arbeitgeberpflichten aus dem Urlaubsrecht

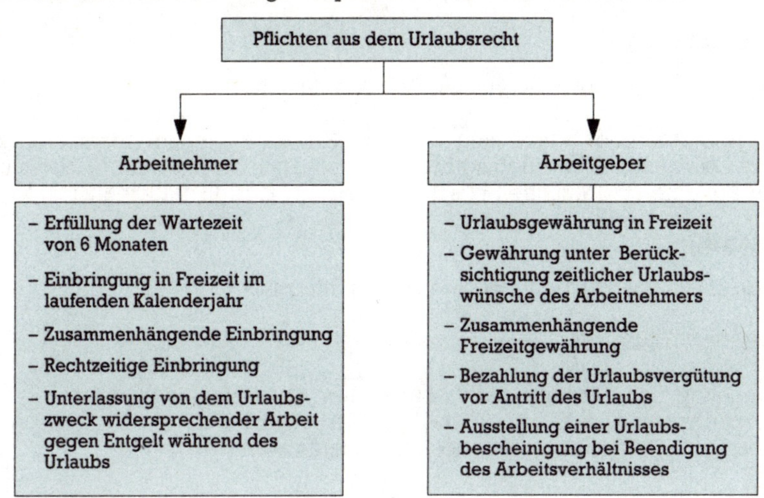

Abbildung 129

Lohnsicherung

Lohnsicherung

Grundsatz der Existenzsicherung

Der Lohn dient der Existenzsicherung des Arbeitnehmers. Er ist deshalb weitgehend dem Zugriff des Arbeitgebers und der Vorausverfügung durch den Arbeitnehmer selbst entzogen. Darüber hinaus sichert das Gesetz über Konkursausfallgeld dem Arbeitnehmer im Konkursfall seine ihm noch zustehenden Lohnansprüche für die letzten drei Monate.

- Lohnpfändungsschutz

Lohnpfändungsschutz

Nur bestimmte Teile des Arbeitsentgelts sind pfändbar. Die Höhe des pfändbaren Lohnteils richtet sich nach der
- Höhe des Nettoarbeitsentgelts und
- Zahl der unterhaltsberechtigten Personen

des Arbeitnehmers.

Pfändung aus dem Nettoentgelt

Besteht keine Unterhaltspflicht, sind
- monatlich 1.209,00 DM
- wöchentlich 279,00 DM
- täglich 55,80 DM
- zuzüglich $^3/_{10}$ des Mehreinkommens

nicht pfändbar. Diese Beträge erhöhen sich, wenn der Arbeitnehmer Unterhaltspflicht zu erfüllen hat.

Lohnpfändungsgrenzen

Bei Pfändungen wegen Unterhaltsforderungen setzt das Gericht den unpfändbaren Lohnbetrag fest.

Unterhaltspfändung

Die Pfändung erfolgt durch einen Pfändungs- und Überweisungsbeschluß des Amtsgerichts. Er wird dem Arbeitgeber, bei dem der Schuldner

Lohnpfändungs- und Überweisungsbeschluß

(Arbeitnehmer) beschäftigt ist, zugestellt. Ab Zustellung des Beschlusses muß der Arbeitgeber (Drittschuldner) den gepfändeten Teil des Lohnes an den Gläubiger überweisen. Als Drittschuldner haftet der Arbeitgeber für die ordnungsgemäße Durchführung der Lohnpfändung.

Drittschuldnerhaftung

- Lohnaufrechnungsverbot

Aufrechnung gegen Lohnansprüche

Der Arbeitgeber kann berechtigte Ansprüche gegenüber dem Arbeitnehmer nur im Rahmen des pfändbaren Teils des Lohnes aufrechnen.

Beispiel:

Schadenersatzansprüche wegen Schlechtleistung.

Der Arbeitnehmer kann sich auf das Pfändungsverbot nicht berufen, wenn der geschuldete Betrag auf eine vorsätzliche unerlaubte Handlung oder auf eine vorsätzliche Schadenszufügung zurückzuführen ist.

Beispiel:

Schadenersatzansprüche wegen Unterschlagung.

- Lohnabtretungsverbot

Lohnabtretungserklärungen nur begrenzt zulässig

Lohnansprüche können nicht abgetreten werden, soweit sie der Pfändung entzogen sind. In Arbeits- und Tarifverträgen kann auch die Abtretung des pfändbaren Lohnes ausgeschlossen werden.

Konkursausfallgeld

- Konkursausfallgeld

(Siehe hierzu Abschnitt 3.4.6.5 „Leistungen der Arbeitslosenversicherung – Konkursausfallgeld")

Lohnsicherungsmaßnahmen für Arbeitnehmer

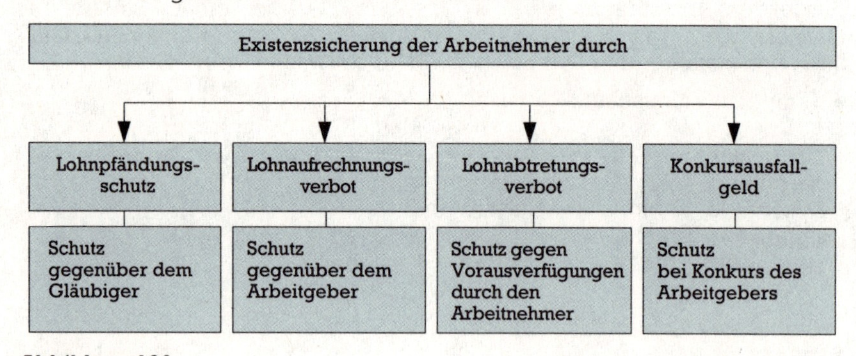

Abbildung 130

Verjährungsfrist für Lohnansprüche

<u>Verjährung – Verwirkung</u>

Lohnansprüche unterliegen der zweijährigen Verjährungsfrist.

Tarifliche Ausschlußfristen

In Tarifverträgen sind vielfach kürzere Ausschlußfristen für die Geltendmachung von Ansprüchen aus dem Arbeitsverhältnis geregelt; sie gehen der gesetzlichen Verjährung vor.

Beschäftigungspflicht

Neben der Zahlung des Arbeitsentgelts ist der Arbeitgeber zur Beschäftigung des Arbeitnehmers verpflichtet.
Der Anspruch auf Beschäftigung ist einklagbar; die Nichtbeschäftigung kann zur Schadenersatzpflicht führen. Die Beschäftigungspflicht schließt die Verpflichtung ein, den Arbeitnehmer mit solchen Arbeiten zu beschäftigen, die bei Einstellung vereinbart worden sind.

Anspruch auf Beschäftigung
Art der Beschäftigung

Fürsorgepflicht

Der Arbeitgeber ist verpflichtet, bei allen Maßnahmen das Wohl und die Interessen des Arbeitnehmers gebührend zu berücksichtigen. Die Fürsorgepflichten ergeben sich
- aus Gesetzen, Tarifverträgen und Einzelarbeitsverträgen
- aus der gegenseitigen Treuepflicht zwischen Arbeitgeber und Arbeitnehmer
- nach den jeweiligen Umständen des Einzelfalles
- nach der jeweiligen Verkehrsauffassung.

Grundlagen der Fürsorgepflicht

Beispiel:

Einhaltung der Arbeitsschutzvorschriften, Lohnfortzahlung im Krankheitsfall, Schaffung der Voraussetzungen für die sichere Verwahrung der zur Arbeitsstelle notwendigerweise mitgebrachten Sachen wie Kleidung und dergleichen.

Einhaltung von Schutzgesetzen
Obhutspflicht

Betriebliche Altersversorgung

Zur Ergänzung der gesetzlichen Altersversorgung gewähren die Betriebe vielfach zusätzliche Versorgungsleistungen.

Betriebliche Altersversorgung

Betriebliche Leistungen zur Altersversorgung

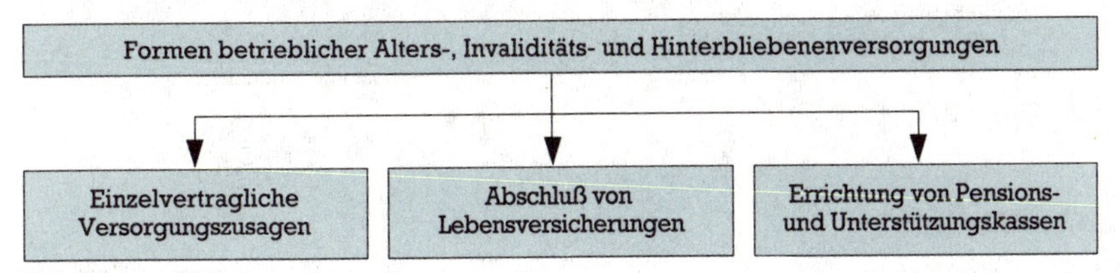

Abbildung 131

Versorgungsformen

Nach dem Gesetz zur Verbesserung der betrieblichen Altersversorgung verliert der Arbeitnehmer auch bei Ausscheiden aus dem Betrieb vor Eintritt des Versorgungsfalles den bereits erworbenen Teil seiner Versorgungsanwartschaft nicht, wenn
- er mindestens 35 Jahre alt ist
- die Versorgungszusage schon mindestens 10 Jahre bestand oder
- er 12 Jahre betriebszugehörig war und die Versorgungszusage seit mindestens drei Jahren bestand.

Unverfallbarkeit von Versorgungsansprüchen: Voraussetzungen

Bei Verlassen des Betriebes ist dem Arbeitnehmer Auskunft über die Höhe der Versorgungsleistungen bei Erreichen der in der Versorgungsregelung vorgesehenen Altersgrenze zu erteilen.

Auskunftspflicht des Arbeitgebers

Umlagepflicht zur Insolvenzsicherung

Zur Absicherung der betrieblichen Versorgungsleistungen haben die Betriebe eine Pflichtumlage an den auf Bundesebene errichteten Pensionsversicherungsverein abzuführen.

Tarifliche Versorgungseinrichtungen

Für einige Berufe bestehen tarifliche Zusatzversorgungskassen, zu denen die Betriebe einen bestimmten Beitragssatz entsprechend der Entgeltsumme des Arbeitnehmers abführen.

3.3.1.4 Vertragspflichten des Arbeitnehmers

Für den Arbeitnehmer ergeben sich aus dem Arbeitsvertrag folgende Hauptpflichten:

Arbeitnehmerpflichten

Hauptpflichten des Arbeitnehmers aus dem Arbeitsvertrag

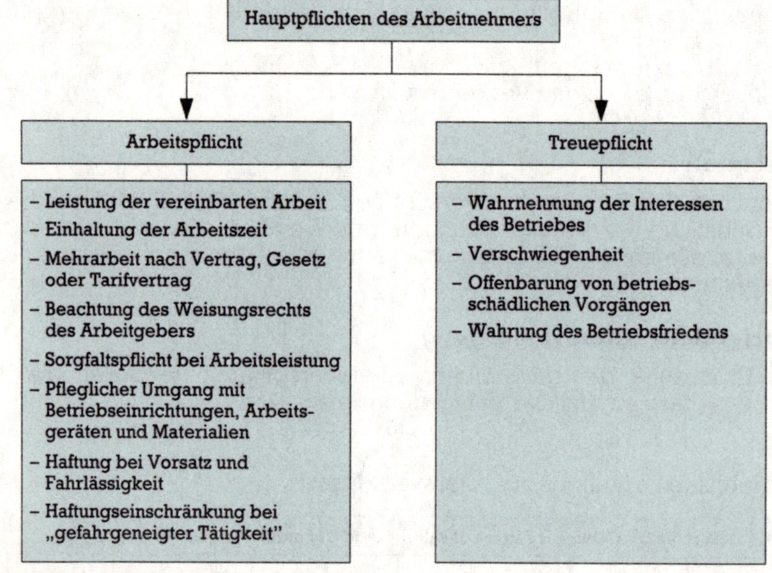

Abbildung 132

Arbeitspflicht

Arbeitsleistung

Vertragsgemäße Erfüllung der Arbeitspflicht

Die Arbeitspflicht beinhaltet die Verpflichtung, die Arbeitsleistung so zu erbringen, wie dies nach den bei Abschluß des Arbeitsvertrages getroffenen Vereinbarungen, den gesetzlichen und tariflichen Regelungen erwartet werden kann.

Beispiel:

Einhaltung der Arbeitszeit und Arbeitsleistung am vereinbarten Arbeitsort.

Arbeitszeit - Mehrarbeit

Die Dauer der Arbeitszeit richtet sich in der Regel nach den tariflichen Bestimmungen. Darüber hinaus kann der Arbeitnehmer zur Mehrarbeit verpflichtet sein, wenn dies betrieblich erforderlich und rechtlich zulässig ist.

Der Arbeitnehmer ist verpflichtet, den Anweisungen des Arbeitgebers nachzukommen. Das Weisungsrecht des Arbeitgebers findet jedoch seine Schranken in der vereinbarten Art und Dauer der Tätigkeit. Eine andere als die vereinbarte Tätigkeit kann der Arbeitgeber nur verlangen, wenn sich dies aus der Art der Tätigkeit oder aus dem Arbeitsvertrag ergibt.

Weisungsrecht des Arbeitgebers

Schadenersatzpflicht des Arbeitnehmers

Der Arbeitnehmer ist gehalten,
- die ihm übertragenen Arbeiten sorgfältig und
- in angemessener Zeit auszuführen und
- mit Material, Betriebseinrichtung sowie Werkzeugen pfleglich umzugehen.

Haftung bei Schlechtleistung

Bei Verletzung dieser Pflichten haftet der Arbeitnehmer dem Arbeitgeber für den hierdurch entstandenen Schaden.

Der Arbeitnehmer hat Vorsatz und Fahrlässigkeit zu vertreten.

Haftungsgrundsatz.

Eine Ausnahme hiervon gilt nur bei Arbeiten, die in besonderem Maße gefahrengeneigt sind. Hier haftet der Arbeitnehmer in vollem Umfang nur bei Vorsatz und grober Fahrlässigkeit. Bei Fahrlässigkeit ist der Schaden zwischen Arbeitgeber und Arbeitnehmer quotenmäßig zu verteilen. Dabei sind die Gesamtumstände von Schadensanlaß und Schadensfolgen nach Billigkeits- und Zumutbarkeitsgrundsätzen gegeneinander abzuwägen.

Haftung bei gefahrengeneigter Arbeit

Treuepflicht

Die Treuepflicht findet ihren Ausdruck darin, daß der Arbeitnehmer
- die berechtigten Interessen des Betriebes wahrnimmt und
- alles unterläßt, was diesen Interessen zuwiderläuft.

Wahrung der Interessen des Betriebes

Beispiel:

Abwerbung von Kunden, Schwarzarbeit, Verletzung der Verschwiegenheitspflicht, Störung des Betriebsfriedens.

3.3.2 Beendigung des Arbeitsverhältnisses

Lernziele:

- Kennen der Arten der Beendigung des Arbeitsverhältnisses sowie der Wirksamkeit der verschiedenen Arten.
- Wissen, welche Papiere und Unterlagen bei Beendigung des Arbeitsverhältnisses dem Arbeitnehmer auszuhändigen sind.

3.3.2.1 Arten der Beendigung des Arbeitsverhältnisses

Ein Arbeitsverhältnis kann auf folgende Arten rechtswirksam beendet werden:

Beendigung des Arbeitsverhältnisses

Rechtliche Mittel zur Beendigung von Arbeitsverhältnissen

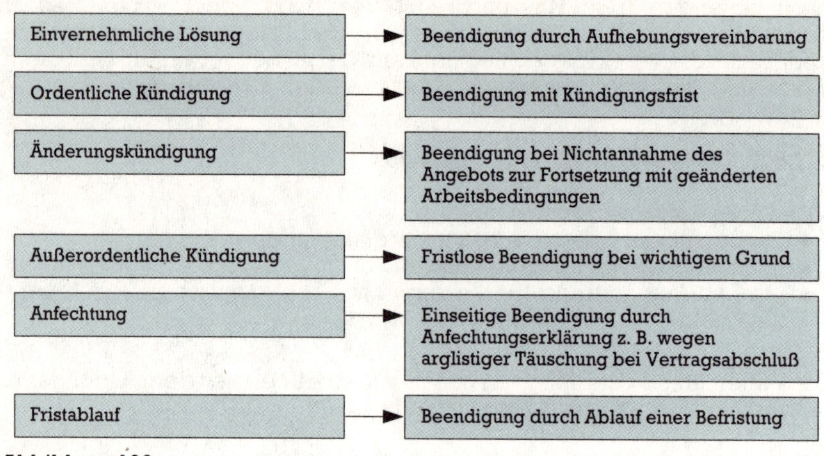

Abbildung 133

Einvernehmliche Lösung

Aufhebungsvereinbarung

Im beiderseitigen Einvernehmen zwischen Arbeitgeber und Arbeitnehmer kann das Arbeitsverhältnis jederzeit sofort oder zu einem später vereinbarten Zeitpunkt aufgelöst werden.

Ordentliche Kündigung

Kündigung mit Kündigungsfrist

In der Regel wird das Arbeitsverhältnis durch ordentliche Kündigung unter Einhaltung der Kündigungsfrist von einem der beiden Vertragspartner beendet.

Änderungskündigung

Änderung der Arbeitsbedingungen

Verfolgt die ordentliche Kündigung den Zweck, die Arbeitsbedingungen zuungunsten des Vertragspartners einseitig zu ändern, so handelt es sich um eine Änderungskündigung. Nimmt der Vertragspartner das Angebot zur Fortsetzung des Arbeitsverhältnisses zu den geänderten Arbeitsbedingungen nicht an, endet das Arbeitsverhältnis mit Ablauf der Kündigungsfrist.

Wirksamkeit der Kündigung

Form der Kündigung

Die Kündigung kann mündlich oder schriftlich erfolgen; durch Arbeitsvertrag bzw. Tarifvertrag kann die Schriftform zwingend vorgeschrieben werden.

Kündigungserklärung

Die Kündigungserklärung muß deutlich und unmißverständlich sein.

Empfangsbedürftige Willenserklärung

Die Kündigung wird nur wirksam mit Zugang an den anderen Vertragspartner.

Anhörung des Betriebsrates

Besteht im Betrieb ein Betriebsrat, muß der Arbeitgeber vor Ausspruch der Kündigung den Betriebsrat anhören und ihm die Gründe hierfür mitteilen, andernfalls ist die Kündigung unwirksam.
Erhebt der Betriebsrat gegen die Kündigung Bedenken, muß er diese dem Arbeitgeber innerhalb einer Woche schriftlich mitteilen. Nach Ablauf

der Frist gilt die Zustimmung zur Kündigung als erteilt. Widerspricht der Betriebsrat der Kündigung innerhalb der Anhörungsfrist und kündigt der Arbeitgeber dennoch, so muß er dem betreffenden Arbeitnehmer eine Abschrift der Stellungnahme des Betriebsrats zuleiten.

Anhörungsverfahren

Die einzelvertraglich vereinbarte, tarifliche oder gesetzliche Kündigungsfrist muß eingehalten werden; bei der Berechnung der Frist wird der Tag, an dem die Kündigung zugeht, nicht mitgerechnet.

Rechtsgrundlagen für Kündigungsfristen

Voraussetzungen für die Wirksamkeit einer Kündigung

Abbildung 134

Kündigungsfristen

Die gesetzliche Kündigungsfrist für Arbeiter und Angestellte beträgt vier Wochen zum 15. oder zum Ende eines Kalendermonats.

Gesetzliche Grundfrist

Während einer vereinbarten Probezeit, längstens für die Dauer von sechs Monaten, kann das Arbeitsverhältnis mit einer Frist von zwei Wochen gekündigt werden.

Mindestfrist während Probezeit

Für die Kündigung durch den Arbeitgeber gelten folgende verlängerte Fristen:

Verlängerte Fristen bei Arbeitgeberkündigung

Nach einer Beschäftigungsdauer von

2 Jahren: 1 Monat	8 Jahren: 3 Monate	12 Jahren: 5 Monate
5 Jahren: 2 Monate	10 Jahren: 4 Monate	15 Jahren: 6 Monate
		20 Jahren: 7 Monate

jeweils zum Ende eines Kalendermonats.

Bei der Berechnung der Beschäftigungsdauer werden Zeiten, die vor der Vollendung des 25. Lebensjahres des Arbeitnehmers liegen, nicht berücksichtigt.

Tarifliche Kündigungsfristen

Die gesetzlichen Kündigungsfristen können durch Tarifvertrag verlängert oder verkürzt werden; soweit tarifliche Kündigungsfristen zur Anwendung kommen, haben sie Vorrang vor den gesetzlichen Kündigungsfristen.

Einzelvertragliche Vereinbarungen

Einzelvertraglich können längere Kündigungsfristen vereinbart werden. Die Unterschreitung der gesetzlichen Mindestkündigungsfrist ist nur in folgenden Ausnahmefällen zulässig:

- In Betrieben mit in der Regel nicht mehr als 20 Arbeitnehmern – ausschließlich der zu ihrer Berufsausbildung Beschäftigten – kann die Grundfrist von vier Wochen ohne Endtermin (zum 15. bzw. Ende des Kalendermonats) vereinbart werden.

Kleinbetriebsregelung

Dabei werden Arbeitnehmer, deren regelmäßige Arbeitszeit wöchentlich 10 oder monatlich 45 Stunden nicht übersteigt, bei der Feststellung der Zahl der Beschäftigten nicht berücksichtigt;

- Wird ein Arbeitnehmer nur zur vorübergehenden Aushilfe eingestellt und wird diese Aushilfe nicht über die Zeit von drei Monaten hinaus fortgesetzt, kann jede beliebige kürzere Kündigungsfrist vereinbart werden.

Zu beachten ist, daß für die Kündigung des Arbeitsverhältnisses durch den Arbeitnehmer keine längere Frist vereinbart werden darf als für die Kündigung durch den Arbeitgeber.

Kündigungsfristen für Schwerbehinderte

Mindestfrist bei Arbeitgeberkündigung

Kündigungsfristen für Schwerbehinderte

Die Kündigungsfrist für Schwerbehinderte und ihnen Gleichgestellte beträgt mindestens vier Wochen.

Sie gilt nur für die Kündigung durch den Arbeitgeber. Außerdem bedarf die Kündigung durch den Arbeitgeber der vorherigen Zustimmung der Hauptfürsorgestelle.

Innerhalb der ersten sechs Monate des Arbeitsverhältnisses ist die Kündigung ohne Zustimmung der Hauptfürsorgestelle zulässig. In dieser Zeit gilt auch nicht die Mindestkündigungsfrist von vier Wochen.

Außerordentliche Kündigung

Fristlose Kündigung

Die außerordentliche Kündigung ist das schärfste Mittel im Kündigungsrecht und darf deshalb nur in besonderen Fällen erklärt werden.

Wichtiger Grund

Das Arbeitsverhältnis kann von jedem Vertragsteil aus wichtigem Grund ohne Einhaltung einer Kündigungsfrist gekündigt werden, wenn Tatsachen vorliegen, aufgrund derer dem Kündigenden unter Berücksichtigung des Einzelfalles und unter Abwägung der Interessen beider Vertragsteile die Fortsetzung des Arbeitsverhältnisses bis zum Ablauf der Kündigungsfrist nicht zugemutet werden kann.

Beispiele:

Untreuehandlungen, vorsätzliche Sachbeschädigung durch den Arbeitnehmer; Tätlichkeiten, Vorenthaltung des geschuldeten Arbeitsentgelts durch den Arbeitgeber.

Überlegungsfrist

Die fristlose Kündigung kann nur innerhalb von zwei Wochen erfolgen; die Frist beginnt mit dem Zeitpunkt, in dem der Kündigungsberechtigte von den für die Kündigung maßgebenden Tatsachen Kenntnis erlangt.

Anhörung des Betriebsrats

Besteht im Betrieb ein Betriebsrat, muß der Arbeitgeber vor Ausspruch der fristlosen Kündigung den Betriebsrat hören, andernfalls ist die Kündigung unwirksam. Hat der Betriebsrat hiergegen Bedenken, muß er diese dem Arbeitgeber unverzüglich, spätestens innerhalb von drei Tagen, schriftlich mitteilen. Ein Widerspruchsrecht des Betriebsrats besteht nicht.

Klagefrist

Innerhalb von drei Wochen nach Zugang einer fristlosen Kündigung kann der Arbeitnehmer Klage beim Arbeitsgericht erheben.

Voraussetzungen für die Wirksamkeit einer außerordentlichen Kündigung

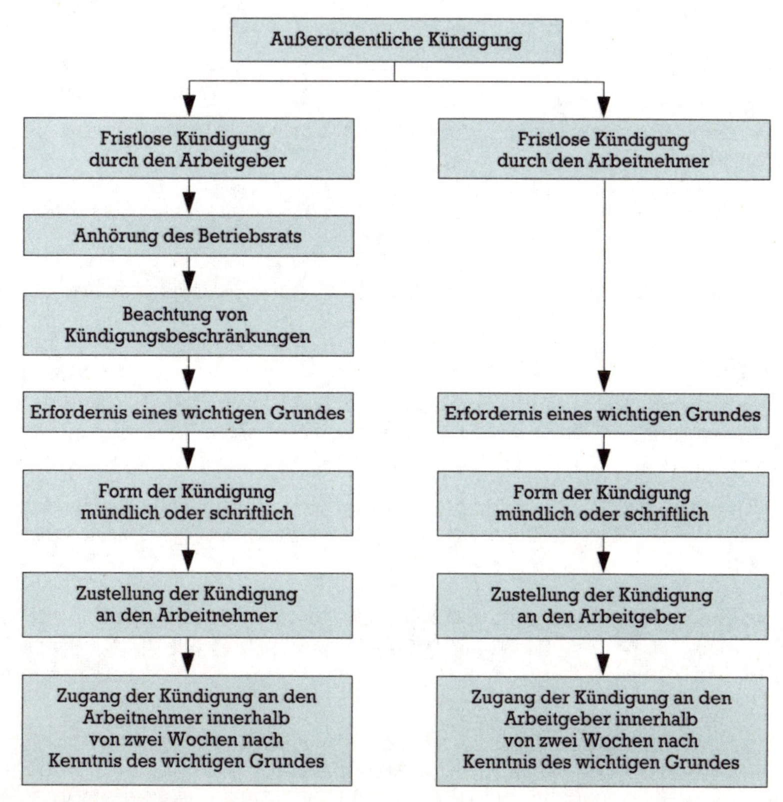

Abbildung 135

3.3.2.2 Rechtswidrige Beendigung des Arbeitsverhältnisses

Schadenersatzpflicht bei Vertragsbruch

Wird das Arbeitsverhältnis von einem der beiden Vertragspartner unberechtigterweise ohne Einhaltung der Kündigungsfrist beendet, ist er dem anderen Vertragspartner zum Ersatz des hieraus entstehenden Schadens verpflichtet.

Beispiel:

Fortzahlung des Arbeitsentgelts für die Dauer der Kündigungsfrist durch den Arbeitgeber; Schadenersatzpflicht des Arbeitnehmers für Produktionsausfall.

Schadensnachweis

Der Schaden muß dem Grunde und der Höhe nach nachgewiesen werden.

Entschädigung ohne Schadensnachweis

In Einzelarbeitsverträgen und Tarifverträgen können für den Fall des Vertragsbruchs Vertragsstrafen bzw. Entschädigungen vereinbart werden, die an den Nachweis eines Schadens nicht gebunden sind.

3.3.2.3 Aushändigung der Arbeitspapiere, des Arbeitszeugnisses sowie Erstellen einer Ausgleichsquittung

Arbeitspapiere

Aushändigung der Arbeitspapiere

Mit Beendigung des Arbeitsverhältnisses schuldet der Arbeitgeber die Herausgabe folgender Arbeitspapiere:
- Arbeitszeugnis
- Lohnsteuerkarte
- Sozialversicherungsnachweisheft mit Versicherungsnachweis über die Abmeldung
- Urlaubsbescheinigung
- Arbeitsbescheinigung nach Formblatt zur Vorlage beim Arbeitsamt.

In bestimmten Berufen können noch weitere Arbeitspapiere hinzukommen.

Beispiel:

Bauhauptgewerbe: Lohnnachweiskarte für Urlaub, Lohnausgleich und Zusatzversorgung der gewerblichen Arbeiter und Versicherungsnachweise für die Zusatzversorgung der Angestellten.

Rechtzeitige Herausgabe

Die Arbeitspapiere sind so rechtzeitig fertigzustellen, daß sie am letzten Tag des Arbeitsverhältnisses ausgehändigt bzw. zugestellt werden können.

Kein Zurückbehaltungsrecht

Eine Zurückbehaltung der Arbeitspapiere durch den Arbeitgeber ist unzulässig, auch wenn noch berechtigte Forderungen gegenüber dem Arbeitnehmer bestehen.

Schadenersatzpflicht des Arbeitgebers

Kommt der Arbeitgeber mit der rechtzeitigen Herausgabe der Arbeitspapiere in Verzug und entsteht dem Arbeitnehmer hierdurch ein Schaden, zum Beispiel Lohnausfall, ist der Arbeitgeber zum Ersatz des Schadens verpflichtet.

Arbeitszeugnis

Im Zeugnisrecht unterscheidet man zwischen dem einfachen und dem qualifizierten Zeugnis.

Arbeitszeugnis

Das einfache Zeugnis muß enthalten:
- Vorname, Familienname, Geburtsdatum und Wohnadresse sowie
- Art und Dauer der Beschäftigung.

Auf Verlangen des Arbeitnehmers muß das Zeugnis ausgedehnt werden auf
- Führung und Leistung.

Einfaches Zeugnis

Qualifiziertes Zeugnis

Das Zeugnis muß alle wesentlichen Tatsachen und Bewertungen enthalten, die für die Gesamtbeurteilung des Arbeitnehmers von Bedeutung und für künftige Arbeitgeber von Interesse sind. Einmalige Vorfälle oder Umstände, die für den Arbeitnehmer, seine Führung und Leistung nicht charakteristisch sind, gehören nicht in das Zeugnis. Andererseits muß das Zeugnis wahr sein. Bedeutsame Vorkommnisse, auch wenn sie für den Arbeitnehmer nachteilig sind, müssen in die Beurteilung aufgenommen werden, wenn sie für die Gesamtbeurteilung wesentlich sind. Der Arbeitgeber ist für die Tatsachen beweispflichtig, die der Zeugniserteilung und der darin enthaltenen Bewertung zugrunde liegen.

Inhalt des qualifizierten Zeugnisses

Beurteilung: wohlwollend aber wahr

Während der Kündigungsfrist oder in sonstigen begründeten Fällen kann der Arbeitnehmer ein Zwischenzeugnis verlangen.

Zwischenzeugnis

Ausgleichsquittung

Als Ausgleichsquittung bezeichnet man die schriftliche Erklärung des Arbeitnehmers, mit der er bestätigt, keinerlei Ansprüche mehr aus dem Arbeitsverhältnis und dessen Beendigung zu haben.
Damit verzichtet der Arbeitnehmer auf alle möglicherweise noch bestehenden Ansprüche mit Ausnahme solcher, die unverzichtbar sind.

Ausgleichsquittung

Verzichtserklärung

Beispiel:

Mindesturlaubs- und Tarifansprüche sind unverzichtbar.

3.3.3 Der Kündigungsschutz

Lernziel:

- Kennen der wichtigsten Vorschriften des allgemeinen Kündigungsschutzes und der besonderen Regelungen des Kündigungsschutzes für bestimmte Personengruppen sowie der Regelungen bei Massenentlassungen.

Das Kündigungsrecht des Arbeitgebers ist weitgehend durch gesetzliche Kündigungsschutzbestimmungen eingeschränkt.

Kündigungsschutzgesetz

3.3.3.1 Allgemeiner Kündigungsschutz

Personenkreis

Die Kündigung eines Arbeitnehmers,
- der bereits länger als sechs Monate
- in einem Betrieb mit mindestens sechs Arbeitnehmern

beschäftigt ist, ist rechtsunwirksam, wenn sie sozial ungerechtfertigt ist.

Betriebsgröße ab sechs Beschäftigte

Bei der Betriebsgröße werden Lehrlinge oder sonst zu ihrer Berufsausbildung Beschäftigte sowie Arbeitnehmer, deren Arbeitszeit wöchentlich zehn oder monatlich 45 Stunden nicht übersteigt, nicht mitgerechnet.

Sozial ungerechtfertigte Kündigung

Sozial ungerechtfertigte Kündigung

Sozial ungerechtfertigt ist die Kündigung dann, wenn nicht einer der nachfolgend genannten Gründe vorliegt:

Personenbedingter Grund

- Gründe in der Person des Arbeitnehmers

Beispiel:

Ständiger krankheitsbedingter Arbeitsausfall.

Verhaltensbedingter Grund

- Gründe im Verhalten des Arbeitnehmers

Beispiel:

Fortgesetztes vertragswidriges Verhalten.

Dringender betrieblicher Grund

- Dringende betriebliche Erfordernisse

Beispiel:

Anhaltender Arbeitsmangel, Betriebsstillegung.

Abmahnung vor Kündigung bei verhaltensbedingten Gründen

Abmahnung

Vor Ausspruch einer Kündigung aus verhaltensbedingten Gründen ist in der Regel eine vorherige Abmahnung des Arbeitnehmers erforderlich, um ihm zunächst Gelegenheit zu geben, sein Fehlverhalten zu korrigieren.

Ihre Warnfunktion erfüllt die Abmahnung nur dann, wenn sie
- konkrete Angaben über die beanstandeten Mängel enthält und
- für den Fall der Wiederholung auf die zu erwartende Kündigung hinweist.

Soziale Auswahl bei betriebsbedingter Kündigung

Kündigt der Arbeitgeber aus dringenden betrieblichen Gründen, so muß er bei der Auswahl der zu Kündigenden neben betriebstechnischen, wirtschaftlichen und sonstigen berechtigten betrieblichen Bedürfnissen auch soziale Gesichtspunkte angemessen mit berücksichtigen.

Soziale Gesichtspunkte bei Kündigung

Beispiel:

Dauer der Betriebszugehörigkeit, Lebensalter, Familienstand.

Änderungskündigung vor Beendigungskündigung

Nach dem Grundsatz der Verhältnismäßigkeit muß der Arbeitgeber vor jeder ordentlichen Beendigungskündigung von sich aus dem Arbeitnehmer eine beiden Seiten zumutbare Weiterbeschäftigung auf einem freien Arbeitsplatz, ggf. auch zu geänderten Arbeitsbedingungen, anbieten und unter Einräumung einer Überlegungsfrist von einer Woche klarstellen, daß bei Ablehnung des Änderungsangebots eine Kündigung beabsichtigt ist. Nimmt der Arbeitnehmer dieses Angebot nur unter Vorbehalt an, muß der Arbeitgeber eine Änderungskündigung aussprechen. Lehnt der Arbeitnehmer das Änderungsangebot vorbehaltlos und endgültig ab, kann die Beendigungskündigung erklärt werden.

Angebot zur Weiterbeschäftigung zu geänderten Arbeitsbedingungen

Kündigt der Arbeitgeber und bietet er gleichzeitig die Fortsetzung des Arbeitsverhältnisses zu geänderten Arbeitsbedingungen an, kann der Arbeitnehmer dieses Angebot unter dem Vorbehalt annehmen, daß die Änderung der Arbeitsbedingungen nicht sozial ungerechtfertigt ist. Dieser Vorbehalt muß innerhalb von drei Wochen nach Zugang der Kündigung gegenüber dem Arbeitgeber erklärt werden.

Änderungskündigung

Kündigungsschutzklage

Kündigungsschutzklage

Gegen eine sozial nicht gerechtfertigte Kündigung kann der Arbeitnehmer innerhalb von drei Wochen nach Zugang der Kündigung Klage beim Arbeitsgericht erheben.

Klagefrist

Im Kündigungsschutzverfahren muß der Arbeitgeber die Kündigungsgründe beweisen. Stellt das Gericht fest, daß die Gründe nicht ausreichen, besteht das Arbeitsverhältnis fort. Das entgangene Arbeitsentgelt ist nachzuzahlen, der Arbeitnehmer weiterzubeschäftigen.

Fortsetzung des Arbeitsverhältnisses

Ist dem Arbeitnehmer die Fortsetzung des Arbeitsverhältnisses nicht mehr zumutbar, kann das Arbeitsgericht auf Antrag des Arbeitnehmers den Arbeitgeber zur Zahlung einer Abfindung verurteilen:

Abfindung

Alter des Arbeitnehmers	und	bis zu
vor dem 50. Lebensjahr	—	12 Bruttomonatsentgelte
ab dem 50. Lebensjahr	15 Beschäftigungsjahre	15 Bruttomonatsentgelte
ab dem 55. Lebensjahr	20 Beschäftigungsjahre	18 Bruttomonatsentgelte

Höhe der Abfindung

Für Arbeitnehmer, die das 65. Lebensjahr vollendet haben, ist der Höchstbetrag auf zwölf Bruttomonatsentgelte beschränkt.

Besonderer Kündigungsschutz

3.3.3.2 Besonderer Kündigungsschutz

Bestimmte Arbeitnehmer sind gegen eine Kündigung durch den Arbeitgeber in besonderer Weise geschützt:

Personenkreis

Arbeitnehmer mit besonderem Kündigungsschutz

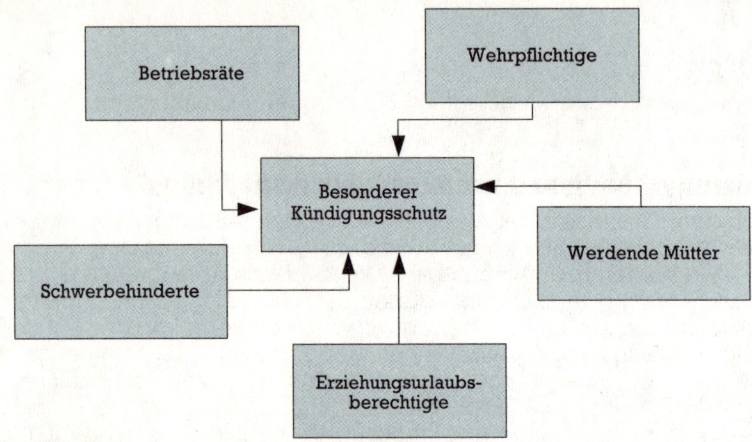

Abbildung 136

Betriebsrat Jugendvertreter

Kündigungsschutz von Betriebsräten und Jugendvertretern

Ordentliche Kündigung ausgeschlossen

Kündigung nur bei wichtigem Grund

Während der Amtszeit und innerhalb eines Jahres nach Beendigung der Amtszeit ist die ordentliche Kündigung eines Mitglieds des Betriebsrats oder einer Jugend- und Auszubildendenvertretung unzulässig.
Das Arbeits- bzw. Ausbildungsverhältnis kann nur gelöst werden
- fristlos aus wichtigem Grund
- mit Zustimmung des Betriebsrats oder
- Ersatz-Zustimmung durch das Arbeitsgericht.

Einen ähnlichen Kündigungsschutz besitzen auch die Mitglieder des Wahlvorstandes und Bewerber für das Betriebsratsamt bis zum Ablauf von sechs Monaten nach Bekanntgabe des Wahlergebnisses.

Kündigungsschutz für Arbeitnehmervertreter

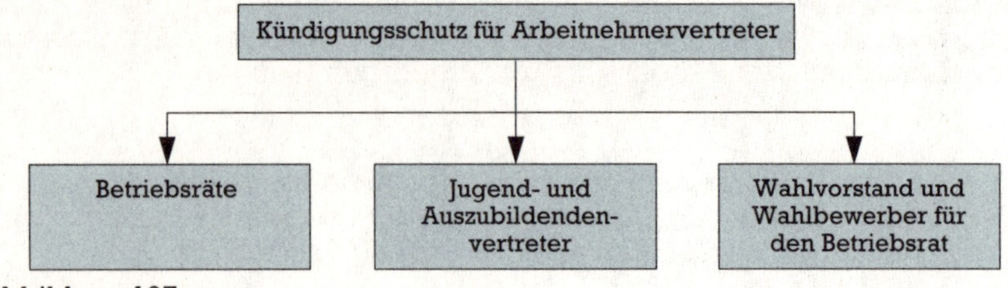

Abbildung 137

Beendigungsschutz bei Ausbildungsverhältnissen

Weiterbeschäftigungspflicht nach Ausbildung im Betrieb

Beabsichtigt der Arbeitgeber, einen Auszubildenden, der Mitglied der Jugend- und Auszubildendenvertretung oder des Betriebsrats ist, im Anschluß an das Berufsausbildungsverhältnis nicht in ein Arbeitsverhältnis zu übernehmen, muß er dies dem Auszubildenden drei Monate vor Ausbildungsende schriftlich mitteilen.

Verlangt der Auszubildende innerhalb der letzten drei Monate vor Ausbildungsende schriftlich die Weiterbeschäftigung, gilt ein Arbeitsverhältnis als abgeschlossen. Bis zum Ablauf von zwei Wochen nach Ausbil-dungsende kann der Arbeitgeber beim Arbeitsgericht feststellen lassen, daß die Weiterbeschäftigung nicht zumutbar ist, wenn Gründe hierfür vorliegen.

Wehrpflichtige

Wehrpflichtige

Ab Zustellung des Einberufungsbescheides bis zur Beendigung des Grundwehrdienstes sowie während einer Wehrdienstübung ist eine ordentliche Kündigung durch den Arbeitgeber nicht zulässig. Dies gilt auch für Soldaten auf Zeit mit einer Dienstzeit bis zu zwei Jahren und Zivildienstleistende.

Ordentliche Kündigung ausgeschlossen

Vor und nach dem Wehrdienst darf der Arbeitgeber das Arbeitsverhältnis aus Anlaß des Wehrdienstes nicht kündigen.

Zulässig ist die fristlose Kündigung aus wichtigem Grund.

Fristlose Kündigung bei wichtigem Grund

Die Einberufung zum Wehrdienst bzw. die Ableistung des Zivildienstes ist jedoch kein wichtiger Grund zur Kündigung.

Kündigungsschutz für Wehrpflichtige

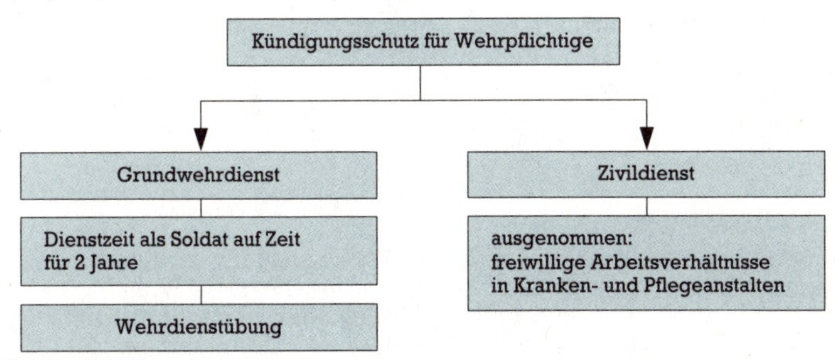

Abbildung 138

Kleinbetriebsregelung

In Betrieben bis zu fünf Beschäftigten (ausschließlich der Auszubildenden) kann unter Einhaltung einer Frist von

Ausnahme: Betriebe bis zu 5 Arbeitnehmern

- zwei Monaten zum Ende des Wehrdienstes gekündigt werden
- bei einem Grundwehrdienst von mehr als sechs Wochen, wenn
- der Arbeitnehmer unverheiratet ist und
- dem Arbeitgeber die Weiterbeschäftigung der Ersatzkraft nach Ende des Wehrdienstes nicht zugemutet werden kann.

Kündigungsvoraussetzungen

Beendigungsschutz bei Ausbildungsverhältnissen

Nach Beendigung eines Berufsausbildungsverhältnisses darf die Übernahme eines Auszubildenden in ein Arbeitsverhältnis nicht aus Anlaß des Wehrdienstes abgelehnt werden.

Übernahme in ein Arbeitsverhältnis trotz Wehrdienst

Schwerbehinderte

Zustimmung der Hauptfürsorgestelle zur Kündigung

Schwerbehinderte

Die ordentliche Kündigung eines Schwerbehinderten oder Gleichgestellten durch den Arbeitgeber bedarf der vorherigen Zustimmung der Hauptfürsorgestelle.
Auch für die außerordentliche Kündigung ist die vorherige Zustimmung erforderlich. Sie muß innerhalb von zwei Wochen nach Kenntnis des wichtigen Grundes beantragt werden. Trifft die Hauptfürsorgestelle innerhalb von zwei Wochen nach Eingang des Antrages keine Entscheidung, gilt die Zustimmung als erteilt.

Kündigungsschutz erst nach 6 Monaten

Die Zustimmung zur ordentlichen und außerordentlichen Kündigung ist nicht erforderlich, wenn das Arbeitsverhältnis noch nicht länger als sechs Monate besteht. In dieser Zeit entfällt auch die Mindestkündigungsfrist von vier Wochen.

Kündigungsschutz für Schwerbehinderte

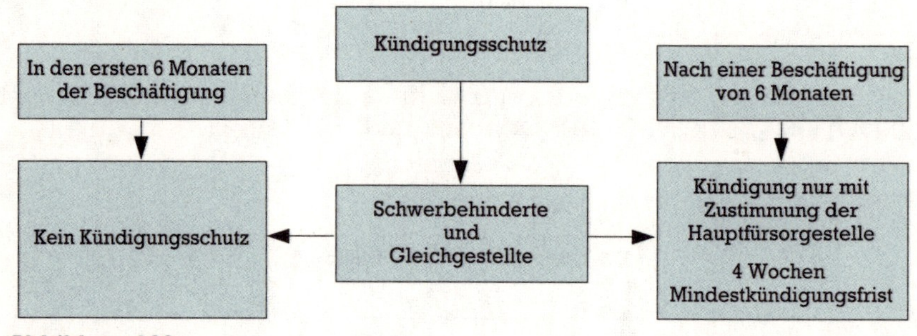

Abbildung 139

Beendigungsschutz

Zustimmungserfordernis

Die Beendigung des Arbeitsverhältnisses eines Schwerbehinderten bzw. Gleichgestellten bedarf auch dann der vorherigen Zustimmung der Hauptfürsorgestelle, wenn sie im Falle des Eintritts der Berufsunfähigkeit oder der Erwerbsunfähigkeit auf Zeit ohne Kündigung erfolgt, es sei denn, daß eine Zustimmung auch im Kündigungsfalle nicht erforderlich gewesen wäre.

Anzeigepflichten des Arbeitgebers

Anzeigepflicht bei Einstellung zur Probe

Einstellungen auf Probe und die Beendigung von Arbeitsverhältnissen Schwerbehinderter, die dem Betrieb noch nicht länger als sechs Monate zugehören, müssen der Hauptfürsorgestelle innerhalb von vier Tagen angezeigt werden.

Mutterschutz

Werdende Mütter

Absolutes Kündigungsverbot

Während der Schwangerschaft und vier Monate nach der Entbindung ist jede ordentliche und außerordentliche Kündigung gegenüber einer Arbeitnehmerin unzulässig, wenn dem Arbeitgeber zum Zeitpunkt der Kündigung die Schwangerschaft oder Entbindung bekannt ist oder spätestens innerhalb von zwei Wochen nach Zugang der Kündigung noch mitgeteilt wird.

Kündigungsschutz für werdende Mütter

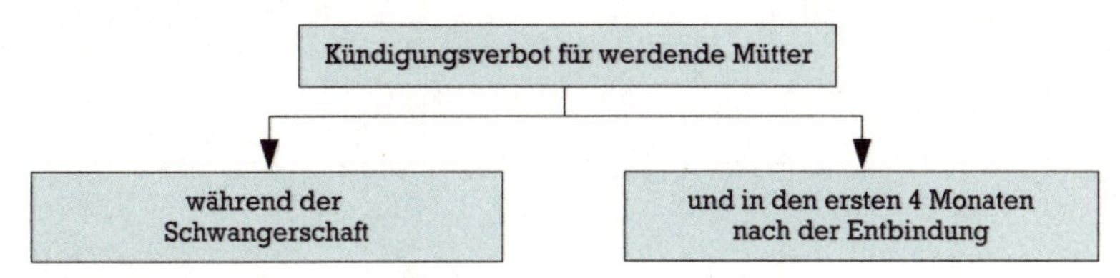

Abbildung 140

Hausgehilfinnen

Für Hausgehilfinnen erstreckt sich das Kündigungsverbot nur auf die ersten fünf Monate der Schwangerschaft.

Kündigungsgenehmigung

Auf Antrag des Arbeitgebers kann die für den Arbeitsschutz zuständige Oberste Landesbehörde oder die von ihr bestimmte Stelle (zum Beispiel Gewerbeaufsichtsamt oder Regierungspräsident) in besonderen Fällen ausnahmsweise die Kündigung zulassen.

Beispiel:

Bei Betriebsstillegung.

Kündigungsrechte der Arbeitnehmerin

Die Arbeitnehmerin selbst kann während der Schwangerschaft und der Schutzfrist nach der Entbindung (in der Regel acht Wochen) von sich aus ohne Frist zum Ende der Schutzfrist kündigen.

Erziehungsurlaub

Erziehungsurlaubsberechtigte

Kündigungsverbot

Der Arbeitgeber darf das Arbeits- bzw. Berufsausbildungsverhältnis ab dem Zeitpunkt, von dem an Erziehungsurlaub verlangt wird, frühestens jedoch sechs Wochen vor dessen Beginn und während des Erziehungsurlaubs weder ordentlich noch außerordentlich kündigen.

Kündigungsschutz während des Erziehungsurlaubs

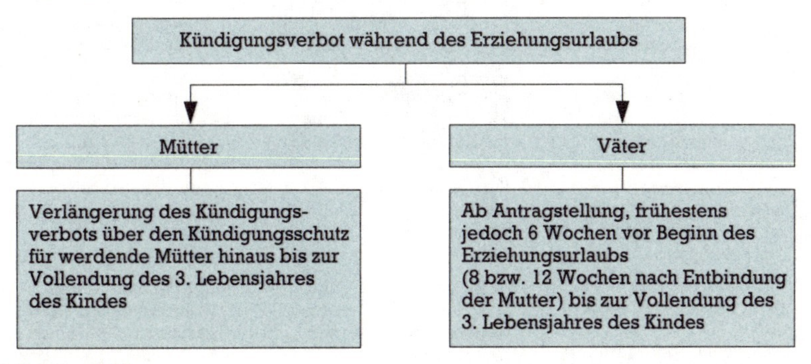

Abbildung 141

Kündigungsgenehmigung in besonderen Fällen

Die für den Arbeitsschutz zuständige Oberste Landesbehörde oder die von ihr bestimmte Stelle kann auf Antrag des Arbeitgebers in besonderen Fällen ausnahmsweise die Kündigung für zulässig erklären.

Beispiel:

Bei besonderen Verstößen des Arbeitnehmers gegen arbeitsvertragliche Pflichten, Betriebsstillegung, Gefährdung der Existenz des Betriebes oder der wirtschaftlichen Existenz des Arbeitgebers.

Betriebe bis zu 5 Arbeitnehmern

In Betrieben bis zu fünf Beschäftigten (ausschließlich der Auszubildenden) kann die Genehmigung zur Kündigung auch dann erteilt werden, wenn der Arbeitgeber dringend auf eine Ersatzkraft angewiesen ist und hierfür einen unbefristeten Arbeitsvertrag abschließen muß.

Kündigungsrecht des Erziehungsurlaubsberechtigten

Der Erziehungsurlaubsberechtigte selbst kann nur mit einer Frist von drei Monaten zum Ende des Erziehungsurlaubs kündigen.

Hinsichtlich Anspruchsvoraussetzungen und Dauer des Erziehungsurlaubs siehe Abschnitt 3.3.6.5 „Mutterschutz" in diesem Band.

3.3.3.3 Kündigungsschutz bei Massenentlassungen

Anzeigepflichtige Massenentlassungen

Freigrenzen

Der Arbeitgeber ist verpflichtet, dem Arbeitsamt unter Beifügung der Stellungnahme des Betriebsrats Massenentlassungen schriftlich anzuzeigen, bevor er in Betrieben	
mit 21 – 59 Arbeitnehmern	ab 6 Arbeitnehmer
mit 60 – 499 Arbeitnehmern	ab 26 Arbeitnehmer oder 10 v.H. der Arbeitnehmer
ab 500 Arbeitnehmern	ab 30 Arbeitnehmer
innerhalb von 30 Kalendertagen entläßt.	

Sperrfrist

Diese anzeigepflichtigen Entlassungen werden vor Ablauf eines Monats nach Eingang der Anzeige beim Arbeitsamt nur mit Zustimmung des Landesarbeitsamtes wirksam. Das Landesarbeitsamt kann die Sperrfrist verkürzen oder bis zu zwei Monaten verlängern.

Kündigungsschutzbestimmungen zugunsten der Arbeitnehmer

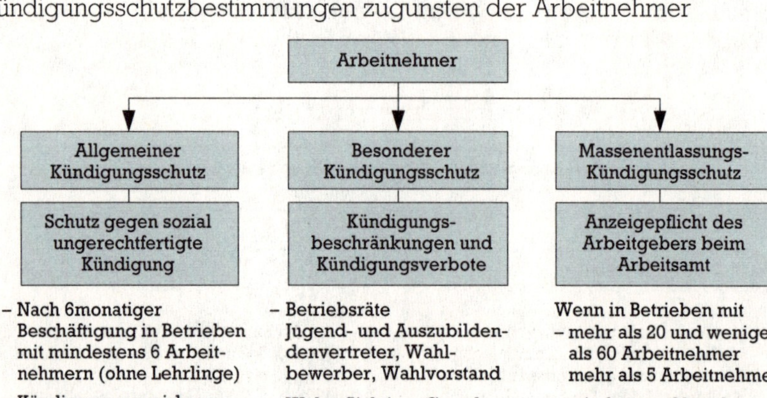

- Nach 6monatiger Beschäftigung in Betrieben mit mindestens 6 Arbeitnehmern (ohne Lehrlinge)
- Kündigung nur wirksam, wenn sozial gerechtfertigt aus
  a) personenbedingten oder
  b) verhaltensbedingten oder
  c) betriebsbedingten (soziale Auswahl) Gründen

- Betriebsräte Jugend- und Auszubildendenvertreter, Wahlbewerber, Wahlvorstand
- Wehrpflichtige, Grundwehrdienst, Wehrdienstübungen, Soldaten auf Zeit (bis 2 Jahre) Zivildienstleistende
- Schwerbehinderte, Gleichgestellte
- Werdende Mütter und Mütter in den ersten 4 Monaten nach der Entbindung
- Erziehungsurlaubsberechtigte während des Erziehungsurlaubes

Wenn in Betrieben mit
- mehr als 20 und weniger als 60 Arbeitnehmer mehr als 5 Arbeitnehmer
- mindestens 60 und weniger als 500 Arbeitnehmern 10 v. H. der Belegschaft oder aber mehr als 25 Arbeitnehmer
- mindestens 500 Arbeitnehmer mindestens 30 Arbeitnehmer

innerhalb von 30 Kalendertagen entlassen werden

Abbildung 142

3.3.4 Der Tarifvertrag

Lernziele:
- Kennen der Form und des Inhalts des Tarifvertrages.
- Wissen, unter welchen Voraussetzungen die Verbindlichkeit von Tarifverträgen gegeben ist und wann abweichende Abmachungen der Arbeitsvertragsparteien zulässig sind.

3.3.4.1 Die Tarifvertragsparteien

Tarifvertragsparteien

Die Tarifverträge werden von den Tarifvertragsparteien – auf Arbeitnehmerseite von den Gewerkschaften, auf Arbeitgeberseite von den Arbeitgeberverbänden – abgeschlossen. Im Handwerk werden die Tarifverträge zwischen den Gewerkschaften und den Bundes- oder Landesinnungsverbänden abgeschlossen.

Abschluß des Tarifvertrags durch die Tarifvertragsparteien

Tarifverträge

Bekanntgabe der Tarifverträge

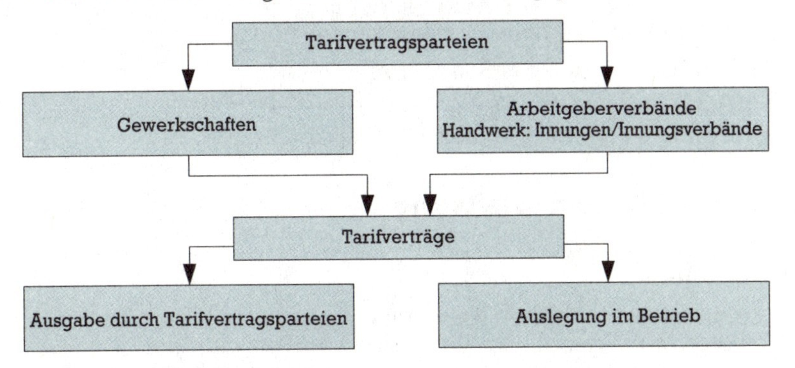

Abbildung 143

3.3.4.2 Tarifgebundenheit

Tarifbindung

Der Tarifvertrag ist verbindlich, wenn
- beide Arbeitsvertragspartner Mitglied bei der für sie zuständigen Tarifvertragspartei sind, der Arbeitgeber bei dem tarifabschließenden Arbeitgeberverband, der Arbeitnehmer bei der tarifabschließenden Gewerkschaft,
  oder
- der Tarifvertrag durch das Bundes- oder Landesarbeitsministerium für allgemeinverbindlich erklärt worden ist.

Unabdingbarkeit

Ist der Tarifvertrag für das Arbeitsverhältnis verbindlich, sind abweichende Vereinbarungen zwischen Arbeitnehmer und Arbeitgeber nur zulässig, soweit sie für den Arbeitnehmer günstiger sind.
Tarifansprüche sind unabdingbar und unverzichtbar.

Vereinbarung über Tarifanwendung

Besteht keine Tarifbindung, kann die Anwendung des Tarifvertrages zwischen Arbeitnehmer und Arbeitgeber vereinbart werden.

Voraussetzungen der Tarifbindung

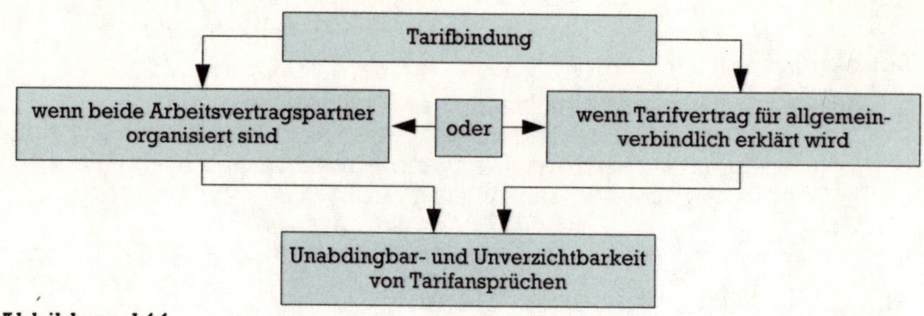

Abbildung 144

3.3.4.3 Inhalt und Form des Tarifvertrages

Inhalt des Tarifvertrages

Die Tarifverträge regeln die beiderseitigen Rechte und Pflichten der Arbeitgeber und Arbeitnehmer im Arbeitsverhältnis.

Beispiel:

Der Lohntarifvertrag, die Lohnbedingungen, der Rahmen- oder Manteltarifvertrag, die sonstigen arbeitsrechtlichen Bedingungen.

Schriftform

Tarifverträge bedürfen der Schriftform.

Auslegungspflicht

Der Arbeitgeber ist verpflichtet, die für seinen Betrieb maßgebenden Tarifverträge an geeigneter Stelle im Betrieb auszulegen.

3.3.5 Betriebsverfassung

Lernziele:

- Kennen der wichtigsten Bestimmungen zur Errichtung von Betriebsräten sowie Jugend- und Auszubildendenvertretungen.
- Wissen, welche Personen wahlberechtigt und wählbar sind.
- Kennen der Aufgaben, Rechte und Pflichten sowie der Mitwirkungs- und Mitbestimmungsmöglichkeiten des Betriebsrats.
- Kennen der Rechte des einzelnen Arbeitnehmers nach dem Betriebsverfassungsgesetz.

Betriebsrat

3.3.5.1 Errichtung von Betriebsräten und Jugendvertretungen

Betriebsgröße

In Betrieben mit mindestens fünf wahlberechtigten Arbeitnehmern, einschließlich der zu ihrer Ausbildung Beschäftigten, von denen mindestens drei wählbar sein müssen, kann ein Betriebsrat gewählt werden.

Wahlberechtigung

Wahlberechtigt sind alle Arbeitnehmer, die 18 Jahre alt sind.

Wählbarkeit

Wählbar sind alle Arbeitnehmer, die 18 Jahre alt sind und dem Betrieb bereits sechs Monate zugehören.

Zahl der Mitglieder

Die Zahl der Betriebsratsmitglieder richtet sich nach der Zahl der wahlberechtigten Arbeitnehmer.

Betriebsratswahl

Die Betriebsratswahlen finden regelmäßig alle vier Jahre in der Zeit vom 1. 3. bis 31. 5. statt. Die Durchführung obliegt dem Wahlvorstand. Er wird

vom Betriebsrat bestellt; besteht kein Betriebsrat, wählt ihn die Betriebsversammlung.
Die Betriebsratswahl ist geheim; die Kosten trägt der Arbeitgeber.

Jugend- und Auszubildendenvertretung

In Betrieben, in denen mindestens fünf Jugendliche oder Auszubildende unter 25 Jahren beschäftigt werden, kann neben dem Betriebsrat eine Jugend- und Auszubildendenvertretung gewählt werden, die die Belange der Jugendlichen und Auszubildenden wahrnimmt.

Wählbarkeit

Wahltermin

Wahlberechtigt sind alle Arbeitnehmer unter 18 Jahren und die zu ihrer Berufsausbildung Beschäftigten, soweit sie das 25. Lebensjahr noch nicht vollendet haben. Die Wahlen finden alle zwei Jahre in der Zeit vom 1. 10. bis 30. 11. statt.

Die Arbeitnehmervertretungen im Betrieb

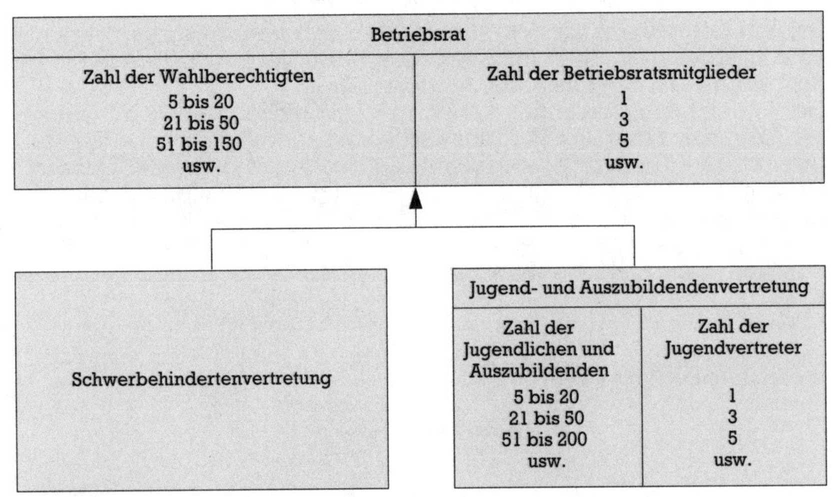

Abbildung 145

Zugangsrecht der Gewerkschaften

Zur Wahrnehmung der Aufgaben nach dem Betriebsverfassungsgesetz hat die im Betrieb vertretene Gewerkschaft nach Unterrichtung des Arbeitgebers ein erzwingbares Zugangsrecht zum Betrieb.

Sie kann im Rahmen ihrer Initiativrechte die Einleitung und Durchführung der Betriebsratswahl veranlassen.
Im Betrieb vertreten ist eine Gewerkschaft, wenn ihr mindestens ein Arbeitnehmer im Betrieb als Mitglied zugehört.

3.3.5.2 Rechte und Pflichten des Betriebsrates

Amtszeit des Betriebsrates

Die Amtszeit des Betriebsrates beträgt vier Jahre.

Während dieser Zeit ist der Betriebsrat unter Fortzahlung seines Lohnes von der Arbeit freizustellen,

Freistellungsanspruch

- wenn und soweit dies zur ordnungsgemäßen Erledigung der Betriebsratstätigkeit erforderlich ist
- für notwendige Schulungs- und Bildungsveranstaltungen

- zur Teilnahme an anerkannten Schulungs- und Bildungsveranstaltungen für die Dauer von drei Wochen während der Amtszeit.

Benachteiligungsverbot

Betriebsrat sowie Jugend- und Auszubildendenvertretung dürfen in der Ausübung ihrer Tätigkeit nicht behindert, weder benachteiligt noch begünstigt werden. Betriebs- und Geschäftsgeheimnisse müssen gewahrt bleiben.

Bezüglich des Kündigungsschutzes für Betriebsratsmitglieder siehe Abschnitt 3.3.3.2 „Besonderer Kündigungsschutz" in diesem Band.

Betriebsratssitzung

Die Sitzungen des Betriebsrates finden in der Regel während der Arbeitszeit statt. Teilnahmeberechtigt sind:
- die Jugend- und Auszubildendenvertretung
- die Schwerbehindertenvertretung.

Unter bestimmten Voraussetzungen kann auch der Arbeitgeber und eine im Betrieb vertretene Gewerkschaft daran teilnehmen.

Sprechstunden

Der Betriebsrat kann während der Arbeitszeit Sprechstunden einrichten. Zeit und Ort müssen mit dem Arbeitgeber vereinbart werden. Versäumnis von Arbeitszeit, die durch den Besuch der Sprechstunde eintritt, darf nicht zur Minderung des Arbeitsentgelts führen.

Betriebsversammlungen

Die Betriebsversammlungen finden vierteljährlich in der Regel während der Arbeitszeit statt. Die Zeit der Teilnahme sowie zusätzliche Wegezeiten sind wie Arbeitszeit zu vergüten; Fahrtkosten sind ebenfalls zu erstatten. In der Betriebsversammlung können Angelegenheiten einschließlich solcher tarifpolitischer, sozialpolitischer und wirtschaftlicher Art behandelt werden, die den Betrieb oder seine Arbeitnehmer unmittelbar betreffen. Der Arbeitgeber ist zu den Betriebsversammlungen einzuladen.

Rechte des Betriebsrates

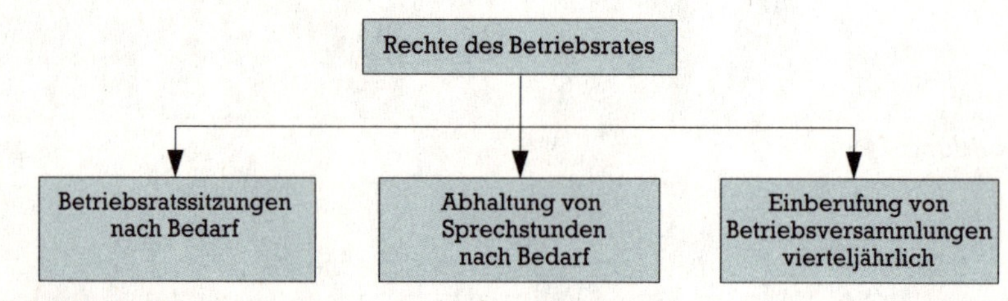

Abbildung 146

Kosten

Kosten und Sachaufwand, die durch die Tätigkeit des Betriebsrats entstehen, trägt der Arbeitgeber.

Beispiel:

Kosten für Räume, Büropersonal, Schreibmaterial.

3.3.5.3 Zusammenarbeit zwischen Arbeitgeber und Betriebsrat

Zusammenarbeit zwischen Arbeitgeber und Betriebsrat

Arbeitgeber und Betriebsrat sollen unter Beachtung der geltenden Tarifverträge vertrauensvoll und im Zusammenwirken mit den im Betrieb vertretenen Gewerkschaften und Arbeitgeberverbänden zum Wohl der Arbeitnehmer und des Betriebes zusammenarbeiten.

Friedenspflicht

Arbeitskämpfe zwischen Arbeitgeber und Betriebsrat sind unzulässig. Arbeitsablauf und Betriebsfrieden dürfen nicht gestört werden.

Betriebsvereinbarungen

Arbeitgeber und Betriebsrat können Betriebsvereinbarungen treffen.

Beispiel:

Regelungen über gleitende Arbeitszeit, Betriebsurlaub oder Fahrtkostenerstattung zwischen Wohnung und Betrieb.

Inhalt

Arbeitsentgelte und sonstige Arbeitsbedingungen, die durch Tarifvertrag geregelt sind oder üblicherweise geregelt werden, können in der Regel nicht Gegenstand einer Betriebsvereinbarung sein.

Formvorschriften

Betriebsvereinbarungen

- bedürfen der Schriftform
- müssen von beiden Seiten unterzeichnet sein und
- im Betrieb ausgelegt werden.

Einigungsstellen

Zur Beilegung von Meinungsverschiedenheiten zwischen Arbeitgeber und Betriebsrat ist die Bildung von Einigungsstellen vorgesehen. Sie setzen sich aus der gleichen Anzahl von Beisitzern des Arbeitgebers und des Betriebsrates zusammen. Kommt eine Einigung über einen unparteiischen Vorsitzenden nicht zustande, wird dieser vom Arbeitgeber bestellt. Die Einigungsstelle faßt ihre Beschlüsse mit Stimmenmehrheit unter angemessener Berücksichtigung der Belange des Betriebes und der betroffenen Arbeitnehmer nach billigem Ermessen. Die Kosten des Verfahrens trägt der Arbeitgeber.

Die Zusammenarbeit von Arbeitgeber und Betriebsrat

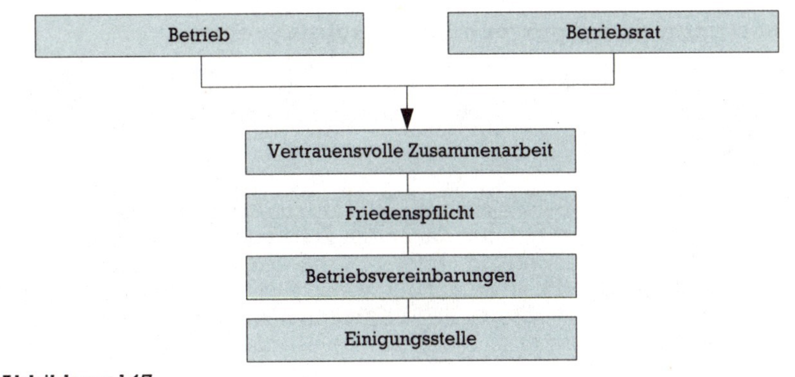

Abbildung 147

3.3.5.4 Mitwirkungs- und Mitbestimmungsrechte des Betriebsrates

Rechte des Betriebsrates

Allgemeine Aufgaben

Allgemeine Aufgaben

Aufgabe des Betriebsrates ist es, darüber zu wachen, daß die Gesetze, Verordnungen, Unfallverhütungsvorschriften, Tarifverträge und Betriebsvereinbarungen eingehalten werden. Zu diesem Zweck hat er Anspruch auf rechtzeitige und umfassende Unterrichtung durch den Arbeitgeber. Auf Verlangen müssen ihm die hierfür erforderlichen Unterlagen zur Verfügung gestellt werden.

Mitbestimmung in sozialen Angelegenheiten

Soziale Angelegenheiten

Die Mitbestimmung in sozialen Angelegenheiten erstreckt sich auf Bereiche wie:
- Ordnung des Betriebes und Verhalten der Arbeitnehmer im Betrieb
- Beginn und Ende der täglichen Arbeitszeit einschließlich Pausen
- Zeit, Ort und Art der Auszahlung des Arbeitsentgelts
- Aufstellung allgemeiner Urlaubsgrundsätze
- Einführung und Anwendung von technischen Einrichtungen zur Überwachung von Verhalten oder Leistung der Arbeitnehmer
- Maßnahmen des Gesundheitsschutzes und der Unfallverhütung.

Mitwirkung in personellen Angelegenheiten

Personelle Angelegenheiten

Im Rahmen der personellen Mitbestimmung ist der Betriebsrat sowohl bei allgemeinen als auch bei einzelnen personellen Maßnahmen einzuschalten. Personalfragebogen und allgemeine Beurteilungsgrundsätze bedürfen seiner Zustimmung. Bei der Durchführung betrieblicher Bildungsmaßnahmen hat der Betriebsrat mitzubestimmen.

Mitbestimmung bei Kündigungen

Kündigungsmaßnahmen

Bei Ausspruch von Kündigungen durch den Arbeitgeber hat der Betriebsrat ein Anhörungs- und Widerspruchsrecht (siehe hierzu Abschnitt 3.3.2.1 „Arten der Beendigung des Arbeitsverhältnisses – ‚Ordentliche Kündigung' und ‚Außerordentliche Kündigung'" in diesem Band).

Mitbestimmung bei personellen Einzelmaßnahmen

Personelle Einzelmaßnahmen

In Betrieben mit mindestens 21 Wahlberechtigten ist der Betriebsrat vor jeder Einstellung, Eingruppierung, Umgruppierung und Versetzung zu unterrichten.

Bewerbungsunterlagen müssen zur Verfügung gestellt werden. Der Betriebsrat kann in begründeten Fällen die Zustimmung verweigern. Teilt er dem Arbeitgeber innerhalb einer Woche die Gründe hierfür nicht schriftlich mit, gilt die Zustimmung als erteilt. Bevor der Betriebsrat sich geäußert hat, kann eine personelle Maßnahme nur dann vorläufig durchgeführt werden, wenn dies aus sachlichen Gründen dringend erforderlich ist.

Mitwirkung in wirtschaftlichen Angelegenheiten

Wirtschaftliche Angelegenheiten

In Betrieben mit mindestens 21 wahlberechtigten Arbeitnehmern muß der Arbeitgeber den Betriebsrat über geplante Betriebsänderungen, die wesentliche Nachteile für die Belegschaft zur Folge haben können, unterrichten und die geplanten Änderungen mit ihm beraten.

Als Betriebsänderungen gelten:
- die Einschränkung, Stillegung oder Verlegung des Betriebes bzw. von Betriebsteilen,
- der Zusammenschluß mit anderen Betrieben,
- die Einführung neuer Arbeitsmethoden.

Sozialplan

Arbeitgeber und Betriebsrat sollen einen Interessenausgleich herbeiführen und zum Ausgleich der wirtschaftlichen Nachteile, die den Arbeitnehmern entstehen, einen Sozialplan erstellen. Kommt eine Einigung nicht zustande, ist zunächst der Präsident des Landesarbeitsamtes und dann die Einigungsstelle einzuschalten.

Mitwirkungs- und Mitbestimmungsrechte des Betriebsrats

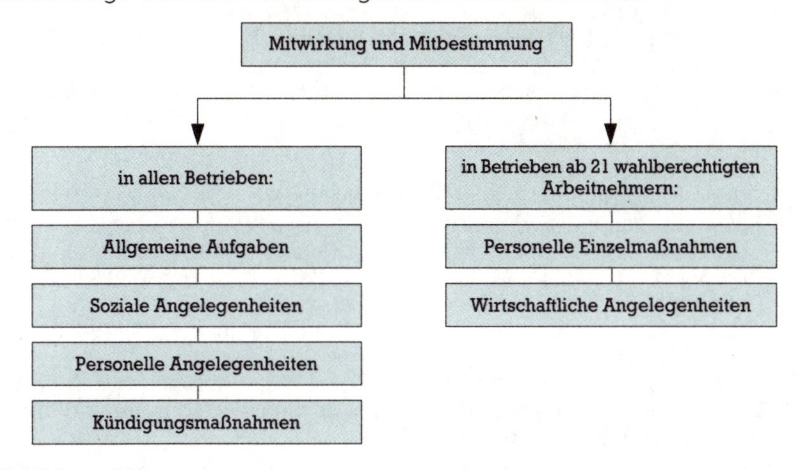

Abbildung 148

3.3.5.5 Rechte des einzelnen Arbeitnehmers

Jeder Arbeitnehmer hat nach dem Betriebsverfassungsgesetz folgende Rechte:

Arbeitnehmerrechte

Arbeitnehmerrechte nach dem Betriebsverfassungsgesetz

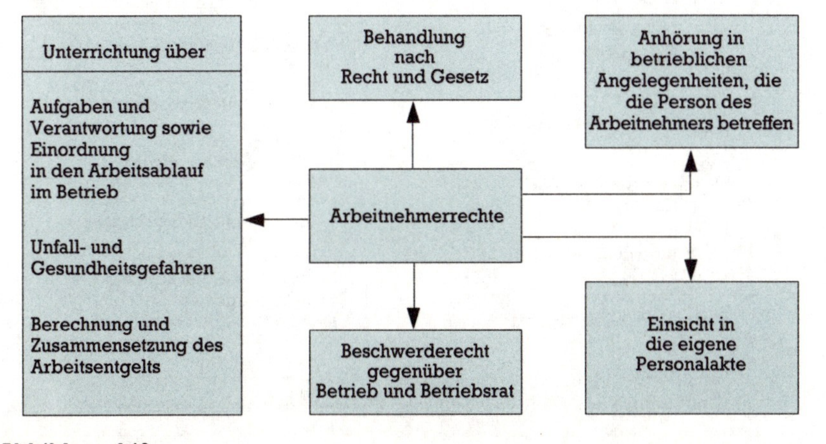

Abbildung 149

3.3.6 Arbeitsschutz

Lernziele:

- Kennen des Inhalts der wichtigsten Bestimmungen der Arbeitszeitordnung (insbesondere Regelungen der täglichen und wöchentlichen Arbeitszeit, der Mehrarbeit, Ruhepausen und Ruhezeiten sowie Beschäftigungsverbote für bestimmte Personengruppen und bestimmte Zeiten).
- Wissen, welche Personen unter den Jugendarbeitsschutz fallen.
- Kennen des Inhalts der wichtigsten Bestimmungen
  - des Jugendarbeitsschutzgesetzes (insbesondere: Arbeitszeitregelungen, Urlaubsregelungen, gesundheitliche Betreuung),
  - des Jugendschutzgesetzes,
  - des Heimarbeitergesetzes,
  - des Mutterschutzgesetzes (insbesondere Gesundheitsschutz, Mutterschaftsgeld, Kündigungsschutz, Erziehungsurlaub),
  - des Schwerbehindertengesetzes (insbesondere Umfang der Beschäftigungspflicht, Ausgleichsabgabe, Anzeige- und Auskunftspflicht, Kündigungsschutz, Zusatzurlaub),
  - der Unfallverhütungsvorschriften, des Gerätesicherheitsgesetzes und der Arbeitsstättenverordnung.
- Wissen, welche Aushänge im Betrieb zur Unterrichtung der Arbeitnehmer und zur Beachtung der Arbeitsschutzvorschriften sichtbar gemacht werden müssen.

3.3.6.1 Allgemeines zum Arbeitsschutz

Der Arbeitsschutz dient dem Schutz der Arbeitnehmer vor gesundheitlichen Gefahren; die Vorschriften sind zwingend und müssen sowohl von Arbeitnehmern als auch Arbeitgebern eingehalten werden.

Arbeitsschutzmaßnahmen für Arbeitnehmer

Sozialer und technischer Arbeitsschutz

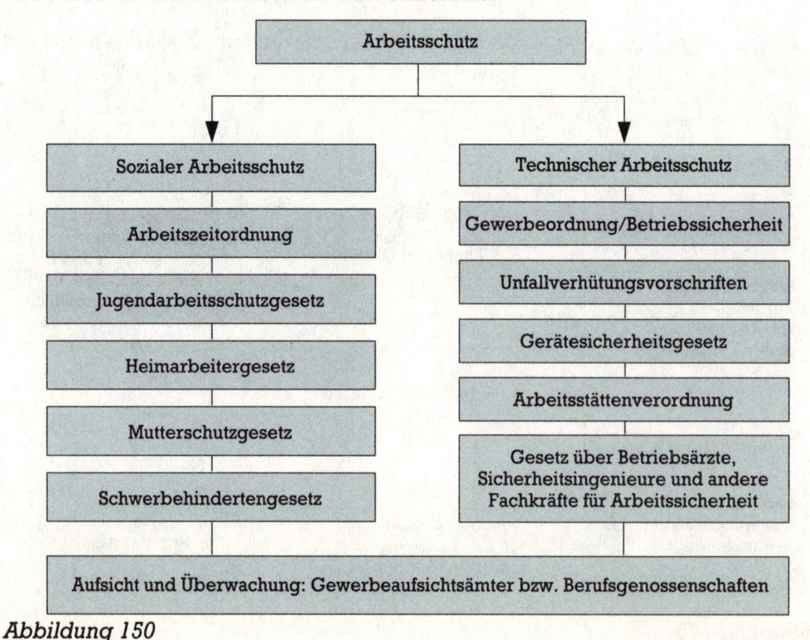

Abbildung 150

3.3.6.2 Arbeitszeitordnung

Die Arbeitszeitordnung vom 30. 4. 1938 regelt den gesetzlich zulässigen Rahmen für die Beschäftigung der Arbeitnehmer über 18 Jahre.

Arbeitszeitordnung

Abweichungen hiervon können sich durch tarifliche Regelungen ergeben.

Höchstarbeitszeit

Die regelmäßige Arbeitszeit darf werktäglich acht und wöchentlich 48 Stunden nicht überschreiten.

8-Stunden-Tag
6-Tage-Woche

Erfordert die Art des Betriebes eine ungleiche Verteilung der Arbeitszeit, kann die ausfallende Arbeitszeit an anderen Tagen der Woche, der vorhergehenden oder der darauffolgenden Woche nachgeholt werden. Die tägliche Arbeitszeit darf hierdurch zehn Stunden nicht überschreiten.

Mehrarbeit

Mehrarbeit bis zu zwei Stunden täglich, jedoch höchstens bis zu zehn Stunden täglich, ist in folgenden Fällen zulässig:

Gesamtarbeitszeit bis 10 Stunden täglich

- an 30 Tagen im Jahr nach freier Wahl des Unternehmers
- bei Arbeiten zur Reinigung und Instandhaltung, soweit sich diese während des regelmäßigen Betriebes nicht ausführen lassen
- bei Arbeiten, von denen die Wiederaufnahme oder Aufrechterhaltung des Betriebes abhängt
- durch Tarifvereinbarungen
- mit Genehmigung des Gewerbeaufsichtsamtes.

Nur in Ausnahmefällen kann der 10-Stunden-Tag überschritten werden.

Beispiel:

In Notfällen, wenn Rohstoffe oder Lebensmittel zu verderben drohen und anderweitige Behebung nicht möglich ist.

Ruhezeit

Nach Beendigung der täglichen Arbeitszeit muß eine ununterbrochene Ruhezeit von mindestens elf Stunden liegen.

Ruhezeit

Ruhepausen

Während der Arbeitszeit müssen Ruhepausen eingehalten werden, die nicht auf die Arbeitszeit angerechnet werden.

Mindestruhepausen

Ruhepausen für Arbeitnehmer

Beschäftigte	Bei täglicher Arbeitszeit von mehr als	Ruhepause in Minuten
männlich	6 Stunden	30
weiblich	4,5 – 6 Stunden 6 – 8 Stunden 8 – 9 Stunden 9 – Stunden	20 30 45 60

Abbildung 151

Die Ruhepausen können zusammenhängen oder aufgeteilt werden; sie müssen aber jeweils mindestens 15 Minuten betragen.

Sonn- und Feiertagsarbeit

Die Beschäftigung an Sonn- und Feiertagen ist verboten. In bestimmten Fällen sieht das Gesetz Ausnahmen vor.

Sonn- und Feiertagsarbeitsverbot

Beispiel:

Arbeiten, welche in Notfällen oder im öffentlichen Interesse unverzüglich vorgenommen werden müssen oder in bestimmten Wirtschaftsbereichen, wie Gaststätten und Verkehrsgewerbe.

Nachtbackverbot

Bäcker- und Konditoreien

Bäcker- und Konditorwaren dürfen

- von Montag bis Freitag von 4.00 – 22.00 Uhr
- am Sonnabend von 0.00 – 22.00 Uhr

hergestellt werden. Mit Vorarbeiten darf von Montag bis Freitag ab 3.00 Uhr begonnen werden. Bäckereien, die einen höheren Bedarf an anderen Werktagen der Woche haben, können statt am Sonnabend an diesem Tag ab 0.00 Uhr mit der Arbeit beginnen, wenn sie dies dem Gewerbeaufsichtsamt rechtzeitig anzeigen.

3.3.6.3 Jugendarbeitsschutz

Jugendarbeitsschutzgesetz

Das Jugendarbeitsschutzgesetz gilt für Personen, die noch nicht 18 Jahre alt sind.

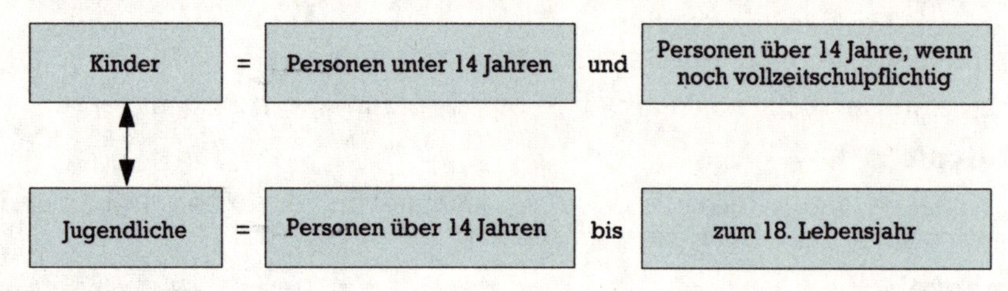

Abbildung 152

Verbot von Kinderarbeit

Die Beschäftigung von Kindern ist verboten. Ausnahmen gelten nur in besonderen Fällen.

Beispiel:

Ausnahmen

Bei Betriebspraktikum während der Vollzeitschulpflicht; bei Beschäftigung während der Schulferien für höchstens vier Wochen im Kalenderjahr, wenn das 15. Lebensjahr vollendet ist, aber noch Vollzeitschulpflicht besteht.

Als Arbeitszeit gilt die Zeit zwischen Beginn und Ende der täglichen Beschäftigung ohne die Ruhepausen.

Höchstarbeitszeit

Höchstarbeitszeit

Die zulässigeHöchstarbeitszeit für Jugendliche beträgt

- täglich 8 Stunden
- wöchentlich 40 Stunden.

Wird an einzelnen Werktagen die Arbeitszeit auf weniger als acht Stunden verkürzt, ist die Beschäftigung an den übrigen Werktagen derselben Woche bis zu $8\frac{1}{2}$ Stunden zulässig.

Die Arbeitszeit von 40 Stunden verteilt sich auf
- 5 Tage in der Woche.

5-Tage-Woche

Schichtzeit
Schichtzeit ist die tägliche Arbeitszeit unter Hinzurechnung der Ruhepausen. Sie darf zehn Stunden, im Gaststättengewerbe, auf Bau- und Montagestellen elf Stunden nicht überschreiten.

Schichtzeit

Berufsschultag
Die Beschäftigung an einem Berufsschultag mit mehr als fünf Unterrichtsstunden von mindestens je 45 Minuten ist unzulässig. Die Unterrichtszeit einschließlich der Pausen gilt als Arbeitszeit; dabei wird ein Berufsschultag mit mehr als fünf Unterrichtsstunden mit acht Stunden auf die wöchentliche Arbeitszeit angerechnet.

Berufsschultag

Für die Teilnahme an Prüfungen und überbetrieblichen Ausbildungsmaßnahmen sowie an dem Arbeitstag, der der schriftlichen Abschlußprüfung unmittelbar vorangeht, sind Jugendliche von der Arbeit unter Fortzahlung des Arbeitsentgelts und Anrechnung auf die Arbeitszeit freizustellen.

Freistellung bei Prüfung

Freizeit
Nach Beendigung der täglichen Arbeitszeit muß eine ununterbrochene Freizeit von mindestens zwölf Stunden liegen.

Tägliche Freizeit

Ruhepausen

Nach einer Arbeitszeit von $4\frac{1}{2}$ Stunden muß eine Ruhepause gewährt werden. Sie beträgt bei einer Arbeitszeit
- bis zu 6 Stunden 30 Minuten täglich
- bei mehr als 6 Stunden 60 Minuten täglich.

Ruhepausen

Als Pausen gelten nur Arbeitsunterbrechungen von mindestens 15 Minuten.

Beschäftigungsverbote
Verboten ist die Beschäftigung

Beschäftigungsverbote

- mit Mehrarbeit, es sei denn, daß es sich um unaufschiebbare Arbeiten in Notfällen handelt und erwachsene Arbeitnehmer nicht zur Verfügung stehen

Mehrarbeit

- während der Nachtzeit von 20.00 Uhr abends bis 6.00 Uhr früh

  Ausnahmen:
  Jugendliche über 16 Jahre
  - in Bäckereien und Konditoreien ab 5 Uhr
  - im Gaststättengewerbe bis 22 Uhr
  - in mehrschichtigen Betrieben bis 23 Uhr

  Jugendliche über 17 Jahre
  - in Bäckereien ab 4 Uhr

Nachtruhe

- an Samstagen; Ausnahmen zum Beispiel in offenen Verkaufsstellen, Bäckereien und Konditoreien, im Friseurhandwerk und Gaststättengewerbe

Samstagsruhe

- an Sonn- und Feiertagen

Sonn- und Feiertagsruhe

Arbeitszeit an Weihnachten
- am 24. und 25. Dezember nach 14 Uhr

Gefährliche Arbeiten
- mit gefährlichen Arbeiten

Akkordarbeitverbot
- mit Akkordarbeiten.

Urlaub

Zur Urlaubsregelung für Jugendliche siehe Abschnitt 3.3.1.3 „Vertragspflichten des Arbeitgebers – Urlaub" in diesem Band.

Unfallgefahren

Belehrungen über Unfallgefahren

Der Arbeitgeber ist verpflichtet, alle notwendigen Vorkehrungen zu treffen, die zum Schutz der Jugendlichen gegen Gefahren für Leben und Gesundheit erforderlich sind. Vor Beginn der Beschäftigung und in angemessenen Zeitabständen, mindestens aber halbjährlich, müssen Jugendliche über die Unfall- und Gesundheitsgefahren im Betrieb unterwiesen werden.

Gesundheitliche Betreuung

Erstuntersuchung

Mit der erstmaligen Beschäftigung eines Jugendlichen darf nur begonnen werden, wenn er
- innerhalb der letzten 14 Monate von einem Arzt untersucht worden ist und
- eine von diesem Arzt ausgestellte Bescheinigung dem Arbeitgeber vorlegt.

Nachuntersuchung

Ein Jahr nach Aufnahme der ersten Beschäftigung hat sich der Arbeitgeber eine ärztliche Bescheinigung über die Nachuntersuchung vorlegen zu lassen. Legt der Jugendliche die Bescheinigung nicht rechtzeitig vor, hat ihn der Arbeitgeber innerhalb eines Monats unter Hinweis auf das Beschäftigungsverbot schriftlich aufzufordern, ihm die Bescheinigung vorzulegen. Eine Durchschrift hiervon erhalten der Personensorgeberechtigte und der Betriebsrat.

Beschäftigungsverbot bei fehlender Untersuchungsbescheinigung

Nach Ablauf von 14 Monaten nach Aufnahme der Beschäftigung darf der Jugendliche nicht mehr weiterbeschäftigt werden, solange die Bescheinigung nicht nachgebracht wird.

Gefährdungsvermerk

Enthält die Bescheinigung des Arztes einen Vermerk über Arbeiten, durch deren Ausübung die Gesundheit des Jugendlichen gefährdet ist, darf der Jugendliche mit solchen Arbeiten nicht beschäftigt werden.

Freie Arztwahl

Aufbewahrung der Bescheinigung

Die Untersuchungen sind kostenfrei; es besteht freie Arztwahl. Zur Durchführung der ärztlichen Untersuchung ist der Jugendliche unter Fortzahlung des Arbeitsentgelts von der Arbeit freizustellen. Die Bescheinigung hat der Arbeitgeber bis zur Vollendung des 18. Lebensjahres des Jugendlichen aufzubewahren.

Eintragung und Löschung in der Lehrlingsrolle

Die Kammern dürfen Ausbildungsverträge von Jugendlichen nur dann in das Verzeichnis eintragen, wenn die Bescheinigung über die Erstuntersuchung vorgelegt wird. Sie haben die Eintragung wieder zu löschen, wenn die Bescheinigung über die Nachuntersuchung nicht spätestens am Tage der Anmeldung zur Zwischenprüfung zur Einsicht vorgelegt wird.

Strafvorschriften

Verstöße gegen das Jugendarbeitsschutzgesetz sind mit einer Geldbuße bis zu 20.000,00 DM oder Freiheitsstrafen bis zu einem Jahr bedroht.

Schutz der Jugend in der Öffentlichkeit

Das Jugendschutzgesetz regelt den Schutz der Jugendlichen in der Öffentlichkeit.

Jugendschutzgesetz

Es verbietet für Kinder und Jugendliche verschiedener Altersstufen folgendes:

Verbote für Kinder und Jugendliche nach dem Jugendschutzgesetz

Verbote

unter 6 Jahren	- Besuch von Filmen ohne Begleitung eines Erziehungsberechtigten
von 6 bis 18 Jahren	- Besuch von Filmen ohne Begleitung eines Erziehungsberechtigten nach 20 Uhr bis zum 14. Lebensjahr nach 22 Uhr bis zum 16. Lebensjahr nach 24 Uhr bis zum 18. Lebensjahr
unter 16 Jahren	- Rauchen in der Öffentlichkeit - Aufenthalt in Gaststätten ohne Begleitung eines Erziehungsberechtigten (ausgenommen: Jugendveranstaltungen) - Abgabe von alkoholischen Getränken in Gaststätten, Verkaufsstellen oder ohne Begleitung des Personensorgeberechtigten - Anwesenheit bei öffentlichen Tanzveranstaltungen ohne Begleitung eines Erziehungsberechtigten
zwischen 16 und 18 Jahren	- Anwesenheit bei öffentlichen Tanzveranstaltungen nach 24 Uhr - Aufenthalt in Gaststätten nach 24 Uhr ohne Begleitung eines Erziehungsberechtigten
unter 18 Jahren	- Aufenthalt an Orten, an denen eine unmittelbare Gefahr für körperliches, geistiges oder seelisches Wohl droht, - Aufenthalt in Nachtbars oder Nachtclubs, - Abgabe von Branntwein oder branntweinhaltigen Getränken oder Lebensmitteln in Gaststätten und Verkaufsstellen.

Abbildung 153

Veranstalter und Gewerbetreibende haben in Zweifelsfällen das Lebensalter zu überprüfen. Sie können bei Verstößen gegen das Gesetz mit Geldbuße, Freiheits- oder Geldstrafe belegt werden.

Strafbestimmungen

3.3.6.4 Heimarbeiterschutz

Heimarbeiter sind Arbeitnehmer im Sinne des Arbeits- und Sozialversicherungsrechts.

Heimarbeitergesetz

Wer Heimarbeit vergibt, hat

- bei erstmaliger Ausgabe eine Mitteilung an das Gewerbeaufsichtsamt zu geben

Anzeigepflicht

- eine Liste über die beschäftigten Heimarbeiter zu führen, im Ausgaberaum auszuhängen und drei Ausfertigungen halbjährlich an das Gewerbeaufsichtsamt einzusenden

Listenführung

Entgeltbuch

- den Heimarbeitern kostenlos Entgeltbücher auszuhändigen, in die Art und Umfang der ausgegebenen Arbeit, die gezahlten Entgelte und die Tage der Ausgabe und der Lieferung einzutragen sind

Auskunftspflicht

- dem Gewerbeaufsichtsamt auf Verlangen Auskunft über alle die Arbeitsbedingungen betreffenden Fragen zu geben und die für die Überprüfung erforderlichen Unterlagen vorzulegen.

Entgelt-festsetzung

Die Entgelte sind durch Tarifverträge oder bindende Festsetzungen geregelt.

Kündigung

Das Beschäftigungsverhältnis kann beiderseits an jedem Tag für den Ablauf des folgenden Tages gekündigt werden. Nach einer Beschäftigungsdauer von mehr als vier Wochen sowie in Fällen, in denen der Heimarbeiter überwiegend von einem Auftraggeber beschäftigt wird, gelten längere Kündigungsfristen. Für die fristlose Kündigung aus wichtigem Grund gelten die allgemeinen Grundsätze des Arbeitsrechts.

Urlaub

Der Urlaubsanspruch richtet sich nach Tarifvertrag oder bindender Festsetzung, mindestens aber nach Maßgabe des Bundesurlaubsgesetzes bzw. Jugendarbeitsschutzgesetzes.

- Urlaubsvergütung
- Feiertagsvergütung und
- Lohnfortzahlung im Krankheitsfall

werden in Form von Zuschüssen oder Pauschalen gewährt.

3.3.6.5 Mutterschutz

Im Zusammenhang mit der Mutterschaft bestehen besondere Vorschriften zum Schutze der Arbeitnehmerin und des Kindes.

Vorschriften zum Mutterschutz

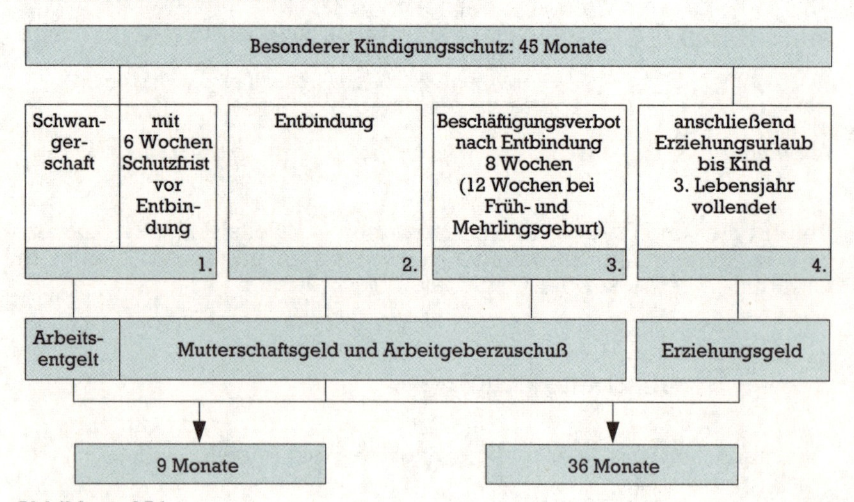

Abbildung 154

Mutterschutzgesetz

Wird eine werdende Mutter beschäftigt, muß der Arbeitgeber hinsichtlich Arbeitsplatz und Arbeitsgeräten die erforderlichen Maßnahmen zum Schutze von Leben und Gesundheit der Arbeitnehmerin treffen.

Beschäftigungsverbote
Verboten ist insbesondere die Beschäftigung

Gesundheitsschutz

- wenn nach ärztlichem Zeugnis Leben oder Gesundheit von Mutter oder Kind gefährdet ist
- mit schweren körperlichen Arbeiten
- mit Arbeiten, bei denen die werdende Mutter schädlichen Einwirkungen von gesundheitsgefährdenden Stoffen oder sonstigen Belastungen wie Staub, Dämpfen, Erschütterungen, Lärm und dergleichen ausgesetzt ist
- mit Akkordarbeit
- ab dem 6. Monat der Schwangerschaft mit Arbeiten, bei denen die werdende Mutter ständig stehen muß, soweit diese vier Stunden täglich überschreiten
- mit Mehr-, Nacht- und Sonntagsarbeit.

Höchstarbeitszeit

Höchstarbeitszeit für werdende Mütter

Höchstzulässige Arbeitszeit

Alter	Stunden täglich	Stunden in der Doppelwoche
unter 18 Jahren	8	80 einschließlich der Unterrichtszeiten in der Berufsschule
über 18 Jahre	8,5	90
über 18 Jahre in Haushalt und Landwirtschaft	9	102

Abbildung 155

Mutterschutzlohn

Arbeitsentgelt bei Beschäftigungsverbot

Eine Einbuße an Arbeitsentgelt darf durch die Beschäftigungsverbote nicht entstehen. Bei schwankenden Bezügen ist das Durchschnittsarbeitsentgelt der letzten 13 Wochen vor Beginn des Monats, in dem die Schwangerschaft eingetreten ist, maßgebend. Künftige Tariferhöhungen müssen mit berücksichtigt werden.

Schutzfristen

Schutzfristen vor und nach Entbindung

Sechs Wochen vor der Entbindung kann die Arbeitnehmerin die Arbeit niederlegen; acht Wochen – bei Früh- und Mehrlingsgeburten zwölf Wochen – nach der Entbindung darf sie nicht beschäftigt werden.

Mutterschaftsgeld

Mutterschaftsgeld von der Krankenkasse

Während der Schutzfristen vor und nach der Entbindung sowie für den Entbindungstag erhält die Arbeitnehmerin von der Krankenkasse das Mutterschaftsgeld, berechnet nach dem Durchschnittsarbeitsentgelt der letzten 13 Wochen, höchstens jedoch **25,00 DM je Kalendertag**.

Zuschuß des Arbeitgebers

Die Differenz zwischen dem Mutterschaftsgeld und dem tatsächlichen Nettoarbeitsentgelt hat der Arbeitgeber als **Arbeitgeberzuschuß** aufzuzahlen.

Beispiel:

Bei einem monatlichen Nettoarbeitsentgelt von 2.200,00 DM: ./. 750,00 DM Mutterschaftsgeld = 1.450,00 DM Arbeitgeberzuschuß.

Ausgleichsverfahren

Mutterschutzversicherung

Für Betriebe bis zu 20 (bzw. 30) Arbeitnehmern besteht ein Ausgleichsverfahren hinsichtlich der Arbeitgeberaufwendungen für Mutterschutzlohn und Zuschuß zum Mutterschaftsgeld (siehe Abschnitt 3.3.1.3 „Vertragspflichten des Arbeitgebers – Lohnzahlung im Krankheitsfall“ in diesem Band).

Ärztliche Betreuung

Schwangerenvorsorge

In der gesetzlichen Krankenversicherung versicherte Arbeitnehmerinnen haben während der Schwangerschaft, bei und nach der Entbindung Anspruch auf ärztliche Betreuung einschließlich der Untersuchungen zur Feststellung der Schwangerschaft und der Schwangerenvorsorge. Der Arbeitgeber hat die hierfür erforderliche Freizeit zu gewähren; ein Arbeitsentgeltausfall darf hierdurch nicht eintreten.

Kündigungsschutz

Siehe hierzu Abschnitt 3.3.3.2 „Besonderer Kündigungsschutz“ in diesem Band.

Anzeigepflicht

Mitteilung der Schwangerschaft

Die Arbeitnehmerin soll dem Arbeitgeber ihre Schwangerschaft und den mutmaßlichen Tag der Entbindung mitteilen, sobald ihr dieser Zustand bekannt ist.

Benachrichtigung d. Gewerbeaufsichtsamts

Der Arbeitgeber muß das Gewerbeaufsichtsamt hiervon unverzüglich benachrichtigen.

Schwangerschaftsnachweis

Auf Verlangen ist die Arbeitnehmerin verpflichtet, ein ärztliches Zeugnis vorzulegen, dessen Kosten der Arbeitgeber trägt.

Erziehungsurlaub

Erziehungsurlaub

Für den Anspruch auf Erziehungsurlaub gelten folgende Grundsätze:

Dauer

- Der Anspruch besteht bis zur Vollendung des 3. Lebensjahres eines Kindes.
- Der Anspruchsberechtigte muß das Kind selbst betreuen und erziehen.

Anspruchsverlangen

- Der Erziehungsurlaub muß spätestens vier Wochen vor dem Zeitpunkt, von dem ab er in Anspruch genommen wird, beim Arbeitgeber verlangt werden.

Wegfall des Anspruchs

- Der Erziehungsurlaub entfällt, solange die Mutter nach der Entbindung nicht beschäftigt werden darf oder der andere Elternteil nicht erwerbstätig ist.

Mutter oder Vater

- Sind beide Ehegatten erwerbstätig, können sie selbst entscheiden, wer nach Ablauf der Mutterschutzfrist den Erziehungsurlaub nimmt; ein Wechsel unter den Berechtigten ist dreimal zulässig.

Teilzeitbeschäftigung

- Während des Erziehungsurlaubs ist eine Teilzeitbeschäftigung bis zu 19 Stunden wöchentlich zulässig.

Kürzung des Jahresurlaubs

- Für jeden vollendeten Kalendermonat des Erziehungsurlaubs kann der Jahresurlaubsanspruch um $^1/_{12}$ gekürzt werden.

Versicherungsschutz

- Der Versicherungsschutz in der Kranken-, Renten- und Arbeitslosenversicherung bleibt während des Erziehungsurlaubs beitragsfrei aufrechterhalten.

Auszubildende

- Bei Auszubildenden wird der Erziehungsurlaub nicht auf die Dauer der Ausbildungszeit angerechnet.

Schwerbehindertengesetz

3.3.6.6 Schwerbehindertenschutz

Schwerbehinderte und ihnen Gleichgestellte werden im Arbeitsleben einem besonderen Schutz unterstellt.

Gleichstellungsantrag

Über den Antrag auf Gleichstellung entscheidet das Arbeitsamt.

Die Feststellung der Behinderung und des Grades der Behinderung trifft das Versorgungsamt auf Antrag des Behinderten.

Feststellung der Behinderung

Feststellung der Schwerbehinderung und Gleichstellung

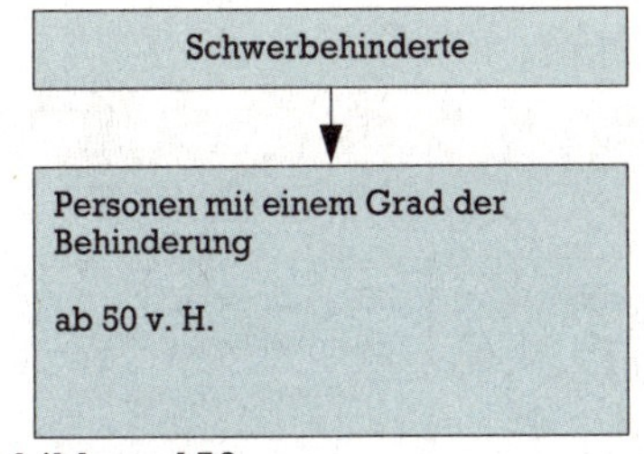

Gleichgestellte

Personen mit einem Grad der Behinderung unter 50 v. H. aber mindestens 30 v. H., wenn sie ohne Gleichstellung einen Arbeitsplatz nicht erlangen oder behalten können.

Abbildung 156

Beschäftigungspflicht

Mindestens 6 v.H. der Arbeitsplätze im Betrieb müssen mit Schwerbehinderten besetzt werden. Die Pflicht zur Beschäftigung wenigstens eines Schwerbehinderten beginnt **bei mehr als 15 Arbeitsplätzen**.

Schwerbehindertenpflichtplätze

Bei der Berechnung der Zahl der Arbeitsplätze werden alle Stellen, auf denen Arbeiter und Angestellte beschäftigt werden, gerechnet (Auszubildende werden bis 31. 12. 1995 nicht mitgerechnet).

Arbeitsplätze

Ausgleichsabgabe

Für jeden unbesetzten Schwerbehindertenpflichtplatz hat der Arbeitgeber eine Ausgleichsabgabe von **200,00 DM monatlich** zu zahlen, die jährlich an die Hauptfürsorgestelle abzuführen ist.

Ausgleichsabgabe

Arbeitgeberpflichten

Für den Arbeitgeber ergeben sich insbesondere folgende Pflichten:

- Schwerbehinderte entsprechend ihrer Fähigkeiten und Kenntnisse zu beschäftigen
- bei innerbetrieblichen Maßnahmen der beruflichen Bildung Schwerbehinderte bevorzugt zu berücksichtigen
- Arbeitsräume und Arbeitsgeräte so einzurichten, daß eine dauernde Beschäftigung von Schwerbehinderten stattfinden kann
- wenn notwendig, erforderliche technische Arbeitshilfen bereitzustellen
- ein Verzeichnis der beschäftigten Schwerbehinderten und Gleichgestellten zu führen und dem Arbeitsamt und der Hauptfürsorgestelle auf Verlangen vorzuzeigen
- einmal jährlich – spätestens bis 31. März d. J. – dem Arbeitsamt für das vorangegangene Kalenderjahr, aufgegliedert nach Monaten, die Zahl der Arbeitsplätze und der beschäftigten Schwerbehinderten und Gleichgestellten sowie den Gesamtbetrag der geschuldeten Ausgleichsabgabe anzuzeigen.

Fürsorgepflicht des Arbeitgebers

Verzeichnis der Schwerbehinderten

Jährliche Anzeigepflicht

Schwerbehindertenvertretung

Als Interessenvertretung der Schwerbehinderten wird in Betrieben, in denen regelmäßig mindestens fünf Schwerbehinderte beschäftigt werden, ein Vertrauensmann oder eine Vertrauensfrau gewählt.

Vertrauensmann der Schwerbehinderten

Kündigungsschutz

Hierzu siehe Abschnitt 3.3.3.2 „Besonderer Kündigungsschutz" in diesem Band.

Kündigung

Zusatzurlaub

Zu diesem Punkt siehe Abschnitt 3.3.1.3 „Vertragspflichten des Arbeitgebers – Urlaub" in diesem Band.

Zusatzurlaub

Überwachung des Schwerbehindertengesetzes
Regelung des Vollzugs und Überwachung des Schwerbehindertengesetzes erfolgen durch das Versorgungsamt, das Arbeitsamt und die Hauptfürsorgestelle mit folgenden Zuständigkeiten:

Überwachung des Schwerbehindertengesetzes

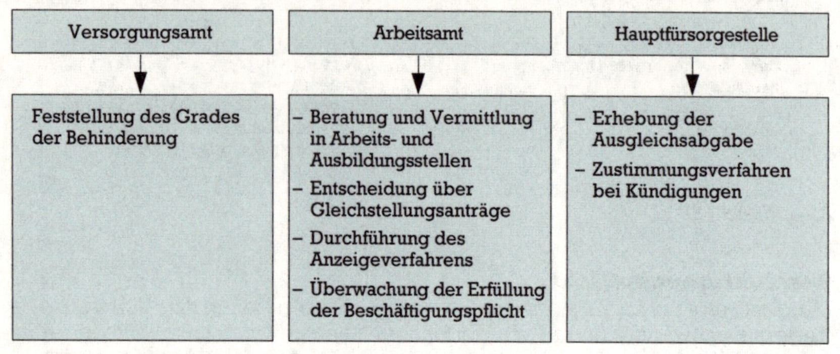

Abbildung 157

3.3.6.7 Sonstiger Arbeitsschutz

Allgemeiner Gefahrenschutz

Technischer Arbeitsschutz

Die Betriebe sind verpflichtet, alle notwendigen Maßnahmen zum Schutze von Leben, Gesundheit und Sittlichkeit der beschäftigten Arbeitnehmer zu treffen. Einzelheiten regeln vor allem
- die Unfallverhütungsvorschriften
- das Gerätesicherheitsgesetz
- die Arbeitsstättenverordnung.

Die Arbeitsstättenverordnung legt für alle Arbeitsstätten die als notwendig anerkannten Anforderungen in sicherheitstechnischer, hygienischer und arbeitswissenschaftlicher Hinsicht fest.

Beispiel:

Ausreichende Beheizung, Lüftung, Beleuchtung und Einrichtung der Arbeitsräume.

Sanitäre Anlagen

Zu den Einrichtungen, die geeignet sind, die Aufrechterhaltung der guten Sitten und des Anstandes zu sichern, gehören ausreichende, nach Geschlechtern getrennte Umkleideräume, Waschräume und Toiletten.

Sicherheitsfachkräfte Betriebsärztliche Betreuung

Zur Unterstützung des Arbeitsschutzes und der Unfallverhütung werden in den Betrieben
- Sicherheitsbeauftragte
- Sicherheitsingenieure und Fachkräfte für Arbeitssicherheit
- Betriebsärzte

bestellt.

Siehe hierzu auch Abschnitt 3.4.3.7 ,,Unfallverhütung" in diesem Band.

Mitwirkungspflicht des Arbeitnehmers

Die Arbeitnehmer sind verpflichtet, die zu ihrem Schutz bestehenden und zum Schutz des Betriebes geltenden Gebote und Verbote zu beachten.

Aufsicht

Die Einhaltung der Arbeitsschutzvorschriften wird durch die Gewerbeaufsichtsämter und die Berufsgenossenschaften überwacht.

3.3.6.8 Betriebsaushänge

Aushänge am Schwarzen Brett

Zur Unterrichtung der Arbeitnehmer und zur Beachtung der Arbeitsschutzvorschriften müssen verschiedene Aushänge im Betrieb an sichtbarer und zugänglicher Stelle angebracht bzw. aufgelegt werden:

Vorgeschriebene Aushänge im Betrieb

Arbeitszeitordnung	in allen Betrieben
Anschlag über Beginn und Ende der Arbeitszeit und Ruhepausen für Erwachsene	in allen Betrieben
Anschlag über Beginn und Ende der Arbeitszeit und Ruhepausen für Jugendliche	wenn regelmäßig mindestens drei Jugendliche im Betrieb beschäftigt werden
Jugendarbeitsschutzgesetz und Anschrift des Gewerbeaufsichtsamtes	wenn regelmäßig mindestens ein Jugendlicher beschäftigt wird
Mutterschutzgesetz	wenn mindestens vier Frauen beschäftigt werden
Ladenschlußgesetz	in Verkaufsstellen, wenn mindestens ein Arbeitnehmer beschäftigt wird
Unfallverhütungsvorschriften	in allen Betrieben
Adresse der zuständigen Berufsgenossenschaften	in allen Betrieben
Lohn- und Rahmentarifvertrag	wenn der Betrieb tarifgebunden ist
Entgeltverzeichnis bzw. bindende Festsetzung	wenn Heimarbeit ausgegeben wird
Betriebsvereinbarungen zwischen Betriebsrat und Betrieb	in allen Betrieben

Abbildung 158

3.3.7 Die Arbeitsgerichtsbarkeit

Lernziel:
- Kennen der Grundsätze der Arbeitsgerichtsbarkeit sowie der sachlichen und örtlichen Zuständigkeit der Arbeitsgerichte.

3.3.7.1 Gerichte für Arbeitssachen

Arbeitsgerichtsbarkeit

Aufbau

Die Arbeitsgerichtsbarkeit gliedert sich in drei Instanzen:

I. Instanz – Arbeitsgericht
II. Instanz – Landesarbeitsgericht (Berufungsinstanz)
III. Instanz – Bundesarbeitsgericht (Revisionsinstanz)

Grundsätze der Arbeitsgerichtsbarkeit

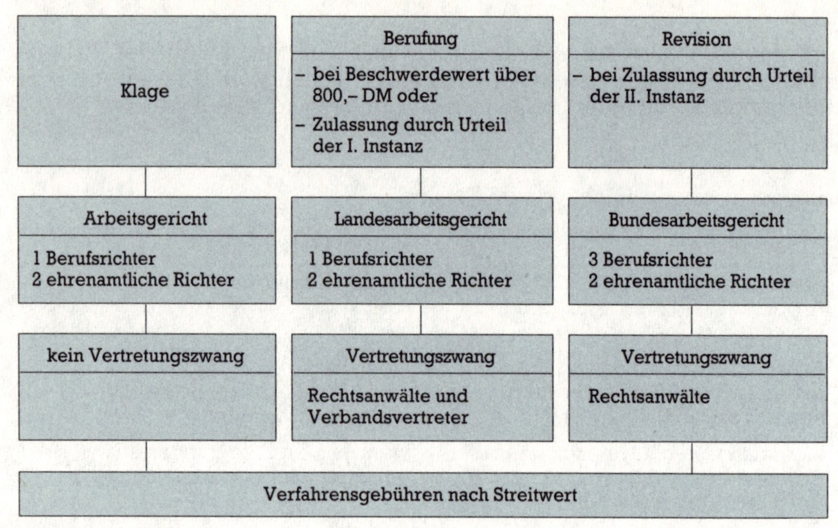

Abbildung 159

3.3.7.2 Zuständigkeit der Arbeitsgerichte

Sachliche Zuständigkeit

Die Gerichte für Arbeitssachen sind zuständig für Streitigkeiten zwischen
- den Tarifvertragsparteien in Fragen des Tarifvertrages oder eines Arbeitskampfes
- Arbeitnehmern und Arbeitgebern aus dem Arbeits- und Berufsausbildungsverhältnis
- Betriebsräten und Arbeitgebern aus dem Betriebsverfassungsgesetz
- Arbeitnehmern aus gemeinsamer Arbeit.

Örtliche Zuständigkeit

Örtlich zuständig ist das Arbeitsgericht, in dessen Bezirk
- die streitigen Verpflichtungen zu erfüllen sind, oder
- sich der Betrieb des Arbeitgebers befindet, oder
- beide Parteien oder eine Partei ihren Wohnsitz hat.

Unter mehreren zuständigen Arbeitsgerichten hat der Kläger die Wahl.

3.3.7.3 Verfahren vor dem Arbeitsgericht

Klage

Die Klageerhebung erfolgt mündlich oder schriftlich; sie muß enthalten:
- Bezeichnung der Parteien und des Gerichts
- Angabe des Streitgegenstandes und des Streitgrundes
- Stellung eines Antrages.

Güteverhandlung
Streitige Verhandlung

Die Verhandlung beginnt mit dem Zweck einer gütlichen Einigung der Parteien. Ist die Verhandlung ergebnislos, erfolgt die streitige Verhandlung. Das Verfahren endet durch
- Klagerücknahme
- Anerkenntnis
- Vergleich oder
- Urteil.

Erscheint der Beklagte nicht zur Verhandlung, wird der Klage stattgegeben; erscheint der Kläger nicht, wird die Klage abgewiesen.

Versäumnisurteil

Die Verfahrenskosten richten sich nach dem Wert des Streitgegenstandes. Wird der Rechtsstreit durch Vergleich beendet, entfällt die Gerichtsgebühr. Ein Anspruch der obsiegenden Partei auf Entschädigung wegen Zeitversäumnis und auf Erstattung der Kosten für die Zuziehung eines Prozeßbevollmächtigten besteht in der I. Instanz nicht.

Kosten

Die Rechtsmittel betragen gegen:

- Versäumnisurteile: 1 Woche
- Urteile der Arbeits- und Landesarbeitsgerichte: 1 Monat.

Rechtsmittelfristen

Programmierte und textlich gestaltete, offene Übungs-, Wiederholungs- und Prüfungsfragen

1. Das Arbeitsrecht regelt die Rechtsverhältnisse zwischen

☐ a) Auftraggeber und Auftragnehmer.
☐ b) Arbeitnehmer und Arbeitgeber.
☐ c) Versicherungsnehmer und Versicherer.
☐ d) Käufer und Verkäufer.
☐ e) Pächter und Verpächter.

„Siehe Seite 183 des Textteils!"

2. Nennen Sie Rechtsgrundlagen des Arbeitsrechts!

„Siehe Seite 183 des Textteils!"

3. Welches Ministerium ist die oberste Arbeitsbehörde der Bundesrepublik und welche Aufgaben fallen in seine Zuständigkeiten?

„Siehe Seite 183 des Textteils!"

4. Was versteht man unter Koalitionsfreiheit?

☐ a) Das Recht auf freie Wahl des Arbeitsplatzes
☐ b) Das Recht auf Zusammenschluß von Personen zur gemeinsamen Errichtung eines gewerblichen Unternehmens
☐ c) Das Recht auf Zusammenführung von Personen zur Durchführung einer gemeinsamen Veranstaltung
☐ d) Das Recht auf Bildung von Gewerkschaften und Arbeitgeberverbänden
☐ e) Das Recht auf freie Wahl des Arbeitsvertragspartners zum Abschluß eines Arbeitsvertrages.

„Siehe Seite 184 des Textteils!"

5. Nennen Sie die wichtigsten Aufgaben der Gewerkschaften und Arbeitgeberverbände!

„Siehe Seite 184 des Textteils!"

6. Bedarf der wirksame Abschluß eines Arbeitsvertrages einer bestimmten Form?

☐ a) Die Schriftform ist zwingendes Erfordernis für die Wirksamkeit eines Arbeitsvertrages.
☐ b) Eine mündliche Vereinbarung reicht für den wirksamen Abschluß eines Arbeitsvertrages nicht aus.
☐ c) Die mündliche Form genügt für den wirksamen Abschluß eines Arbeitsvertrages.
☐ d) Die mündliche Form genügt, wenn die Vereinbarung von einer Seite schriftlich bestätigt wird.
☐ e) Die mündliche Form genügt, wenn die Vereinbarung von beiden Seiten schriftlich bestätigt wird.

„Siehe Seite 186 des Textteils!"

7. Aus welchen Gründen sollten Arbeitsverträge schriftlich abgeschlossen werden?

„Siehe Seite 186 des Textteils!"

8. Können Minderjährige wirksam Arbeitsverträge abschließen?

☐ a) Ja, aber nur mit Zustimmung oder Ermächtigung des gesetzlichen Vertreters.
☐ b) Ja, ohne Zustimmung und Ermächtigung des gesetzlichen Vertreters.

☐ c) Ja, selbst gegen den ausdrücklichen Willen des gesetzlichen Vertreters.
☐ d) Nein, selbst dann nicht, wenn der gesetzliche Vertreter seine Zustimmung hierzu erteilt.
☐ e) Nein, selbst dann nicht, wenn er vom gesetzlichen Vertreter hierzu ermächtigt ist.

„Siehe Seite 186 des Textteils!"

9. Welche Personen können Arbeitsverträge wirksam abschließen?

„Siehe Seite 186 des Textteils!"

10. Was versteht man unter einem Arbeitsvertrag auf unbestimmte Zeit?
☐ a) Ein Arbeitsverhältnis, das mit Ablauf der vereinbarten Zeit endet
☐ b) Ein Arbeitsverhältnis, das beiderseits nicht gelöst werden kann
☐ c) Ein Arbeitsverhältnis, das nur durch eine fristlose Kündigung gelöst werden kann
☐ d) Ein Arbeitsverhältnis, das mit der Beendigung eines bestimmten Zweckes endet
☐ e) Ein Arbeitsverhältnis, das so lange fortbesteht, bis einer der beiden Vertragspartner kündigt.

„Siehe Seite 187 des Textteils!"

11. Welche Art von Arbeitsverträgen wird in der Regel abgeschlossen?

„Siehe Seite 187 des Textteils!"

12. Gibt es für Arbeitsverträge eine Probezeit?
☐ a) Ja, die gesetzliche Probezeit beträgt für alle Arbeitnehmer einen Monat zum Monatsschluß.
☐ b) Nein, weil eine Probezeit für Arbeitsverträge grundsätzlich unzulässig ist.
☐ c) Ja, es gibt eine gesetzliche Probezeit von einem Monat, aber nur für Angestellte.
☐ d) Ja, aber nur, wenn die Probezeit im Arbeitsvertrag oder im Tarifvertrag vereinbart ist.
☐ e) Nein, weil es einer Probezeit für Arbeitsverhältnisse nicht bedarf.

„Siehe Seite 187 des Textteils!"

13. Auf welches Merkmal kommt es für die Unterscheidung zwischen Arbeiter und Angestellten im wesentlichen an?
☐ a) Auf die Bezeichnung der Tätigkeit
☐ b) Auf die Dauer der Betriebszugehörigkeit
☐ c) Auf den Lohnzahlungsmodus
☐ d) Auf die Art der Tätigkeit
☐ e) Auf die Höhe des Entgelts.

„Siehe Seite 188 des Textteils!"

14. Welcher der nachbenannten Arbeitnehmer gilt als Angestellter im Sinne des Gesetzes?
☐ a) Vorarbeiter
☐ b) Geselle
☐ c) Monteur
☐ d) Kraftfahrer
☐ e) Werkmeister.

„Siehe Seite 188 des Textteils!"

15. Welche drei Hauptpflichten ergeben sich für den Arbeitgeber aus dem Arbeitsvertrag?

„Siehe Seite 188 des Textteils!"

16. Man spricht von Zeitlohn,

☐ a) wenn der Lohn nach dem Ergebnis der Arbeitsleistung berechnet wird.
☐ b) wenn der Lohn nach der Dauer der geleisteten Arbeitszeit berechnet wird.
☐ c) wenn der Lohn in Form von Naturalien gewährt wird.
☐ d) wenn neben dem Lohn auch noch Zuschläge gezahlt werden.
☐ e) wenn der Lohn des Arbeitnehmers monatlich abgerechnet wird.

„Siehe Seite 189 des Textteils!"

17. Nennen Sie die Höhe des gesetzlichen Zuschlags für Mehrarbeit!

„Siehe Seite 189 des Textteils!"

18. Welche Angaben muß eine schriftliche Lohnabrechnung enthalten?

„Siehe Seite 190 des Textteils!"

19. Nennen Sie Fälle, in denen der Arbeitgeber das Arbeitsentgelt fortzuzahlen hat, ohne daß der Arbeitnehmer hierfür eine Arbeitsleistung zu erbringen hat!

„Siehe Seite 190 des Textteils!"

20. Wieviel Lohn ist dem Arbeitnehmer für einen gesetzlichen Feiertag, der auf einen Arbeitstag fällt, zu vergüten?

☐ a) Zu vergüten ist der Verdienst, der am letzten Arbeitstag vor dem Feiertag verdient worden ist.
☐ b) Zu vergüten ist der Verdienst, der am ersten Arbeitstag nach dem Feiertag erzielt wird.
☐ c) Zu vergüten sind ohne Rücksicht auf die tatsächliche Arbeitszeit acht Stunden.
☐ d) Zu vergüten ist der Durchschnittsverdienst, der in den letzten 13 Wochen erzielt worden ist.
☐ e) Zu vergüten ist die durch den Feiertag tatsächlich ausfallende Arbeitszeit.

„Siehe Seite 190 des Textteils!"

21. Entfällt die Lohnzahlungspflicht an gesetzlichen Feiertagen, wenn der Arbeitnehmer vor oder nach dem Feiertag nicht gearbeitet hat?

☐ a) Ja, wenn er am Tag vor dem Feiertag zur Arbeit nicht erscheinen kann.
☐ b) Ja, wenn er am Tag nach dem Feiertag an der Arbeit verhindert ist.
☐ c) Ja, wenn er am Tag vor oder nach dem Feiertag unentschuldigt der Arbeit fernbleibt.
☐ d) Ja, wenn er sich am Tag vor oder nach dem Feiertag vom Arbeitgeber von der Arbeit befreien läßt.
☐ e) Ja, wenn er am Tag vor oder nach dem Feiertag seinen Urlaub einbringt.

„Siehe Seite 190 des Textteils!"

22. Muß berufsschulpflichtigen Personen für die Zeit des Berufsschulbesuches der Lohn fortgezahlt werden?

☐ a) Nein, der Arbeitgeber ist zur Lohnzahlung nicht verpflichtet.
☐ b) Ja, der Arbeitgeber ist zur Lohnzahlung verpflichtet.
☐ c) Ja, aber nur, wenn die Lohnzahlung zwischen den Vertragspartnern vereinbart ist.
☐ d) Ja, wenn der Berufsschulpflichtige am Berufsschultag auch noch im Betrieb arbeitet.
☐ e) Nein, weil der Lohnausfall dem Berufsschulpflichtigen von einer anderen Stelle ersetzt wird.

„Siehe Seite 190 des Textteils!"

23. Für welchen Zeitraum ist dem Arbeitnehmer bei unverschuldeter Arbeitsunfähigkeit das Arbeitsentgelt fortzuzahlen?

☐ a) In den ersten zwei Jahren der Betriebszugehörigkeit für zwei Wochen
☐ b) Nach zwei Jahren der Betriebszugehörigkeit für vier Wochen
☐ c) Nach vier Jahren der Betriebszugehörigkeit für sechs Wochen
☐ d) Nach sechs Jahren der Betriebszugehörigkeit für acht Wochen
☐ e) Unabhängig von der Dauer der Betriebszugehörigkeit für sechs Wochen.

„Siehe Seite 192 des Textteils!"

24. Bei unverschuldeter arbeitsunfähiger Erkrankung des Arbeitnehmers ist das Arbeitsentgelt über den Ablauf der Kündigungsfrist hinaus bis zur Dauer von sechs Wochen weiterzuzahlen,

☐ a) wenn der Arbeitnehmer von sich aus wegen Erreichung der Altersgrenze kündigt.
☐ b) wenn es sich um einen Angestellten handelt, der bereits 20 Jahre dem Betrieb angehört.
☐ c) wenn der Arbeitgeber aus Anlaß der Arbeitsunfähigkeit des Arbeitnehmers gekündigt hat.
☐ d) wenn die arbeitsunfähige Erkrankung des Arbeitnehmers während der Kündigungsfrist eintritt.
☐ e) wenn es sich bei der Erkrankung des Arbeitnehmers um eine Fortsetzungskrankheit handelt.

„Siehe Seite 192 des Textteils!"

25. Innerhalb welcher Frist muß der Arbeiter nach den gesetzlichen Bestimmungen dem Arbeitgeber eine ärztliche Bescheinigung über seine Arbeitsunfähigkeit vorlegen?

☐ a) Innerhalb einer Woche nach Beginn der Arbeitsunfähigkeit
☐ b) Am 1. Tag der arbeitsunfähigen Erkrankung
☐ c) Nach Ablauf der Arbeitsunfähigkeitsdauer
☐ d) Am letzten Tag des jeweiligen Kalendermonats
☐ e) Spätestens am 3. Kalendertag nach Beginn der Arbeitsunfähigkeit.

„Siehe Seite 193 des Textteils!"

26. Wie wird der Lohnfortzahlungsanspruch im Krankheitsfalle unter Berücksichtigung der gesetzlichen Regelung berechnet?

☐ a) Nach dem Verdienst des letzten Arbeitstages vor der Erkrankung
☐ b) Nach dem Durchschnittsverdienst der letzten vier Wochen vor Eintritt der Arbeitsunfähigkeit
☐ c) Nach dem Verdienst, der während der arbeitsunfähigen Erkrankung verdient worden wäre
☐ d) Nach dem Durchschnittsverdienst, der im Anschluß an die arbeitsunfähige Erkrankung erzielt wird
☐ e) Nach dem Durchschnittsverdienst von 13 Wochen vor und 13 Wochen nach der Arbeitsunfähigkeit.

„Siehe Seite 192 des Textteils!"

27. Betriebe, die im Rahmen der „Lohnfortzahlungsversicherung" Umlagebeträge zur Ausgleichskasse der AOK bzw. IKK zu zahlen haben, erhalten die Aufwendungen für die Entgeltzahlungen in Krankheitsfällen (bis zu 80 %) erstattet

☐ a) nur für Arbeiter.
☐ b) nur für Angestellte.
☐ c) für Arbeiter und Angestellte.
☐ d) nur für Auszubildende.

☐ e) für Arbeiter und Auszubildende.

„Siehe Seite 193 des Textteils!"

28. Jugendliche, die zu Beginn des Kalenderjahres noch nicht 16 Jahre alt sind, erhalten nach dem Jugendarbeitsschutzgesetz wieviel Urlaubstage im Jahr?

☐ a) 24 Werktage
☐ b) 25 Werktage
☐ c) 27 Werktage
☐ d) 30 Werktage
☐ e) 36 Werktage.

„Siehe Seite 195 des Textteils!"

29. In welchem Gesetz wird der gesetzliche Mindesturlaub für Arbeitnehmer über 18 Jahre geregelt?

„Siehe Seite 194 des Textteils!"

30. Der gesetzliche Mindesturlaubsanspruch für Arbeitnehmer über 18 Jahre beträgt

☐ a) 15 Werktage.
☐ b) 18 Werktage.
☐ c) 21 Werktage.
☐ d) 24 Werktage.
☐ e) 27 Werktage.

„Siehe Seite 195 des Textteils!"

31. Schwerbehinderte (ab einem Grad der Behinderung von 50 v.H.), deren Arbeitszeit sich auf fünf Tage in der Kalenderwoche verteilt, erhalten jährlich einen gesetzlichen Zusatzurlaub von

☐ a) 3 Werktagen.
☐ b) 5 Arbeitstagen.
☐ c) 6 Werktagen.
☐ d) 12 Werktagen.
☐ e) 12 Arbeitstagen.

„Siehe Seite 195 des Textteils!"

32. Welche Pflichten ergeben sich für den Arbeitgeber aus dem Urlaubsrecht?

„Siehe Seite 196 des Textteils!"

33. Der Zeitpunkt der Urlaubseinbringung bestimmt sich

☐ a) allein nach den Wünschen und den privaten Interessen des Arbeitnehmers.
☐ b) allein nach dem Willen des Arbeitgebers ohne Rücksicht auf die Belange des Arbeitnehmers.
☐ c) nach den Wünschen des Arbeitnehmers unter Berücksichtigung dringender betrieblicher Belange.
☐ d) nach der Berufssparte, der der Arbeitnehmer angehört.
☐ e) nach der Tätigkeit, die der Arbeitnehmer im Betrieb ausübt.

„Siehe Seite 196 des Textteils!"

34. Ist anstelle der Freizeitgewährung die Barabgeltung des Urlaubsanspruchs zulässig?

☐ a) Ja, wenn der Arbeitnehmer die Barabgeltung ausdrücklich wünscht.
☐ b) Ja, auf Wunsch des Arbeitgebers, wenn betriebliche Gründe hierfür vorliegen.

☐ c) Ja, aber nur, wenn Arbeitnehmer und Arbeitgeber dies ausdrücklich vereinbaren.
☐ d) Ja, wenn wegen Beendigung des Arbeitsverhältnisses die Einbringung in Freizeit nicht mehr möglich ist.
☐ e) Ja, wenn die Barabgeltung versichert und versteuert wird.

„Siehe Seite 196 des Textteils!"

35. Wie wird nach dem Bundesurlaubsgesetz die Urlaubsvergütung errechnet?
☐ a) Nach dem Durchschnittsarbeitsverdienst der letzten 13 abgerechneten Wochen
☐ b) Nach dem Durchschnittsentgelt von 13 Wochen vor und 13 Wochen nach dem Urlaub
☐ c) Nach dem Entgelt, das während des Urlaubs verdient worden wäre
☐ d) Nach dem Durchschnittsentgelt des letzten Lohnmonats
☐ e) Nach dem Durchschnittsentgelt der letzten sechs abgerechneten Lohnmonate.

„Siehe Seite 196 des Textteils!"

36. Nennen Sie Regelungen, die im Rahmen der Lohnsicherung die Existenz des Arbeitnehmers sichern sollen!

„Siehe Seite 197 des Textteils!"

37. Was versteht man unter Lohnpfändungsschutz?
☐ a) Der Lohnanspruch des Arbeitnehmers ist grundsätzlich dem Zugriff Dritter entzogen und damit unpfändbar.
☐ b) Der Lohnanspruch des Arbeitnehmers ist grundsätzlich zur Hälfte pfändbar.
☐ c) Der Gläubiger kann den Lohnanspruch des Arbeitnehmers ohne jegliche Einschränkung pfänden.
☐ d) Unter Berücksichtigung des Familienstandes des Arbeitnehmers können nur bestimmte Teile des Lohnes gepfändet werden.
☐ e) Nur der Lohnanspruch aus einer Arbeitszeit von mehr als 40 Stunden wöchentlich ist pfändbar.

„Siehe Seite 197 des Textteils!"

38. Was versteht man unter Lohnaufrechnungsverbot?
☐ a) Der Arbeitgeber kann berechtigte Ansprüche gegenüber seinem Arbeitnehmer nicht von dessen Lohn einbehalten.
☐ b) Der Arbeitgeber kann berechtigte Ansprüche, die er gegenüber seinem Arbeitnehmer hat, nur von dessen pfändbarem Lohn einbehalten.
☐ c) Der Arbeitgeber kann berechtigte Ansprüche, die er gegenüber seinem Arbeitnehmer hat, nur gegen Überstundenvergütungen aufrechnen.
☐ d) Der Arbeitgeber kann berechtigte Ansprüche, die er gegenüber seinem Arbeitnehmer hat, auch gegen den Teil des Lohnes, der unpfändbar ist, aufrechnen.
☐ e) Der Arbeitgeber kann Forderungen dritter Personen vom Lohn des Arbeitnehmers nicht einbehalten.

„Siehe Seite 198 des Textteils!"

39. Das Lohnabtretungsverbot besagt, daß der Arbeitnehmer
☐ a) nur Lohnansprüche aus Mehrarbeit an Dritte abtreten kann.
☐ b) überhaupt über seine Lohnansprüche im voraus nicht zugunsten Dritter verfügen kann.
☐ c) nur den pfändbaren Teil seines künftigen Lohnanspruches an Dritte wirksam abtreten kann.
☐ d) Lohnabtretungen ohne jegliche Einschränkungen tätigen kann.
☐ e) nur übertarifliche Lohnansprüche an Dritte abtreten kann.

„Siehe Seite 198 des Textteils!"

40. Lohnansprüche verjähren, sofern nicht eine kürzere tarifliche oder vertragliche Ausschlußfrist maßgebend ist

☐ a) in 2 Jahren.
☐ b) in 4 Jahren.
☐ c) in 5 Jahren.
☐ d) in 10 Jahren.
☐ e) in 30 Jahren.

„Siehe Seite 198 des Textteils!"

41. Nennen Sie einige Beispiele zur Fürsorgepflicht des Arbeitgebers!

„Siehe Seite 199 des Textteils!"

42. Welche Pflichten übernimmt der Arbeitnehmer mit Abschluß des Arbeitsvertrages?

„Siehe Seite 200 des Textteils!"

43. Haftet der Arbeitnehmer für Schäden, die er bei normalen Arbeitsvorgängen verschuldet?

☐ a) Ja, aber nur, wenn er grob fahrlässig gehandelt hat.
☐ b) Ja, aber nur, wenn er den Schaden vorsätzlich herbeigeführt hat.
☐ c) Nein, weil ein Arbeitnehmer für Schäden, die er bei der Arbeit verursacht, grundsätzlich nicht haftet.
☐ d) Ja, er haftet grundsätzlich schon bei bloßer Fahrlässigkeit.
☐ e) Ja, aber nur, wenn eine Haftung zwischen Arbeitgeber und Arbeitnehmer ausdrücklich vereinbart ist.

„Siehe Seite 201 des Textteils!"

44. Was versteht man unter Treuepflicht des Arbeitnehmers?

„Siehe Seite 201 des Textteils!"

45. Wodurch kommt zwischen Arbeitnehmer und Arbeitgeber eine Aufhebungsvereinbarung über die Beendigung des Arbeitsverhältnisses zustande?

„Siehe Seite 202 des Textteils!"

46. Um welche Art der Kündigung handelt es sich, wenn einer der beiden Vertragspartner das Arbeitsverhältnis unter Einhaltung der Kündigungsfrist beendet?

„Siehe Seite 202 des Textteils!"

47. Nennen Sie den Unterschied zwischen einer ordentlichen und einer außerordentlichen Kündigung!

„Siehe Seite 202 des Textteils!"

48. Unter einer Änderungskündigung versteht man eine ordentliche Kündigung

☐ a) wegen des Wechsels in der Person des Arbeitgebers.
☐ b) wegen der Absicht des Arbeitnehmers, sich beruflich zu verändern.
☐ c) mit dem Angebot der Fortsetzung des Arbeitsverhältnisses zu geänderten Bedingungen.
☐ d) unter dem Vorbehalt der jederzeitigen Rücknahme der Kündigung.
☐ e) mit der das Arbeitsverhältnis endgültig sein Ende finden soll.

„Siehe Seite 202 des Textteils!"

49. Die Kündigung eines Arbeitsverhältnisses wird wirksam

☐ a) mit der Anfertigung des Kündigungsbriefes.
☐ b) mit dem Einwurf in den Briefkasten bei der Post.
☐ c) mit der Aushändigung an einen Boten.
☐ d) mit dem Zugang beim Kündigungsgegner.
☐ e) mit der Hinterlegung beim zuständigen Postamt.

„Siehe Seite 202 des Textteils!"

50. Schreibt das Gesetz für die Kündigung eines Arbeitsverhältnisses die Schriftform vor?

☐ a) Eine mündliche Kündigung ist unwirksam.
☐ b) Die Kündigung bedarf der Schriftform, wenn der Arbeitgeber kündigt.
☐ c) Die Kündigung bedarf der Schriftform, wenn der Arbeitnehmer kündigt.
☐ d) Die Kündigung bedarf nur der Schriftform, wenn es sich um ein Angestelltenverhältnis handelt.
☐ e) Die mündliche Kündigung genügt, gleichgültig, ob der Arbeitnehmer oder Arbeitgeber kündigt.

„Siehe Seite 202 des Textteils!"

51. Bedarf die arbeitgeberseitige Kündigung der vorherigen Anhörung des Betriebsrats?

☐ a) Ja, andernfalls die Kündigung unwirksam ist.
☐ b) Ja, aber nur auf Verlangen des Arbeitnehmers.
☐ c) Ja, aber nur auf Verlangen des Betriebsrats.
☐ d) Nein, es sei denn, daß der Arbeitnehmer schon länger als sechs Monate dem Betrieb zugehört.
☐ e) Nein, es sei denn, daß der Arbeitnehmer einem besonderen Kündigungsschutz unterliegt.

„Siehe Seite 202 des Textteils!"

52. In welchen Rechtsgrundlagen können Kündigungsfristen geregelt sein?

„Siehe Seite 203 des Textteils!"

53. Können die Arbeitsvertragspartner im Arbeitsvertrag beliebig kurze Kündigungsfristen wirksam vereinbaren?

☐ a) Grundsätzlich kann jede beliebige Kündigungsfrist vereinbart werden.
☐ b) Beliebige Kündigungsfristen können vereinbart werden, aber nur mit Arbeitern.
☐ c) Die Vereinbarung von Kündigungsfristen in Arbeitsverträgen ist unzulässig.
☐ d) Kündigungsfristen können vereinbart werden, dürfen aber nicht kürzer sein als die gesetzliche bzw. tarifliche Mindestkündigungsfrist.
☐ e) Zulässig ist die Vereinbarung von beliebigen Kündigungsfristen mit Teilzeitbeschäftigten.

„Siehe Seite 203 des Textteils!"

54. Gelten die verlängerten Kündigungsfristen für Arbeitnehmer nach mehrjähriger Betriebszugehörigkeit beiderseits?

☐ a) Ja, sie gelten sowohl für den Arbeitnehmer als auch für den Arbeitgeber.
☐ b) Nein, sie gelten nur, wenn der Arbeitgeber kündigt.
☐ c) Nein, sie gelten nur, wenn der Arbeitnehmer kündigt.
☐ d) Ja, sie gelten beiderseits, aber nur in Betrieben ab 20 Beschäftigten.
☐ e) Ja, sie gelten beiderseits, aber nur im Handwerk.

„Siehe Seite 204 des Textteils!"

55. Mit welcher gesetzlichen Mindestfrist kann ein Arbeitnehmer das Arbeitsverhältnis kündigen?

☐ a) Mit zwei Wochen
☐ b) Mit zwei Wochen zum Ende einer Kalenderwoche
☐ c) Mit vier Wochen zum 15. oder zum Ende eines Kalendermonats
☐ d) Mit sechs Wochen zum Ende eines Kalendervierteljahres
☐ e) Mit drei Monaten zum Ende eines Kalendervierteljahres.

„Siehe Seite 204 des Textteils!"

56. Bei Kündigung eines schwerbehinderten Arbeiters ab einem Grad der Behinderung von wenigstens 50 v. H. beträgt die Mindestkündigungsfrist nach sechs Monaten der Betriebszugehörigkeit

☐ a) drei Wochen.
☐ b) vier Wochen.
☐ c) ein Monat zum Monatsende.
☐ d) sechs Wochen zum Quartalsende.
☐ e) drei Monate zum Quartalsende.

„Siehe Seite 204 des Textteils!"

57. Innerhalb welcher Frist nach Bekanntwerden des wichtigen Grundes muß eine fristlose Kündigung erklärt werden, damit sie rechtswirksam ist?

☐ a) Innerhalb von drei Tagen
☐ b) Innerhalb einer Woche
☐ c) Innerhalb zwei Wochen
☐ d) Innerhalb drei Wochen
☐ e) Innerhalb vier Wochen.

„Siehe Seite 205 des Textteils!"

58. Muß der Betriebsrat auch vor Ausspruch einer fristlosen Kündigung durch den Arbeitgeber gehört werden?

☐ a) Nein, weil ein wichtiger Grund vorliegt.
☐ b) Ja, aber nur, wenn der betreffende Arbeitnehmer darauf besteht.
☐ c) Ja, wenn der Betriebsrat es verlangt.
☐ d) Ja, wenn der Arbeitnehmer den Kündigungsgrund bestreitet.
☐ e) Ja, andernfalls die Kündigung unwirksam ist.

„Siehe Seite 205 des Textteils!"

59. Welches Rechtsmittel hat der Arbeitnehmer, um gegen eine unbegründete fristlose Kündigung vorzugehen?

„Siehe Seite 205 des Textteils!"

60. Welche Unterlagen gehören zu den Arbeitspapieren, die der Arbeitgeber bei Beendigung des Arbeitsverhältnisses an den Arbeitnehmer herausgeben muß?

„Siehe Seite 206 des Textteils!"

61. Darf der Arbeitgeber bei Beendigung des Arbeitsverhältnisses die Arbeitspapiere des Arbeitnehmers zurückbehalten?

☐ a) Ja, weil sie Eigentum des Betriebes sind.
☐ b) Ja, wenn seitens des Arbeitgebers noch berechtigte Gegenforderungen bestehen.
☐ c) Nein, weil der Arbeitgeber diesbezüglich kein Zurückbehaltungsrecht hat.
☐ d) Ja, wenn der Arbeitnehmer ohne Einhaltung der Kündigungsfrist das Arbeitsverhältnis beendet hat.

☐ e) Nein, wenn sich der Arbeitgeber im Arbeitsvertrag zur Herausgabe verpflichtet hat.

„Siehe Seite 206 des Textteils!"

62. Welche Angaben muß ein qualifiziertes Zeugnis enthalten?

„Siehe Seite 207 des Textteils!"

63. Ein auf Führung und Leistung erstrecktes Zeugnis ist nach Beendigung des Arbeitsverhältnisses auszustellen,

☐ a) wenn der Arbeitnehmer ein solches ausdrücklich verlangt.
☐ b) auch wenn der Arbeitnehmer ein solches nicht verlangt.
☐ c) wenn das Arbeitsverhältnis mindestens fünf Jahre bestanden hat.
☐ d) wenn der Arbeitnehmer seine Vertragspflichten erfüllt hat.
☐ e) wenn das Arbeitsverhältnis durch eine ordentliche Kündigung endet.

„Siehe Seite 207 des Textteils!"

64. Die Kündigungsschutzbestimmungen im Arbeitsrecht gelten

☐ a) nur zum Schutze des Arbeitgebers.
☐ b) nur zum Schutze von Angestellten.
☐ c) nur zum Schutze von Arbeitern.
☐ d) zum Schutze des Arbeitgebers und des Arbeitnehmers.
☐ e) zum Schutze der Arbeiter und der Angestellten.

„Siehe Seite 207 des Textteils!"

65. Ab wieviel beschäftigten Arbeitnehmern fällt der Betrieb unter das Kündigungsschutzgesetz (allgemeiner Kündigungsschutz)?

„Siehe Seite 208 des Textteils!"

66. Gegen welche Kündigung ist der Arbeitnehmer im Rahmen des allgemeinen Kündigungsschutzgesetzes geschützt?

☐ a) Gegen jede Kündigung
☐ b) Gegen eine sozial ungerechtfertigte Kündigung
☐ c) Gegen eine außerordentliche Kündigung
☐ d) Gegen eine nicht fristgerechte Kündigung
☐ e) Gegen eine sittenwidrige Kündigung.

„Siehe Seite 208 des Textteils!"

67. Welche sozialen Kriterien muß der Arbeitgeber bei der Auswahl der zu kündigenden Arbeitnehmer beachten, wenn er aus dringenden betrieblichen Gründen kündigen will?

„Siehe Seite 209 des Textteils!"

68. Innerhalb welcher Frist kann der Arbeitnehmer Kündigungsschutzklage beim Arbeitsgericht erheben?

☐ a) Innerhalb einer Woche nach Zugang der Kündigung
☐ b) Innerhalb zwei Wochen nach Zugang der Kündigung
☐ c) Innerhalb drei Wochen nach Zugang der Kündigung
☐ d) Innerhalb fünf Wochen nach Zugang der Kündigung
☐ e) Innerhalb sechs Wochen nach Zugang der Kündigung.

„Siehe Seite 209 des Textteils!"

69. Welche Personengruppen haben im Arbeitsrecht einen besonderen Kündigungsschutz?

„Siehe Seite 210 des Textteils!"

70. Kann einem Betriebsratsmitglied während seiner Amtszeit ordentlich (fristgerecht) gekündigt werden?

☐ a) Ja, in Betrieben mit nicht mehr als fünf Arbeitnehmern.
☐ b) Ja, wenn Arbeitsmangel vorliegt.
☐ c) Nein, grundsätzlich nicht.
☐ d) Ja, mit Zustimmung des Betriebsrats.
☐ e) Ja, mit Zustimmung des Arbeitsgerichts.

„Siehe Seite 210 des Textteils!"

71. Kann einem Arbeitnehmer während der Ableistung des Grundwehrdienstes gekündigt werden?

☐ a) Ja, unter Einhaltung der regulären Frist kann gekündigt werden.
☐ b) Nein, während des Grundwehrdienstes ist jegliche Kündigung unzulässig.
☐ c) Ja, die Kündigung ist aber nur mit Zustimmung des Gewerbeaufsichtsamtes zulässig.
☐ d) Ja, aber nur fristlos bei Vorliegen eines wichtigen Grundes.
☐ e) Ja, in Betrieben mit nicht mehr als drei Arbeitnehmern.

„Siehe Seite 211 des Textteils!"

72. Welche Behörde ist zuständig für die Erteilung der Zustimmung zur Kündigung eines Schwerbehinderten?

☐ a) Arbeitsamt
☐ b) Gewerbeaufsichtsamt
☐ c) Gemeinde
☐ d) Arbeitsministerium
☐ e) Hauptfürsorgestelle.

„Siehe Seite 212 des Textteils!"

73. Nennen Sie die Mindestkündigungsfrist, die der Arbeitgeber bei Kündigung eines Schwerbehinderten einhalten muß!

„Siehe Seite 204, 212 des Textteils!"

74. Nach welcher Dauer der Betriebszugehörigkeit kann einem schwerbehinderten Arbeitnehmer nur noch mit Zustimmung der Hauptfürsorgestelle gekündigt werden?

„Siehe Seite 204, 212 des Textteils!"

75. Innerhalb welcher Frist nach Ausspruch einer Kündigung muß eine werdende Mutter dem Arbeitgeber die Schwangerschaft mitteilen, um Kündigungsschutz zu erreichen?

☐ a) Innerhalb von drei Tagen
☐ b) Innerhalb von einer Woche
☐ c) Innerhalb von zwei Wochen
☐ d) Innerhalb von drei Wochen
☐ e) Innerhalb von vier Wochen.

„Siehe Seite 212 des Textteils!"

76. Für welchen Zeitraum nach der Entbindung haben Arbeitnehmerinnen, wenn sie von dem Anspruch auf Erziehungsurlaub nicht Gebrauch machen, Kündigungsschutz nach dem Mutterschutzgesetz?

☐ a) Für sechs Wochen nach der Entbindung
☐ b) Für acht Wochen nach der Entbindung
☐ c) Für drei Monate nach der Entbindung
☐ d) Für vier Monate nach der Entbindung

☐ e) Für sechs Monate nach der Entbindung.

„Siehe Seite 212 des Textteils!"

77. Die behördliche Genehmigung zur Kündigung einer werdenden Mutter

☐ a) muß vor Ausspruch der ordentlichen oder fristlosen Kündigung in Händen des Arbeitgebers sein.
☐ b) muß gleichzeitig mit Ausspruch der Kündigung vom Arbeitgeber beantragt werden.
☐ c) muß innerhalb zwei Wochen nach Ausspruch der Kündigung vom Arbeitgeber beantragt werden.
☐ d) muß innerhalb zwei Wochen nach Ausspruch der Kündigung in Händen des Arbeitgebers sein.
☐ e) kann bis zum Ablauf der ordentlichen Kündigungsfrist vom Arbeitgeber beantragt werden.

„Siehe Seite 213 des Textteils!"

78. Zu welchem Zeitpunkt endet spätestens der besondere Kündigungsschutz für Personen, die den Erziehungsurlaub in vollem Umfang nehmen?

„Siehe Seite 213 des Textteils!"

79. Ab wieviel Beschäftigten fallen die Betriebe unter den Kündigungsschutz bei Massenentlassungen?

☐ a) Bei mehr als 20 Arbeitnehmern
☐ b) Bei mehr als 30 Arbeitnehmern
☐ c) Bei mehr als 50 Arbeitnehmern
☐ d) Bei mehr als 75 Arbeitnehmern
☐ e) Bei mehr als 100 Arbeitnehmern.

„Siehe Seite 214 des Textteils!"

80. Nennen Sie die Tarifvertragsparteien, die auf Arbeitnehmer- und Arbeitgeberseite die Tarifverträge schließen!

„Siehe Seite 215 des Textteils!"

81. Unter welcher Voraussetzung ist ein Tarifvertrag für die Arbeitsvertragspartner verbindlich?

☐ a) Wenn beide Arbeitsvertragspartner Mitglied der tarifabschließenden Arbeitnehmer- bzw. Arbeitgeberorganisation sind.
☐ b) Es genügt, wenn nur der Arbeitnehmer Mitglied der tarifabschließenden Gewerkschaft ist.
☐ c) Es genügt, wenn nur der Arbeitgeber Mitglied der zuständigen Innung ist.
☐ d) Wenn der Betrieb Mitglied der zuständigen Berufsgenossenschaft ist.
☐ e) Wenn der Betrieb im Geltungsbereich des Tarifvertrages seinen Sitz hat.

„Siehe Seite 215 des Textteils!"

82. Kann bei Tarifbindung von den Normen des Tarifvertrages durch Vereinbarung abgewichen werden?

☐ a) Nein, eine Abweichung ist grundsätzlich unzulässig.
☐ b) Ja, aber die Abweichung muß schriftlich vereinbart werden.
☐ c) Ja, auch wenn die Abweichung zuungunsten des Arbeitnehmers erfolgt.
☐ d) Ja, insbesondere dann, wenn die Abweichung zugunsten des Arbeitgebers erfolgt.
☐ e) Ja, aber nur, wenn die Abweichung den Arbeitnehmer begünstigt.

„Siehe Seite 215 des Textteils!"

83. Bedarf der Abschluß von Tarifverträgen einer bestimmten Form?

„Siehe Seite 216 des Textteils!"

84. Was regeln die Tarifverträge inhaltlich?

„Siehe Seite 216 des Textteils!"

85. Ab welcher Betriebsgröße kann ein Betriebsrat gewählt werden?

☐ a) Ab fünf Arbeitnehmer in Betrieben der gewerblichen Wirtschaft
☐ b) Ab fünf wahlberechtigten Arbeitnehmern, von denen mindestens drei wählbar sein müssen
☐ c) Ab zehn wahlberechtigten Arbeitnehmern, von denen mindestens fünf wählbar sein müssen
☐ d) Ab 20 Beschäftigten, von denen mindestens zehn wählbar sein müssen
☐ e) Ab 30 Beschäftigten, von denen mindestens 20 wählbar sein müssen.

„Siehe Seite 216 des Textteils!"

86. Ab welchem Alter kann der Arbeitnehmer an der Betriebsratswahl mit Stimmrecht teilnehmen?

☐ a) Ohne Rücksicht auf das Alter
☐ b) Nach Vollendung des 16. Lebensjahres
☐ c) Nach Vollendung des 18. Lebensjahres
☐ d) Nach Vollendung des 21. Lebensjahres
☐ e) Nach Vollendung des 24. Lebensjahres.

„Siehe Seite 216 des Textteils!"

87. Welche zwei Voraussetzungen müssen für die Wählbarkeit in den Betriebsrat gegeben sein?

„Siehe Seite 216 des Textteils!"

88. Die Amtszeit des gewählten Betriebsrates dauert

☐ a) zwei Jahre.
☐ b) drei Jahre.
☐ c) vier Jahre.
☐ d) fünf Jahre.
☐ e) sechs Jahre.

„Siehe Seite 217 des Textteils!"

89. Ab wieviel beschäftigten Jugendlichen oder Auszubildenden unter 25 Jahren im Betrieb kann eine Jugend- und Auszubildendenvertretung gewählt werden?

„Siehe Seite 217 des Textteils!"

90. Die Gewerkschaft hat zur Wahrnehmung der im Betriebsverfassungsgesetz genannten Aufgaben und Befugnisse ein Zugangsrecht zum Betrieb,

☐ a) wenn mehr als fünf Arbeitnehmer beschäftigt sind.
☐ b) wenn mindestens fünf Arbeitnehmer Mitglied einer Gewerkschaft sind.
☐ c) wenn mindestens ein Arbeitnehmer Mitglied einer Gewerkschaft ist.
☐ d) ohne Rücksicht darauf, ob ein Arbeitnehmer beschäftigt wird, der Mitglied einer Gewerkschaft ist.
☐ e) wenn der Betrieb Mitglied der Innung oder eines tarifabschließenden Arbeitgeberverbandes ist.

„Siehe Seite 217 des Textteils!"

91. Nennen Sie die wichtigsten Grundsätze der Zusammenarbeit zwischen Arbeitgeber und Betriebsrat!

„Siehe Seite 218 des Textteils!"

92. In welchen Abständen finden Betriebsversammlungen während der Arbeitszeit statt?

☐ a) Monatlich
☐ b) Vierteljährlich
☐ c) Halbjährlich
☐ d) Einmal im Jahr
☐ e) In unregelmäßigen Abständen.

„Siehe Seite 218 des Textteils!"

93. Hat der Betriebsrat ein Mitbestimmungsrecht bei der Festlegung der betrieblichen Arbeitszeit und Ruhepausen?

☐ a) Nein, weil es sich nicht um eine mitbestimmungspflichtige Maßnahme handelt.
☐ b) Ja, aber nur, wenn der Betrieb die Mitwirkung des Betriebsrats für zweckmäßig hält.
☐ c) Ja, aber nur auf Verlangen der im Betrieb beschäftigten Arbeitnehmer.
☐ d) Ja, wenn im Betrieb mehr als 100 Arbeitnehmer beschäftigt sind.
☐ e) Ja, diese Maßnahme gehört zu den sozialen Angelegenheiten und unterliegt der Mitbestimmungspflicht.

„Siehe Seite 220 des Textteils!"

94. Unterliegt die Einstellung eines Arbeitnehmers der Mitbestimmung des Betriebsrates?

☐ a) Ja, in Betrieben mit mehr als 20 wahlberechtigten Arbeitnehmern.
☐ b) Ja, in Betrieben unter 20 wahlberechtigten Arbeitnehmern.
☐ c) Ja, in Betrieben mit über 100 wahlberechtigten Arbeitnehmern.
☐ d) Nein, Einstellungen unterliegen nicht der Mitbestimmung.
☐ e) Ja, soweit der Arbeitnehmer Mitglied einer Gewerkschaft ist.

„Siehe Seite 220 des Textteils!"

95. In welchen Angelegenheiten hat der Betriebsrat ein Mitwirkungs- bzw. Mitbestimmungsrecht?

„Siehe Seite 220 des Textteils!"

96. Nennen Sie die Rechte des einzelnen Arbeitnehmers nach dem Betriebsverfassungsgesetz!

„Siehe Seite 221 des Textteils!"

97. Nennen Sie die wichtigsten Gesetze, die den sozialen Arbeitsschutz regeln!

„Siehe Seite 222 des Textteils!"

98. Die gesetzlich höchstzulässige regelmäßige wöchentliche Arbeitszeit beträgt für Arbeitnehmer über 18 Jahre

☐ a) 40 Stunden.
☐ b) 41 Stunden.
☐ c) 42 Stunden.
☐ d) 45 Stunden.
☐ e) 48 Stunden.

„Siehe Seite 223 des Textteils!"

99. An wie vielen Tagen im Jahr darf die tägliche Arbeitszeit der Erwachsenen ausnahmsweise höchstens zehn Stunden betragen?

☐ a) An 14 Tagen
☐ b) An 20 Tagen
☐ c) An 25 Tagen
☐ d) An 30 Tagen
☐ e) An 40 Tagen.

„Siehe Seite 223 des Textteils!"

100. Wie lange muß bei erwachsenen Arbeitnehmern die Ruhezeit nach Beendigung der täglichen Arbeitszeit sein?

„Siehe Seite 223 des Textteils!"

101. Ruhepausen während der Arbeitszeit sind

☐ a) gesetzlich vorgeschrieben.
☐ b) in das Belieben der Arbeitsvertragspartner gestellt.
☐ c) nur auf Wunsch des Arbeitnehmers zu gewähren.
☐ d) nur auf Verlangen des Betriebsrats zu gewähren.
☐ e) in das Ermessen des Arbeitgebers gestellt.

„Siehe Seite 223 des Textteils!"

102. Welche Personen fallen unter das Jugendarbeitsschutzgesetz?

„Siehe Seite 224 des Textteils!"

103. In welchem Gesetz ist die Dauer der zulässigen täglichen und wöchentlichen Arbeitszeit für Jugendliche geregelt?

„Siehe Seite 224 des Textteils!"

104. Ist die Beschäftigung von Kindern unter 15 Jahren, die noch der Vollzeitschulpflicht unterliegen, im Handwerk zulässig?

☐ a) Ja, mit Zustimmung des gesetzlichen Vertreters.
☐ b) Ja, ohne Einschränkung.
☐ c) Ja, bis zu vier Stunden täglich.
☐ d) Ja, mit ärztlicher Erlaubnis.
☐ e) Nein, grundsätzlich nicht.

„Siehe Seite 224 des Textteils!"

105. Bei gleichmäßiger Verteilung der wöchentlichen Arbeitszeit auf fünf Tage beträgt die höchstzulässige tägliche Arbeitszeit für Jugendliche

☐ a) 6 Stunden.
☐ b) $7\frac{1}{2}$ Stunden.
☐ c) 8 Stunden.
☐ d) $8\frac{1}{2}$ Stunden.
☐ e) 9 Stunden.

„Siehe Seite 224 des Textteils!"

106. Jugendliche dürfen im Betrieb nicht beschäftigt werden an einem Berufsschultag (beschränkt auf einmal in der Woche)

☐ a) ohne Rücksicht auf die Dauer der Unterrichtszeit.
☐ b) mit mehr als 2 Unterrichtsstunden.
☐ c) mit mehr als 3 Unterrichtsstunden.
☐ d) mit mehr als 4 Unterrichtsstunden.
☐ e) mit mehr als 5 Unterrichtsstunden.

„Siehe Seite 225 des Textteils!"

107. Die Ruhepause für einen Jugendlichen beträgt bei einer Arbeitszeit von acht Stunden am Tag

☐ a) 20 Minuten.
☐ b) 30 Minuten.
☐ c) 40 Minuten.
☐ d) 50 Minuten.
☐ e) 60 Minuten.

„Siehe Seite 225 des Textteils!"

108. Nennen Sie einige Beschäftigungsverbote des Jugendarbeitsschutzgesetzes!

„Siehe Seite 225 des Textteils!"

109. Wie lange muß bei Jugendlichen die ununterbrochene Freizeit nach Beendigung der täglichen Arbeitszeit sein?

„Siehe Seite 225 des Textteils!"

110. Nennen Sie die Urlaubsregelung für Jugendliche!

„Siehe Seite 195, 226 des Textteils!"

111. Mit der Beschäftigung eines Jugendlichen darf nur begonnen werden, wenn der Jugendliche von einem Arzt untersucht worden ist

☐ a) innerhalb der letzten neun Monate vor Arbeitsaufnahme.
☐ b) innerhalb der letzten 14 Monate vor Arbeitsaufnahme.
☐ c) innerhalb der letzten 18 Monate vor Arbeitsaufnahme.
☐ d) vor Ablauf der Probezeit.
☐ e) vor Ablauf des 1. Beschäftigungsjahres.

„Siehe Seite 226 des Textteils!"

112. Die 1. Nachuntersuchung nach dem Jugendarbeitsschutzgesetz muß erfolgen

☐ a) vor Ablauf der Probezeit.
☐ b) nach Ablauf der Probezeit.
☐ c) nur auf Verlangen des Arbeitgebers.
☐ d) nur auf Verlangen des gesetzlichen Vertreters.
☐ e) ein Jahr nach Aufnahme der ersten Beschäftigung.

„Siehe Seite 226 des Textteils!"

113. In welchen Betrieben muß das Jugendarbeitsschutzgesetz ausgehängt werden?

☐ a) In Betrieben, in denen regelmäßig mindestens drei Jugendliche beschäftigt sind.
☐ b) In Betrieben, in denen der Betriebsrat den Aushang des Gesetzes beschließt.
☐ c) In Betrieben, in denen regelmäßig mindestens 20 Arbeitnehmer beschäftigt sind.
☐ d) In Betrieben, in denen regelmäßig mindestens ein Jugendlicher beschäftigt ist.
☐ e) In Betrieben, in denen mindestens ein Jugendlicher Mitglied einer Gewerkschaft ist.

„Siehe Seite 233 des Textteils!"

114. Welches Gesetz regelt den Schutz der Jugendlichen in der Öffentlichkeit?

„Siehe Seite 227 des Textteils!"

115. Bis zu welchem Alter ist es verboten, Branntwein abzugeben?

„Siehe Seite 227 des Textteils!"

116. Nennen Sie die Pflichten des Auftraggebers nach dem Heimarbeitergesetz bei Vergabe von Heimarbeit!

„Siehe Seite 227 des Textteils!"

117. Bei Versetzung auf einen anderen Arbeitsplatz infolge eines Beschäftigungsverbots erhält die werdende Mutter Entgelt fortgezahlt (Mutterschutzlohn), das berechnet wird aus dem Durchschnitt

☐ a) der letzten Lohnwoche vor der Versetzung.
☐ b) des letzten Lohnmonats vor der Versetzung.
☐ c) der letzten 13 Wochen vor Eintritt der Schwangerschaft.
☐ d) der letzten 26 Wochen vor Eintritt der Schwangerschaft.
☐ e) des Entgelts, das ohne Versetzung erzielt worden wäre.

„Siehe Seite 229 des Textteils!"

118. Innerhalb welchen Mindestzeitraums nach der Entbindung ist die Beschäftigung der Arbeitnehmerin unzulässig?

☐ a) Zwei Wochen
☐ b) Drei Wochen
☐ c) Vier Wochen
☐ d) Sechs Wochen
☐ e) Acht Wochen.

„Siehe Seite 229 des Textteils!"

119. Während der Schutzfristen vor und nach der Entbindung erhält die in der gesetzlichen Krankenversicherung versicherte Arbeitnehmerin von der Krankenkasse

☐ a) keine Geldleistungen.
☐ b) das Mutterschaftsgeld.
☐ c) das Übergangsgeld.
☐ d) das Krankengeld.
☐ e) einen Zuschuß.

„Siehe Seite 229 des Textteils!"

120. Über welchen Zeitraum erstreckt sich der Anspruch auf Erziehungsurlaub?

„Siehe Seite 230 des Textteils!"

121. Innerhalb welcher Frist vor Antritt des Erziehungsurlaubs muß dieser beim Arbeitgeber verlangt werden?

„Siehe Seite 230 des Textteils!"

122. Ab welcher Betriebsgröße beginnt die Pflicht zur Beschäftigung von Schwerbehinderten?

☐ a) Bei mehr als 7 Arbeitsplätzen
☐ b) Bei mehr als 15 Arbeitsplätzen
☐ c) Bei mehr als 17 Arbeitsplätzen
☐ d) Bei mehr als 20 Arbeitsplätzen
☐ e) Bei mehr als 30 Arbeitsplätzen.

„Siehe Seite 231 des Textteils!"

123. Nennen Sie die wichtigsten Rechtsvorschriften für den technischen Arbeitsschutz!

„Siehe Seite 222, 232 des Textteils!"

124. Für die Überwachung der Arbeitsschutzvorschriften ist zuständig

☐ a) das Arbeitsamt.
☐ b) die Innung.
☐ c) die Handwerkskammer.
☐ d) das Gewerbeaufsichtsamt.
☐ e) das Gewerbeamt.

„Siehe Seite 232 des Textteils!"

125. Welche Aushänge müssen im Betrieb zur Unterrichtung der Arbeitnehmer und zur besseren Beachtung der Arbeitsschutzvorschriften ausgehängt bzw. aufgelegt werden?

„Siehe Seite 233 des Textteils!"

126. Zuständig für arbeitsrechtliche Streitigkeiten zwischen Arbeitnehmer und Arbeitgeber ist das

☐ a) Amtsgericht.
☐ b) Landgericht.
☐ c) Sozialgericht.
☐ d) Arbeitsgericht.
☐ e) Verwaltungsgericht.

„Siehe Seite 234 des Textteils!"

127. Wie viele Instanzen hat die Arbeitsgerichtsbarkeit und welche Bezeichnungen führen diese?

„Siehe Seite 233 des Textteils!"

3.4 Sozial- und Privatversicherungsrecht

Vorbemerkung

In den einzelnen Bereichen des Sozialversicherungsrechts kommt es vorrangig darauf an, die Bedeutung und die grundlegenden Elemente dieser Bereiche zu erfassen. Für Detailfragen sollten die Lehrgangsteilnehmer geeignete Nachschlagequellen über versicherungsrechtliche Bestimmungen und sonstige Regelungen der einzelnen Versicherungsbereiche kennen und nutzen können.

3.4.1 Allgemeines zur Sozialversicherung

Lernziel:
- Kennen der Grundprinzipien und Hauptaufgaben des Systems der Sozialversicherung sowie deren Organe.

3.4.1.1 Sinn der Sozialversicherung und Gliederung nach Aufgabenbereichen

Solidargemeinschaft auf Basis der Pflichtversicherung

Sinn und Zweck der Sozialversicherung ist es, auf gesetzlicher Grundlage die gegenseitigen Hilfeleistungen der Arbeitnehmer unter Beteiligung der Arbeitgeber für alle Wechselfälle des Lebens zu schaffen.

Beispiel:

Bei Alter, Invalidität, Krankheit, Unfall, Arbeitslosigkeit.

In einigen Zweigen der Sozialversicherung erstreckt sich dieser Solidargedanke auch auf selbständig Erwerbstätige.

Beispiel:

Versicherungspflicht der selbständigen Handwerker und Handwerkerinnen in der gesetzlichen Rentenversicherung.

Versicherungszweige

Das System der Sozialversicherung gliedert sich im wesentlichen in die folgenden Versicherungszweige:

- Krankenversicherung (seit 1883)
- Unfallversicherung (seit 1884)
- Rentenversicherung (seit 1889)
- Arbeitslosenversicherung (seit 1927).

Die Zweige der Sozialversicherung und deren Ausgestaltung

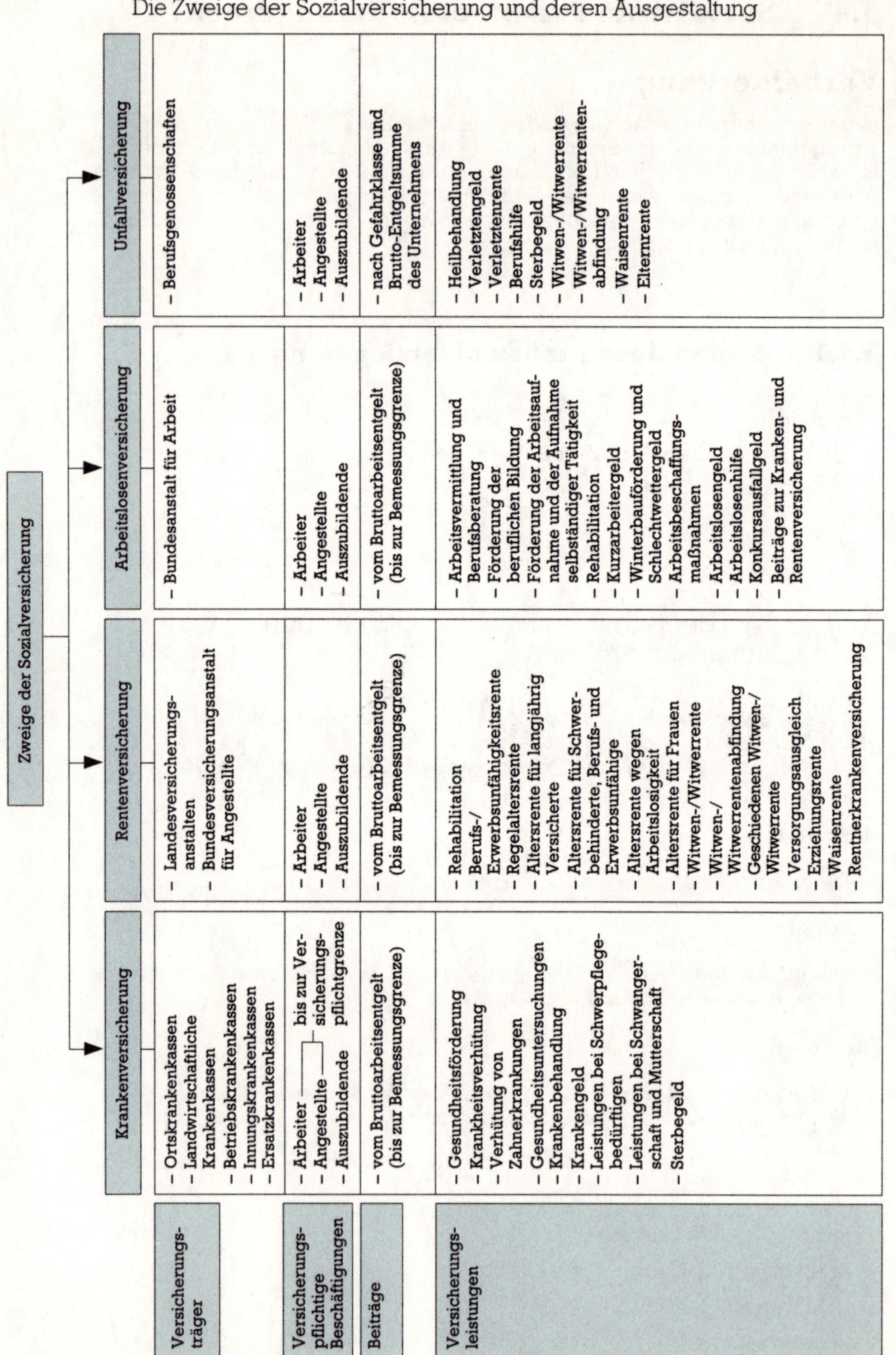

Zweige der Sozialversicherung

	Krankenversicherung	Rentenversicherung	Arbeitslosenversicherung	Unfallversicherung
Versicherungsträger	– Ortskrankenkassen – Landwirtschaftliche Krankenkassen – Betriebskrankenkassen – Innungskrankenkassen – Ersatzkrankenkassen	– Landesversicherungsanstalten – Bundesversicherungsanstalt für Angestellte	– Bundesanstalt für Arbeit	– Berufsgenossenschaften
Versicherungspflichtige Beschäftigungen	– Arbeiter, – Angestellte (bis zur Versicherungspflichtgrenze) – Auszubildende	– Arbeiter – Angestellte – Auszubildende	– Arbeiter – Angestellte – Auszubildende	– Arbeiter – Angestellte – Auszubildende
Beiträge	– vom Bruttoarbeitsentgelt (bis zur Bemessungsgrenze)	– vom Bruttoarbeitsentgelt (bis zur Bemessungsgrenze)	– vom Bruttoarbeitsentgelt (bis zur Bemessungsgrenze)	– nach Gefahrklasse und Brutto-Entgeltsumme des Unternehmens
Versicherungsleistungen	– Gesundheitsförderung – Krankheitsverhütung – Verhütung von Zahnerkrankungen – Gesundheitsuntersuchungen – Krankenbehandlung – Krankengeld – Leistungen bei Schwerpflegebedürftigen – Leistungen bei Schwangerschaft und Mutterschaft – Sterbegeld	– Rehabilitation – Berufs-/Erwerbsunfähigkeitsrente – Regelaltersrente – Altersrente für langjährig Versicherte – Altersrente für Schwerbehinderte, Berufs- und Erwerbsunfähige – Altersrente wegen Arbeitslosigkeit – Altersrente für Frauen – Witwen-/Witwerrente – Witwen-/Witwerrentenabfindung – Geschiedenen Witwen-/Witwerrente – Versorgungsausgleich – Erziehungsrente – Waisenrente – Rentnerkrankenversicherung	– Arbeitsvermittlung und Berufsberatung – Förderung der beruflichen Bildung – Förderung der Arbeitsaufnahme und der Aufnahme selbständiger Tätigkeit – Rehabilitation – Kurzarbeitergeld – Winterbauförderung und Schlechtwettergeld – Arbeitsbeschaffungsmaßnahmen – Arbeitslosengeld – Arbeitslosenhilfe – Konkursausfallgeld – Beiträge zur Kranken- und Rentenversicherung	– Heilbehandlung – Verletztengeld – Verletztenrente – Berufshilfe – Sterbegeld – Witwen-/Witwerrente – Witwen-/Witwerrentenabfindung – Waisenrente – Elternrente

Abbildung 160

3.4.1.2 Geschichtliche Entwicklung

Die wirtschaftliche Entwicklung und die schnell fortschreitende Industrialisierung im 18. und 19. Jahrhundert hatten einen grundlegenden Wandel der sozialen Verhältnisse der Menschen zur Folge. Das Zeitalter der Technik, der Maschine und der Fabriken schuf den Lohnarbeiter- und Fabrikarbeiterstand, der vielfach den Notständen des Lebens bei Krankheit, Alter, Unfall, Tod und Arbeitslosigkeit schutz- und hilflos preisgegeben war.

Entstehung der Sozialversicherung

Bereits im Mittelalter waren die ersten Gemeinschaftseinrichtungen und Gemeinschaftsmaßnahmen entstanden, die den Folgeerscheinungen bei den Wechselfällen des Lebens vorbeugen und entgegenwirken sollten.

Vorläufer der heutigen Sozialversicherung waren die Handwerkerkassen. Schon im Mittelalter traten die Zünfte und Schutzgilden und die Gesellenverbände des Handwerks für ihre Mitglieder in Krankheits-, Not- und Unglücksfällen durch Errichtung von Gemeinschafts- und Selbsthilfeeinrichtungen ein.

Handwerkerkassen

Mit der Entwicklung der Industrialisierung gründeten die Arbeiter im vorigen Jahrhundert nach dem Vorbild der mittelalterlichen Handwerkskassen Unterstützungseinrichtungen auf Gegenseitigkeit. Eine ausreichende soziale Sicherung der Arbeiter wurde damit jedoch nicht erreicht. Die mächtig sich ausbreitende Arbeiterbewegung zu Ende des vergangenen Jahrhunderts verlangte deshalb dringend nach einer gesetzlichen Regelung der Hilfs- und Unterstützungsmaßnahmen für die offenkundigen Notstände des zahlenmäßig immer mehr anwachsenden Lohnarbeiterstandes. So kam es zur Schaffung des großen deutschen Sozialversicherungswerkes, dessen Grundlage durch die kaiserliche Botschaft vom 17. 11. 1881 gelegt wurde. An seinem Aufbau hatte vor allem Bismarck maßgeblichen Anteil.

Fabrikarbeiterkassen

Beginn der Sozialversicherung

Einen wesentlichen Ausbau erlebte die Sozialversicherung nach Gründung der Bundesrepublik im Jahre 1949. Durch Reformgesetze wurde insbesondere das Leistungsrecht ständig verbessert und dadurch eine weitgehende Sicherung des erreichten Lebensstandards der Versicherten nach Eintritt des Versicherungsfalles erreicht.

Reform der Sozialversicherung

3.4.1.3 Organe der Sozialversicherung

Die Durchführung der Sozialversicherung obliegt den Versicherungsträgern, die als Körperschaften des öffentlichen Rechts mit dem Recht der Selbstverwaltung ausgestattet sind.

Versicherungsträger mit Selbstverwaltungsrecht

Als Organe der Selbstverwaltung in der Kranken-, Renten- und Unfallversicherung sind bei jedem Versicherungsträger
- eine Vertreterversammlung und
- ein Vorstand

gebildet, die sich paritätisch aus Arbeitnehmern und Arbeitgebern zusammensetzen.

Selbstverwaltungsorgane

Parität

Eine Ausnahme gilt für die Ersatzkrankenkassen; hier gehören nur Versicherte den Selbstverwaltungsorganen an.

Ausnahme: Ersatzkrankenkassen

Die Selbstverwaltungsorgane der Sozialversicherung

Kranken-, Renten-, Unfallversicherung

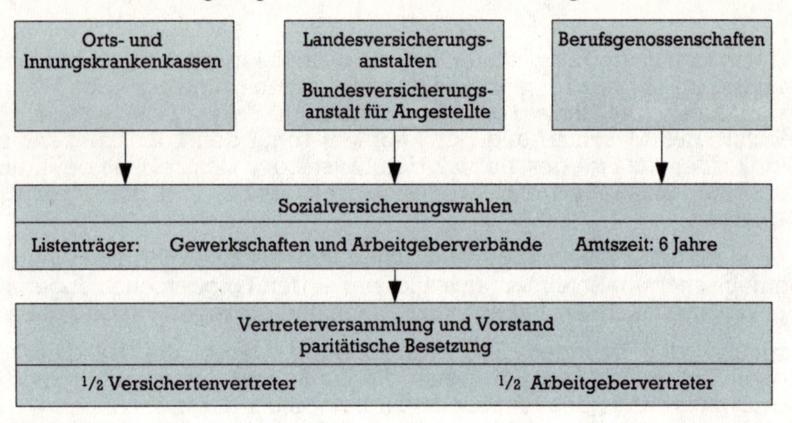

Abbildung 161

In der Arbeitsverwaltung setzen sich die Selbstverwaltungsorgane je zu einem Drittel aus Vertretern der Arbeitnehmer, Arbeitgeber und öffentlichen Körperschaften zusammen.

Die Selbstverwaltungsorgane der Arbeitsverwaltung

Arbeitsverwaltung

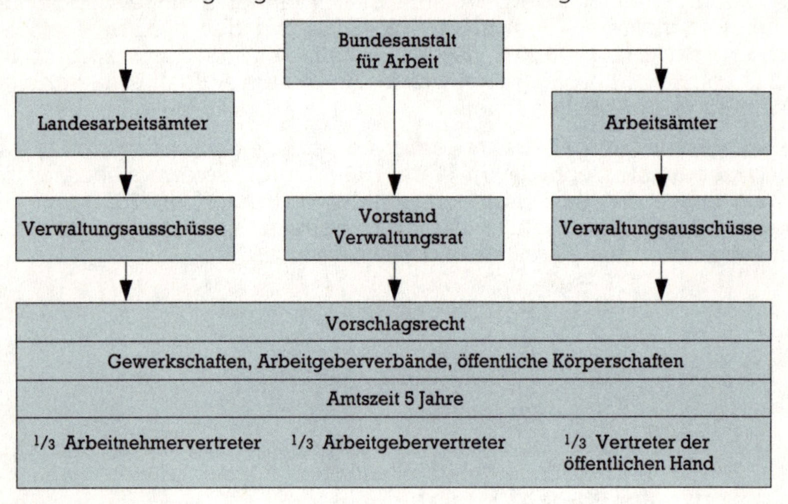

Abbildung 162

3.4.2 Die Krankenversicherung

Lernziel:

- Informiert sein über die wesentlichen versicherungsrechtlichen Bestimmungen und sonstigen Regelungen der gesetzlichen Krankenversicherung (insbesondere Versicherungspflicht, grundsätzliche Beitragsregelungen, Meldevorschriften, Leistungen).

3.4.2.1 Versicherungsträger

Träger der Krankenversicherung sind die Krankenkassen.

Kranken-versicherung Versicherungs-träger

Sie gliedern sich in verschiedene Kassenarten.

Ortskrankenkassen

Ortskranken-kassen

Ortskrankenkassen bestehen für abgegrenzte Regionen.

Mitglieder sind alle versicherungspflichtigen Personen, soweit nicht eine andere Kasse zuständig ist.

Innungskrankenkassen

Innungskran-kenkassen

Innungskrankenkassen können für eine oder mehrere Innungen gemeinsam errichtet werden.

Mitglieder sind die bei einem Innungsmitglied beschäftigten Personen.

Betriebskrankenkassen

Betriebskran-kenkassen

Betriebskrankenkassen können errichtet werden, wenn im Betrieb mindestens 1000 Versicherungspflichtige beschäftigt werden.

Mitglieder sind die im Betrieb beschäftigten versicherungspflichtigen Personen.

Ersatzkrankenkassen

Ersatzkranken-kassen

Ersatzkrankenkassen sind Kassen, zu denen die Mitgliedschaft durch Ausübung des Wahlrechts erworben wird.

3.4.2.2 Versicherungspflicht

Versicherungs-pflichtiger Personenkreis

Versicherungspflichtig sind:
- Arbeiter und Angestellte
- bei ihrem Ehegatten oder im elterlichen Betrieb beschäftigte Personen, sofern sie wie eine fremde Arbeitskraft in den Betrieb eingegliedert sind und ein angemessenes Entgelt erhalten
- Auszubildende (Lehrlinge)
- Personen, die die Voraussetzungen für den Anspruch auf eine Rente aus der gesetzlichen Rentenversicherung erfüllen und diese Rente beantragt haben, wenn sie – bei Hinterbliebenenrenten der Verstorbene oder der Hinterbliebene – seit der erstmaligen Aufnahme der Erwerbstätigkeit bis zur Rentenantragstellung mindestens $^{9}/_{10}$ der zweiten Hälfte des Zeitraums aufgrund einer Pflichtversicherung Mitglied einer gesetzlichen Krankenkasse waren.

Familienversicherung

Versicherungsschutz für Familienangehörige

Familienangehörige von Krankenkassenmitgliedern sind mitversichert, wenn sie
- ihren Wohnsitz in der Bundesrepublik haben,
- der gesetzlichen Krankenversicherung nicht selbst als Mitglied angehören,
- nicht hauptberuflich selbständig erwerbstätig sind und
- kein eigenes Einkommen haben, das einen bestimmten Betrag überschreitet (1993: 530,00 DM; im Beitrittsgebiet 390,00 DM).

Als Familienangehörige gelten der Ehegatte und Kinder bis zum 18. Lebensjahr; in Ausnahmefällen auch darüber hinaus.

3.4.2.3 Versicherungsfreiheit

Versicherungsfreiheit

Versicherungspflichtgrenze

Hauptberufliche Selbständige

Geringfügige Beschäftigungen

Familienhafte Mitarbeit ohne Entgelt

Versicherungsfrei sind:
- Arbeiter und Angestellte, deren Jahresbruttoarbeitsentgelt die Versicherungspflichtgrenze übersteigt (1993 = 64.800,00 DM; im Beitrittsgebiet 47.700,00 DM)
- Arbeitnehmer, die hauptberuflich selbständig erwerbstätig sind
- Geringfügige Beschäftigungen (bzw. Tätigkeiten), wenn
  - sie regelmäßig weniger als 15 Stunden in der Woche ausgeübt werden und das Arbeitsentgelt regelmäßig 530,00 DM (im Beitrittsgebiet 390,00 DM) monatlich oder bei höherem Arbeitsentgelt $^1/_6$ des Gesamteinkommens nicht übersteigt,
  - die Beschäftigung innerhalb eines Jahres auf längstens zwei Monate oder 50 Arbeitstage begrenzt wird.

  Mehrere geringfügige Beschäftigungen bzw. Tätigkeiten werden zusammengerechnet.
- Ehegatten und Kinder des Arbeitgebers, wenn die Beschäftigung unentgeltlich erfolgt.

Siehe hierzu die Übersicht über „Versicherungsfreie Beschäftigungen in der Sozialversicherung", Abbildung 179.

3.4.2.4 Freiwillige Versicherung

Berechtigung zur freiwilligen Versicherung

Zur freiwilligen Versicherung berechtigt sind:
- Personen, die als Mitglied aus der Versicherungspflicht ausgeschieden sind und in den letzten fünf Jahren mindestens 24 Monate oder unmittelbar davor ununterbrochen 12 Monate versichert waren
- Familienangehörige, die aus der Familienversicherung ausscheiden
- Personen, die die Voraussetzungen für die Versicherungspflicht in der Krankenversicherung der Rentner nicht erfüllen, zuletzt aber Mitglied einer gesetzlichen Krankenkasse waren.

Anzeigefrist

Der Beitritt muß der Krankenkasse innerhalb von drei Monaten angezeigt werden; nach Ablauf der Frist ist ein freiwilliger Beitritt ausgeschlossen.

Siehe hierzu die Übersicht über „Das Recht zur freiwilligen Versicherung in der Sozialversicherung", Abbildung 180.

3.4.2.5 Beiträge

Einzugsstelle

Einzugsstelle für die Gesamtsozialversicherungsbeiträge zur Kranken-, Renten- und Arbeitslosenversicherung ist die Krankenkasse, bei der der Arbeitnehmer krankenversichert ist.

Beitragseinzugsstelle für Gesamtbeiträge

Für Arbeitnehmer, die nicht Mitglied einer gesetzlichen Krankenkasse sind, ist Einzugsstelle für die Pflichtbeiträge zur Renten- und Arbeitslosenversicherung die Krankenkasse, die bei Bestehen von Krankenversicherungspflicht zuständig wäre.

Beitragstragung

Die Pflichtbeiträge zur Kranken-, Renten- und Arbeitslosenversicherung werden
- je zur Hälfte vom Arbeitnehmer und Arbeitgeber

getragen.

Für Beschäftigte, deren
- monatliches Bruttoarbeitsentgelt 610,00 DM (im Beitrittsgebiet 450,00 DM)

nicht übersteigt, hat der
- Arbeitgeber allein

die Gesamtsozialversicherungsbeiträge zu tragen.

Arbeitnehmer und Arbeitgeber zu gleichen Teilen

Geringverdiener

Arbeitnehmer, die der Versicherungspflicht in der Krankenversicherung wegen Überschreitens der Versicherungspflichtgrenze nicht mehr unterliegen, erhalten vom Arbeitgeber einen Beitragszuschuß, wenn sie sich freiwillig in der gesetzlichen oder privaten Krankenversicherung versichern.

Zuschuß für freiwillig Versicherte

Beitragszahlung

Der Gesamtsozialversicherungsbeitrag ist
- vom Arbeitgeber monatlich zu zahlen;

bis zu dem in der Satzung der zuständigen Krankenkasse bestimmten Tag,
- spätestens bis 15. des folgenden Monats.

Rechtzeitige Beitragszahlung

Bei Zahlungsverzug werden Säumniszuschläge erhoben.

Abzug vom Arbeitsentgelt

Die auf den Arbeitnehmer entfallenden Beitragsanteile sind vom Bruttoarbeitsentgelt abzuziehen. Soweit Abzüge für einen Entgeltabrechnungszeitraum unterblieben sind, dürfen diese in der Regel nur noch bei den drei nächsten Lohn- oder Gehaltszahlungen nachgeholt werden, es sei denn, daß der Abzug ohne Verschulden des Arbeitgebers unterblieben ist.

Lohnabzugsverfahren

Nachträglicher Beitragsabzug

Beiträge zur Sozialversicherung

Die Zahlung des Krankenkassenbeitrags

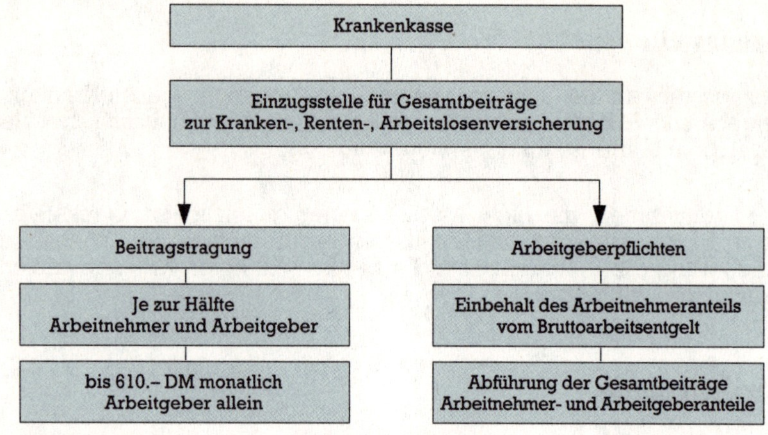

Abbildung 163

Haftung des Arbeitgebers

Arbeitgeber ist Beitragsschuldner

Der Arbeitgeber haftet für die Beiträge.

Bei Leiharbeitnehmern haftet neben dem Verleiher auch der Entleiher wie ein selbstschuldnerischer Bürge für den Beitragszeitraum, für den ihm der Arbeitnehmer überlassen worden ist.

Verjährung

Verjährungsfristen

Ansprüche auf Gesamtsozialversicherungsbeiträge verjähren

- in vier Jahren
- bei vorsätzlicher Beitragsvorenthaltung in 30 Jahren

nach Ablauf des Kalenderjahres, in dem sie fällig geworden sind.

Beitragsberechnung

Berechnungsgrundlage

Maßgebend für die Berechnung der Gesamtsozialversicherungsbeiträge ist

- das Bruttoarbeitsentgelt
- bis zur Beitragsbemessungsgrenze.

Bruttoarbeitsentgelte, die die Beitragsbemessungsgrenze übersteigen, bleiben bei der Berechnung des Gesamtsozialversicherungsbeitrags außer Betracht.

Die Berechnung des Gesamtsozialversicherungsbeitrags erfolgt entweder nach dem tatsächlichen Arbeitsentgelt der Beschäftigten oder nach Beitragstabellen, die bei den Krankenkassen erhältlich sind.

Die Beitragsbemessungsgrenzen für 1993 betragen:

Bemessungsgrenzen

Beitragsbemessungsgrenzen 1993

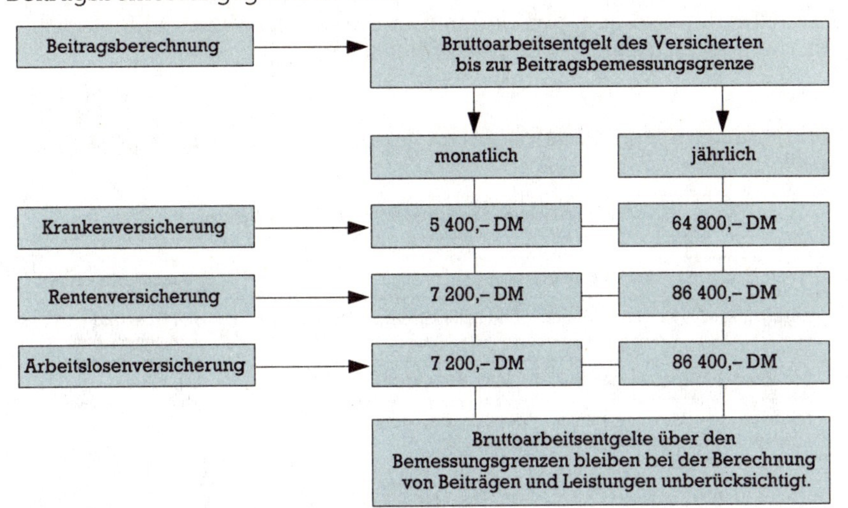

Abbildung 164

Arbeitsentgelt

Arbeitsentgelt sind alle laufenden und einmaligen Einnahmen aus einer Beschäftigung, gleichgültig, ob ein Rechtsanspruch hierauf besteht, unter welcher Bezeichnung oder in welcher Form es geleistet wird.

Entgeltbegriff

Beispiel:
Zum beitragspflichtigen Arbeitsentgelt gehören auch übertarifliche Leistungen, Zuschläge und Zulagen.

Beitragssatz

Der Beitragssatz zur gesetzlichen Krankenversicherung richtet sich nach der Satzung der Krankenkasse; er ist bei den einzelnen Kassen in unterschiedlicher Höhe festgesetzt.

Beitragssatz nach Satzungsrecht

Der allgemeine Beitragssatz für Versicherte, die bei Arbeitsunfähigkeit für sechs Wochen Anspruch auf Fortzahlung des Arbeitsentgelts haben, liegt in den alten Bundesländern zur Zeit bei

- durchschnittlich 13,4 v. H. des Arbeitsentgelts.

Durchschnittsbeitragssatz

Für Versicherte ohne Entgeltfortzahlungs- oder Krankengeldanspruch gelten erhöhte bzw. ermäßigte Beitragssätze, wobei bei freiwillig Versicherten der Beitragsbemessung die gesamte wirtschaftliche Leistungsfähigkeit zugrunde gelegt wird.
Siehe hierzu die Übersicht über „Beitragssätze zur Kranken-, Renten- und Arbeitslosenversicherung für pflichtversicherte Arbeitnehmer", Abbildung 181.

3.4.2.6 Meldevorschriften und Strafbestimmungen

Meldeverfahren

Meldeverfahren

Den Arbeitgebern obliegen gegenüber den Krankenkassen Meldepflichten, die an bestimmte Fristen gebunden sind.

Meldepflichten und Meldefristen des Arbeitgebers gegenüber der Krankenkasse

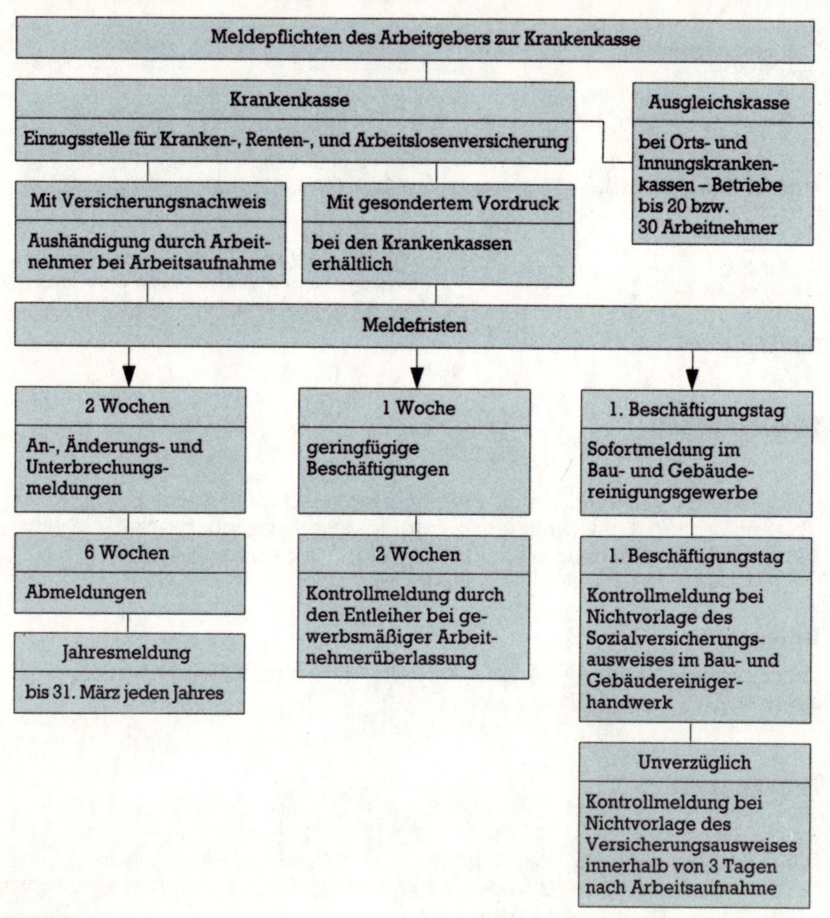

Abbildung 165

Versicherungsnachweisheft

Jeder Arbeitnehmer benötigt ein vom Rentenversicherungsträger ausgestelltes Versicherungsnachweisheft; es enthält

Versicherungsnachweise

- einen Versicherungsausweis mit Versicherungsnummer und
- die für die Meldezwecke erforderlichen Versicherungsnachweise.

Das Versicherungsnachweisheft ist dem Arbeitgeber bei Beginn des Arbeitsverhältnisses auszuhändigen und nach Beendigung an den Arbeitnehmer zurückzugeben.

Betriebsnummer

Jeder Arbeitgeber erhält eine Betriebsnummer, die beim Arbeitsamt zu beantragen ist.

Betriebsnummer

Meldepflichten und Meldefristen

Die Meldepflichten gegenüber der Krankenkasse obliegen dem Arbeitgeber. Innerhalb von zwei Wochen nach Beginn einer versicherungspflichtigen Beschäftigung ist ein

- Versicherungsnachweis „Anmeldung"

bei der Krankenkasse einzureichen. Die gleiche Frist gilt auch für Änderungs- und Unterbrechungsmeldungen.
Innerhalb von sechs Wochen nach Beendigung der versicherungspflichtigen Beschäftigung ist ein

- Versicherungsnachweis „Abmeldung"

bei der Krankenkasse einzureichen.
Für alle Arbeitnehmer, deren Beschäftigungsverhältnis über das Kalenderjahr hinaus fortbesteht, hat der Arbeitgeber bis spätestens 31. 3. des folgenden Jahres der Krankenkasse einen

- Versicherungsnachweis „Jahresmeldung"

vorzulegen.

Meldepflichten zur Krankenkasse

Anmeldefrist: 2 Wochen

Abmeldefrist: 6 Wochen

Jahresmeldung bis 31. 3.

Weist ein Arbeitnehmer durch Vorlage einer Bescheinigung nach, daß er Mitglied einer Ersatzkrankenkasse ist, so hat der Arbeitgeber die Meldungen an diese zu geben.

Ersatzkrankenkassenmitglieder

Für Arbeitnehmer, die nicht Mitglied der gesetzlichen Krankenversicherung – aber renten- und arbeitslosenversicherungspflichtig – sind, sind die Meldungen an die Krankenkasse zu geben, die bei Bestehen von Krankenversicherungspflicht zuständig wäre.

Privatkrankenversicherte

Für die Beschäftigten im Baugewerbe, im Gebäudereinigergewerbe und in Betrieben, die sich am Auf- und Abbau von Messen und Ausstellungen beteiligen, hat der Arbeitgeber der Einzugsstelle spätestens am Tag der Beschäftigungsaufnahme eine **Sofortmeldung** mittels eines bei der Krankenkasse erhältlichen gesonderten Vordrucks zu erteilen. Sie entfällt, wenn innerhalb der gleichen Frist die reguläre „Anmeldung" erfolgt.

Sofortmeldung im Bau- und Gebäudereinigergewerbe

Innerhalb von 1 Woche ist der Krankenkasse der Beginn und die Beendigung einer

- geringfügigen Beschäftigung

mittels eines gesonderten Vordrucks anzuzeigen.

Meldepflicht für geringfügig Beschäftigte

Legt der Arbeitnehmer bei Beginn der Beschäftigung den Sozialversicherungsausweis nicht innerhalb von drei Tagen vor, so hat der Arbeitgeber der Einzugsstelle eine **Kontrollmeldung** zu erstatten. Die Meldung ist unverzüglich vorzunehmen. Sie kann mit der regulären „Anmeldung" verbunden werden.

Kontrollmeldung bei Nichtvorlage des Sozialversicherungsausweises

Arbeitgeber, die in das Ausgleichsverfahren für die Lohnfortzahlung im Krankheitsfalle oder für die Arbeitgeberaufwendungen in Mutterschaftsfällen bei der Orts- oder Innungskrankenkasse einbezogen sind, haben Arbeitnehmer, die diesen Kassen nicht angehören, bei Beginn und Ende der Beschäftigung innerhalb von zwei Wochen unter Verwendung von gesonderten Vordrucken zu melden.

Anmeldung zur Ausgleichskasse für Betriebe bis zu 20 bzw. 30 Beschäftigte

Beispiel:

Angestellte und Arbeiter, die Mitglied einer Ersatzkasse oder nicht krankenversicherungspflichtig sind.

Kontrollmeldung bei Beschäftigung von Leiharbeitnehmern

Bei gewerbsmäßiger Arbeitnehmerüberlassung obliegen dem Verleiher (Arbeitgeber) die Meldepflichten. Daneben hat der Entleiher innerhalb von zwei Wochen nach Aufnahme der Tätigkeit eine **Kontrollmeldung** bei der für die Leiharbeitnehmer zuständigen Krankenkasse zu erstatten.

Sozialversicherungsausweis

Sozialversicherungsausweis gegen Mißbrauch

Jeder Beschäftigte erhält einen Sozialversicherungsausweis; er dient der Verhinderung von illegalen Beschäftigungsverhältnissen und Leistungsmißbrauch.

Ausstellung durch Rentenversicherungsträger

Die Ausstellung erfolgt durch den Rentenversicherungsträger bei Vergabe einer Versicherungsnummer. Beschäftigte, die bereits eine Versicherungsnummer besitzen, erhalten bei der nächsten Vergabe eines neuen Versicherungsnachweisheftes, spätestens jedoch bis zum 31.12.1995, den Sozialversicherungsausweis ausgestellt. Bis dahin gilt der Ausweis über die Versicherungsnummer im Sozialversicherungsnachweisheft als Sozialversicherungsausweis.

Mitführungspflicht

Der Sozialversicherungsausweis enthält die Unterschrift des Ausweisinhabers und bei Beschäftigten, die zur Mitführung ihres Sozialversicherungsausweises verpflichtet sind, ein Paßbild.

Beispiel:

Beschäftigte im Bau- und Gebäudereinigergewerbe.

Vorlagepflicht bei Beschäftigungsbeginn

Der Sozialversicherungsausweis ist bei Beginn der Beschäftigung dem Arbeitgeber vorzulegen.

Hinterlegungspflicht gegenüber Arbeitsamt und Krankenkasse

Arbeitsamt und Krankenkasse können bei Bezug von Leistungen die Hinterlegung des Sozialversicherungsausweises verlangen und im Weigerungsfall die Leistung ganz oder teilweise versagen.

Auskunftspflicht gegenüber Sozialversicherungsträgern

Auskunfts- und Vorlagepflicht des Arbeitgebers

Die Arbeitgeber haben den Krankenkassen und Rentenversicherungsträgern auf Verlangen über alle Tatsachen Auskunft zu geben und die Unterlagen vorzulegen, die für die Erhebung der Beiträge notwendig sind.

Beispiel:

Geschäftsbücher, Listen oder andere Unterlagen, aus denen die Angaben über die Beschäftigung hervorgehen.

Auskunftsverweigerungsrecht

Auskünfte und Fragen, deren Beantwortung dem Arbeitgeber selbst oder einer ihm nahestehenden Person die Gefahr zuziehen würde, wegen einer Straftat oder einer Ordnungswidrigkeit verfolgt zu werden, können verweigert werden.

Auskunftspflicht des Arbeitnehmers

Die Arbeitnehmer sind verpflichtet, ihren Arbeitgebern die zur Durchführung des Meldeverfahrens und für die Beitragsabführung erforderlichen Angaben zu machen und die hierfür nötigen Unterlagen vorzulegen. Gleiches gilt auch auf Verlangen gegenüber den Sozialversicherungsträgern.

Geld- und Freiheitsstrafen

Eine Geldbuße bis zu 5.000,00 DM kann die Krankenkasse verfügen, wenn der Arbeitgeber vorsätzlich oder fahrlässig der

- Meldepflicht
- Auskunftspflicht oder
- Pflicht zur Vorlage der erforderlichen Unterlagen

nicht, nicht richtig oder nicht vollständig nachkommt.

Geldbuße bei Verletzung der Arbeitgeberpflichten

Mit der gleichen Geldbuße können Arbeitgeber belegt werden, die

- höhere Beitragsteile vom Arbeitsentgelt einbehalten oder
- einbehaltene Beitragsteile nicht rechtzeitig an die Kasse abführen.

Gegen den Bußgeldbescheid kann innerhalb einer Woche nach Zustellung Einspruch bei der Krankenkasse erhoben werden. Wird dem Einspruch nicht abgeholfen, entscheidet das Amtsgericht.

Rechtsmittel gegen Bußgeldbescheid

Mit Freiheitsstrafe bis zu fünf Jahren oder mit Geldstrafe bestraft wird, wer als Arbeitgeber

- Beiträge des Arbeitnehmers zur Sozialversicherung der Einzugsstelle vorenthält.

Beitragsvorenthaltung

3.4.2.7 Leistungen der Krankenversicherung

Die wesentlichsten Leistungen der gesetzlichen Krankenversicherung ergeben sich aus der folgenden Abbildung.

Leistungen

Krankenkassenleistungen

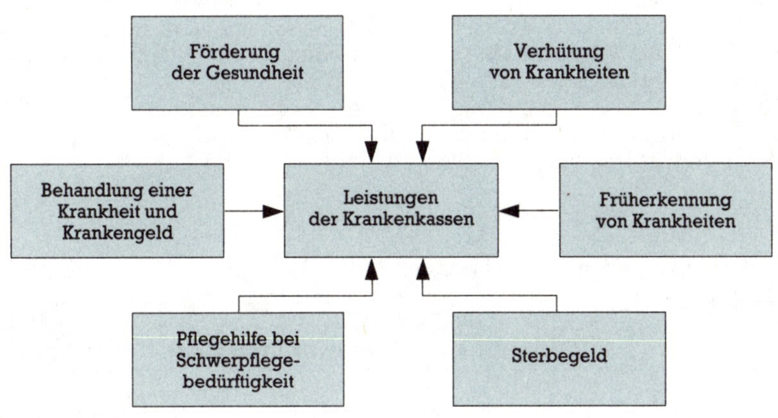

Abbildung 166

Die Leistungen werden in Form von Sach- und Dienstleistungen gewährt.

Sachleistungsprinzip

Beispiel:

Ärztliche Behandlung; Krankenhausbehandlung.

Freiwillig Versicherte können auch Kostenerstattung in Höhe der Vergütung, die die Kasse als Sachleistung zu tragen hätte, wählen.

Barleistungen sind nur in bestimmten Fällen vorgesehen.

Beispiel:

Krankengeld, Zuschuß für Zahnersatz, Sterbegeld.

Krankenschein

Zur Inanspruchnahme von Leistungen bedarf der Versicherte einer Krankenversicherungskarte oder eines Krankenscheins.

Ende der Leistungsansprüche

Der Leistungsanspruch endet in der Regel mit dem Ende der Mitgliedschaft bei der Kasse. Bei Versicherungspflichtigen besteht Anspruch auf Leistungen längstens für einen Monat nach dem Ende der Mitgliedschaft, solange keine Erwerbstätigkeit ausgeübt wird.

Krankenbehandlung

Krankenbehandlung

Krankenbehandlung wird gewährt, wenn sie notwendig ist, um eine Krankheit zu erkennen, zu heilen, ihre Verschlimmerung zu verhüten oder Krankheitsbeschwerden zu lindern.

Leistungsumfang

Sie umfaßt vor allem: ärztliche und zahnärztliche Behandlung, Kostenerstattung bei kieferorthopädischer Behandlung und Zahnersatz, Versorgung mit Arznei- und Verbandsmitteln, Heil- und Hilfsmittel, häusliche Krankenpflege, Haushaltshilfe und Krankenhausbehandlung.

Häusliche Krankenpflege

Häusliche Krankenpflege erfolgt bis zu vier Wochen je Krankheitsfall durch geeignete Pflegekräfte oder durch Kostenerstattung für eine selbstbeschaffte Pflegekraft, wenn eine im Haushalt lebende Person den Kranken nicht pflegen und versorgen kann.

Haushaltshilfe

Haushaltshilfe wird gewährt, wenn dem Versicherten wegen Krankenhausbehandlung die Weiterführung des Haushalts nicht möglich ist und im Haushalt ein Kind lebt, das das 12. Lebensjahr noch nicht vollendet hat oder behindert oder auf Hilfe angewiesen ist.

Krankenhausbehandlung

Der Anspruch auf Behandlung in einem Krankenhaus ist zeitlich unbegrenzt, wenn die Aufnahme erforderlich ist, weil das Behandlungsziel nicht durch ambulante Behandlung erreicht werden kann.

Leistungen zur Krankenbehandlung

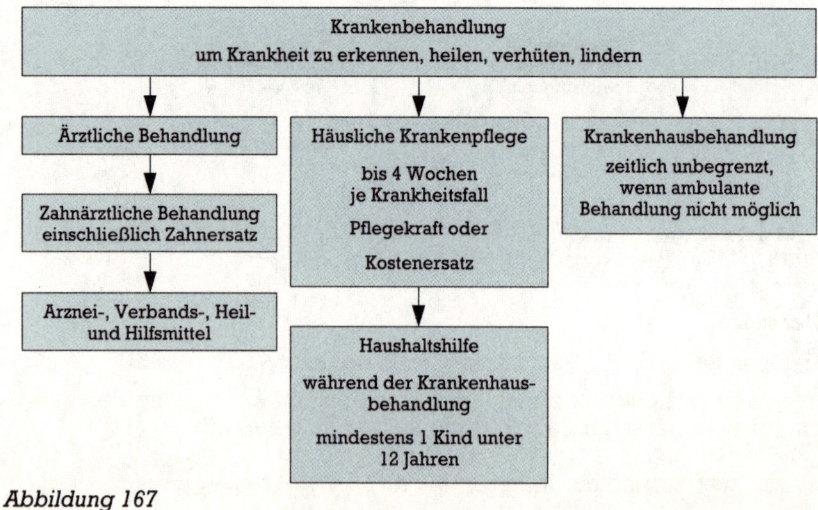

Abbildung 167

Krankengeld

Das Krankengeld wird bei Arbeitsunfähigkeit zeitlich unbegrenzt gewährt; wegen derselben Krankheit jedoch nur für längstens 78 Wochen innerhalb von drei Jahren.

Krankengeld
Bezugsdauer

Das Krankengeld beträgt

- 80 v. H. des Regelentgelts (höchstens aus der Beitragsbemessungsgrenze)

und darf das regelmäßige Nettoarbeitsentgelt nicht überschreiten.

Höhe des Krankengeldes

Das Krankengeld ruht, wenn und solange Entgeltzahlung durch den Betrieb erfolgt; siehe auch Abschnitt 3.3.1.4 „Vertragspflichten des Arbeitgebers – Lohnzahlung im Krankheitsfall" in diesem Band.

Ruhen des Krankengeldes

Der Anspruch auf Krankengeld ruht ferner, solange die Arbeitsunfähigkeit der Krankenkasse nicht gemeldet wird, es sei denn, daß die Meldung innerhalb einer Woche nach Beginn der Arbeitsunfähigkeit erfolgt.

Weist der Versicherte durch ärztliches Zeugnis nach, daß er wegen Beaufsichtigung, Betreuung oder Pflege eines erkrankten, noch nicht zwölf Jahre alten Kindes der Arbeit fernbleiben muß und eine andere, im Haushalt lebende Person sich des Kindes nicht annehmen kann, so erhält er ebenfalls Krankengeld. Der Anspruch besteht

- in jedem Kalenderjahr
- für jedes Kind,
- bis zu zehn Arbeitstagen
- für alleinerziehende Versicherte bis zu 20 Arbeitstagen.

Der Gesamtanspruch ist auf 25, für Alleinerziehende auf 50 Arbeitstage im Kalenderjahr begrenzt.

Krankengeld bei Erkrankung eines Kindes

Der Arbeitgeber hat den Versicherten für die Dauer des Krankengeldanspruchs von der Arbeitsleistung freizustellen. Der Krankengeldanspruch entfällt, soweit ein Entgeltanspruch gegen den Arbeitgeber besteht.

Freistellungspflicht von der Arbeit

Pflegehilfe bei Schwerpflegebedürftigkeit

Pflegehilfe erhalten Schwerpflegebedürftige, wenn sie bestimmte Versicherungszeiten in der gesetzlichen Krankenversicherung nachweisen können.

Häusliche Pflegehilfe für Schwerpflegebedürftige

Sie wird

- für bis zu 25 Pflegeeinsätze je Kalendermonat
- höchstens jedoch bis zu einem Betrag von 750,00 DM

Höchstbetrag

gewährt. Anstelle der Pflegehilfe wird

- ein Geldbetrag von 400,00 DM je Kalendermonat

gezahlt, wenn die Pflege durch eine selbstbeschaffte Pflegeperson erfolgt.

Kann die Pflege wegen Erholungsurlaubs oder anderweitiger Verhinderung der Pflegeperson zeitweise nicht erbracht werden, wird eine zusätzliche Pflegehilfe bis zu vier Wochen je Kalenderjahr gewährt. Die Aufwendungen hierfür dürfen 1.800,00 DM nicht übersteigen.

Zusätzliche Pflegehilfe

Leistungen bei Schwangerschaft und Mutterschaft

Leistungen nach dem Mutterschutzgesetz

Die Leistungen nach dem Mutterschutzgesetz umfassen
- ärztliche Betreuung, Hebammenhilfe
- Versorgung mit Arznei, Verband- und Heilmittel
- stationäre Entbindung
- häusliche Pflege und Haushaltshilfe
- Mutterschaftsgeld oder Entbindungsgeld.

Sterbegeld

Sterbegeld

Das Sterbegeld beträgt
- 2.100,00 DM bei Tod eines Mitglieds
- 1.050,00 DM bei Tod einer familienversicherten Person.

Voraussetzung ist, daß der Verstorbene am 1. 1. 1989 in der gesetzlichen Krankenversicherung versichert war.

3.4.3 Unfallversicherung

Lernziel:

– Informiert sein über die wesentlichen versicherungsrechtlichen Bestimmungen und sonstigen Regelungen der gesetzlichen Unfallversicherung (insbesondere Versicherungspflicht, grundsätzliche Beitragsregelungen, Meldevorschriften, Versicherungsleistungen).

3.4.3.1 Versicherungsträger

Versicherungsträger: Berufsgenossenschaften

Träger der Unfallversicherung sind die Berufsgenossenschaften. Sie umfassen die Unternehmen gleicher Art zur gemeinsamen Tragung der Unfallrisiken. Ihr Bereich erstreckt sich auf größere Gebiete, teilweise auf das ganze Bundesgebiet.

3.4.3.2 Versicherungspflicht

Versicherungspflichtiger Personenkreis

Versichert sind
- alle Arbeitnehmer ohne Rücksicht auf die Höhe des Arbeitsentgelts
- zu ihrer Berufsausbildung Beschäftigte (Lehrlinge)
- die bei ihrem Ehegatten oder im elterlichen Betrieb gegen Entgelt Beschäftigten
- Teilnehmer an Schulungskursen (zum Beispiel Meistervorbereitungskurs)
- Berufsschüler und Schüler allgemeinbildender Schulen
- Studenten an Fach- und Hochschulen
- Kinder in Kindergärten.

3.4.3.3 Freiwillige Versicherung des Unternehmers

Die Satzung der Berufsgenossenschaft kann die Versicherungspflicht auch auf Unternehmer und deren unentgeltlich mitarbeitende Ehegatten ausdehnen.

Unternehmerpflichtversicherung

Besteht keine Unternehmerpflichtversicherung, so kann von der freiwilligen Versicherung Gebrauch gemacht werden.

Freiwillige Versicherung

3.4.3.4 Beiträge

Beiträge

Die Unfallversicherungsbeiträge werden allein vom Arbeitgeber getragen.

Arbeitgeberumlage

Die Höhe bemißt sich nach dem Grad der Unfallgefahr und der Bruttoentgeltsumme des Betriebes; sie werden im Umlageverfahren jährlich erhoben.

Beitragshöhe nach Gefahrenklasse und Entgeltsumme

Je nach Zahl und Schwere der im Betrieb aufgetretenen Arbeitsunfälle erfolgt ein Beitragsausgleich durch Zu- oder Abschläge.

Beitragsausgleich

Eine weitere Umlage erheben die Berufsgenossenschaften zur Finanzierung des Konkursausfallgeldes.

Konkursausfallgeldumlage

Die Kosten für den Unfallversicherungsschutz der Schüler, Studenten, Teilnehmer an Schulungskursen und Kinder in Kindergärten tragen die Länder, Maßnahmeträger und Gemeinden.

3.4.3.5 Versicherungsschutz

Die gesetzliche Unfallversicherung leistet bei Arbeits- und Wegeunfällen sowie Berufskrankheiten.

Versicherungsschutz

Arbeitsunfall

Ein Arbeitsunfall ist ein Unfall, der sich bei Ausführung einer Tätigkeit ereignet, die dem Betrieb dient. Hierzu gehören auch Unfälle auf Dienstwegen und bei Betriebsveranstaltungen.

Tätigkeiten für den Betrieb

Nicht versichert sind Unfälle bei eigenwirtschaftlichen Tätigkeiten, die dem persönlichen Bereich des Versicherten zuzurechnen sind, wie zum Beispiel die Einnahme der Mahlzeit.

Wegeunfall zwischen Wohnung und Arbeitsstätte

Der Versicherungsschutz beginnt auf dem Hinweg mit dem Verlassen des häuslichen Bereiches und endet auf dem Rückweg mit dem Wiedereintreten in diesen Bereich.

Wegeunfall

Abweichungen vom direkten Weg sind versichert, wenn sie im Zusammenhang mit der Unterbringung des im Haushalt des Versicherten lebenden Kindes stehen oder wenn der Versicherte mit anderen berufstätigen Personen gemeinsam ein Fahrzeug für den Weg nach und von dem Ort der Tätigkeit benützt.

Unterbringung des Kindes

Fahrgemeinschaften

Berufskrankheit

Berufsbedingte Krankheiten

Eine Berufskrankheit ist eine Krankheit, die durch besondere Einwirkungen verursacht ist, denen bestimmte Personengruppen durch ihre Arbeit ausgesetzt sind.

Schulbesuch

Schulungseinrichtungen

Unfälle im Zusammenhang mit dem Besuch eines Kindergartens, einer Schule bzw. Fach- oder Hochschule sowie an Schulungskursen einschließlich des Weges von und zu solchen Einrichtungen werden wie „Arbeitsunfälle" entschädigt.

Unfallversicherung

Der Versicherungsschutz in der Unfallversicherung

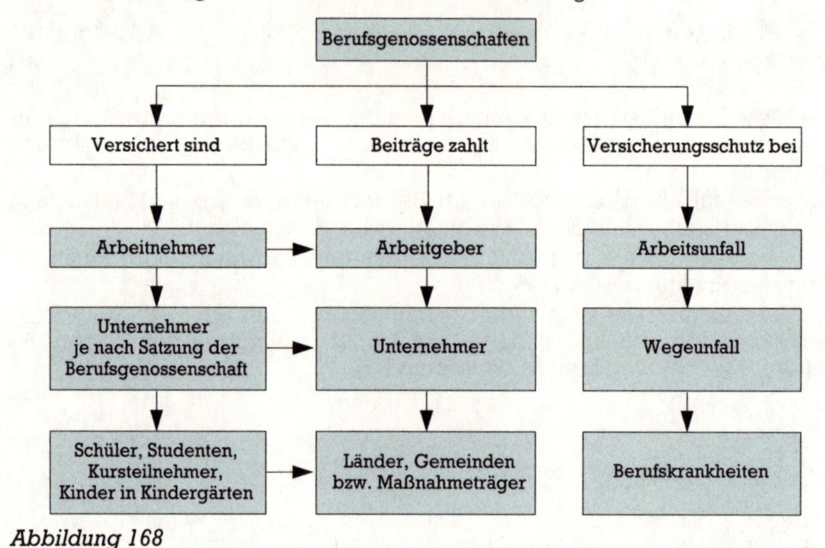

Abbildung 168

3.4.3.6 Leistungen der Unfallversicherung

Versicherungsleistungen

Die Leistungen der Unfallversicherung umfassen:

Maßnahmen zur Behebung der Erwerbsminderung

- **Heilbehandlung**
  - ärztliche Behandlung, Arznei-, Heil- und Hilfsmittel
  - stationäre Behandlung
  - Haus- oder Anstaltspflege

Verletztengeld

- **Verletztengeld**
  - bei Arbeitsunfähigkeit, wenn weder Arbeitsentgelt noch Verletztenrente bezogen wird

Vollrente

- **Verletztenrente**
  - Vollrente bei einer Minderung der Erwerbsfähigkeit von 100 v. H.; sie beträgt $^2/_3$ des zuletzt erzielten Jahresbruttoarbeitsentgelts, höchstens jedoch unter Zugrundelegung der in der Satzung der zuständigen Berufsgenossenschaft festgelegten Höchstjahresarbeitsverdienstgrenze

Teilrente

  - Teilrente bei teilweiser Minderung der Erwerbsfähigkeit ab 20 v. H.

- **Berufshilfe**
  - zur beruflichen Rehabilitierung des Verletzten und Wiedereingliederung in einen gleichwertigen Beruf oder eine entsprechende Erwerbstätigkeit

Umschulung

- **Sterbegeld**
  - Ein Zwölftel des letzten Bruttojahresarbeitsentgelts, mindestens jedoch 400,00 DM

Sterbegeld

- **Witwen- und Witwerrente**
  - Rente in Höhe von 30 v. H. des letzten Bruttojahresarbeitsentgelts des durch Unfall verstorbenen Versicherten
  - Rente in Höhe von 40 v. H., wenn der Hinterbliebene mindestens 45 Jahre alt ist oder ein waisenrentenberechtigtes Kind erzieht
  - Anrechnungsgrundsätze bei Erwerbs- und Erwerbsersatzeinkommen siehe Abschnitt 3.4.4.6 „Leistungen der Rentenversicherung – Witwen- und Witwerrente" in diesem Band
  - Abfindung in Höhe des zweifachen Jahresrentenbetrages bei Wiederverheiratung

Einfache und erhöhte Witwen- und Witwerrente

Abfindung bei Wiederverheiratung

- **Waisenrente**
  - Vollwaisenrente in Höhe von 30 v. H. des Bruttojahresarbeitsentgelts des durch Arbeitsunfall Verstorbenen
  - Halbwaisenrente in Höhe von 20 v. H. des vorgenannten Bruttojahresarbeitsentgelts
  - Rentenleistungen bis zum 18. Lebensjahr, bei Berufs- oder Schulausbildung längstens bis zum 25. Lebensjahr.

Vollwaisenrente

Halbwaisenrente

3.4.3.7 Unfallverhütung

Unfallverhütungsvorschriften

Die Berufsgenossenschaften erlassen Vorschriften über die Einrichtungen, Anordnungen und Maßnahmen, welche die Unternehmer und die im Betrieb Beschäftigten zur Verhütung von Arbeitsunfällen zu treffen haben.

Unfallverhütung

Zu ihrer Überwachung sind bei den Berufsgenossenschaften technische Aufsichtsbeamte tätig, die durch Betriebsbegehungen Kontrollen ausüben.

Technischer Überwachungsdienst

Sicherheitsbeauftragte

In Betrieben mit mehr als 20 Beschäftigten muß ein Sicherheitsbeauftragter bestellt werden, der den Unternehmer bei der Durchführung des Unfallschutzes zu unterstützen hat.

Bestellung eines Sicherheitsbeauftragten

Beispiel:

Fortlaufende Überwachung der Benützung und des Vorhandenseins der vorgeschriebenen Schutzvorrichtungen.

Fachkräfte für Arbeitssicherheit und Betriebsärzte

Sicherheitsfachkräfte

Die Berufsgenossenschaften regeln durch Unfallverhütungsvorschriften, ab welcher Betriebsgröße und in welchem Umfang Sicherheitsfachkräfte bzw. Sicherheitsingenieure sowie Betriebsärztliche Dienste zu bestellen sind.

Betriebsärztlicher Dienst

Die Sicherheitsfachkräfte und Sicherheitsingenieure sind für die Arbeitssicherheit, die Betriebsärzte für den Gesundheitsschutz im Betrieb zuständig.

Die Unfallverhütungsvorschriften der Berufsgenossenschaften

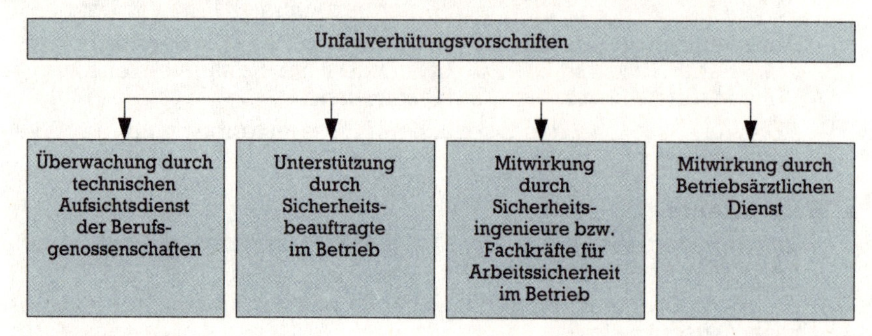

Abbildung 169

3.4.3.8 Meldevorschriften

Betriebseröffnungsanzeige

Aufnahme einer selbständigen Tätigkeit

Die Eröffnung eines Betriebes ist der zuständigen Berufsgenossenschaft innerhalb von einer Woche anzuzeigen.

Lohnnachweis

Jahresbruttoentgeltsumme für Beitragsberechnung

Innerhalb von sechs Wochen nach Ablauf jeden Kalenderjahres ist der Arbeitgeber verpflichtet, der Berufsgenossenschaft unter Verwendung eines Vordrucks einen Lohnnachweis einzureichen und die Zahl der geleisteten Arbeitsstunden anzugeben.

Unfallanzeige

Meldepflichten bei Unfällen

Der Arbeitgeber hat jeden Unfall in seinem Betrieb unter Verwendung eines Vordrucks anzuzeigen, wenn ein im Betrieb Beschäftigter einen Unfalltod erleidet oder so verletzt wird, daß er für mehr als drei Tage arbeitsunfähig wird. Die Unfallanzeige ist binnen drei Tagen nach Kenntnis des Unfalls an die Berufsgenossenschaft zu übersenden. Eine Zweitausfertigung ist an das Gewerbeaufsichtsamt zu geben. Bei Unfällen mit Todesfolge ist außerdem unverzüglich die Ortspolizeibehörde zu verständigen.

Meldungen an die Berufsgenossenschaft

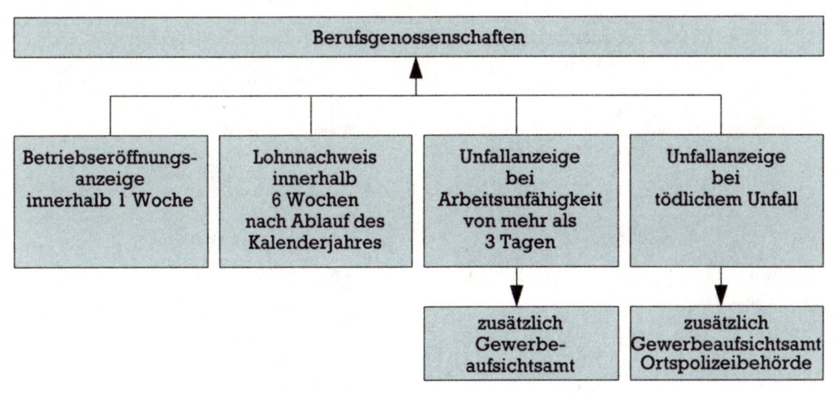

Abbildung 170

3.4.3.9 Leistungsausschluß und Haftung

Leistungsausschluß

Bei absichtlicher Herbeiführung eines Arbeitsunfalls besteht kein Anspruch auf Leistungen aus der Unfallversicherung.

Absichtliche Unfallfolge

Der unfallgeschädigte Arbeitnehmer kann neben den Leistungen aus der gesetzlichen Unfallversicherung Schadenersatzansprüche wegen eines Personenschadens gegenüber dem Arbeitgeber nur geltend machen, wenn dieser den Arbeitsunfall vorsätzlich herbeigeführt hat. Dies gilt auch hinsichtlich der Haftung von Arbeitskollegen untereinander.

Haftungsausschluß gegenüber dem Verletzten

Unternehmer oder Arbeitskollegen des Unfallverletzten haften jedoch gegenüber der Berufsgenossenschaft, wenn sie den Arbeitsunfall vorsätzlich oder grob fahrlässig herbeigeführt haben.

Haftung gegenüber der Berufsgenossenschaft

3.4.4 Die Rentenversicherung

Lernziel:

- Informiert sein über die wesentlichen versicherungsrechtlichen Bestimmungen und sonstigen Regelungen der gesetzlichen Rentenversicherung (insbesondere Versicherungspflicht, grundsätzliche Beitragsregelungen, Meldevorschriften, Versicherungsleistungen, Bestimmungsfaktoren für die Rentenhöhe).

3.4.4.1 Versicherungsträger

In der gesetzlichen Rentenversicherung sind für die Arbeiter und Angestellten zwei getrennte Versicherungszweige zuständig.

Rentenversicherung

Versicherungsträger der Arbeiter- und Angestelltenversicherung

Versicherungszweige

Träger der gesetzlichen Rentenversicherung

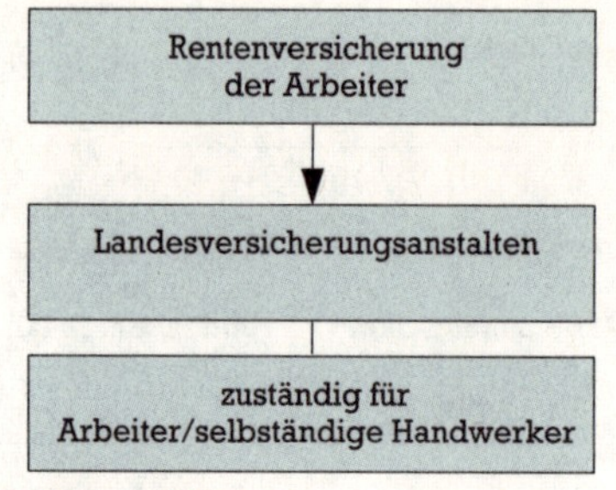

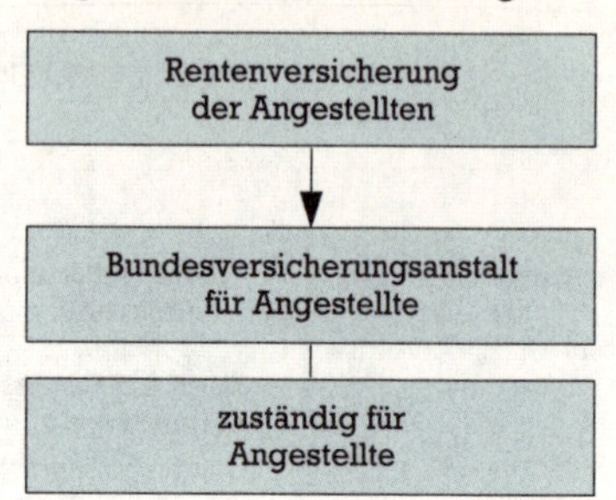

Abbildung 171

3.4.4.2 Versicherungspflicht

Personenkreis

Versicherungspflichtiger Personenkreis

Versicherungspflichtig sind:
- Arbeiter und Angestellte ohne Rücksicht auf die Höhe des Arbeitsentgelts
- zu ihrer Berufsausbildung Beschäftigte (Lehrlinge)
- die bei ihrem Ehegatten oder im elterlichen Betrieb Beschäftigten, sofern sie wie eine fremde Arbeitskraft in den Betrieb eingegliedert sind und ein angemessenes Entgelt erhalten
- selbständige Handwerker (siehe Abschnitt 3.4.5 „Die Altersversorgung der selbständigen Handwerker" in diesem Band).

Beiträge

Beitragssatz

Der Beitragssatz zur Arbeiterrenten- und Angestelltenversicherung beträgt 17,5 v. H. des Arbeitsentgelts bzw. Arbeitseinkommens.

Zu Einzug, Berechnung und Zahlung des Beitrags siehe Abschnitt 3.4.2.5 „Die Krankenversicherung – Beiträge" in diesem Band.

Versicherungsfreiheit

Versicherungsfreie Beschäftigungen

Versicherungsfrei sind Personen, die
- nur eine geringfügige Beschäftigung oder Tätigkeit ausüben (siehe Abschnitt 3.4.2.3 „Die Krankenversicherung – Versicherungsfreiheit" in diesem Band)
- eine Vollrente wegen Alters beziehen.

Versicherungspflicht auf Antrag

3.4.4.3 Versicherungspflicht auf Antrag

Personenkreis

Selbständig Erwerbstätige

Selbständig Erwerbstätige können auf Antrag von der Versicherungspflicht Gebrauch machen, sofern sie nicht bereits nach anderen Vorschriften versicherungspflichtig sind (siehe Abschnitt 3.4.5 „Die Altersversorgung der selbständigen Handwerker").

- Antragsfrist:
  innerhalb von fünf Jahren nach Aufnahme der selbständigen Tätigkeit oder am Ende einer Versicherungspflicht
- Zuständigkeit:
  Rentenversicherungsträger, zu dem zuletzt Beiträge geleistet worden sind
- Beginn der Versicherungspflicht:
  ab Antragstellung
- Ende der Versicherungspflicht:
  mit Ablauf des Tages, an dem die selbständige Tätigkeit aufgegeben wird, spätestens jedoch mit dem Bezug der Vollrente wegen Alters.

Antrag

Versicherungsträger

Versicherungsbeginn

Versicherungsende

Beiträge

Selbständig Erwerbstätige tragen ihre Pflichtbeiträge selbst.

Zahlung der Pflichtbeiträge

Hinsichtlich Höhe und Zahlung der Beiträge gelten die gleichen Grundsätze wie für die Pflichtbeiträge zur Handwerkerversicherung (siehe Abschnitt 3.4.5.4 „Die Altersversorgung der selbständigen Handwerker – Beitrag, Beitragsentrichtung, Beitragsnachweis" in diesem Band).
Die Versicherungspflicht auf Antrag bietet Vorteile.

Vorteile der Antragspflichtversicherung

Beispiel:

Sicherung des Anspruchs auf Rente wegen Berufs- und Erwerbsunfähigkeit.

3.4.4.4 Freiwillige Versicherung

Freiwillige Versicherung

Personenkreis

Zur freiwilligen Versicherung berechtigt sind Personen,
- die das 16. Lebensjahr vollendet haben und
- nicht oder nicht mehr der Rentenversicherungspflicht unterliegen.

Versicherungsberechtigte Personen

Zuständiger Versicherungsträger:
- Bei erstmaligem Eintritt in die Versicherung besteht Wahlmöglichkeit zwischen der Arbeiterrenten- und Angestelltenversicherung.
- Hat der Versicherte bereits Beiträge entrichtet, können freiwillige Beiträge zu dem Versicherungszweig entrichtet werden, zu dem er zuletzt Beiträge gezahlt hat.

Versicherungszweig

Der Beginn der Entrichtung von freiwilligen Beiträgen ist beim zuständigen Rentenversicherungsträger anzumelden.

Meldepflicht

Beiträge

Freiwillig Versicherte tragen ihre Beiträge selbst.

Zahlung der Beiträge

Die Beiträge werden (bargeldlos) unmittelbar auf das Konto des zuständigen Rentenversicherungsträgers überwiesen. Auf Antrag können sie auch im Abbuchungsverfahren entrichtet werden.

Beitragsabführung

Freiwillige Beiträge sind wirksam geleistet, wenn sie bis zum 31. 3. des Jahres, das dem Jahr folgt, für das sie gelten sollen, gezahlt werden.

Wirksame Beitragsentrichtung

Jährlich können bis zu zwölf Monatsbeiträge entrichtet werden, und zwar ohne Rücksicht auf das Einkommen; jeder beliebige volle DM-Betrag zwischen dem jeweils geltenden Mindest- und Höchstbeitrag (1993: zwischen 92,75 DM und 1.260,00 DM).

Beitragshöhe

Versicherungs-nachweis

3.4.4.5 Versicherungsnachweis

Versicherungskonto

Versicherungs-nummer
Konto des Versicherten

Der Versicherungsträger führt für jeden Versicherten unter dessen Versicherungsnummer ein Versicherungskonto, auf dem sämtliche Daten gespeichert werden, die für die Durchführung der Versicherung erforderlich sind.

Sozialversicherungsnachweisheft

Versicherungs-nachweisheft

Die Versicherungsnummer ist Bestandteil im Versicherungsnachweisheft, das jeder Versicherte erhält.

Aushändigung an den Arbeitgeber

Bei Aufnahme eines Arbeitsverhältnisses ist das Sozialversicherungsnachweisheft dem Arbeitgeber auszuhändigen (siehe Abschnitt 3.4.2.6 „Die Krankenversicherung – Meldevorschriften und Strafbestimmungen" in diesem Band).

Versicherungs-nachweis

Von jeder Meldung, die der Arbeitgeber unter Verwendung eines Versicherungsnachweises an die Krankenkasse gibt (An-/Ab-/Unterbrechungs-/Jahresmeldung), erhält der Arbeitnehmer eine Durchschrift als Beitragsnachweis.

Rückgabe an den Arbeit-nehmer

Mit Beendigung des Arbeitsverhältnisses ist dem Arbeitnehmer das Sozialversicherungsnachweisheft (mit Versicherungsnachweis über die Abmeldung) auszuhändigen.

Beitragsbescheinigung

Beitragsnach-weis für freiwil-lig Versicherte

Freiwillig Versicherte erhalten vom Rentenversicherungsträger spätestens bis zum 28. Februar eines Jahres eine Beitragsbescheinigung über die für das vorangegangene Kalenderjahr geleisteten Beiträge und das sich hieraus für die Rentenberechnung ergebende Arbeitseinkommen.

Versicherungs-leistungen

3.4.4.6 Leistungen der Rentenversicherung

Rehabilitation

Rehabilitation

Maßnahmen zur Erhaltung der Erwerbsfähigkeit und Wiedereingliederung in das Erwerbsleben:

- medizinische und berufsfördernde Leistungen
- berufliche Ausbildung und Umschulung
- Zuschüsse an Arbeitgeber.

Übergangsgeld bei medizini-schen Heilverfahren

Übergangsgeld während der Rehabilitationsmaßnahme:

- 80 v. H. des Einkommens, das den für das letzte Kalenderjahr gezahlten Beiträgen zugrunde liegt.

Das Übergangsgeld ruht, wenn und solange Entgeltzahlungen durch den Arbeitgeber erfolgt (siehe Abschnitt 3.3.1.3 „Vertragspflichten des Arbeitgebers – Lohnzahlung im Krankheitsfall" in diesem Band).

Rentenanspruch

Rente wegen Alters

65. Lebensjahr

- Regelaltersrente
  - ab Vollendung des 65. Lebensjahres
  - ohne Beschränkung von Erwerbstätigkeit und Einkommen.

- Altersrente für langjährig Versicherte
  - ab Vollendung des 63. Lebensjahres
  - Beschränkung durch Hinzuverdienstgrenze.

63. Lebensjahr

- Altersrente für Schwerbehinderte, Berufs- oder Erwerbsunfähige
  - ab Vollendung des 60. Lebensjahres
  - Beschränkung durch Hinzuverdienstgrenze.

60. Lebensjahr

- Altersrente wegen Arbeitslosigkeit
  - Arbeitslose ab Vollendung des 60. Lebensjahres,
  - die in den letzten 1½ Jahren 52 Wochen arbeitslos waren und
  - in den letzten zehn Jahren acht Jahre Pflichtbeitragszeiten haben.

60. Lebensjahr und einjährige Arbeitslosigkeit

- Altersrente für Frauen
  - ab Vollendung des 60. Lebensjahres, wenn
  - nach dem 40. Lebensjahr mindestens während 121 Monaten eine versicherungspflichtige Beschäftigung oder Tätigkeit ausgeübt wurde und
  - eine versicherungspflichtige Beschäftigung bzw. Tätigkeit nicht mehr ausgeübt wird.

Frauen ab dem 60. Lebensjahr

- Vollrente – Teilrente
  - Eine Rente wegen Alters kann in voller Höhe (Vollrente) oder als Teilrente in Anspruch genommen werden.
  - Unter Berücksichtigung der jeweils maßgebenden Hinzuverdienstgrenzen aus Arbeitsentgelt oder Arbeitseinkommen beträgt die Teilrente ein Drittel, die Hälfte oder zwei Drittel der Vollrente.

Bezug der Teilrente neben verkürzter Erwerbstätigkeit

Rente wegen verminderter Erwerbstätigkeit

- Rente wegen Berufsunfähigkeit
  - Berufsunfähigkeit ist gegeben, wenn die Erwerbsfähigkeit infolge des Gesundheitszustandes auf weniger als die Hälfte eines gesunden Versicherten mit ähnlicher Ausbildung und gleichwertigen Kenntnissen und Fähigkeiten herabgesunken ist.
  - Neben der Wartezeit müssen in den letzten fünf Kalenderjahren vor Eintritt des Versicherungsfalles mindestens für 36 Monate Pflichtbeiträge entrichtet sein.
  - Versicherte, die der Versicherungspflicht nicht unterliegen, aber am 31. 12. 1983 die Wartezeit von 60 Versicherungsmonaten erfüllt haben, erhalten Rente wegen Berufsunfähigkeit nur, wenn ab 1. 1. 1984 jeder Kalendermonat mit einem Beitrag (oder einer anderen zu berücksichtigenden Zeit) belegt ist.

Berufsunfähigkeitsrente

Wartezeit mit Pflichtbeiträgen

Lückenlose Beitragsentrichtung

- Rente wegen Erwerbsunfähigkeit
  - Erwerbsunfähigkeit ist gegeben, wenn infolge des Gesundheitszustandes auf nicht absehbare Zeit eine Erwerbstätigkeit in gewisser Regelmäßigkeit nicht mehr ausgeübt werden kann oder nicht mehr als geringfügige Einkünfte durch Erwerbstätigkeit erzielt werden können.
  - Nicht erwerbsunfähig ist, wer eine selbständige Tätigkeit ausübt.
  - Hinsichtlich der sonstigen Anspruchsvoraussetzungen gelten die gleichen Grundsätze wie für die Rente wegen Berufsunfähigkeit.

Erwerbsunfähigkeitsrente

Keine Erwerbsunfähigkeitsrente als Selbständiger

Rente wegen Todes

- Witwen- und Witwerrente
  - Nach dem Tode des Ehegatten erhält der Hinterbliebene eine Witwen-/Witwerrente.

Hinterbliebenenrente

- Bei Todesfällen ab 1. 1. 1986 werden 40 v. H. des eigenen Einkommens des Hinterbliebenen angerechnet, soweit dieses einen bestimmten Freibetrag übersteigt.
- Einkünfte aus Kapitalvermögen, Vermietung und Verpachtung, Leistungen aus einer privaten Lebensversicherung und Betriebsrenten werden nicht angerechnet.

Abfindung bei Wiederverheiratung

- Bei Wiederverheiratung erfolgt Abfindung (24facher Betrag der monatlichen Witwen- bzw. Witwerrente).

- Geschiedenen Witwen- und Witwerrente

Rente nach Tod des geschiedenen Ehegatten

- An geschiedene Ehegatten wird eine Witwen-/Witwerrente gezahlt, wenn die Ehe vor dem 1. 7. 1977 geschieden worden ist, nicht wieder geheiratet wurde und Unterhaltsanspruch besteht.

Versorgungsausgleich

- Bei Ehescheidungen nach dem 30. 6. 1977 tritt an die Stelle der Geschiedenen Witwen- und Witwerrente der Versorgungsausgleich.

- Erziehungsrente

Rente nach Tod des geschiedenen Ehegatten und Erziehung eines Kindes

- Eine Erziehungsrente erhält der Hinterbliebene bis zur Vollendung des 65. Lebensjahres, wenn die Ehe nach dem 30. 6. 1977 geschieden wurde und der geschiedene Ehegatte gestorben ist, ein Kind unter 18 Jahren erzogen wird und nicht wieder geheiratet wurde.

- Waisenrente

Rente an Waisen

- Die Waisenrente wird bis zum 18. Lebensjahr gewährt.
- Darüber hinaus bis zum 27. Lebensjahr, wenn sich die Waise noch in der Schul- oder Berufsausbildung befindet.

Krankenversicherung der Rentner

Rentner-Krankenversicherungspflicht

- Bezieher von Renten aus der gesetzlichen Rentenversicherung sind unter bestimmten Voraussetzungen in der gesetzlichen Krankenversicherung pflichtversichert oder zur freiwilligen Versicherung berechtigt (siehe Abschnitt 3.4.2.4 „Die Krankenversicherung – Freiwillige Versicherung" in diesem Band).

Befreiung auf Antrag

- Eine Befreiung von der Versicherungspflicht in der Rentnerkrankenversicherung ist unter bestimmten Voraussetzungen auf Antrag möglich.

Beitragszuschuß für freiwillig und privat Krankenversicherte

- Rentner, die in der gesetzlichen Krankenversicherung nur freiwillig oder in der privaten Krankenversicherung versichert sind, erhalten auf Antrag vom Rentenversicherungsträger einen Beitragszuschuß in Höhe von 6,7 v. H. des monatlichen Rentenzahlbetrages.

3.4.4.7 Wartezeit und Leistungsantrag für Anspruch auf Rente

Wartezeit

Rentenleistungen werden nur gewährt, wenn die Wartezeit erfüllt ist.

Die Wartezeitregelung in der Rentenversicherung

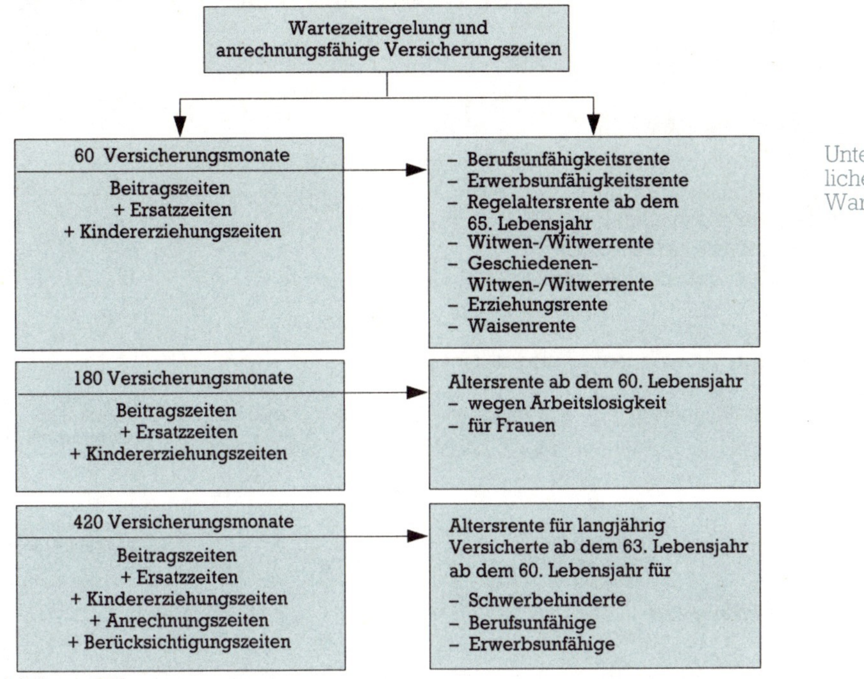

Abbildung 172

Unterschiedliche Wartezeiten

Bei Arbeitsunfall oder Wehr- bzw. Zivildienstbeschädigung genügt bei Pflichtversicherten der Nachweis eines einzigen Beitrages.

Leistungsantrag

Rente nur auf Antrag

Rentenleistungen werden nur auf Antrag gewährt.
Wird der Antrag später als drei Monate – bei Renten wegen Todes später als zwölf Monate – nach Ablauf des Monats gestellt, in dem die Antragsvoraussetzungen erfüllt sind, beginnt die Rente erst ab Antragsmonat.

3.4.4.8 Rentenberechnung

Unterhaltsfunktion der Rente

Die Rente dient der Sicherung des Lebensunterhalts des Versicherten und seiner Hinterbliebenen bei Eintritt des Versicherungsfalles.

Höhe der Rente

Die Höhe der Rente bestimmt sich nach dem individuellen Versicherungsverlauf.

Rentenhöhe nach Beitragsleistung

Maßgebend sind hierfür insbesondere
- die Höhe der während des Erwerbslebens versicherten Arbeitsentgelte oder Arbeitseinkommen bzw.
- die Höhe und Anzahl der geleisteten Beiträge.

Rentendynamik

Die Rente ist dynamisch; sie wird jährlich an die wirtschaftliche Entwicklung und an den steigenden Lebensstandard der Erwerbstätigen angepaßt.

Rentenformel

Maßgebende Faktoren für die Rentenberechnung sind:

Rentenfaktoren

- die Entgeltpunkte
- der Zugangsfaktor
- der Rentenartfaktor
- der aktuelle Rentenwert.

Faktoren zur Berechnung der Rente

Rentenformel

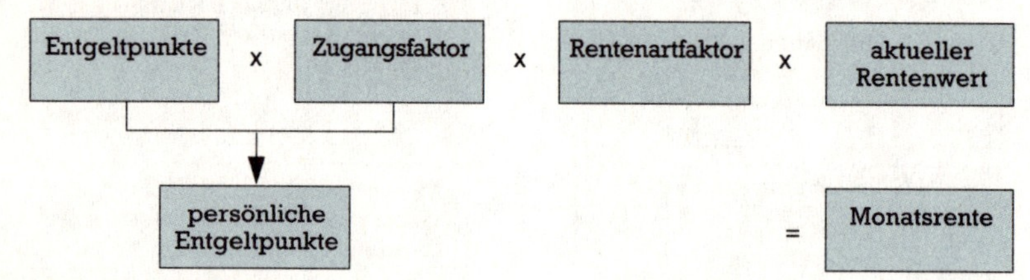

Abbildung 173

Die Entgeltpunkte

Entgeltpunkte

Die Entgeltpunkte werden durch die Höhe des versicherten Arbeitsentgelts (bzw. Arbeitseinkommens) eines Kalenderjahres bestimmt. Dabei ergibt ein erzieltes Bruttojahresarbeitsentgelt in Höhe des Durchschnittsentgelts aller Versicherten einen vollen Entgeltpunkt. Für freiwillige Beiträge und Pflichtbeiträge selbständig Erwerbstätiger wird der Berechnung der Entgeltpunkte das Arbeitseinkommen zugrunde gelegt, das der Höhe der entrichteten Beiträge entspricht.

Bei der Ermittlung der Entgeltpunkte werden Beitragszeiten sowie bestimmte beitragsfreie und beitragsgeminderte Zeiten berücksichtigt:

Beitragszeiten · Kindererziehungszeiten · Anrechnungszeiten · Ersatzzeiten · Zurechnungszeiten

- Beitragszeiten (mit Beiträgen belegte Kalendermonate)
- Kindererziehungszeiten (für Geburten vor dem 1. 1. 92 = 12 Kalendermonate; für Geburten ab dem 1. 1. 92 = 36 Kalendermonate)
- Anrechnungszeiten (längere Arbeitsunfähigkeit, Arbeitslosigkeit, Zeiten der Schulausbildung nach dem 16. Lebensjahr und einer abgeschlossenen Fach- oder Hochschulausbildung bis zu sieben Jahren)
- Ersatzzeiten (Zeiten eines früheren Militär- oder militärähnlichen Dienstes, der Gefangenschaft, der Internierung und der Vertreibung)
- Zurechnungszeiten (bei Eintritt des Versicherungsfalles vor dem 60. Lebensjahr).

Der Zugangsfaktor

Zugangsfaktor

Der Zugangsfaktor dient der Ermittlung der

- persönlichen Entgeltpunkte

des Versicherten und beträgt in der Regel 1,0.

Der Rentenartfaktor

Der Rentenartfaktor richtet sich nach Art der Rente und ist gesetzlich festgelegt.

Rentenartfaktor

Beispiel:

Er beträgt für die Alters- und Erwerbsunfähigkeitsrente 1,0; für die Berufsunfähigkeitsrente 0,6667.
Mit dem Rentenartfaktor werden die persönlichen Entgeltpunkte (= Entgeltpunkte × Zugangsfaktor) vervielfältigt.

Der aktuelle Rentenwert

Der aktuelle Rentenwert ist ein monatlicher DM-Betrag, der jährlich durch Verordnung festgelegt und für jeden erreichten persönlichen Entgeltpunkt gewährt wird. Er beträgt zur Zeit 44,49 DM; im Beitrittsgebiet 32,17 DM.

Aktueller Rentenwert

Beispiel:

Hat der Versicherte 40 Jahre lang durchschnittlich verdient bzw. Beiträge entrichtet, die dem Durchschnittsentgelt aller Versicherten entsprechen, errechnet sich eine monatliche Altersrente von

Berechnungsbeispiel für Altersrente

40 persönliche Entgeltpunkte
×
44,49 aktueller Rentenwert
= 1.779,60 DM

3.4.5 Die Altersversorgung der selbständigen Handwerker (Handwerkerversicherung)

Handwerkerversicherung

Lernziel:

- Informiert sein über die wesentlichen versicherungsrechtlichen Bestimmungen der Handwerkerversicherung (insbesondere Versicherungspflicht, grundsätzliche Beitragsregelungen, Versicherungsleistungen).

Die Handwerkerversicherung ist Bestandteil der gesetzlichen Rentenversicherung (Arbeiterrentenversicherung).

Bestandteil der Rentenversicherung der Arbeiter

3.4.5.1 Versicherungspflicht

Selbständig tätige Handwerker und Handwerkerinnen, die in die Handwerksrolle eingetragen sind, unterliegen der Versicherungspflicht in der Arbeiterrentenversicherung (Versicherungsträger: Landesversicherungsanstalten).

Versicherungspflichtiger Personenkreis

Versicherungspflichtig sind auch Gesellschafter einer Personengesellschaft (BGB-Gesellschaft, KG, OHG), wenn sie in ihrer Person die handwerksrechtlichen Voraussetzungen für die Eintragung in die Handwerksrolle erfüllen.

Beispiel:

BGB-Gesellschafter mit Meisterprüfung.

Beginn und Ende der Versicherungspflicht

Beginn der Versicherungspflicht

Die Versicherungspflicht beginnt mit dem Tag der Eintragung in die Handwerksrolle, sofern die selbständige Tätigkeit zu diesem Zeitpunkt bereits ausgeübt wird; bei späterer Aufnahme der Tätigkeit erst mit diesem Zeitpunkt.

Beispiel:

Eintragung in die Handwerksrolle:	12. 2. 94
Aufnahme der selbständigen Tätigkeit:	10. 4. 94
Beginn der Versicherungspflicht:	10. 4. 94

Ende der Versicherungspflicht

Die Versicherungspflicht endet mit
- Einstellung der selbständigen Tätigkeit
- Löschung in der Handwerksrolle
- Bezug der Vollrente wegen Alters.

Mehrfachversicherung bei Arbeitnehmertätigkeit und selbständige Handwerksausübung

Mehrfachversicherung

Personen, die neben einer versicherungspflichtigen selbständigen Tätigkeit als Handwerker eine versicherungspflichtige Beschäftigung als Arbeitnehmer ausüben, sind in beiden Tätigkeiten rentenversicherungspflichtig.

3.4.5.2 Freiwillige Versicherung

Selbständig Erwerbstätige, die der Handwerkerversicherungspflicht nicht unterliegen, können sich entweder

Versicherungsberechtigung

- freiwillig in der gesetzlichen Rentenversicherung versichern (siehe Abschnitt 3.4.4.4 „Die Rentenversicherung – Freiwillige Versicherung" in diesem Band) oder

Antragspflichtversicherung

- von der Versicherungspflicht auf Antrag Gebrauch machen (siehe Abschnitt 3.4.4.3 „Die Rentenversicherung – Versicherungspflicht auf Antrag" in diesem Band).

Die Höhe des künftigen Rentenanspruchs wird durch die Höhe und Anzahl der geleisteten Beiträge bestimmt. Deshalb ist die Fortsetzung der Beitragsentrichtung sinnvoll.

3.4.5.3 Versicherungsfreiheit

Ausnahmen von der Versicherungspflicht

Von der Handwerkerversicherungspflicht ausgenommen sind:
- Inhaber von Betrieben des handwerksähnlichen Gewerbes
- Inhaber, die mit einem handwerklichen Nebenbetrieb in die Handwerksrolle eingetragen sind
- Personen, die die selbständige Tätigkeit nur geringfügig ausüben (siehe Abschnitt 3.4.2.3 „Die Krankenversicherung – Versicherungsfreiheit" in diesem Band)
- Witwen und Witwer nach dem Tode des Ehegatten, sowie Erben, wenn sie dessen Handwerksbetrieb fortführen
- Bezieher einer Vollrente wegen Alters.

Befreiung auf Antrag

Auf Antrag von der Versicherungspflicht befreit werden Handwerker und Handwerkerinnen (ausgenommen: Schornsteinfegermeister), wenn sie für mindestens 18 Jahre = 216 Kalendermonate Pflichtbeiträge zur gesetzlichen Rentenversicherung nachweisen können.

Angerechnet werden auch die vor der Selbständigmachung entrichteten Pflichtbeiträge während den Ausbildungs- und Beschäftigungszeiten sowie die Wehr- oder Zivildienstzeiten und Kindererziehungszeiten.

Mindestpflichtversicherung: 216 Kalendermonate

Die Befreiung tritt mit Ablauf des Monats, für den der 216. Pflichtbeitrag gezahlt wurde, ein, sofern der Antrag innerhalb von drei Monaten danach bei der Landesversicherungsanstalt gestellt wird; andernfalls erst mit Antragseingang.

Beginn der Befreiung

- Zur Vermeidung von Rechtsnachteilen ist vor Antragstellung eine eingehende Beratung erforderlich.
- Die Befreiung kann den Wegfall des Anspruchs auf Rente wegen Berufs- bzw. Erwerbsunfähigkeit zur Folge haben (auch bei Fortzahlung von freiwilligen Beiträgen).

Rechtsnachteile durch Befreiung

Grundsätze der Handwerkerversicherung

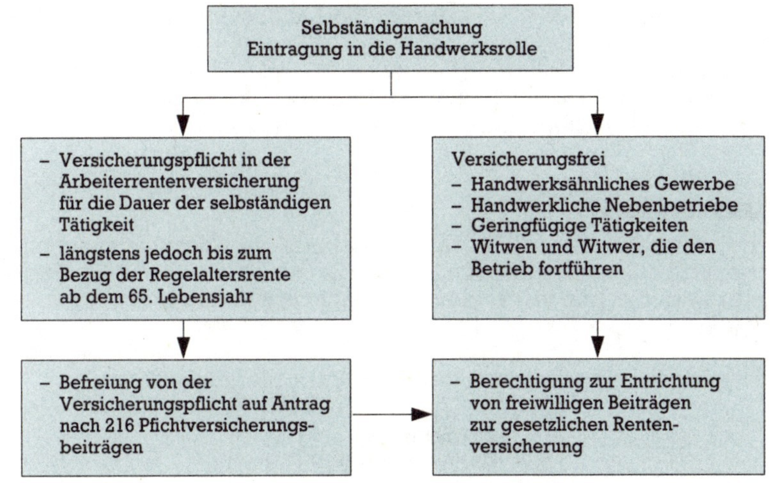

Abbildung 174

3.4.5.4 Beitrag, Beitragsentrichtung, Beitragsnachweis

Pflichtbeitrag

Pflichtversicherte Handwerker und Handwerkerinnen entrichten ohne Rücksicht auf die Höhe ihres Einkommens einen
- Regelbeitrag (1993 = 649,25 DM monatlich; im Beitrittsgebiet 477,75 DM),

der dem Durchschnittsentgelt aller Versicherten in der gesetzlichen Rentenversicherung entspricht.

Regelbeitrag

Anstelle des Regelbeitrags kann ein niedrigerer oder höherer Beitrag gezahlt werden, wenn das Arbeitseinkommen unter oder über dem Durchschnittsentgelt liegt.

Beitragsanpassung

Bis zum Ablauf von drei Kalenderjahren nach dem Jahr der Selbständigmachung kann der
- halbe Regelbeitrag (1993 = 324,63 DM monatlich; im Beitrittsgebiet 238,88 DM)

entrichtet werden. Liegt das Arbeitseinkommen unter der Hälfte des Durchschnittsentgelts, ist eine weitere Beitragsanpassung möglich.

Beitragserleichterung für Existenzgründer

Arbeitseinkommen

Als Einkommen gilt der ermittelte Gewinn aus der versicherungspflichtigen selbständigen Tätigkeit.

Antrag an die Landesversicherungsanstalt

Die Zahlung von niedrigeren oder höheren Beiträgen muß bei der Landesversicherungsanstalt beantragt werden. Eine einkommensgerechte Beitragszahlung ist nur für die Zukunft möglich.

Schornsteinfegermeister

Schornsteinfegermeister müssen aufgrund gesetzlicher Regelungen stets den Regelbeitrag bezahlen.

Beitragsentrichtung

Monatsbeiträge

Die Pflichtbeiträge sind für jeden Kalendermonat zu entrichten.

Sie sind unmittelbar durch

Beitragsabführung

- Abbuchung oder Überweisung an die Landesversicherungsanstalt zu zahlen.

Die Beiträge werden

Fälligkeit

- spätestens am 15. eines Monats für den Vormonat fällig.

Säumniszuschläge

- Bei nicht rechtzeitiger Entrichtung werden Säumniszuschläge erhoben.

Beitragsnachweis

Beitragsbescheinigung

Als Beitragsnachweis erhält der Versicherte von der Landesversicherungsanstalt spätestens bis zum 28. Februar eines Jahres eine Beitragsbescheinigung über die im vergangenen Jahr gezahlten Beiträge.

Rentenversicherung Handwerker

Rentenversicherungsbeiträge der pflichtversicherten Handwerker

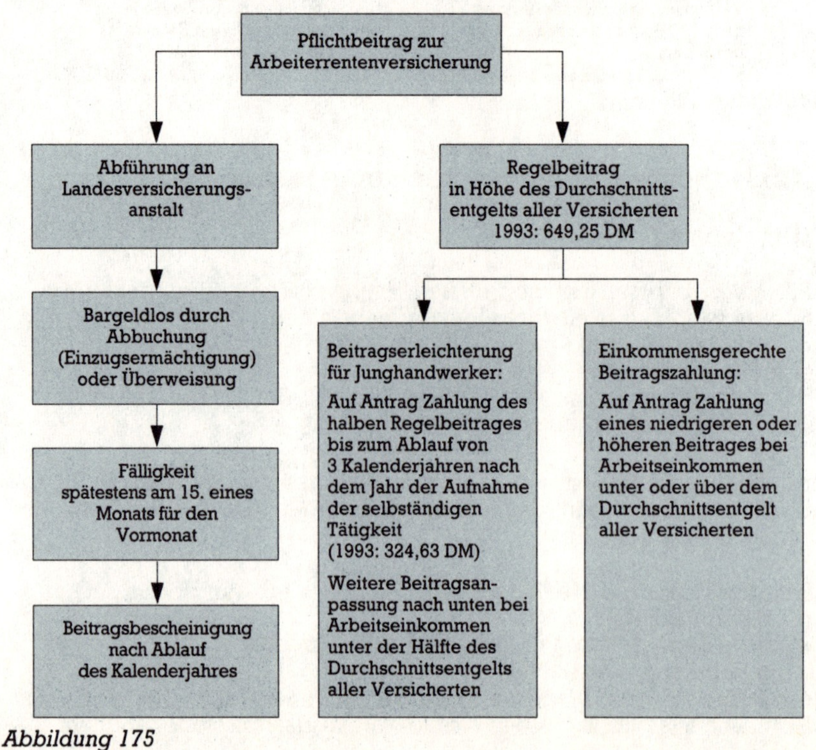

Abbildung 175

3.4.5.5 Leistungen der Rentenversicherung/ Handwerkerversicherung

Bezüglich Art und Umfang der Leistungen siehe Leistungsrecht der gesetzlichen Rentenversicherungen (siehe Abschnitt 3.4.4.6 „Die Rentenversicherung – Leistungen" in diesem Band).

3.4.6 Arbeitslosenversicherung

Arbeitslosenversicherung

Lernziel:

- Informiert sein über die wesentlichen versicherungsrechtlichen Bestimmungen und sonstigen Regelungen der Arbeitslosenversicherung (insbesondere Versicherungspflicht, grundsätzliche Beitragsregelungen, Versicherungsleistungen).

3.4.6.1 Versicherungsträger

Versicherungsträger

Träger der Arbeitslosenversicherung ist die Bundesanstalt für Arbeit. Die Landesarbeitsämter und Arbeitsämter sind Dienststellen der Bundesanstalt für Arbeit.

Träger der Arbeitslosenversicherung mit Dienststellen

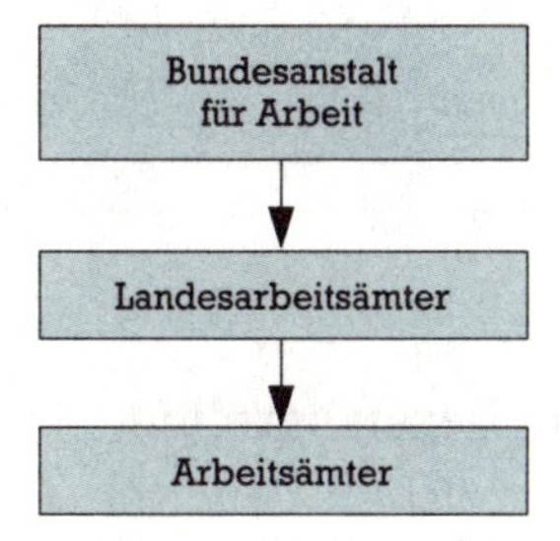

Abbildung 176

3.4.6.2 Versicherungspflicht

Versicherungspflichtiger Personenkreis

Beitragspflichtig sind:
- Arbeiter und Angestellte ohne Rücksicht auf die Höhe ihres Entgelts
- Auszubildende vom Beginn des Berufsausbildungsverhältnisses an.

3.4.6.3 Versicherungsfreiheit

Beitragsfreie Personen

Beitragsfrei sind:
- Arbeitnehmer mit Vollendung des 65. Lebensjahres
- Empfänger von Rente wegen Erwerbsunfähigkeit
- kurzzeitig Beschäftigte (unter 18 Stunden wöchentlich).

3.4.6.4 Beiträge

Beitragssatz

Der Beitrag zur Arbeitslosenversicherung beträgt 6,5 v. H. des Bruttoarbeitsentgelts.

Zu Einzug und Zahlung der Beiträge siehe Abschnitt 3.4.2.5 „Die Krankenversicherung – Beiträge" in diesem Band).

3.4.6.5 Leistungen der Arbeitslosenversicherung

Leistungen der Bundesanstalt für Arbeit

Aufgaben der Bundesanstalt

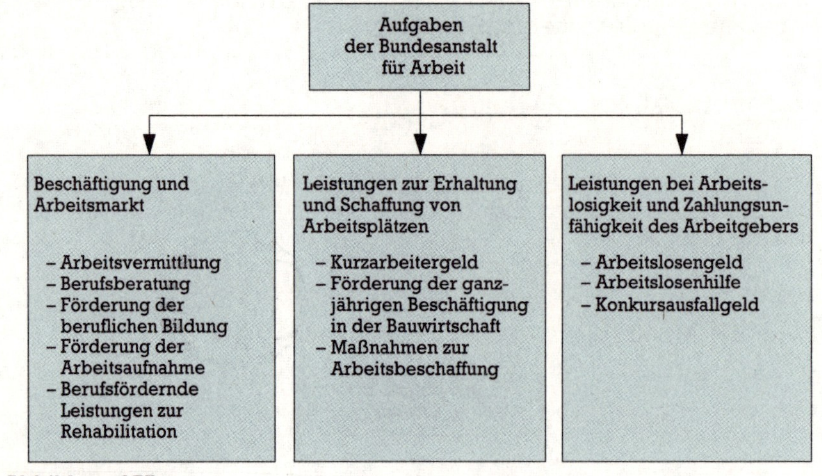

Abbildung 177

Arbeitsvermittlung und Berufsberatung

Arbeitsvermittlung
Berufsberatung

Die Arbeitsvermittlung ist darauf gerichtet, Arbeitssuchende entsprechend ihrer Eignung in Arbeit und den Arbeitgebern die erforderlichen Arbeitskräfte zu vermitteln. Im Rahmen der Berufsberatung werden Jugendliche und Erwachsene vor Eintritt und während des Berufslebens in allen Fragen der Berufswahl kostenlos beraten.

Förderung der beruflichen Bildung

Berufliche Bildung

Zur Förderung der beruflichen Bildung werden Leistungen in Form von Darlehen und Zuschüssen (Unterhaltsgeld, Lehrgangskosten, Lernmittel, Fahrkosten, Kosten für Unterbringung) sowie Kranken- und Unfallversicherungsschutz während der Schulungsmaßnahmen sowie Einarbeitungszuschüsse an Arbeitgeber gewährt.

Förderung der Arbeitsaufnahme und der Aufnahme einer selbständigen Tätigkeit

Darlehen und Zuschüsse werden an Arbeitslose und von Arbeitslosigkeit bedrohte Arbeitssuchende (Bewerbungs-, Umzugskosten, Trennungs-,

Überbrückungsbeihilfe) zur Förderung der Arbeitsaufnahme gezahlt. Arbeitgeber erhalten Eingliederungsbeihilfe.

Arbeitsaufnahme

Überbrückungsgeld in Höhe des Arbeitslosengeldes oder der Arbeitslosenhilfe sowie Zuschüsse für Aufwendungen zur Kranken- und Rentenversicherung erhalten Existenzgründer in den ersten 26 Wochen der Selbständigmachung.

Existenzgründung

Berufsfördernde Leistungen zur Rehabilitation

Darlehen, Zuschüsse, Übergangsgeld und sonstige Hilfen werden an Behinderte zur Wiederherstellung der Erwerbsfähigkeit geleistet. Arbeitgeber erhalten Ausbildungszuschüsse.

Wiedereingliederung

Kurzarbeitergeld

Bei vorübergehendem, unvermeidbarem und nicht betrieblichem oder saisonbedingtem Arbeitsausfall wird Kurzarbeitergeld gezahlt, sofern die Kurzarbeit rechtzeitig dem Arbeitsamt angezeigt wird.

Kurzarbeit

Produktive Winterbauförderung

Die Leistungen zur produktiven Winterbauförderung beinhalten Wintergeld von 2,00 DM pro Arbeitsstunde, Trennungsbeihilfe und Fahrtkostenzuschuß an Arbeitnehmer des Baugewerbes in der Förderungszeit vom 1. 12. bis 31. 3. des Jahres.

Wintergeld

Außerdem Schlechtwettergeld in der Zeit vom 1. 11. bis 31. 3. des Jahres, wenn der Arbeitsausfall durch Witterungsgründe verursacht ist und der Arbeitsausfall rechtzeitig dem Arbeitsamt angezeigt wird.

Schlechtwettergeld

Zur Finanzierung der Winterbauförderung zahlen die Arbeitgeber des Baugewerbes eine monatliche Umlage von 2 v. H. der Bruttoarbeitsentgelte ihrer Arbeiter über die Zusatzversorgungskasse des Baugewerbes an die Bundesanstalt für Arbeit.

Winterbauumlage

Maßnahmen zur Arbeitsbeschaffung

Die Bundesanstalt für Arbeit kann Zuschüsse zur Schaffung von Arbeitsplätzen für Arbeiten, die im öffentlichen Interesse liegen sowie Lohnkostenzuschüsse an Betriebe bei Einstellung von älteren Arbeitnehmern, die bereits längere Zeit arbeitslos sind, gewähren.

Arbeitsbeschaffung

Arbeitslosengeld

Arbeitslosengeld

Anspruchsvoraussetzungen

Arbeitslosengeld erhält auf Antrag
- wer arbeitslos ist
- der Arbeitsvermittlung zur Verfügung steht
- die Anwartschaftszeit erfüllt und
- sich beim Arbeitsamt arbeitslos meldet.

Anspruchsvoraussetzungen

Leistung auf Antrag

Verfügbarkeit

Der Arbeitsvermittlung steht zur Verfügung, wer

- eine Beschäftigung unter den üblichen Bedingungen ausüben kann und darf
- bereit ist, jede zumutbare Beschäftigung aufzunehmen, sowie
- das Arbeitsamt täglich aufsuchen kann und
- für das Arbeitsamt erreichbar ist.

Arbeitslose ab dem 58. Lebensjahr gelten auch dann als arbeitslos, wenn sie sich der Arbeitsvermittlung nicht zur Verfügung stellen.

Anwartschaftszeit

Beitragspflichtige Beschäftigungszeit

Die Anwartschaft ist erfüllt, wenn der Arbeitslose in den letzten drei Jahren mindestens 360 Kalendertage beitragspflichtig beschäftigt war.

Für Arbeitnehmer in Betrieben mit saison- oder witterungsabhängigen Arbeitsplätzen gilt eine verkürzte Anwartschaftszeit von 180 Kalendertagen innerhalb der letzten 16 Monate.

Sperrzeit

Sperrzeit bei verschuldeter Arbeitslosigkeit

Hat der Arbeitslose das Beschäftigungsverhältnis ohne wichtigen Grund selbst gelöst oder durch ein arbeitsvertragswidriges Verhalten Anlaß für die Lösung des Beschäftigungsverhältnisses gegeben, erhält er das Arbeitslosengeld für zwölf Wochen gesperrt. In Ausnahmefällen kann die Sperrzeit bis auf zwei Wochen verringert werden.

Höhe des Arbeitslosengeldes

68 bzw. 63 v. H. des Nettoarbeitsentgelts

Das Arbeitslosengeld beträgt

- für Arbeitslose mit mindestens einem Kind 68 v. H.
- für die übrigen Arbeitslosen 63 v. H.

des Nettoarbeitsentgelts der letzten, mindestens 60 Tage umfassenden Lohnabrechnungszeiträume; höchstens jedoch unter Zugrundelegung der monatlichen Beitragsbemessungsgrenze.

Anspruchsdauer

Anspruchsdauer

Die Anspruchsdauer richtet sich nach

- der Dauer der beitragspflichtigen Beschäftigung und
- dem Alter des Arbeitslosen.

Regelbezug Höchstbezug

Die Regelbezugsdauer beträgt 156 Wochen,.
die Höchstbezugsdauer

Lebensalter (Jahre)	Wochentage
unter 42	312
ab 42	468
ab 44	572
ab 49	676
ab 54	832

Grundsätze für den Bezug von Arbeitslosengeld

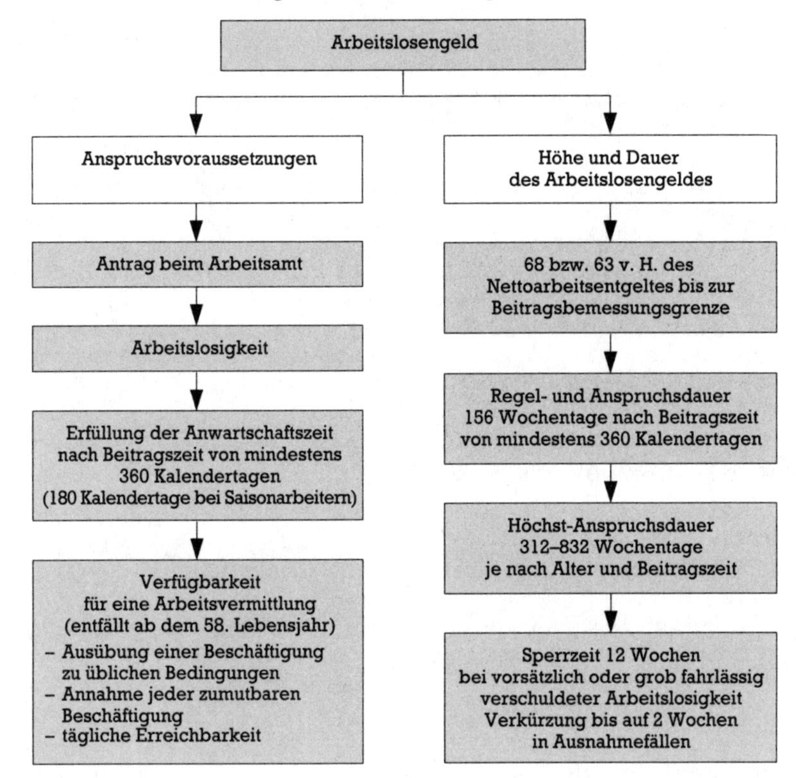

Abbildung 178

Arbeitsbescheinigung

Der Arbeitgeber ist verpflichtet, dem Arbeitnehmer bei Beendigung des Beschäftigungsverhältnisses eine Arbeitsbescheinigung unter Verwendung des vorgeschriebenen Vordrucks auszustellen, aus der insbesondere

Inhalt der Arbeitgeberbescheinigung

- Art der Tätigkeit
- Beginn des Arbeitsverhältnisses
- Ende und Lösungsgrund des Arbeitsverhältnisses
- zuletzt bezogenes Bruttoarbeitsentgelt

hervorgeht.

Arbeitslosenhilfe

Arbeitslosenhilfe

Im Anschluß an das Arbeitslosengeld wird Arbeitslosenhilfe gewährt, sofern Arbeitslosigkeit fortbesteht und Bedürftigkeit vorliegt.

Bedürftigkeit

Die Arbeitslosenhilfe beträgt
- für Arbeitslose mit mindestens einem Kind 58 bzw. 56 v. H. des Nettoarbeitsentgelts.
- für die übrigen Arbeitslosen 56 v. H. des Nettoarbeitsentgelts.

Höhe der Arbeitslosenhilfe

Konkursausfallgeld

Konkursausfallgeld

Lohnsicherung für 3 Monate

> Arbeitnehmer, die bei Eröffnung des Konkursverfahrens über das Vermögen ihres Arbeitgebers noch Anspruch auf Arbeitsentgelt haben, erhalten ein Konkursausfallgeld in Höhe des noch zustehenden Nettoarbeitsentgelts der letzten drei Monate.

Antragsfrist

Antragsfrist: innerhalb von zwei Monaten nach Konkurseröffnung beim Arbeitsamt.

Sozialversicherungsabgaben

Auf Antrag der Krankenkasse entrichtet das Arbeitsamt auch die für die letzten drei Monate noch ausstehenden Pflichtbeiträge zur Kranken-, Renten- und Arbeitslosenversicherung.

Konkursausfallgeldumlage

Die Kosten für die Konkursausfallgeldleistungen tragen die Betriebe. Die Umlage hierfür wird über die Berufsgenossenschaften eingehoben (siehe Abschnitt 3.4.3.4 „Unfallversicherung – Beiträge" in diesem Band).

Kranken-, Rentenversicherung

Kranken- und Rentenversicherung

Während des Bezugs von Arbeitslosengeld, Arbeitslosenhilfe oder Unterhaltsgeld ist der Anspruchsberechtigte

Krankenversicherungsschutz

- bei der Krankenkasse gegen Krankheit versichert, der er zuletzt angehört hat.

Anrechnungszeit in der Rentenversicherung

Außerdem werden diese Bezugszeiten in der Rentenversicherung als Anrechnungszeiten berücksichtigt.

Die Beiträge hierfür trägt die Bundesanstalt für Arbeit.

Zusammenfassende Übersichten

Versicherungsfreie Beschäftigungen in der Sozialversicherung

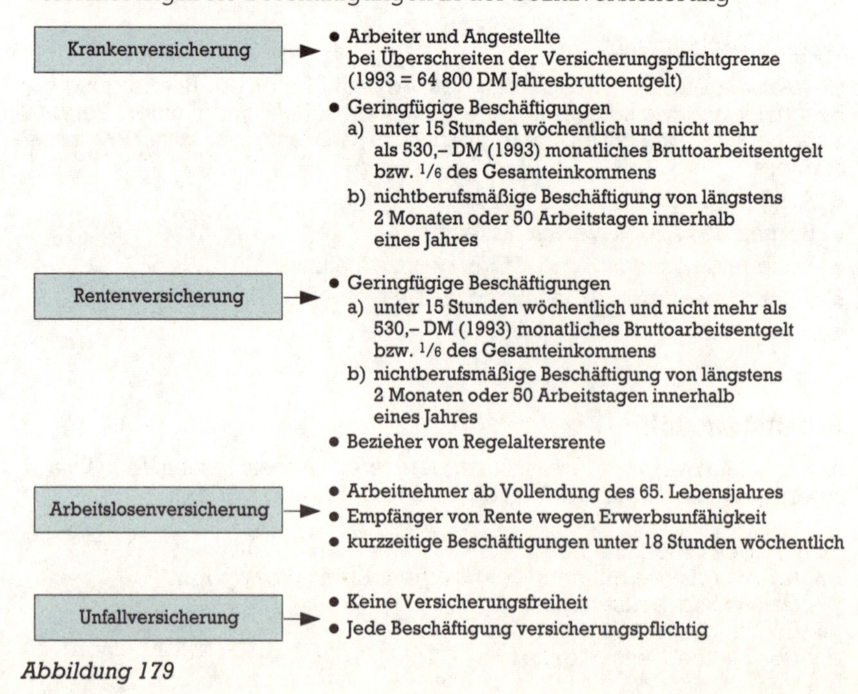

Abbildung 179

Das Recht zur freiwilligen Versicherung in der Sozialversicherung

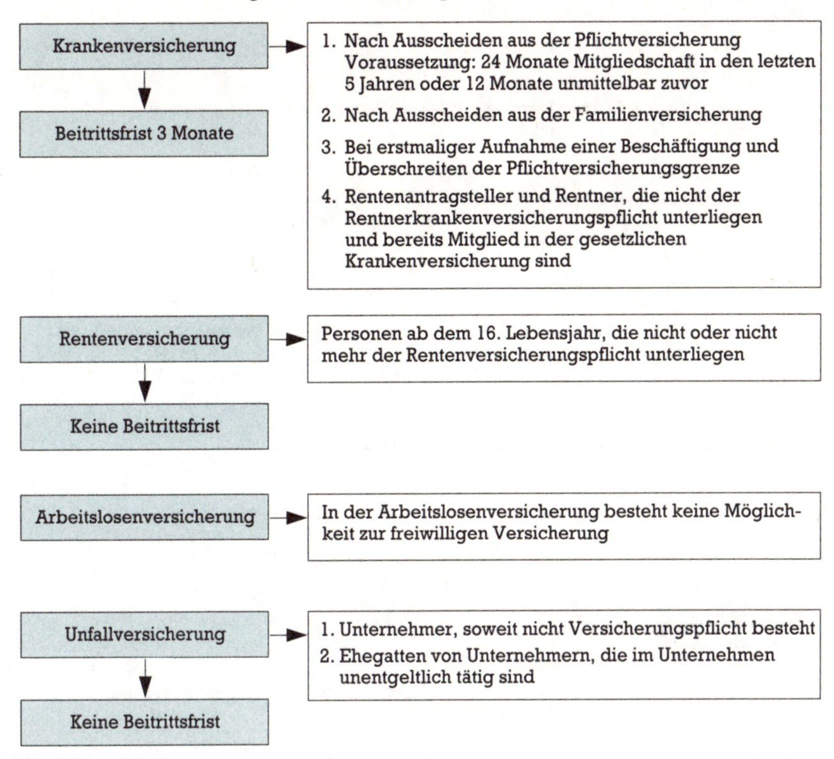

Abbildung 180

Sozialversicherungsdaten für das Beitrittsgebiet

Im Beitragsrecht der Sozialversicherung gelten im Beitrittsgebiet zum Teil andere Werte bzw. Bemessungsgrenzen als in den alten Bundesländern:

Beitragsbemessungsgrenzen	monatlich	jährlich
Krankenversicherung	3.975,00 DM	47.700,00 DM
Rentenversicherung	5.300,00 DM	63.600,00 DM
Arbeitslosenversicherung	5.300,00 DM	63.600,00 DM
Versicherungspflichtgrenze in der Krankenversicherung	3.975,00 DM	47.700,00 DM
Geringfügigkeitsgrenze		
Kranken-, Rentenversicherung	390,00 DM	
Einkommensgrenze für Wegfall der Familienhilfe in der Krankenversicherung	390,00 DM	
Entgeltgrenze für die vom Arbeitgeber zu tragenden Pflichtbeiträge zur Kranken-, Renten- und Arbeitslosenversicherung	450,00 DM	
Handwerkerversicherung		
Pflichtbeitrag	477,75 DM	
höchstmöglicher Beitrag	927,50 DM	
Beitrag bis Ablauf von drei Jahren nach Existenzgründung	238,88 DM	
Aktueller Rentenwert	32,17 DM	

Beitragssätze zur Kranken-, Renten- und Arbeitslosenversicherung für pflichtversicherte Arbeitnehmer

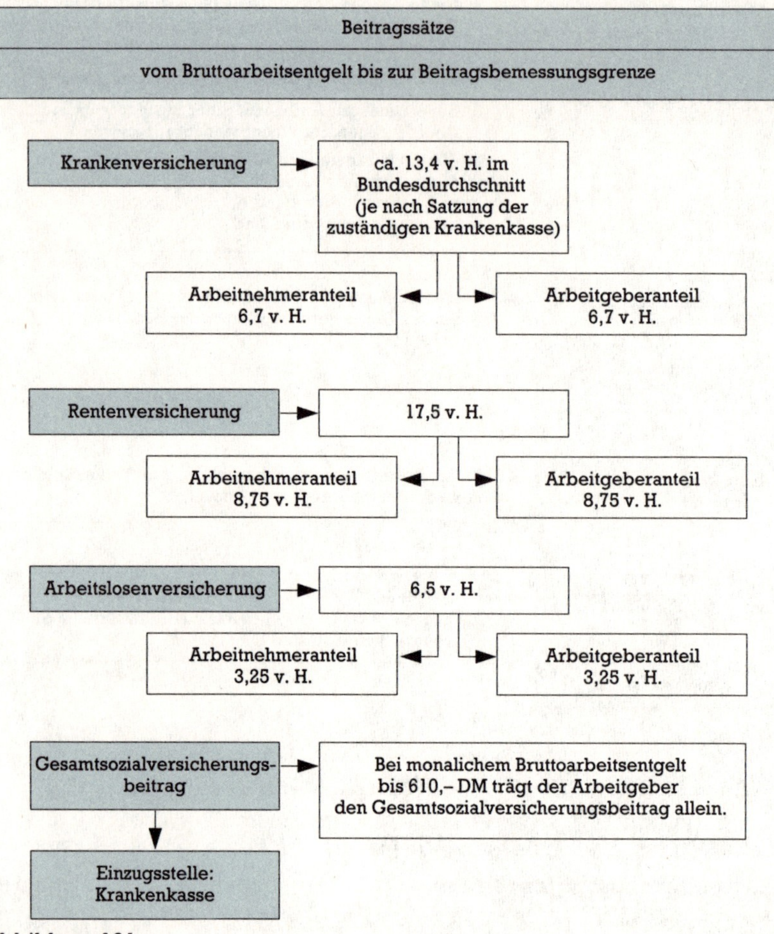

Abbildung 181

3.4.7 Sonstige soziale Einrichtungen

Lernziel:

- Kennen der sonstigen sozialen Einrichtungen, ihrer Aufgaben und Leistungen.

3.4.7.1 Erziehungsgeld

Erziehungsgeldanspruch

Bundeserziehungsgeldgesetz

Erziehungsgeld nach dem Bundeserziehungsgeldgesetz wird für alle Kinder gewährt.

Anspruchsberechtigt sind Mütter und Väter ohne Rücksicht darauf, ob sie
- in einem Arbeitsverhältnis stehen
- im Haushalt tätig sind (Hausfrauen) oder
- eine selbständige Erwerbstätigkeit ausüben.

Anspruchsberechtigte

Voraussetzung ist, daß die Anspruchsberechtigten
- personensorgeberechtigt sind
- in einem Haushalt mit dem Kind leben
- das Kind selbst betreuen und erziehen und
- keine oder nur eine kurzzeitige Erwerbstätigkeit (bis 19 Stunden wöchentlich) ausüben.

Voraussetzung: Betreuung und Erziehung des Kindes

Höhe des Erziehungsgeldes

Das Erziehungsgeld beginnt mit dem Tag der Geburt und wird bis zur Vollendung des 24. Lebensmonats gezahlt.
Es beträgt
- 600,00 DM monatlich und
- mindert sich ab dem 7. Lebensmonat bei Überschreitung bestimmter Einkommensgrenzen.

Anspruchsdauer

600,00 DM monatlich

Die Kosten trägt der Bund.
Im Anschluß an den Bezug des Bundes-Erziehungsgeldes kann noch ein Anspruch auf Landes-Erziehungsgeld aufgrund landesrechtlicher Vorschriften bestehen.

Landeserziehungsgeld

Antragstellung

Das Erziehungsgeld wird nur auf Antrag und rückwirkend höchstens für sechs Monate vor Antragstellung gewährt.
Antragstellen sind die hierfür in den Bundesländern jeweils bestimmten Stellen.

Erziehungsgeld nur auf Antrag

3.4.7.2 Kindergeld

Höhe des Kindergeldes

Bundeskindergeldgesetz

Das Kindergeld beträgt:
- für das 1. Kind 70,00 DM
- für das 2. Kind 130,00 DM
- für das 3. Kind 220,00 DM
- für jedes weitere Kind 240,00 DM.

Höhe des Kindergeldes

Für das 2. und jedes weitere Kind vermindert sich das Kindergeld bei höherem Einkommen des Anspruchsberechtigten stufenweise auf einen Sockelbetrag von
- 70,00 DM für das 2. Kind
- 140,00 DM für jedes weitere Kind.

Zum Kindergeld kommt noch ein Kindergeldzuschlag, höchstens bis zu 65,00 DM pro Kind, wenn wegen niedrigen Einkommens der steuerliche Kinderfreibetrag nicht oder nicht voll genutzt werden kann.
Das Kindergeld entfällt, wenn das Kind einen Kinderzuschuß aus der gesetzlichen Rentenversicherung oder eine Kinderzulage aus der Unfallversicherung bezieht.

Kindergeldzuschlag

Anspruchsvoraussetzungen

Begrenzung nach Alter

Das Kindergeld wird gezahlt
- für Kinder bis zum 16. Lebensjahr
- darüber hinaus bis zum 27. Lebensjahr, wenn sie sich noch in Berufs- oder Schulausbildung befinden.

Beispiel:

Für Zeiten eines Berufsausbildungsverhältnisses oder des Besuchs einer Meisterschule zwischen dem 18. und 27. Lebensjahr wird das Kindergeld gezahlt.

Kindergeldkasse

Antragstelle

Das Kindergeld ist bei dem für den Wohnsitz des Anspruchsberechtigten zuständigen Arbeitsamt – Kindergeldkasse – zu beantragen. Die Auszahlung erfolgt jeden 2. Monat.

Das Kindergeld kann weder gepfändet, verpfändet noch abgetreten werden.

Zahlung von Kindergeld

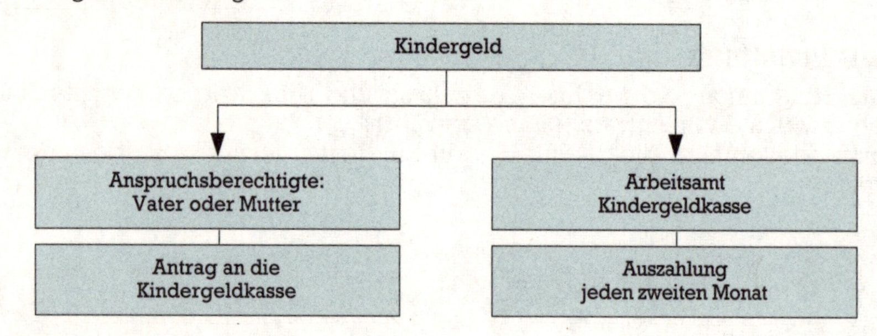

Abbildung 182

3.4.7.3 Kriegsopferversorgung

Bundesversorgungsgesetz Anspruchsberechtigte

Wer in Ausübung eines Militär- oder militärähnlichen Dienstes, durch Kriegseinwirkung oder infolge Gefangenschaft eine gesundheitliche Schädigung erlitten hat, erhält Leistungen aufgrund des Bundesversorgungsgesetzes.

Beispiel:

Gesundheitliche Schädigung oder Schädigung mit Todesfolge in Ausübung des Dienstes bei der Bundeswehr.

Leistungen nach dem Bundesversorgungsgesetz

Versorgungsansprüche

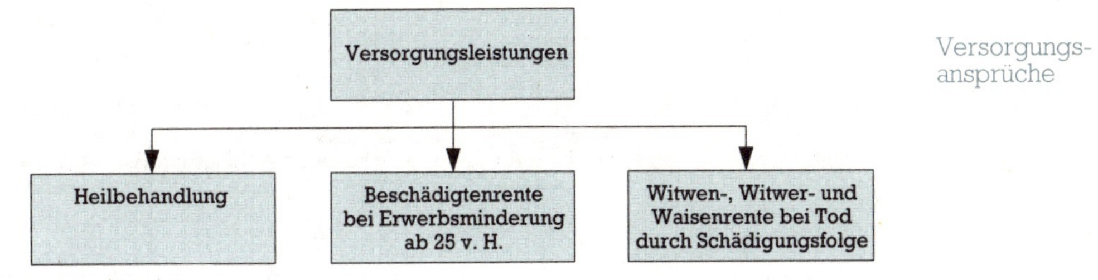

Abbildung 183

Versorgungsbehörden

Antragstelle

Für den Vollzug des Bundesversorgungsgesetzes sind die Versorgungs- und Landesversorgungsämter zuständig.

3.4.7.4 Sozialhilfe – öffentliche Fürsorge

Bundessozialhilfegesetz

Aufgabe der Sozialhilfe ist es, dem Empfänger der Hilfe die Führung eines Lebens zu ermöglichen, das der Würde des Menschen entspricht.

Anspruchsvoraussetzungen

Hilfe zum Lebensunterhalt

Anspruch auf Hilfe zum Lebensunterhalt und Hilfe in besonderen Lebenslagen haben Bedürftige, die sich selbst nicht helfen können oder die die erforderliche Hilfe von anderen, besonders von Angehörigen oder von Sozialversicherungsträgern nicht erhalten.

Träger der Sozialhilfe

Sozialhilfeämter

Träger der Sozialhilfe und Antragstellen sind die kreisfreien Städte, die Landkreise bzw. die Fürsorgeverbände.

3.4.7.5 Sozialgerichtsbarkeit

Sozialgerichtsgesetz

Zuständigkeit

Aufbau der Sozialgerichtsbarkeit

Für Rechtsstreitigkeiten in der Sozialversicherung und Kriegsopferversorgung sind die Sozialgerichte zuständig.

I. Instanz: Sozialgericht
II. Instanz: Landessozialgericht (Berufungsinstanz)
III. Instanz: Bundessozialgericht (Revisionsinstanz)

Verfahren

Rechtsmittel

Gegen jeden Bescheid (Verwaltungsakt) der Sozialversicherungsträger bzw. Versorgungsbehörden kann Widerspruch eingelegt werden. Wird dem Widerspruch nicht abgeholfen, so ist Klage zum Sozialgericht zulässig.
Gegen Urteile der Sozialgerichte findet die Berufung zum Landessozialgericht statt. Gegen Urteile der Landessozialgerichte kann Revision zum Bundessozialgericht eingelegt werden, wenn dies zugelassen wird.

Gebührenfrei

Das Verfahren ist in allen drei Instanzen für den Versicherten kostenfrei.

Grundsätze der Sozialgerichtsbarkeit

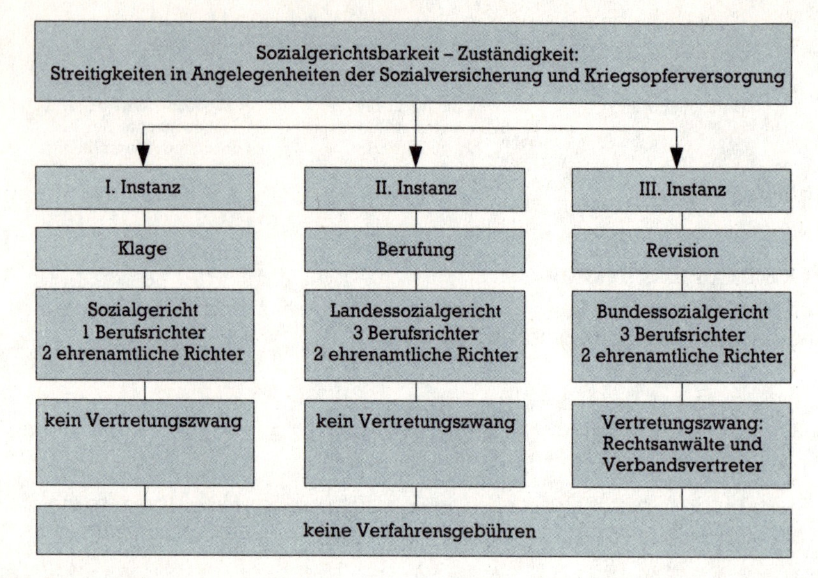

Abbildung 184

3.4.8 Privatversicherungsrecht

Lernziele:
- Informiert sein über den Zweck der Privatversicherung
  - und deren Bedeutung für den betrieblichen und persönlichen Bereich,
  - über die allgemeinen Rechte und Pflichten der Vertragsparteien,
  - über die wesentlichen Versicherungszweige und Arten der Versicherungen.

3.4.8.1 Zweck einer privaten Versicherung

Privater Versicherungsschutz

Die Privatversicherung bietet jedem Gelegenheit, sich auf freiwilliger Grundlage gegen die vielfältigen Risiken des täglichen Lebens sowohl im privaten als auch im betrieblichen Bereich zu sichern.

Gerade der selbständige Handwerker bedarf dieses Schutzes in besonderer Weise.

3.4.8.2 Zustandekommen des Versicherungsvertrages

Vertragsgrundlage

Eine Privatversicherung kommt zustande durch Abschluß eines Vertrages zwischen Versicherer und Versicherungsnehmer.

Dem Abschluß geht in der Regel erst eine genaue Prüfung des Sachverhalts voraus.

Beispiel:

Untersuchung des Gesundheitszustandes des Versicherungsnehmers oder Prüfung der Gefahrenquellen für das Versicherungsobjekt.

3.4.8.3 Rechte und Pflichten der Vertragsparteien

Versicherungsschein
Police

Der Versicherungsnehmer erhält vom Versicherer eine Urkunde über den Versicherungsvertrag.

Versicherungsanspruch

Bei der Schadenversicherung ist der Versicherer verpflichtet, nach Eintritt des Versicherungsfalls dem Versicherungsnehmer oder Geschädigten den erlittenen Schaden nach Maßgabe des Vertrages zu erstatten. Bei Personenversicherungen sind die vereinbarten Geldleistungen wie Kapital, Rente oder Tagegeld zu zahlen.

Prämie
Schadensanzeige

Der Versicherungsnehmer ist verpflichtet
- die vereinbarte Prämie zu zahlen
- bei Eintritt des Versicherungsfalls unverzüglich eine Schadensanzeige zu erstatten.

Die Ansprüche aus dem Versicherungsvertrag verjähren in zwei Jahren, aus der Lebensversicherung in fünf Jahren.

3.4.8.4 Versicherungszweige

Personenversicherungen

Personenversicherungen

Zur Personenversicherung gehören vor allem die Lebensversicherung, die private Kranken- und die private Unfallversicherung.

Lebensversicherung

Lebensversicherung

Fälligkeit

Die Lebensversicherung garantiert eine Kapitalleistung, die
- beim Ableben des Versicherten sofort oder
- nach Ablauf der vereinbarten Versicherungsdauer

fällig wird; Rentenwahlrecht kann vereinbart werden.

Bezugsberechtigung

Beim Tode des Versicherten wird die Versicherungssumme an die Erbberechtigten oder an den Bezugsberechtigten, den der Versicherte benannt hat, gezahlt.

Zusatzversicherungen bieten doppelte Kapitalzahlung bei Unfall und Leistungen bei Berufsunfähigkeit.

Darlehen

Auf Lebensversicherungen räumen Versicherungsunternehmen erststellige Hypothekendarlehen zu günstigen Bedingungen ein.

Versicherungsarten

Die wichtigsten Versicherungsarten sind:
- Alters- und Hinterbliebenenversorgung anstelle oder als Ergänzung der gesetzlichen Rentenversicherung
- Vermögensansammlungsverträge mit Bereitstellung des Kapitals im Todesfall zur Kreditsicherung bei Aufnahme privater oder betrieblicher Darlehen
- Vermögensbildungs-Lebensversicherungen für Arbeitnehmer nach dem 5. Vermögensbildungsgesetz
- Kinderversorgungsversicherungen zur Ansammlung eines Kapitals für die Aussteuer, Ausbildung oder Existenzgründung der Kinder
- Erbschaftssteuerversicherung zur Erhaltung des Vermögens für die Erben
- betriebliche Altersversorgung für Arbeitnehmer und mitarbeitende Familienangehörige.

Krankenversicherung

Private Krankenversicherung

Die private Krankenversicherung gibt materielle Sicherheit bei Krankheit.

Versicherungsarten

Wichtigste Versicherungsarten sind:
- Krankheitskostenversicherung für ambulante und stationäre Heilbehandlung
- Krankentagegeldversicherung zum Ausgleich eines Verdienstausfalles bei Arbeitsunfähigkeit
- Zusatzversicherung für in der gesetzlichen Krankenversicherung versicherte Personen zur Ergänzung des Versicherungsschutzes.

Beispiel:

Zum Ausgleich der Kosten für Krankenhausaufenthalt bei Wahl einer höheren Pflegeklasse.

Unfallversicherung

Private Unfallversicherung

Die private Unfallversicherung ermöglicht Vorsorge gegen die wirtschaftlichen Folgen eines Unfalls. Im Gegensatz zur gesetzlichen Unfallversicherung (Berufsgenossenschaft) beschränkt sie sich nicht nur auf den Schutz bei Arbeitsunfällen.

Versicherungsarten

Wichtigste Versicherungsarten sind:
- Invaliditäts-Unfallversicherung mit Kapital- oder Rentenzahlung
- Kapitalversicherung bei Unfalltod
- Unfalltagegeld- bzw. Unfall-Krankenhaustagegeldversicherung.

Gruppenversicherung

Personenversicherungen können auch im Rahmen von Gruppenversicherungsverträgen abgeschlossen werden. Die Vorteile liegen in ermäßigten Prämien, vielfach auch im Fortfall oder in der Erleichterung einer Gesundheitsprüfung.

Beispiel:

Versorgungswerke im Handwerk

Betriebe zugunsten ihrer Arbeitnehmer (einschließlich der Betriebsinhaber und ihrer Familienangehörigen) über die im Handwerk errichteten Versorgungswerke.

Sachversicherungen

Sachversicherungen sind:
- Feuerversicherung
- Einbruchdiebstahl- und Beraubungsversicherung
- Leitungswasserschäden- und Sturmversicherung
- Glasbruchversicherung
- Hausratversicherung.

Sach-
versicherungen

Schadenversicherungen

Schadenversicherungen sind:
- Kraftfahrtversicherung
- Kfz-Kaskoversicherung
- Haftpflichtversicherung (Privat-, Haus- und Grundbesitz-, Tierhalter-, Berufs- und Betriebs-, Gewässer-, Umwelt- und Produkthaftungsschädenversicherung)
- Maschinen-, Schwachstrom-, Transport- und Betriebsunterbrechungsversicherung.

Schaden-
versicherungen

Privatversicherungen

Privat-
versicherungen

Privatversicherungen zur Absicherung von Risiken im privaten und betrieblichen Bereich

Versicherungsnehmer ↔ **Versicherungsvertrag** ↔ **Versicherer**

Versicherungsnehmer → **Prämienleistungen**

Versicherer → **Versicherungsleistungen**

Versicherungsvertrag → **Versicherungszweige**

Versicherungszweige → **Personenversicherung**, **Sachversicherung**, **Schadenversicherung**

Personenversicherung
- Leben
- Todesfall
- Invalidität
- Unfall
- Krankheitskosten
- Krankengeld
- Krankenhaustagegeld
- Pflegefall
- Vermögensbildung
- Erbschaftssteuer
- Aussteuer, Ausbildung und Existenzgründung

Sachversicherung
- Feuer
- Einbruchdiebstahl und Beraubung
- Leitungswasserschäden
- Glasbruch
- Hausrat

Schadenversicherung
- Privat-Haftpflicht
- Betriebs-Haftpflicht
- Betriebsunterbrechung
- Kraftfahrzeug
- Transport
- Maschinen
- Gebäude
- Umweltschutz
- Produkthaftung

Abbildung 185

Programmierte und textlich gestaltete, offene Übungs-, Wiederholungs- und Prüfungsfragen

1. Welchen Zweck verfolgt die Sozialversicherung?

☐ a) Die Arbeitnehmer durch Einbeziehung in die Pflichtversicherung gegen Haftungsansprüche Dritter zu sichern.

☐ b) Die Arbeitnehmer darüber selbst entscheiden zu lassen, ob und in welcher Weise sie sich gegen die Wechselfälle des Lebens absichern wollen.

☐ c) Die Arbeitnehmer auf der Basis der Pflichtversicherung gegen die Wechselfälle des Lebens abzusichern.

☐ d) Die Belastungen der Arbeitgeber im sozialen Bereich über die Pflichtversicherung auszugleichen.

☐ e) Die Arbeitnehmer zum Finanzaufkommen des Staates heranzuziehen, damit dieser seinen sozialen Verpflichtungen nachkommen kann.

„Siehe Seite 255 des Textteils!"

2. Nennen Sie die vier wichtigsten Versicherungszweige im System der Sozialversicherung!

„Siehe Seite 255 des Textteils!"

3. Seit wann besteht in Deutschland die gesetzliche Krankenversicherung?

☐ a) Seit 1810

☐ b) Seit 1830

☐ c) Seit 1865

☐ d) Seit 1883

☐ e) Seit 1911.

„Siehe Seite 255 des Textteils!"

4. Den Selbstverwaltungsorganen bei den Orts- und Innungskrankenkassen sowie Rentenversicherungsträgern gehören an

☐ a) $\frac{1}{3}$ Arbeitnehmer und $\frac{2}{3}$ Arbeitgeber.

☐ b) $\frac{2}{3}$ Arbeitnehmer und $\frac{1}{3}$ Arbeitgeber.

☐ c) nur Arbeitnehmer, keine Arbeitgeber.

☐ d) nur Arbeitgeber, keine Arbeitnehmer.

☐ e) je zur Hälfte Arbeitnehmer und Arbeitgeber.

„Siehe Seite 257 des Textteils!"

5. Wie setzen sich die Selbstverwaltungsorgane der Bundesanstalt für Arbeit, der Landesarbeitsämter und Arbeitsämter zusammen?

„Siehe Seite 258 des Textteils!"

6. Nennen Sie die wichtigsten Arten von Krankenkassen in der gesetzlichen Krankenversicherung!

„Siehe Seite 259 des Textteils!"

7. Besteht eine Innungskrankenkasse, so gehört der pflichtversicherte Arbeitnehmer dieser Kasse dann an, wenn er

☐ a) einen Antrag auf Mitgliedschaft stellt.

☐ b) der Aufnahme als Mitglied nicht widerspricht.

☐ c) in einem Betrieb unter 20 Beschäftigten tätig ist.

☐ d) bei einem Innungsmitglied beschäftigt ist.

☐ e) im Bezirk einer Innungskrankenkasse beschäftigt ist.

„Siehe Seite 259 des Textteils!"

8. Ab welchem Zeitpunkt unterliegt der Lehrling (Auszubildende) der Versicherungspflicht in der Kranken-, Arbeitslosen- und Rentenversicherung?

☐ a) Mit Beginn des Ausbildungsverhältnisses
☐ b) Nach Ablauf der gesetzlichen Probezeit
☐ c) Nach Ablauf der vereinbarten Probezeit
☐ d) Nach Ablauf der ersten drei Beschäftigungsmonate
☐ e) Mit Beginn des letzten Ausbildungsjahres.

„Siehe Seite 259, 276, 287 des Textteils!"

9. Welcher von den nachbenannten Familienangehörigen eines Krankenkassenmitglieds ist in der gesetzlichen Krankenversicherung familienversichert?

☐ a) Das Kind, das nur eine Ausbildungsvergütung als Lehrling erhält
☐ b) Das Kind, das arbeitslos ist und Arbeitslosengeld bezieht
☐ c) Der Ehegatte, der in einem versicherungspflichtigen Beschäftigungsverhältnis steht
☐ d) Der Ehegatte, der hauptberuflich selbständig erwerbstätig ist
☐ e) Der Ehegatte, der nicht berufstätig ist und über kein eigenes Einkommen verfügt.

„Siehe Seite 260 des Textteils!"

10. Sind Personen, die bei ihrem Ehegatten in einem Beschäftigungsverhältnis gegen Entgelt stehen (Ehegattenarbeitnehmer) krankenversicherungspflichtig?

☐ a) Ja, aber nur, wenn ein schriftlicher Arbeitsvertrag besteht.
☐ b) Ja, wenn das Entgelt die Geringfügigkeitsgrenze überschreitet.
☐ c) Ja, aber nur auf eigenen Antrag.
☐ d) Nein, ohne Rücksicht auf die Höhe des Entgelts.
☐ e) Nur, wenn im Betrieb noch sonstige versicherungspflichtige Arbeitnehmer tätig sind.

„Siehe Seite 259 des Textteils!"

11. Bis zu welchem Jahresbrutto-Arbeitsentgelt sind Arbeiter und Angestellte in der gesetzlichen Krankenversicherung versicherungspflichtig?

„Siehe Seite 260 des Textteils!"

12. Innerhalb welcher gesetzlichen Frist nach Ausscheiden aus einer versicherungspflichtigen Beschäftigung muß der freiwillige Beitritt zur gesetzlichen Krankenversicherung der zuständigen Krankenkasse angezeigt werden?

☐ a) Zwei Wochen
☐ b) Drei Wochen
☐ c) Ein Monat
☐ d) Zwei Monate
☐ e) Drei Monate.

„Siehe Seite 260 des Textteils!"

13. Einzugsstellen für die Gesamtsozialversicherungsbeiträge zur Kranken-, Renten- und Arbeitslosenversicherung sind

☐ a) die Berufsgenossenschaften.
☐ b) die Bundesanstalt für Arbeit.
☐ c) die Bundesversicherungsanstalt für Angestellte.
☐ d) die Krankenkassen.

☐ e) die Landesversicherungsanstalten.

„Siehe Seite 261 des Textteils!"

14. Für welchen Zeitraum ist der Gesamtsozialversicherungsbeitrag an die Einzugsstelle abzuführen?

„Siehe Seite 261 des Textteils!"

15. Der Pflichtbeitragssatz zur Krankenversicherung wird festgelegt

☐ a) durch Bundesgesetz.
☐ b) durch Ländergesetze.
☐ c) durch das Arbeitsministerium.
☐ d) durch das Oberversicherungsamt.
☐ e) durch die Satzung der Krankenkasse.

„Siehe Seite 263 des Textteils!"

16. Wer haftet gegenüber der Orts- und Innungskrankenkasse für die richtige und rechtzeitige Abführung der Gesamtsozialversicherungsbeiträge zur Kranken-, Renten- und Arbeitslosenversicherung?

☐ a) Der Arbeitnehmer selbst
☐ b) Der Lohnbuchhalter des Betriebes
☐ c) Allein der Arbeitgeber
☐ d) Arbeitnehmer und Arbeitgeber zusammen
☐ e) Weder Arbeitgeber noch Arbeitnehmer.

„Siehe Seite 262 des Textteils!"

17. Übersteigt das monatliche Entgelt 610,00 DM, so werden die Beiträge zur Kranken- und Rentenversicherung sowie zur Bundesanstalt für Arbeit getragen

☐ a) allein vom Arbeitgeber.
☐ b) allein vom Arbeitnehmer.
☐ c) je zur Hälfte von Arbeitnehmer und Arbeitgeber.
☐ d) zu $1/3$ vom Arbeitnehmer, zu $2/3$ vom Arbeitgeber.
☐ e) zu $2/3$ vom Arbeitnehmer, zu $1/3$ vom Arbeitgeber.

„Siehe Seite 261 des Textteils!"

18. Darf der Arbeitgeber die auf den Arbeitnehmer entfallenden Beitragsanteile vom Entgelt des Arbeitnehmers nachträglich einbehalten, wenn die rechtzeitige Einbehaltung aus Gründen, die der Arbeitgeber zu vertreten hat, unterblieben ist?

☐ a) Nein, ein nachträglicher Abzug ist ausgeschlossen.
☐ b) Ja, aber nur bei der nächsten Lohn- oder Gehaltszahlung.
☐ c) Ja, aber nur bei den zwei nächsten Lohn- oder Gehaltszahlungen.
☐ d) Ja, aber nur bei den drei nächsten Lohn- oder Gehaltszahlungen.
☐ e) Ja, bis zu den sechs nächsten Lohn- oder Gehaltszahlungen.

„Siehe Seite 261 des Textteils!"

19. Wer ist für die richtige und rechtzeitige Anmeldung von pflichtversicherten Beschäftigten bei der Orts- oder Innungskrankenkasse zuständig?

☐ a) Der Lohnbuchhalter des Betriebes
☐ b) Allein der Arbeitgeber
☐ c) Arbeitnehmer und Arbeitgeber zusammen
☐ d) Weder der Arbeitgeber noch der Arbeitnehmer
☐ e) Der Arbeitnehmer selbst.

„Siehe Seite 265 des Textteils!"

20. Innerhalb welcher Frist nach Beginn einer versicherungspflichtigen Beschäftigung ist der Arbeitnehmer bei der zuständigen Krankenkasse anzumelden (reguläre Anmeldefrist)?

- ☐ a) Innerhalb einer Woche
- ☐ b) Innerhalb zwei Wochen
- ☐ c) Innerhalb vier Wochen
- ☐ d) Innerhalb sechs Wochen
- ☐ e) Innerhalb drei Monaten.

„Siehe Seite 265 des Textteils!"

21. Innerhalb welcher Frist ist der Arbeitnehmer nach Ausscheiden aus dem Arbeitsverhältnis bei der Krankenkasse abzumelden?

„Siehe Seite 265 des Textteils!"

22. In welchem der nachgenannten Fälle muß der Arbeitgeber unverzüglich eine „Kontrollmeldung" an die zuständige Krankenkasse erstatten?

- ☐ a) Wenn der Arbeitnehmer bei Beginn der Beschäftigung den Sozialversicherungsausweis nicht innerhalb von drei Tagen vorlegt
- ☐ b) Wenn der Arbeitnehmer nicht bereit ist, den Sozialversicherungsausweis ständig mit sich zu führen
- ☐ c) Wenn der Arbeitnehmer den Sozialversicherungsausweis nur gelegentlich mit sich führt
- ☐ d) Wenn der Arbeitnehmer den Sozialversicherungsausweis als Personalausweis benutzt
- ☐ e) Wenn dem Arbeitnehmer der Sozialversicherungsausweis während der Arbeitszeit abhanden kommt.

„Siehe Seite 265 des Textteils!"

23. Nennen Sie den Zeitpunkt, zu welchem der Arbeitnehmer den Sozialversicherungsausweis vorzulegen hat!

„Siehe Seite 266 des Textteils!"

24. Für welche Dauer der fortgesetzten Arbeitsunfähigkeit wegen derselben Krankheit wird das Krankengeld innerhalb von je drei Jahren längstens gewährt?

- ☐ a) Für 13 Wochen
- ☐ b) Für 26 Wochen
- ☐ c) Für 52 Wochen
- ☐ d) Für 78 Wochen
- ☐ e) Für 104 Wochen.

„Siehe Seite 269 des Textteils!"

25. Welche der nachfolgend genannten Leistungen ist keine Leistung der gesetzlichen Krankenversicherung?

- ☐ a) Ärztliche Behandlung
- ☐ b) Haushaltshilfe
- ☐ c) Krankenhausbehandlung
- ☐ d) Krankengeld
- ☐ e) Konkursausfallgeld.

„Siehe Seite 267 des Textteils!"

26. Nennen Sie die wichtigsten Leistungen der gesetzlichen Krankenversicherung!

„Siehe Seite 267 des Textteils!"

27. Wie heißen die Träger der gesetzlichen Unfallversicherung?

☐ a) Innungen
☐ b) Berufsgenossenschaften
☐ c) Gewerkschaften
☐ d) Landesversicherungsanstalten
☐ e) Arbeitsämter.

„Siehe Seite 270 des Textteils!"

28. Der Unfallversicherungspflicht unterliegen

☐ a) alle Arbeitnehmer und Auszubildenden.
☐ b) nur Auszubildende und Arbeiter.
☐ c) nur Arbeiter.
☐ d) nur Auszubildende.
☐ e) nur Angestellte bis zu einem bestimmten Jahresbruttolohn.

„Siehe Seite 270 des Textteils!"

29. Ist der selbständige Unternehmer (Handwerker) für seine eigene Person unfallversicherungspflichtig bei der Berufsgenossenschaft?

☐ a) Ja, aufgrund der gesetzlichen Unternehmerversicherungspflicht
☐ b) Wenn die Satzung der Berufsgenossenschaft die Unternehmerpflichtversicherung vorschreibt
☐ c) Wenn er einen Antrag stellt
☐ d) Wenn er Mitglied einer Arbeitgeberorganisation ist
☐ e) Wenn er keine Arbeitskräfte im Betrieb beschäftigt.

„Siehe Seite 271 des Textteils!"

30. Die Beiträge zur gesetzlichen Unfallversicherung für die im Betrieb beschäftigten Arbeitnehmer werden aufgebracht

☐ a) aus Bundesmitteln.
☐ b) aus Landesmitteln.
☐ c) vom Arbeitnehmer allein.
☐ d) vom Arbeitgeber allein.
☐ e) von Arbeitnehmer und Arbeitgeber je zur Hälfte.

„Siehe Seite 271 des Textteils!"

31. Nennen Sie die Versicherungsfälle, die in der gesetzlichen Unfallversicherung Versicherungsschutz genießen und für die die Berufsgenossenschaften Leistungen gewähren!

„Siehe Seite 271 des Textteils!"

32. Welcher Unfall gilt nicht als Arbeitsunfall im Sinne der gesetzlichen Unfallversicherung?

☐ a) Unfall bei einer Tätigkeit für den Betrieb
☐ b) Unfall bei einer privaten Tätigkeit während der Arbeitszeit
☐ c) Wegunfall zwischen Wohnung und Arbeitsstätte
☐ d) Unfall auf einem Weg zur Erledigung von dienstlichen Besorgungen
☐ e) Unfall bei einer Betriebsveranstaltung.

„Siehe Seite 271 des Textteils!"

33. Nennen Sie die wichtigsten Leistungen, die die gesetzliche Unfallversicherung gewährt!

„Siehe Seite 272 des Textteils!"

34. Welche Leistung gewährt die Berufsgenossenschaft an arbeitsunfähige Arbeitsunfallversicherte, die weder Arbeitsentgelt noch Unfallrente beziehen?

- ☐ a) Krankengeld
- ☐ b) Arbeitslosengeld
- ☐ c) Verletztengeld
- ☐ d) Übergangsgeld
- ☐ e) Sozialhilfe.

„Siehe Seite 272 des Textteils!"

35. Ab welchem Grad der Erwerbsminderung wird Verletztenrente aus der gesetzlichen Unfallversicherung gewährt?

- ☐ a) Ab 10 v. H. der Erwerbsminderung
- ☐ b) Ab 15 v. H. der Erwerbsminderung
- ☐ c) Ab 20 v. H. der Erwerbsminderung
- ☐ d) Ab 25 v. H. der Erwerbsminderung
- ☐ e) Ab 30 v. H. der Erwerbsminderung.

„Siehe Seite 272 des Textteils!"

36. Welches Entgelt wird der Berechnung der Verletztenrente aus der gesetzlichen Unfallversicherung zugrunde gelegt?

- ☐ a) Das letzte Nettomonatsentgelt
- ☐ b) Das letzte Bruttomonatsentgelt
- ☐ c) Das Bruttoarbeitsentgelt der letzten 6 Monate
- ☐ d) Das Bruttoarbeitsentgelt der letzten 12 Monate
- ☐ e) Das Bruttoarbeitsentgelt der letzten 36 Monate.

„Siehe Seite 272 des Textteils!"

37. Welche Aufgabe hat der vom Arbeitgeber bestellte Sicherheitsbeauftragte im Betrieb?

„Siehe Seite 273 des Textteils!"

38. Für welchen Bereich der Unfallverhütung ist der betriebsärztliche Dienst zuständig?

„Siehe Seite 274 des Textteils!"

39. Innerhalb welcher Frist ist der Berufsgenossenschaft die Eröffnung eines Betriebes anzuzeigen?

- ☐ a) Innerhalb von drei Tagen nach Betriebseröffnung
- ☐ b) Innerhalb einer Woche nach Betriebseröffnung
- ☐ c) Innerhalb von zwei Wochen nach Betriebseröffnung
- ☐ d) Innerhalb von drei Wochen nach Betriebseröffnung
- ☐ e) Innerhalb von einem Monat nach Betriebseröffnung.

„Siehe Seite 274 des Textteils!"

40. Eine Unfallanzeige an die Berufsgenossenschaft muß erstattet werden, wenn durch den Arbeitsunfall eine Arbeitsunfähigkeit eintritt

- ☐ a) von mindestens einem Tag.
- ☐ b) von mehr als drei Tagen.
- ☐ c) von mehr als einer Woche.
- ☐ d) von mehr als zwei Wochen.
- ☐ e) von mehr als drei Wochen.

„Siehe Seite 274 des Textteils!"

41. Haftet der Arbeitgeber gegenüber der Berufsgenossenschaft für Aufwendungen, die dadurch entstehen, daß er den Arbeitsunfall eines Arbeitnehmers verschuldet hat?

☐ a) Ja, aber nur, wenn er vorsätzlich oder grob fahrlässig den Unfall verschuldet hat.
☐ b) Nein, weil eine Haftung des Arbeitgebers grundsätzlich ausgeschlossen ist.
☐ c) Ja, wenn der Unfall auf eine Fahrlässigkeit des Arbeitgebers zurückzuführen ist.
☐ d) Ja, aber erst ab einer bestimmten Betriebsgröße.
☐ e) Ja, er haftet immer, weil es auf ein Verschulden nicht ankommt.

„Siehe Seite 275 des Textteils!"

42. In welchem Fall kann der unfallgeschädigte Arbeitnehmer ausnahmsweise neben den Leistungen aus der gesetzlichen Unfallversicherung auch noch gegenüber seinem Arbeitgeber Schadenersatzansprüche wegen eines Personenschadens geltend machen?

„Siehe Seite 275 des Textteils!"

43. Nennen Sie den für die Rentenversicherung der Angestellten zuständigen Rentenversicherungsträger!

„Siehe Seite 276 des Textteils!"

44. Wer ist der Versicherungsträger für die Rentenversicherung der Arbeiter?

☐ a) Die Bundesanstalt für Arbeit
☐ b) Die Berufsgenossenschaft
☐ c) Die Bundesversicherungsanstalt für Angestellte
☐ d) Die Landesversicherungsanstalt
☐ e) Das Bundesaufsichtsamt für das Versicherungswesen.

„Siehe Seite 276 des Textteils!"

45. Der Versicherungspflicht in der gesetzlichen Rentenversicherung unterliegen

☐ a) nur solche Arbeitnehmer, die eine bestimmte Jahresarbeitsverdienstgrenze nicht überschreiten.
☐ b) alle Arbeiter, Angestellten und Auszubildenden ohne Rücksicht auf die Höhe ihres Entgelts.
☐ c) nur Arbeiter, nicht aber Angestellte und Auszubildende.
☐ d) nur Angestellte, nicht aber Arbeiter und Auszubildende.
☐ e) nur Auszubildende, nicht aber Arbeiter und Angestellte.

„Siehe Seite 276 des Textteils!"

46. Können selbständig Erwerbstätige, die nicht kraft Gesetzes der Versicherungspflicht unterliegen, Pflichtbeiträge zur gesetzlichen Rentenversicherung entrichten?

☐ a) Nein, da Pflichtbeiträge nur von Personen entrichtet werden können, die kraft Gesetzes pflichtversichert sind.
☐ b) Ja, wenn sie innerhalb von fünf Jahren nach Aufnahme der selbständigen Tätigkeit die Versicherungspflicht beantragen.
☐ c) Nein, sie können nur von dem Recht zur Entrichtung von freiwilligen Beiträgen Gebrauch machen.
☐ d) Ja, aber nur, wenn sie mindestens 180 Pflichtmonatsbeiträge als Arbeitnehmer nachweisen können.
☐ e) Nein, weil sich selbständig Erwerbstätige grundsätzlich in der gesetzlichen Rentenversicherung nicht versichern können.

„Siehe Seite 276 des Textteils!"

47. Wie hoch ist der Beitragssatz zur Arbeiterrenten- und Angestelltenversicherung?

☐ a) 14 % des Bruttoentgelts
☐ b) 16 % des Bruttoentgelts
☐ c) 17 % des Bruttoentgelts
☐ d) 17,5 % des Bruttoentgelts
☐ e) 19,2 % des Bruttoentgelts.

„Siehe Seite 276 des Textteils!"

48. Von wem werden die Pflichtbeiträge zur gesetzlichen Rentenversicherung aufgebracht?

☐ a) Zu ⅓ vom Arbeitgeber und ⅔ vom Arbeitnehmer
☐ b) Zu ⅔ vom Arbeitgeber und ⅓ vom Arbeitnehmer
☐ c) Allein vom Arbeitnehmer
☐ d) Allein vom Arbeitgeber
☐ e) Vom Arbeitgeber und Arbeitnehmer je zur Hälfte.

„Siehe Seite 261, 276 des Textteils!"

49. Welche Unterlage dient dem Arbeitnehmer als Beitragsnachweis in der gesetzlichen Rentenversicherung?

☐ a) Versicherungskarte
☐ b) Versicherungsnachweis
☐ c) Arbeitsbescheinigung
☐ d) Arbeitszeugnis
☐ e) Lohnsteuerkarte.

„Siehe Seite 278 des Textteils!"

50. In welcher Weise und an welche Stelle führen freiwillig Versicherte ihre Beiträge zur Rentenversicherung ab?

„Siehe Seite 277 des Textteils!"

51. Nennen Sie die wichtigsten Leistungen, die die gesetzliche Rentenversicherung gewährt!

„Siehe Seite 278 des Textteils!"

52. Wann erhält der Versicherte Rente wegen Berufsunfähigkeit?

☐ a) Wenn er völlig erwerbsunfähig ist
☐ b) Mit Vollendung des 63. Lebensjahres
☐ c) Mit Vollendung des 65. Lebensjahres
☐ d) Ab einer Erwerbsminderung von mindestens 20 %
☐ e) Wenn die Erwerbsfähigkeit in seinem Beruf unter die Hälfte abgesunken ist.

„Siehe Seite 279 des Textteils!"

53. Unter welcher Voraussetzung wird nach Ableben des Versicherten Witwen- bzw. Witwerrente in der gesetzlichen Rentenversicherung gewährt?

☐ a) Der Versicherte muß zum Zeitpunkt des Todes die Wartezeit von mindestens 60 Versicherungsmonaten erfüllt haben.
☐ b) Die Ehe muß zum Zeitpunkt des Todes mindestens fünf Jahre bestanden haben.
☐ c) Der Versicherte muß zum Zeitpunkt seines Todes überwiegend den Unterhalt seiner Familie bestritten haben.
☐ d) Die Witwe bzw. der Witwer muß bedürftig sein und darf nicht über ein Bankguthaben verfügen.
☐ e) Der Versicherte darf zum Zeitpunkt seines Todes noch nicht Rente bezogen haben.

„Siehe Seite 279 des Textteils!"

54. Die Wartezeit für den Anspruch auf Regelaltersrente mit Vollendung des 65. Lebensjahres beträgt

☐ a) 60 Versicherungsmonate.
☐ b) 120 Versicherungsmonate.
☐ c) 180 Versicherungsmonate.
☐ d) 240 Versicherungsmonate.
☐ e) 420 Versicherungsmonate.

„Siehe Seite 280 des Textteils!"

55. Für den Anspruch auf die Altersrente für langjährig Versicherte mit Vollendung des 63. Lebensjahres beträgt die Wartezeit

☐ a) 180 Versicherungsmonate.
☐ b) 240 Versicherungsmonate.
☐ c) 300 Versicherungsmonate.
☐ d) 360 Versicherungsmonate.
☐ e) 420 Versicherungsmonate.

„Siehe Seite 280 des Textteils!"

56. Zeiten der Schulausbildung nach Vollendung des 16. Lebensjahres gelten in der gesetzlichen Rentenversicherung als

☐ a) Beitragszeiten.
☐ b) Zurechnungszeiten.
☐ c) Anrechnungszeiten.
☐ d) Ersatzzeiten.
☐ e) Fehlzeiten.

„Siehe Seite 282 des Textteils!"

57. Welchem Zweck dient die Rente?

„Siehe Seite 281 des Textteils!"

58. Erhalten Arbeiter und Angestellte die gleichen Leistungen aus der gesetzlichen Rentenversicherung, oder unterscheidet das Leistungsrecht zwischen Arbeitern und Angestellten?

„Siehe Seite 278 des Textteils!"

59. Nach was bemißt sich die Höhe der Altersrente aus der Arbeiterrenten- bzw. Angestelltenversicherung?

☐ a) Nach dem letzten Jahresbruttoarbeitsverdienst des Versicherten vor Stellung des Rentenantrages
☐ b) Nach dem letzten Monatsbruttoarbeitsverdienst des Versicherten vor Stellung des Rentenantrages
☐ c) Nach den sonstigen Einkünften des Rentenantragstellers
☐ d) Nach der Höhe der Beitragsleistungen bzw. der Versichertenbruttoentgelte und der Zahl der rentenrechtlichen Anrechnungszeiten des Versicherten
☐ e) Nach der Art der Tätigkeit, die der Versicherte zeitlebens ausgeübt hat.

„Siehe Seite 281 des Textteils!"

60. Was versteht man unter Rentendynamik?

„Siehe Seite 282 des Textteils!"

61. Unterliegen selbständige Handwerker der Versicherungspflicht in der gesetzlichen Rentenversicherung (Handwerkerversicherung)?

☐ a) Ja, aber nur, wenn sie in ihrem Betrieb Arbeitnehmer beschäftigen.
☐ b) Ja, aber nur, wenn sie ihren Betrieb ohne Arbeitnehmer ausüben.
☐ c) Ja, wenn ihr Arbeitseinkommen einen bestimmten Betrag nicht überschreitet.

☐ d) Ja, aber nur bis zu einer Betriebsgröße von 20 Beschäftigten.
☐ e) Ja, mit Aufnahme der selbständigen Tätigkeit und Eintragung in die Handwerksrolle.

„Siehe Seite 283 des Textteils!"

62. Welchem Rentenversicherungsträger gehören pflichtversicherte Handwerker an?

☐ a) Der Bundesversicherungsanstalt für Angestellte
☐ b) Der Bundesanstalt für Arbeit
☐ c) Der Landesversicherungsanstalt
☐ d) Der Knappschaft
☐ e) Der Berufsgenossenschaft.

„Siehe Seite 283 des Textteils!"

63. Welche Möglichkeiten der Beitragsentrichtung zur gesetzlichen Rentenversicherung haben Handwerker, die nicht der Handwerkerversicherungspflicht unterliegen (zum Beispiel Inhaber handwerklicher Nebenbetriebe)?

„Siehe Seite 284 des Textteils!"

64. Nennen Sie die Zahl der Kalendermonate, für die Pflichtbeiträge nachgewiesen sein müssen, um Antrag auf Befreiung von der Handwerkerversicherungspflicht stellen zu können!

„Siehe Seite 284 des Textteils!"

65. Der monatliche Pflichtbeitrag zur Rentenversicherung für selbständige Handwerker (Handwerkerversicherung)

☐ a) richtet sich nach dem jährlichen Bruttogewinn der Handwerker.
☐ b) ist in das Ermessen der Handwerker gestellt.
☐ c) richtet sich nach der Zahl der Beschäftigten im Betrieb.
☐ d) richtet sich nach dem Umsatz des Betriebes.
☐ e) ist ein Regelbeitrag ohne Rücksicht auf die Höhe des Einkommens.

„Siehe Seite 285 des Textteils!"

66. Können versicherungspflichtige Handwerker anstelle des Regelbeitrages (der dem Durchschnittsentgelt aller Versicherten entspricht) höhere oder niedrigere Beiträge zur Handwerkerversicherung zahlen?

☐ a) Ja, aber nur, wenn das Einkommen unter dem Durchschnittsentgelt liegt.
☐ b) Ja, aber nur, wenn das Einkommen über dem Durchschnittsentgelt liegt.
☐ c) Nein, weil der Regelbeitrag stets auch dann zu zahlen ist, wenn das Einkommen vom Durchschnittsentgelt abweicht.
☐ d) Ja, auf Antrag, wenn das Einkommen entweder unter oder über dem Durchschnittsentgelt liegt.
☐ e) Nein, weil die Rentenversicherungsträger versicherungspflichtige Handwerker nur mit dem Regelbeitrag veranlagen.

„Siehe Seite 285 des Textteils!"

67. Innerhalb welchen Zeitraumes nach Aufnahme der selbständigen Tätigkeit sind Handwerker berechtigt, abweichend vom tatsächlichen Einkommen den halben Regelbeitrag zu zahlen?

☐ a) Bis zum Ablauf der ersten sechs Monate
☐ b) Bis zum Ablauf des ersten Kalenderjahres
☐ c) Bis zum Ablauf der ersten zwei Kalenderjahre
☐ d) Bis zum Ablauf der ersten drei Kalenderjahre

☐ e) Bis zum Ablauf der ersten fünf Kalenderjahre.

„Siehe Seite 285 des Textteils!“

68. An welche Stelle ist der Pflichtbeitrag der Handwerker zur Rentenversicherung abzuführen?

☐ a) Krankenkasse
☐ b) Landesversicherungsanstalt
☐ c) Berufsgenossenschaft
☐ d) Bundesversicherungsanstalt für Angestellte
☐ e) Bundesanstalt für Arbeit.

„Siehe Seite 286 des Textteils!“

69. Auf welche Weise wird der Pflichtbeitrag zur Handwerkerversicherung an die Landesversicherungsanstalt abgeführt?

„Siehe Seite 286 des Textteils!“

70. Selbständige Handwerker erhalten nach Erfüllung der Wartezeit von 60 Versicherungsmonaten mit Vollendung des 65. Lebensjahres die Regelaltersrente

☐ a) erst nach Aufgabe der selbständigen Tätigkeit.
☐ b) nur dann, wenn das Einkommen eine bestimmte Höhe nicht erreicht.
☐ c) wenn keine fremden Hilfskräfte mehr beschäftigt werden.
☐ d) nur wenn Erwerbsunfähigkeit besteht.
☐ e) auch wenn der Betrieb in vollem Umfange weitergeführt wird.

„Siehe Seite 278, 287 des Textteils!“

71. Aus welchem Grund ist es auch für Handwerker sinnvoll, fortlaufend Pflichtbeiträge zur gesetzlichen Rentenversicherung zu zahlen?

„Siehe Seite 285 des Textteils!“

72. Wie heißt der Versicherungsträger für die Arbeitslosenversicherung?

☐ a) Bundesanstalt für Arbeit
☐ b) Arbeitsamt
☐ c) Berufsgenossenschaft
☐ d) Landesarbeitsamt
☐ e) Landesversicherungsanstalt.

„Siehe Seite 287 des Textteils!“

73. Nennen Sie die Dienststellen der Bundesanstalt für Arbeit!

„Siehe Seite 287 des Textteils!“

74. Welche Personen sind in der Arbeitslosenversicherung versicherungspflichtig?

„Siehe Seite 287 des Textteils!“

75. Welcher Versicherungsträger ist Einzugsstelle für die Beiträge zur Bundesanstalt für Arbeit (Arbeitslosenversicherung)?

☐ a) Die Bundesanstalt für Arbeit
☐ b) Das Arbeitsamt
☐ c) Die Krankenkasse
☐ d) Die Landesversicherungsanstalt
☐ e) Die Bundesversicherungsanstalt für Angestellte.

„Siehe Seite 261, 288 des Textteils!“

76. Nennen Sie die wichtigsten Leistungen, die die Bundesanstalt für Arbeit gewährt!

„Siehe Seite 288 des Textteils!"

77. Das Arbeitslosengeld beträgt für Arbeitslose mit mindestens einem Kind:

☐ a) 55 v. H. des Nettoentgelts
☐ b) 60 v. H. des Nettoentgelts
☐ c) 68 v. H. des Nettoentgelts
☐ d) 75 v. H. des Nettoentgelts
☐ e) 80 v. H. des Nettoentgelts.

„Siehe Seite 290 des Textteils!"

78. Nennen Sie die Voraussetzungen, die neben der Anwartschaftszeit erfüllt sein müssen, um Anspruch auf Arbeitslosengeld zu haben!

„Siehe Seite 289 des Textteils!"

79. Für wie viele Kalendertage innerhalb einer Rahmenfrist von drei Jahren müssen in der Regel Beiträge zur Bundesanstalt für Arbeit geleistet sein (Anwartschaftszeit), um Anspruch auf Arbeitslosengeld zu haben?

☐ a) 90 Kalendertage
☐ b) 180 Kalendertage
☐ c) 270 Kalendertage
☐ d) 360 Kalendertage
☐ e) 540 Kalendertage.

„Siehe Seite 290 des Textteils!"

80. Bei welcher Stelle ist der Antrag auf Gewährung von Arbeitslosengeld zu stellen?

☐ a) Bei der Krankenkasse
☐ b) Beim Arbeitsamt
☐ c) Beim Gemeindeamt
☐ d) Bei der Landesversicherungsanstalt
☐ e) Bei der Berufsgenossenschaft.

„Siehe Seite 291 des Textteils!"

81. Die Bundesanstalt für Arbeit kann Unterhaltsgeld gewähren

☐ a) bei beruflicher Fortbildung.
☐ b) bei Besuch der Universität.
☐ c) bei Besuch des Gymnasiums.
☐ d) bei Arbeitslosigkeit.
☐ e) bei Bedürftigkeit.

„Siehe Seite 288 des Textteils!"

82. Für welchen Zeitraum nach Eröffnung des Konkursverfahrens über das Vermögen des Arbeitgebers erhält der Arbeitnehmer im Falle noch ausstehender Entgeltansprüche Konkursausfallgeld?

„Siehe Seite 292 des Textteils!"

83. Das Bundeserziehungsgeld beträgt monatlich

☐ a) 300 DM.
☐ b) 450 DM.
☐ c) 600 DM.

☐ d) 750 DM.
☐ e) 900 DM.

„Siehe Seite 295 des Textteils!"

84. Kann anstelle der Mutter auch der Vater Erziehungsgeld beziehen?
☐ a) Ja, aber nur, wenn er in einem Arbeitsverhältnis steht.
☐ b) Ja, aber nur, wenn er in keinem Arbeitsverhältnis steht.
☐ c) Ja, wenn sowohl er als auch seine Ehefrau voll erwerbstätig sind.
☐ d) Nein, weil allein anspruchsberechtigt nur die Mutter ist.
☐ e) Ja, wenn er das Kind im Haushalt selbst betreut und erzieht und keine bzw. eine nur kurzzeitige Erwerbstätigkeit ausübt.

„Siehe Seite 295 des Textteils!"

85. Wird das Erziehungsgeld nur an Arbeitnehmer oder auch an Hausfrauen und selbständig Erwerbstätige gezahlt?

„Siehe Seite 295 des Textteils!"

86. Das Bundeskindergeldgesetz gewährt Kindergeld
☐ a) für jedes Kind.
☐ b) für das 2. und jedes weitere Kind.
☐ c) erst ab dem 3. Kind.
☐ d) erst ab dem 4. Kind.
☐ e) nur bei Bedürftigkeit.

„Siehe Seite 295 des Textteils!"

87. Bis zu welchem Alter des Kindes wird das Kindergeld längstens gezahlt?

„Siehe Seite 296 des Textteils!"

88. Wo ist das gesetzliche Kindergeld zu beantragen?
☐ a) Bei der Krankenkasse
☐ b) Beim Arbeitgeber
☐ c) Beim Arbeitsamt
☐ d) Beim Finanzamt
☐ e) Beim Gemeindeamt.

„Siehe Seite 296 des Textteils!"

89. In welchen Fällen gewährt das Bundesversorgungsgesetz Versorgungsleistungen?

„Siehe Seite 296 des Textteils!"

90. Für die Gewährung der Beschädigtenrente nach dem Bundesversorgungsgesetz ist zuständig
☐ a) die Bundesversicherungsanstalt für Angestellte.
☐ b) die Bundesanstalt für Arbeit.
☐ c) das Arbeitsministerium.
☐ d) die Krankenkasse.
☐ e) das Versorgungsamt.

„Siehe Seite 297 des Textteils!"

91. Nennen Sie die Aufgabe der Sozialhilfe nach dem Bundessozialhilfegesetz!

„Siehe Seite 297 des Textteils!"

92. Sozialhilfe nach dem Bundessozialhilfegesetz wird gewährt
☐ a) an Bedürftige in Notfällen.
☐ b) in Notfällen ohne Rücksicht auf die Bedürftigkeit.
☐ c) nur an ältere Personen.
☐ d) nur an Personen, die früher freischaffend tätig waren.
☐ e) an Personen, die erwerbsunfähig sind.

„Siehe Seite 297 des Textteils!"

93. Wo ist die Sozialhilfe zu beantragen?
☐ a) Bei der Krankenkasse
☐ b) Beim Sozialhilfeamt
☐ c) Beim Finanzamt
☐ d) Beim Arbeitsministerium
☐ e) Beim Arbeitsamt.

„Siehe Seite 297 des Textteils!"

94. Wie viele Instanzen hat die Sozialgerichtsbarkeit und welche Bezeichnungen führen diese?

„Siehe Seite 297 des Textteils!"

95. Welches der nachfolgend genannten Gerichte ist zuständig für Streitigkeiten zwischen Sozialversicherungsträgern und Versicherten?
☐ a) Arbeitsgericht
☐ b) Amtsgericht
☐ c) Landgericht
☐ d) Sozialgericht
☐ e) Verwaltungsgericht.

„Siehe Seite 297 des Textteils!"

96. Welche Verfahrenskosten entstehen dem Versicherten bei Inanspruchnahme der Sozialgerichtsbarkeit?
☐ a) Keine, da Gebührenfreiheit besteht
☐ b) Geringere Gebühren als bei sonstigen Gerichten
☐ c) Die üblichen Gerichtsgebühren
☐ d) Höhere Gebühren als bei sonstigen Gerichten
☐ e) Gebühren, die nach dem Einkommen gestaffelt sind.

„Siehe Seite 298 des Textteils!"

97. Welchem Zweck dient der Abschluß von privaten Versicherungen?

„Siehe Seite 298 des Textteils!"

98. Die Privatversicherung bietet Versicherungsschutz
☐ a) auf freiwilliger Grundlage.
☐ b) aufgrund eines gesetzlichen Zwanges.
☐ c) aufgrund sonstiger Verpflichtung.
☐ d) auf Veranlassung einer Behörde.
☐ e) auf Verlangen einer Versicherungsgesellschaft.

„Siehe Seite 298 des Textteils!"

99. Der Versicherungsschutz in der Privatversicherung kommt zustande durch
☐ a) einseitige Verpflichtung des Versicherungsnehmers.
☐ b) einseitige Verpflichtung des Versicherers.
☐ c) Erhebung des Anspruchs seitens des Versicherungsnehmers.

☐ d) Abschluß eines Versicherungsvertrages zwischen Versicherer und Versicherungsnehmer.
☐ e) Verfügung einer Behörde.

„Siehe Seite 298 des Textteils!“

100. Mit Abschluß des privaten Versicherungsvertrages und bei Vorliegen der Anspruchsvoraussetzungen ergibt sich für den Versicherungsnehmer

☐ a) ein Anspruch in einer von ihm zu bestimmenden Höhe.
☐ b) ein Rechtsanspruch auf Leistungen entsprechend der vertraglichen Regelung.
☐ c) ein Leistungsanspruch nach freiem Ermessen des Versicherers.
☐ d) ein Anspruch nach billigem Ermessen des Versicherers.
☐ e) ein Anspruch nach dem Grad der Bedürftigkeit.

„Siehe Seite 299 des Textteils!“

101. Kann eine Lebensversicherung als vermögenswirksame Anlage nach dem Vermögensbildungsgesetz abgeschlossen werden?

☐ a) Nein, weil es Vermögensbildungs-Lebensversicherungen nicht gibt.
☐ b) Ja, aber nur bei einer bestimmten Lebensversicherungsgesellschaft.
☐ c) Ja, bei jeder Lebensversicherungsgesellschaft.
☐ d) Ja, aber nur bei der zuständigen Berufsgenossenschaft.
☐ e) Ja, aber nur bei der zuständigen Landesversicherungsanstalt.

„Siehe Seite 300 des Textteils!“

102. Kann sich ein krankenversicherungspflichtiger Arbeitnehmer zusätzlich in der privaten Krankenversicherung versichern?

☐ a) Ja, zum Zweck der Verbesserung seines Versicherungsschutzes.
☐ b) Grundsätzlich nicht.
☐ c) Nur mit Genehmigung der gesetzlichen Krankenkasse.
☐ d) Ja, aber ohne hierdurch zusätzliche Leistungen zu erhalten.
☐ e) Nur bis zu einem bestimmten Einkommen.

„Siehe Seite 300 des Textteils!“

103. Nennen Sie die wichtigsten Arten von Personenversicherungen in der Privatversicherung!

„Siehe Seite 299 des Textteils!“

104. Nennen Sie die wichtigsten Arten von Sachversicherungen, die die Privatversicherung anbietet!

„Siehe Seite 301 des Textteils!“

105. Nennen Sie einige Risiken, die im Rahmen privater Schadenversicherungen versichert werden können!

„Siehe Seite 301 des Textteils!“

106. Durch welche Versicherung deckt sich der selbständige Handwerker für Schäden ab, die er in Ausübung seines Berufes Dritten zufügt?

☐ a) Lebensversicherung
☐ b) Sachversicherung
☐ c) Unfallversicherung
☐ d) Invaliditätsversicherung
☐ e) Haftpflichtversicherung.

„Siehe Seite 301 des Textteils!“

3.5 Vermögensbildungsrecht

3.5.1 Zweck und Ziel der Vermögensbildung

Vermögensbildung

Lernziele:

- Kennen der Hauptanliegen des Vermögensbildungsrechts.
- Kennen der wichtigsten Anlagemöglichkeiten im Rahmen des Vermögensbildungsgesetzes.

Eigentum als Grundlage der Wirtschafts- und Sozialordnung

Persönliches Eigentum und Vermögen ist Grundlage einer freiheitlichen Wirtschafts- und Sozialordnung. Es sichert

- die persönliche Freiheit des einzelnen und seiner Familie
- verleiht Unabhängigkeit und
- fördert das Verantwortungsbewußtsein des einzelnen.

Vermögensbildungspolitik

Eine möglichst breite Streuung von Eigentum und Vermögen durch Beteiligung am Vermögenszuwachs und Produktivvermögen ist deshalb das Ziel der Vermögensbildungspolitik in der Bundesrepublik.

Zu den wichtigsten Anlagemöglichkeiten im Rahmen des Vermögensbildungsgesetzes siehe Abschnitt 3.5.3.2 „Anlagemöglichkeiten" in diesem Band.

3.5.2 Staatliche Hilfen zur Vermögensbildung

Lernziel:

- Kennen der staatlichen Hilfen zur Vermögensbildung und der für das Handwerksunternehmen zu beachtenden Vorschriften und Regelungen.

3.5.2.1 Spar- und Bausparprämien

Staatliche Förderung der Vermögensbildung

Zur Förderung der Vermögensbildung gewährt der Staat steuerliche Anreize in Form von Spar- und Bausparprämien zur Bildung von Wohneigentum; für Arbeitnehmer auch zur Beteiligung am Produktivvermögen durch betriebliche und außerbetriebliche Beteiligungen.

Für das Handwerksunternehmen zu beachtende Vorschriften und Regelungen sind im Abschnitt 3.5.3 „Vermögensbildungsgesetz" in diesem Band aufgeführt.

3.5.3 Vermögensbildungsgesetz

Lernziele:

- Kennen der wichtigsten Bestimmungen des Vermögensbildungsgesetzes, des begünstigten Personenkreises, der verschiedenen Anlagemöglichkeiten und Vergünstigungen.
- Kennen der Pflichten des Arbeitgebers aus tariflichen bzw. betrieblichen Vereinbarungen zur Vermögensbildung.

3.5.3.1 Personenkreis

Vermögensbildungsgesetz

Berechtigter Personenkreis

Der Geltungsbereich des Vermögensbildungsgesetzes (5. VermBG) erstreckt sich auf alle

- Arbeitnehmer und Auszubildende
- Teilzeit- und Aushilfsbeschäftigte
- Heimarbeiter und Hausgewerbetreibende
- gegen Entgelt beschäftigte Familienangehörige.

3.5.3.2 Anlagemöglichkeiten

Vermögenswirksame Leistungen

Leistungen des Arbeitgebers oder des Arbeitnehmers

Vermögenswirksame Leistungen sind Geldleistungen, die

- der Arbeitgeber für den Arbeitnehmer erbringt und anlegt oder
- der Arbeitgeber auf Antrag des Arbeitnehmers aus dessen Arbeitsentgelt anlegt.

Anlageformen

Verschiedene Anlagemöglichkeiten

Aus der Vielzahl der Anlagemöglichkeiten sind vor allem zu nennen:

- Sparverträge über Wertpapiere von
  - Aktien
  - Geschäftsanteilen einer GmbH
  - Beteiligungen als stiller Gesellschafter am arbeitgebenden Unternehmen
  - Darlehensforderungen gegen den Arbeitgeber (Arbeitnehmerdarlehen)
- Aufwendungen nach dem Wohnungsbau-Prämiengesetz
- Aufwendungen zum Bau, zum Erwerb oder zur Erweiterung eines Wohngebäudes oder einer Eigentumswohnung
- Sparverträge mit Kreditinstituten
- Beiträge für eine Kapital-Lebensversicherung mit einer Mindestvertragsdauer von 12 Jahren.

Förderungsvoraussetzungen

Freie Wahl der Anlage

Voraussetzung für die Förderung ist, daß der Arbeitnehmer

- die Art der vermögenswirksamen Anlage und
- das Unternehmen oder Institut, bei dem sie erfolgen soll,

frei wählen kann.

Bei bestimmten Anlageformen darf bis zum Ablauf einer Sperrfrist von sechs (Wertpapier-Sparverträge) bis sieben Jahren (Sparverträge mit einem Kreditinstitut) über die sich hieraus ergebenden Rechte nur in Ausnahmefällen verfügt werden.

Sperrfrist

Beispiel:

Bei Aufgabe der Arbeitnehmertätigkeit wegen Gründung einer selbständigen Existenz, im Todesfall, bei Eintritt von Erwerbsunfähigkeit oder mindestens einjähriger Arbeitslosigkeit, kann über die Sparanlagen vor Ablauf der Sperrfrist verfügt werden.

Vorzeitige Verfügung

Überweisung der vermögenswirksamen Leistungen

Der Arbeitgeber hat die vermögenswirksamen Leistungen unmittelbar an das vom Arbeitnehmer benannte Unternehmen oder Institut zu überweisen.

Überweisung durch den Arbeitgeber

Vermögenswirksame Leistungen des Arbeitgebers sind

- steuer- und sozialversicherungspflichtiges Entgelt

und deshalb dem Brutto-Arbeitsentgelt hinzuzurechnen.

Vermögenswirksame Leistungen des Arbeitgebers sind Bruttoentgelt

Auf schriftliches Verlangen des Arbeitnehmers hat der Arbeitgeber

- einen Vertrag über die vermögenswirksame Anlage von Teilen des Arbeitsentgelts

abzuschließen. In diesem Fall ist die vermögenswirksame Leistung vom Netto-Arbeitsentgelt des Arbeitnehmers einzubehalten.

3.5.3.3 Arbeitnehmersparzulage

Arbeitnehmersparzulage

Der Arbeitnehmer erhält für die angelegten vermögenswirksamen Leistungen

- bis zu einem Betrag von 936,00 DM im Kalenderjahr

eine Arbeitnehmersparzulage, sofern das zu versteuernde Jahreseinkommen

- 27.000,00 DM
- 54.000,00 DM bei Zusammenveranlagung von Ehegatten

nicht übersteigt. Die Arbeitnehmersparzulage beträgt je nach Anlageform

- 10 bzw. 20 v. H. der Aufwendungen.

Begünstigungsrahmen: 936,00 DM

Einkommensgrenzen

Höhe der Arbeitnehmersparzulage

Die Arbeitnehmersparzulage ist kein Arbeitsentgelt und deshalb auch nicht Entgelt im Sinne des Steuer- und Sozialversicherungsrechts.

Die Auszahlung der Arbeitnehmersparzulage erfolgt durch das Finanzamt. Sie ist vom Arbeitnehmer nach Ablauf des Anlagejahres bei dem zuständigen Finanzamt mittels amtlichem Vordruck und unter Beifügung der Lohnsteuerkarte zu beantragen.

Auszahlung durch Finanzamt

Grundsätze des Vermögensbildungsgesetzes

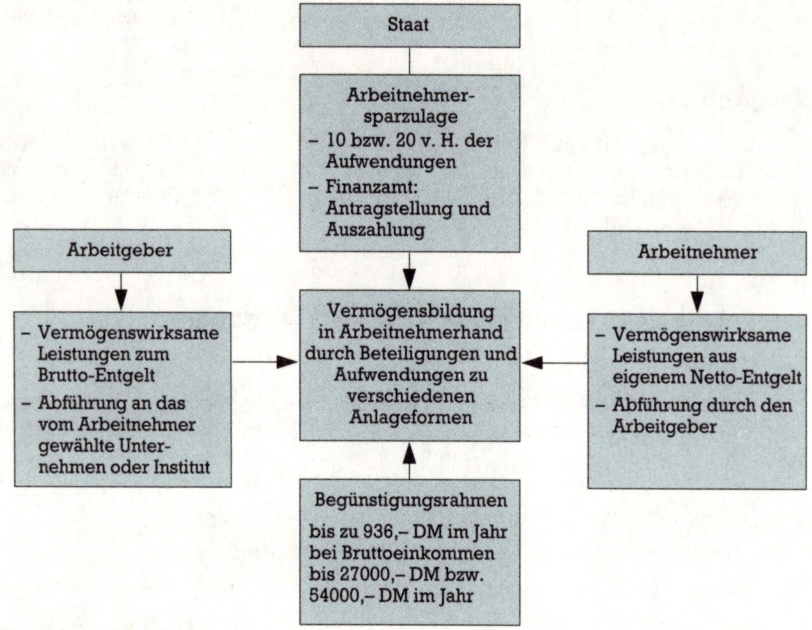

Abbildung 186

3.5.3.4 Tarifliche- und Betriebsvereinbarungen

Grundsatz der Begünstigung für vermögenswirksame Leistungen

Aus dem Vermögensbildungsgesetz ergibt sich für den Arbeitgeber keine unmittelbare Verpflichtung zur Gewährung vermögenswirksamer Leistungen. Das Gesetz begünstigt lediglich solche Leistungen, wenn sie
- vom Arbeitgeber erbracht oder
- vom Arbeitnehmer selbst aus dem Arbeitsentgelt angelegt werden.

Anspruchsgrundlagen

Vermögenswirksame Leistungen können vereinbart werden in
- Einzelarbeitsverträgen
- Betriebsvereinbarungen
- Tarifverträgen.

Einzelvertragliche Vereinbarungen über vermögenswirksame Leistungen werden zwischen Arbeitgeber und Arbeitnehmer getroffen; Betriebsvereinbarungen kommen zwischen Arbeitgeber und Betriebsrat zustande.
Die Vereinbarung vermögenswirksamer Leistungen in Tarifverträgen erfolgt durch die Tarifvertragsparteien (Gewerkschaften und Arbeitgeberverbänden).

Rechtsanspruch bei Tarifbindung
Abgeltungsverbot

Bei Tarifbindung hat der Arbeitnehmer einen Rechtsanspruch auf vermögenswirksame Leistungen. Dieser Anspruch erlischt nicht, wenn der Arbeitnehmer anstelle der vermögenswirksamen Leistung eine andere Leistung annimmt.

Beispiel:

Der Arbeitnehmer kann die nachträgliche Abführung der tariflich zustehenden vermögenswirksamen Leistung verlangen, ohne zur Rückzahlung eines etwa erhaltenen Bargeldbetrages verpflichtet zu sein.

Programmierte und textlich gestaltete, offene Übungs-, Wiederholungs- und Prüfungsfragen

1. Welches Ziel verfolgt die Vermögensbildung in der Bundesrepublik?

„Siehe Seite 317 des Textteils!"

2. Nennen Sie Gründe, die für persönliches Eigentum und Vermögen in einer freiheitlichen Wirtschafts- und Sozialordnung sprechen!

„Siehe Seite 317 des Textteils!"

3. Bis zu welchem Jahresbruttoeinkommen erhalten unverheiratete Arbeitnehmer für angelegte vermögenswirksame Leistungen eine Sparzulage?

☐ a) 12.000,00 DM
☐ b) 27.000,00 DM
☐ c) 36.000,00 DM
☐ d) 54.000,00 DM
☐ e) 60.000,00 DM.

„Siehe Seite 319 des Textteils!"

4. Vom Arbeitgeber gewährte vermögenswirksame Leistungen sind

☐ a) Brutto-Entgelt und unterliegen dem Lohnsteuerabzug sowie der Beitragspflicht in der Sozialversicherung.
☐ b) Netto-Beträge, für die weder Lohnsteuer noch Sozialversicherungsbeiträge abzuführen sind.
☐ c) Leistungen ohne Entgeltcharakter, die weder lohnsteuer- noch sozialversicherungspflichtig sind.
☐ d) nur bei der Berechnung der Beiträge zur gesetzlichen Krankenversicherung zu berücksichtigen.
☐ e) nur bei der Berechnung der Lohn- und Kirchensteuer zu berücksichtigen.

„Siehe Seite 319 des Textteils!"

5. Bis zu welchem Höchstbetrag wird die Arbeitnehmersparzulage für vermögenswirksame Leistungen (Vermögensbeteiligungen) gewährt?

☐ a) Bis zu 312,00 DM jährlich
☐ b) Bis zu 468,00 DM jährlich
☐ c) Bis zu 624,00 DM jährlich
☐ d) Bis zu 780,00 DM jährlich
☐ e) Bis zu 936,00 DM jährlich.

„Siehe Seite 319 des Textteils!"

6. Bei welcher Stelle muß der Arbeitnehmer die Arbeitnehmersparzulage beantragen?

„Siehe Seite 319 des Textteils!"

7. Nennen Sie einige Anlageformen für vermögenswirksame Leistungen!

„Siehe Seite 319 des Textteils!"

8. Tariflich zustehende vermögenswirksame Leistungen

☐ a) können auf Verlangen des Arbeitnehmers in bar abgegolten werden.
☐ b) können auch gegen den Willen des Arbeitnehmers in bar an ihn ausbezahlt werden.
☐ c) müssen vom Arbeitnehmer selbst an das Sparinstitut abgeführt werden.
☐ d) werden zusammen mit den Sozialversicherungsbeiträgen über die Krankenkasse an das Sparinstitut abgeführt.

☐ e) können nur vom Arbeitgeber unmittelbar an das Sparinstitut abgeführt werden, das ihm vom Arbeitnehmer benannt wird.

„Siehe Seite 319 des Textteils!"

3.6 Steuerwesen

Steuerwesen

Vorbemerkung

Neben den in der Vorbemerkung zum gesamten Rechtsteil angesprochenen Lernzielen kommt es im Fachgebiet Steuerwesen vorrangig darauf an, Kenntnisse zur Vermeidung von Verstößen gegen das Steuerrecht zu besitzen, wichtige Fristen und Termine zu kennen und die Notwendigkeit der Einschaltung von Steuerberatern zu verstehen.

3.6.0 Einführung

Lernziel:

- Überblick besitzen über die wichtigsten Arten direkter und indirekter Steuern.

3.6.0.1 Grundrecht der Steuererhebung

Grundlage der Steuererhebung

Die Befugnis der öffentlichen Hand, Steuern zu erheben, leitet sich aus Art. 105 Grundgesetz ab. Zu den öffentlich-rechtlichen Gemeinwesen, die zur Steuererhebung berechtigt sind, zählen der Bund, die Länder, die Gemeinden, aber auch die öffentlich-rechtlichen Religionsgemeinschaften.

3.6.0.2 Verwendung der Steuern

Verwendung der Steuern

Jeder Staat, jedes Land, jede Gemeinde hat Ausgaben, die dem Gemeinwohl aller Staatsbürger dienen.

Beispiel:

Ausgaben für die Verwaltung, die öffentliche Sicherheit, die Rechtspflege, das Wohlfahrtswesen, die Schulen, die Krankenpflege, die Infrastruktur.

Diese Ausgaben werden neben Einnahmen aus Gebühren und aus eigenem Besitz (Forsten, Strom-, Gas-, Wasser-Werke) in der Hauptsache aus den Steuern bestritten.

Steuerertragshoheit

Je nach Steuerart steht das Aufkommen den jeweiligen Gemeinwesen zu, wobei bestimmte Steueraufkommen untereinander noch aufgeteilt werden. Die Verteilung des Aufkommens ist in Art. 106 und 107 Grundgesetz festgelegt.

Horizontaler und vertikaler Finanzausgleich

Finanzausgleich

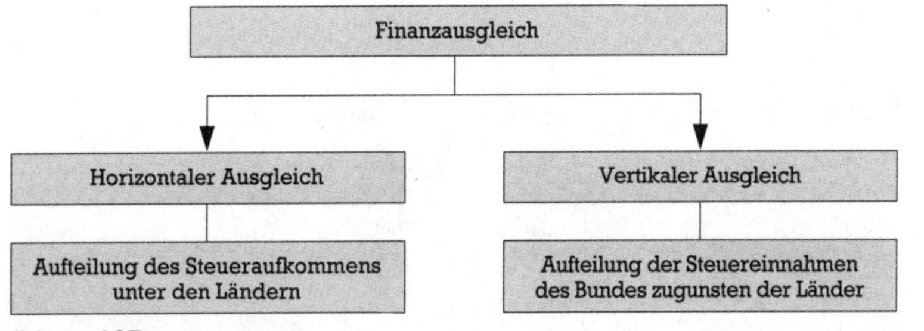

Abbildung 187

3.6.0.3 Definition von Steuern

Steuern

> Die Steuern sind nach der Abgabenordnung Geldleistungen, die nicht eine Gegenleistung für eine besondere Leistung darstellen und von einem öffentlich-rechtlichen Gemeinwesen zur Erzielung von Einnahmen allen auferlegt werden, bei denen der Tatbestand zutrifft, an den das Gesetz die Leistungspflicht knüpft.

Die Steuern stellen somit kein Entgelt dar und unterscheiden sich dadurch

Gebühren

- von den Gebühren. Gebühren sind Entgelte für die Inanspruchnahme der Verwaltung eines öffentlich-rechtlichen Gemeinwesens (zum Beispiel Gerichts-, Polizeigebühren).

Beiträge

- von den Beiträgen. Beiträge sind Zahlungen, die für die Benutzung öffentlicher Einrichtungen geleistet werden (zum Beispiel Anlieger-, Kanalisations-, Handwerkskammerbeiträge).

Steuern als einmalige Geldleistung
Steuern als laufende Geldleistung

> Nach der Begriffsbestimmung handelt es sich bei den Steuern um einmalige oder laufende Geldleistungen.
> - Einmalige Geldleistungen sind zum Beispiel die Erbschaftssteuer, die Grunderwerbssteuer.
> - Laufende Geldleistungen sind zum Beispiel die Umsatzsteuer und die Einkommensteuer.

3.6.0.4 Grundsatz der Gleichbehandlung

Grundsatz der Gleichbehandlung

Der Grundsatz der Gleichbehandlung verlangt, daß jeder entsprechend seinem Familienstand, seinem Vermögen und seiner wirtschaftlichen Leistungsfähigkeit zur Steuerzahlung herangezogen wird. Im Bestreben einer einheitlichen steuerlichen Behandlung aller Staatsbürger sind die Höhe und Art des Einkommens, die Größe des Vermögens, Verluste früherer Jahre, die Größe des Betriebs und die Höhe des Umsatzes, der Familienstand u. a. m. zu berücksichtigen. Alle diese Umstände finden in den Rechtsvorschriften der einzelnen Steuergesetze, in den Verordnungen, in Erlassen und Richtlinien ihren Niederschlag.

3.6.0.5 Überblick und Einteilung der Steuern

Es gibt etwa 50 Steuerarten, von denen die Umsatzsteuer und Einkommensteuer mit Lohnsteuer, die Gewerbesteuer und Körperschaftssteuer für das Handwerk die bedeutendsten sind.

Es gibt mehrere Steuereinteilungsmöglichkeiten, von denen die nachfolgenden am üblichsten sind.

Möglichkeiten der Steuereinteilung

Überblick über die wichtigsten Steuereinteilungen

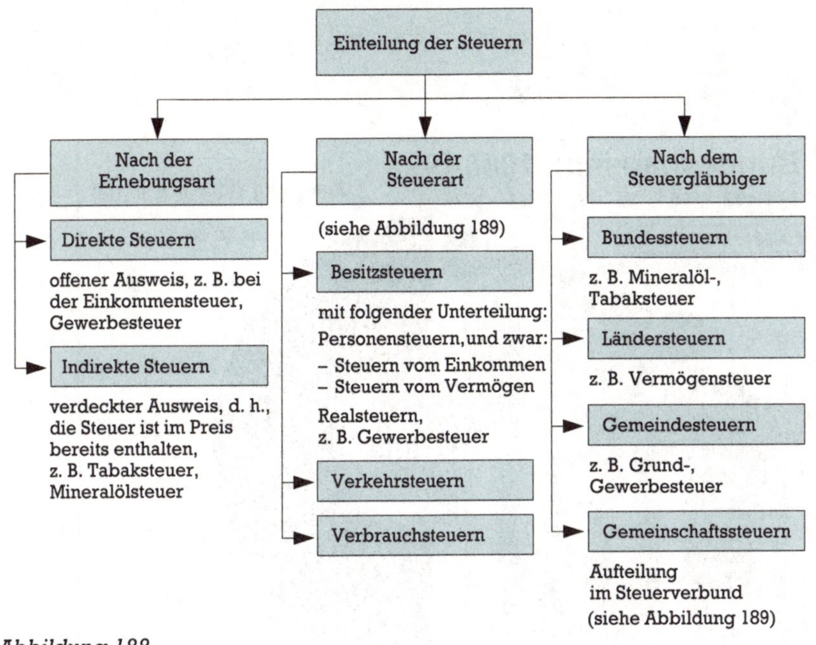

Abbildung 188

Einteilung der Steuern nach Steuerarten

Einteilung nach Steuerarten

Besitzsteuern				Verkehrsteuern		Verbrauchsteuern	
Personensteuern		Realsteuern					
	Zufluß an		Zufluß an		Zufluß an		Zufluß an
Einkommensteuer	Bund Länder	Gewerbesteuer	Gemeinden	Umsatzsteuer	Bund Länder	Biersteuer	Länder
Lohnsteuer	Bund Länder	Grundsteuer	Gemeinden	Grunderwerbsteuer	Länder Gemeinden	Tabaksteuer	Bund
Körperschaftsteuer	Bund Länder			Kfz-Steuer	Länder	Mineralölsteuer	Bund
Vermögensteuer	Länder						
Schenkung- und Erbschaftsteuer	Länder						

Abbildung 189

3.6.0.6 Steueraufkommen und -verteilung

Der Bundeshaushalt verteilt sich prozentual wie folgt:

Ausgaben des Bundes

Steuer-
aufkommen

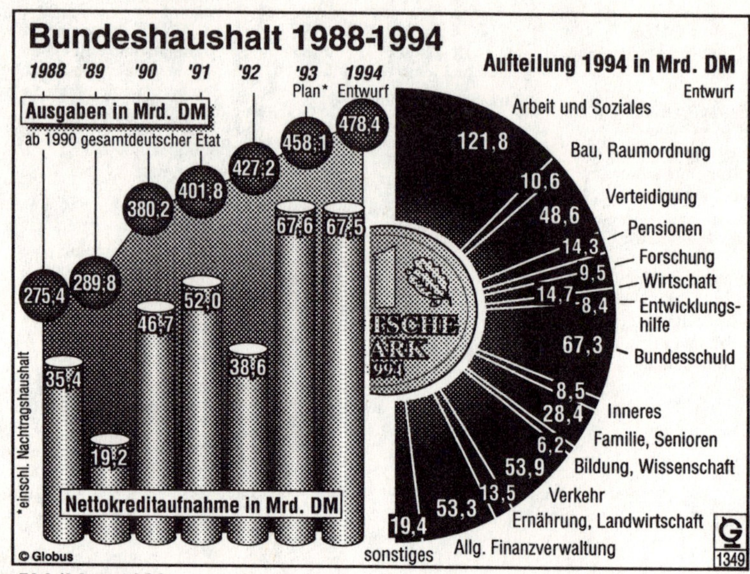

Abbildung 190

3.6.1 Die Umsatzsteuer (Mehrwertsteuer)

Lernziele:

- Kennen der wesentlichen Bestimmungen des Umsatzsteuerrechts.
- Wissen, wie und wann die Vorsteuer bei Berechnung der Umsatzsteuer zu berücksichtigen ist.
- Die Vorsteuer bei den einzelnen Belegarten mit Gesamtrechnungsbeträgen errechnen können.
- Wissen, wie der Mehrwertsteuerausweis in der Rechnung zu erfolgen hat.
- Kennen der Umsatzsteuerregelung für Kleingewerbetreibende.
- Wissen, welche Aufzeichnungspflichten das Umsatzsteuerrecht fordert.
- Wissen, welche Fristen bei der Umsatzsteuervoranmeldung einzuhalten sind.
- Erstellung einer Umsatzsteuervoranmeldung.

3.6.1.1 Allgemeines zur Umsatzsteuer

Umsatzsteuer

In der Bundesrepublik Deutschland wird die Umsatzsteuer auf der Grundlage der Mehrwertbesteuerung mit Vorsteuerabzug erhoben.

Steuersystem

Steuerschuld ist die jeweils auf den Gesamtumsatz verrechnete Steuer abzüglich der bereits geleisteten Vorumsatzsteuerbeträge.

Dadurch wird nur die jeweilige Wertschöpfung – der sogenannte Mehrwert – der einzelnen Wirtschaftsstufe besteuert. Die Umsatzsteuer ist somit eine wettbewerbsneutrale Steuer, die letztlich nur den Endverbraucher belastet.

Wertschöpfung

3.6.1.2 Wirkungsweise der Umsatzsteuer

Der Unternehmer ist also berechtigt, die ihm von seinem Vorlieferanten in Rechnung gestellten Steuerbeträge (Vorsteuer) von der seinem Kunden verrechneten Umsatzsteuer in Abzug zu bringen. Die Differenz ist seine dem Finanzamt geschuldete Umsatzsteuer (Umsatzsteuerzahllast).

Wirkungsweise

Umsatzsteuer-zahllast

Die Wirkungsweise der Umsatzsteuer

Rechnungstellung	A an B	B an C	C an D
	netto 100,00	Gewinnaufschlag auf netto 70,00 DM 170,00	Gewinnaufschlag auf netto 80,00 DM 250,00
	15 % UST 15,00	25,50	37,50
	brutto 115,00	195,50	287,50
Umsatzsteuer-Abrechnung	Vorsteuer	15,00	25,50
	Umsatzsteuerzahllast an FA 15,00	10,50	12,00
Die zu zahlende Umsatzsteuer beträgt	bei A 15,00		
	bei B	25,50 abz. 15,00 = 10,50	
	bei C		37,50 abz. 25,50 = 12,00
Das Finanzamt erhält	von A 15,00 DM	von B 10,50 DM	von C 12,00 = 37,50 DM

Abbildung 191

3.6.1.3 Steuerpflichtige Umsätze

Der Umsatzsteuer unterliegen die Lieferungen und sonstigen Leistungen, die ein Unternehmer im Inland gegen Entgelt im Rahmen seines Unternehmens ausführt, sowie der Eigenverbrauch im Inland.

Umsatzsteuer

Diese Definition erfaßt nicht alle Umsatzsteuertatbestände. So sind ab 1993 durch das Umsatzsteuerbinnenmarktgesetz ausführliche Regelungen für grenzüberschreitende Umsätze in der Europäischen Gemein-

schaft getroffen. Neben der Regelung innergemeinschaftlicher Erwerbe sind auch die Bestimmungen der Einfuhr-Umsatzsteuer bei Importen von Gegenständen aus dem Drittlandsgebiet angepaßt.
Folgende Tatbestände müssen also für das Vorliegen eines steuerpflichtigen Umsatzes gegeben sein:

Voraussetzungen für einen steuerpflichtigen Umsatz

Voraussetzungen für steuerpflichtigen Umsatz

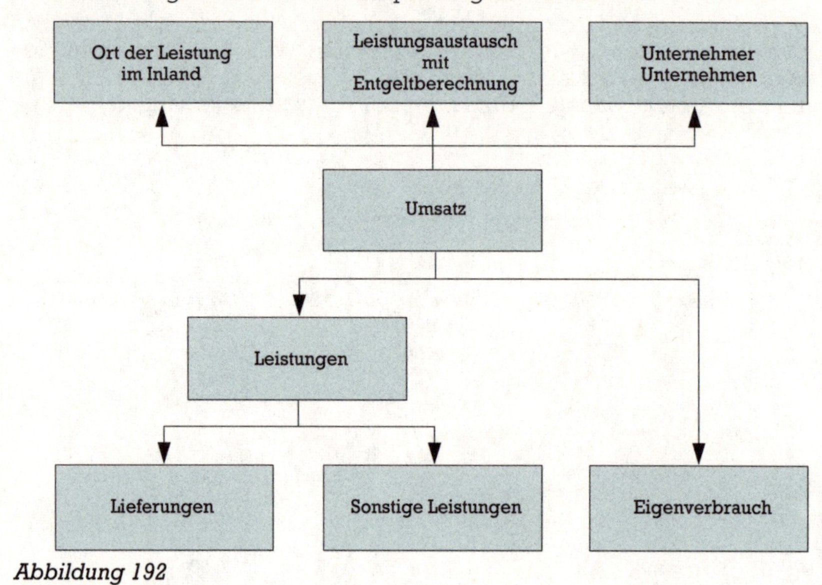

Abbildung 192

Erläuterungen:

Ort der Leistung

Leistungsort Inland

Ort der Leistung muß das Inland sein. Das ist das Gebiet der Bundesrepublik Deutschland ohne Zollausschlüsse und Zollfreigebiete (zum Beispiel Helgoland, die Freihäfen Hamburg, Bremen, Deggendorf u.a.m.)

Leistungsaustausch

Leistungsaustausch

Steuerpflichtiger Umsatz liegt nur dann vor, wenn ein Leistungsaustausch vom Unternehmen an einen außerhalb des Unternehmens stehenden Leistungsempfänger gegen Entgelt erfolgt.

Der Umsatz muß außerhalb des Unternehmens erfolgen; Umsätze innerhalb des Unternehmens bleiben umsatzsteuerfrei.

Beispiel:

Ein Elektromeister entnimmt seinem Laden eine Bohrmaschine, um damit auf Montage zu arbeiten.

Entgelt kann alles sein, was eine Gegenleistung darstellt (Geld, Waren, Vorteilsgewinnung), wobei eine Wertgleichheit nicht gegeben sein muß.

Entgelt

Beispiel:

Kostenlose oder verbilligte Überlassung von Waren an Betriebsangehörige. Gestattung der Maschinennutzung an Betriebsangehörige.

Unternehmerische Tätigkeit

Der Umsatz muß durch einen Unternehmer oder durch ein Unternehmen getätigt werden.

Unternehmer

Unternehmer ist jeder, der
- eine gewerbliche oder berufliche Tätigkeit
- nachhaltig und selbständig
- mit Einnahme- (nicht Gewinn-) Erzielungsabsicht ausübt.

Der umsatzsteuerliche Unternehmerbegriff ist umfassend auszulegen, das heißt Unternehmer können natürliche und juristische Personen, aber auch Personenzusammenschlüsse (GbR., OHG, KG) und als Unternehmer auftretende Vermögen (nicht rechtsfähige Stiftungen) sein.

Beispiel:

Ein Arbeitnehmer in einer Automobilfabrik erwirbt von seiner Firma alljährlich ein neues Auto und veräußert auf eigene Rechnung sein bisher genutztes Fahrzeug.
Er wird dadurch nachhaltig und selbständig zur Erzielung von Einnahmen tätig, er ist Unternehmer und bleibt selbstverständlich Lohnempfänger.

Auch ein Schwarzarbeiter ist Unternehmer, das heißt, daß seine Umsätze aus Schwarzarbeit der Umsatzsteuer unterliegen!

Unternehmen

Bei Personenzusammenschlüssen ist immer der Zusammenschluß und nicht das einzelne Mitglied als Unternehmer anzusehen.

Beispiel:

Bei einer OHG ist Unternehmer die OHG und nicht der einzelne Teilhaber. Bei einer GmbH ist Unternehmer die GmbH und nicht der Gesellschafter.

Lieferung gegen Entgelt

Lieferung

Leistungsgegenstand der Lieferung ist die Überlassung fertiger und teilfertiger Gegenstände (zum Beispiel Kraftfahrzeug, Maschinen, Waren).

Sonstige Leistung gegen Entgelt

Sonstige Leistung

Leistungsgegenstand der sonstigen Leistung ist der körperliche oder geistige Arbeitseinsatz. Die dabei zum Einsatz kommenden Materialien dürfen nicht das Wesentliche der Tätigkeit sein.

Beispiel:

Ein Malermeister, der den Auftrag zum Ausmalen eines Zimmers erhält, schuldet eine Arbeitsleistung; die von ihm verwendeten Materialien sind nur Zubehör.
Ein Schneider, der aus dem vom Kunden mitgebrachten Stoff einen Anzug fertigt, tätigt eine sonstige Leistung.

Sondertatbestand bei Leistungen an Betriebsangehörige

Sondertatbestand: Leistungen an Betriebsangehörige

Lieferungen und sonstige Leistungen, die ein Unternehmer an seine Arbeitnehmer oder deren Angehörige aufgrund des Dienstleistungsverhältnisses im Rahmen seines Unternehmens ausführt, sind ebenfalls umsatzsteuerpflichtig, obwohl ihnen kein meßbares Entgelt gegenübersteht.

Die Bemessung dieses Umsatzes erfolgt daher nach den gleichen Kriterien wie beim Eigenverbrauch (Mindestbemessungsgrundlage).
Derartige Leistungen sind aber umsatzsteuerfrei, wenn es sich um Annehmlichkeiten des Arbeitgebers an den Arbeitnehmer handelt, die lohnsteuerfrei sind.

Beispiel:

Verabreichung von Getränken im Betrieb, Sachzuwendungen (Blumen, Genußmittel, Bücher) bis zu einem Wert von 60,00 DM.

Eigenverbrauch

Eigenverbrauch

Ein Unternehmer, der seinem Unternehmen Gegenstände entnimmt, um sie außerhalb seines Unternehmens privat zu nutzen, tätigt einen steuerpflichtigen Eigenverbrauch.

Es gibt drei Arten von Eigenverbrauch, die aus der folgenden Abbildung ersichtlich sind.

Die drei Arten des Eigenverbrauchs

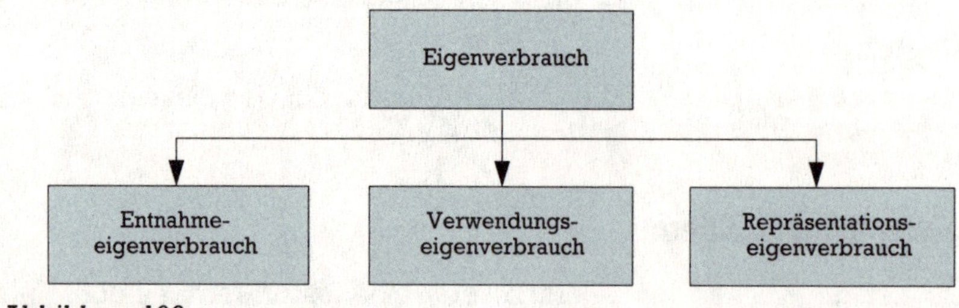

Abbildung 193

Entnahmeeigenverbrauch

Entnahmeeigenverbrauch

Die Entnahme von Gegenständen aus dem Unternehmen für den privaten Bedarf und für unternehmensfremde Zwecke wird den Lieferungen gegen Entgelt gleichgestellt.

Beispiel:

Ein Elektromeister entnimmt seinem Laden eine Waschmaschine für seinen Privathaushalt.

Bemessungsgrundlage: Einkaufspreis zuzüglich Nebenkosten für den Gegenstand. Liegt kein Einkaufspreis vor, dann werden die Selbstkosten zum Zeitpunkt der Entnahme als Bemessungsgrundlage angenommen.

Verwendungseigenverbrauch

Darunter versteht man

Verwendungseigenverbrauch

- die Verwendung von Gegenständen des Unternehmens für private bzw. unternehmensfremde Zwecke.

Beispiel:

Ein Unternehmer benützt den Betriebs-Pkw auch für Privatfahrten. Der private Nutzungsanteil ist umsatzsteuerpflichtig.
Bemessungsgrundlage: wie bei Entnahmeeigenverbrauch

- Erbringung von Dienstleistungen für den privaten bzw. betriebsfremden Zweck.

Beispiel:

Ein Gärtner läßt durch Betriebsangehörige den Garten seines Privathauses pflegen.
Bemessungsgrundlage: die bei der Ausführung dieser Umsätze entstandenen Kosten (zum Beispiel Lohnkosten).

Repräsentationseigenverbrauch

Repräsentationseigenverbrauch

Aufwendungen, die unter das einkommensteuerliche Abzugsverbot fallen (siehe Abschnitt 3.6.2.6 „Die Betriebsausgaben – Die Repräsentationsaufwendungen" in diesem Band) sind umsatzsteuerpflichtig.

Beispiel:

Ein Unternehmer schenkt einem Architekten ein Bild, dessen Anschaffungskosten 800,00 DM betragen haben.

Bemessungsgrundlage: die Aufwendungen.
Die Umsatzsteuer gehört nicht zu den Bemessungsgrundlagen.

3.6.1.4 Die Soll- und Istbesteuerung

Fälligkeit der Umsatzsteuerschuld

Vereinbarte Entgelte – Sollbesteuerung

Es gilt der Grundsatz, daß die Umsatzsteuerschuld mit Fertigstellung der Lieferung oder sonstigen Leistung fällig wird, gleichgültig, wann der Kunde die Rechnung bezahlt (Sollbesteuerung).

Eine Lieferung ist ausgeführt, wenn der Leistungsempfänger die Verfügungsmacht über den zu liefernden Gegenstand erlangt hat.

Eine sonstige Leistung ist im Zeitpunkt ihrer Vollendung ausgeführt.

Vereinnahmte Entgelte – Istbesteuerung

Es ist klar, daß die Sollbesteuerung für viele Handwerker eine Belastung darstellt, insbesondere, wenn zwischen Lieferung oder Fertigstellung der sonstigen Leistungen und Zahlungseingang ein großer zeitlicher Abstand liegt, weil die Umsatzsteuer sofort bezahlt werden muß, ohne vom Kunden das Entgelt erhalten zu haben. Daher gestattet der Gesetzgeber unter bestimmten Voraussetzungen die Besteuerung nach dem Ist-System. Hier entsteht die Umsatzsteuerschuld mit Bezahlung des Entgelts durch den Kunden, wobei der Unternehmer trotzdem berechtigt ist, die Vorsteuern sofort in Abzug zu bringen.

Fälligkeit der Umsatzsteuerschuld

Grundsatz und Ausnahmen bei Fälligkeit der Umsatzsteuer

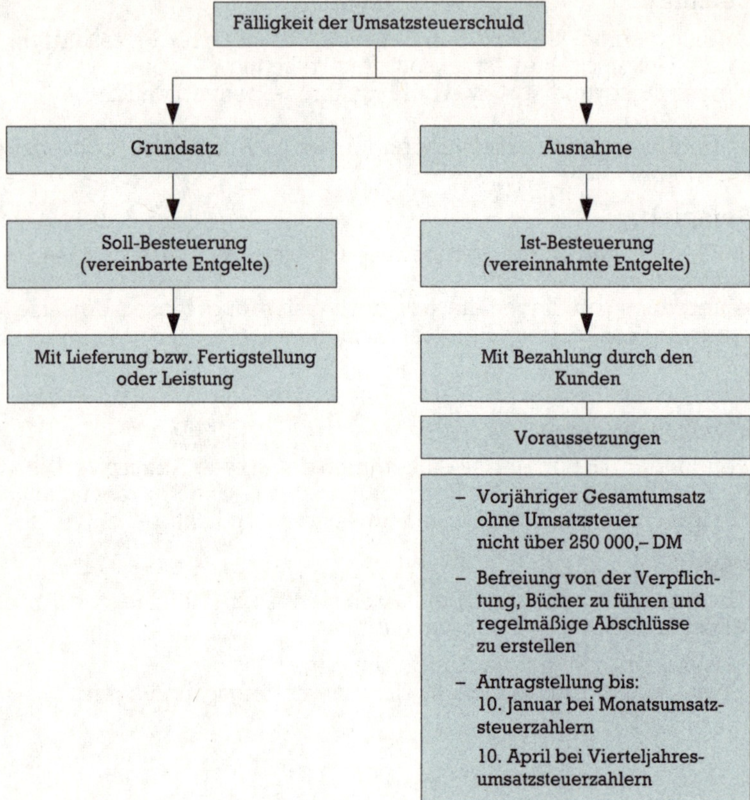

Abbildung 194

Besteuerung von Teilleistungen

Teilleistungen bei Soll- und Ist-Besteuerung

Unter Teilleistungen versteht man Lieferungen und sonstige Leistungen, die in sich abgeschlossen sind und als Fertigleistungen in Rechnung gestellt werden können.

Beispiel:

Es ist vertraglich vereinbart, daß mit Lieferung der Türen und Fenster ein festgelegter Betrag zu zahlen ist und die Montage gesondert in Rechnung gestellt wird.

Hier wird die Umsatzsteuer

- bei Soll-Besteuerung mit Lieferung der Türen und Fenster als in sich abgegrenzte Teilleistung sofort fällig
- bei Ist-Besteuerung mit Bezahlung durch den Kunden fällig.

Die Umsatzsteuer bei Teilleistungen

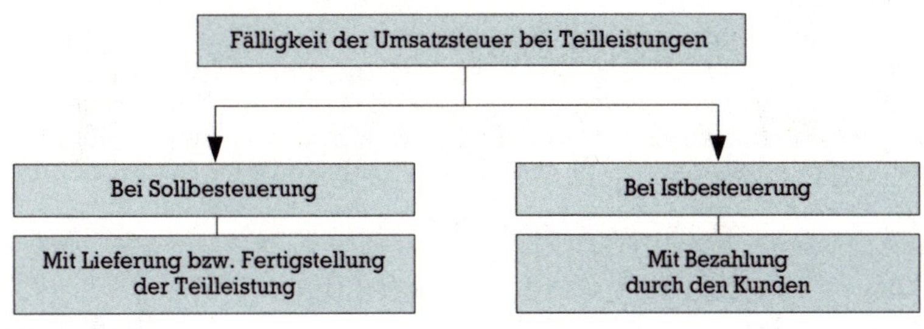

Abbildung 195

Besteuerung von Abschlagszahlungen

Abschlagszahlungen bei Soll- und Ist-Besteuerung

Abschlagszahlungen werden je nach Fortschritt der Arbeiten vereinbart, ohne daß in sich abgeschlossene Teilleistungen vorliegen.

Beispiel:

Übliche Abschlagszahlungsvereinbarung im Baugewerbe: $1/3$ der Bausumme ist zu zahlen bei Fertigstellung der Kellerdecke, $1/3$ bei Fertigstellung des Rohbaus, der Rest nach Abrechnung.

Die Umsatzsteuer bei Abschlagszahlungen

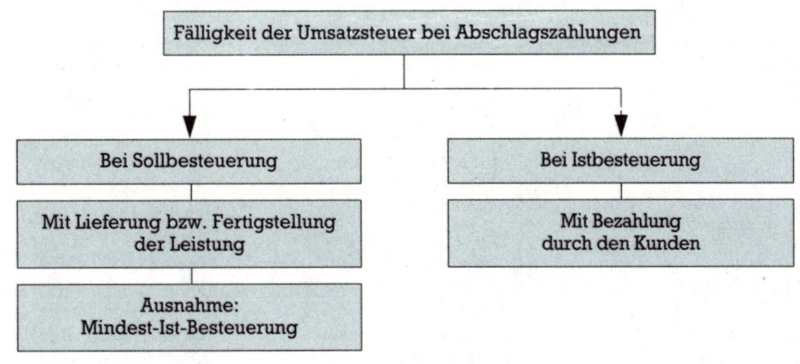

Abbildung 196

Mindest-Ist-Besteuerung

Nach oben angeführtem Grundsatz würde bei der Sollbesteuerung die Umsatzsteuer erst fällig mit Fertigstellung des gesamten Bauwerks, während die bis dahin eingegangenen Abschlagszahlungen umsatzsteuerfrei blieben und die Vorsteuer je nach Anfall sofort aufgerechnet werden könnte.

Um diese Mißstände in der Besteuerungspraxis zu beseitigen, wurde die Mindest-Ist-Besteuerung eingeführt. Sie besagt, daß

- Abschlagszahlungen über 10.000,00 DM, sowie
- Abschlagszahlungen unter 10.000,00 DM, aber mit gesondertem Umsatzsteuerausweis,

sofort versteuert werden müssen.

Bei Ist-Besteuerung sind Abschlagszahlungen naturgemäß mit Bezahlung durch den Kunden zu versteuern.

Diese Regelung darf zu keinem Gestaltungsmißbrauch führen.

Beispiel:

Ein Bauunternehmer, der nach Soll versteuert, vereinbart eine Abschlagszahlung von 50.000,00 DM bei Fertigstellung der Kellerdecke. Um der Versteuerung dieses Betrags zu entgehen, vereinbart er mit dem Bauherrn eine Zahlung des Betrags jeweils fünf Tage lang mit 10.000,00 DM. Diese Vorgehensweise erfüllt den Tatbestand der Steuerhinterziehung.

3.6.1.5 Steuersätze und Steuerbefreiungen

Steuersätze, Steuerbefreiungen

Ab 1993 wurde der allgemeine Umsatzsteuersatz erhöht. Auch einzelne Befreiungsvorschriften mußten im Rahmen der EG-Harmonisierung modifiziert werden.

Umsatzsteuersätze und -befreiungen ab 1993

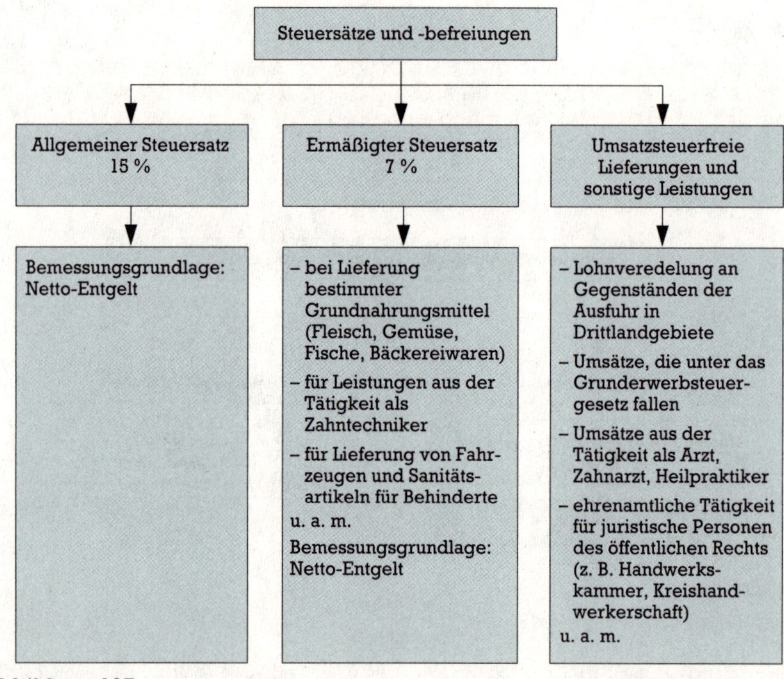

Abbildung 197

3.6.1.6 Die Vorsteuer

Vorsteuer

Vorsteuer ist die Umsatzsteuer, die ein Vorlieferant oder Vorleistender dem Unternehmer in Rechnung stellt. Der Unternehmer darf die Vorsteuer bei seiner Umsatzsteuerschuld schon auf den nächsten Vorauszahlungstermin verrechnen, gleichgültig, wann er die Rechnung seiner Vorlieferanten bezahlt oder den gelieferten Gegenstand weiterverarbeitet.

Beispiel:

Ein Unternehmer kauft und empfängt am 20. Januar einen Gegenstand. Die Rechnung lautet auf den 24. Januar. Er bezahlt die Rechnung am 3. April, den Gegenstand verkauft er am 5. Mai. Die Vorsteuer für den Gegenstand ist bereits am 10. Februar in der Voranmeldung für Januar auf die Umsatzsteuer des Monats Januar aufrechenbar.

Die Vorsteuer wirkt wie ein Steuergutschein.

Das Anfallen der Vorsteuer

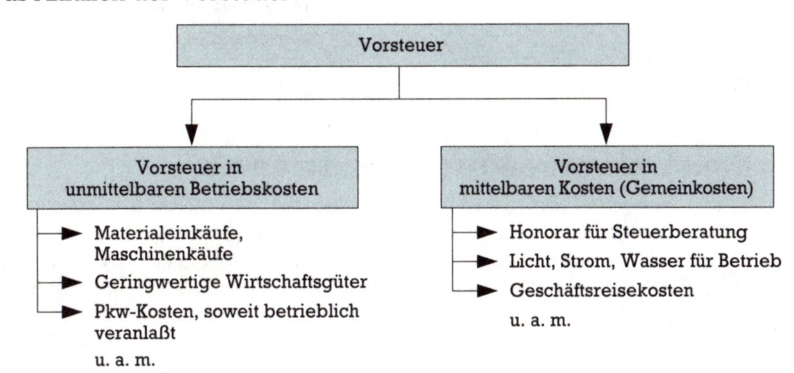

Abbildung 198

Vorsteuerausschluß

Bei bestimmten Zahlungsverpflichtungen kann der Unternehmer keine Vorsteuer ausgewiesen erhalten. Dies ist der Fall, wenn steuerbefreite oder nicht steuerbare Umsätze vorliegen.

Steuerbefreit sind zum Beispiel die Umsätze, die unter das Grunderwerbsteuergesetz fallen oder Entgelte für ehrenamtliche Tätigkeit, wenn sie für juristische Personen des öffentlichen Rechts (Handwerkskammer, Innungen) ausgeübt werden (siehe Abb. 197).

Nicht steuerbar sind zum Beispiel Mitgliedbeiträge an die Handwerkskammer oder Innung, soweit die Beiträge der Erfüllung der satzungsgemäßen Gemeinschaftszwecke dienen, weil es hier an einem Leistungsaustausch mit den einzelnen Mitgliedern fehlt.

Grundsatz des Vorsteuerausweises auf der Rechnung

Zum Funktionieren des Aufrechnungssystems ist erforderlich, daß der Unternehmer vom Vorlieferanten eine Rechnung mit gesondertem Vorsteuerausweis erhält.

Auf der Rechnung müssen folgende Mindestangaben enthalten sein:

- Name und Anschrift des liefernden oder leistenden Unternehmers
- Name und Anschrift des Abnehmers der Lieferung oder des Empfängers der sonstigen Leistung
- Menge und handelsübliche Bezeichnung des gelieferten Gegenstandes oder Art und Umfang der sonstigen Leistung
- der Tag der Lieferung oder sonstigen Leistung
- das Entgelt ohne Steuer
- der Steuersatz und der Steuerbetrag.

Vom Grundsatz des gesonderten Umsatzsteuerausweises kann in bestimmten Fällen abgewichen werden.

Der Vorsteuerausweis: Grundsatz und Ausnahmen

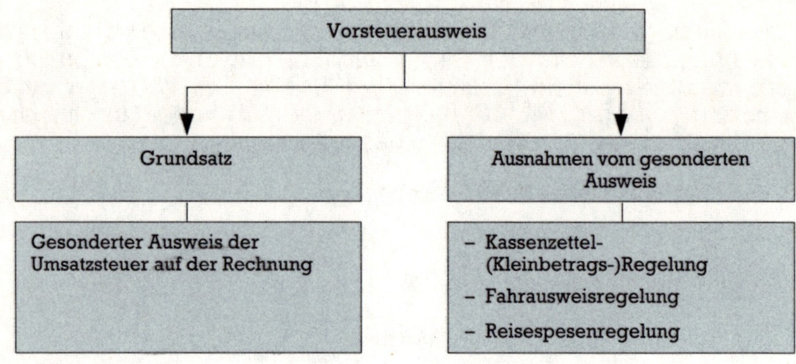

Abbildung 199

Ausnahmen vom gesonderten Vorsteuerausweis

Ausnahmen

Bei den im Gesetz erschöpfend aufgezählten Tatbeständen darf der Rechnungsbetrag brutto, also ohne gesonderten Vorsteuerausweis, ausgewiesen werden. Der Unternehmer hat trotzdem das Recht, die Vorsteuer aus dem Bruttobetrag selbst zu ermitteln. Dies kann durch Ansatz eines Umrechnungsmultiplikators erfolgen, der bei einem 15%igen Umsatzsteuersatz 13,04 %, bei einem 7%igen Umsatzsteuersatz 6,54 % beträgt.

Kassenzettelregelung

Kassenzettel-, Kleinbetragsregelung

Wenn der Rechnungsbetrag 200,00 DM brutto (zum Beispiel Tankquittung) nicht übersteigt, ist der Unternehmer berechtigt, aus der Bruttosumme die Vorsteuer herauszurechnen, wenn folgende Angaben gewährleistet sind:
- Name und Anschrift des liefernden Unternehmens
- Menge und handelsübliche Bezeichnung des gelieferten Gegenstands oder Art und Umfang der sonstigen Leistung
- der Bruttorechnungsbetrag
- der Steuersatz.

Fahrausweisregelung

Fahrausweisregelung

Bei Fahrausweisen anläßlich einer Geschäftsreise oder eines Geschäftsgangs oder bei Erstattung der Fahrkosten an Arbeitnehmer anläßlich einer Dienstreise oder eines Dienstgangs gegen Fahrkartenvorlage darf die Vorsteuer wie folgt ermittelt werden:

Ermittlung der Vorsteuer nach der Fahrausweisregelung

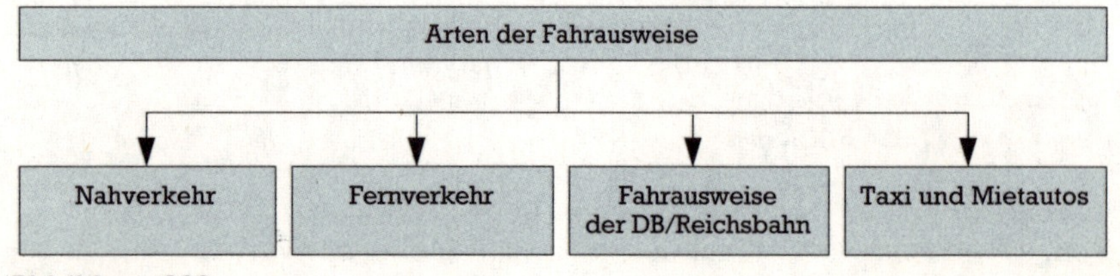

Abbildung 200

Erläuterungen:

- Nahverkehr liegt vor, wenn die Beförderungsstrecke nicht mehr als 50 km beträgt oder die Beförderung innerhalb der Gemeinde erfolgt. Bei Fahrausweisen für Personenbeförderung mit Straßenbahnen und Linienverkehrsbussen darf der Unternehmer aus den Fahrkosten 7 % (Umrechnungsmultiplikator 6,54 % vom Brutto) als Vorsteuer herausrechnen.

Nahverkehr

- Fernverkehr liegt vor, wenn die Beförderungsstrecke über 50 km beträgt. Der Unternehmer darf 15 % (Umrechnungsmultiplikator 13,04 % vom Brutto) als Vorsteuer ausweisen. Voraussetzung: Aus dem Fahrausweis muß der Steuersatz und das Bruttoentgelt hervorgehen.

Fernverkehr

- Bei Fahrausweisen der Deutschen Bundesbahn, Reichsbahn und der nicht bundeseigenen Eisenbahnen – ausgenommen Bergbahnen – genügt die Angabe der Tarifentfernung auf der Fahrkarte zur Errechnung der Vorsteuer nach den Nah- und Fernverkehrsbestimmungen. Die Angabe des Steuersatzes entfällt.

Bundesbahn
Reichsbahn

- Für Taxi und Mietwagenbelege gelten die Allgemeinen Bestimmungen, das heißt bei Belegen bis 200,00 DM im Nahverkehr 7 %, im Fernverkehr 15 % mit Steuersatzangabe, bei Belegen über 200,00 DM im Nahverkehr 7 %, im Fernverkehr 15 % mit gesondertem Ausweis des Umsatzsteuerbetrages und des Steuersatzes.

Taxi
Mietwagen

Reisespesenregelung

Liegt einkommensteuerrechtlich eine Geschäftsreise oder ein Geschäftsgang vor (siehe Abschnitt 3.6.2.6 „Die Betriebsausgaben – Reisekosten" in diesem Band) oder ersetzt der Arbeitgeber dem Arbeitnehmer die Aufwendungen einer Dienstreise oder eines Dienstgangs (siehe Abschnitt 3.6.3.6 „Werbungskostenersatz – Arbeitgeber" in diesem Band), dann darf ebenfalls aus den Reisekosten eine Vorsteuer errechnet werden.

Reisespesenregelung

Gestattete Errechnung der Vorsteuer bei Reisekosten

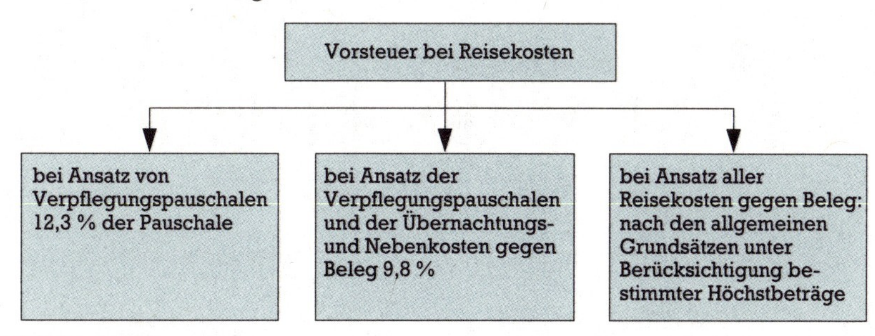

Abbildung 201

3.6.1.7 Rechnungstellung

Die Umsatzsteuer ist eine reine Verbrauchersteuer und ist somit allein vom privaten Endverbraucher zu tragen. Da der Endverbraucher mit einem Umsatzsteuerausweis nichts anfangen kann, darf auf seiner Rechnung der gesonderte Ausweis der Umsatzsteuer entfallen.
Man unterscheidet daher zwischen Rechnungen mit offenem und mit verdecktem Steuerausweis.

Offener und verdeckter Steuerausweis

Rechnungstellung nach Art des Steuerausweises

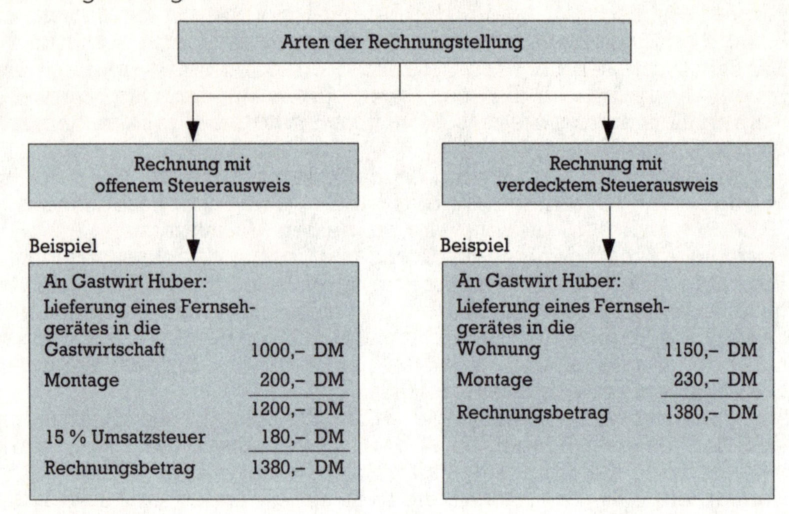

Abbildung 202

3.6.1.8 Vergünstigung für Kleingewerbe

Kleingewerberegelung

Kleingewerbetreibende können zwei Vergünstigungen – nämlich den Umsatzsteuerfreibetrag und die Vorsteuerpauschale – in Anspruch nehmen, wie aus der folgenden Abbildung deutlich wird. Eine Verpflichtung hierzu besteht nicht. Sie können ihre Umsatzsteuer auch nach den allgemeinen Bestimmungen ermitteln.

Vergünstigungen bei der Umsatzsteuer für Kleingewerbetreibende

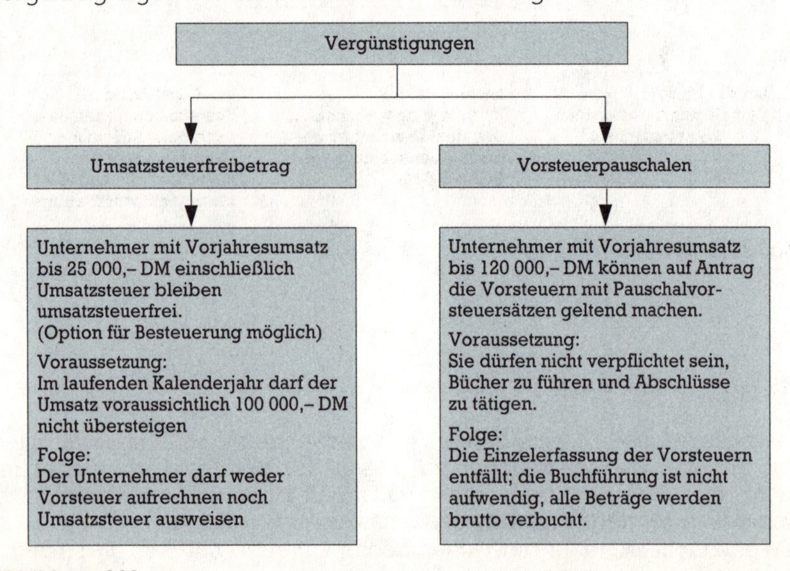

Abbildung 203

Die Vorsteuerpauschalen sind Durchschnittssätze. Man unterscheidet dabei:

- Durchschnittsvorsteuern, die sowohl die Gemeinkosten als auch das Material abdecken.

Beispiel:

Bäckerei	5,2 % v. Umsatz
Elektroinstallation	8,5 % v. Umsatz
Malerei	3,5 % v. Umsatz
Zimmerei	7,6 % v. Umsatz

- Durchschnittsvorsteuern, die nur die Gemeinkosten abdecken.

Beispiel:

Schornsteinfeger 1,5 % v. Umsatz.

3.6.1.9 Aufzeichnungspflicht

Aufzeichnungspflichten

Die Aufzeichnungspflichten zur Feststellung der Umsatzsteuer und der Grundlagen ihrer Berechnung sind ab 1. 1. 1993 durch das Umsatzsteuer-Binnenmarktgesetz erweitert und verschärft worden. Aus den Aufzeichnungen müssen hervorgehen:

Notwendige Angaben

- bei Sollbesteuerung die vereinbarten Entgelte für die vom Unternehmer ausgeführten Lieferungen und sonstigen Leistungen. Die Entgelte sind getrennt nach Steuersätzen auf die steuerpflichtigen Umsätze aufzuteilen.
- bei Ist-Besteuerung die vereinnahmten Entgelte für abgeschlossene Lieferungen und sonstigen Leistungen getrennt nach Steuersätzen.
- die Bemessungsgrundlagen für den Eigenverbrauch (siehe Abschnitt 3.6.1.3 „Steuerpflichtige Umsätze – Eigenverbrauch" in diesem Band).
- die wegen unberechtigten Steuerausweisen geschuldeten Steuerbeträge.

Für die Erstellung eines falschen Steuerausweises gibt es verschiedene Möglichkeiten.

Erstellung eines falschen Steuerausweises

Falscher Steuerausweis

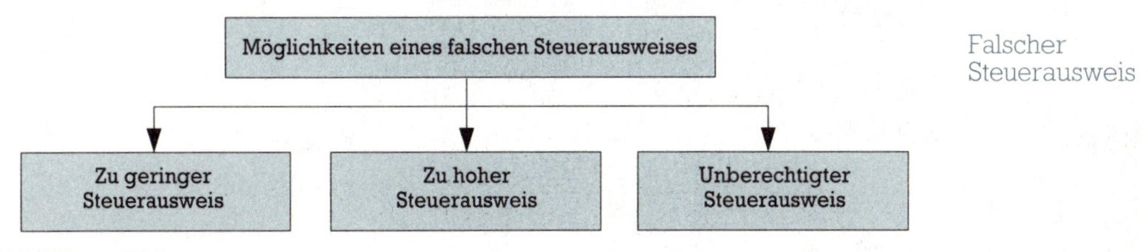

Abbildung 204

Zu geringer Steuerausweis

- Bei zu geringem Steuerausweis hat der liefernde Unternehmer die Differenz zwischen dem richtigen und dem zu nieder ausgewiesenen Steuerbetrag an das Finanzamt abzuführen. Der Abnehmer kann nur den zu nieder ausgewiesenen Steuerbetrag als Vorsteuer aufrechnen.

Zu hoher Steuerausweis

- Bei zu hohem Steuerausweis ist der zu hoch berechnete Steuerbetrag an das Finanzamt abzuführen. Der Abnehmer kann den zu hoch berechneten Betrag als Vorsteuer aufrechnen.

Unberechtigter Steuerausweis

- Bei unberechtigtem Ausweis (zum Beispiel bei Scheingeschäften mit Rechnungen für nicht ausgeführte Lieferungen, bei Rechnungen eines umsatzsteuerbefreiten Kleinunternehmers) ist die ausgewiesene Steuer an das Finanzamt abzuführen. Der Abnehmer kann bei Kenntnis der Unrichtigkeit keine Vorsteuer aufrechnen.

3.6.1.10 Voranmeldung und Zahlungsmodus

Voranmeldung

Die Umsatzsteuer ist eine einmalige Jahressteuer. Während des Jahres aber müssen Voranmeldungen getätigt und Vorauszahlungen geleistet werden. Besteuerungsgrundlage ist der Umsatz des Vormonats oder des vorangegangenen Vierteljahres.

Die Zahlung der Umsatzsteuer

Vorauszahlung

Zahlungsmodus

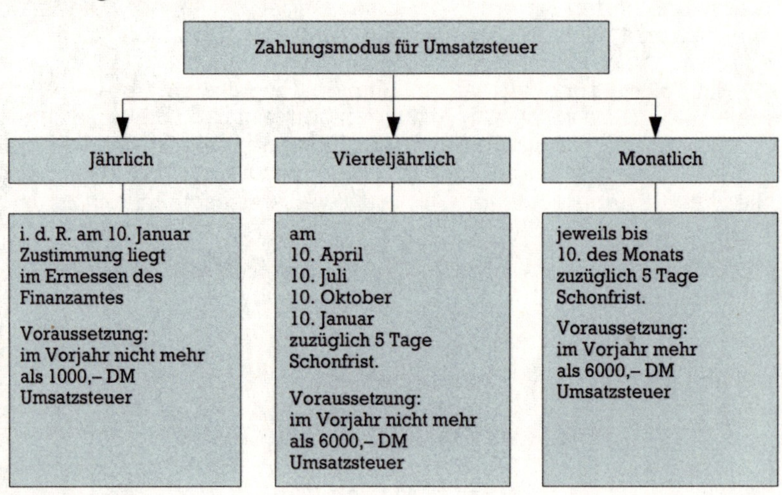

Abbildung 205

Der Unternehmer hat eine Jahressteuererklärung abzugeben. Die Summe der monatlichen oder vierteljährlichen Voranmeldungen ergibt die Summe der Jahressteuererklärung. Geringe Abweichungen können sich durch die Abrundungsmöglichkeit der Voranmeldungsbeträge auf volle DM gegenüber der Jahresmeldung ergeben. Sie sind in der Jahressteuererklärung auszugleichen. Der Unternehmer hat die Voranmeldungen und Erklärungen zu unterschreiben.

3.6.1.11 Erstellung einer Umsatzsteuervoranmeldung

Das Formular für die Umsatzsteuervoranmeldung ist wie folgt aufgebaut:

– Weiße Felder bitte ausfüllen oder ☒ ankreuzen, Anleitung beachten –

1993

Fallart	FA-Nr.	Steuernummer	Unterfallart
11			56

30 Eingangsstempel oder -datum

Finanzamt

Unternehmen – Art und Anschrift – Telefon

Umsatzsteuer-Voranmeldung 1993

Voranmeldungszeitraum

bei monatlicher Abgabe bitte ankreuzen

93 01	Jan.		93 07	Juli	
93 02	Feb.		93 08	Aug.	
93 03	März		93 09	Sept.	
93 04	April		93 10	Okt.	
93 05	Mai		93 11	Nov.	
93 06	Juni		93 12	Dez.	

bei vierteljährlicher Abgabe bitte ankreuzen

93 41	I. Kalendervierteljahr	
93 42	II. Kalendervierteljahr	
93 43	III. Kalendervierteljahr	
93 44	IV. Kalendervierteljahr	

Berichtigte Anmeldung (falls ja, bitte eine „1" eintragen) 10

I. Anmeldung der Umsatzsteuer-Vorauszahlung

Zeile		Kz	Bemessungsgrundlage volle DM	Pf	Kz	Steuer DM	Pf
19	**Steuerfreie Umsätze mit Vorsteuerabzug**						
20	**Innergemeinschaftliche Lieferungen** (§ 4 Nr. 1 b UStG) an Abnehmer **mit** USt-IdNr.	41		–			
21	neuer Fahrzeuge an Abnehmer **ohne** USt-IdNr.	44		–			
22	neuer Fahrzeuge außerhalb des Unternehmens (§ 2 a UStG)	49		–			
23	**Weitere steuerfreie Umsätze mit Vorsteuerabzug** (z.B. Umsätze nach § 4 Nr. 1 a, 2 bis 7 UStG)	43		–			
24	**Steuerfreie Umsätze ohne Vorsteuerabzug**						
25	Umsätze nach § 4 Nr. 8 bis 28 UStG	48		–			
26	**Steuerpflichtige Umsätze**						
27	zum Steuersatz von 15 v.H. (für Umsätze ab 1.1.1993)	50		–			
28	zum Steuersatz von 14 v.H. (für Umsätze bis zum 31.12.1992)	85		–			
29	zum Steuersatz von 7 v.H.	86		–			
30	Umsätze, die anderen Steuersätzen unterliegen	35		–	36		
31	**Umsätze land- und forstwirtschaftlicher Betriebe nach § 24 UStG**						
32	Lieferungen in das übrige Gemeinschaftsgebiet an Abnehmer **mit** USt-IdNr.	77		–			
33	Umsätze, für die eine Steuer nach § 24 Abs.1 UStG zu entrichten ist (Sägewerkserzeugnisse, Getränke und alkoholische Flüssigkeiten)	76		–	80		
34	**Summe der steuerfreien und steuerpflichtigen Umsätze**			–			
35	**Steuerfreie innergemeinschaftliche Erwerbe**						
36	Erwerbe nach § 4 b UStG	91		–			
37	**Steuerpflichtige innergemeinschaftliche Erwerbe** (§ 1 a UStG)						
38	von Lieferern **mit** USt-IdNr. zum Steuersatz von 15 v.H.	92		–			
39	von Lieferern **mit** USt-IdNr. zum Steuersatz von 7 v.H.	93		–			
40	**neuer Fahrzeuge** von Lieferern **ohne** USt-IdNr. zum Steuersatz von 15 v.H.	94		–			
41	**Summe der steuerfreien und steuerpflichtigen Erwerbe**			–			
42	Steuer infolge Wechsels der Besteuerungsart/-form sowie Nachsteuer auf versteuerte Anzahlungen wegen Steuersatzerhöhung				65		
43	**Umsatzsteuer** ... zu übertragen in Zeile 45						

Zeile		Kz.	Bemessungsgrundlage volle DM	Pf	Kz.	Steuer DM	Pf
44							
45	Übertrag						
46	**Abziehbare Vorsteuerbeträge**						
47	Vorsteuerbeträge aus Rechnungen von anderen Unternehmern (§ 15 Abs. 1 Nr. 1 UStG)				66		
48	Vorsteuerbeträge aus dem innergemeinschaftlichen Erwerb von Gegenständen (§ 15 Abs. 1 Nr. 3 UStG)				61		
49	entrichtete Einfuhrumsatzsteuer (§ 15 Abs. 1 Nr. 2 UStG)				62		
50	Vorsteuerbeträge, die nach allgemeinen Durchschnittsätzen berechnet sind (§§ 23 und 23 a UStG)				63		
51	Berichtigung des Vorsteuerabzugs (§ 15 a UStG)				64		
52	**Kürzungen nach dem BerlinFG**						
53	**für diesen Voranmeldungszeitraum** nach § 1 Abs. 1 bis 4 BerlinFG	21		—	22		
54	nach § 1 Abs. 5 BerlinFG – Überlassung von Filmen – zu 1,5 v.H.	23		—			
55	nach § 1 Abs. 6 BerlinFG – sonstige Leistungen – zu 2,5 v.H.	33		—			
56	nach § 1 a BerlinFG – Innenumsätze –	37		—	87		
57	**für frühere Voranmeldungszeiträume** nach §§ 1, 1 a und 2 BerlinFG	57		—	58		
58	Zwischensumme						
59	In Rechnungen unberechtigt ausgewiesene Steuerbeträge (§ 14 Abs. 2 und 3 UStG) sowie Steuerbeträge, die nach § 6 a Abs. 4 Satz 2 und § 17 Abs. 1 Satz 2 UStG geschuldet werden				69		
60	Zwischensumme						
61	**Anrechnung** (Abzug) der festgesetzten **Sondervorauszahlung** für Dauerfristverlängerung (nur auszufüllen in der letzten Voranmeldung des Besteuerungszeitraums, in der Regel Dezember)				39		
62	**Umsatzsteuer-Vorauszahlung** (Bitte in jedem Fall ausfüllen)				83		
63	**Überschuß** (rot eintragen oder mit Minuszeichen versehen)					(kann auf 10 Pf zu Ihren Gunsten gerundet werden)	

II. Anmeldung der Umsatzsteuer im Abzugsverfahren (§§ 51 bis 56 UStDV)

Zeile		Bemessungsgrundlage volle DM	Pf	Kz.	Steuer DM	Pf
66	Leistungen, für die nach § 52 Abs. 2 UStDV – sog. Null-Regelung – keine Umsatzsteuer einbehalten worden ist		—			
67	Einzubehaltende Umsatzsteuer zum Steuersatz von 15 v.H.		—			
68	Einzubehaltende Umsatzsteuer zu anderen Steuersätzen		—			
69	**Umsatzsteuer im Abzugsverfahren**			75		
70					(kann auf 10 Pf zu Ihren Gunsten gerundet werden)	

71 Ein Erstattungsbetrag wird auf das dem Finanzamt benannte Konto überwiesen, soweit nicht eine Verrechnung mit Steuerschulden vorzunehmen ist.

72 **Verrechnung des Erstattungsbetrages erwünscht** (falls ja, bitte eine „1" eintragen) 29

73 Geben Sie bitte die Verrechnungswünsche auf einem besonderen Blatt oder auf dem beim Finanzamt erhältlichen Vordruck „Verrechnungsantrag" an.

74 Die **Einzugsermächtigung** wird ausnahmsweise (z.B. wegen Verrechnungswünschen) für diesen Voranmeldungszeitraum **widerrufen** (falls ja, bitte eine „1" eintragen) 26

75 **Ich versichere, die Angaben in dieser Steueranmeldung wahrheitsgemäß nach bestem Wissen und Gewissen gemacht zu haben.**

76–80 Bei der Anfertigung dieser Steueranmeldung hat mitgewirkt:

Datum, Unterschrift

Hinweis nach den Vorschriften der Datenschutzgesetze:
Die mit der Steueranmeldung angeforderten Daten werden aufgrund der §§ 149 ff. der Abgabenordnung und der §§ 18, 18 b des Umsatzsteuergesetzes erhoben.
Die Angabe der Telefonnummer ist freiwillig.

81 Vom Finanzamt auszufüllen

82 **Bearbeitungshinweis** — 11 — 19

83 1. Die aufgeführten Daten sind mit Hilfe des geprüften und genehmigten Programms sowie ggf. unter Berücksichtigung der gespeicherten Daten maschinell zu verarbeiten.

84 2. Die weitere Bearbeitung richtet sich nach den Ergebnissen der maschinellen Verarbeitung. — 12

85 Kontrollzahl und/oder Datenerfassungsvermerk

86 Datum, Namenszeichen/Unterschrift

Besonderheiten beim Ausfüllen der Umsatzsteuervoranmeldung

Wenn der Steuerpflichtige die Voranmeldung selbst erstellt und einreicht, ist grundsätzlich auf folgendes zu achten:

Besonderheiten beim Ausfüllen der Umsatzsteuervoranmeldung

- In Zeile 3 ist die Steuernummer anzugeben.
- In Zeile 7 ist der Voranmeldungszeitraum anzukreuzen. Bei jährlicher Erklärung ist keine Umsatzsteuervoranmeldung, sondern sofort die Umsatzsteuer-Jahreserklärung abzugeben.
- In Zeile 13 ist die Art des Unternehmens detailliert anzugeben, zum Beispiel Malerei mit Farbenhandel. Dies ist insbesondere wichtig für die Angaben in Zeile 50.
- In Zeile 27 bzw. 29 werden die Umsätze mit dem Nettobetrag, also ohne Umsatzsteuer, je nach Steuersatz ausgewiesen.

Beispiel:

Ein Konditor betreibt ein Ladengeschäft und ein Tages-Café. Die Nettoumsätze des Ladengeschäfts sind in Zeile 29 mit 7 %, die des Cafés in Zeile 27 mit 15 % anzugeben.

Unternehmer, die eine Vorsteuerpauschale in Anspruch nehmen (siehe Abschnitt 3.6.1.8 „Vergünstigung für Kleingewerbe" in diesem Band), müssen ihre Bruttoumsätze auf Netto umrechnen.

- In Zeile 47 sind die Vorsteuerbeträge, wie sie sich aus der Buchführung ergeben, auszuweisen.
- In Zeile 50 hat der Unternehmer, der die Vorsteuerpauschale in Anspruch nimmt, die pauschalierte Vorsteuer einzutragen, wobei bei gemischten Unternehmen der für den einzelnen Teilbetrieb festgesetzte Vorsteuerpausch-Prozentsatz anzuwenden ist.
- In Zeile 62 ergibt sich nach Abzug der Vorsteuer von der Umsatzsteuer die dem Finanzamt geschuldete Umsatzsteuerzahllast.
- In Zeile 76 ist die Umsatzsteuervoranmeldung zu unterschreiben.

3.6.2 Die Einkommensteuer

Lernziele:

- Kennen des Wesens und der Rechtsgrundlagen der Einkommensteuer.
- Wissen, welche Einkunftsarten der Einkommensteuer unterliegen.
- Kennen der Gewinnermittlungsmethoden nach dem Einkommensteuergesetz.
- Kennen der wichtigsten bei der Ermittlung des steuerpflichtigen Gewinns abzugsfähigen und nicht abzugsfähigen Ausgaben.
- Kennen der steuerlichen Wirkungen von Ehegattenarbeitsverträgen.
- Wissen, welche steuerrechtlichen Anforderungen für einen Ehegattenarbeitsvertrag gelten.
- Wissen, welche Wirtschaftsgüter aktivierungspflichtig und nichtaktivierungspflichtig sind.
- Kennen der wesentlichen Bestimmungen über die geringerwertigen Wirtschaftsgüter und über die Absetzung für Abnutzung (AfA) bei beweglichen und unbeweglichen Wirtschaftsgütern.
- Wissen, was einkommensteuerlich unter Sonderausgaben und außergewöhnlichen Belastungen zu verstehen ist.
- Wissen, was einkommensteuerlich unter Freibeträgen zu verstehen ist.
- Den Modus der Einkommensteuerveranlagung und -vorauszahlung kennen.

3.6.2.1 Wesen der Einkommensteuer – Steuerpflicht

Wesen der Einkommensteuer

Die Einkommensteuer ist eine Personensteuer und knüpft als solche an das innerhalb eines Veranlagungszeitraums von einer Person erzielte Einkommen an. Durch die im Einkommensteuerrecht verankerte Sozialkomponente richtet sich die Steuerhöhe nach Familienstand, persönlichen Belastungen, Höhe des Einkommens – wie Berücksichtigung des Existenzminimums und progressive Steuermehrbelastung bei Besserverdienenden.

Rechtsgrundlagen

Der Einkommensteuer unterliegen die natürlichen Personen,
- also Einzelpersonen, zum Beispiel Inhaber von Einzelfirmen
- Gesellschafter von Personengesellschaften wie OHG, KG, GbR-Gesellschafter
- Gesellschafter einer Körperschaft wie AG, GmbH-Gesellschafter.

Die natürliche Person muß ihren Wohnsitz oder gewöhnlichen Aufenthalt in der Bundesrepublik Deutschland haben. Bei Erfüllung dieser Voraussetzungen sind diese Personen unbeschränkt einkommensteuerpflichtig.

3.6.2.2 Schema der Einkommensteuerermittlung

Die Einkommensteuer wird nach folgendem Schema ermittelt:

Ermittlung der Einkommensteuer

Schema Einkommensteuerermittlung

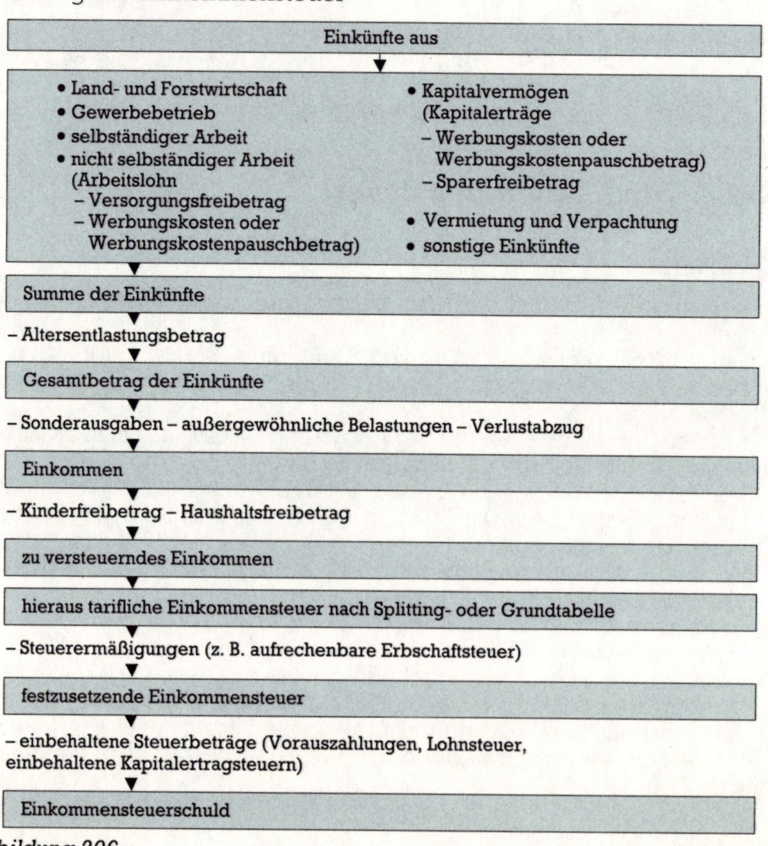

Abbildung 206

3.6.2.3 Die Einkunftsarten

Die Einkünfte

> Nur die Einkünfte aus Land- und Forstwirtschaft, aus Gewerbebetrieb, aus selbständiger und aus nichtselbständiger Arbeit, aus Kapitalvermögen, aus Vermietung bzw. Verpachtung und sonstige Einkünfte unterliegen der Einkommensteuer.

Erläuterungen:

Selbständige Tätigkeit

- Einkünfte aus selbständiger Tätigkeit sind die Einkünfte der Freischaffenden, wie Steuerberater, Ärzte, Künstler.

Kapitalvermögen

- Einkünfte aus Kapitalvermögen sind Zinsen aus Sparguthaben, Darlehen, Anleihen, Dividenden und sonstigen bankgehandelten Beteiligungen. Zinseinnahmen bis 6.000,00 DM für Ledige, 12.000,00 DM für Verheiratete, zuzüglich 100,00 DM Werbungskostenpauschale für jeden Sparer bleiben steuerfrei, auch wenn die Kapitalerträge nur einem Ehepartner zufließen. Voraussetzung ist, daß bei der Bank ein entsprechender Freistellungsantrag eingereicht wird. Ansonsten sind die Banken verpflichtet, 30 % der Kapitalerträge, bei Tafelgeschäften 35 %, einzubehalten und dem Finanzamt abzuführen.

Sonstige Einkünfte

- Sonstige Einkünfte sind Zuflüsse aus bestimmten wiederkehrenden Bezügen wie Renten, Einkünfte aus Spekulationsgeschäften, gelegentliche Vermittlungen und Vermietungen beweglicher Sachen.

Vermietung und Verpachtung

- Zu den Einkünften aus Vermietung und Verpachtung zählen die Einnahmen aus Vermietung und Verpachtung von unbeweglichem Vermögen, von Sachinbegriffen wie Betriebsvermögen, von Überlassung von Rechten u. a. m. Bei Einkünften aus Land- und Forstwirtschaft, Gewerbebetrieb und selbständiger Arbeit sind die Einkünfte der Gewinn (siehe Abb. 207), bei den anderen Einkuftsarten der Überschuß der Einnahmen über die Werbungskosten.

> Die für den Handwerker wichtigsten Einkunftsarten sind:
> - Einkünfte aus Gewerbebetrieb (siehe Abschnitt 3.6.2.4 „Die Einkünfte aus Gewerbebetrieb" in diesem Band)
> - Einkünfte aus nichtselbständiger Tätigkeit – Lohntätigkeit (siehe Abschnitt 3.6.3 „Die Lohnsteuer" in diesem Band).
>
> Alle Zuflüsse, die nicht unter die sieben Einkunftsarten eingereiht werden können, sind einkommensteuerfrei, zum Beispiel Schenkungen, Lottogewinne, Erbschaften, Kapitalauszahlungen einer Lebens- oder Unfallversicherung.

Einkommensteuerfreie Einnahmen

Wohl aber können diese Zuflüsse anderen Besteuerungsarten unterliegen, zum Beispiel der Schenkungs- und Erbschaftssteuer, der Vermögenssteuer.

3.6.2.4 Die Einkünfte aus Gewerbebetrieb

Einkunft aus Gewerbebetrieb

Die Einkunft aus Gewerbebetrieb ist der Gewinn. Die Vorschriften zur Gewinnermittlung sind im Einkommensteuergesetz und im Handelsgesetzbuch festgelegt. Gewinnermittlungszeitraum ist das Wirtschaftsjahr. In der Regel decken sich Kalenderjahr und Wirtschaftsjahr, doch sind auf Antrag Abweichungen zulässig.

Es gibt zwei Möglichkeiten der Gewinnermittlung, die aus der folgenden Abbildung ersichtlich sind.

Die Methoden der Gewinnermittlung

Gewinnermittlungsmethoden

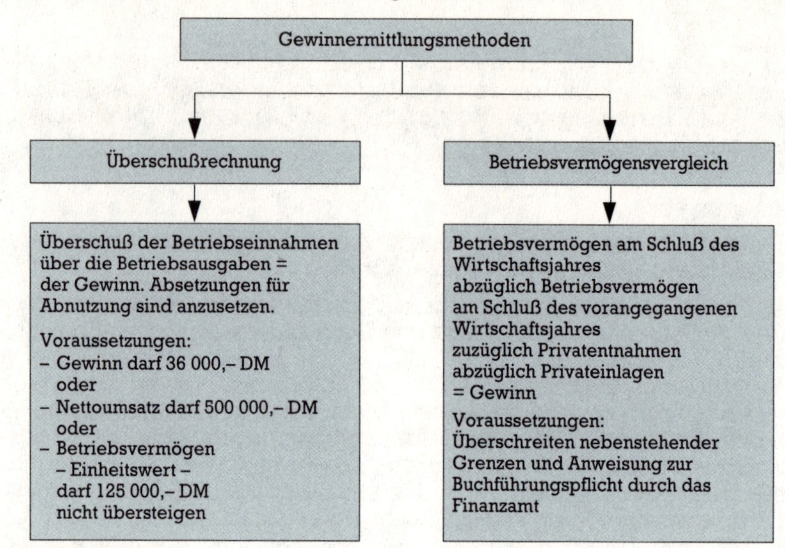

Abbildung 207

Wenn der Steuerpflichtige freiwillig Bücher führt und regelmäßig Abschlüsse macht oder nach anderen gesetzlichen Vorschriften zur Buchführung verpflichtet ist, dann kann der Gewinn nur nach Bestandsvergleich ermittelt werden. Dabei werden die Veränderungen innerhalb des Wirtschaftsjahres in der Regel in Form der doppelten Buchführung und Erstellung einer Bilanz nach obigem Schema mit Gewinn- und Verlustrechnung erfaßt.

3.6.2.5 Abgrenzung zwischen Privatausgaben und Betriebsausgaben

Privatausgaben

Nur betriebliche Aufwendungen können den Gewinn mindern. Privatausgaben sind nicht abzugsfähig.

Privatausgaben sind unter anderem
- die für den Haushalt, für die Familie und für die Lebensführung aufgewendeten Beträge und privaten Versicherungen
- standesgemäße Kleidung auch bei beruflichem Mehrverschleiß durch Repräsentation
- Kosten der privaten Benutzung des Kraftfahrzeugs
- die Einkommensteuer, die Erbschaftssteuer u. a. m.

3.6.2.6 Die Betriebsausgaben

Betriebsausgaben

Betriebsausgaben sind Aufwendungen, die durch den Betrieb veranlaßt sind, unter anderem:
- Aufwendungen für Material und Wareneinkäufe
- Aufwendungen für Hilfs- und Betriebsstoffe
- Beiträge für Berufsorganisationen

- Beiträge für betriebliche Versicherungen
- betriebliche Steuern
- Löhne und Gehälter
- Jubiläumszuwendungen in bestimmtem Rahmen
- Kfz-Kosten, soweit sie auf den Betrieb entfallen
- Mietzahlungen für betrieblich genutzte Anlagegüter
- Reparaturen.

Daneben gibt es aber noch eine Reihe von Betriebsausgaben, die einer Erläuterung bedürfen. Die wesentlichsten davon sind:
- Reisekosten
- Repräsentationsaufwendungen
- Ehegattenarbeitslohn
- abnutzbare Wirtschaftsgüter des Anlagevermögens
  - die kurzlebigen oder geringwertigen Wirtschaftsgüter
  - die Absetzung für Abnutzung.

Reisekosten

Reisekosten

Unternimmt der Unternehmer eine betrieblich veranlaßte Reise, dann sind die daraus erwachsenden Aufwendungen Betriebsausgaben. Dient eine Reise betrieblichen und privaten Zwecken, dann ist eine entsprechende Aufteilung der Kosten vorzunehmen. Ist eine Aufteilung nicht möglich, dann ist die ganze Reise als Privatreise zu behandeln.

Geschäftsreise

Eine Geschäftsreise liegt vor, wenn der Unternehmer in einer Entfernung von mindestens 20 km von seiner Wohnung und von seiner regelmäßigen Betriebsstätte (Werkstätte) vorübergehend tätig wird. Maßgebend ist die Tarifentfernung bzw. die kürzeste verkehrsgünstigste Straßenverbindung.

Abzugsfähige Aufwendungen bei Geschäftsreisen

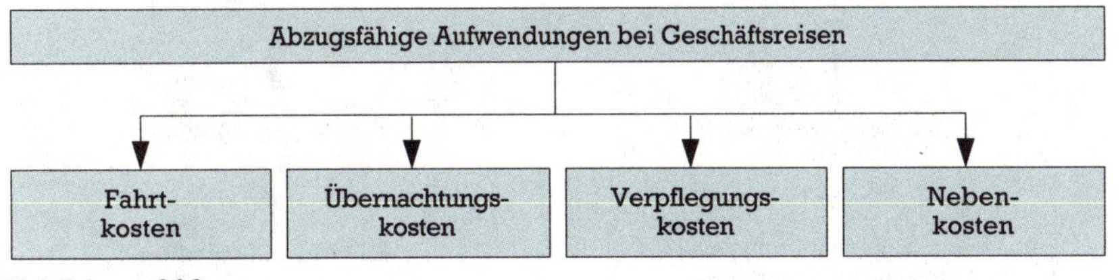

Abzugsbeträge bei Geschäftsreisen

Abbildung 208

Erläuterungen:

- **Fahrtkosten**

Fahrtkosten
Öffentliche Verkehrsmittel

Bei Benutzung öffentlicher Verkehrsmittel sind die Kosten in nachgewiesener Höhe abzugsfähig.

Betriebs-Pkw

Bei Benützung des Betriebs-Pkws ist der Fahrtaufwand mit den dem Finanzamt gegenüber geltend gemachten Kfz-Kosten abgegolten. Eine zusätzliche Kilometerpauschale ist nicht zugelassen.

Privat-Pkw

Bei Benutzung eines privaten Pkws können die Fahrtkosten ohne Einzelnachweis mit 0,52 DM je Fahrtkilometer angesetzt werden.

- **Übernachtungskosten**

Übernachtungskosten

Die Übernachtungskosten sind in nachgewiesener Höhe abzugsfähig.

Verpflegungskosten

- **Verpflegungskosten**

Die Verpflegungsaufwendungen können geltend gemacht werden

Abrechnung nach Einzelbeleg

- gegen Einzelbeleg unter Berücksichtigung eines Höchstbetrags und der Haushaltsersparnis

Abwesenheitsdauer	Höchstbetrag ohne Vorsteuer, Haushaltsersparnis bereits berücksichtigt
über 12 Std.	64,00 DM
10 – 12 Std.	51,00 DM
8 – 10 Std.	32,00 DM
6 – 8 Std.	19,00 DM

Abrechnung mit Pauschale

- in Form von Pauschalen

Abwesenheitsdauer	eintägige Gesch.reise	mehrtägige Gesch.reise
über 12 Std.	35,00 DM	46,00 DM
10 – 12 Std.	28,00 DM	36,00 DM
8 – 10 Std.	17,00 DM	23,00 DM
6 – 8 Std.	10,00 DM	13,00 DM

Nebenkosten

- **Nebenkosten**

Das sind Kosten zum Beispiel für Reiseversicherung, Parkgebühren, Messeeintrittskarten u. a. m. Sie sind gegen Einzelbeleg abzugsfähig.

Abzugsbeträge bei Geschäftsgang

Unternehmer, die sich aus betrieblichen Gründen von der Betriebsstätte und ihrer Wohnung entfernen, aber den 20-km-Bereich nicht überschreiten, tätigen einen Geschäftsgang. Hier sind die Verpflegungsaufwendungen wie folgt abzugsfähig:

Abzugsfähige Aufwendungen bei einem Geschäftsgang

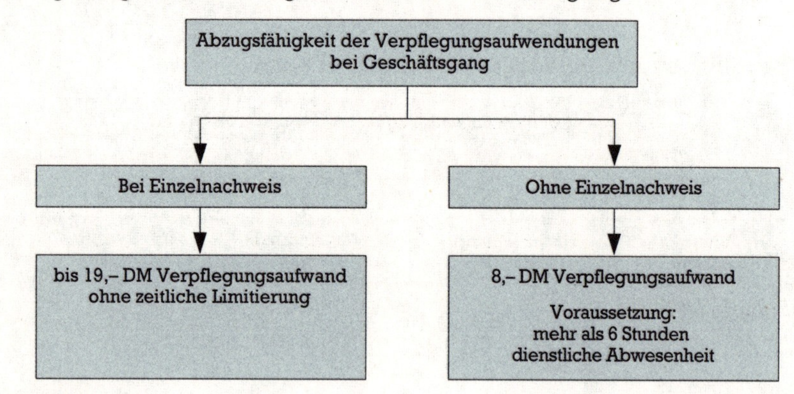

Abbildung 209

Die Repräsentationsaufwendungen

Geschenke und Bewirtungen

Aufwendungen für Geschäftsfreunde und Ausgaben zum Zwecke der Anknüpfung von Geschäftsverbindungen sind nur unter bestimmten Voraussetzungen als Betriebsausgabe abzugsfähig. Für die Beurteilung der Abzugsfähigkeit spielt die Betriebsart sowie die Betriebsgröße, die Höhe des Umsatzes und Gewinns und die Bedeutung des Aufwands für den Geschäftserfolg eine Rolle.

Abzugsfähige Repräsentationsaufwendungen

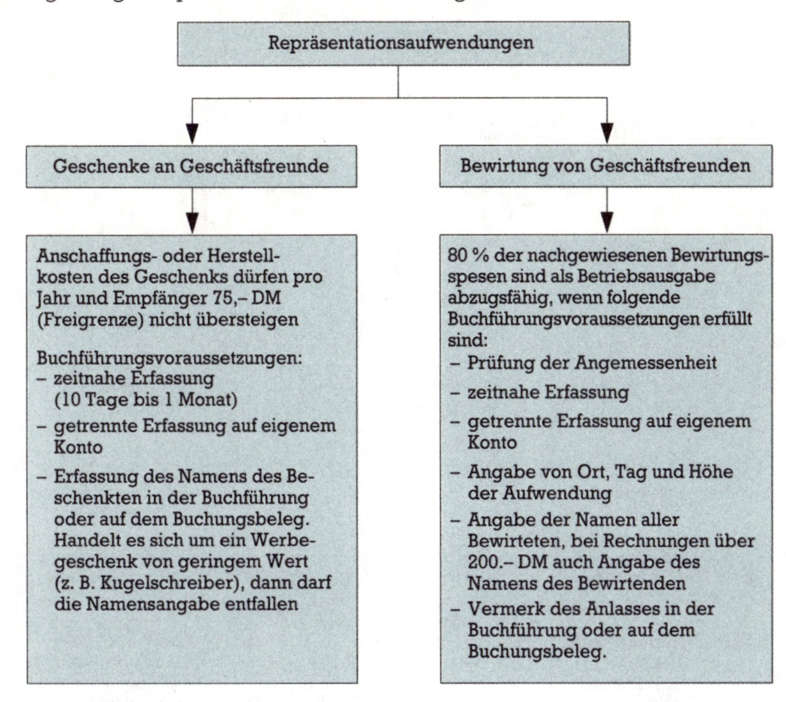

Abbildung 210

Ehegatten-Arbeitsverhältnisse

Steuerliche Auswirkungen des Ehegattenarbeitsvertrages

Es ist zulässig, den Ehegatten im Betrieb des anderen Ehegatten unter Inanspruchnahme aller steuerlichen Vorteile zu beschäftigen.

- Der an den Ehegatten gezahlte Lohn ist Betriebsausgabe.
- Die Arbeitgeberanteile zur Kranken- und Rentenversicherung mindern ebenfalls den Gewinn.
- Auch lohnsteuerfreie Zuwendungen, wie Jubiläumsgeschenke, Geburtsbeihilfen, Fehlgeldentschädigungen sind beim Unternehmer abzugsfähige Betriebsausgaben.
- Für den mitarbeitenden Ehepartner können Pensionsrückstellungen gemacht oder Direktversicherungen abgeschlossen werden.
- Da der Betriebsgewinn Basis für die Gewerbesteuer ist, tritt durch den Abzug der oben beispielhaft angeführten Betriebsausgaben eine beachtliche Gewerbesteuerersparnis ein.

Der Arbeitnehmer-Ehegatte kann den Lohn dem Betriebsinhaber-Ehegatten auch als Darlehen mit Zinsvereinbarung überlassen. Die Zinsen mindern wieder den Betriebsgewinn. Voraussetzung ist, daß der Lohn zuerst in die Verfügungsgewalt des Arbeitnehmer-Ehegatten gelangt ist und Vereinbarungen – insbesondere Rückzahlungszeitpunkt – wie unter Fremden getroffen werden.

Der Ehegatten-Arbeitsvertrag kann mündlich und schriftlich abgeschlossen werden und muß folgende Erfordernisse erfüllen:

Erfordernisse eines Ehegatten-Arbeitsvertrages

Der Ehegatten-Arbeitsvertrag

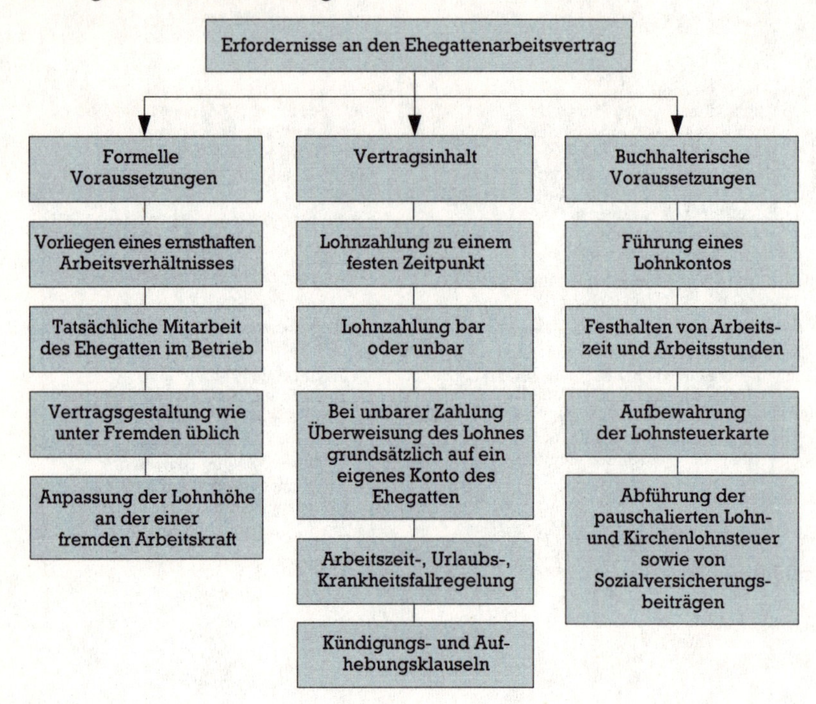

Abbildung 211

Sozialversicherung des mitarbeitenden Ehegatten

Der mitarbeitende Ehegatte wird in der Sozialversicherung wie eine fremde Arbeitskraft behandelt. Die Folge ist, daß er nicht mehr in der Familienversicherung bleiben kann, sondern selbständig versichert wird.

Güterstandsregelung

Beim gesetzlichen Güterstand der Zugewinngemeinschaft und beim vertraglichen Güterstand der Gütertrennung kann der Ehepartner problemlos einen Ehegatten-Arbeitsvertrag eingehen.

Beim vertraglichen Güterstand der Gütergemeinschaft aber wird die Ehefrau in der Regel Miteigentümerin des Betriebs und kann somit nicht gleichzeitig Lohnempfängerin werden. Nur dann, wenn der Betrieb nicht im Gesamtgut, sondern im Vorbehaltgut des Mannes eingebracht ist, kann auch bei Gütergemeinschaft die Frau Lohnempfängerin sein.

Die Wirtschaftsgüter des Anlagevermögens

Anlagevermögen

Alle dem Betrieb dienenden Anlagegüter müssen für steuerliche Zwecke in der Buchführung erfaßt werden.

Man nimmt dabei folgende Unterteilung vor:

Die Wirtschaftsgüter des Anlagevermögens

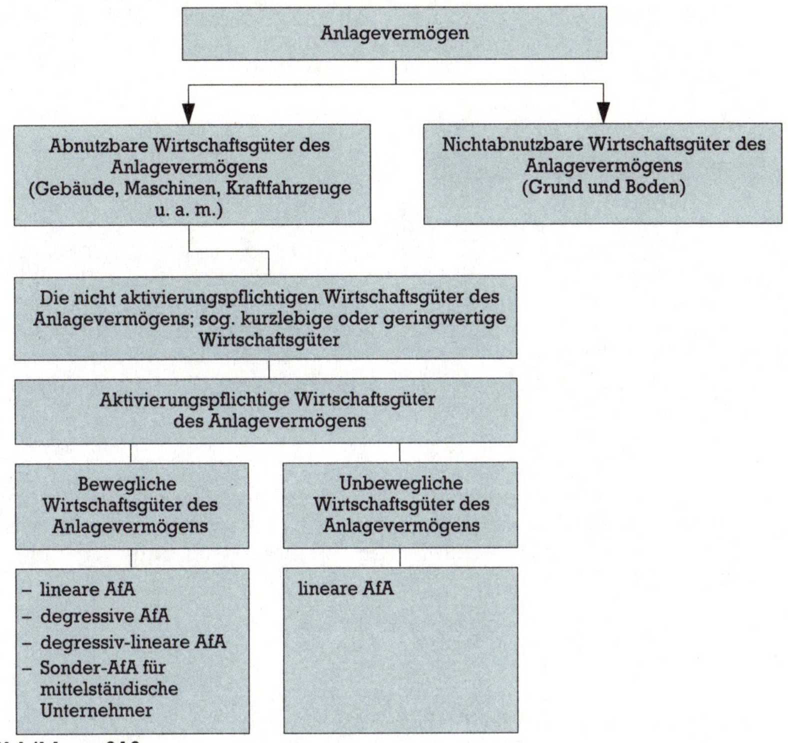

Abbildung 212

Die nicht aktivierungspflichtigen Anlagegüter

Die nicht aktivierungspflichtigen Anlagegüter. Anschaffungskosten bis 800,00 DM

Wirtschaftsgüter des abnutzbaren Anlagevermögens, die selbständig nutzungsfähig sind und deren Anschaffungs- oder Herstellungskosten 800,00 DM ohne Umsatzsteuer nicht übersteigen, können im Jahre der Anschaffung sofort in voller Höhe als Aufwand abgebucht werden.

Anschaffungskosten sind alle Aufwendungen, die erforderlich sind, um ein Wirtschaftsgut betriebsbereit zu machen.

Beispiel:

Eine Bohrmaschine, deren Verkaufspreis 820,00 DM beträgt, wird unter Abzug von 30,00 DM Barzahlungsrabatt für 790,00 DM gekauft. Die Bohrmaschine kann sofort abgeschrieben werden. Umgekehrt sind notwendige Montage- und Verpackungskosten zuzurechnen. Eine Maschine, deren Anschaffungskosten 700,00 DM und deren Montagekosten 150,00 DM betragen, muß aktiviert werden.

Begriff der Sacheinheit

Das Wirtschaftsgut muß eine Sacheinheit darstellen. Es ist unstatthaft, ein zusammengehörendes Anlagegut so aufzuteilen, daß die Einzelteile wertmäßig die 800,00-DM-Grenze nicht übersteigen.

Beispiel:

Wird eine Maschine mit Aufsatz im Wert von 1.000,00 DM gekauft, dann liegt eine Sacheinheit vor und die gesamte Anlage ist aktivierungspflichtig.

Formerfordernisse

Die Aufwendungen für geringwertige Wirtschaftsgüter müssen leicht nachprüfbar sein und eindeutig aus der Buchführung hervorgehen oder durch laufende Führung eines Verzeichnisses, aus dem der Tag der Anschaffung des Gegenstands nach Art und Menge sowie der Preis ersichtlich sind, nachgewiesen werden.

Die aktivierungspflichtigen Anlagegüter

Die Absetzung für Abnutzung (AfA)

Aktivierungspflichtige Anlagegüter

Anschaffungskosten über 800,00 DM

Wirtschaftsgüter des Anlagevermögens, deren Anschaffungs- oder Herstellungskosten 800,00 DM übersteigen und die einer Abnutzung von mehr als einem Jahr unterliegen, sind aktivierungspflichtig. Das heißt, es darf jeweils der Teil der Anschaffungs- oder Herstellungskosten als Betriebsausgabe abgesetzt werden, der bei gleichmäßiger Verteilung dieser Kosten auf die Gesamtdauer der Verwendung oder Nutzung auf ein Jahr entfällt, während der Restwert des Gegenstandes in der Bilanz ausgewiesen wird.

Wird ein Wirtschaftsgut während des Jahres beschafft, so kann die Absetzung für Abnutzung (AfA) entweder umgerechnet auf die monatliche Laufzeit oder nach der Faustregel angesetzt werden, wonach bei vor dem 1. Juli beschafften Wirtschaftsgütern die AfA voll, nach dem 30. Juni zur Hälfte abgesetzt werden darf.

AfA-Methoden

Die AfA-Methoden bei beweglichen Wirtschaftsgütern

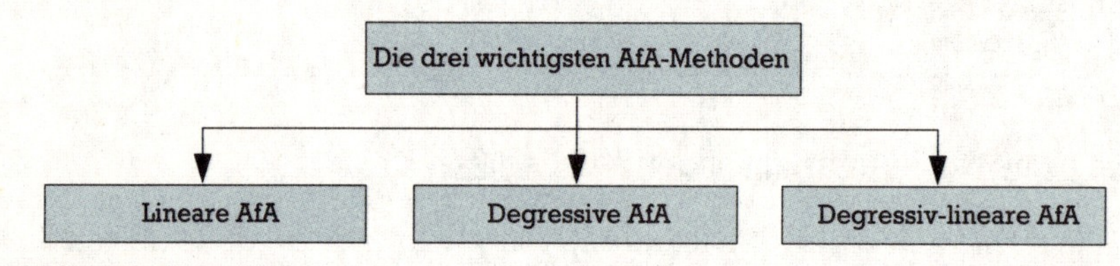

Abbildung 213

Hat sich der Unternehmer für eine der drei Methoden entschlossen, dann kann er beim jeweiligen Anlagegut die Methode nicht mehr wechseln.

Beispiel:

Der Unternehmer hat für seinen betrieblichen Pkw die lineare AfA, für seine Werkstattmaschinen die degressive AfA, für seine Büroeinrichtung die degressiv-lineare AfA gewählt. Er kann während der Nutzungsdauer des einzelnen Wirtschaftsgutes die AfA nicht wechseln, das heißt er kann beim Pkw nicht von der linearen AfA auf die degressive übergehen.

- **Die lineare AfA**

Lineare AfA Errechnung Gleichbleibende Quoten

Die lineare AfA errechnet sich nach der Formel:
Anschaffungspreis geteilt durch Nutzungsdauer = jährliche AfA-Quote.
Das Kennzeichen dieser Methode ist die gleichbleibende AfA-Quote während der Nutzungsdauer, die als Aufwand den alljährlichen Gewinn mindert.

Beispiel:

Anschaffungspreis einer Maschine 10.000,00 DM
Nutzungsdauer 10 Jahre.

1. Jahr	10.000,00 DM ./. 1.000,00 DM AfA-Quote = 9.000,00 DM Restbuchwert
2. Jahr	9.000,00 DM ./. 1.000,00 DM AfA-Quote = 8.000,00 DM Restbuchwert
bis 10. Jahr	1.000,00 DM ./. 1.000,00 (999,00) DM AfA-Quote = 0 (1,00) DM Restbuchwert

Normalerweise läßt man – sofern das abgeschriebene Wirtschaftsgut noch genutzt wird – 1,00 DM als Erinnerungsposten stehen.

- **Die degressive AfA**

Die degressive AfA beträgt das Dreifache der linearen AfA, höchstens jedoch 30 % des jeweiligen Buchwerts.
Vorteil dieser Methode sind die hohen AfA-Quoten, die zu Beginn der Nutzungsdauer als Aufwand den Gewinn entsprechend mindern. Nachteilig ist, daß mit fortschreitender Nutzungsdauer die AfA-Quote immer unbedeutender wird und nach Ablauf der Nutzungsdauer ein Restbuchwert verbleibt.

Degressive AfA Errechnung
Hohe Anfangsquoten

Beispiel:

Anschaffungspreis 50.000,00 DM
Nutzungsdauer 5 Jahre
Das Dreifache der linearen AfA wären 30.000,00 DM, es dürfen aber höchstens 30 % zum Ansatz kommen.

1. Jahr	50.000,00 DM ./. 30 % = 15.000,00 DM AfA-Quote = 35.000,00 DM Restbuchwert
2. Jahr	35.000,00 DM ./. 30 % = 10.500,00 DM AfA-Quote = 24.500,00 DM Restbuchwert
3. Jahr	24.500,00 DM ./. 30 % = 7.350,00 DM AfA-Quote = 17.150,00 DM Restbuchwert
4. Jahr	17.150,00 DM ./. 30 % = 5.145,00 DM AfA-Quote = 12.005,00 DM Restbuchwert
5. Jahr	12.005,00 DM ./. 30 % = 3.601,00 DM AfA-Quote = 8.404,00 DM Restbuchwert

- **Die degressiv-lineare AfA**

Bei der degressiv-linearen AfA darf zuerst degressiv, dann nach einem vom Unternehmer festgesetzten Zeitpunkt auf die lineare AfA übergewechselt werden.
Vorteile dieser Methode sind zunächst der Erhalt hoher AfA-Quoten nach der degressiven und dann noch ansprechende AfA-Quoten nach der linearen AfA, wobei kein Restbuchwert verbleibt.

Degressiv-lineare AfA

Hohe Anfangsquoten, relativ hohe Restquoten

Beispiel:

Anschaffungspreis 10.000,00 DM; Nutzungsdauer 10 Jahre
Es werden zunächst nach der degressiven Methode die AfA-Quoten ermittelt.
1. Jahr: 10.000,00 DM ./. degressiv 3.000 DM = 7.000 DM Restbuchwert
2. Jahr: 7.000,00 DM ./. degressiv 2.100 DM = 4.900 DM Restbuchwert

Wir wollen nun den Wechsel von der degressiven auf die lineare AfA nach dem 2. Jahr vornehmen.

$$\text{Berechnungsformel: } \frac{\text{Restbuchwert}}{\text{Restnutzungsdauer}} = \frac{4.900}{8} = 612{,}50 \text{ DM.}$$

Nun wird die AfA mit der linearen Quote noch 8 Jahre fortgesetzt.
3. Jahr: 4.900,00 DM ./. linear 612,50 DM = 4.287,50 DM
4. Jahr: 4.287,50 DM ./. linear 612,50 DM = 3.675,00 DM
usw. bis
10. Jahr: 612,50 DM ./. linear 612,50 (611,50) DM = 0 (1,00) DM

- **Die Sonder-AfA für kleine und mittlere Betriebe**

Sonder-AfA für den Mittelstand

Mittelständische Unternehmer können bei beweglichen Wirtschaftsgütern des Anlagevermögens unter bestimmten Voraussetzungen eine Sonder-AfA in Anspruch nehmen.

Voraussetzungen

Diese Voraussetzungen sind:
- Der Einheitswert des Betriebsvermögens – bzw. bei Fehlen eines Einheitswertes der Wert des Betriebs nach Bewertungsgesetz – darf nicht über 240.000,00 DM liegen.
- Das Gewerbekapital darf 500.000,00 DM nicht übersteigen.
- Das Wirtschaftsgut muß neu und beweglich sein; es darf kein gebrauchter Gegenstand sein.
- Das Wirtschaftsgut muß ausschließlich oder fast ausschließlich zum Anlagevermögen gehören. Dies ist der Fall, wenn es mindestens zu 90 % betrieblich genutzt wird.
- Das Wirtschaftsgut muß mindestens ein Jahr als Anlagevermögen im Betrieb verbleiben.

Höhe der Sonder-AfA

Bei Erfüllung dieser Voraussetzungen steht dem Unternehmer eine einmalige Sonder-AfA von 20 % zur normalen AfA zu, die wahlweise innerhalb der ersten fünf Nutzungsjahre in Anspruch genommen werden darf.

Beispiel:

Dieses Beispiel ist so gewählt, daß im ersten AfA-Jahr die degressive AfA nach der Faustregel nur mit der Hälfte anzusetzen ist, weil das Wirtschaftsgut nach dem 30. 6. 1993 beschafft wurde. Gleichzeitig zeigt das Beispiel, daß der Anschaffungszeitpunkt auf die Höhe der Sonder-AfA keine Auswirkung hat.

a) Anschaffung einer Maschine am 10. 12. 1993, Kaufpreis 10.000,00 DM; Nutzungsdauer 10 Jahre

10.000,00 DM	Anschaffungskosten
./. 1.500,00 DM	$\frac{1}{2}$ degressive AfA v. 3.000,00 DM
./. 2.000,00 DM	Sonder-AfA (20 v.H. von 10.000 DM, wobei der Anschaffungszeitpunkt die Höhe der Sonder-AfA nicht beeinflußt).
= 3.500,00 DM	AfA im Erstjahr; Restbuchwert am 31. 12. 1993: 6.500,00 DM.

b) Fortsetzung der AfA nach der linearen Methode:

$$\frac{6.500{,}00\text{ DM (Restbuchwert)}}{9\text{ (Restnutzungsjahre)}} = 722{,}22\text{ DM lineare AfA-Quote}$$

2. – 10. Jahr jeweils 722,22 DM AfA;
Restbuchwert am Ende des 10. Jahres = 0

c) Fortsetzung der AfA nach der degressiven Methode:
2. Jahr: 30 Prozent vom Buchwert 6.500,00 DM = 1.950,00 DM AfA;
= 4.550,00 DM Restbuchwert
3. Jahr: 30 Prozent vom Buchwert 4.550,00 DM = 1.365,00 DM AfA;
= 3.185,00 DM Restbuchwert
usw. bis zum 10. Jahr

- **Die Ansparabschreibung**

Die Ansparabschreibung bei beweglichen Wirtschaftsgütern. Ab 1995 ist es zulässig, eine gewinnmindernde Rücklage bis 45 % der Anschaffungs- und Herstellungskosten zu bilden.

Anspar-abschreibung

Voraussetzungen:
- Anschaffung oder Herstellung des beweglichen Wirtschaftsgutes bis Ende des zweiten auf die Bildung der Rücklage folgenden Wirtschaftsjahrs
- Gewinnermittlung nach Betriebsvermögensvergleich.
  Bei Überschußrechnung müssen bestimmte Buchhaltungsvoraussetzungen erfüllt sein.

- **Die AfA bei unbeweglichen Wirtschaftsgütern des Anlagevermögens (Gebäuden)**

AfA bei Gebäuden

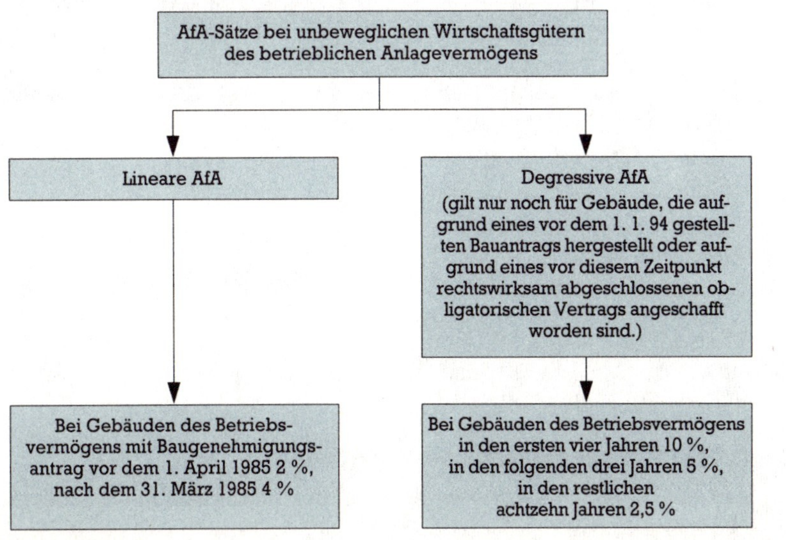

Abbildung 214

3.6.2.7 Die Sonderausgaben und außergewöhnlichen Belastungen

Sonderausgaben und außergewöhnliche Belastungen

Vom Gesamtbetrag der Einkünfte werden die Sonderausgaben und außergewöhnlichen Belastungen abgezogen. Das sind private Aufwendungen, die keiner Einkunftsart zugeordnet werden können, aber aus sozialen, religiösen, politischen Gründen und zum Erhalt der steuerlichen Gleichmäßigkeit zum Abzug zugelassen sind.

Sonderausgaben und außergewöhnliche Belastungen

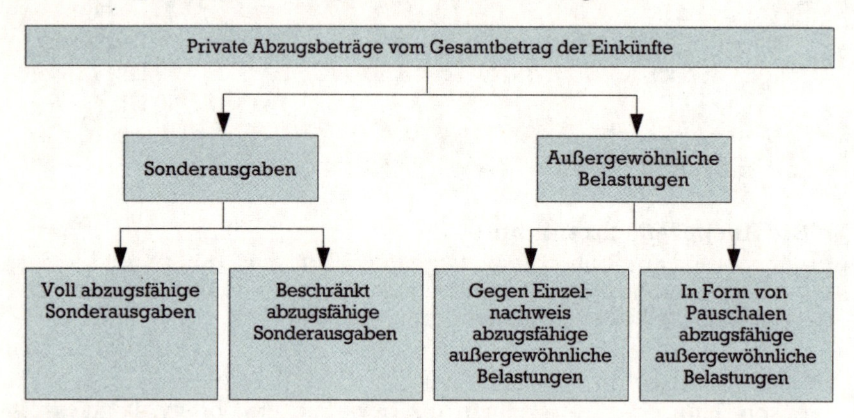

Abbildung 215

Sonderausgaben

Die Sonderausgaben gliedern sich in
- voll abzugsfähige Sonderausgaben
- beschränkt abzugsfähige Sonderausgaben.

Voll abzugsfähige Sonderausgaben

Voll abzugsfähige Sonderausgaben

Folgende Sonderausgaben können voll abgezogen werden:
- die gezahlte Kirchensteuer
- die Steuerberatungskosten
- Zinsen für Steuernachforderungen, für Aussetzungen der Vollziehung und von Steuerstundungen
- bestimmte dauernde Lasten.

Bis zu Höchstbeträgen voll abzugsfähige Sonderausgaben

Als Sonderausgaben voll abzugsfähig, aber ihrer Höhe nach limitiert können folgende Aufwendungen angesetzt werden:
- Spenden für kirchliche, religiöse, gemeinnützige sowie für wissenschaftliche, mildtätige, kulturelle Zwecke und Spenden an politische Parteien
- Aufwendungen für Berufsausbildung oder Weiterbildung in einem nichtausgeübten Beruf u. a. m.

Beschränkt abzugsfähige Sonderausgaben

Bestimmte private Aufwendungen können nur im Rahmen von festgesetzten Beträgen geltend gemacht werden, die auf unterschiedliche Weise berücksichtigt werden.

Beschränkt abzugsfähige Sonderausgaben

Beschränkt abzugsfähige Sonderausgaben

Im Vorwegabzug berücksichtigungsfähige Sonderausgaben	• Beiträge zu Kranken-, Unfall-, Haftpflichtversicherungen • Beiträge zur Altersvorsorge bei der gesetzlichen Rentenversicherung • Beiträge zu Risikoversicherungen auf den Todesfall • Beiträge zu Lebensversicherungen mit einer Laufzeit von mindestens 12 Jahren. Der Vorwegabzug beträgt 6.000,00 DM für Ledige 12.000,00 DM für Verheiratete
Im Grundhöchstbetrag berücksichtigungsfähige Sonderausgaben	Der den Vorwegabzug übersteigende Rest der Beiträge zuzüglich 50 % der an Bausparkassen zur Erlangung von Baudarlehen geleisteten Beträge dürfen im Rahmen des Grundhöchstbetrags berücksichtigt werden. Der Grundhöchstbetrag beträgt 2.610,00 DM für Ledige 5.220,00 DM für Verheiratete
Im Rahmen des hälftigen Grundhöchstbetrags berücksichtigungsfähige Sonderausgaben	Überschreiten die beschränkt abzugsfähigen Sonderausgaben den Vorwegbetrag und den Grundhöchstbetrag, dann darf der Rest noch zur Hälfte, höchstens bis zur Hälfte des Grundhöchstbetrags in Anspruch genommen werden.

Abbildung 216

Realsplitting

Ein Sondertatbestand beim Sonderausgabenabzug ist das sogenannte „begrenzte Realsplitting".

Hier handelt es sich um Unterhaltsleistungen an den geschiedenen oder dauernd getrennt lebenden Ehegatten. Diese Unterhaltsleistungen sind bis zu einem bestimmten Höchstbetrag als außergewöhnliche Belastungen berücksichtigungsfähig. Wenn aber der Empfänger der Unterhaltsleistung sich dem Finanzamt gegenüber verpflichtet, diese Unterhaltsleistung als sonstige Einkunft zu versteuern, dann darf der Unterhaltszahler den geleisteten Unterhaltsbetrag bis zu einer Jahreshöchstgrenze von 2.700,00 DM als Sonderausgabe abziehen.

Beispiel:

Ein verheirateter Handwerker hat folgende Sonderausgaben:

Kirchensteuer	540,00 DM
Steuerberaterkosten	2.800,00 DM
Rentenversicherung	9.000,00 DM
Krankenversicherung	5.000,00 DM
Lebensversicherung	4.000,00 DM
Haftpflicht privat	800,00 DM
Haftpflicht Kfz	1.300,00 DM
Bauspar-Beitr.	7.000,00 DM
Gesamtaufwendungen	30.440,00 DM

Berücksichtigungsfähig sind:

voll	Kirchensteuer	540,00 DM	
	Steuerberaterkosten	2.800,00 DM	
		= 3.340,00 DM	3.340,00 DM
Im Vorwegabzug	Rentenversicherung	9.000,00 DM	
	Krankenkasse	5.000,00 DM	
	Lebensversicherung	4.000,00 DM	
	Haftpflicht privat	800,00 DM	
	Haftpflicht Kfz	1.300,00 DM	
		= 20.100,00 DM	
	Höchstansatz	12.000,00 DM	12.000,00 DM
	Rest	8.100,00 DM	
Im Höchstbetrag	Der Rest	8.100,00 DM	
	50 % Bauspar-Beitr.	3.500,00 DM	
		= 11.600,00 DM	
	Höchstansatz	5.220,00 DM	5.220,00 DM
	Rest	6.380,00 DM	
Im Rahmen des hälftigen Höchstbetrages	Rest	6.380,00 DM	
	die Hälfte davon wären 3.190,00 DM, es können höchstens angesetzt werden:	2.610,00 DM	2.610,00 DM
			23.170,00 DM

Von 30.440,00 DM Sonderausgaben sind somit 23.170,00 DM berücksichtigungsfähig.

3.6.2.8 Die außergewöhnlichen Belastungen

Außergewöhnliche Belastungen

Erwachsen einem Steuerpflichtigen zwangsläufig größere Aufwendungen als der überwiegenden Mehrzahl in Vermögen-, Einkommen- und nach Familienstand vergleichbarer Steuerpflichtiger, dann sind diese Aufwendungen als außergewöhnliche Belastungen abzugsfähig.

Diese Aufwendungen werden unterteilt in:

Außergewöhnliche Belastungen gegen Einzelnachweis

Außergewöhnliche Belastungen: Einzelnachweis

Hierzu zählen zum Beispiel Arzt-, Krankheits-, Kur-, Medikamentenkosten. Bei diesen außergewöhnlichen Belastungen muß sich der Steuerpflichtige einen Selbstbeteiligungsbetrag als zumutbare Eigenbelastung anrechnen lassen.
So beträgt zum Beispiel der Selbstbeteiligungsbetrag bei einem Steuerpflichtigen mit einem oder zwei Kindern bei einem Gesamtbetrag der Einkünfte

bis 30.000,00 DM	2 %
von 30.000,00 bis 100.000,00 DM	3 %
über 100.000,00 DM	4 % des Gesamtbetrags der Einkünfte.

Beispiel:

Eine alleinstehende Frau mit einem Kind hat im Veranlagungsjahr nichtersetzte Kosten für eine Zahnprothese von 4.200,00 DM. Sie hat steuerpflichtigen Lohnbezug von 32.000,00 DM und Einnahmen aus Vermietung und Verpachtung von 3.000,00 DM. Sie muß sich von dem Gesamtbetrag ihrer Einkünfte in Höhe von 35.000,00 DM 3 % = 1.050,00 DM auf die 4.200,00 DM anrechnen lassen, so daß nur 3.150,00 DM berücksichtigt werden können.

Außergewöhnliche Belastungen in Form von Pauschalen

Außergewöhnliche Belastungen: Pauschalen

Die Pauschalen sind im Gesetz erschöpfend aufgezählt. Es zählen hierher zum Beispiel
- die Pauschalen für Körperbehinderung
- die Unterhaltsleistungen an geschiedene Ehepartner, sofern sie nicht als Sonderausgaben geltend gemacht werden können
- die Pauschalen für Pflege hilfloser Personen
- die Pauschalen für Beschäftigung einer Hausgehilfin.

Bei den Belastungen in Form von Pauschalen entfällt die Berücksichtigung eines Selbstbeteiligungsbetrages.

3.6.2.9 Die Freibeträge

Freibeträge

Nach Abzug der Sonderausgaben und außergewöhnlichen Belastungen vom Gesamtbetrag der Einkünfte ergibt sich das Einkommen. Davon dürfen noch allgemeine und besondere Freibeträge abgesetzt werden.

Der Kinderfreibetrag

Kinderfreibetrag

Jeder Elternteil erhält für ein zu berücksichtigendes Kind einen halben Kinderfreibetrag von 2.052,00 DM. Für zusammenveranlagte Ehegatten, bei denen das Kind in einem Kindschaftsverhältnis steht, beträgt der Freibetrag 4.104,00 DM.

Kinder im Sinne des Einkommensteuerrechts sind:
- die leiblichen Kinder
- die Adoptivkinder
- die Pflegekinder.

Voraussetzung bei Pflegekindern ist, daß das Obhuts- und Pflegeverhältnis zu den Eltern nicht mehr besteht und der Steuerpflichtige das Kind mindestens zu einem nicht unwesentlichen Teil auf seine Kosten unterhält.

Voraussetzungen zur Gewährung des Kinderfreibetrags

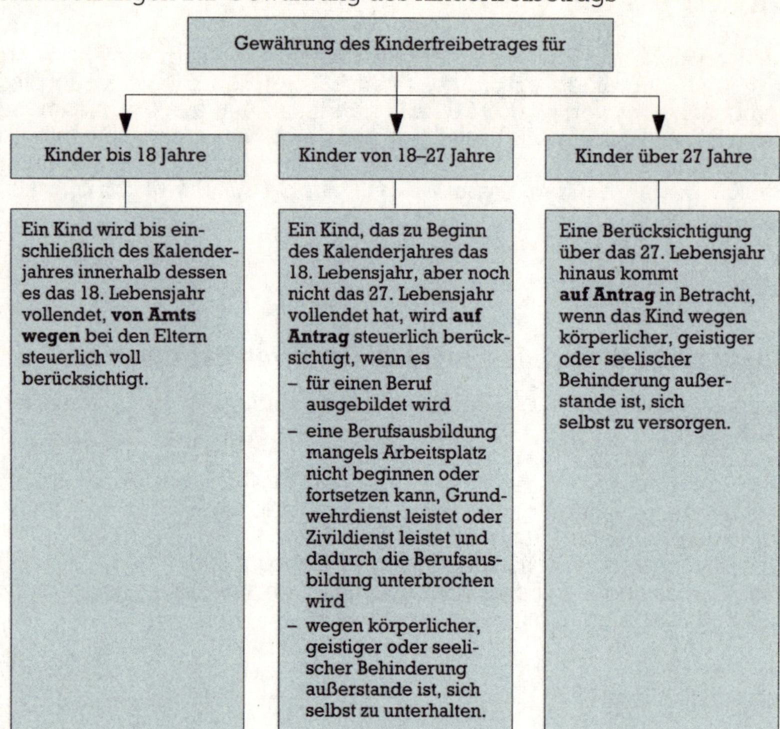

Abbildung 217

Der Unterhaltsfreibetrag

Unterhaltsfreibetrag

Wenn ein Steuerpflichtiger Aufwendungen für den Unterhalt und eine etwaige Berufsausbildung für eine Person tätigt, für die weder er noch ein anderer Steuerpflichtiger Anspruch auf einen Kinderfreibetrag hat, dann steht ihm ein Freibetrag von

- bis zu 6.300,00 DM zu, wenn die unterhaltene Person das 18. Lebensjahr vollendet hat,
- bis zu 4.104,00 DM zu, wenn das 18. Lebensjahr noch nicht vollendet ist.

Der Ausbildungsfreibetrag

Ausbildungsfreibetrag

Im Gegensatz zum Unterhaltsfreibetrag wird der Ausbildungsfreibetrag demjenigen Steuerpflichtigen gewährt, der Anspruch auf einen Kinderfreibetrag hat und für die Ausbildung des Kindes aufkommt.

Die Höhe des Freibetrags ist festgesetzt:

- für ein Kind, welches das 18. Lebensjahr noch nicht vollendet hat und auswärts untergebracht ist, auf 1.800,00 DM
- für ein Kind, welches das 18. Lebensjahr vollendet hat und
  - auswärts untergebracht ist, auf 4.200,00 DM
  - im Haushalt des Steuerpflichtigen untergebracht ist, auf 2.400,00 DM.

Kinder, bei denen sich der Abschluß der Berufsausbildung wegen Wehr- oder Zivildienst über das 27. Lebensjahr hinaus verzögert hat, erhalten den Ausbildungsfreibetrag bis zum vollendeten 29. Lebensjahr.

Der Haushaltsfreibetrag

Haushaltsfreibetrag

Alleinstehende mit mindestens einem Kind, für das der Steuerpflichtige einen Kinderfreibetrag erhält, können einen Freibetrag von 5.616,00 DM beanspruchen. Das Kind muß aber bei dem Alleinstehenden gemeldet sein. Ist eine Zuordnung zum Beispiel bei getrennt lebenden Ehepartnern erforderlich, dann zählt das Kind zu dem Elternteil, bei dem es im Kalenderjahr erstmals gemeldet war.

Der Kinderbetreuungsfreibetrag

Kinderbetreuungsfreibetrag

Kinderbetreuungskosten sind Aufwendungen, die der Hilfe und Fortentwicklung dienen, zum Beispiel Aufwendungen zur Hausaufgabenbetreuung, für Nachhilfeunterricht, für Schreibmaschinen-, Stenokurse, auch für Fahrschulbesuche.
Ohne Einzelnachweis kann pro Jahr ein Freibetrag von 480,00 DM je Kind, mit Einzelnachweis ein Betrag von bis 4.000,00 DM für ein Kind, zuzüglich 2.000,00 DM für jedes weitere Kind, beansprucht werden.
Voraussetzung: Behinderung, Krankheit, Erwerbstätigkeit des alleinstehenden Steuerpflichtigen oder eines Ehepartners. Bei den Kinderbetreuungskosten werden nur Kinder berücksichtigt, die zu Beginn des Kalenderjahres das 16. Lebensjahr noch nicht vollendet haben.

3.6.2.10 Der Steuertarif

Steuertarif

Auf das zu versteuernde Einkommen wird nun der Steuertarif angewendet. Ab 1993 gilt folgendes:

Existenzminimum

Grenzsteuerzahler

Grenzsteuerzahler: Freistellung des Existenzminimums. Als Existenzminimum wird ein pauschalierter unterer Wert von 12.000,00 DM für Ledige und 19.000,00 DM für Verheiratete angesetzt. Nur wenn die Erwerbsbezüge diese Grenzen übersteigen, wird eine Einkommen- und Lohnsteuer angesetzt. Zu den Erwerbseinkünften zählen praktisch alle Einnahmen, also nicht nur der steuerpflichtige Arbeitslohn, sondern auch Renten, gewerbliche Einnahmen, Sonder-AfAs, Steuervergünstigungen für selbstgenutzten Wohnraum, Lohnersatzleistungen.

Nicht-Grenzsteuerzahler

Für die Besteuerung der Steuerpflichtigen, die nicht zu den Grenzsteuerzahlern zählen, gilt nach wie vor der Steuertarif 1990 mit dem aus der Abbildung ersichtlichen Aufbau.

Der Steuertarif des zu versteuernden Einkommens

Null-Zone	Untere Proportionalzone	Progressionszone	Obere Proportionalzone
Zu versteuerndes Einkommen von: 0 bis 5616,- DM bei Ledigen 0 bis 11 232,- DM bei Verheirateten	Zu versteuerndes Einkommen von: 5617,- DM bis 8153,-DM bei Ledigen 11 233,- DM bis 16 307,- DM bei Verheirateten	Zu versteuerndes Einkommen von: 8154,- DM bis 120 041,-DM bei Ledigen 16 308,- DM bis 240 083,- DM bei Verheirateten	Zu versteuerndes Einkommen ab: 120 042,- DM bei Ledigen 240 084,- DM bei Verheirateten
Steuerfrei	Steuersatz 19 %	Steuersatz 19 - 53%	Steuersatz 53%

Abbildung 218

Tarifbegrenzung bei gewerblichen Einkünften

Tarifbegrenzung bei gewerblichen Einkünften

Für gewerbliche Einkünfte über 100.278,00 DM wird ein Entlastungsbetrag gewährt, der nach besonderem Berechnungsverfahren und einer Sondertariftabelle berechnet wird, wobei der Einkommensteuerhöchstsatz auf 47 % begrenzt ist. Gewerbliche Einkunft dieser Bestimmung ist der Gewerbeertrag laut Gewerbesteuergesetz unter Außerachtlassung bestimmter Kürzungsvorschriften.

3.6.2.11 Die Steuerabrechnung (Veranlagung)

Die drei Arten der Veranlagung bei der Steuer

Veranlagungsarten

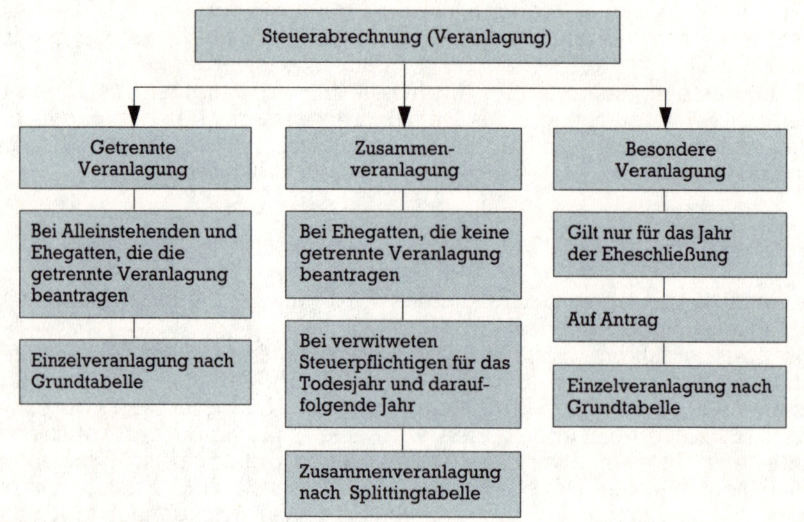

Abbildung 219

Die getrennte Veranlagung

Getrennte Veranlagung

Alleinstehende, aber auch Ehegatten, die einen entsprechenden Antrag stellen, werden getrennt veranlagt. Das heißt, das zu versteuernde Einkommen wird für jeden einzeln ermittelt und nach der Grundtabelle besteuert.

Bei Ehepartnern kann man in der Regel davon ausgehen, daß eine getrennte Veranlagung nachteiliger ist, da bei jedem die Grundtabelle zur Anwendung kommt und Vergünstigungen, die der eine Ehepartner nicht ausschöpft, nicht auf den anderen übertragen werden können.

Die Zusammenveranlagung

Zusammenveranlagung

Bei der Zusammenveranlagung von Ehegatten werden die Einkünfte, die die Ehegatten erzielt haben, zusammengerechnet und den Ehegatten gemeinsam zugerechnet. Die Einkommensteuer wird nach der Splittingtabelle ermittelt. Die Zusammenveranlagung wird auch verwitweten Personen im Todesjahr und im darauffolgenden Jahr zugestanden, sofern die Ehegatten nicht dauernd getrennt lebten.

Die besondere Veranlagung

Besondere Veranlagung

Diese Veranlagung kann nur für das Jahr der Eheschließung von den Ehegatten gemeinsam gewählt werden. Die Ehegatten werden dann so veranlagt, als wären sie unverheiratet. Für das Jahr der Eheschließung führt nämlich die Zusammenveranlagung wie auch die getrennte Veranlagung regelmäßig zu einer Steuernachzahlung, wenn auch der Ehegatte steuerpflichtige Einkünfte hat. Im Rahmen der besonderen Veranlagung bleiben aber die jeweiligen Vergünstigungen erhalten.

Der Steuerpflichtige teilt durch entsprechenden Vermerk im Steuerformular mit, welche Veranlagungsart er wünscht.

3.6.2.12 Prüfverfahren (Erörterung)

Prüfung der Steuererklärung durch das Finanzamt

Der Finanzbeamte prüft die Steuererklärungen rechnerisch und inhaltlich. Er hat von Amts wegen die Bestimmungen des Verlustrücktrags und Verlustvortrags anzuwenden. Die Erörterung hat auch zugunsten des Steuerpflichtigen zu erfolgen.

Verlustrücktrag – Verlustvortrag

Verlustrücktrag

Verlustvortrag

Sofern Verluste innerhalb eines Veranlagungszeitraums nicht mit anderen Einkunftsarten ausgeglichen werden können, dürfen die Verluste des Veranlagungsjahrs wie Sonderausgaben auf zwei Vorjahre rückübertragen werden, so daß für die beiden letzten Jahre bereits bezahlte Steuer rückerstattet wird. Ist der Verlust so groß, daß er durch den Rücktrag nicht abgedeckt werden kann, darf der Restbetrag vom Gesamtbetrag der Einkünfte auf die folgenden Veranlagungszeiträume vorgetragen werden.

Der Einkommensteuerbescheid

Einkommensteuerbescheid

Das Finanzamt erläßt nun einen Einkommensteuerbescheid, der das veranlagte Einkommen in Einzelheiten, die der Tabelle entnommene Jahressteuer, die bereits verrechneten Lohnsteuern, Kapitalertragsteuern, anzurechnende Körperschaftsteuer und für das Veranlagungsjahr geleistete Vorauszahlungen ausweist.

Der Vorauszahlungsbescheid

Vorauszahlungen

Mit dem Steuerbescheid erhält der Steuerpflichtige noch einen eigenen Bescheid über die Vorauszahlungen. Dem Vorauszahlungsbescheid liegen die Verhältnisse des Veranlagungsbescheids zugrunde.

Die Vorauszahlungen sind in gleicher Höhe am 10. März, 10. Juni, 10. September und 10. Dezember zuzüglich fünf Tage Schonfrist zu leisten.

Bei Änderungen der wirtschaftlichen Entwicklung des Betriebs können von Amts wegen bis zum Ablauf des auf den Veranlagungszeitraum folgenden fünfzehnten Kalendermonats die Vorauszahlungen entsprechend angepaßt werden.

Die Säumniszuschläge

Säumnis-
zuschläge

Werden die Steuerbeträge und Vorauszahlungen nicht pünktlich entrichtet, erhebt das Finanzamt Säumniszuschläge, für jeden Monat 1% des rückständigen, auf volle 100,00 DM nach unten abgerundeten Steuerbetrags, sowie Mahngebühren.

Lohnsteuer

3.6.3 Die Lohnsteuer

Lernziele:

- Kennen und Verstehen des Lohnsteuersystems als spezielle Form der Einkommensteuer.
- Wissen, welche Entgelte des Arbeitnehmers der Lohnsteuerpflicht unterliegen.
- Kennen der Ermittlungsweise und der Entrichtungsform der Lohnsteuer.
- Wissen, welche Wirkung eingetragene Freibeträge auf der Lohnsteuerkarte für die Lohnsteuerermittlung haben.
- Kennen der Kriterien der Lohnsteuerklassen-Einteilung.
- Wissen, in welchen Ausnahmefällen Arbeitnehmer auch ohne Lohnsteuerkarte beschäftigt werden dürfen und welche Pflichten für den Arbeitgeber daraus entstehen.
- Kennen des Begriffsinhalts „Werbungskosten" bei der Lohnsteuer.
- Kennen der Möglichkeiten, dem Arbeitnehmer Aufwendungen ganz oder teilweise lohnsteuerfrei zu ersetzen.
- Kennen der Wirkungsweise der Antragsveranlagung.
- Wissen, in welchen Fällen der Arbeitgeber für die Lohnsteuer des Arbeitnehmers haftet.

3.6.3.1 Wesen der Lohnsteuer

Wesen der
Lohnsteuer

Die Lohnsteuer ist voll integrierter Bestandteil der Einkommensteuer; sie unterscheidet sich nur in ihrer besonderen Erhebungsform von der Einkommensteuer. Die Besonderheit der Lohnsteuer besteht darin, daß der Arbeitgeber verpflichtet ist, vom Bruttogehalt bzw. vom Bruttolohn seines Arbeitnehmers die Lohnsteuer und Kirchensteuer einzubehalten und für den Arbeitnehmer unmittelbar an das Finanzamt abzuführen.

Lohnsteuer-
pflicht

Das Anfallen der Lohnsteuerpflicht

Arbeits-
verhältnis

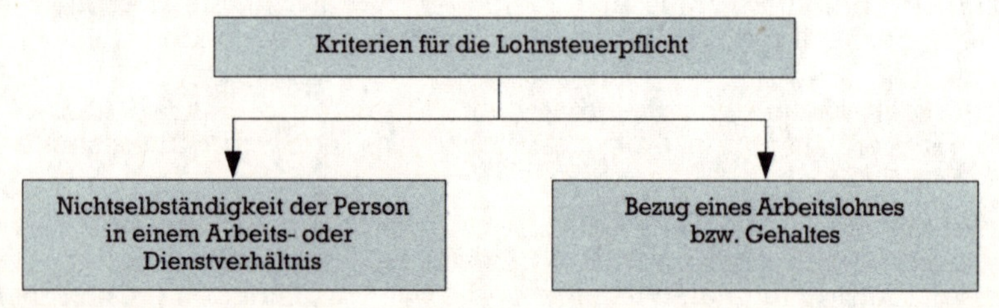

Abbildung 220

Nichtselbständigkeit

Nichtselbständig sind Personen, die unter der Leitung eines Arbeitgebers stehen, dessen Weisungen unterworfen sind und ihre Arbeitskraft dem Arbeitgeber oder Unternehmen schulden. Der Tätigkeitsbegriff ist extensiv auszulegen.

Beispiel:

Ein Hobbymusiker, der sich verpflichtet, zu festen Zeiten in einem Lokal Volksmusik zu spielen, ist Arbeitnehmer. Wenn er die Wahl seiner Auftrittszeit und seiner Musikrichtung selbst treffen könnte, wäre er selbständig tätig.

Auch Rechtsnachfolger, die Zuflüsse aus dem früheren Dienstverhältnis ihres Rechtsvorgängers beziehen, sind wie Arbeitnehmer zu behandeln.

Beispiel:

Eine Handwerkerwitwe bezieht eine Betriebspension von ihrem verstorbenen Mann.

Bezug von Arbeitslohn

Arbeitslohn

Weiteres Kriterium für die Lohnsteuerpflicht ist, daß die Person Arbeitslohn bezieht. Arbeitslohn sind alle Einnahmen, die ihr aus einem Arbeitsverhältnis zufließen, gleichgültig, ob es sich um Bareinnahmen oder Sachbezüge handelt, ob es laufende oder einmalige Bezüge sind und ob Rechtsanspruch besteht oder nicht.

Hierher gehören auch Vergütungen für Überstunden, Gratifikationen, Umsatzbeteiligungen usw.

Auch Zuflüsse, die der Arbeitnehmer von Dritten erhält, können Lohn sein. In solchen Fällen hat der Arbeitgeber die Lohnsteuer einzubehalten, wenn dieser Zufluß für eine Arbeitsleistung üblich ist.

Beispiel:

Kunden geben in der Regel beim Friseur freiwillig ein Trinkgeld. Diese Trinkgelder sind – sofern sie 2.400,00 DM im Jahr übersteigen – lohnsteuerpflichtig. Der Arbeitnehmer hat diese Einnahmen dem Arbeitgeber anzuzeigen.

3.6.3.2 Ermittlung und Entrichtung

Lohnsteuerkarte

Die Höhe der einzubehaltenden Lohnsteuer richtet sich nach der auf der Lohnsteuerkarte des Arbeitnehmers ausgewiesenen Steuerklasse.

Die Lohnsteuer wird dann aus der zutreffenden Lohnsteuertabelle abgelesen. Auf der Lohnsteuerkarte sind von der Gemeinde die persönlichen Daten des Lohnempfängers, insbesondere der Familienstand, die Steuerklasse, die Zahl der Kinderfreibeträge und die Zugehörigkeit zu einer öffentlich-rechtlichen Religionsgemeinschaft vermerkt.

3.6.3.3 Freibeträge

Freibeträge auf der Lohnsteuerkarte

Der Arbeitnehmer kann beim Finanzamt die Eintragung von Freibeträgen beantragen. Der Antrag ist auf amtlichem Vordruck bis 30. November des Kalenderjahres zu stellen, für das die Lohnsteuerkarte gilt.

Freibeträge auf der Lohnsteuerkarte

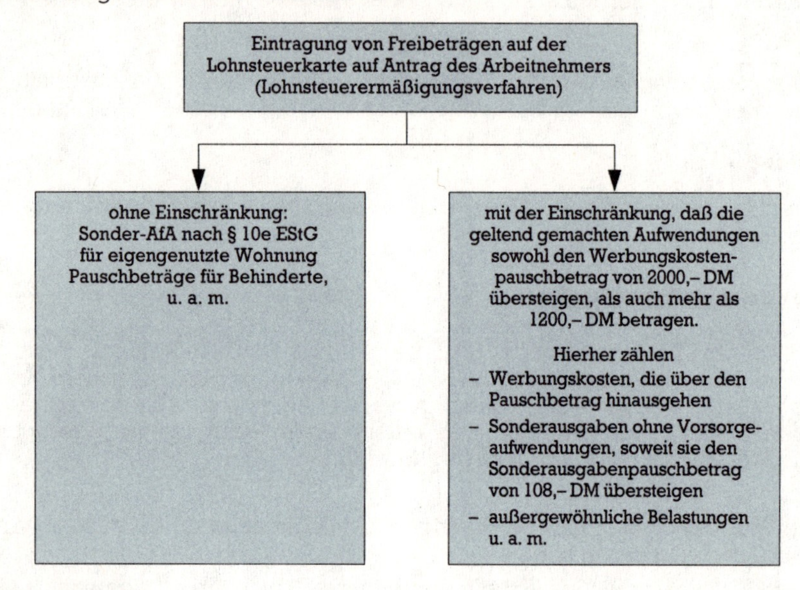

Abbildung 221

Beispiel:

Ein Arbeitnehmer, der im Dezember 1992 eine Eigentumswohnung für 580.000,00 DM zur Selbstnutzung erworben hat, macht für 1993 betriebliche Fahrtkosten von 800,00 DM, Haftpflichtversicherungen von 300,00 DM und außergewöhnliche Belastungen von 1.700,00 DM geltend.

Auf der Lohnsteuerkarte können eingetragen werden:

für die Eigentumswohnung 19.800,00 DM nach § 10e EStG.

Für die übrigen Aufwendungen in Höhe von 2.800,00 DM ist keine Berücksichtigung möglich, da 2.000,00 DM Werbungskostenpauschale von Amts wegen berücksichtigt werden und der Rest von 800,00 DM die 1.200,00-DM-Grenze nicht übersteigt.

Der Arbeitgeber muß diese Eintragungen vor Anwendung der Lohnsteuertabelle vom Bruttolohn abziehen. Mit Hilfe von Lohnsteuertabellen wird dann für den maßgebenden Bruttoarbeitslohn die Lohn- und Kirchensteuer vom Arbeitgeber ermittelt und an das Finanzamt abgeführt.

3.6.3.4 Die Lohnsteuerklassen

Die 6 Lohnsteuerklassen

Lohnsteuerklassen

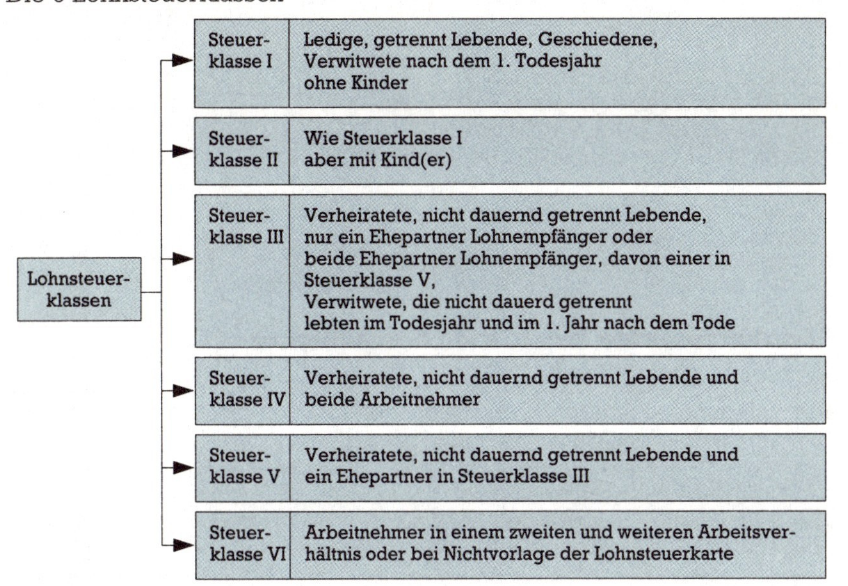

Abbildung 222

3.6.3.5 Beschäftigung ohne Lohnsteuerkarte

Beschäftigung ohne Lohnsteuerkarte

Es gilt der Grundsatz, daß ein Arbeitnehmer nicht beschäftigt werden darf, wenn er keine Lohnsteuerkarte vorlegt. Ausnahmsweise dürfen unter bestimmten Voraussetzungen Arbeitnehmer ohne Vorlage einer Lohnsteuerkarte beschäftigt werden, und zwar in folgenden Fällen:

Ausnahmen zur Beschäftigung ohne Lohnsteuerkarte

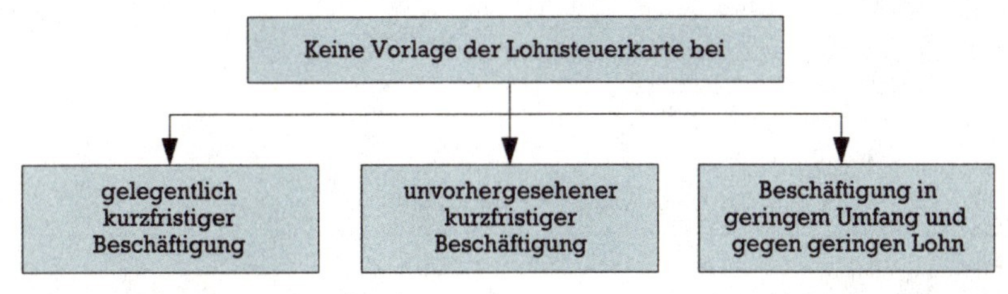

Abbildung 223

Der Arbeitgeber hat eine pauschalierte Lohn- und Kirchensteuer zu tragen und abzuführen. Bei der pauschalierten Kirchensteuer ist zu beachten, daß in überwiegend katholischen Ländern $^{2}/_{3}$ an das katholische, $^{1}/_{3}$ an das evangelische Kirchensteueramt und umgekehrt abzuführen ist.

Gelegentliche kurzfristige Beschäftigung

Gelegentliche kurzfristige Beschäftigung

Gelegentliche kurzfristige Beschäftigung liegt vor, wenn der Arbeitnehmer beim Arbeitgeber nicht regelmäßig wiederkehrend beschäftigt wird (zum Beispiel Arbeitskraft bei Montagearbeit, Aushilfe beim Sommerschlußverkauf).

Zu beachtende Kriterien sind:
bis 18 zusammenhängende Arbeitstage
bis 120,00 DM Lohn je Arbeitstag
bis 18,00 DM durchschnittlicher Stundenlohn

Pauschalierte Steuer:
25 v.H. Lohnsteuer zuzüglich
7 v.H. Kirchensteuer aus Lohnsteuer

Unvorhergesehene kurzfristige Beschäftigung

Unvorhergesehene, kurzfristige Beschäftigung

Unvorhergesehene kurzfristige Beschäftigung liegt vor, wenn die Beschäftigung zu einem unvorhergesehenen Zeitpunkt sofort erforderlich ist (zum Beispiel Katastrophen- oder Eileinsatz).

Zu beachtende Kriterien sind:
bis 18 zusammenhängende Arbeitstage
bis 18,00 DM durchschnittlicher Stundenlohn

Pauschalierte Steuer:
25 v. H. Lohnsteuer zuzüglich
7 v. H. Kirchensteuer aus Lohnsteuer

Beschäftigung in geringem Umfang und gegen geringen Lohn

Beschäftigung in geringem Umfang und gegen geringen Lohn

Bei Beschäftigung in geringem Umfang und gegen geringen Lohn kann es sich um eine laufende Beschäftigung handeln (zum Beispiel Beschäftigung einer Zugehfrau).

Folgende Kriterien müssen erfüllt sein:
bei Monatslohnzahlungszeitraum
bis 86 Stunden monatlich
bis 520,00 DM monatlich

bei kürzerem Lohnzahlungszeitraum
bis 20 Stunden wöchentlich
bis 120,00 DM wöchentlich

Voraussetzung:
bis 18,00 DM durchschnittlicher Stundenlohn

Pauschalierte Steuer:
15 v. H. Lohnsteuer zuzüglich
7 v. H. Kirchensteuer aus Lohnsteuer

Buchhalterische Voraussetzungen

Buchhalterische Voraussetzungen

Der Arbeitgeber hat Aufzeichnungen zu führen, aus denen sich Name und Anschrift des Arbeitnehmers, Dauer der Beschäftigung, Tag der Zahlung und Höhe des Arbeitslohns ergeben.

Für den Arbeitnehmer bleibt der so bezogene Arbeitslohn steuerfrei, der Arbeitgeber kann den gezahlten Lohn und die von ihm getragene Lohn- und Kirchensteuer als Betriebsausgabe absetzen.

Versicherungsgrenzen

Versicherungsgrenzen

Unabhängig von der steuerlichen Behandlung der Beschäftigung ohne Lohnsteuerkarte müssen noch Versicherungsgrenzen berücksichtigt werden.

Sozialversicherungsfrei sind:

- die kurzfristig Beschäftigten, wenn sie nicht länger als zwei Monate oder nicht mehr als 50 Arbeitstage im Jahr arbeiten. Eine Gehaltsgrenze ist nicht zu beachten.
- die gegen geringen Lohn Beschäftigten, wenn sie die Gehaltsgrenze von 530,00 DM im Monat und eine Arbeitszeit bis zu 15 Stunden in der Woche nicht überschreiten. Die Versicherungsfreigrenze ist also höher als die Steuerfreigrenze, die wöchentliche Stundenzahl aber niedriger als im Steuerrecht.

3.6.3.6 Werbungskosten des Arbeitnehmers und lohnsteuerfreie bzw. begünstigte Aufwendungen des Arbeitgebers

Begriff Werbungskosten

Werbungskosten

Was für den Arbeitgeber die Betriebsausgaben, das sind für den Arbeitnehmer die Werbungskosten. Darunter versteht man Aufwendungen zum Erwerb, zur Sicherung und Erhaltung des Arbeitslohns, Aufwendungen, die die Ausübung des Dienstes mit sich bringt.

Keine Werbungskosten sind somit Aufwendungen für die Lebensführung, auch wenn diese zur Förderung der Tätigkeit des Arbeitnehmers gemacht werden (zum Beispiel bürgerliche Kleidung auch bei beruflicher Nutzung). Sind die Aufwendungen nur zum Teil beruflich veranlaßt, dann kann dieser Teil gegebenenfalls geschätzt werden (zum Beispiel Aufteilung der Kosten eines privaten Telefonanschlusses in einen privaten und einen betrieblichen Teil). In den Steuertabellen ist ein Werbungskostenpauschbetrag von jährlich 2.000,00 DM bereits eingearbeitet.

Aufwendungen mit Auswirkung auf die Lohnsteuer

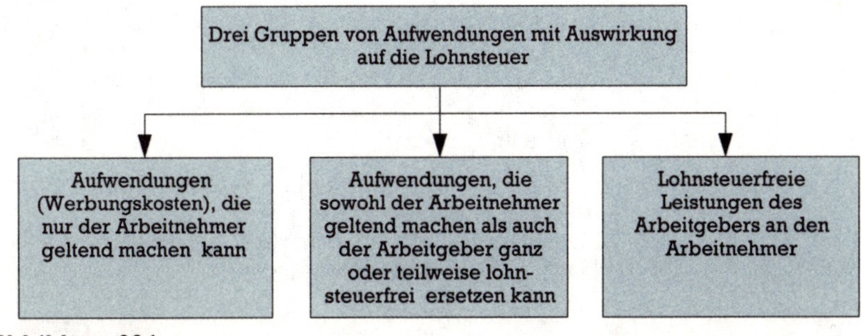

Abbildung 224

Werbungskosten Arbeitnehmer

Werbungskosten, die der Arbeitnehmer allein geltend machen kann

Beispiele:

- Beiträge zu Berufsständen und sonstigen Berufsverbänden (zum Beispiel Gewerkschaftsbeitrag).
- Strafverteidigungskosten, wenn der Schuldvorwurf durch berufliches Verhalten veranlaßt war.
- Aufwendungen des Arbeitnehmers für Werbegeschenke an den Kunden des Arbeitgebers, wenn er sie tätigt, um seine erfolgsabhängigen Einkünfte zu steigern.
- Kontoführungsgebühren für das Gehaltskonto (pauschal 30,00 DM).

Werbungskosten Arbeitnehmer – Ersatz Arbeitgeber

Arbeitnehmer-Werbungskosten, die vom Arbeitgeber ganz oder modifiziert lohnsteuerfrei ersetzt werden können

Soweit der Arbeitgeber diese Aufwendungen ersetzt, sind sie bei ihm voll abzugsfähige Betriebsausgaben, auch wenn sie beim Arbeitnehmer nur zum Teil berücksichtigungsfähige Werbungskosten darstellen.

Beispiele:

- Aufwendungen für den Erwerb betrieblich bedingter Werkzeuge und Arbeitsmittel (zum Beispiel Fachbücher).
- Typische Berufskleidung (zum Beispiel Arbeitsschutzkleidung).
- Fort- und Weiterbildungskosten (Kursbesuche, Fahrten zu Fachkongressen). Die Bildungsmaßnahme muß im überwiegenden Interesse des Arbeitgebers erfolgen.
- Reisekosten und Einsatzwechseltätigkeit.

Dienstreisen und Einsatzwechseltätigkeit

Einen besonderen Stellenwert bei den Werbungskosten und im Rahmen der erstattungsfähigen Aufwendungen nehmen die Dienstreisen und Aufwendungen bei Einsatzwechseltätigkeit ein.

Begriffsbestimmung

Eine Dienstreise liegt vor, wenn der Arbeitnehmer von einer festen Betriebsstätte aus eine betrieblich veranlaßte Reise unternimmt (Schreinergeselle fertigt einen Schrank im Betrieb und fährt auswärts zur Montage).

Eine Einsatzwechseltätigkeit liegt vor, wenn der Arbeitnehmer an ständig wechselnden Einsatzstellen tätig wird und keine wesentliche Beziehung zur Betriebsstätte besteht (zum Beispiel Fahrt zur Betriebsstätte zur sofortigen Weiterbeförderung an die Einsatzstelle, Aufenthalt an der Betriebsstätte nur zur Abholung des Lohns).

Werbungskosten und Erstattung durch den Arbeitgeber

Reisekostenansatz

Werbungskostenansatz des Arbeitnehmers für Dienstreisen

- Voraussetzung: Entfernung von der Arbeitsstätte und von der Wohnung des Arbeitnehmers zum Reiseziel mehr als 20 km.
- Fahrtkostenansatz: Bei Benutzung öffentlicher Verkehrsmittel in nachgewiesener Höhe.
  Bei Benutzung des Pkws des Arbeitnehmers 0,52 DM je Fahrtkilometer.
- Übernachtungskostenansatz: In nachgewiesener Höhe.

- Verpflegungskostenansatz: Gegen Einzelbeleg unter Berücksichtigung der Haushaltsersparnis (siehe Abschnitt 3.6.2.6 „Die Betriebsausgaben – Verpflegungskosten" in diesem Band) oder in Form von Pauschalen (siehe Abschnitt 3.6.2.6 „Die Betriebsausgaben – Verpflegungskosten" in diesem Band).
- Reisenebenkostenansatz: Gegen Einzelbeleg.

Ersatz der Dienstreisekosten des Arbeitnehmers durch den Arbeitgeber

- Fahrtkostenersatz: Bei Benutzung öffentlicher Verkehrsmittel in nachgewiesener Höhe. Bei Benutzung des Pkws des Arbeitnehmers bis 0,52 DM je Fahrtkilometer.
- Übernachtungskostenersatz: In nachgewiesener Höhe gegen Vorlage des Übernachtungsbelegs oder in Form einer Pauschale von 39,00 DM je Übernachtung.
- Verpflegungskostenersatz: Gegen Einzelbeleg bis zur Höhe der vom Arbeitnehmer ansetzbaren Beträge oder in Höhe der Pauschalen.
- Reisenebenkostenersatz: In nachgewiesener Höhe.

Werbungskostenansatz des Arbeitnehmers bei Einsatzwechseltätigkeit

Einsatzwechseltätigkeit

- Voraussetzung: Entfernung von der Wohnung des Arbeitnehmers zur Einsatzstelle mehr als 20 km und eine nicht über drei Monate dauernde Tätigkeit an derselben Einsatzstelle.
- Fahrtkostenansatz: Bei Benutzung öffentlicher Verkehrsmittel in nachgewiesener Höhe. Bei Benutzung des Pkws des Arbeitnehmers 0,52 DM je Fahrtkilometer.
- Übernachtungskostenansatz: In nachgewiesener Höhe.
- Verpflegungskostenansatz: Gegen Einzelbeleg bis höchstens 19,00 DM je Kalendertag. Ohne Einzelbeleg bis höchstens 8,00 DM je Kalendertag. Voraussetzung: dienstliche Abwesenheit von der Wohnung mehr als 6 Stunden.
- Reisenebenkostenansatz: Gegen Einzelbeleg.

Ersatz der Aufwendungen des Arbeitnehmers bei Einsatzwechseltätigkeit durch den Arbeitgeber	
• Fahrtkostenersatz:	Bei Benutzung öffentlicher Verkehrsmittel in nachgewiesener Höhe. Bei Benutzung des Pkws des Arbeitnehmers bis 0,52 DM je Fahrtkilometer.
• Übernachtungskostenersatz:	In nachgewiesener Höhe gegen Vorlage des Übernachtungsbelegs oder in Form einer Pauschale von 39,00 DM je Übernachtung.
• Verpflegungskostenersatz:	Gegen Einzelbeleg bis höchstens 19,00 DM je Kalendertag. Ohne Einzelbeleg bis höchstens 8,00 DM je Kalendertag. Voraussetzung: dienstliche Abwesenheit von der Wohnung mehr als 6 Stunden.
• Reisenebenkostenersatz:	In nachgewiesener Höhe.

Abbildung 225

Dienstgang

• Dienstgang

Ein Dienstgang liegt vor, wenn der Arbeitnehmer vorübergehend außerhalb seiner regelmäßigen Arbeitsstätte und seiner Wohnung beruflich tätig wird und die Voraussetzungen einer Dienstreise nicht gegeben sind.

Beispiel:

Die Entfernung der Tätigkeitsstätte von der Betriebsstätte und der Wohnung liegt innerhalb der 20-km-Grenze.
Der Ort der Tätigkeit ist unter 20 km von der Betriebsstätte, aber über 20 km von der Wohnung entfernt.

Bei einem Dienstgang dürfen die Verpflegungsmehraufwendungen gegen Einzelnachweis höchstens mit 19,00 DM als Werbungskosten angesetzt werden.
Ohne Einzelnachweis dürfen diese Aufwendungen mit einer Pauschale von 8,00 DM geltend gemacht werden, wenn der Dienstgang mehr als sechs Stunden gedauert hat.

Doppelte Haushaltsführung

- Aufwendungen für doppelten Haushalt
- Fahrten Wohnung–Arbeitsstätte

Fahrtkosten

Folgende Beträge können angesetzt werden:
- bei Benutzung öffentlicher Verkehrsmittel der Fahrkartenpreis
- bei Benutzung des eigenen Pkws 0,65 DM je Entfernungskilometer.

Diese Fahrtkosten können vom Arbeitgeber nur lohnsteuerfrei ersetzt werden, wenn er 15 % der Aufwendungen als Lohnsteuer und daraus 7 % Kirchensteuer selbst trägt und abführt.

Lohnsteuerfreie Zuwendungen des Arbeitgebers

Lohnsteuerfreie Leistungen des Arbeitgebers an den Arbeitnehmer

Eine Vielzahl von Zuwendungen kann der Arbeitgeber dem Arbeitnehmer lohnsteuerfrei zukommen lassen. Darunter fallen beispielsweise folgende:

- Betriebsveranstaltungen; man unterscheidet zwei Arten:

Zwei Arten von Betriebsveranstaltungen

Betriebs-veranstaltungen

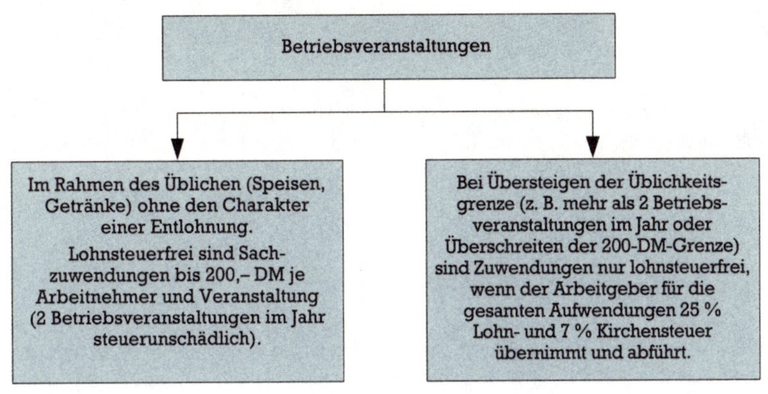

Abbildung 226

- Fehlgeldentschädigungen bis 30,00 DM monatlich für im Kassen- und Zähldienst tätige Arbeitnehmer.
- Jubiläumsgeschenke; man unterscheidet dabei zwischen Geschäfts- und Arbeitnehmerjubiläum:

Zwei Arten von Jubiläumsgeschenken

Jubiläums-geschenke

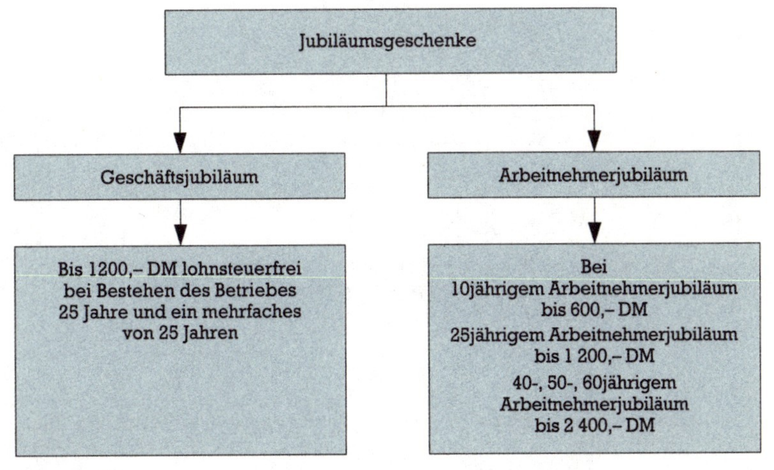

Abbildung 227

- Aufmerksamkeiten (Blumen, Bücher, Verabreichung von Genußmitteln im Betrieb, aber keine Geldzuwendungen) bis zu einem Wert von 60,00 DM.

Aufmerksam-keiten

- Heiratsbeihilfen bis 700,00 DM; Geburtsbeihilfen bis 700,00 DM je Kind.
- Mahlzeiten im Betrieb. Sie sind mit dem Sachbezugswert zu bewerten (Sachbezugswert 1993 4,20 DM) und bleiben bei Übernahme einer

Mahlzeiten im Betrieb

pauschalen Lohnsteuer von 25 % zuzüglich Kirchensteuer durch den Arbeitgeber lohnsteuerfrei.

- Unterstützungen an Arbeitnehmer in Krankheit und Unglücksfällen bis 1.000,00 DM, sofern nicht mehr als fünf Arbeitnehmer beschäftigt werden.
- Sonn-, Feiertags-, Nachtarbeitszuschläge.
- Erholungsbeihilfen bis zu 300,00 DM für den Arbeitnehmer, 200,00 DM für dessen Frau, 100,00 DM je Kind bei Übernahme einer Pauschallohnsteuer von 25 % und Kirchensteuer von 7 % aus der Lohnsteuer.

3.6.3.7 Antragsveranlagung

Antragsveranlagung

Ab 1993 ist anstelle des Lohnsteuerjahresausgleichs die Antragsveranlagung unter Erhalt der Vorteile des Lohnsteuerjahresausgleichs getreten. Voraussetzungen sind:

- der Arbeitnehmer darf nicht schon zur Einkommensteuerveranlagung verpflichtet sein
- Verwendung des amtlich vorgeschriebenen Vordrucks
- Antragsfrist bis zum Ablauf des auf den Veranlagungszeitraum folgenden 2. Kalenderjahrs.

3.6.3.8 Lohnsteuerhaftung

Lohnsteuerhaftung

Steuerschuldner ist der Arbeitnehmer, Haftungsschuldner ist der Arbeitgeber. Er haftet für die Einbehaltung und Abführung der Lohnsteuer. Das Finanzamt kann grundsätzlich beide nebeneinander in Anspruch nehmen.

Die Haftung für die Lohnsteuer

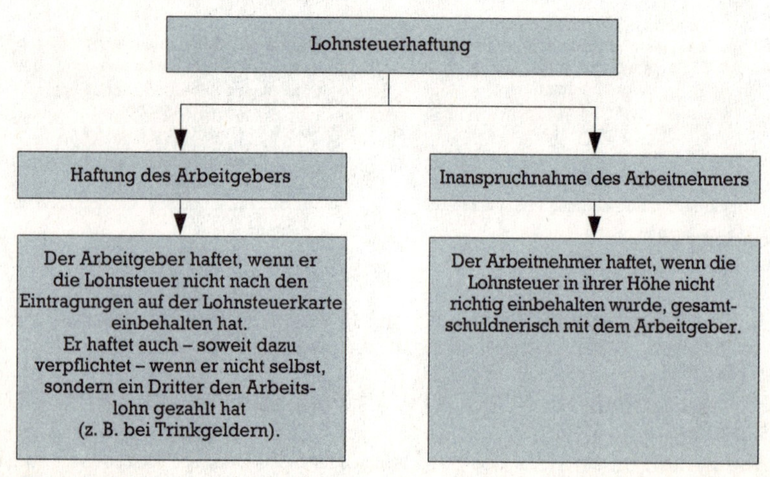

Abbildung 228

3.6.4 Die Körperschaftsteuer

Körperschaftsteuer

Lernziel:
- Kennen des Körperschaftsteuersystems als Sonderform der Einkommensteuer.

3.6.4.1 Juristische Personen

Juristische Personen

Natürliche Personen unterliegen der Einkommensteuer, juristische Personen der Körperschaftsteuer. Juristische Personen sind:
- Kapitalgesellschaften wie Aktiengesellschaften, Gesellschaften mit beschränkter Haftung (GmbH)
- Genossenschaften, Vereine u. a. m.

3.6.4.2 Unterschied zur Einkommensteuer

Steuerlicher Unterschied zur Einkommensteuer

Im wesentlichen finden in der Körperschaftsteuer die einkommensteuerrechtlichen Vorschriften Anwendung bzw. sind im Körperschaftsteuergesetz die Rechtsgrundlagen der Einkommensteuer übernommen.

Entscheidend ist, daß die Körperschaft selbständiges Steuersubjekt ist. Während in der Einkommensteuer die natürliche Person – so der Gesellschafter einer Personengesellschaft wie die BGB-Gesellschaft, OHG, KG – selbst Unternehmer ist und als Unternehmer nicht gleichzeitig Lohnempfänger im eigenen Unternehmen sein kann, ist die juristische Person selbständig Unternehmer und ihre Gesellschafter können an dieser juristischen Person Lohnempfänger mit allen lohnsteuerrechtlichen Vergünstigungen sein. Alle Lohnaufwendungen der juristischen Person an den Gesellschafter sind Betriebsausgaben.

Beispiel:

Eine GmbH hat einen Gewinn von 120.000,00 DM vor Lohnabzug. Sie zahlt an ihren Gesellschafter 70.000,00 DM Lohn. Der Gewinn der GmbH von 50.000,00 DM ist körperschaftsteuerpflichtig; auch die Basis für die Gewerbesteuerberechnung ist nicht 120.000,00 DM, sondern nur 50.000,00 DM. Der Gesellschafter muß 70.000,00 DM Lohn versteuern, kann aber sämtliche Freibeträge und Vergünstigungen eines Lohnempfängers in Anspruch nehmen.

Die im Handwerk am häufigsten vorzufindende juristische Person ist die GmbH. Im Gegensatz zu den Personengesellschaften, zu deren Gründung und Betrieb mindestens zwei Gesellschafter erforderlich sind, kann die GmbH von einem einzigen gegründet und geführt werden (Ein-Mann-GmbH). Er kann zugleich Lohnempfänger in seiner GmbH sein.

3.6.4.3 Körperschaftsteuersätze

Steuersatz Thesaurierung

Die juristische Person kann ihren Gewinn im Unternehmen selbst behalten und auf das Kapital aufstocken (thesaurieren), oder an ihren oder ihre Gesellschafter ausschütten.

Die Körperschaftsteuersätze

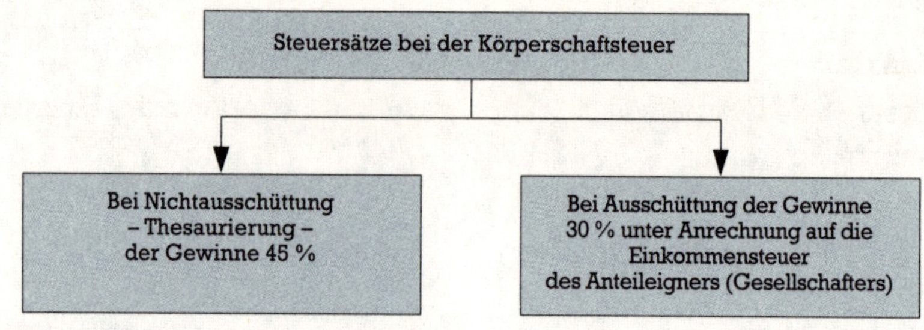

Abbildung 229

Anrechnung der Körperschaftsteuer auf die Einkommensteuer

Ausschüttungen

Ausschüttungen werden beim Empfänger seinen Einkünften aus Kapitalvermögen oder aus Gewerbebetrieb zugerechnet. Um eine steuerliche Doppelbelastung zu vermeiden, darf die von der juristischen Person bezahlte Körperschaftsteuer auf die Einkommensteuer des Empfängers angerechnet werden. Basis für die Anrechnung ist der persönliche Einkommensteuersatz.

Beispiel:

Hat der Anteils- oder Dividendenbezieher einen Einkommensteuersatz von 27 %, dann erhält er eine Rückerstattung von 3 % (30 % Körperschaftsteuersatz für Ausschüttungen abzüglich 27 %) Steuer auf seine Dividenden. Liegt sein Einkommensteuersatz bei 48 %, dann muß er 18 % (Differenz von 30 % zu 48 %) Steuer nachentrichten.

Nachfolgendes Zahlenbeispiel zeigt den Berechnungsvorgang auf:

Beispiel:

Der Gewinn der GmbH beträgt 100.000,00 DM. Der Gewinn soll voll ausgeschüttet werden.

Berechnung bei der GmbH:	
100.000,00 DM davon 30 % Körperschaftsteuer	= 30.000,00 DM
verbleiben 70.000,00 DM abzüglich 30 % Kapitalertragsteuer	= 21.000,00 DM
verbleiben 49.000,00 DM zur Ausschüttung.	
Die GmbH zahlt an das Finanzamt	51.000,00 DM
Berechnung beim Gesellschafter:	
Ausschüttung	49.000,00 DM
zuzüglich anrechenbare Körperschaftsteuer	30.000,00 DM
zuzüglich anrechenbare Kapitalertragsteuer	21.000,00 DM
	100.000,00 DM
Die Steuer für die 100.000,00 DM richtet sich nach dem persönlichen Steuersatz des Gesellschafters.	
Angenommen der Steuersatz liegt bei 27 %, dann ergibt sich eine Einkommensteuer von	27.000,00 DM
abzüglich aufrechenbare Körperschaftsteuer	30.000,00 DM
abzüglich aufrechenbare Kapitalertragsteuer	21.000,00 DM
ergibt Steuererstattung des Finanzamts an den Gesellschafter	24.000,00 DM

3.6.4.4 Verdeckte Gewinnausschüttung

Wendet die juristische Person ihrem Gesellschafter außerhalb der gesellschaftsrechtlichen Gewinnverteilung einen Vermögensvorteil zu, dann liegt verdeckte Gewinnausschüttung vor.

Verdeckte Gewinnausschüttung

Beispiel:

Die Gesellschaft gibt dem Gesellschafter ein Darlehen, obwohl bereits bei Darlehenshingabe feststeht, daß das Darlehen nicht zurückgezahlt werden braucht.

Liegt verdeckte Gewinnausschüttung vor, erhöht sich um diesen Betrag das körperschaftsteuerpflichtige Einkommen der juristischen Person.

3.6.5 Die Gewerbesteuer

Gewerbesteuer

Lernziele:

- Kennen der Besteuerungsgrundlagen bei der Gewerbesteuer.
- Wissen, wie der Gewerbeertrag und das Gewerbekapital ermittelt werden und wie die Steuerberechnung (Steuermeßbetrag, Hebesatz) erfolgt.

3.6.5.1 Die Gemeindesteuer

Die Gewerbesteuer ist eine Gemeindesteuer. Die Einnahmen dienen der Gemeinde zur Bestreitung ihrer Aufgaben. Das Finanzamt setzt zwar die Steuergrundlage (Meßbeträge) fest, die Gemeinde legt jedoch den Hebesatz fest und erläßt den Steuerbescheid.

Gemeindesteuer

3.6.5.2 Besteuerungsgrundlagen

Steuerpflichtig ist jeder Gewerbebetrieb. Besteuerungsgrundlagen sind

- der Gewerbeertrag und
- das Gewerbekapital.

Besteuerungsgrundlagen

Man unterscheidet als Teile der Gewerbesteuer

- die Gewerbeertragsteuer und
- die Gewerbekapitalsteuer.

3.6.5.3 Übersicht über die Besteuerungsgrundlagen der Gewerbesteuer

Die Besteuerungsgrundlagen der Gewerbesteuer

Gewerbeertrag, Gewerbekapital

Berechnung

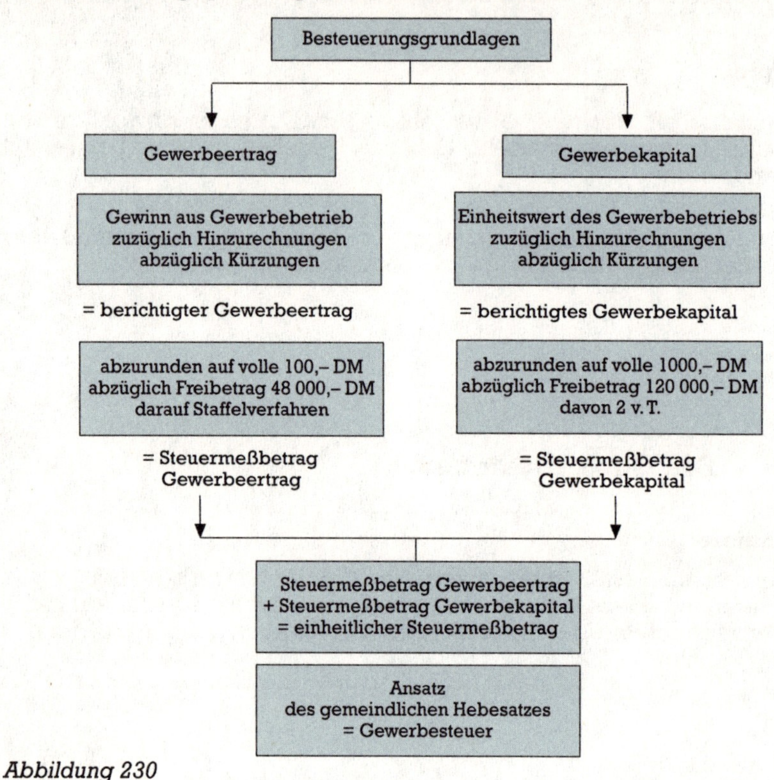

Abbildung 230

Die Abbildung zeigt, daß die Gewerbesteuer, die eine der Haupteinnahmequellen der Kommunen ist, durch die hohen Freibeträge bei Gewerbeertrag und Gewerbekapital den kleinen und mittleren Handwerksbetrieb nicht mehr wesentlich belastet. Zudem haben gewinn- und kapitalintensive Handwerksbetriebe in hohem Maße von der Möglichkeit Gebrauch gemacht, den Betrieb in Form einer GmbH zu führen, um auf diese Weise den gewerbesteuerpflichtigen Gewinn über Lohnbezüge der Gesellschafter-Geschäftsführer wesentlich herabzusetzen.

3.6.5.4 Der Gewerbeertrag

Gewerbeertrag

Da bei der Gewerbesteuer die objektiven Verhältnisse Besteuerungsgrundlage sein sollen, muß der einkommensteuerliche Gewinn aus Gewerbebetrieb um bestimmte Hinzurechnungen und Kürzungen berichtigt werden.

Die Ermittlung des Gewerbeertrags

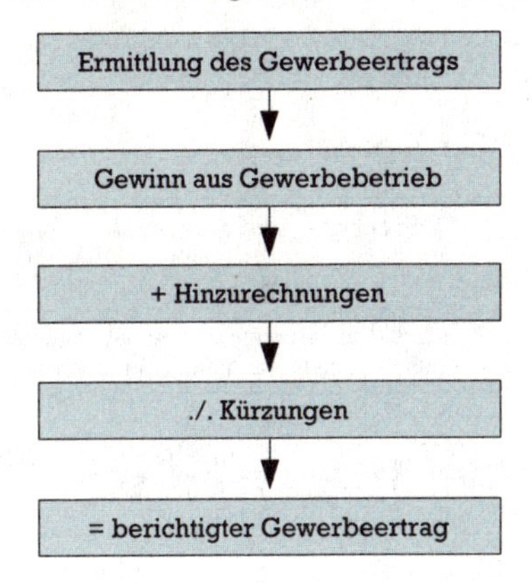

Abbildung 231

Erläuterungen:

Hinzurechnungen

Dem Gewinn müssen hinzugerechnet werden:

Hinzu-rechnungen

- 50 % der Zinsen für Dauerschulden, die mit dem Betrieb in Zusammenhang stehen. Dabei werden nur die Zinsen hinzugerechnet, soweit sie auf den Schuldbetrag entfallen, der mindestens sechs bis zehn Tage das ganze Jahr über beansprucht wurde.

Beispiel:

Ein Kontokorrentkredit beträgt zum Jahresbeginn 10.000,00 DM, wird während des Jahres für sieben Tage auf 2.700,00 DM zurückgezahlt und beträgt am Jahresende 8.900,00 DM. Hinzuzurechnen sind nur die Zinsen, die auf die Dauerschuld von 2.700,00 DM entfallen.

- Die Hälfte der Miete oder Pacht für Maschinen und sonstige bewegliche Anlagegüter, die einem anderen gehören
- Vergütungen aus partiarischen Darlehen
- Gewinnanteile von stillen Gesellschaftern
- Renten und dauernde Lasten, die mit der Gründung oder dem Erwerb eines Betriebs zusammenhängen u. a. m.

Kürzungen

Die Summe des Gewinns und der Hinzurechnungen wird gekürzt

Kürzungen

- um 1,2 % des Einheitswerts des zum Betriebsvermögen gehörenden Grundbesitzes
- um Gewinnanteile an andere Gesellschafter u. a. m.

Ermittlung des Steuermeßbetrags-Gewerbeertrag

Der Steuermeßbetrag-Gewerbeertrag wird folgendermaßen berechnet:

Der Steuermeßbetrag-Gewerbeertrag

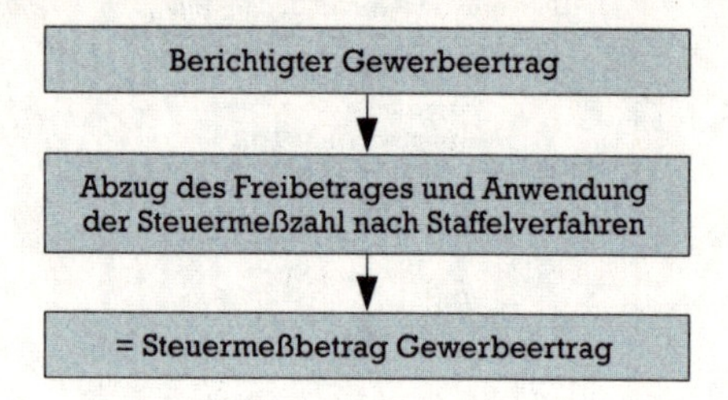

Abbildung 232

Freibetrag – Gewerbeertrag

Der so berichtigte Gewerbeertrag ist auf volle 100,00 DM abzurunden und ein Freibetrag von 48.000,00 DM abzuziehen. Dann wird der Restbetrag in ein Staffelverfahren von vier Stufen mit jeweils 24.000,00 DM eingebaut.

Das Staffelverfahren beim Gewerbeertrag

Staffelverfahren

Staffelverfahren	
Gewerbeertrag bis 48.000,00 DM	steuerfrei
von 48.000,00 bis 72.000,00 DM	mit 1 % zu versteuern
von 72.000,00 bis 96.000,00 DM	mit 2 % zu versteuern
von 96.000,00 bis 120.000,00 DM	mit 3 % zu versteuern
von 120.000,00 bis 144.000,00 DM	mit 4 % zu versteuern
ab 144.000,00 DM	mit 5 % zu versteuern

Abbildung 233

Steuermeß-betrag Gewerbeertrag

Das Ergebnis ist der Steuermeßbetrag des Gewerbeertrags.

3.6.5.5 Das Gewerbekapital

Gewerbekapital

Gewerbekapital ist der Einheitswert des gewerblichen Betriebs, wobei ab 1993 bei der Einheitsbewertung statt der Teilwerte die Steuerbilanzwerte angesetzt werden dürfen. Die Bemessungsgrundlage braucht somit weitgehend nicht mehr gesondert ermittelt werden. Auch das Gewerbekapital muß analog zu den Bestimmungen für den Gewerbeertrag berichtigt werden.

Der Steuermeßbetrag-Gewerbekapital

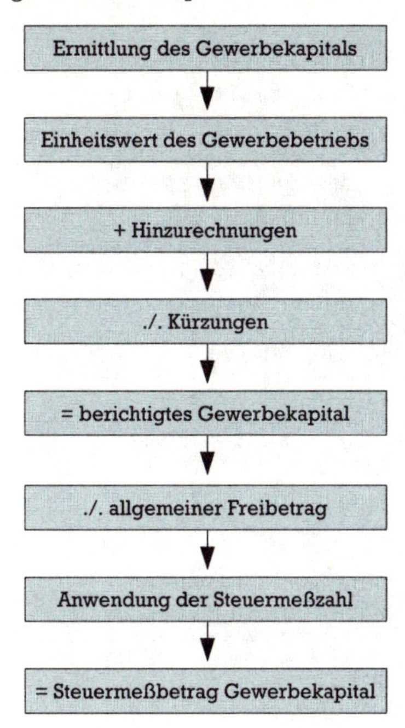

Abbildung 234

Erläuterungen:

Hinzurechnungen

Hinzurechnungen

- Dauerschulden, wobei ein Freibetrag von 50.000,00 DM zum Abzug kommt. Bei Darlehen und Hypotheken ist die Höhe der Dauerschuld unstreitig. Bei einem Kontokorrentkredit ist als Dauerschuld der Betrag anzusetzen, der mindestens sechs bis zehn Tage das ganze Jahr über in Anspruch genommen wurde.
  Von den Dauerschulden, die nach Abzug des Freibetrags noch übrig bleiben, sind 50 % hinzuzurechnen.
- Gemietete oder gepachtete Maschinen, Einrichtungsgegenstände und andere Anlagegüter u. a. m.

Kürzungen

Kürzungen

Die Summe des Einheitswerts des Gewerbebetriebs zuzüglich Hinzurechnungen wird gekürzt

- um die Summe der Einheitswerte, mit denen die Betriebsgrundstücke im Einheitswert des Gewerbebetriebs enthalten sind
- um zum Kapital gehörende bestimmte Beteiligungen u. a. m.

Ermittlung des Steuermeßbetrags-Gewerbekapital

Freibetrag-Gewerbekapital

Steuermeßbetrag-Gewerbekapital

Das so berichtigte Gewerbekapital ist auf volle 1.000,00 DM abzurunden.
Der allgemeine Freibetrag beim Gewerbekapital beträgt 120.000,00 DM.
Aus dem die 120.000,00 DM übersteigenden Gewerbekapital werden 2 ‰ ermittelt.
Das Ergebnis ist der Steuermeßbetrag-Gewerbekapital.

3.6.5.6 Steuerberechnung / Gewerbesteuer

Die Berechnung der Gewerbesteuer

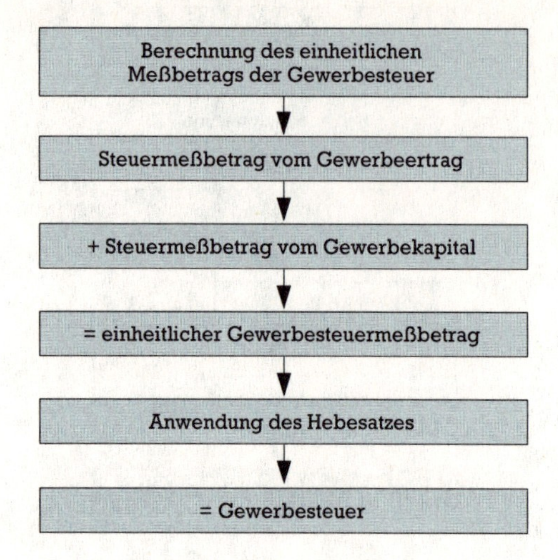

Abbildung 235

Erläuterungen:

Der einheitliche Steuermeßbetrag

Einheitlicher Steuermeß-betrag

Die Steuermeßbeträge aus Gewerbeertrag und Gewerbekapital werden zusammengerechnet und ergeben den „einheitlichen Steuermeßbetrag".

Das Finanzamt, das bis hierher die Berechnungen durchgeführt hat, erläßt nun einen einheitlichen Steuermeßbescheid an den Steuerpflichtigen und an seine Betriebsitz-Gemeinde. Ist dieser Steuermeßbescheid fehlerhaft, dann muß er durch Rechtsmitteleinlegung bei der Finanzverwaltung oder beim Finanzgericht angefochten werden.

Der Hebesatz

Hebesatz

Die Gemeinde wendet nun auf den einheitlichen Steuermeßbescheid den Hebesatz an. Der Hebesatz ist ein durch Gemeinderatsbeschluß festgesetzter, weder nach unten noch nach oben limitierter Prozentsatz. Das Ergebnis ist die an die Gemeinde zu zahlende Gewerbesteuer, die dem Steuerpflichtigen in einem Gewerbesteuerbescheid mitgeteilt wird. Liegt ein Fehler im Ansatz des Hebesatzes vor, dann muß der Bescheid durch Rechtsmitteleinlegung im Verwaltungsrechtsweg bei der Gemeinde angefochten werden.

Die Gewerbesteuer ist als Betriebsausgabe abzugsfähig.

3.6.5.7 Berechnungsbeispiel zur Gewerbesteuer

Ein Handwerksmeister hat einen einkommensteuerlichen Gewinn von 148.080,00 DM. Er hat Dauerschulden von 110.000,00 DM und zahlt dafür Dauerschuldzinsen von 9.000,00 DM. Der betriebliche Einheitswert beträgt 280.000,00 DM; der Hebesatz der Gemeinde ist 400 %.

1. Gewerbeertrag:				
Gewinn				148.080,00 DM
+ 50 % Dauerschuldzinsen				4.500,00 DM
				152.580,00 DM
./. Freibetrag				48.000,00 DM
				104.580,00 DM
abrunden auf volle 100,00 DM				104.500,00 DM
Staffel:	48.000,00 bis 72.000,00 DM		1 %	240,00 DM
	72.000,00 bis 96.000,00 DM		2 %	480,00 DM
	96.000,00 bis 104.500,00 DM		3 %	255,00 DM
Steuermeßbetrag Gewerbeertrag				975,00 DM
2. Gewerbekapital:				
Betrieblicher Einheitswert				280.000,00 DM
+ Dauerschulden		110.000,00 DM		
./. Freibetrag für Dauerschulden		50.000,00 DM		
		60.000,00 DM		
davon Hinzurechnung 50 %		30.000,00 DM		30.000,00 DM
				310.000,00 DM
./. allgemeiner Freibetrag				120.000,00 DM
				190.000,00 DM
davon 2 ‰ = Steuerm.Betr.Gew.Kap.				380,00 DM
3. Steuermeßbetrag Gewerbeertrag				975,00 DM
Steuermeßbetrag Gewerbekapital				380,00 DM
einheitlicher Steuermeßbetrag				1.355,00 DM
4. Hebesatz $\frac{1.355 \times 400}{100}$ = zu zahlende Gewerbesteuer				5.420,00 DM

3.6.6 Sonstige Steuern

Lernziele:

- Kennen der steuerpflichtigen Tatbestände des Erbschaft- und Schenkungssteuerrechts sowie der Steuerklasseneinteilung.
- Kennen des besonderen Charakters der Grundsteuer sowie des Begriffinhalts „Einheitswert".
- Kennen des Wesens der Vermögensteuer.
- Wissen, welche Freibeträge und Freigrenzen bei der Vermögensteuer gelten und welche Bedeutung dem Einheitswert zukommt.

3.6.6.1 Erbschaft- und Schenkungssteuer

Erbschaft- und Schenkungssteuer

Der Erbschaftsteuer unterliegen:
- der Erwerb von Todes wegen (Erbschaft)
- die Schenkung unter Lebenden.

Es ist also steuerlich kein Unterschied zwischen dem Erhalt einer Schenkung und dem Anfall einer Erbschaft.

Wertermittlung

Wertermittlung

Als steuerpflichtiger Erwerb gilt die Bereicherung des Empfängers, der auch der Steuerschuldner ist. Dabei ist der Betrag anzusetzen, der sich unter Berücksichtigung der Bewertungsvorschriften und nach Abzug der auf dem Erwerbsgegenstand ruhenden Belastungen ergibt.

Grundstücke werden mit dem Einheitswert angesetzt.

Steuerklassen, allgemeine Steuerfreibeträge

Je nach dem Grad der Verwandtschaft des Empfängers zum Geber bzw. des nichtverwandten Empfängers unterscheidet man die Steuerklassen I bis IV mit unterschiedlichen Freibeträgen.

Steuerklassen I bis IV und Freibeträge

Steuerklassen, Steuerfreibeträge nach Verwandtschaftsgrad

Steuerklasse I	Ehegatte	Freibetrag	250.000,00 DM
	Kinder und Stiefkinder	Freibetrag	90.000,00 DM je Elternteil
	Kinder verstorbener Kinder und Stiefkinder	Freibetrag	90.000,00 DM je Elternteil
Steuerklasse II	Abkömmlinge der in Steuerklasse I genannten Kinder	Freibetrag	50.000,00 DM
	Eltern und Voreltern bei Erwerb von Todes wegen	Freibetrag	50.000,00 DM
Steuerklasse III	Eltern und Voreltern bei Schenkungen	Freibetrag	10.000,00 DM
	Geschwister und deren Kinder	Freibetrag	10.000,00 DM
	Stiefeltern	Freibetrag	10.000,00 DM
	Schwiegerkinder und Schwiegereltern	Freibetrag	10.000,00 DM
	Geschiedener Ehegatte	Freibetrag	10.000,00 DM
Steuerklasse IV	Alle übrigen Erwerber	Freibetrag	3.000,00 DM

Abbildung 236

Steuerbefreiungen

Zu den allgemeinen Freibeträgen werden noch weitere Steuerbefreiungen gewährt:

Steuerbefreiungen

- in Steuerklasse I und II der Hausrat bis 40.000,00 DM
  andere steuerpflichtige Gegenstände bis 10.000,00 DM
- in den übrigen Steuerklassen der Hausrat bis 5.000,00 DM
  andere steuerpflichtige Gegenstände bis 2.000,00 DM
- daneben gibt es einen besonderen Versorgungsfreibetrag für den überlebenden Ehegatten 250.000,00 DM
  für Kinder bis 50.000,00 DM
  u. a. m.

Hausrat

Versorgungsfreibetrag

- Betriebsvermögen bis 500.000,00 DM ist von der Erbschaftsteuer befreit. Dies gilt auch für Schenkungen im Rahmen der vorweggenommenen Erbfolge. Der Schenker muß dem Finanzamt unwiderruflich erklären, daß der Freibetrag für diese Schenkung in Anspruch genommen wird. Auch für diese Schenkungen gilt die 10-Jahres-Frist (siehe unten Abschnitt „Die 10-Jahres-Frist").

Freibetrag für Betriebsvermögen

Steuersätze

Je entfernter der Verwandtschaftsgrad ist, um so höher ist der Steuertarif. Er reicht von 3 % bis 70 %.

Steuersätze Verwandtschaftsgrad

Beispiel:

	Bei steuerpflichtigem Erwerb bis			
	Steuerkl. I	Steuerkl. II	Steuerkl. III	Steuerkl. IV
50.000,00 DM	3 %	6 %	11 %	20 %
400.000,00 DM	7 %	14 %	23 %	36 %
700.000,00 DM	8,5 %	17 %	27,5 %	42 %

Die 10-Jahres-Frist

Mehrere Zuwendungen innerhalb von 10 Jahren werden zusammengerechnet. Nach Ablauf von 10 Jahren nach Schenkung erlischt die Steuerpflicht; es kann erneut unter Inanspruchnahme der Freibeträge geschenkt werden.

10-Jahres-Frist

Beispiel:

Ein Kind erhält vom Vater 70.000,00 DM geschenkt und erbt von ihm sechs Jahre später 50.000,00 DM. Nach Abzug des Freibetrags von 90.000,00 DM sind 30.000,00 DM mit 3 % zu versteuern.

3.6.6.2 Die Grundsteuer

Kriterien der Grundsteuer

Die Grundsteuer ist neben der Gewerbesteuer die wichtigste Aufkommensart der Gemeinden. Wie bei der Gewerbesteuer wird auch die Grundsteuer nach Meßbetrag und Hebesatz berechnet.

Wesen der Grundsteuer

Steuergegenstand

Steuergegenstand Grundstück

Jede wirtschaftliche Einheit des Grundvermögens bildet ein Grundstück im Sinne des Grundsteuergesetzes. Man unterscheidet unbebaute Grundstücke und bebaute Grundstücke. Hier zählen:

- die Grundstücke der Land- und Forstwirtschaft mit allen Wirtschaftsgütern, die dem Betrieb zu dienen bestimmt sind, wie totes und lebendes Inventar
- das private Grundvermögen wie Mietwohngrundstücke, gemischt genutzte Grundstücke
- Geschäftsgrundstücke
- Erbbaurechte
- Teileigentum am Grundbesitz.

Einheitswert

Einheitswert

Zur Sicherung einer wertmäßig einheitlichen Erfassung des Grundbesitzes sind im Bewertungsgesetz umfangreiche Vorschriften festgelegt, mit deren Hilfe der Grundstückswert für die Steuer (Einheitswert) ermittelt wird. Der Einheitswert liegt weit unter dem Verkehrswert.

Der Einheitswert des Grundbesitzes

Bewertung nach Ertragswert oder Substanzwert

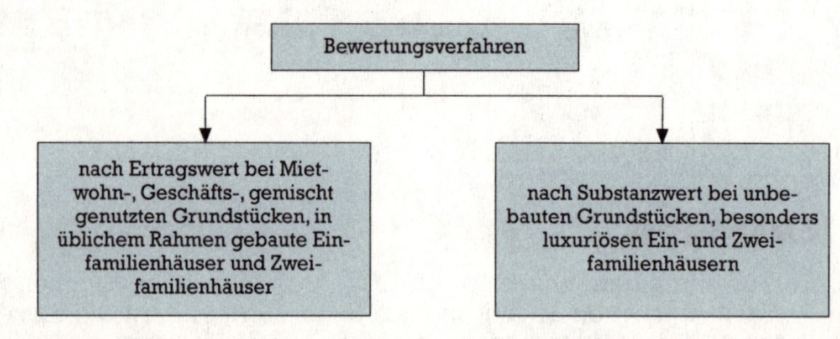

Abbildung 237

Die Feststellung des Einheitswerts erfolgt zu bestimmten Zeitpunkten, den sogenannten Hauptfeststellungszeitpunkten, durch das Finanzamt, das darüber einen Einheitswertbescheid erläßt.

Grundsteuermeßbescheid

Grundsteuermeßbescheid

Das Finanzamt ermittelt nun unter Zugrundelegung des Einheitswerts den Grundsteuermeßbescheid, indem es auf den Einheitswert je nach Grund und Gebäudetypus unterschiedliche Steuermeßzahlen anwendet.

Die Ermittlung des Grundsteuermeßbescheids

Steuermeßzahlen

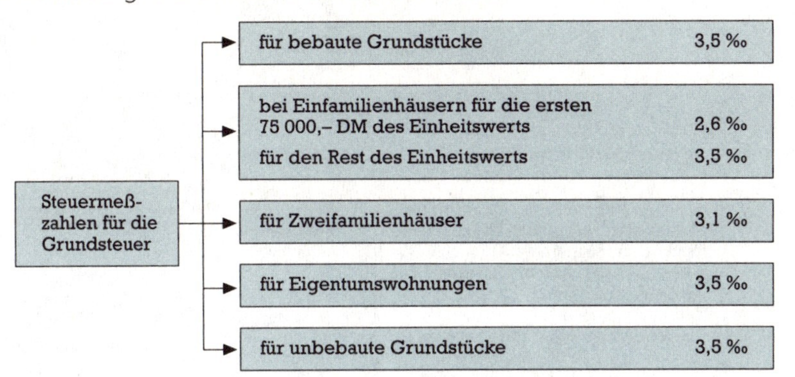

Abbildung 238

Beispiel:

Bei einem Einfamilienhaus mit einem Einheitswert von 73.800,00 DM beträgt die Steuermeßzahl 2,6 ‰ = 191,88 DM Grundsteuermeßbetrag.

Das Finanzamt erläßt nun den Grundsteuermeßbescheid an den Grundbesitzer und an die Gemeinde.

Hebesatz

Hebesatz der Gemeinde

Die Gemeinde ermittelt nun die Grundsteuer, indem sie je nach Grundstücksart (Grundsteuer A für Landwirtschaft, Grundsteuer B für alle anderen Grundstücke) unterschiedliche Hebesätze auf den Grundsteuermeßbetrag anwendet.

Beispiel:

Grundsteuermeßbetrag 191,88 DM, Hebesatz 400 % = 767,52 DM Grundsteuer.

3.6.6.3 Die Vermögensteuer

Kriterien der Vermögensteuer

Wesen der Vermögensteuer

Der Vermögensteuer unterliegt das gesamte Vermögen eines Steuerpflichtigen. Steuerpflichtig sind natürliche Personen, die im Inland ihren Wohnsitz oder gewöhnlichen Aufenthaltsort haben, sowie juristische Personen, die im Inland ihre Geschäftsleitung oder ihren Sitz haben.

Bemessung nach Bewertungsgesetz

Bemessungsgrundlage ist das gesamte Vermögen nach Bewertungsgesetz.

Bemessungsgrundlage für die Vermögensteuer

Steuerpflichtiges Vermögen natürlicher und juristischer Personen

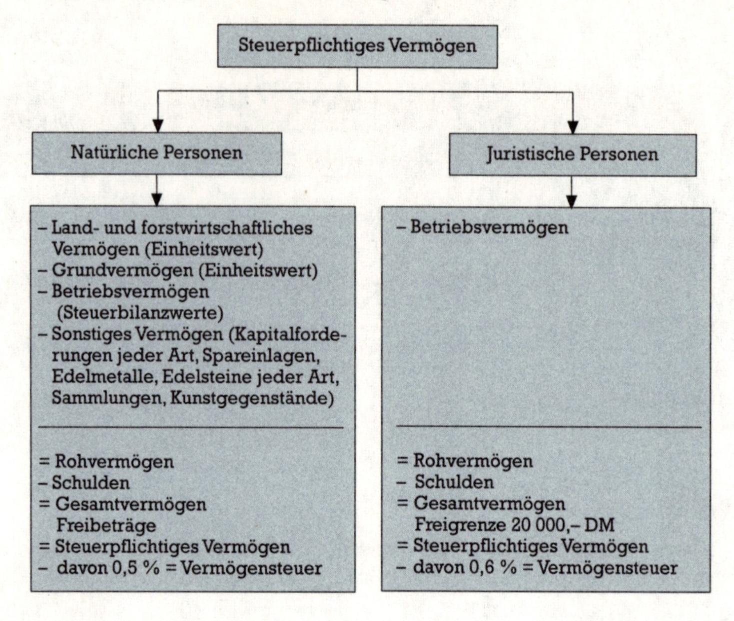

Abbildung 239

Zusammenveranlagung

Zusammenveranlagung

In der Vermögensteuer werden Ehepartner, aber auch – im Gegensatz zur Einkommensteuer – Eltern und Kinder zusammenveranlagt. Die Zusammenveranlagung mit Kindern setzt voraus, daß die Eltern unbeschränkt einkommensteuerpflichtig sind und die Kinder mit den Eltern eine Hausgemeinschaft bilden.

Die Folge der Zusammenveranlagung ist, daß Eltern für jedes Kind den Kinderfreibetrag in Anspruch nehmen können, gleichgültig, wem das Vermögen zuzurechnen ist.

Freibeträge

Die Vermögensteuer erfaßt nichtverbrauchtes, nichtverzehrtes, schon einmal versteuertes Vermögen. Es müssen daher durch differenzierte Freibeträge die persönlichen und familiären Verhältnisse des Steuerpflichtigen entsprechend Berücksichtigung finden.

Freibeträge

Man unterscheidet daher verschiedene Freibeträge, die aus der folgenden Abbildung ersichtlich sind.

Die Freibeträge bei der Vermögensteuer

Freibeträge beim Vermögen

Freibeträge beim Vermögen			
Freibetrag	bei Kapitalforderungen, Spargeldern, Aktien		10.000,00 DM
	bei zusammenveranlagten Ehegatten		20.000,00 DM
	zusätzlich bei Spargeldern		1.000,00 DM
	bei Zusammenveranlagung		2.000,00 DM
Freibetrag	bei Edelmetallen	bei Ledigen	1.000,00 DM
		bei Verheirateten	2.000,00 DM
Freibetrag	bei Kunstgegenständen, Sammlungen		
		bei Ledigen	20.000,00 DM
		bei Verheirateten	40.000,00 DM
Freibetrag	bei Betriebsvermögen Das darüber hinausgehende Betriebsvermögen wird mit 75 % zur Versteuerung angesetzt.		500.000,00 DM
Grundfreibeträge beim Steuerpflichtigen			
Grundfreibetrag	bei unbeschränkt steuerpflichtiger Person		70.000,00 DM
Grundfreibetrag	bei Zusammenveranlagung		140.000,00 DM
Grundfreibetrag	bei Zusammenveranlagung mit Kindern, je Kind		70.000,00 DM
Sonderfreibeträge beim Steuerpflichtigen			
Sonderfreibetrag	für Steuerpflichtige, die das 60. Lebensjahr vollendet haben oder voraussichtlich für mindestens 3 Jahre 100 % schwerbehindert sind Bei Zusammenveranlagung mit Ehegatten oder Kind wird der Freibetrag mit der Zahl der Zusammenveranlagten vervielfacht.		50.000,00 DM

Grundfreibeträge beim Steuerpflichtigen

Sonderfreibeträge beim Steuerpflichtigen

Abbildung 240

Hauptveranlagung

Hauptveranlagung

Neuveranlagung

Vermögensteuer Stichtag

Die Vermögensteuer wird für drei Kalenderjahre festgestellt (Hauptveranlagung). Die letzte Hauptveranlagung fand auf den 1. 1. 93 statt und gilt bis 31. 12. 95. Während der Dreijahresfrist werden größere Veränderungen im Vermögen durch eine Neuveranlagung ausgeglichen.
Die Vermögensteuer ist eine Stichtagsteuer, das heißt, es sind die Werte maßgebend, die am 1. 1. des Jahres vorliegen.

Beispiel:

Zum 1. 1. 93 wird bei einem verheirateten Steuerpflichtigen mit einem Kind ein Vermögen von 230.000,00 DM festgestellt. Im April '93 macht er einen Lottogewinn von 400.000,00 DM und verbraucht während des Jahres '93 davon 120.000,00 DM.
Zum 1. 1. 94 erfolgt eine Neuveranlagung für ein Vermögen von (230.000,00 DM + 400.000,00 DM ./. 120.000,00 DM =) 510.000,00 DM abzüglich Freibeträge.

Steuersatz

Steuersätze

Der Steuersatz der Vermögensteuer beträgt für natürliche Personen jährlich 0,5 %
für juristische Personen jährlich 0,6 %

Steuerentrichtung

Steuerentrichtung

Fälligkeit

Solange eine Vermögensteuer- Jahressteuer noch nicht bekannt ist, hat der Steuerpflichtige Vorauszahlungen von 1/4 der zuletzt festgestellten Jahressteuer zu entrichten. Ist die Jahressteuer bekannt, wird diese zu je 1/4 fällig. Fälligkeitstermine für Jahressteuer und Vorauszahlungen sind der 10. 2., 10. 5., 10. 8., 10. 11. Jahressteuern bis 500,00 DM sind immer am 10. 11. fällig.

3.6.7 Steuerverfahren (Auszug aus der Abgabenordnung)

Lernziele:

- Kennen der wesentlichen rechtlichen Bestimmungen über das Steuerverfahren.
- Kennen der Rechtsmittel gegen Steuerbescheide.
- Kennen der wichtigsten Möglichkeiten und Voraussetzungen der Steuerstundung, der Steuerermäßigung und des Steuererlasses.
- Wissen, welche Verjährungsfristen bei einzelnen Steuerarten gelten.
- Wissen, welche Zwangsmittel dem Finanzamt zur Verfügung stehen zur Durchsetzung steuerlicher Forderungen gegenüber dem Steuerpflichtigen.
- Kennen des Wesens steuerlicher Außenprüfung und Steuerfahndung.

Inhalt der Abgabenordnung

Die Abgabenordnung enthält alle formellen Bestimmungen zur Abwicklung und Sicherung eines Steuerrechtanspruchs. Neben den Bestimmungen über den Aufbau der Finanzverwaltung und ihrer Zuständigkeit sind die Verfahrensvorschriften zur Durchführung der Besteuerung und der Erzwingung des Steueranspruchs in der Abgabenordnung enthalten.

3.6.7.1 Steuerveranlagung

Steuerveranlagung

Steuerbescheid

Steuerfestsetzung

Hat der Steuerpflichtige seine Steuererklärung dem Finanzamt eingereicht, dann erläßt das Finanzamt entweder einen endgültigen Steuerbescheid oder – wenn der Steuerfall noch nicht abschließend geprüft ist – eine Steuerfestsetzung unter dem Vorbehalt der Nachprüfung.

Vorbehalt der Nachprüfung

Solange der Vorbehalt wirksam ist, kann die Steuerfestsetzung sowohl vom Steuerpflichtigen als auch vom Finanzamt geändert werden.

3.6.7.2 Rechtsbehelf und Rechtsmittel

Rechtsbehelf
Rechtsmittel

Ist der Steuerpflichtige mit dem Veranlagungsbescheid des Finanzamtes nicht einverstanden, dann kann er dagegen folgende Maßnahmen ergreifen:

Rechtsmittel gegen den Veranlagungsbescheid

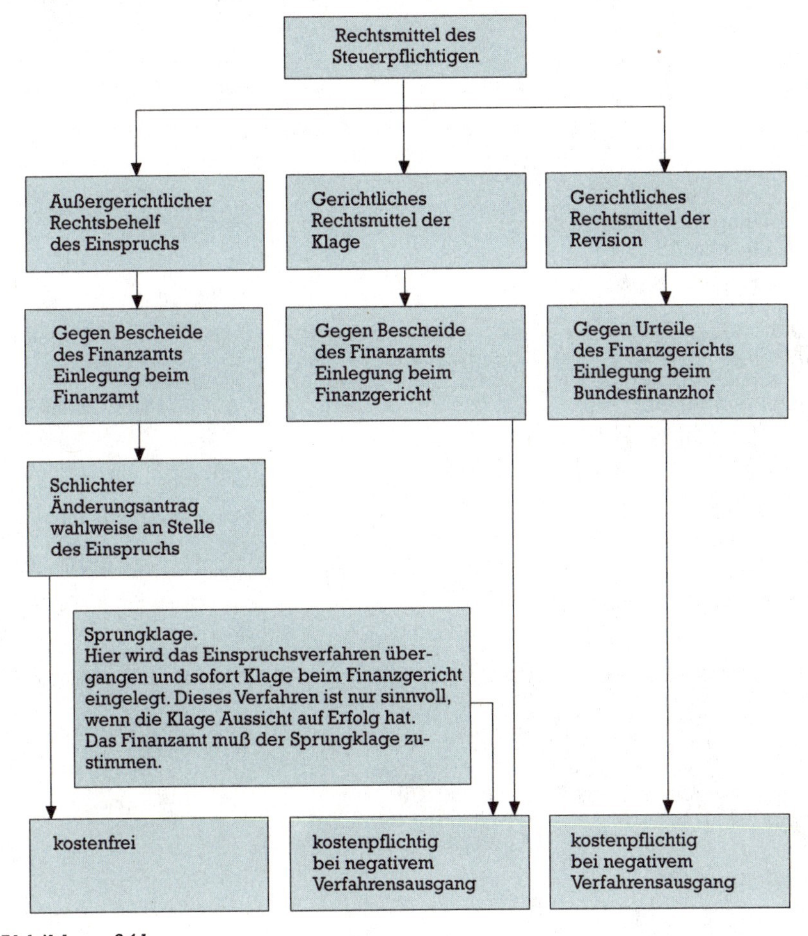

Abbildung 241

Rechtsbehelfs-, Rechtsmittelfrist

Die Frist zur Einlegung des Rechtsbehelfs und der Rechtsmittel beträgt einen Monat und beginnt mit dem Tag, an dem der Bescheid oder das Urteil zugestellt ist. Mit Einlegung des Rechtsbehelfs oder der Rechtsmittel ist keine Aufschiebung der Steuerzahlung verbunden.

3.6.7.3 Steuerstundung, Steuerermäßigung, Steuererlaß

Das Finanzamt kann in folgenden begründeten Fällen von der Erhebung und Beitreibung der Steuer Abstand nehmen:

Steuerstundung
Steuerermäßigung
Steuererlaß

Möglichkeiten der Einschränkung des Steuererhebungsverfahrens

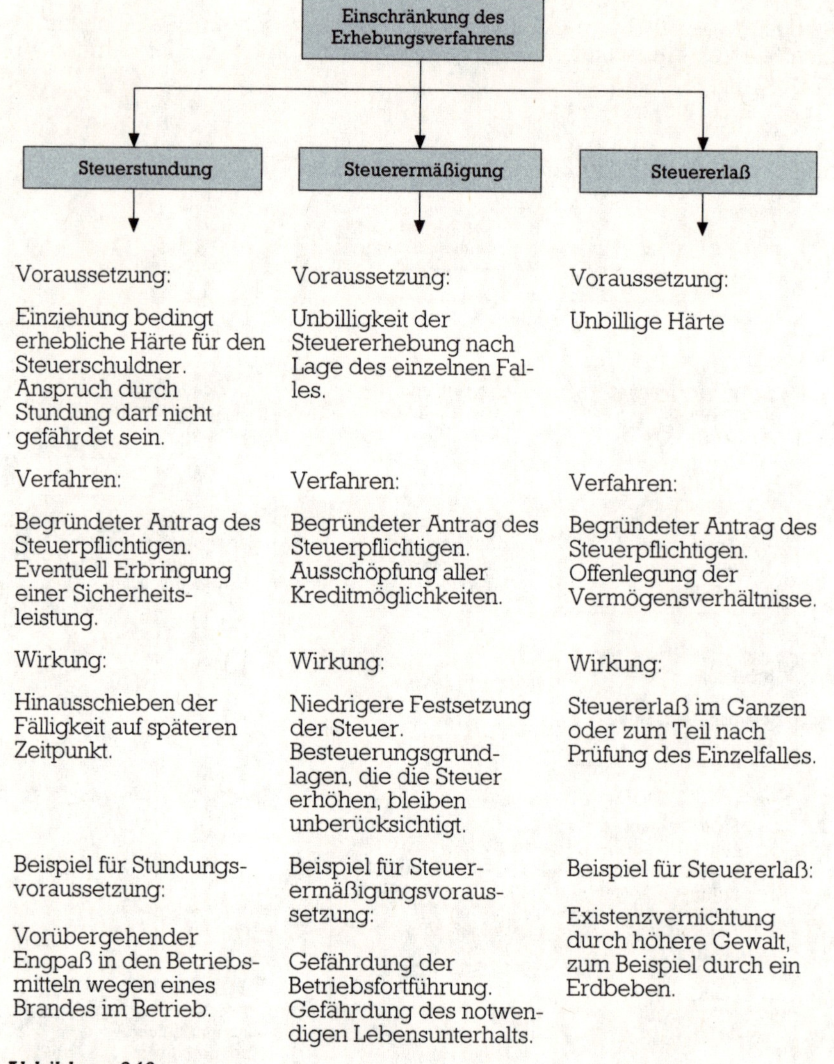

Steuerstundung	Steuerermäßigung	Steuererlaß
Voraussetzung:	Voraussetzung:	Voraussetzung:
Einziehung bedingt erhebliche Härte für den Steuerschuldner. Anspruch durch Stundung darf nicht gefährdet sein.	Unbilligkeit der Steuererhebung nach Lage des einzelnen Falles.	Unbillige Härte
Verfahren:	Verfahren:	Verfahren:
Begründeter Antrag des Steuerpflichtigen. Eventuell Erbringung einer Sicherheitsleistung.	Begründeter Antrag des Steuerpflichtigen. Ausschöpfung aller Kreditmöglichkeiten.	Begründeter Antrag des Steuerpflichtigen. Offenlegung der Vermögensverhältnisse.
Wirkung:	Wirkung:	Wirkung:
Hinausschieben der Fälligkeit auf späteren Zeitpunkt.	Niedrigere Festsetzung der Steuer. Besteuerungsgrundlagen, die die Steuer erhöhen, bleiben unberücksichtigt.	Steuererlaß im Ganzen oder zum Teil nach Prüfung des Einzelfalles.
Beispiel für Stundungsvoraussetzung:	Beispiel für Steuerermäßigungsvoraussetzung:	Beispiel für Steuererlaß:
Vorübergehender Engpaß in den Betriebsmitteln wegen eines Brandes im Betrieb.	Gefährdung der Betriebsfortführung. Gefährdung des notwendigen Lebensunterhalts.	Existenzvernichtung durch höhere Gewalt, zum Beispiel durch ein Erdbeben.

Abbildung 242

3.6.7.4 Die Verjährung

Verjährung

Wie im Zivil- und Strafrecht, so kennt man auch im Steuerrecht das Instrument der Verjährung, das heißt: die Finanzverwaltung kann und darf nach Ablauf bestimmter Fristen keine den Steuerpflichtigen belastende Verwaltungsakte vornehmen.

Die Arten der Steuerverjährung

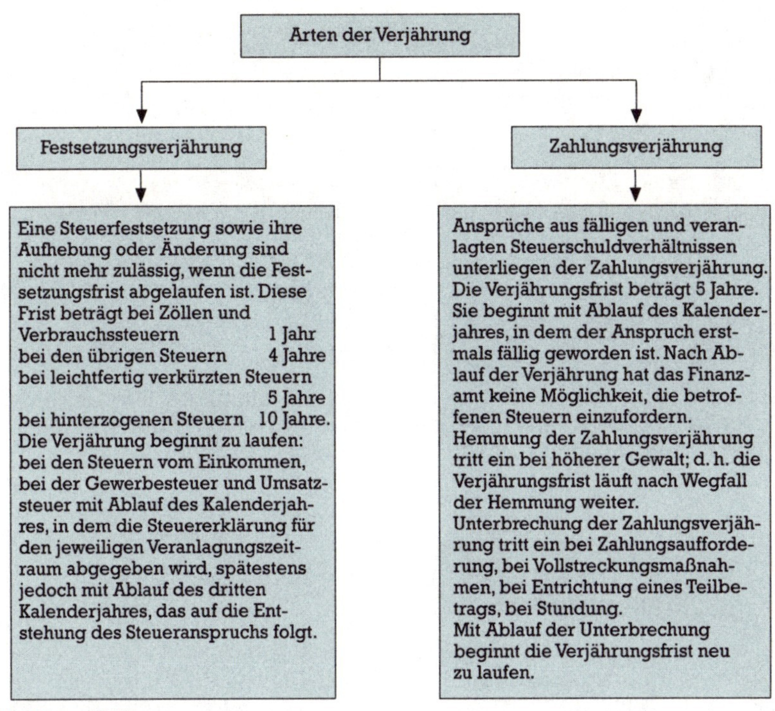

Abbildung 243

3.6.7.5 Zwangsmittel der Finanzverwaltung

Zwangsmittel der Finanzverwaltung

Zur Durchführung der Steueraufsicht und der Steuerbeitreibung stehen der Finanzverwaltung eine Reihe von Zwangsmitteln zur Verfügung. Die Finanzverwaltung stützt sich dabei auf folgende Vorschriften:

Grundlagen der Finanzverwaltung zur Steuerbeitreibung

Strafvorschriften für Steuerhinterziehung, Bußgeldvorschriften für Steuerverkürzung

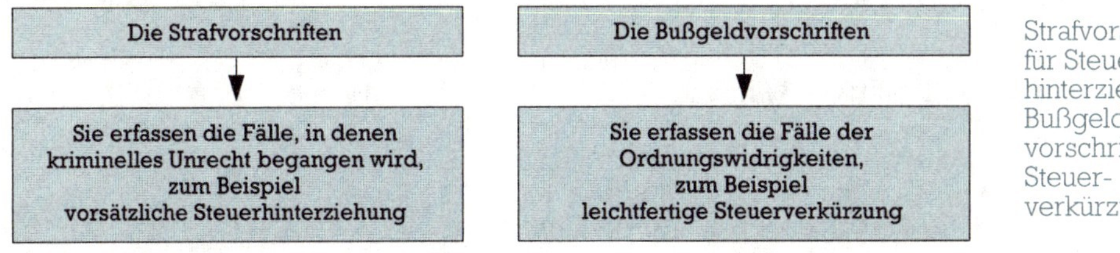

Abbildung 244

Während bei Bußgeldbescheiden grundsätzlich die Finanzbehörde allein zuständig ist, werden bei Hinterziehungen die Strafverfahren vor den ordentlichen Gerichten durchgeführt. Die Finanzverwaltung wird dabei in Zusammenarbeit mit der Staatsanwaltschaft tätig.

Sie bedient sich dabei der Beweismittel
- der Vorladung und Vernehmung
- der Zuziehung von Sachverständigen

- der Beiziehung von Akten und Urkunden
- der Inaugenscheinnahme.

Die Durchsetzung der Beweismittel kann erzwungen werden:
- durch Zwangsgelder
- durch Ersatzvornahmen
- durch Zwangshaft.

Steuerstrafen

Für Steuervergehen werden Steuerstrafen verhängt:

• bei Steuerhinterziehung	Freiheitsstrafen	bis zu 5 Jahren,
	in besonders schweren Fällen	bis zu 10 Jahren
	oder Geldstrafen.	
• bei leichtfertiger Steuerverkürzung	Geldbußen	bis 100.000,00 DM.

Selbstanzeige

Steuerpflichtige, die vor Beginn amtlicher Ermittlungen ihre unrichtigen oder unvollständigen Angaben bei der Finanzbehörde berichtigen oder ergänzen, bleiben in der Regel straffrei (Selbstanzeige).

3.6.7.6 Allgemeine Überprüfungsverfahren zur Steueraufsicht

Steueraufsicht

Die Finanzverwaltung ist zur Gleichbehandlung aller Steuerzahler verpflichtet. Neben den strafrechtlichen Ahndungsmöglichkeiten bei Steuerhinterziehung und -verkürzung hat die Finanzverwaltung die Überwachungsmöglichkeiten durch Außenprüfung und Steuerfahndung.

Die Außenprüfung (Betriebsprüfung)

Außenprüfung Betriebsprüfung

Eine Außenprüfung ist zulässig bei Steuerpflichtigen, die einen Gewerbebetrieb unterhalten. Sie dient der Ermittlung der steuerlichen Verhältnisse und ist schon zulässig, wenn Anhaltspunkte vorliegen, daß ein Besteuerungstatbestand erfüllt ist.

Der sachliche Umfang der Prüfungsanordnung – auch einer routinemäßigen Prüfung – kann sich auch auf nichtbetriebliche Sachverhalte erstrekken.
Spezielle Arten der Außenprüfung sind:
- der Lohnsteueraußendienst
- die Umsatzsteuersonderprüfung.

Die Steuerfahndung

Steuerfahndung

Bei Vorliegen oder bei Verdacht des Vorliegens von Steuerverfehlungen hat die Finanzverwaltung auch die Möglichkeit der Einleitung eines Steuerfahndungsverfahrens.

Die Steuerfahndung ist mit besonderen Befugnissen ausgestattet. So kann sie zum Beispiel an eine Bank ein persönlich beschränktes Auskunftsersuchen stellen (Grenzen des Bankgeheimnisses).

Programmierte und textlich gestaltete, offene Übungs-, Wiederholungs- und Prüfungsfragen

1. Erläutern Sie den Unterschied zwischen Gebühren, Beiträgen und Steuern!

„Siehe Seite 324 des Textteils!"

2. Ist die Einkommensteuer

☐ a) eine Betriebssteuer?
☐ b) eine Realsteuer?
☐ c) eine indirekte Steuer?
☐ d) eine Personensteuer?
☐ e) eine ausschließlich direkte Bundessteuer?

„Siehe Seite 325 des Textteils!"

3. Ist die Gewerbesteuer eine

☐ a) Bundessteuer?
☐ b) Personensteuer?
☐ c) Gemeindesteuer?
☐ d) indirekte Steuer?
☐ e) Landessteuer?

„Siehe Seite 325 des Textteils!"

4. Wie funktioniert das Umsatzsteuersystem?

☐ a) Die Einkaufsbeträge dürfen von den Verkaufserlösen abgezogen werden.
☐ b) Die Umsatzsteuer, die dem Kunden in Rechnung gestellt wird, ist an das Finanzamt abzuführen.
☐ c) Der Unternehmer ist berechtigt, die Vorsteuer, die er von seinem Lieferanten (im weitesten Sinne) in Rechnung gestellt bekommt, von der Umsatzsteuer, die er seinem Kunden in Rechnung stellt, abzuziehen. Der Differenzbetrag ist die an das Finanzamt zu zahlende Umsatzsteuerzahllast.
☐ d) Die Vorleistungseinsätze bleiben umsatzsteuerfrei und die Leistungen an den privaten Endverbraucher werden vom Endlieferanten mit Umsatzsteuer belegt.
☐ e) Der Unternehmer ist verpflichtet, die Vorsteuer dem Finanzamt abzuführen und dem Kunden dafür eine um die Vorsteuer geminderte Rechnung auszustellen.

„Siehe Seite 327 des Textteils!"

5. Welche Kriterien müssen gegeben sein, damit ein steuerpflichtiger Umsatz vorliegt?

„Siehe Seite 328 des Textteils!"

6. Ist der Eigenverbrauch umsatzsteuerpflichtig?

☐ a) Er ist umsatzsteuerfrei.
☐ b) Nur die sonstigen Leistungen sind umsatzsteuerpflichtig.
☐ c) Nur der Selbstverbrauch ist umsatzsteuerpflichtig.
☐ d) Eigenverbrauch gehört begrifflich nicht zur Umsatzsteuer.
☐ e) Eigenverbrauch ist umsatzsteuerpflichtig.

„Siehe Seite 330 des Textteils!"

7. Nennen Sie die drei Arten des Eigenverbrauchs und erläutern Sie die erforderlichen Kriterien!

„Siehe Seite 330 des Textteils!"

8. Was ist die Bemessungsgrundlage beim Entnahmeeigenverbrauch?
- ☐ a) Nur der Einkaufspreis
- ☐ b) Die entstandenen Kosten
- ☐ c) Der Verkaufspreis
- ☐ d) Die Kosten nach der SachbezugsVO
- ☐ e) Der Einkaufspreis bzw. die Selbstkosten zur Zeit der Entnahme.

„Siehe Seite 330 des Textteils!“

9. Was ist der Unterschied zwischen Soll- und Istbesteuerung bei der Umsatzsteuer?
- ☐ a) Bei Sollbesteuerung werden Schätzbeträge als Vorauszahlungen geleistet, bei Istbesteuerung werden die Vorauszahlungen mit den endgültigen Summen abgerechnet.
- ☐ b) Bei Sollbesteuerung entsteht die Steuerschuld mit Fertigstellung der Leistung, bei Istbesteuerung mit Bezahlung durch den Kunden.
- ☐ c) Sollbesteuerung bedeutet sofortige Verrechnung der Vorsteuer, Istbesteuerung bedeutet Verrechnung der Vorsteuer bei Inrechnungstellung des Gegenstandes.
- ☐ d) Istbesteuerung gilt für die umsatzsteuerbefreiten Kleingewerbetreibenden, Sollbesteuerung für die umsatzsteuerpflichtigen Unternehmer.
- ☐ e) Sollbesteuerung regelt die Steuerpflicht bei Unternehmen, die die Durchschnittssteuersätze in Anspruch nehmen, Istbesteuerung gilt für alle übrigen Unternehmen.

„Siehe Seite 331 des Textteils!“

10. Welcher umsatzsteuerpflichtige Unternehmer kann Istbesteuerung beantragen?
- ☐ a) Jeder Unternehmer
- ☐ b) Istbesteuerung ist nur gesetzlich genehmigten Unternehmergruppen zugestanden
- ☐ c) Jeder Unternehmer, dessen Vorjahresumsatz 250.000,00 DM einschließlich Umsatzsteuer nicht überschritten hat
- ☐ d) Nur die umsatzsteuerbefreiten Kleingewerbetreibenden
- ☐ e) Die umsatzsteuerpflichtigen Unternehmer, deren Vorjahresumsatz 250.000,00 DM ohne Umsatzsteuer nicht überschritten hat.

„Siehe Seite 332 des Textteils!“

11. Was versteht man unter Mindest-Istbesteuerung? Warum wurde sie eingeführt und wie wirkt sie?

„Siehe Seite 333 des Textteils!“

12. Wie werden Abschlagszahlungen bei Sollbesteuerung behandelt?
- ☐ a) Sie sind steuerfrei, weil die Leistung noch nicht vollendet ist.
- ☐ b) Nur Abschlagszahlungen bis 10.000,00 DM sind sofort umsatzsteuerpflichtig.
- ☐ c) Abschlagszahlungen unterliegen sofort der Umsatzsteuerpflicht, nur bei Abschlagszahlungen bis 10.000,00 DM hat der Unternehmer ein Optionsrecht für sofortige Versteuerung oder Nichtversteuerung.
- ☐ d) Für Abschlagszahlungen gibt es Durchschnittsteuersätze.
- ☐ e) Nur Abschlagszahlungen für sonstige Leistungen sind sofort umsatzsteuerpflichtig.

„Siehe Seite 333 des Textteils!“

13. Welche Umsatzsteuersätze gibt es und für welche Tatbestände gelten sie?

„Siehe Seite 334 des Textteils!“

14. Was versteht man unter Vorsteuer?

☐ a) Vorsteuer ist die Umsatzsteuer, die der Unternehmer von einem anderen Unternehmer für Lieferungen und sonstige Leistungen in Rechnung gestellt erhält.
☐ b) Vorsteuer ist die an das Finanzamt zu zahlende Umsatzsteuer.
☐ c) Vorsteuer ist die Umsatzsteuer, die der Unternehmer ausschließlich für seine Materialeinkäufe ausgewiesen erhält.
☐ d) Vorsteuer ist die dem Kunden verrechnete Umsatzsteuer.
☐ e) Vorsteuer ist die Umsatzsteuer, die dem Endverbraucher aufgerechnet wird.

„Siehe Seite 334 des Textteils!"

15. Wann darf die Vorsteuer auf die Umsatzsteuer aufgerechnet werden?

☐ a) Mit Bezahlung der Rechnung an den Lieferanten
☐ b) Bei Beginn der Materialbearbeitung
☐ c) Bei Erhalt der Rechnung und Leistung von Lieferanten
☐ d) Bei Rechnungstellung an den Kunden
☐ e) Bei Rechnungsbegleichung durch den Kunden.

„Siehe Seite 335 des Textteils!"

16. Gibt es Ausnahmen vom gesonderten Vorsteuerausweis auf der Rechnung?

☐ a) Ja, es gibt Ausnahmen.
☐ b) Nein, Vorsteuer ist immer gesondert auszuweisen.
☐ c) Der Unternehmer hat ein Wahlrecht.
☐ d) Nur bei Unternehmern mit Ist-Versteuerung sind Ausnahmen zugelassen.
☐ e) Ausnahmen werden auf Antrag vom Finanzamt gewährt.

„Siehe Seite 336 des Textteils!"

17. Nennen Sie Beispiele von Lieferungen und sonstigen Leistungen mit und ohne Vorsteuerausweis!

„Siehe Seite 336 des Textteils!"

18. Welches sind die Voraussetzungen für die Kassenzettelregelung bei der Umsatzsteuer?

☐ a) Der Kassenbetrag darf 200,00 DM einschließlich Umsatzsteuer nicht überschreiten. Aus dem Kassenzettel müssen Name, Anschrift des Lieferers, Menge, Preis und Bezeichnung des Gegenstandes der Leistung sowie der Umsatzsteuersatz hervorgehen.
☐ b) Der Kassenzettel muß nur den Steuersatz ausweisen.
☐ c) Der Kassenzettelbetrag darf 50,00 DM nicht übersteigen, im übrigen müssen alle Voraussetzungen wie bei a) erfüllt sein.
☐ d) Bei jedem Kassenzettel darf Vorsteuer aus dem Betrag einschließlich Umsatzsteuer herausgerechnet werden.
☐ e) Wie bei a); der Kassenzettelbetrag darf aber 800,00 DM einschließlich Umsatzsteuer nicht überschreiten.

„Siehe Seite 336 des Textteils!"

19. In einem großen Kaufhaus erhält ein Gewerbetreibender einen Kassenzettel über 251,50 DM:

☐ a) Er darf aus dem Betrag einschließlich Umsatzsteuer die Vorsteuer ohne weitere Hinweise errechnen, weil ein Kaufhaus immer umsatzsteuerpflichtig ist.
☐ b) Er darf aus dem Betrag einschließlich Umsatzsteuer die Vorsteuer nur dann errechnen, wenn ein Steuersatzhinweis vermerkt ist.
☐ c) Er darf aus dem Betrag einschließlich Umsatzsteuer die Vorsteuer nur dann errechnen, wenn der Umsatz 60.000,00 DM nicht übersteigt.

☐ d) Er darf aus dem Betrag einschließlich Umsatzsteuer die Vorsteuer nur dann ansetzen, wenn die Vorsteuer betragsmäßig ausgewiesen ist.
☐ e) Wie d) und der Umsatz 60.000,00 DM nicht übersteigt.

„Siehe Seite 336 des Textteils!"

20. Worauf ist bei der Fahrausweisregelung für den richtigen Ansatz des Steuersatzes bei der Umsatzsteuer zu achten?
☐ a) Der Steuersatz beträgt 15 % im Nah- und Fernverkehr.
☐ b) Der Steuersatz beträgt im Nahverkehr (bis 50 km Entfernung) 7 %, im Fernverkehr 15 %.
☐ c) Ohne Unterschied auf Nah- und Fernverkehr beträgt der Steuersatz 7 %.
☐ d) Der Steuersatz beträgt bei Fahrpreisen bis 50,00 DM 7 %, über 50,00 DM 15 %.
☐ e) Fahrausweise enthalten keine Umsatzsteuer.

„Siehe Seite 336 des Textteils!"

21. Ein Unternehmer unternimmt mit der Bundesbahn eine Geschäftsreise. Was muß er beachten, um die Vorsteuer für diese Geschäftsreise verrechnen zu können?
☐ a) Die Bundesbahn ist auf Verlangen verpflichtet, eine Fahrtkostenrechnung mit gesondertem Vorsteuerausweis zu erstellen.
☐ b) Der Unternehmer ist berechtigt, aus dem Fahrpreis bei Angabe der Tarifentfernung auf der Fahrkarte die Vorsteuer selbst zu errechnen.
☐ c) Zur Ermittlung der Vorsteuer aus dem Bruttofahrpreis ist der Steuersatzhinweis (Steuersatzstempel) von der Bundesbahn erforderlich.
☐ d) Die Bundesbahn ist wie die Post von Umsatzsteuer befreit, so daß keine Vorsteuer errechnet werden kann.
☐ e) Nur bei Fahrten bis 50,00 DM darf Vorsteuer errechnet werden.

„Siehe Seite 337 des Textteils!"

22. Wie ist die Vorsteuer bei nachgewiesenen Verpflegungsaufwendungen anläßlich einer Geschäftsreise zu berechnen?
☐ a) Die Vorsteuer ist mit 15 % aus dem Verpflegungsaufwand abzüglich Haushaltsersparnis zu ermitteln.
☐ b) Wie a), außerdem muß die Differenz zwischen dem einkommensteuerlichen Höchstbetrag und dem Verpflegungsbetrag nach a) als Eigenverbrauch umsatzversteuert und von der Vorsteuer nach a) abgezogen werden.
☐ c) Die Vorsteuer ist mit 15 % nur aus dem Höchstbetrag abzüglich Haushaltsersparnis zu ermitteln.
☐ d) Wie c), die Berücksichtigung einer Haushaltsersparnis ist aber nicht erforderlich.
☐ e) Wie a), der Steuersatz beträgt aber 7 %.

„Siehe Seite 337 des Textteils!"

23. Nennen Sie die Vergünstigungen in der Umsatzsteuer für Kleingewerbetreibende!

„Siehe Seite 338 des Textteils!"

24. Welche Umsatzsteuervergünstigungen hat ein Unternehmer, dessen Umsatz 25.000,00 DM nicht übersteigt?
☐ a) Er braucht nur 4 % vom Gesamtumsatz Umsatzsteuer bezahlen.
☐ b) Er hat einen umsatzgestaffelten Freibetrag.
☐ c) Er ist umsatzsteuerfrei, wenn sein Vorjahresumsatz 25.000,00 DM nicht überschritten hat und im laufenden Kalenderjahr voraussichtlich 100.000,00 DM nicht übersteigen wird.

☐ d) Er ist steuerfrei, wenn sein Jahresumsatz 25.000,00 DM nicht überschreitet.
☐ e) Der Freibetrag ist nicht 25.000,00 DM, sondern 20.000,00 DM.

„Siehe Seite 338 des Textteils!"

25. Welche Voraussetzungen müssen bei Inanspruchnahme von Durchschnittsvorsteuersätzen erfüllt sein?
☐ a) Der Jahresumsatz des Unternehmers darf 60.000,00 DM nicht übersteigen. Außerdem darf der Unternehmer nicht verpflichtet sein, Bücher zu führen und jährliche Bestandsaufnahme zu machen.
☐ b) Der Jahresumsatz des Unternehmers darf 60.000,00 DM nicht übersteigen. Außerdem muß der Unternehmer verpflichtet sein, Bücher zu führen und jährliche Bestandsaufnahme zu machen.
☐ c) Der Vorjahresumsatz des Unternehmers darf 120.000,00 DM nicht übersteigen.
☐ d) Wie bei c); außerdem darf der Unternehmer nicht verpflichtet sein, Bücher zu führen und jährliche Bestandsaufnahmen zu machen.
☐ e) Wie bei c); außerdem muß der Unternehmer verpflichtet sein, Bücher zu führen und jährliche Bestandsaufnahmen zu machen.

„Siehe Seite 338 des Textteils!"

26. Erläutern Sie die Verfahrensweisen bei unberechtigtem Steuerausweis!

„Siehe Seite 340 des Textteils!"

27. Für welchen Zeitraum ist eine Umsatzsteuererklärung abzugeben?
☐ a) Für einen Monat
☐ b) Für ein Quartal
☐ c) Für ein Jahr
☐ d) Jeweils nach Aufforderung des Finanzamtes auf den vom Finanzamt festgelegten Zeitpunkt
☐ e) Jeweils nach Überschreiten der Freigrenze von 25.000,00 DM.

„Siehe Seite 340 des Textteils!"

28. Wer muß monatliche Umsatzsteuer-Voranmeldungen und Vorauszahlungen tätigen?
☐ a) Umsatzsteuerfreie Kleingewerbetreibende
☐ b) Unternehmer mit Istbesteuerung
☐ c) Unternehmer, deren Vorsteuer im Vorjahr 2.400,00 DM überschritten hat
☐ d) Unternehmer, deren Vorjahresumsatzsteuer 6.000,00 DM überschritten hat
☐ e) Unternehmer, deren Vorjahresumsatz 6.000,00 DM überschritten hat.

„Siehe Seite 340 des Textteils!"

29. Nennen Sie die sieben Einkunftsarten nach dem Einkommensteuergesetz!

„Siehe Seite 344 des Textteils!"

30. Wer unterliegt unter anderem der Einkommensteuer?
☐ a) Nur Gewerbetreibende mit ihren Einkünften
☐ b) Nur Angehörige freier Berufe
☐ c) Die Kapitalgesellschaften mit ihren Einkünften, soweit sie personenbezogen sind
☐ d) Die Personengesellschaften
☐ e) Die natürlichen Personen.

„Siehe Seite 344 des Textteils!"

31. Zum Betriebsvermögensvergleich ist verpflichtet, wer unter anderem einen Jahresgewinn von mehr als
☐ a) 7.000,00 DM

☐ b) 12.000,00 DM
☐ c) 36.000,00 DM
☐ d) 27.000,00 DM
☐ e) 40.000,00 DM erzielt.

„Siehe Seite 340 des Textteils!"

32. Wann kann ein Arbeitgeber Reisekosten für Geschäftsreisen geltend machen?

☐ a) Wenn er aus dienstlichen Gründen vom Ort seiner Betriebsstätte über seine politische Gemeinde hinausfährt, wobei der Dienstreiseort weder in der politischen Gemeinde des Wohnortes noch in der politischen Gemeinde des Betriebssitzes liegen darf
☐ b) Wenn er von der Wohnung zum Ort seiner Betriebsstätte fährt
☐ c) Wenn er aus dienstlichen Gründen in einer Entfernung von mindestens 20 km von seiner Betriebsstätte und von seiner Wohnung vorübergehend tätig wird
☐ d) Überhaupt nicht, weil nur Arbeitnehmer Reisekosten in Anspruch nehmen können
☐ e) Wenn er sich nicht mehr als 20 km vom Ort seiner Betriebsstätte entfernt.

„Siehe Seite 347 des Textteils!"

33. Welche Reisekosten des Arbeitgebers können in Form von Pauschalen geltend gemacht werden?

☐ a) Die Übernachtungskosten
☐ b) Die Verpflegungsaufwendungen
☐ c) Übernachtungs- und Verpflegungsaufwendungen
☐ d) Alle Fahrtkosten
☐ e) Nur die Aufwendungen für die Fahrten mit Pkw.

„Siehe Seite 348 des Textteils!"

34. Wann kann ein Arbeitgeber einen pauschalen Mehrkosten-Verpflegungssatz von 8,00 DM geltend machen, ohne daß eine Geschäftsreise vorliegt?

☐ a) Wenn er mehr als 20 km von seiner Betriebsstätte entfernt ist
☐ b) Wenn er innerhalb der politischen Gemeinde bleibt und länger als sechs Stunden von der Betriebsstätte entfernt ist
☐ c) Wenn er den 20-km-Bereich nicht überschreitet und länger als sechs Stunden von seiner Betriebsstätte dienstlich entfernt ist
☐ d) Wenn er Fahrten von der Wohnung zum Betrieb geltend machen kann
☐ e) Wenn er, wie der Lohnempfänger, über zwölf Stunden dienstlich abwesend ist.

„Siehe Seite 348 des Textteils!"

35. Was sind die Voraussetzungen für die Abzugsfähigkeit von Geschenken an Geschäftsfreunde?

☐ a) Die Anschaffungen dürfen 100,00 DM pro Jahr nicht überschreiten.
☐ b) Die Anschaffungskosten dürfen 100,00 DM pro Empfänger nicht übersteigen.
☐ c) Der Teilwert des Geschenks darf 75,00 DM nicht überschreiten.
☐ d) Die Anschaffungs- oder Herstellungskosten dürfen 75,00 DM pro Jahr und Empfänger nicht überschreiten.
☐ e) Wie d), dazu muß ein dauernder, leicht erkennbarer Werbeeffekt erzielt werden.

„Siehe Seite 349 des Textteils!"

36. Bis zu welcher Höhe sind Bewirtungsspesen als Betriebsausgaben abzugsfähig und welche Formerfordernisse müssen erfüllt sein?

„Siehe Seite 349 des Textteils!"

37. Der Ehegattenarbeitsvertrag setzt zu seiner steuerlichen Wirksamkeit voraus:

☐ a) Den Güterstand der Gütergemeinschaft, wobei der Gewerbebetrieb zum Gesamtgut von Mann und Frau gehören muß
☐ b) Wie bei a), wobei der Ehegattenarbeitsvertrag – wie der Güterstand der Gütergemeinschaft – notariell vereinbart sein muß
☐ c) Der Güterstand spielt keine Rolle
☐ d) Den Güterstand der Gütertrennung oder der Zugewinngemeinschaft, oder der Gütergemeinschaft, wenn der Gewerbebetrieb nicht zum Gesamtgut gehört
☐ e) Die Begründung einer Personengesellschaft zwischen Mann und Frau.

„Siehe Seite 350 des Textteils!"

38. Bei der Ermittlung der 800-DM-Grenze für nichtaktivierungspflichtige Wirtschaftsgüter ist bei umsatzsteuerpflichtigen Unternehmern

☐ a) vom Angebotspreis einschließlich Umsatzsteuer auszugehen.
☐ b) vom Rechnungspreis mit Umsatzsteuer auszugehen.
☐ c) vom Angebotspreis ohne Umsatzsteuer auszugehen.
☐ d) von den Anschaffungs- oder Herstellungskosten einschließlich Nebenkosten, aber ohne Umsatzsteuer auszugehen.
☐ e) vom Rechnungspreis ohne Nebenkosten auszugehen.

„Siehe Seite 351 des Textteils!"

39. Welche Wirtschaftsgüter müssen aktiviert werden?

☐ a) Wirtschaftsgüter des Anlagevermögens, deren Anschaffungs- oder Herstellkosten 800,00 DM einschließlich Nebenkosten übersteigen
☐ b) Wirtschaftsgüter mit einer Nutzungsdauer unter fünf Jahren, deren Anschaffungskosten 800,00 DM nicht übersteigen
☐ c) Nur Wirtschaftsgüter des Umlaufvermögens
☐ d) Wirtschaftsgüter des Anlagevermögens, deren Anschaffungskosten 800,00 DM nicht übersteigen
☐ e) Nur Wirtschaftsgüter, die gebraucht erworben werden.

„Siehe Seite 352 des Textteils!"

40. Berechnungsgrundlagen der linearen AfA sind:

☐ a) Nur Anschaffungspreis und Nutzungsdauer des aktivierungspflichtigen Gegenstands
☐ b) Anschaffungspreis und gleichbleibender Prozentsatz für die Dauer der Nutzung
☐ c) Anschaffungspreis und fallender Prozentsatz für die Dauer der Nutzung
☐ d) Anschaffungspreis und steigender Prozentsatz für die Dauer der Nutzung
☐ e) Anschaffungs- bzw. Herstellungskosten einschließlich Nebenkosten und betriebsgewöhnliche Nutzungsdauer.

„Siehe Seite 352 des Textteils!"

41. Welcher Wechsel der AfA-Methode ist zulässig?

☐ a) Es darf von einer zur anderen Methode gewechselt werden.
☐ b) Es darf überhaupt nicht gewechselt werden.
☐ c) Es darf nur einmal von der degressiven auf die lineare AfA gewechselt werden.
☐ d) Einmaliger Wechsel von linear auf degressiv ist zulässig.
☐ e) Es darf wiederholt zwischen linear und degressiv gewechselt werden.

„Siehe Seite 353 des Textteils!"

42. Zeigen Sie anhand eines selbstgewählten Berechnungsbeispiels die Wirkung der degressiven, linearen und degressiv-linearen AfA-Methode

unter Berücksichtigung der Sonder-AfA auf, und erläutern Sie die Vor- und Nachteile der einzelnen Methoden!

„Siehe Seite 352 des Textteils!"

43. Was sind Sonderausgaben?

☐ a) Alle Privatentnahmen mit Ausnahme der privaten Kfz-Kosten
☐ b) Die privaten Aufwendungen des Lebensunterhalts
☐ c) Aufwendungen, die bei den einzelnen Einkunftsarten berücksichtigt werden
☐ d) Private Aufwendungen, die der Gesetzgeber ausdrücklich zum Abzug zugelassen hat
☐ e) Außerordentliche Aufwendungen im Sozialbereich.

„Siehe Seite 356 des Textteils!"

44. Welche Sonderausgaben werden vor Ansatz des Grundhöchstbetrags im Rahmen des Vorwegabzugs berücksichtigt?

☐ a) Die Sonderausgaben, die den Grundhöchstbetrag übersteigen
☐ b) Alle Sonderausgaben, die nicht voll abzugsfähig sind
☐ c) Nur die Vorsorgeaufwendungen
☐ d) Die Bausparkassenbeiträge
☐ e) Alle Sonderausgaben.

„Siehe Seite 357 des Textteils!"

45. Bis zu welcher Höhe werden die Vorsorgeaufwendungen im Rahmen des Vorwegabzugs berücksichtigt?

☐ a) Bis zu 1.100,00 DM beim Steuerpflichtigen
☐ b) Bis 1.000,00 DM bei Ledigen; bis 2.000,00 DM bei Verheirateten
☐ c) In voller Höhe
☐ d) Zu 50 %
☐ e) Bis 6.000,00 DM für Ledige; 12.000,00 DM für Verheiratete.

„Siehe Seite 357 des Textteils!"

46. Welche Sonderausgaben können im Rahmen des Grundhöchstbetrags angesetzt werden?

☐ a) Die Zukunftsversicherungen, soweit sie den Vorwegbetrag übersteigen, zuzüglich 50 % der Bausparkassenbeiträge, soweit keine Prämie beantragt
☐ b) Nur die Zukunftsversicherungen
☐ c) Die voll abzugsfähigen Sonderausgaben mit den Zukunftsversicherungen
☐ d) Nur die Bausparkassenbeiträge
☐ e) Die Spenden.

„Siehe Seite 357 des Textteils!"

47. Sind Sonderausgaben, die den Vorwegabzug und den Grundhöchstbetrag übersteigen, noch zum Abzug zugelassen?

☐ a) Nein
☐ b) Zu 50 %, jedoch höchstens bis zur Hälfte des Grundhöchstbetrags
☐ c) Zu 50 %, jedoch höchstens bis zur Hälfte des Vorwegabzugs
☐ d) Unbeschränkt zu 50 %
☐ e) Ja, sofern ein Ehepartner unter 50 Jahre alt ist.

„Siehe Seite 357 des Textteils!"

48. Was sind die Voraussetzungen für die Inanspruchnahme der Sonder-AfA für kleine und mittlere Betriebe?

„Siehe Seite 354 des Textteils!"

49. Welche Spenden sind abzugsfähig und in welchem Rahmen?

„Siehe Seite 356 des Textteils!"

50. Welche Gruppen von außergewöhnlichen Belastungen gibt es?

☐ a) Die außergewöhnlichen Belastungen im Rahmen der Werbungskosten
☐ b) Die außergewöhnlichen Belastungen im Rahmen des Höchst- und Sonderbetrags
☐ c) Die außergewöhnlichen Belastungen, soweit sie tariflich festgelegt sind
☐ d) Die außergewöhnlichen Belastungen in Form von Pauschalen und gegen Einzelnachweis
☐ e) Die außergewöhnlichen Belastungen im Rahmen der Gewinn- und Verlustrechnung.

„Siehe Seite 358 des Textteils!"

51. Welche Erfordernisse müssen bei den außerordentlichen Belastungen gegen Einzelnachweis berücksichtigt werden?

☐ a) Begrenzung der Kosten entsprechend dem Grundhöchstbetrag bei den Sonderausgaben
☐ b) Keine Kostenbegrenzung, aber Prüfung der Angemessenheit der Aufwendungen
☐ c) Begrenzung der Aufwendungen entsprechend der Einkünfte aus Gewerbebetrieb
☐ d) Zwangsläufigkeit der Aufwendungen und Übernahme eines Selbstbeteiligungsbetrags
☐ e) Nur Prüfung der Angemessenheit.

„Siehe Seite 358 des Textteils!"

52. Für welche Kinder wird ein Kinderfreibetrag gewährt und was sind die Voraussetzungen dafür?

„Siehe Seite 359 des Textteils!"

53. Welche Veranlagungsarten kennen Sie?

„Siehe Seite 362 des Textteils!"

54. Wie erfolgt ein Verlustausgleich im Rahmen der Einkommensteuerveranlagung, wenn ein Ausgleich innerhalb der Einkünfte nicht mehr möglich ist?

☐ a) Der Steuerpflichtige muß innerhalb von fünf Jahren nach dem Verlustjahr den Verlust vortragen.
☐ b) Der Verlust wird rückwirkend innerhalb der vergangenen fünf Jahre ausgeglichen.
☐ c) Der Steuerpflichtige darf Verluste auf zwei Vorjahre rückübertragen und den noch nicht ausgeglichenen Verlust auf die folgenden Veranlagungszeiträume vortragen.
☐ d) Wie c), aber der Verlustausgleich ist vom Finanzamt von Amts wegen und nicht vom Steuerpflichtigen vorzunehmen.
☐ e) Es gibt nur den Verlustausgleich innerhalb der Einkünfte eines Veranlagungszeitraums.

„Siehe Seite 363 des Textteils!"

55. Die Steuerklasse IV gilt für Arbeitnehmer,

☐ a) die Nebeneinnahmen beziehen.
☐ b) die verheiratet sind und wenn beide Ehepartner normalen Arbeitslohn beziehen.
☐ c) die verheiratet sind und ein Ehepartner nur Aushilfslöhne bezieht.

☐ d) die in einem Arbeitsverhältnis im Betrieb des Ehegatten stehen.
☐ e) mit mehreren Arbeitsverhältnissen.

„Siehe Seite 367 des Textteils!"

56. Welche Steuerklasse hat eine 35jährige Ledige mit einem Kind?

„Siehe Seite 367 des Textteils!"

57. Welche Arbeitnehmer fallen unter die Lohnsteuerklasse III?

☐ a) Alle Arbeitnehmer, die Nebeneinkünfte beziehen
☐ b) Arbeitnehmer, die ledig oder geschieden sind
☐ c) Verheiratete Arbeitnehmer, deren Ehegatte keinen Arbeitslohn bezieht oder in Steuerklasse V eingeordnet ist
☐ d) Arbeitnehmer unter 50 Jahre, die ledig, geschieden oder verwitwet sind
☐ e) Arbeitnehmer über 50 Jahre, die ledig oder geschieden sind

„Siehe Seite 367 des Textteils!"

58. Wenn der Arbeitnehmer dem Arbeitgeber keine Lohnsteuerkarte vorlegt, dann

☐ a) darf der Arbeitgeber den Lohn nicht ausbezahlen.
☐ b) muß der Arbeitgeber für die Berechnung der Lohnsteuer bei einem Monatslohn bis 1.800,00 DM die Steuerklasse VI, bei einem Monatslohn über 1.800,00 DM die Steuerklasse I zugrunde legen.
☐ c) ist die Lohnsteuer nach dem Familienstand zu berechnen, den der Arbeitnehmer dem Arbeitgeber angibt.
☐ d) ist ohne Rücksicht auf Lohnhöhe die Steuerklasse VI anzuwenden.
☐ e) ist die Lohnsteuer pauschal mit 22 % einzubehalten.

„Siehe Seite 367 des Textteils!"

59. Dürfen Arbeitnehmer auch ohne Vorlage einer Lohnsteuerkarte beschäftigt werden?

☐ a) Ja, wenn es sich um kurzfristig Beschäftigte oder gegen geringen Lohn Beschäftigte handelt.
☐ b) Eine Beschäftigung ohne Lohnsteuerkarte ist ausnahmslos unzulässig.
☐ c) Ja, wenn der Lohn den lohnsteuerpflichtigen Betrag nicht übersteigt.
☐ d) Ja, wenn es sich um Gastarbeiter handelt.
☐ e) Nur, wenn der Arbeitnehmer zur Einkommensteuer veranlagt wird.

„Siehe Seite 367 des Textteils!"

60. Welche lohnsteuerlichen Pflichten übernimmt der Arbeitgeber, wenn er ohne Vorlage der Lohnsteuerkarte kurzfristig oder gegen geringen Lohn Arbeitnehmer beschäftigt?

☐ a) Er übernimmt keine Verpflichtungen.
☐ b) Er führt die Lohnsteuer nach den Angaben des Arbeitnehmers über seinen Familienstand ab.
☐ c) Er übernimmt die Zahlung einer pauschalen Lohn- und Kirchensteuer.
☐ d) Er hat dem Finanzamt die Pauschalierung zu melden.
☐ e) Er zahlt die Lohnsteuer nach Steuerklasse VI.

„Siehe Seite 368 des Textteils!"

61. Welches sind die Voraussetzungen für Arbeitnehmer, die ohne Vorlage der Lohnsteuerkarte als kurzfristig Beschäftigte arbeiten können?

☐ a) Beschäftigung für höchstens drei Tage, Höhe des Tageslohnes unerheblich
☐ b) Beschäftigung nicht über 18 zusammenhängende Arbeitstage, Tageslohn nicht über 120,00 DM
☐ c) Wie b), Stundenlohn darf 18,00 DM nicht übersteigen

☐ d) Für eine Beschäftigung ohne Lohnsteuerkarte ist ein Katastropheneinsatz Voraussetzung
☐ e) Ohne Lohnsteuerkarte darf niemand eingestellt werden.

„Siehe Seite 368 des Textteils!"

62. Was sind die Voraussetzungen für Beschäftigung ohne Lohnsteuerkarte bei geringem Lohn und geringem Beschäftigungsumfang?
☐ a) Der Monatslohn darf 520,00 DM, die Monatsarbeitszeit 86 Stunden nicht überschreiten.
☐ b) Wie bei a), aber bei kürzeren Lohnzahlungszeiträumen als ein Monat darf der Wochenlohn 120,00 DM und die Wochenarbeitszeit 20 Stunden nicht überschreiten. Der durchschnittliche Stundenlohn darf 18,00 DM nicht übersteigen.
☐ c) Wie bei b), aber der durchschnittliche Stundenlohn darf 12,00 DM nicht übersteigen.
☐ d) Der Arbeitnehmer muß die Voraussetzungen der Steuerklasse III erfüllen.
☐ e) Ab 1990 sind alle Voraussetzungen aufgehoben.

„Siehe Seite 368 des Textteils!"

63. Welches sind die buchhalterischen Pflichten des Arbeitgebers, wenn er ohne Vorlage der Lohnsteuerkarte kurzfristig oder gegen geringen Lohn Arbeitnehmer beschäftigt?
☐ a) Keine weitergehenden Pflichten als bei normaler Lohnbuchhaltung.
☐ b) Führung eines Sammellohnkontos, aus dem Name, Anschrift, Dauer der Beschäftigung, Tag der Zahlung und Höhe des Arbeitslohns hervorgehen.
☐ c) Der Arbeitgeber braucht nur die Genehmigung des Finanzamts zur Beschäftigung dieser Arbeitnehmer ohne Übernahme von buchhalterischen Verpflichtungen einholen.
☐ d) Nachdem die Ordnungsmäßigkeit der Buchführung nicht mehr Voraussetzung für Inanspruchnahme von Steuervergünstigungen ist, werden keine buchhalterischen Pflichten mehr verlangt.
☐ e) Keine besonderen Aufzeichnungspflichten in der Lohnbuchhaltung, nur Angabe von Name, Anschrift, Beschäftigungsdauer und Lohnhöhe auf dem Lohnsteueranmeldeformular für das Finanzamt.

„Siehe Seite 368 des Textteils!"

64. Was versteht man unter Werbungskosten im Lohnsteuerrecht?
☐ a) Ausgaben des Arbeitnehmers zum Erwerb, zur Sicherung und Erhaltung des Arbeitslohns
☐ b) Abzugsfähige Ausgaben für Werbungsmaßnahmen des Betriebsinhabers
☐ c) Beides, a) und b)
☐ d) Ausgaben für Altersversorgung
☐ e) Ausgaben für private Lebenshaltung.

„Siehe Seite 369 des Textteils!"

65. Kann ein Arbeitnehmer Dienstreisen als Werbungskosten geltend machen? Wenn ja, welche Aufwendungen in Form von Pauschalen und welche gegen Einzelbeleg?

„Siehe Seite 370 des Textteils!"

66. Welche Arbeitnehmergruppen werden bei Geltendmachung von Dienstreisebeträgen unterschieden?
☐ a) Lohnsteuer- und einkommensteuerpflichtige Arbeitnehmer
☐ b) Ausländer und deutsche Arbeitnehmer
☐ c) Facharbeiter und Hilfsarbeiter
☐ d) Arbeitnehmer mit und ohne Wohnsitz am Ort der Betriebsstätte

☐ e) Arbeitnehmer mit fester Betriebsstätte und Arbeitnehmer mit Einsatzwechseltätigkeit.

„Siehe Seite 370 des Textteils!“

67. Können bei Arbeitnehmerdienstreisen bestimmte Aufwendungen in Form von Pauschalen vom Arbeitgeber lohnsteuerfrei ersetzt werden?

☐ a) Nein
☐ b) Nur die Verpflegungsaufwendungen, die auch der Arbeitgeber geltend machen kann
☐ c) Die Verpflegungs- und Übernachtungsaufwendungen
☐ d) Nur Übernachtungsaufwendungen
☐ e) Die Fahrtkosten mit öffentlichen Verkehrsmitteln.

„Siehe Seite 371 des Textteils!“

68. Können Arbeitnehmer mit Einsatzwechseltätigkeit bei Fahrten mit eigenem Pkw von der Wohnung zu den jeweils wechselnden Arbeitsstätten eine Pauschale in Anspruch nehmen?

☐ a) Nein, weil nur Fahrten von der Wohnung zu festen Betriebsstätten begünstigt sind.
☐ b) Ja, auf jeden Fall.
☐ c) Ja, bei einer Entfernung über 50 km.
☐ d) Nur bei einer Entfernung bis 15 km.
☐ e) Es kommt auf die Wagenklasse an.

„Siehe Seite 371 des Textteils!“

69. Welche Voraussetzungen für die Geltendmachung der Verpflegungspauschale des Arbeitnehmers von 8,00 DM bei Dienstgang müssen unter anderem erfüllt sein?

☐ a) Dienstliche Abwesenheit von sechs Stunden innerhalb des 20-Kilometer-Bereichs von der festen Betriebsstätte, weitere Voraussetzung: Arbeitnehmer mit fester Betriebsstätte
☐ b) Über zehn Stunden dienstliche Abwesenheit von der Wohnung bei fester Betriebsstätte
☐ c) Über zwölf Stunden dienstliche Abwesenheit von der Wohnung bei wechselnder Betriebsstätte
☐ d) Dienstliche Abwesenheit von über sechs Stunden in einer Entfernung von mehr als 20 km von der Betriebsstätte
☐ e) Dienstliche Abwesenheit von über zehn Stunden bei Entfernung von mehr als 15 km von der Betriebsstätte.

„Siehe Seite 372 des Textteils!“

70. Unter welchen Voraussetzungen sind Aufwendungen für Betriebsveranstaltungen steuerfrei?

☐ a) Ab 1990 sind die vom Arbeitgeber getragenen Aufwendungen für Betriebsveranstaltungen lohnsteuerpflichtig.
☐ b) Die gesamten Aufwendungen bleiben lohnsteuerfrei, wenn es sich um übliche Aufwendungen (in der Regel bis 200,00 DM je Arbeitnehmer) handelt.
☐ c) Wie bei b), handelt es sich aber um unübliche Zuwendungen (mehrtägige Betriebsausflüge), dann sind auch diese lohnsteuerfrei, wenn der Auftraggeber eine pauschale Lohnsteuer von 25 v. H. zuzüglich Kirchensteuer trägt.
☐ d) Die Zuwendungen sind nur unter der Voraussetzung lohnsteuerfrei, daß die Betriebsveranstaltung einer Entlohnung gleichkommt.

☐ e) Die Zuwendungen sind lohnsteuerfrei, wenn der Arbeitgeber eine pauschale Lohnversteuerung übernimmt, gleichgültig, ob es sich um übliche oder unübliche Zuwendungen handelt.

„Siehe Seite 373 des Textteils!"

71. Betriebsjubiläumsgeschenke sind

☐ a) lohnsteuerfrei, wenn jeweils 10 Jahre vergangen sind.
☐ b) überhaupt nicht lohnsteuerfrei, da nur Arbeitnehmerjubiläen begünstigt sind.
☐ c) bis 400,00 DM lohnsteuerfrei.
☐ d) lohnsteuerfrei, wenn das Unternehmen 25 Jahre oder ein Mehrfaches bestanden hat.
☐ e) wie unter d) und wenn das Geschenk 1.200,00 DM nicht übersteigt.

„Siehe Seite 373 des Textteils!"

72. Kann der Arbeitgeber seinen Arbeitnehmern unentgeltliche oder verbilligte Mahlzeiten lohnsteuerfrei zukommen lassen?

☐ a) Seit 1990 ist dies nicht mehr möglich.
☐ b) Die arbeitstäglichen Mahlzeiten bleiben lohnsteuerfrei, wenn der Arbeitgeber eine pauschale Lohnsteuer von 25 v. H. zuzüglich 7 v. H. Kirchensteuer aus der Lohnsteuer übernimmt.
☐ c) Wie bei b), die pauschale Lohnsteuer beträgt 15 v. H.
☐ d) Die Mahlzeiten bleiben lohnsteuerfrei, wenn sie der Arbeitgeber ausschließlich in seinem Betrieb verabreicht.
☐ e) Die Mahlzeiten bleiben lohnsteuerfrei, wenn der Wert der Mahlzeit 1,50 DM nicht übersteigt.

„Siehe Seite 373 des Textteils!"

73. Wann läuft die Antragsfrist für Antragsveranlagungen aus?

„Siehe Seite 374 des Textteils!"

74. Wann haftet der Arbeitgeber für Lohnsteuerschulden?

„Siehe Seite 374 des Textteils!"

75. Welche Personen und Vereinigungen unterliegen der Körperschaftsteuer?

„Siehe Seite 375 des Textteils!"

76. Wie hoch ist der Körperschaftsteuersatz bei Ausschüttungen?

☐ a) 50 %
☐ b) Gleich hoch wie der Einkommensteuersatz des Steuerpflichtigen
☐ c) 46 %
☐ d) 30 %
☐ e) Ausschüttungen werden nur besteuert, wenn verdeckte Gewinnausschüttung vorliegt.

„Siehe Seite 375 des Textteils!"

77. Was versteht man unter Gewinnthesaurierung?

„Siehe Seite 375 des Textteils!"

78. Eine juristische Person zahlt an ihren Gesellschafter besondere Umsatzvergütungen neben einem angemessenen Gehalt.

☐ a) Die Umsatzvergütungen sind immer private Aufwendungen.

☐ b) Umsatzvergütungen können von juristischen Personen überhaupt nicht zugesagt werden.
☐ c) Besondere Umsatzvergütungen neben einem angemessenen Gehalt sind verdeckte Gewinnausschüttungen und müssen dem Gewinn der juristischen Person wieder zugerechnet werden.
☐ d) Umsatzvergütungen sind immer verdeckte Gewinnausschüttungen.
☐ e) Umsatzvergütungen sind nur für Gesellschafter von Personengesellschaften zugelassen.

„Siehe Seite 377 des Textteils!"

79. Die Gewerbesteuer ist eine
☐ a) im Rahmen der einkommensteuerlichen Gewinnermittlung abzugsfähige Betriebssteuer.
☐ b) nicht abzugsfähige Privatsteuer.
☐ c) im Rahmen der Sonderausgaben berücksichtigungsfähige Steuer.
☐ d) im Rahmen der Steuerermäßigung abzugsfähige Steuer.
☐ e) Gebühr an die Gemeinde.

„Siehe Seite 382 des Textteils!"

80. Was ist Gewerbeertrag?
☐ a) Das zu versteuernde Einkommen
☐ b) Der Gewinn aus Gewerbebetrieb unter Berücksichtigung der gesetzlichen Berichtigungen
☐ c) Der Umsatz laut Umsatzsteuererklärung
☐ d) Die Summe der Einkünfte
☐ e) Der Gewinn, wie er sich aus der Gewinn- und Verlustrechnung ergibt.

„Siehe Seite 378 des Textteils!"

81. Wer setzt den einheitlichen Gewerbesteuermeßbetrag fest?
☐ a) Das Finanzamt
☐ b) Die Gemeinde
☐ c) Das Landratsamt
☐ d) Der Unternehmer
☐ e) Die Landesregierung.

„Siehe Seite 377, 382 des Textteils!"

82. Was versteht man unter Gewerbekapital?
☐ a) Den Einheitswert des gewerblichen Betriebs unter Berücksichtigung der gesetzlichen Berichtigungen
☐ b) Die Summe der Aktiven laut Bilanz
☐ c) Die Differenz zwischen Einnahmen und Ausgaben unter Berücksichtigung der gesetzlichen Berichtigungen
☐ d) Das Eigenkapital der jeweiligen Schlußbilanz
☐ e) Den Einheitswert der Betriebsgrundstücke unter Berücksichtigung der gesetzlichen Berichtigungen.

„Siehe Seite 380 des Textteils!"

83. Der Steuermeßbetrag des Gewerbekapitals
☐ a) ist identisch mit dem Einheitswert des Betriebsvermögens.
☐ b) wird mit 2 v. T. des Einheitswerts des Betriebs ermittelt.
☐ c) wird von der Gemeinde festgesetzt.
☐ d) wird mit Hilfe des gemeindlichen Hebesatzes ermittelt.
☐ e) wird mit 2 v. T. des Gewerbekapitals ermittelt.

„Siehe Seite 381 des Textteils!"

84. Wie hoch ist der allgemeine Freibetrag bei Gewerbeertrag und Gewerbekapital?

„Siehe Seite 380 des Textteils!"

85. Wer setzt den Hebesatz fest?

☐ a) Die Regierung
☐ b) Das Finanzamt
☐ c) Die Gemeinde
☐ d) Der Unternehmer
☐ e) Die Handwerkskammer.

„Siehe Seite 382 des Textteils!"

86. Zeigen Sie den Vorgang der Gewerbesteuerermittlung von der Einkunft aus Gewerbebetrieb bis zur zu zahlenden Gewerbesteuer auf!

„Siehe Seite 377 des Textteils!"

87. Grundstücke werden zur Berechnung der Erbschaft- und Schenkungssteuer angesetzt:

☐ a) Mit dem Verkehrswert
☐ b) Überhaupt nicht, weil der Grundstücksübergang von der Grunderwerbsteuer erfaßt wird
☐ c) Nur bei Erb- und Schenkungsvorgängen an Fremde mit dem Verkehrswert
☐ d) Mit dem Einheitswert nach Bewertungsgesetz
☐ e) Mit dem Einheitswert abzüglich der Grundstücksbelastungen.

„Siehe Seite 384 des Textteils!"

88. Der Ehegatte hat allgemein einen Schenkungssteuerfreibetrag von:

☐ a) 90.000,00 DM
☐ b) 250.000,00 DM
☐ c) keinen Freibetrag, weil dieser nur für die Erbschaftsteuer gilt
☐ d) 30.000,00 DM
☐ e) 150.000,00 DM.

„Siehe Seite 384 des Textteils!"

89. Was versteht man unter der 10-Jahres-Frist im Erbschaft- und Schenkungssteuergesetz?

„Siehe Seite 385 des Textteils!"

90. Unterliegen Erbbaurechte der Grundsteuer?

☐ a) Erbbaurechte sind kein Grundvermögen und werden von der Grundsteuer nicht erfaßt.
☐ b) Erbbaurechte ruhen auf der wirtschaftlichen Einheit des belasteten Grundstücks und lösen daher beim Erbbauberechtigten Grundsteuerpflicht aus.
☐ c) Erbbaurechte lösen Grundsteuerpflicht nur beim Grundeigentümer aus.
☐ d) Grundsteuer ist sowohl vom Erbbauberechtigten als auch vom Grundeigentümer zu zahlen.
☐ e) Erbbaurechte unterliegen nur der Erbschaftsteuer.

„Siehe Seite 386 des Textteils!"

91. Den Grundsteuermeßbescheid ermittelt

☐ a) die Gemeinde, die ihn auch zustellt.
☐ b) das Finanzamt, das den Bescheid auch zustellt.
☐ c) die Gemeinde, das Finanzamt stellt ihn aber zu.

☐ d) das Finanzamt, die Gemeinde stellt ihn aber zu.
☐ e) Der Grundsteuermeßbescheid ist bereits im Einheitswert enthalten.

„Siehe Seite 386 des Textteils!"

92. Der Einheitswert ist
☐ a) identisch mit dem Verkehrswert.
☐ b) der Teilwert des Grundstücks.
☐ c) der Kaufpreis beim Erwerb des Grundstücks.
☐ d) der Wert, der sich nach gesetzlich festgelegtem Bewertungsverfahren ergibt.
☐ e) der bei der Bilanz ausgewiesene Grundstückswert.

„Siehe Seite 386 des Textteils!"

93. Die Vermögensteuer beträgt bei natürlichen Personen
☐ a) 0,5 % von jedem Vermögenszuwachs.
☐ b) 0,5 % vom jeweils am 1. des Jahres vorhandenen Einkommen.
☐ c) 0,5 % von der Einkommensteuer.
☐ d) 0,5 % vom jeweils am 1. des Jahres vorhandenen Vermögen.
☐ e) wie d) nach Abzug der gesetzlichen Freibeträge.

„Siehe Seite 390 des Textteils!"

94. Welches Vermögen wird zur Vermögensbesteuerung herangezogen?

„Siehe Seite 388 des Textteils!"

95. Welchen Grundfreibetrag hat ein 42jähriger, verheiratet mit einer 41jährigen in der Vermögensteuer? Zum Haushalt der Ehegatten zählt ein Kind.
☐ a) 140.000,00 DM
☐ b) 190.000,00 DM
☐ c) 210.000,00 DM
☐ d) 240.000,00 DM
☐ e) 360.000,00 DM.

„Siehe Seite 389 des Textteils!"

96. Was versteht man unter Hauptfeststellung im Vermögensteuerrecht?

„Siehe Seite 389 des Textteils!"

97. Wird bei Einlegung eines Rechtsmittels die Steuerzahlung aufgeschoben?
☐ a) Ja, bis zum Entscheid über das Rechtsmittel.
☐ b) Ja, durch Leistung eines Hinterlegungsbetrags.
☐ c) Das Finanzamt entscheidet von Amts wegen.
☐ d) Mit Einlegung des Rechtsmittels ist die Steuerschuld automatisch ausgesetzt.
☐ e) Nein.

„Siehe Seite 391 des Textteils!"

98. Welches sind die Rechtsmittel bei den Besitz- und Verkehrssteuern?
☐ a) Einspruch, Klage, Revision
☐ b) Die Rechtsmittel nach der Zivilprozeßordnung
☐ c) Die Rechtsmittel nach dem Verwaltungsrecht
☐ d) Einrede, Beschwerde, Berufung
☐ e) Die Rechtsmittel nach dem Strafrecht.

„Siehe Seite 391 des Textteils!"

99. Welches Rechtsmittel steht dem Steuerpflichtigen zu, wenn sein Einspruch vom Finanzamt abgelehnt wurde?

☐ a) Er hat das Rechtsmittel der Berufung.
☐ b) Er kann Revision beim Bundesfinanzhof einreichen.
☐ c) Er kann Revision beim Finanzgericht einreichen.
☐ d) Er hat das Rechtsmittel der Klage beim Finanzgericht.
☐ e) Er kann Beschwerde beim Finanzgericht einreichen.

„Siehe Seite 391 des Textteils!"

100. Nennen Sie einige Zwangsmittel der Finanzverwaltung zur Ermittlung der steuerlichen Verhältnisse eines Steuerpflichtigen!

„Siehe Seite 393 des Textteils!"

3.7 Das Handwerk in Wirtschaft und Gesellschaft

3.7.1 Das Handwerk als Teilbereich der Wirtschaft

Lernziele:

- Kennen der Schwerpunkte der Leistungsstruktur des Handwerks, der Besonderheiten handwerklicher Tätigkeit, insbesondere im Vergleich zur Industrie, sowie der wesentlichen Verflechtungen des Handwerks mit der Industrie und anderen Wirtschaftszweigen.
- Die Bedeutung der wichtigsten wirtschaftlichen Funktionen des Handwerks im Rahmen der Volkswirtschaft einschätzen können.
- Informiert sein über den Strukturwandel
  - im Handwerk,
  - über neuere Entwicklungsdaten des Handwerks,
  - über spezielle Auswirkungen des EG-Binnenmarktes auf das Handwerk in der Bundesrepublik.
- Kennen der Notwendigkeit, Strukturwandel und sonstige Entwicklungstrends der eigenen Branche rechtzeitig zu erkennen (unter anderem durch Marktbeobachtung, Fachzeitschriften, Beratungsinanspruchnahme) und erforderliche Anpassungsmaßnahmen vorzunehmen.
- Informiert sein über Hilfestellungen der Handwerksorganisation zur Entwicklungsanpassung.

3.7.1.1 Die volkswirtschaftlichen Aufgaben des Handwerks

Entwicklungsgeschichtliche Betrachtung

Früher war es die alleinige wirtschaftliche Aufgabe des Handwerks, Güter herzustellen, die der Mensch zur Befriedigung der elementaren Lebensbedürfnisse – Nahrung, Wohnung und Bekleidung – benötigte.

Haushandwerk
Berufshandwerk

Mit einfachen Hilfsmitteln, aus der Verbindung von Geist und manueller Geschicklichkeit, erfüllte zunächst das Haushandwerk und später das Berufshandwerk seine wirtschaftliche Aufgabe als ausschließlicher Träger der gesamten Produktion von Gebrauchs- und Verbrauchsgütern.

Kulturelle Bauleistungen

Dank seiner wirtschaftlichen Leistungskraft hat sich das Handwerk im Laufe der Zeit zu Leistungen weiterentwickelt, die in den kulturellen Bauleistungen und im Städtebau des Mittel- und Spätmittelalters einen Höhepunkt fanden.

Technisierung

Die Technisierung und der daraus folgende Wandel in den Arten des Wirtschaftens ließen aus dem Handwerk heraus die industrielle Gütererzeugung entstehen, die heute überwiegt. Daher wurde das Handwerk aus einigen Bereichen der gewerblichen Produktion verdrängt.

Die aktuellen Aufgaben des Handwerks

Zusätzliche volkswirtschaftliche Aufgaben

Heute kommen dem Handwerk durch das Entstehen neuer Werkstoffe, neuer Erfindungen, neuer Technologien und neuer Industriezweige zusätzliche volkswirtschaftliche Aufgaben zu. Viele industrielle Erzeugnisse (zum Beispiel sanitäre Einrichtungsgegenstände, Heizungsanlagen, Erzeugnisse der Elektroindustrie und andere) werden erst durch Leistungen des Handwerks (Montage) zu einem gebrauchsfähigen Wirtschaftsgut für den Letztverbraucher.

Arbeitsteilung zwischen Handwerk und Industrie

Abgesehen von einigen Arbeitsgebieten, auf denen die industrielle Massenproduktion und die handwerklichen Erzeugnisse im Wettbewerb stehen (zum Beispiel Bekleidungshandwerk – Bekleidungsindustrie), hat sich in unserer Volkswirtschaft zwischen Handwerk und Industrie als Trägern der gewerblichen Wirtschaft eine weitgehende volkswirtschaftlich wünschenswerte Arbeitsteilung vollzogen.

Aufgaben des Handwerks

Die nachstehende Abbildung zeigt die wesentlichen volkswirtschaftlichen Aufgaben des Handwerks im Überblick:

Volkswirtschaftliche Aufgaben des Handwerks

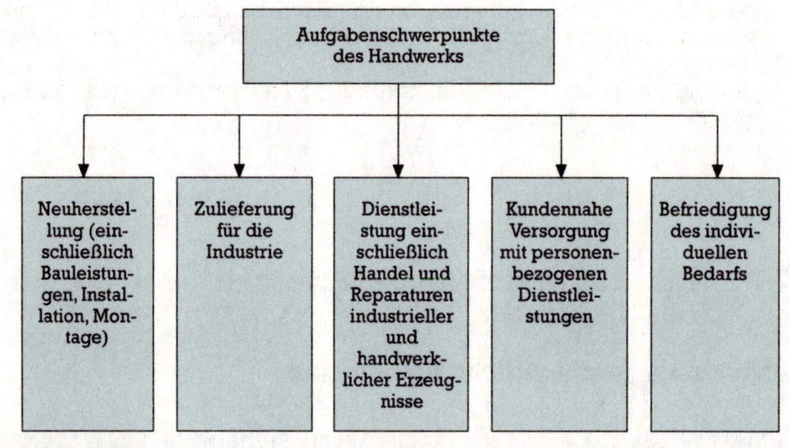

Abbildung 245

Wirtschaftliche Stärke des Handwerks

Mit zunehmendem Wohlstand werden die Wünsche nach individueller Befriedigung der Bedürfnisse und somit nach Qualität, Maßarbeit und kreativen Leistungen immer größer. In der Deckung des gehobenen Bedarfs und der persönlichen Dienstleistungen sowie der individuellen Problemlösungen liegen die Stärke und die Zukunftschancen eines großen Teils der handwerklichen Leistungen und Produkte.

3.7.1.2 Die Leistungsstruktur des Handwerks

Zweitstärkster und vielseitigster Wirtschaftsbereich

Das Handwerk ist nach der Industrie der zweitstärkste Wirtschaftsbereich unserer Volkswirtschaft. Die Leistungsstruktur ist vielseitig. Deshalb bezeichnet man das Handwerk auch als Deutschlands vielseitigsten Wirtschaftsbereich.

Die nachfolgende Abbildung gibt einen Überblick über Leistungsschwerpunkte des Gesamthandwerks in Prozent der erbrachten Umsätze:

Leistungs-
schwerpunkte

Leistungen des Gesamthandwerks

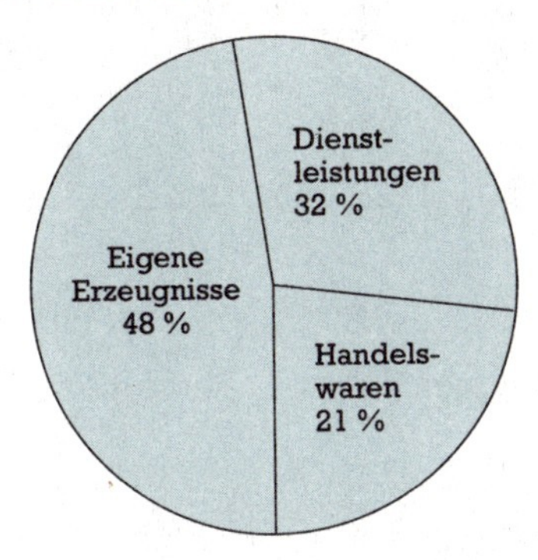

Abbildung 246

Wichtige Ab-
nehmergruppen

Vom Gesamtumsatz des Handwerks entfallen nach den wichtigsten Abnehmergruppen auf:

- private Haushalte 48 %.
- gewerbliche Wirtschaft 38 %.
- öffentliche Auftraggeber 14 %.

Die amtliche Statistik teilt die Aktivitäten des Handwerks nach Leistungsbereichen und wirtschaftlichen Funktionen wie folgt ein:

Wirtschaftliche
Funktionen

Leistungsbereiche des Handwerks

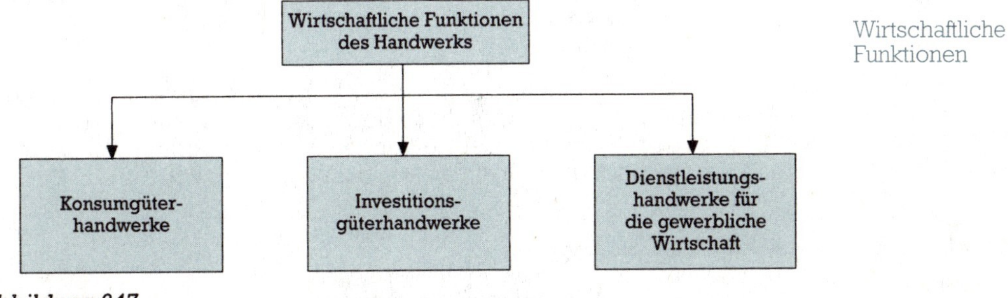

Abbildung 247

Konsumgüter-
handwerke

Konsumgüterhandwerke

Die Konsumgüterhandwerke werden in folgende Bereiche unterteilt:

Bereiche der Konsumgüterhandwerke

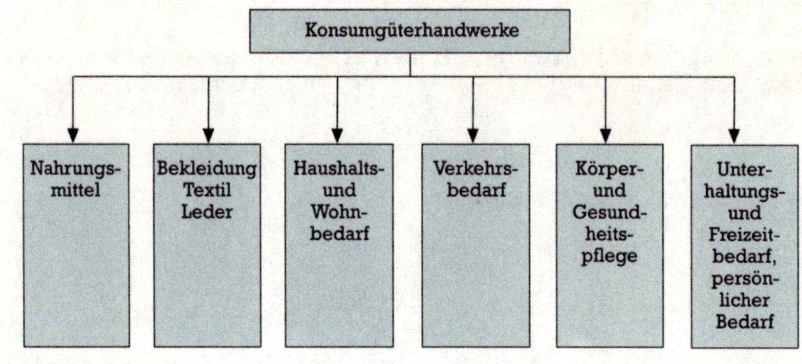

Abbildung 248

Erläuterungen zu den wichtigsten Bereichen der Konsumgüterhandwerke:

Nahrungsmittelhandwerke

Nahrungsmittelhandwerke

Wesentliche Bedarfsdeckung

Bei der Versorgung der Bevölkerung mit Nahrungsmitteln deckt das Handwerk trotz zunehmender Zahl an Brotfabriken, Wurstfabriken, Großbrauereien und Verbrauchermärkten einen erheblichen Teil des Bedarfs.

Qualität und Frische

Beispielsweise werden 78 % der Brot- und Backwaren vom Bäckerhandwerk erzeugt und zu mehr als der Hälfte auch selbst im persönlichen Verkehr mit dem Verbraucher abgesetzt. Vom gesamten Umsatz an Fleisch- und Wurstwaren entfallen 53 % auf das Fleischer-/Metzgerhandwerk. Diesen nach wie vor hohen Anteil verdanken die Nahrungsmittelhandwerke auch der Tatsache, daß hier alle individuellen Verzehrs- und Geschmackswünsche berücksichtigt werden und vor allem frische Ware von hoher Qualität angeboten wird.

Bekleidungshandwerke

Bekleidung, Textil, Leder

Für den individuellen Bekleidungsbedarf sorgen nach wie vor die Bekleidungshandwerke.

Modische Linie

Aus der Verbindung von handwerklicher Verarbeitung des Materials und schöpferischer Phantasie prägt diese Berufsgruppe zu einem erheblichen Teil die modische Linie unserer Zeit und kann daher von der Massenproduktion der Bekleidungsindustrie nie ganz verdrängt werden.

Haushalts- und Wohnbedarf

Haushalts- und Wohnbedarf

Die Innenraumgestaltung und -ausstattung bietet heute ein weites handwerkliches Betätigungsfeld.

Steigender Wohnkomfort

Die hohen Ansprüche breiter Kreise der Bevölkerung an verbesserte Wohnverhältnisse lassen den Bedarf weiter steigen.

Verkehrsbedarf

Verkehrsbedarf

Die in dieser Gruppe zusammengefaßten Kraftfahrzeughandwerke haben in den letzten Jahrzehnten innerhalb der Konsumgüterhandwerke am besten abgeschnitten.

Hohes Mobilitätsbedürfnis

Umweltschutz

Das hohe Mobilitätsbedürfnis unserer Wirtschaft und Gesellschaft und der damit steigende Motorisierungsgrad waren dafür die wesentlichen Ursachen. Sie eröffnen zusammen mit ständigen technischen Neuerungen und Maßnahmen des Umweltschutzes auch für die Zukunft günstige Perspektiven.

Körper- und Gesundheitspflege

Körper- und Gesundheitspflege

Personenbezogene Dienstleistungen

Den Handwerken dieses Bereiches eröffnen sich in der Regel gute Zukunftschancen, da mit steigendem Einkommen gerade auch der Bedarf an derart personenbezogenen Dienstleistungen zunimmt.

Unterhaltungs- und Freizeitbedarf, persönlicher Bedarf

Unterhaltung Freizeit

Die in dieser Gruppe zusammengefaßten Handwerke (zum Beispiel Radio- und Fernsehtechniker, Fotografen sowie Uhrmacher und Goldschmiede) sind sehr stark auf den privaten Verbrauch ausgerichtet.

Private Kunden

Entsprechend kommt dem privaten Kunden als Abnehmer eine große Bedeutung zu. Die Entwicklungsmöglichkeiten in diesem Bereich hängen sehr stark von den verfügbaren Einkommen, dem Wohlstandsniveau, dem Wertewandel und der wachsenden Freizeit ab.

Investitionsgüterhandwerke

Investitionsgüterhandwerke

Die wichtigsten Investitionsgüterhandwerke sind in der folgenden Abbildung im Überblick dargestellt.

Bereiche der Investitionsgüterhandwerke

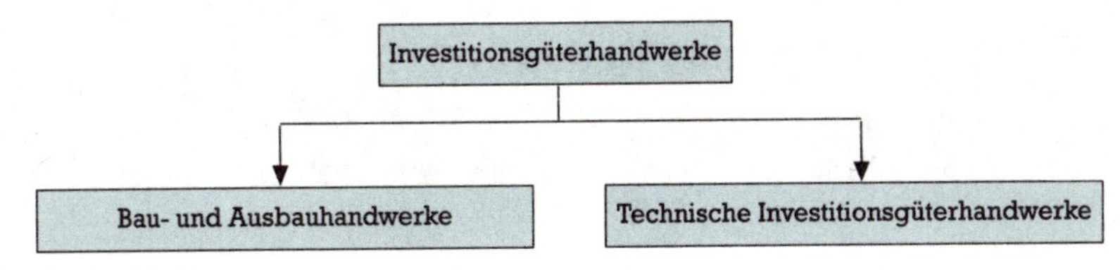

Abbildung 249

Erläuterungen:

Bau- und Ausbauhandwerke

Bau und Ausbau

Ein Drittel des Gesamthandwerks

Das Bau- und Ausbauhandwerk stellt nach wie vor eine der stärksten Gruppen (mehr als ein Drittel des Gesamthandwerksumsatzes) mit einer Vielzahl von Berufen dar und beweist damit, daß das produzierende Handwerk noch eine verhältnismäßig große Rolle in unserer Wirtschaft spielt. Der Anteil des Handwerks am gesamten Bauvolumen beträgt mehr als 70 %.

Wohnungsbau
Gewerblicher Bau
Öffentlicher Bau

Im Wohnungsbau beläuft sich der Anteil der Betriebe des Bau- und Ausbauhandwerks sogar auf über 91 %, im gewerblichen Bau auf 60 %, im öffentlichen Hochbau auf 76 % und im Straßenbau auf 62 %. Ohne die Bauhandwerke sind also viele unserer Wirtschaftsbauten, Wohnungsbauten und Kulturbauten überhaupt nicht denkbar. In zunehmendem Umfange sind die Bau- und Ausbauhandwerke im Bereich der Stadtsanierung, der Denkmalpflege sowie der Sanierung und Modernisierung von Gebäuden aller Art tätig. Im Wohnungsbau entfallen rund 53 % der Bautätigkeit auf Neubauten, bereits 47 % auf Modernisierung und Sanierung.

Sanierung
Modernisierung

Technische Investitionsgüter

Technische Investitionsgüterhandwerke

Zulieferer

Die technischen Investitionsgüterhandwerke wie beispielsweise Metallbauer sowie Maschinenbaumechaniker und Werkzeugmacher liefern sowohl den Investitionsgüterproduzenten zu, produzieren eigene maschinelle Ausrüstungen und führen auch Montage-, Reparatur- und Wartungsarbeiten an Maschinen und Anlagen aus.

Die Chancen der Zulieferbetriebe des Handwerks liegen vor allem in Preiswürdigkeit, Qualität, Spezialwissen, Flexibilität und Termintreue. Den handwerklichen Zulieferbetrieben kommt auch die Tatsache zugute, daß große Industriebetriebe in zunehmendem Maße aus Kostengründen Teilbereiche der Produktion ausgliedern und auf kleinere Betriebe übertragen.

Volkswirtschaftliche Arbeitsteilung

Dienstleistungen

Dienstleistungen für die gewerbliche Wirtschaft

Expansive Entwicklung

Diejenigen Handwerksberufe, die als Dienstleister für die gewerbliche Wirtschaft tätig sind, haben sich in den letzten Jahren überaus expansiv entwickelt. Hier sind beispielsweise insbesondere die Gebäudereiniger zu nennen.

3.7.1.3 Die neuere Entwicklung des Handwerks

Die Entwicklung der Betriebszahlen

Rückläufige Betriebszahlen im Handwerk

Im Hinblick auf den wirtschaftlichen und technischen Wandel ist die Zahl der Handwerksbetriebe und der handwerksähnlichen Betriebe in den letzten drei Jahrzehnten erheblich zurückgegangen.

Hauptgründe hierfür sind unter anderem:

Hauptgründe

- ein Konzentrationsprozeß auf leistungsfähigere Betriebsgrößen
- Umschichtungen und Einengungen des Marktes
- Konkurrenz der industriellen Fertigung
- Verdrängungswettbewerb durch Super- und Verbrauchermärkte.

Zur Zeit gibt es in der gesamten Bundesrepublik rund 754000 Handwerks- und handwerksähnliche Betriebe.

Entwicklungstendenzen

In den alten Bundesländern steigt die Zahl der Betriebe geringfügig, in den neuen Bundesländern kräftig an.

Die Entwicklung der Beschäftigtenzahlen

Die Zahl der Beschäftigten ist im Handwerk in den letzten drei Jahrzehnten nahezu konstant geblieben. Zur Zeit gibt es in der gesamten Bundesrepublik 4,81 Millionen Beschäftigte.

Konstante Beschäftigtenzahlen

In den alten Bundesländern steigt die Zahl der Beschäftigten geringfügig, in den neuen Bundesländern erheblich an.

Entwicklungstendenzen

Über die Betriebsgrößen nach der Zahl der Beschäftigten im Gesamthandwerk informiert die nachstehende Abbildung.

Betriebsgrößen nach Beschäftigtenzahl

Betriebsgrößen im Handwerk

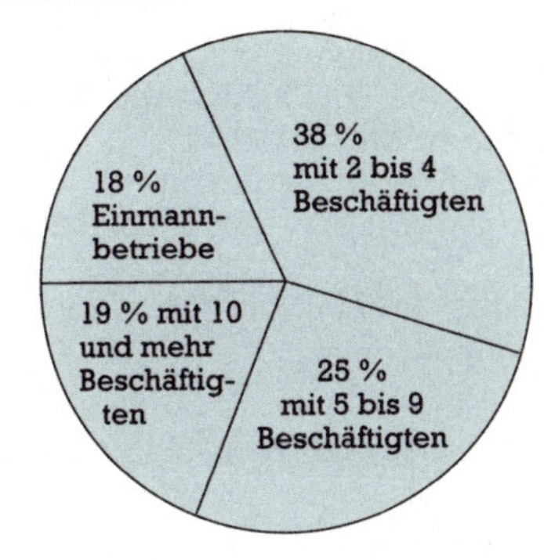

Abbildung 250

Die Umsatzentwicklung des Handwerks

Die Umsätze der Handwerkswirtschaft (Handwerk und handwerksähnliche Gewerbe) sind in den letzten Jahren, von gesamtwirtschaftlich bedingten Schwankungen abgesehen, fast ausnahmslos angestiegen. Es konnten die Umsätze in den elf alten Bundesländern vom Jahre 1960 in Höhe von 80 Mrd. DM auf rund 635 Mrd. DM im Jahre 1992 gesteigert werden. Der Durchschnittsumsatz je Betrieb beträgt rund 1,03 Mio. DM und je Beschäftigten rund 150.000,00 DM. Der Gesamtumsatz des Handwerks erreicht rund 29 Prozent des Umsatzes der Industrie.

Steigende Umsätze

Diese Zahlen beweisen – auch wenn man die üblichen Preissteigerungen ausklammert –, daß das Handwerk aufgrund besserer technischer Ausstattung und Rationalisierung der Betriebe seine Leistungskraft und Leistungsstruktur wesentlich verbessern konnte. Das Handwerk hat sich also den technischen Fortschritt in erheblichem Umfange zunutze gemacht. Die Auffassung, Handwerk mit Handarbeit gleichzusetzen, ist falsch. Sie berücksichtigt nicht, daß auch das Handwerk sich der modernen und arbeitserleichternden Maschinen bedient. Das Handwerk investiert jährlich ca. 20 Mrd. DM in seine Betriebe und unterstreicht damit auch die Bedeutung des Kapitaleinsatzes im Handwerk.

Verbesserte Leistungsstruktur

In den neuen Bundesländern beläuft sich der Umsatz des Handwerks gegenwärtig auf ca. 47 Mrd. DM. Der Umsatz je Betrieb und je Beschäftigten liegt bislang noch deutlich unter den Werten für die alten Bundesländer (Durchschnittsumsatz je Betrieb 348.000,00 DM; Durchschnittsumsatz je Beschäftigten 83.900,00 DM).

3.7.1.4 Die Aussichten für das Handwerk in der Volkswirtschaft

Strukturwandel

Das deutsche Handwerk befindet sich in einem umfassenden technisch und wirtschaftlich bedingten Strukturwandel.

Hauptprobleme des Handwerks

Die Hauptprobleme des Handwerks sind:
- geringe Eigenkapitalausstattung
- unzureichende Ertragslage
- hohe Lohnzusatzkosten
- Zunahme der Schwarzarbeit und Heimwerkerarbeiten (Do-it-yourself)
- Verdrängungswettbewerb durch Verbraucher- und Baumärkte
- mangelnde Berücksichtigung der Belange der Kleinbetriebe in der Steuer- und Sozialpolitik
- die rasante technologische Entwicklung
- Wandel des Absatzmarktes für zahlreiche Handwerksbetriebe von einem Verkäufer- zu einem Käufermarkt
- Veränderung in der Bevölkerungsstruktur
- hoher Sättigungsgrad bei Gütern und Dienstleistungen des täglichen Bedarfs
- Deckung des Nachwuchs- und Fachkräftebedarfs
- Verkürzung der Arbeitszeit.

Zusätzliche Herausforderungen

Zu diesen Hauptproblemen des Handwerks kommen zusätzliche Herausforderungen wie:
- die Folgen der Vereinigung beider Teile Deutschlands
- der Aufbau der marktwirtschaftlichen Systeme in Osteuropa
- der EG-Binnenmarkt und
- der Europäische Wirtschaftsraum (EWR).

Notwendige Maßnahmen

Zur Lösung der Hauptprobleme des Handwerks im technischen und wirtschaftlichen Strukturwandel und zur Bewältigung der Herausforderungen sind Maßnahmen vor allem in drei Bereichen notwendig:

Maßnahmen zur Bewältigung des Strukturwandels im Handwerk

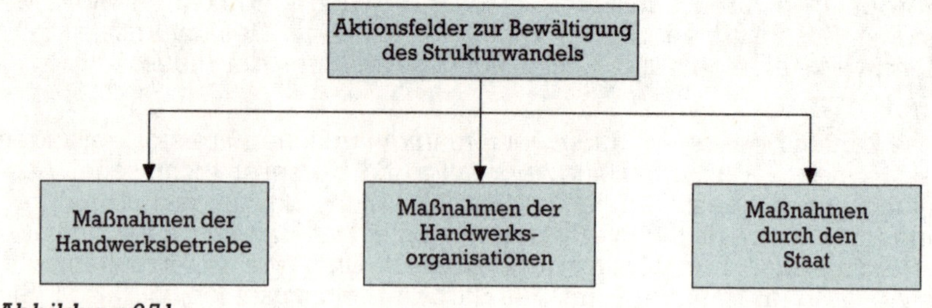

Abbildung 251

Maßnahmen der Betriebe

Die Handwerksbetriebe müssen bereit sein,
- neue Produkte und Dienstleistungen anzubieten
- bestehende Leistungsangebote ständig an sich ändernde Marktbedingungen und Zielgruppen (zum Beispiel an den steigenden Anteil älterer Mitbürger) anzupassen
- neue Absatzwege und Absatzgebiete zu erschließen
- EDV vermehrt in Werkstatt und Büro einzusetzen

- die Bereitschaft zu Kooperationen zu steigern
- sich stärker an Fragen des Absatzes und des Marketing zu orientieren.

Die Handwerksorganisationen (Handwerkskammern, Fachverbände, Innungen) müssen ihre Förderungsmaßnahmen, insbesondere Beratung, Informationsvermittlung, Nachwuchssicherung sowie Aus- und Fortbildung ausweiten. Zur Heranführung des Handwerks an den gemeinsamen Binnenmarkt und zur Verstärkung der Exportaktivitäten generell sind außenwirtschaftliche Kontaktstellen und Messebeteiligungen wichtig.
Besonders wichtig ist die Schaffung handwerks- und mittelstandsfreundlicher wirtschaftlicher Rahmenbedingungen durch den Staat, vor allem in der Steuer-, Wettbewerbs-, Sozial- und Bildungspolitik.

Maßnahmen der Handwerksorganisationen

Rahmenbedingungen

Die Entwicklungschancen des Handwerks in der Zukunft sind günstig. Sie liegen zunächst einmal im räumlichen Bereich:

Günstige Entwicklungschancen

- in der Europäischen Gemeinschaft und im Europäischen Wirtschaftsraum in Form neuer Marktchancen
- in den alten Bundesländern in der Auslotung neuer Marktnischen
- in den neuen Bundesländern beim Aufbau marktwirtschaftlicher Strukturen und aufgrund des hohen Nachholbedarfs sowie bei der Modernisierung und Sanierung.

EG und EWR

Alte Bundesländer

Neue Bundesländer

Günstige Entwicklungsmöglichkeiten eröffnen sich ferner:

Entwicklungschancen bei handwerklicher Betätigung

- bei der Befriedigung des individuellen Bedarfs
- bei Reparatur- und Dienstleistungen
- bei der fachkundigen Beratung
- bei Leistungen im zunehmenden Freizeitbereich
- bei der Qualität der Produkte
- durch den technischen Fortschritt
- durch das Entstehen neuer Marktnischen.

In unserer modernen und hochentwickelten Volkswirtschaft bestehen einerseits klare Schwerpunkte der Tätigkeit von Handwerk und Industrie, andererseits auch enge Verknüpfungen zwischen Industrie und Handwerk.

Verknüpfungen Industrie – Handwerk

Hauptgebiete der Handwerkstätigkeit

Hauptbetätigungsgebiete

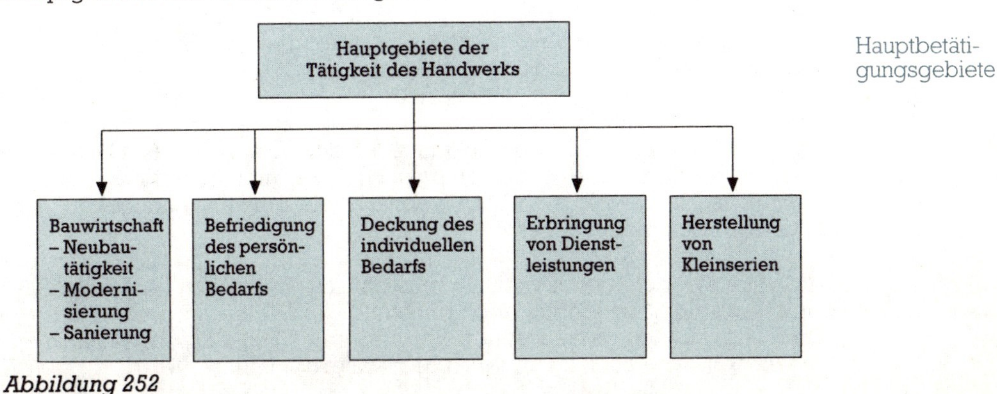

Abbildung 252

Hauptgebiete der industriellen Tätigkeit

Hauptgebiete der Industrie

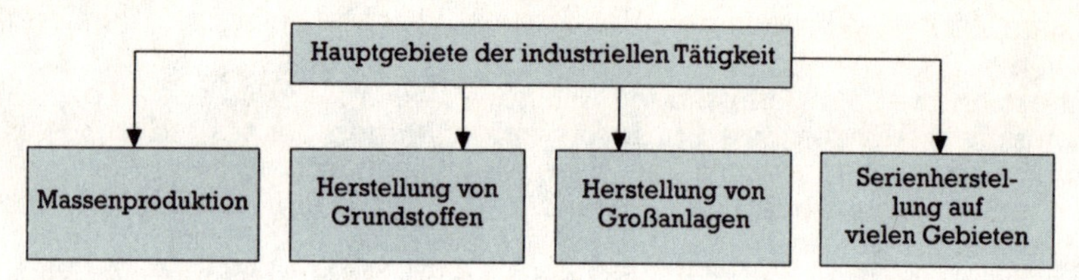

Abbildung 253

Arbeitsteilung zwischen Industrie und Handwerk

Die in einer hochentwickelten Volkswirtschaft bestehende Arbeitsteilung hat in vielen Bereichen zu einer engen Zusammenarbeit zwischen Industrie und Handwerk geführt.

Die Industrie erhält vom Handwerk insbesondere:
- Bau- und Reparaturleistungen
- Dienstleistungen aller Art
- Spezialmaschinen und Werkzeuge
- Modelle, Meß- und Prüfgeräte
- Einzelteile.

Das Handwerk erhält von der Industrie unter anderem:
- Rohstoffe und Halbfabrikate
- Maschinen und Fahrzeuge.

Neue Handwerkszweige

Industrie und Handwerk schließen sich also nicht aus, vielmehr lassen neue Industriezweige auch neue Handwerkszweige entstehen (zum Beispiel Kfz-Industrie – Kfz-Handwerk).

Neue Technologien

Auch bei den neuen Technologien liegen die Chancen und Schwerpunkte für die Handwerksbetriebe in der Zulieferung an die Industrie sowie bei Montage, Installation und Wartung. Aufgrund der neuen Technologien ändern sich allerdings Leistungsangebot, Produktionsstruktur und Maschinen sowie das damit verbundene Wissen sehr rasch. Die Mikroelektronik sowie die Neu- und Weiterentwicklung von Informations-, Nachrichten-, Datenverarbeitungs-, Regelungs- und Steuerungstechnik, die Telekommunikation, Pneumatik, Hydraulik und die neuen Werkstoffe ersetzen vielfach herkömmliche Produkte und Dienstleistungen, öffnen den Weg zur Entwicklung flexibler Fertigungs- und Leistungssysteme und führen zu Rationalisierung und Automation.

Umweltschutz

Zusätzliche Chancen bietet in Zukunft auch der Umweltschutz. Gerade die Klein- und Mittelbetriebe des Handwerks sind hier bewährte Problemlöser. Das Handwerk muß sich verstärkt als umweltfreundlicher Wirtschaftsbereich präsentieren.

Gute Zukunftschancen für das Handwerk

Das Handwerk hat gute Voraussetzungen, die Zukunft zu bestehen. Damit verbunden ist jedoch auch ein ständiger Wandel in weiten Teilen des Handwerks, der zu neuen Berufen und Tätigkeitsschwerpunkten sowie teilweise auch zu anderen Betriebsgrößen führen wird.

3.7.2 Die gesellschaftspolitische Bedeutung des Handwerks

Lernziel:
- Die Bedeutung des durch Selbständigkeits- und Unabhängigkeitsstreben geprägten Handwerks mit seinen mittelständisch orientierten Betriebsgrößen für die demokratische Gesellschaftsordnung und für die Marktwirtschaft verstehen.

Gesellschaftspolitische Bedeutung des Handwerks

Die Industriewirtschaft und die technisierte Umwelt führen vielfach zu einer Art von Selbstentfremdung des Menschen und lassen gewisse Vermassungstendenzen erkennen. Diesen Tendenzen wirkt das Handwerk in besonderem Maße entgegen.

Selbständige Existenzen

Die Betätigung im Handwerk bildet die Grundlage vieler selbständiger Existenzen. Eine Marktwirtschaft kann nur funktionieren, wenn es eine große Zahl von selbständigen Gewerbetreibenden gibt.
Gesellschaftspolitisch betrachtet, ist es von großer Bedeutung, daß eine beachtliche Anzahl der im Handwerk beschäftigten Personen tätige Inhaber und Familienangehörige sind und daß in den alten Bundesländern mehr als die Hälfte aller Handwerker auf eigenem Grund und Boden arbeitet. Jährlich legen Tausende von Gesellen die Meisterprüfung ab und machen sich selbständig. Sie zeigen damit ein erhebliches Maß an Eigenverantwortung und Risikofreudigkeit. Die breite Streuung der Betriebe auf Stadt und Land ist für das gesellschaftliche Gefüge von Vorteil.

Eigener Grund und Boden

Eigenverantwortung

Streuung der Betriebe

Das Handwerk wirkt somit in der heutigen Zeit der Vermassung entgegen. Freiheits-, Unabhängigkeits- und Selbständigkeitsstreben sind unabdingbare Leitgrundsätze des Handwerks. Damit leistet dieser Wirtschaftszweig über seine ökonomischen Aufgaben hinaus einen wichtigen Beitrag zur Sicherheit und Weiterentwicklung der demokratischen Staats- und Gesellschaftsordnung.

Beitrag zur demokratischen Ordnung

3.7.3 Die kulturelle Bedeutung des Handwerks

Lernziel:
- Informiert sein über die kulturelle Bedeutung des Handwerks, insbesondere der vielen schöpferisch-gestaltenden und der Kulturgüter erhaltenden Handwerksberufe.

3.7.3.1 Aus der Kulturgeschichte des Handwerks

Kulturelle Bedeutung des Handwerks

Solange es eine Geschichte des Handwerks gibt, gibt es auch eine Kulturgeschichte des Handwerks. Zu allen Zeiten hat sich das Handwerk als starker Träger der Kultur erwiesen.

Bedeutende Künstler sind aus dem Handwerk hervorgegangen. Handwerker waren die Erbauer der Dome oder berühmter Schlösser, Patrizierhäuser oder Gemeinschaftsbauten. Sie formten Fassaden und Giebel, schmiedeten kunstvolle Gitter, schufen formschöne Luxusmöbel, schlugen aus Stein oder gossen aus Erz unvergeßliche Denkmäler.

Künstler und Handwerker

Auch wenn Idee und Entwurf vielfach von Künstlerhand stammten, waren es dennoch Handwerker, welche der Idee unvergängliche Formen zu geben vermochten. Die Blütezeit des Handwerks war auch eine Blütezeit der Kultur.

3.7.3.2 Das Handwerk als Kulturträger

Arbeitswerte als Ausdruck ihrer Zeit

Handwerklich technisches Können und künstlerische Betätigung gehen vielfach ineinander über. Alle Kultur setzt Arbeit voraus. Die Arbeitswerte werden dadurch zu Kulturgütern, daß sie zum Ausdruck ihrer Zeit werden.

Schöpferisch gestaltende Kraft

Nur schöpferisch gestaltende Arbeit kann Kulturgüter erzeugen. Gerade aber der Handwerker ist mit der Planung, Vertiefung und Vollendung seines Werkes persönlich aufs tiefste verbunden. Seine Werke sind nicht Serien- oder Massenartikel, sondern persönliche Qualitätsarbeiten, an denen vielfach ein Stück seines Lebens hängt. Der Handwerker vermag jedoch nur das in sein Werk zu legen, was er selbst in sich trägt. Daher ist die schöpferisch gestaltende Kraft seiner Persönlichkeit entscheidend.

Formgebung

Zweifellos hat sich durch die Fortentwicklung der Technik auch manches in der Formgebung des Handwerks wesentlich geändert. Die Formgebung des gestaltenden Handwerks und deren kulturelle Bedeutung kann aber auch beim heutigen Zug zur industrialisierten Technik für die weitere Entfaltung der Kultur unseres Volkes nicht hoch genug eingeschätzt werden. Die kulturelle Tradition und Leistung des Handwerks sind für die Weiterentwicklung unserer abendländischen Gesamtkultur unentbehrlich.

Handwerksorganisation

3.7.4 Entwicklung, Aufbau und Aufgaben der Handwerksorganisation

Lernziele:

- Informiert sein über wesentliche Entwicklungen der Handwerksorganisation.
- Wissen, wie die Handwerksorganisation aufgebaut ist.
- Kennen der Zuständigkeiten und Hauptaufgaben der einzelnen Organisationsstellen des Handwerks mit ihren verschiedenen Beratungs- und Fortbildungsangeboten.

3.7.4.1 Überblick über die Entwicklung

Lange Tradition

Die Handwerksorganisation hat eine lange Tradition. Sie reicht zurück bis in das 12. Jahrhundert, als die Zünfte als Zusammenschlüsse von Handwerkern einzelner Gewerbezweige entstanden. Sie hatten das Ziel, in genossenschaftlicher Kooperation die wirtschaftliche Existenz zu sichern, gemeinsame Interessen und Aufgaben wahrzunehmen und schließlich auch gemeinsames kulturelles und kirchliches Leben zu pflegen.

Grundlage Handwerksordnung

Heute ist die Deutsche Handwerksordnung Grundlage des Aufbaus der deutschen Handwerksorganisationen.

3.7.4.2 Aufbau der Handwerksorganisation

Die Handwerksorganisation wird in zwei Gruppen eingeteilt.

Aufbau der Handwerksorganisation

Aufbau der Handwerksorganisation

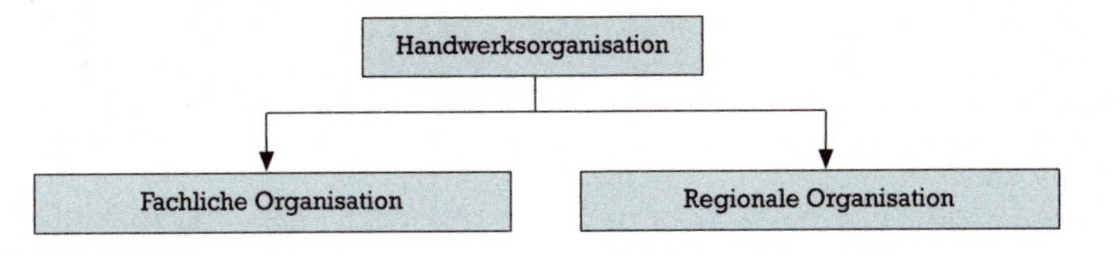

Abbildung 254

Die folgenden zwei Abbildungen zeigen jeweils den Aufbau der fachlichen und regionalen Organisation.

Die fachliche Organisation des Handwerks

Fachliche Organisation

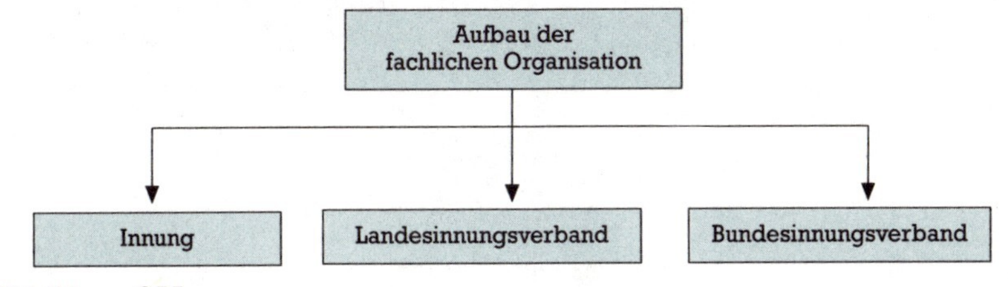

Abbildung 255

Die regionale Organisation des Handwerks

Regionale Organisation

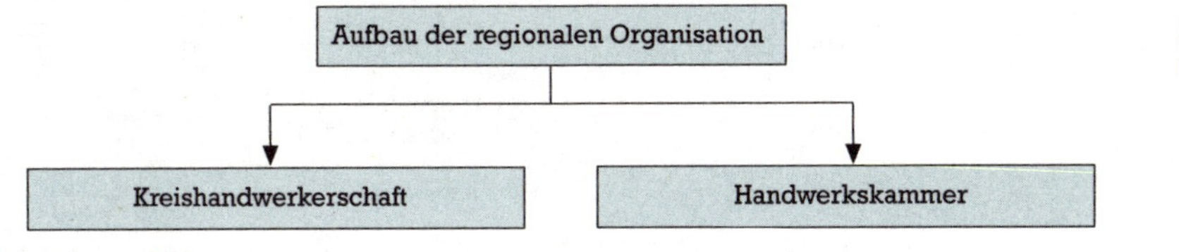

Abbildung 256

Dachorganisationen

Zur Interessenvertretung gemeinsamer Belange auf Landes- und Bundesebene haben Handwerkskammern und Fachverbände Arbeitsgemeinschaften bzw. gemeinsame Dachorganisationen gebildet.

Landesebene

Beispiele für die Landesebene

- Zusammenschluß der bayerischen Landesinnungsverbände im „Gesamtverband des bayerischen Handwerks“
- Zusammenschluß der bayerischen Handwerkskammern in der „Arbeitsgemeinschaft der bayerischen Handwerkskammern“
- Zusammenschluß der Landesfachverbände und der Handwerkskammern Bayerns im „Bayerischen Handwerkstag“. Ähnliche „Landeshandwerksvertretungen“ gibt es auch in anderen Bundesländern.

Landeshandwerksvertretung

Die Bundesebene

Bundesebene
DHKT

Alle deutschen Handwerkskammern bilden den „Deutschen Handwerkskammertag" (DHKT).

BFH

Die Bundesinnungsverbände sind in der „Bundesvereinigung der Fachverbände des deutschen Handwerks" (BFH) zusammengefaßt.

ZDH

Die Spitzenorganisation des gesamten deutschen Handwerks ist der „Zentralverband des Deutschen Handwerks" (ZDH).

Dem ZDH gehören die in der Bundesvereinigung der Fachverbände zusammengeschlossenen Bundesinnungsverbände und die im Deutschen Handwerkskammertag zusammengeschlossenen Handwerkskammern an.

Die nachstehende Abbildung gibt eine Übersicht über den Aufbau der gesamten Handwerksorganisation:

Gesamtübersicht Handwerksorganisation

Die Handwerksorganisation in Deutschland

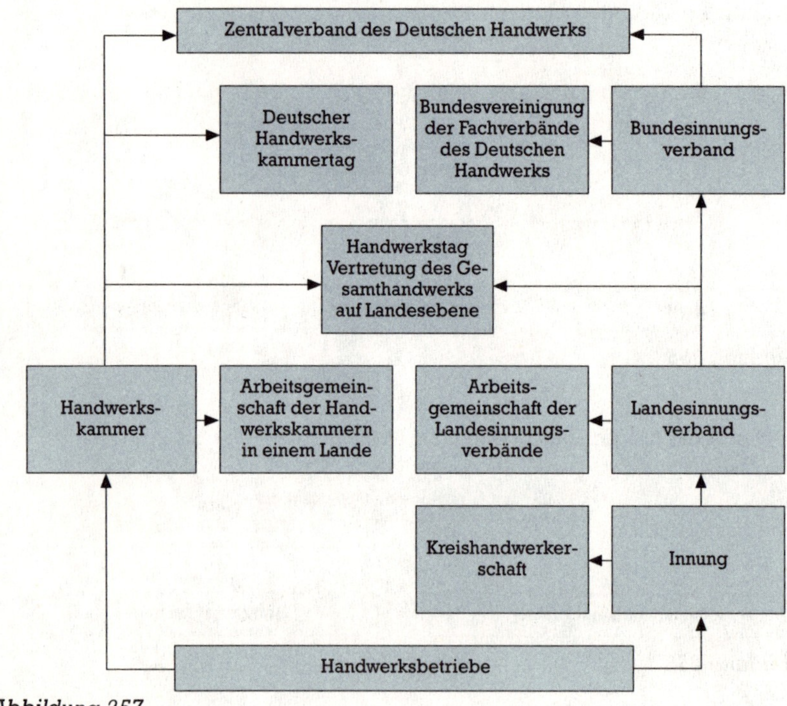

Abbildung 257

3.7.4.3 Die einzelnen Organisationsstellen und ihre Aufgaben

Innung

Die Innung

Rechtsform

Körperschaft öffentlichen Rechts

> Die Innung ist der freiwillige Zusammenschluß von selbständigen Handwerkern des gleichen Handwerks oder einander fachlich nahestehender Handwerke. Sie ist eine Körperschaft des öffentlichen Rechts.

Aufgaben

Die Aufgaben der Innung

Aufgaben der Innung

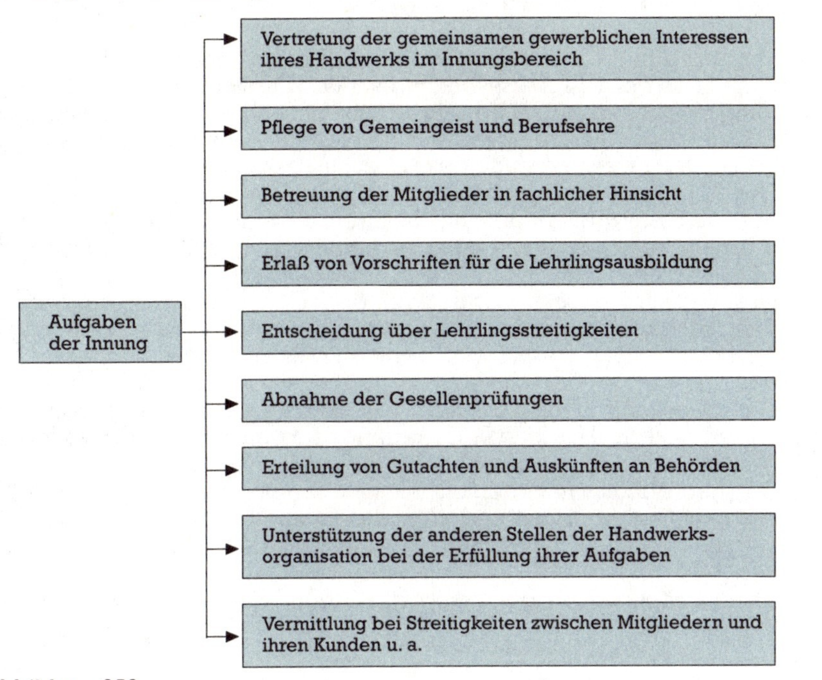

Abbildung 258

Die Innungsversammlung

Oberstes Organ: Innungsversammlung

Die Innungsversammlung ist das oberste Organ der Innung. Ihr obliegen insbesondere
- alle Beschlüsse von vermögensrechtlicher Bedeutung (Beitragsordnung, Haushaltsplan, Jahresrechnung, Anlage des Innungsvermögens, Mietverträge, Anstellungsverträge usw.)
- die Wahlen der Mitglieder des Vorstandes, der Ausschüsse, der Vertreter bei der Kreishandwerkerschaft und beim Landesinnungsverband sowie
- die Beschlüsse über Satzungsänderung und Auflösung der Innung.

Jedes Mitglied hat eine Stimme. Die Beschlüsse werden in der Regel mit einfacher Mehrheit gefaßt. Für die Wahl des Obermeisters ist absolute Mehrheit erforderlich. Die Beschlüsse über vorzeitige Abberufung des Vorstands, über Satzungsänderungen und über Auflösung der Innung bedürfen einer qualifizierten Mehrheit.

Der Vorstand

Aufgabe und Zusammensetzung

Dem Vorstand obliegt die Ausführung der Beschlüsse der Innungsversammlung sowie die Vertretung der Innung nach außen. Er setzt sich zusammen aus dem Obermeister und so vielen weiteren Mitgliedern wie die Satzung bestimmt.

Ausschüsse

Die Ausschüsse

Erledigung wichtiger Angelegenheiten

Die Innung kann für die Beratung und Erledigung wichtiger Angelegenheiten besondere Ausschüsse einsetzen. Die nachfolgend aufgeführten fünf Ausschüsse hat in der Regel jede Innung.

Ausschuß für Berufsbildung

- Der Ausschuß für Berufsbildung hat die Berufsausbildung der Lehrlinge zu fördern. Er soll insbesondere Vorschriften für die Berufsausbildung erarbeiten und zu Verfahren zur Untersagung des Einstellens und Ausbildens von Lehrlingen Stellung nehmen, soweit die Innung damit befaßt ist. Der Vorsitzende des Ausschusses ist der Lehrlingswart.

Lehrlingswart

Schlichtung von Streitigkeiten

- Der Ausschuß zur Schlichtung von Streitigkeiten zwischen Ausbildenden und Auszubildenden hat in Streitfällen einen Schiedsspruch zu erlassen, sofern solche Verfahren keine anderweitige Erledigung finden.

Gesellenausschuß

- Der Gesellenausschuß wird von den bei den Innungsmitgliedern beschäftigten Gesellen gewählt und ist in der Innungsversammlung zu beteiligen, wenn es sich um berufsständische Angelegenheiten handelt.

Gesellenprüfungsausschuß

- Der Gesellenprüfungsausschuß hat die Gesellenprüfungen durchzuführen, sofern die Handwerkskammer der Innung die Ermächtigung hierzu erteilt hat.

Rechnungsprüfungsausschuß

- Der Rechnungsprüfungsausschuß hat die Kassenführung und die Jahresrechnung zu prüfen und über das Ergebnis der Innungsversammlung zu berichten, in der dem Vorstand Entlastung erteilt werden soll.

Die nachstehende Abbildung zeigt die Organe der Innung im Überblick:

Die Organe der Innung

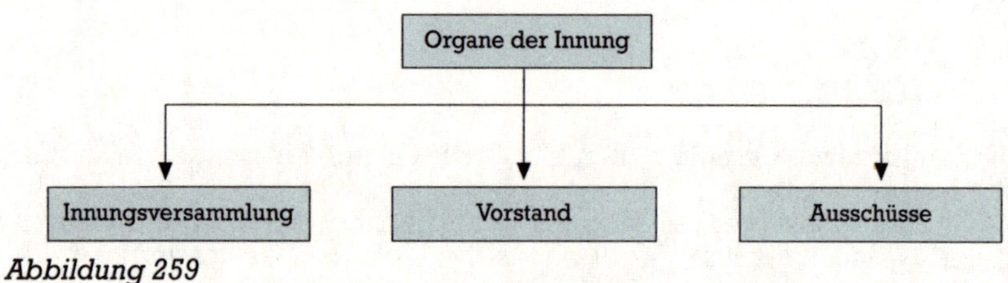

Abbildung 259

Beiträge

Beiträge

Jedes Mitglied der Innung ist verpflichtet, den von der Innungsversammlung festgesetzten Beitrag zu bezahlen.

Haushaltsplan, Jahresrechnung der Innung

Die Beiträge sollen es der Innung ermöglichen, ihre Aufgaben zu erfüllen. Vor Beginn des Rechnungsjahres hat der Vorstand einen Haushaltsplan aufzustellen und der Innungsversammlung zur Annahme vorzulegen, in dem angegeben wird, welche Einnahmen die Innung im kommenden Geschäftsjahr erwartet und wie sie diese zu verwenden gedenkt. Nach Ablauf des Geschäftsjahres ist dann die Jahresrechnung aufzustellen und nachzuweisen, wie hoch die Einnahmen der Innung wirklich waren und daß sie entsprechend dem Haushaltsplan verwendet wurden.

Aufsicht

Aufsicht – Handwerkskammer

Die Aufsicht über die Innung führt die Handwerkskammer.

Die Kreishandwerkerschaft

Rechtsform

Die Kreishandwerkerschaft setzt sich zusammen aus den Innungen, die im Bereich der Kreishandwerkerschaft (Stadt- und Landkreis) ihren Sitz haben. Sie ist eine Körperschaft des öffentlichen Rechts.

Kreishandwerkerschaft Körperschaft öffentlichen Rechts

Aufgaben

Die Aufgaben der Kreishandwerkerschaft

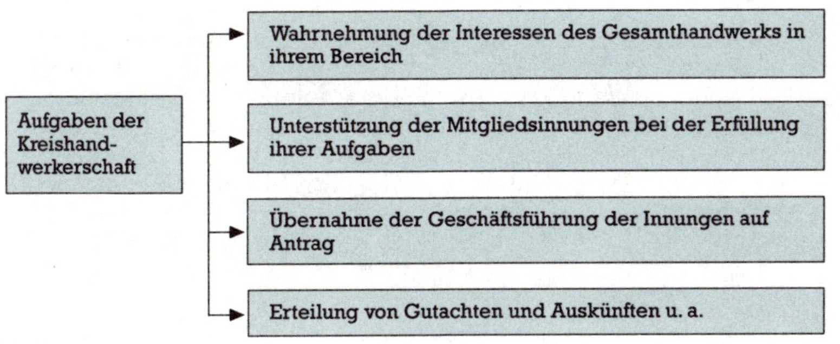

Abbildung 260

Aufgaben der Kreishandwerkerschaft

Die Mitgliederversammlung

Die Mitgliederversammlung setzt sich aus den Vertretern der Mitgliedsinnungen zusammen. Jede Innung hat eine Stimme. Die Satzung kann bestimmen, daß den Handwerksinnungen entsprechend der Zahl ihrer Mitglieder bis zu höchstens zwei Zusatzstimmen zuerkannt werden.

Mitgliederversammlung

Der Vorstand

Der Vorstand setzt sich zusammen aus dem Kreishandwerksmeister, seinem Stellvertreter und so vielen weiteren Mitgliedern wie die Satzung bestimmt.

Vorstand Kreishandwerksmeister

Die Ausschüsse

Diese können nach Bedarf von der Mitgliederversammlung eingesetzt werden.

Ausschüsse

Die nachstehende Abbildung zeigt die Organe der Kreishandwerkerschaft im Überblick.

Die Organe der Kreishandwerkerschaft

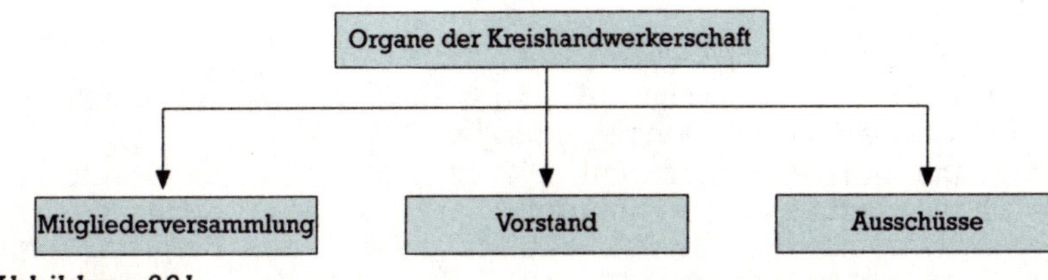

Abbildung 261

Beiträge

Beiträge

Beiträge zur Kreishandwerkerschaft werden von den Mitgliedsinnungen nach dem von der Kreishandwerkerschaftsversammlung festgelegten Berechnungsmodus entrichtet.

Aufsicht

Aufsicht Handwerkskammer

Die Aufsicht über die Kreishandwerkerschaft führt die Handwerkskammer.

Handwerkskammer

Die Handwerkskammer

Rechtsform

Interessenvertretung des Gesamthandwerks

Körperschaft öffentlichen Rechts

Die Handwerkskammer ist die gesetzliche Berufsstandsvertretung des Gesamthandwerks im Kammerbereich (zum Beispiel Regierungsbezirk). Ihr gehören kraft Gesetzes alle Unternehmer an, die berechtigterweise ein Handwerk oder ein handwerksähnliches Gewerbe im Kammerbereich selbständig auf eigene Rechnung als stehendes Gewerbe betreiben, sowie deren Gesellen und Lehrlinge. Sie ist eine Körperschaft des öffentlichen Rechts.

Aufgaben

Drei Hauptaufgabenbereiche

Die Vielfalt der einzelnen Aufgaben der Handwerkskammer lassen sich in drei Hauptaufgabenbereiche zusammenfassen:

Die Hauptaufgaben der Handwerkskammer

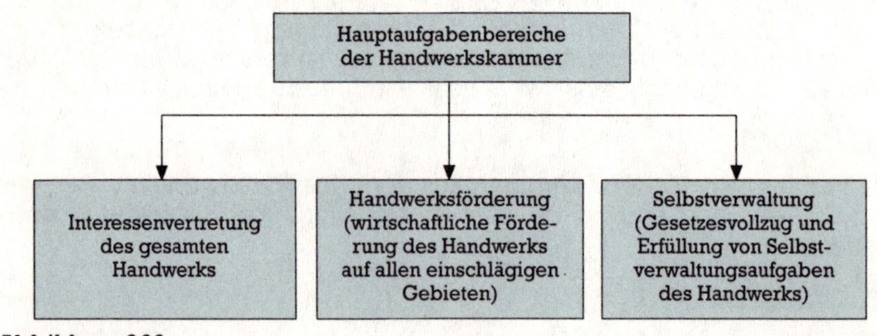

Abbildung 262

Interessenvertretung

Interessenvertretung

Oberste Aufgabe der Handwerkskammer ist die Vertretung der Interessen des Gesamthandwerks im Kammerbezirk.

Im einzelnen sind unter anderem zu nennen:

Initiativen zur Gesetzgebung

- Mitwirkung an Gesetzesinitiativen zur Schaffung handwerks- und mittelstandsgerechter Rahmenbedingungen

Stellungnahmen

- Anhörung und Stellungnahmen zu Gesetzentwürfen und Gesetzesänderungen, insbesondere auf den Gebieten des Wirtschafts- und Gewerberechts, des Steuer- und Sozialrechts, des Berufsbildungsrechts sowie des Landesplanungs- und Baurechts

- Vorschläge zur Stadt- und Landesentwicklung, Regionalplanung, Umweltpolitik, Bau- und Auftragsvergabepolitik

Landesentwicklung

- Kontakte zu Behörden und Parlamenten auf EG-, Bundes-, Landes- und kommunaler Ebene

Kontakte

- Wirtschaftsbeobachtung, Statistik und Konjunkturberichterstattung

Statistik

- Öffentlichkeitsarbeit und Information (Verbindung zu Presse, Rundfunk und Fernsehen)

Öffentlichkeitsarbeit

- Vertretung der Interessen in allen das Handwerk berührenden Fragen auf EG-, Bundes-, Landes- und kommunaler Ebene.

Besondere Interessen

Handwerksförderung

Die regionale und sektorale Handwerksförderung ist ein wesentlicher Bestandteil der Wirtschaftsförderung. Der Bereich der Handwerksförderung nimmt heute bei der Handwerkskammer den breitesten Raum ein. Sie ist damit ein wichtiges Dienstleistungsunternehmen für die Mitgliedsbetriebe.

Handwerksförderung

Dienstleistung für Mitglieder

Wichtige Bereiche sind unter anderem:

Wichtige Bereiche der Handwerksförderung

- Förderung der beruflichen Bildung durch Nachwuchswerbung
- Überbetriebliche Unterweisungsmaßnahmen für Lehrlinge
- Fortbildungslehrgänge
- Meistervorbereitungskurse
- Maßnahmen zur Förderung der Unternehmensführung
- Fachvorträge usw.

Förderung der beruflichen Bildung

- Die meisten Handwerkskammern unterhalten ein dichtes Netz von beruflichen Bildungszentren, Technologietransferstellen (Berufsbildungs- und Technologiezentren), Akademien des Handwerks, Informationsvermittlungsstellen, gewerbefördernden Einrichtungen

Berufsbildungszentren

- Beratung der Handwerksbetriebe (Rechtsberatung, betriebswirtschaftliche Beratung, EDV-Beratung, technische Beratung, Umweltschutzberatung, Formgebungsberatung, Exportberatung, EG-Beratung, Ausbildungsberatung (siehe auch Abschnitt 2.6 „Gewerbeförderungsmaßnahmen" im Band 1)

Beratungsdienste

- Förderung auf dem Gebiete der Finanzierung und Selbständigmachung von Handwerkern

Selbständigmachung

- Förderung des Handwerks durch Beteiligungen an Messen und Ausstellungen

Messewesen

- Beteiligung bzw. Unterhaltung wirtschaftsfördernder Einrichtungen, wie Messegesellschaften, Buchstellen, Kreditgarantiegemeinschaften, Kapitalbeteiligungsgesellschaften, Handwerkerhof- und Gewerbehofgesellschaften

Wirtschaftsfördernde Einrichtungen

- Förderung des Handwerks durch Mitgliedschaft bei wirtschaftsfördernden Einrichtungen
- Förderung durch Beteiligung an wissenschaftlichen Einrichtungen (zum Beispiel Deutsches Handwerksinstitut e.V.)

Wissenschaftliche Förderung

- Förderung des Image des gesamten Handwerks durch geeignete Werbemaßnahmen (Öffentlichkeitsarbeit für das Handwerk).

Förderung des Image

Selbstverwaltung

Wesentliche Bereiche

Die Selbstverwaltung ist ebenfalls ein wichtiges Aufgabengebiet der Handwerkskammer.

Hier sind als wesentliche Bereiche unter anderem zu nennen:

Handwerksrolle
- Führung der Handwerksrolle und des Verzeichnisses des handwerksähnlichen Gewerbes

Sachverständige
- die Bestellung und Vereidigung von Sachverständigen

Aufsicht
- Aufsicht über Innungen und Kreishandwerkerschaften

Berufliche Bildung
- Regelung und Überwachung der Berufsausbildung nach dem Berufsbildungsgesetz und der Handwerksordnung

Lehrlingsrolle
- Führung des Verzeichnisses über die Berufsausbildungsverhältnisse (Lehrlingsrolle)

Prüfungsordnungen
- Erlaß von Prüfungsordnungen

Meisterprüfungen
- organisatorische Durchführung der Meisterprüfungen

Gesellenprüfungen
- Abnahme von Gesellenprüfungen bzw. Überwachung des Gesellenprüfungswesens

Sonstige Prüfungen
- Durchführung von Fortbildungs- und Umschulungsprüfungen

Vermittlungsstellen
- Errichtung von Vermittlungsstellen zur Beilegung von Streitigkeiten zwischen Handwerkern und deren Kunden

Ursprungszeugnisse
- Ausstellung von Ursprungszeugnissen über in Handwerksbetrieben gefertigte Erzeugnisse

Bescheinigungen
- Ausfertigung von anderen dem Wirtschaftsverkehr dienenden Bescheinigungen.

Die Mitgliederversammlung (Vollversammlung)

Vollversammlung

Die Vollversammlung ist das oberste Organ der Handwerkskammer.

Zusammensetzung

Sie setzt sich zusammen aus den gewählten Vertretern des gesamten Handwerks im Kammerbereich. Diese werden aufgrund von Wahlvorschlägen (Wahllisten) in allgemeiner, gleicher und geheimer Wahl für eine Amtszeit von fünf Jahren gewählt.

Wahlverfahren

Da zwei Drittel der Mitglieder der Vollversammlung selbständige Unternehmer von Handwerksbetrieben bzw. handwerksähnlichen Betrieben und ein Drittel Gesellen sein müssen, werden die Wahlvorschläge für diese zwei Gruppen getrennt eingereicht.

Jeder Wahlvorschlag muß von 100 Wahlberechtigten unterzeichnet sein und muß die Namen von so vielen Bewerbern enthalten als Mitglieder und Stellvertreter nach der Kammersatzung zu wählen sind.

Wählbarkeit

Von den selbständigen Unternehmern ist wählbar, wer seit mindestens einem Jahr im Kammerbezirk selbständig ein Handwerk oder ein handwerksähnliches Gewerbe betreibt, das aktive Wahlrecht hat, die Ausbildungsbefugnis für Lehrlinge besitzt, deutscher Staatsangehöriger ist und am Wahltag volljährig ist.

Die Wahl der Selbständigen erfolgt durch alle selbständigen Handwerker des Kammerbereichs, die Wahl der Gesellen durch Wahlmänner. Ist nur ein Wahlvorschlag eingereicht, so gelten die darin aufgeführten Personen als gewählt, ohne daß eine Wahl stattzufinden braucht.

Der Vorstand

Vorstand

Der Vorstand der Handwerkskammer setzt sich zusammen aus dem Präsidenten, zwei Vizepräsidenten (von denen einer ein Geselle ist) und so vielen weiteren Vorstandsmitgliedern, wie die Satzung bestimmt. Auch von diesen weiteren Vorstandsmitgliedern, sind zwei Drittel Selbständige und ein Drittel Gesellen. Der Präsident vertritt die Kammer gerichtlich und außergerichtlich gemeinsam mit dem Hauptgeschäftsführer.

Zusammensetzung
Präsident
Vertretung der Handwerkskammer

Die Ausschüsse

Ausschüsse

Die Ausschüsse werden je nach Bedarf von der Vollversammlung, der obligatorische Berufsbildungsausschuß (zur Regelung aller wichtigen Fragen der beruflichen Bildung) unter Mitwirkung der nach Landesrecht zuständigen Behörde errichtet.

Die folgende Abbildung zeigt die Organe der Handwerkskammer im Überblick.

Die Organe der Handwerkskammer

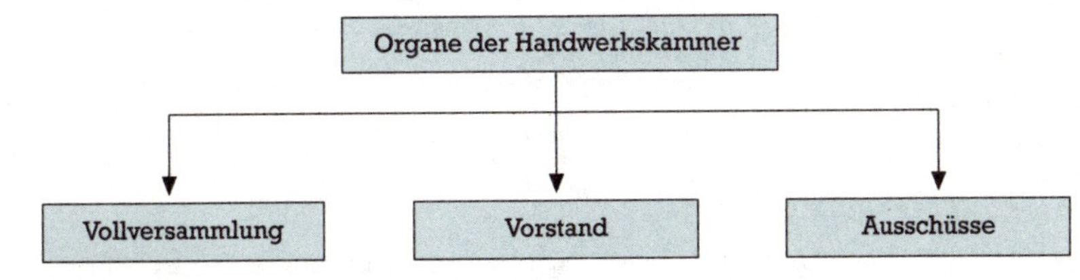

Abbildung 263

Der Hauptgeschäftsführer

Der Hauptgeschäftsführer führt die laufenden Verwaltungsgeschäfte der Handwerkskammer. Er wird dabei von den Bediensteten gemäß Geschäftsverteilungsplan unterstützt.

Hauptgeschäftsführer

Beiträge

Beiträge

Beiträge zur Handwerkskammer muß jeder in der Handwerksrolle eingetragene selbständige Handwerker bzw. jeder im Verzeichnis der handwerksähnlichen Betriebe Registrierte nach einem von der Vollversammlung beschlossenen und von der Aufsichtsbehörde (Wirtschaftsministerium) genehmigten Beitragsmaßstab entrichten. Der Jahresbeitrag setzt sich in der Regel zusammen aus einem Grundbeitrag und einem Zusatzbeitrag, der in einem bestimmten Prozentsatz des Gewerbesteuermeßbetrags besteht.

Zusammensetzung des Beitrages

Aufsicht

Aufsicht – Wirtschaftsministerium

Die Aufsicht über die Handwerkskammer führt die oberste Landesbehörde, das ist das jeweilige Landes-Wirtschaftsministerium.

Landesinnungsverband

Der Landesinnungsverband

Rechtsform

Juristische Person des Privatrechts

Der Landesinnungsverband ist der freiwillige Zusammenschluß der Fachinnungen in einem Lande. Er ist eine juristische Person des Privatrechts.

Aufgaben

Die Aufgaben des Landesinnungsverbandes

Aufgaben

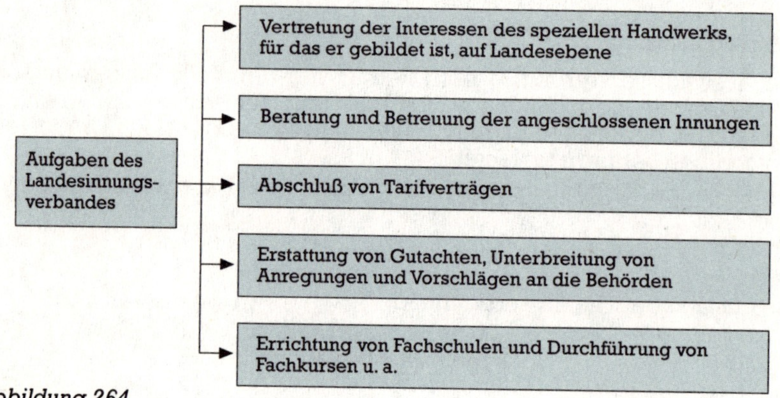

Abbildung 264

Verbandsversammlung

Die Verbandsversammlung

Die Verbandsversammlung setzt sich zusammen aus den Vertretern der Mitgliedsinnungen.

Vorstand

Der Vorstand

Landesinnungsmeister

Vorsitzender des Vorstandes ist der Landesinnungsmeister.

Ausschüsse

Die Ausschüsse

Die Ausschüsse werden von der Verbandsversammlung eingesetzt (zum Beispiel Tarifausschuß).

Die Abbildung zeigt die Organe des Landesinnungsverbandes im Überblick.

Die Organe des Landesinnungsverbandes

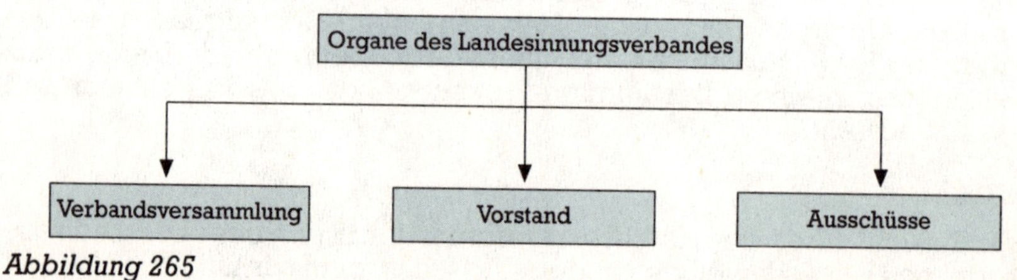

Abbildung 265

Beiträge

Beiträge zum Landesinnungsverband entrichten die Mitgliedsinnungen entsprechend ihrer Mitgliederzahl oder nach anderen Bemessungsgrundlagen.

Beiträge
Bemessungsgrundlagen

Der Bundesinnungsverband

Der Bundesinnungsverband ist der freiwillige Zusammenschluß der Landesinnungsverbände, die für ein bestimmtes Handwerk bestehen. Er ist eine juristische Person des Privatrechts. Seine Hauptaufgabe ist die Vertretung der Interessen des speziellen Handwerks, für das er gebildet ist, auf der Bundesebene. Der Vorsitzende des Vorstandes heißt Bundesinnungsmeister. Im übrigen gelten für ihn die Bestimmungen über den Landesinnungsverband entsprechend.

Bundesinnungsverband
Interessenvertretung auf Bundesebene
Hauptaufgabe
Bundesinnungsmeister

3.7.5 Organisationen der übrigen gewerblichen Wirtschaft

Lernziel:

- Informiert sein über die Zuständigkeiten und Hauptaufgaben der Industrie- und Handelskammern, Wirtschaftsverbände und Gewerkschaften.

3.7.5.1 Industrie- und Handelskammern

Die Industrie- und Handelskammern sind Körperschaften des öffentlichen Rechts. Ihr gehören alle Gewerbetreibenden (Schwerpunkt Industrie und Handel) im Kammerbezirk an, ausgenommen Handwerksbetriebe und Betriebe des handwerksähnlichen Gewerbes.

Industrie- und Handelskammern

Die Aufgaben der Industrie- und Handelskammern sind in etwa mit denen der Handwerkskammern vergleichbar.

Aufgaben

Die Dachorganisation der Industrie- und Handelskammern auf Bundesebene ist der Deutsche Industrie- und Handelstag (DIHT).

Dachorganisation

3.7.5.2 Wirtschaftsverbände

Wirtschaftsverbände

Wirtschaftsverbände sind Vereinigungen von Unternehmen im gleichen fachlichen Wirtschaftszweig. Die Mitgliedschaft ist freiwillig.

Privatrechtliche Vereine

Nach außen vertreten die Wirtschaftsverbände die gemeinsamen wirtschaftlichen Interessen ihrer Mitglieder gegenüber Staat, Gesellschaft und Öffentlichkeit sowie gegenüber anderen Wirtschaftszweigen. Nach innen fördern sie ihre Mitglieder insbesondere durch Beratung auf verschiedenen Gebieten.

Aufgaben

Nähere Einzelheiten zur Aufgabenstellung der speziellen Arbeitgeberverbandsfunktion sind im Abschnitt 3.3.0.4 „Arbeitnehmer- und Arbeitgeberverbände" in diesem Band dargestellt.

Arbeitgeberverbände

Dachorganisationen

Die bedeutenden Verbände haben sich auf Bundesebene zu Dachorganisationen zusammengeschlossen. Die wichtigsten sind:

- Bundesverband der Deutschen Industrie (BDI)
- Bundesvereinigung der Deutschen Arbeitgeberverbände (BDA).

Spitzenverbände der Gesamtwirtschaft

Über die vier wichtigsten Spitzenverbände der gesamten deutschen Wirtschaft gibt die nachstehende Abbildung einen Überblick.

Die wichtigsten Spitzenverbände der deutschen Wirtschaft

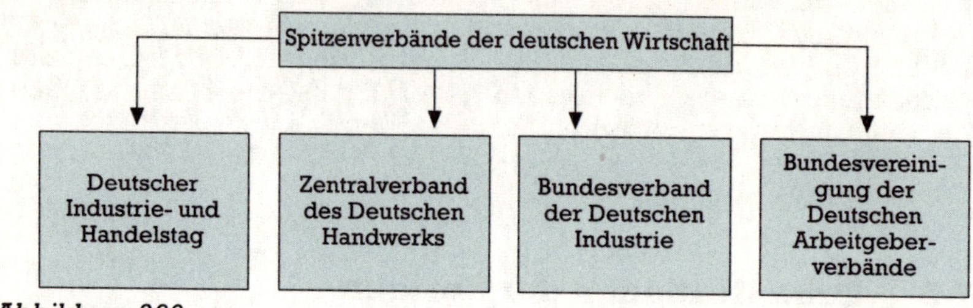

Abbildung 266

Gewerkschaften

3.7.5.3 Gewerkschaften

Privatrechtliche Vereinigungen

Die Gewerkschaften sind Vereinigungen zur Vertretung der Interessen der Arbeitnehmer gegenüber Staat, Gesellschaft und Arbeitgebern.

Die Mitgliedschaft ist freiwillig.

Aufgaben

Die Ziele und Aufgaben im einzelnen sind im Abschnitt 3.3.0.4 „Arbeitnehmer- und Arbeitgeberverbände" in diesem Band dargestellt.

Organisatorischer Aufbau

Die Gewerkschaften sind fachlich nach Einzelgewerkschaften organisiert. Die 16 Einzelgewerkschaften bilden auf Bundesebene den Deutschen Gewerkschaftsbund (DGB) mit seinen Landesbezirken.

Weitere Arbeitnehmerorganisationen

Daneben gibt es die Deutsche Angestelltengewerkschaft (DAG), den Christlichen Gewerkschaftsbund (CGB) und den Deutschen Beamtenbund.

Programmierte und textlich gestaltete, offene Übungs-, Wiederholungs- und Prüfungsfragen

1. Welche volkswirtschaftlichen Aufgaben hat das Handwerk in erster Linie?

☐ a) Nur noch Facharbeiter für die Industrie auszubilden
☐ b) Den individuellen Bedarf an Gütern und Leistungen zu befriedigen
☐ c) Eine große Masse gleichförmiger Güter herzustellen, die dem täglichen Bedarf dienen
☐ d) Rohstoffe zu gewinnen und zu verarbeiten
☐ e) Der Industrie Vorleistungen zu erbringen.

„Siehe Seite 414 des Textteils!"

2. Innerhalb der Gesamtwirtschaft ist das Handwerk, gemessen an seinem Beitrag zum Sozialprodukt (Gesamtergebnis der wirtschaftlichen Leistungen),

☐ a) der stärkste Wirtschaftszweig.
☐ b) der zweitstärkste Wirtschaftszweig.
☐ c) der drittstärkste Wirtschaftszweig.
☐ d) der viertstärkste Wirtschaftszweig.
☐ e) der fünftstärkste Wirtschaftszweig.

„Siehe Seite 414 des Textteils!"

3. Welche Schwerpunkte der handwerklichen Leistungsstruktur kennen Sie?

„Siehe Seite 415 des Textteils!"

4. Nennen Sie die wichtigsten wirtschaftlichen Funktionen und Bereiche, in denen das Handwerk tätig ist!

„Siehe Seite 415 des Textteils!"

5. Aus welchem Grund ist in den letzten drei Jahrzehnten die Zahl der Handwerksbetriebe in den alten Bundesländern in erster Linie zurückgegangen?

☐ a) Aufgrund des wirtschaftlichen und technischen Wandels
☐ b) Wegen des Mangels an Facharbeitern
☐ c) Durch Überalterung des Handwerks
☐ d) Wegen einseitiger Ausrichtung auf Dienstleistungsbereiche
☐ e) Durch mangelnde Anpassungsfähigkeit der Handwerksbetriebe.

„Siehe Seite 418 des Textteils!"

6. Wie hat sich die Zahl der Beschäftigten in deutschen Handwerksbetrieben in den letzten drei Jahrzehnten entwickelt?

„Siehe Seite 419 des Textteils!"

7. Der Gesamtumsatz des Handwerks betrug 1992 in der gesamten Bundesrepublik

☐ a) rund 420 Mrd. DM.
☐ b) rund 455 Mrd. DM.
☐ c) rund 500 Mrd. DM.
☐ d) rund 555 Mrd. DM.
☐ e) rund 682 Mrd. DM.

„Siehe Seite 419 des Textteils!"

8. Welche der folgenden Aussagen ist falsch?
Der Umsatz des Handwerks in den alten Bundesländern ist in den letzten rund drei Jahrzehnten deshalb so stark gestiegen, weil

☐ a) Handwerk in erster Linie gleichbedeutend mit Handarbeit ist und die Handarbeit immer teurer geworden ist.
☐ b) das Handwerk ständig neue Tätigkeitsbereiche erschlossen hat.
☐ c) das Handwerk seine Leistungskraft wesentlich durch Rationalisierung verbessern konnte.
☐ d) das Handwerk sich immer mehr der modernen und arbeitserleichternden Maschinen bedient.
☐ e) eine intensive Ausbildung und Fortbildung der Mitarbeiter zu einem steigenden Leistungsvolumen geführt hat.

„Siehe Seite 419 des Textteils!"

9. Wo liegen heute die Hauptprobleme des Handwerks?

„Siehe Seite 420 des Textteils!"

10. Nennen Sie die drei wichtigsten Aktionsfelder zur Bewältigung des Strukturwandels im Handwerk!

„Siehe Seite 420 des Textteils!"

11. Wo liegen in der Zukunft die günstigsten Entwicklungschancen für das Handwerk?

„Siehe Seite 421 des Textteils!"

12. Nennen Sie die Hauptgebiete der Tätigkeit von Handwerk und Industrie und schildern Sie die im Wege der Arbeitsteilung bestehenden Verknüpfungen von Handwerk und Industrie.

„Siehe Seite 421 des Textteils!"

13. Warum ist eine große Zahl von selbständigen, eigenverantwortlich und wirtschaftlich unabhängig handelnden Handwerksunternehmern für das Funktionieren der Marktwirtschaft und für die Sicherung einer demokratischen Staats- und Gesellschaftsordnung so wichtig?

„Siehe Seite 423 des Textteils!"

14. Worin besteht der Beitrag des Handwerks zur Formgebung und zur Schaffung und Erhaltung von Kulturgütern?

„Siehe Seite 424 des Textteils!"

15. Die Handwerksorganisationen werden eingeteilt in zwei Gruppen, und zwar in

☐ a) Organisationen mit ausschließlicher mittelstandspolitischer Zielsetzung und Organisationen mit reinen Verwaltungsaufgaben.
☐ b) fachliche und regionale (gebietsmäßige) Organisationen.
☐ c) abhängige und unabhängige Organisationen.
☐ d) beitragsfreie und beitragspflichtige Organisationen.
☐ e) Innungen und Genossenschaften.

„Siehe Seite 425 des Textteils!"

16. Wie baut sich die fachliche Organisation auf?

☐ a) Innung, Kreishandwerkerschaft, Handwerkskammer
☐ b) Kreishandwerkerschaft, Handwerkskammer, Landesinnungsverband
☐ c) Innung, Landesinnungsverband, Zentralverband des Deutschen Handwerks

- ☐ d) Innung, Landesinnungsverband, Bundesinnungsverband
- ☐ e) Innung, Handwerkskammer, Deutscher Handwerkskammertag.

„Siehe Seite 425 des Textteils!"

17. Wie baut sich die regionale Organisation auf?

- ☐ a) Kreishandwerkerschaft, Landesinnungsverband, Bundesinnungsverband
- ☐ b) Innung, Handwerkskammer, Zentralverband des Deutschen Handwerks
- ☐ c) Kreishandwerkerschaft, Handwerkskammer
- ☐ d) Innung, Kreishandwerkerschaft, Handwerkskammer
- ☐ e) Innung, Landesinnungsverband, Bundesinnungsverband.

„Siehe Seite 425 des Textteils!"

18. Die oberste Spitzenorganisation des gesamten deutschen Handwerks nennt sich

- ☐ a) Gesamtverband des Deutschen Handwerks.
- ☐ b) Zentralverband des Deutschen Handwerks.
- ☐ c) Deutscher Handwerkstag.
- ☐ d) Bundesverband des Deutschen Handwerks.
- ☐ e) Deutscher Handwerkskammertag.

„Siehe Seite 426 des Textteils!"

19. Die Handwerksinnung ist

- ☐ a) der freiwillige Zusammenschluß von selbständigen Handwerkern des gleichen Handwerks oder einander nahestehender Handwerke in einem bestimmten Bereich.
- ☐ b) der zwangsweise Zusammenschluß von selbständigen Handwerkern.
- ☐ c) der freiwillige Zusammenschluß von selbständigen und unselbständigen Handwerkern eines bestimmten Handwerks in einem bestimmten Bereich.
- ☐ d) der zwangsweise Zusammenschluß der unter c) genannten Handwerker.
- ☐ e) eine Einrichtung der gemeinsamen Selbsthilfe.

„Siehe Seite 426 des Textteils!"

20. Welche Rechtsform hat die Handwerksinnung?

- ☐ a) Sie ist eine Handwerker-Genossenschaft.
- ☐ b) Sie ist ein nicht rechtsfähiger Verein.
- ☐ c) Sie ist ein im Vereinsregister eingetragener rechtsfähiger Verein.
- ☐ d) Sie ist eine Körperschaft des öffentlichen Rechts und als solche rechtsfähig.
- ☐ e) Sie ist eine Gesellschaft des bürgerlichen Rechts.

„Siehe Seite 426 des Textteils!"

21. Welches sind die wichtigsten Aufgaben der Handwerksinnung?

„Siehe Seite 427 des Textteils!"

22. Welches ist das oberste Organ der Innung?

- ☐ a) Der Obermeister allein
- ☐ b) Der Obermeister und sein Stellvertreter
- ☐ c) Die Innungsversammlung
- ☐ d) Der Gesamtvorstand
- ☐ e) Der Vorstand und der Geschäftsführer gemeinsam.

„Siehe Seite 427 des Textteils!"

23. Zur Erledigung bestimmter Angelegenheiten kann die Innung Ausschüsse einsetzen. Welche von den nachfolgenden Ausschüssen hat die Innung in der Regel?

- ☐ a) Ausschuß für Arbeitnehmerfragen und Ausschuß für soziale Angelegenheiten

☐ b) Berufsausbildungsausschuß, Lehrlingsstreitigkeitenausschuß, Gesellenausschuß, Gesellenprüfungsausschuß, Rechnungsprüfungsausschuß
☐ c) Ausschuß zur Behandlung von Anträgen auf Zurückstellung vom Wehrdienst und Kreditausschuß
☐ d) Ausschuß zur Betreuung der Mitglieder und Geselligkeitsausschuß
☐ e) Ausschuß zur Betreuung der Mitgliedsbetriebe, Ausschuß für Lehrlings- und Gesellenfragen und Ausschuß für Wettbewerbsstreitigkeiten.

„Siehe Seite 428 des Textteils!"

24. Woher bekommt die Innung die finanziellen Mittel, die sie zur Erfüllung ihrer Aufgaben benötigt?
☐ a) Von den Innungsmitgliedern, die Beiträge an die Innung zahlen müssen
☐ b) Von allen selbständigen Handwerkern des gleichen Handwerks oder fachlich nahestehender Handwerke
☐ c) Von der Kreishandwerkerschaft
☐ d) Von der Handwerkskammer
☐ e) Vom Staat aus Gewerbeförderungsmitteln.

„Siehe Seite 428 des Textteils!"

25. Die Kreishandwerkerschaft ist
☐ a) der Zusammenschluß der Handwerksinnungen, die in einem Landkreis bestehen.
☐ b) der Zusammenschluß aller in einem bestimmten Landkreis ansässigen selbständigen Handwerker.
☐ c) der Zusammenschluß einiger selbständiger Handwerker zu einem Arbeitskreis.
☐ d) der Zusammenschluß von älteren Handwerksmeistern, die seit mehr als 25 Jahren selbständig sind.
☐ e) der Zusammenschluß der Gesellen in einem Stadt- oder Landkreis.

„Siehe Seite 429 des Textteils!"

26. Welche Rechtsform hat die Kreishandwerkerschaft?
☐ a) Nicht rechtsfähiger Verein
☐ b) Personengesellschaft
☐ c) Kapitalgesellschaft
☐ d) Rechtsfähiger Verein
☐ e) Körperschaft des öffentlichen Rechts.

„Siehe Seite 429 des Textteils!"

27. Welches ist die wichtigste Aufgabe der Kreishandwerkerschaft?
☐ a) Durchführung von geselligen Veranstaltungen von Handwerkern
☐ b) Durchführung von Aufgaben der Handwerkskammer als deren Außenstelle
☐ c) Rechtsaufsicht über die Innungen
☐ d) Wahrung der Interessen des Gesamthandwerks im Bereich der Kreishandwerkerschaft
☐ e) Abschluß von Tarifverträgen.

„Siehe Seite 429 des Textteils!"

28. Wie heißt der Vorsitzende des Vorstandes der Kreishandwerkerschaft?
☐ a) Obermeister
☐ b) Kreismeister
☐ c) Kreishandwerksmeister
☐ d) Präsident
☐ e) Hauptgeschäftsführer.

„Siehe Seite 429 des Textteils!"

29. Die Handwerkskammer ist

☐ a) der freiwillige Zusammenschluß von selbständigen Handwerkern in einem bestimmten Regierungsbezirk.
☐ b) die gesetzliche Berufsstandsvertretung des Gesamthandwerks im Kammerbezirk (zum Beispiel Regierungsbezirk).
☐ c) der freiwillige Zusammenschluß von selbständigen und unselbständigen Handwerkern im Kammerbereich.
☐ d) der zwangsweise Zusammenschluß von selbständigen und unselbständigen Handwerkern im Kammerbereich.
☐ e) der freiwillige Zusammenschluß der Arbeitnehmer im Regierungsbezirk.

„Siehe Seite 430 des Textteils!"

30. Die Handwerkskammer hat die Rechtsform

☐ a) einer juristischen Person des Privatrechts.
☐ b) eines nicht rechtsfähigen Vereins.
☐ c) einer BGB-Gesellschaft.
☐ d) einer Körperschaft des öffentlichen Rechts.
☐ e) einer Handwerkergenossenschaft.

„Siehe Seite 430 des Textteils!"

31. Welches sind die drei Hauptaufgabenbereiche der Handwerkskammer?

„Siehe Seite 430 des Textteils!"

32. Nennen Sie die wichtigsten Tätigkeitsbereiche (Handwerksförderung) der Handwerkskammer als Dienstleistungsunternehmen für ihre Mitglieder!

„Siehe Seite 431 des Textteils!"

33. Auf welchen Gebieten wird die Handwerkskammer zur Vertretung der Interessen ihrer Mitglieder hauptsächlich tätig?

„Siehe Seite 430 des Textteils!"

34. Welche von den nachstehend aufgeführten Aufgaben gehören nicht zu den gesetzlichen Aufgaben der Handwerkskammer?

☐ a) Vertretung der Interessen des Gesamthandwerks im Kammerbereich
☐ b) Festsetzung von Preisen für handwerklich erzeugte Waren und für handwerkliche Dienstleistungen
☐ c) Beratung aller Handwerker des Kammerbereichs in allen mit dem Handwerk zusammenhängenden Fragen
☐ d) Bestellung und Beeidigung von Sachverständigen für die verschiedenen Handwerke
☐ e) Führung der Handwerksrolle und der Lehrlingsrolle.

„Siehe Seite 431 des Textteils!"

35. Welches ist das oberste Organ der Handwerkskammer?

☐ a) Der Präsident
☐ b) Der Hauptgeschäftsführer
☐ c) Präsident und Hauptgeschäftsführer zusammen
☐ d) Die Mitgliederversammlung (Vollversammlung)
☐ e) Der Gesamtvorstand.

„Siehe Seite 432 des Textteils!"

36. Sind in den wichtigsten Organen der Handwerkskammer auch die Handwerksgesellen vertreten?

☐ a) Nein, sie bestehen nur aus selbständigen Handwerkern.

☐ b) Ja, die Gesellen sind mit 50 % in allen Organen vertreten.
☐ c) Ja, die Gesellen sind mit 20 % in allen Organen vertreten.
☐ d) Ja, ein Viertel der Mitglieder der Vollversammlung, des Vorstandes und des Präsidiums sind Gesellen.
☐ e) Ja, ein Drittel der Mitglieder der Vollversammlung, des Vorstandes und des Präsidiums sind Gesellen.

„Siehe Seite 432 des Textteils!"

37. Welches ist die wichtigste Finanzierungsquelle der Handwerkskammer für die Durchführung ihrer Aufgaben?

☐ a) Alle im Kammerbereich ansässigen selbständigen und unselbständigen Handwerker sind verpflichtet, an die Handwerkskammer Beiträge zu bezahlen.
☐ b) Alle in der Handwerksrolle und im Verzeichnis der handwerksähnlichen Gewerbe eingetragenen selbständigen Handwerker sind verpflichtet, an die Handwerkskammer Beiträge zu bezahlen.
☐ c) Alle Innungen eines Kammerbereichs sind verpflichtet, einen Teil ihrer Einnahmen an die Handwerkskammer abzuführen.
☐ d) Alle benötigten Finanzmittel erhält die Handwerkskammer vom Staat aus Gewerbeförderungsmitteln.
☐ e) Alle Gemeinden des Kammerbereichs sind verpflichtet, einen Teil (10 %) der von ihnen erhobenen Gewerbesteuer an die Handwerkskammer abzuführen.

„Siehe Seite 433 des Textteils!"

38. Nennen Sie wichtige Aufgaben der Landes- und Bundesinnungsverbände!

„Siehe Seite 435 des Textteils!"

39. Welches sind die wichtigsten Organisationen der übrigen gewerblichen Wirtschaft und ihre Aufgaben?

„Siehe Seite 435 des Textteils!"

40. Welche Aufgaben haben die Gewerkschaften?

„Siehe Seite 436 des Textteils!"

Lösungen

zu den programmierten Übungs-, Wiederholungs- und Prüfungsfragen

3 Rechts- und Sozialwesen

3.0 Allgemeines zur Rechtsordnung, Gesetzgebungsorgane und -verfahren, Überblick zum Privatrecht und öffentlichen Recht

1. –	6. a)	11. –	15. b)	19. –	23. e)	27. d)
2. a)	7. –	12. –	16. d)	20. –	24. d)	28. e)
3. –	8. a)	13. c)	17. e)	21. e)	25. d)	29. d)
4. –	9. e)	14. b)	18. c)	22. a)	26. b)	30. c)
5. c)	10. –					

3.1 Bürgerliches Recht, Mahn- und Zwangsvollstreckungsverfahrensrecht

1. –	28. –	55. d)	82. a)	109. c)	136. b)	163. a)
2. d)	29. c)	56. –	83. –	110. b)	137. d)	164. c)
3. b)	30. –	57. –	84. d)	111. e)	138. b)	165. –
4. a)	31. b)	58. a)	85. a)	112. –	139. d)	166. –
5. b)	32. b)	59. b)	86. b)	113. –	140. a)	167. d)
6. d)	33. –	60. b)	87. a)	114. e)	141. –	168. c)
7. –	34. –	61. c)	88. –	115. d)	142. e)	169. c)
8. a)	35. –	62. –	89. –	116. b)	143. a)	170. b)
9. e)	36. e)	63. –	90. a)	117. –	144. –	171. –
10. b)	37. d)	64. a)	91. d)	118. –	145. a)	172. –
11. e)	38. a)	65. –	92. c)	119. –	146. e)	173. –
12. a)	39. d)	66. c)	93. b)	120. –	147. d)	174. a)
13. e)	40. e)	67. e)	94. d)	121. –	148. c)	175. e)
14. b)	41. –	68. c)	95. b)	122. c)	149. d)	176. e)
15. a)	42. –	69. –	96. –	123. –	150. –	177. d)
16. d)	43. e)	70. a)	97. e)	124. d)	151. –	178. c)
17. b)	44. e)	71. b)	98. –	125. c)	152. –	179. e)
18. d)	45. e)	72. d)	99. e)	126. a)	153. a)	180. a)
19. –	46. e)	73. b)	100. –	127. e)	154. –	181. –
20. e)	47. –	74. c)	101. b)	128. a)	155. –	182. c)
21. –	48. c)	75. –	102. –	129. c)	156. b)	183. d)
22. –	49. b)	76. a)	103. c)	130. –	157. b)	184. b)
23. –	50. d)	77. c)	104. d)	131. –	158. c)	185. –
24. –	51. a)	78. –	105. –	132. a)	159. c)	186. –
25. –	52. –	79. –	106. –	133. b)	160. b)	187. b)
26. –	53. –	80. b)	107. –	134. d)	161. e)	
27. –	54. a)	81. d)	108. e)	135. a)	162. –	

3.2 Handwerksrecht, Gewerberecht, Handelsrecht

1. b)	11. d)	21. –	31. c)	41. a)	51. –	61. e)
2. a)	12. b)	22. b)	32. –	42. –	52. e)	62. c)
3. c)	13. d)	23. –	33. a)	43. –	53. b)	63. –
4. d)	14. d)	24. c)	34. d)	44. c)	54. –	64. –
5. d)	15. e)	25. –	35. c)	45. b)	55. c)	65. e)
6. a)	16. c)	26. b)	36. a)	46. –	56. d)	
7. e)	17. e)	27. –	37. b)	47. –	57. d)	
8. c)	18. e)	28. –	38. –	48. a)	58. b)	
9. –	19. c)	29. –	39. –	49. c)	59. a)	
10. e)	20. c)	30. e)	40. –	50. a)	60. d)	

3.3 Das Arbeitsrecht

1. b)	20. e)	39. c)	58. e)	77. a)	96. –	115. –
2. –	21. c)	40. a)	59. –	78. –	97. –	116. –
3. –	22. b)	41. –	60. –	79. a)	98. e)	117. c)
4. d)	23. e)	42. –	61. c)	80. –	99. d)	118. e)
5. –	24. c)	43. d)	62. –	81. a)	100. –	119. b)
6. c)	25. e)	44. –	63. a)	82. e)	101. a)	120. –
7. –	26. c)	45. –	64. e)	83. –	102. –	121. –
8. a)	27. e)	46. –	65. –	84. –	103. –	122. b)
9. –	28. d)	47. –	66. b)	85. b)	104. e)	123. –
10. e)	29. –	48. c)	67. –	86. c)	105. c)	124. d)
11. –	30. b)	49. d)	68. c)	87. –	106. e)	125. –
12. d)	31. b)	50. e)	69. –	88. c)	107. e)	126. d)
13. d)	32. –	51. a)	70. c)	89. –	108. –	127. –
14. e)	33. c)	52. –	71. d)	90. c)	109. –	
15. –	34. d)	53. d)	72. e)	91. –	110. –	
16. b)	35. a)	54. b)	73. –	92. b)	111. b)	
17. –	36. –	55. c)	74. –	93. e)	112. e)	
18. –	37. d)	56. b)	75. c)	94. a)	113. d)	
19. –	38. b)	57. c)	76. d)	95. –	114. –	

3.4 Sozial- und Privatversicherungsrecht

1. c)	17. c)	33. –	49. b)	65. e)	81. a)	97. –
2. –	18. d)	34. c)	50. –	66. d)	82. –	98. a)
3. d)	19. b)	35. c)	51. –	67. d)	83. c)	99. d)
4. e)	20. b)	36. d)	52. e)	68. b)	84. e)	100. b)
5. –	21. –	37. –	53. a)	69. –	85. –	101. c)
6. –	22. a)	38. –	54. a)	70. e)	86. a)	102. a)
7. d)	23. –	39. b)	55. e)	71. –	87. –	103. –
8. a)	24. d)	40. b)	56. c)	72. a)	88. c)	104. –
9. e)	25. e)	41. a)	57. –	73. –	89. –	105. –
10. b)	26. –	42. –	58. –	74. –	90. e)	106. e)
11. –	27. b)	43. –	59. d)	75. c)	91. –	
12. e)	28. a)	44. d)	60. –	76. –	92. a)	
13. d)	29. b)	45. b)	61. e)	77. c)	93. b)	
14. –	30. d)	46. b)	62. c)	78. –	94. –	
15. e)	31. –	47. d)	63. –	79. d)	95. d)	
16. c)	32. b)	48. e)	64. –	80. b)	96. a)	

3.5 Vermögensbildungsrecht

1. –	2. –	3. b)	4. a)	5. e)	6. –	7. –
						8. e)

3.6 Steuerwesen

1. –	16. a)	31. c)	46. a)	61. c)	76. d)	91. b)
2. d)	17. –	32. c)	47. b)	62. b)	77. –	92. d)
3. c)	18. a)	33. b)	48. –	63. b)	78. c)	93. e)
4. c)	19. d)	34. c)	49. –	64. a)	79. a)	94. –
5. –	20. b)	35. d)	50. d)	65. –	80. b)	95. c)
6. e)	21. b)	36. –	51. d)	66. e)	81. a)	96. –
7. –	22. b)	37. d)	52. –	67. c)	82. a)	97. e)
8. e)	23. –	38. d)	53. –	68. b)	83. e)	98. a)
9. b)	24. c)	39. a)	54. d)	69. a)	84. –	99. d)
10. e)	25. d)	40. e)	55. b)	70. c)	85. c)	100. –
11. –	26. –	41. c)	56. –	71. e)	86. –	
12. c)	27. c)	42. –	57. c)	72. b)	87. e)	
13. –	28. d)	43. d)	58. d)	73. –	88. b)	
14. a)	29. –	44. c)	59. a)	74. –	89. –	
15. c)	30. e)	45. e)	60. c)	75. –	90. b)	

3.7 Das Handwerk in Wirtschaft und Gesellschaft

1. b)	7. e)	13. –	19. a)	25. a)	31. –	37. b)
2. b)	8. a)	14. –	20. d)	26. e)	32. –	38. –
3. –	9. –	15. b)	21. –	27. d)	33. –	39. –
4. –	10. –	16. d)	22. c)	28. c)	34. b)	40. –
5. a)	11. –	17. c)	23. b)	29. b)	35. d)	
6. –	12. –	18. b)	24. a)	30. d)	36. e)	

W

2. Ergänzungsheft zur NEUEN HANDWERKER-FIBEL (33. Auflage) Stand Oktober 1994

Holzmann Buchverlag
Postfach 1342 86816 Bad Wörishofen
Telefon 0 82 47/354-124 Fax 0 82 47/354-190

Die Neue Handwerker-Fibel ist im November 1993 auf dem damals neuesten Stand der Gesetzgebung erschienen.
Der Deutsche Bundestag hat jedoch im Dezember 1993 noch Gesetzesänderungen beschlossen, die zum 1. 1. 1994 in Kraft getreten sind. Die wichtigsten Änderungen betreffen u. a. die Novelle zur Handwerksordnung, andere handwerksrechtliche Vorschriften, das Berufsbildungsgesetz sowie vor allem sozialrechtliche und steuerrechtliche Vorschriften (z. B. Erstes Gesetz zur Umsetzung des Spar-, Konsolidierungs- und Wachstumsprogramms). Weitere wichtige Gesetzesänderungen folgten bis zum Sommer 1994. Damit „Ihre" Neue Handwerker-Fibel auch diesbezüglich wieder auf dem neuesten Stand der Gesetzgebung ist, erhalten Sie dieses Ergänzungsheft zur 33., völlig neubearbeiteten Auflage.

Bitte orientieren Sie sich an den jeweiligen Hinweisen auf die Bände 1, 2 und 3 sowie an den Verweisen auf die entsprechenden Seitenzahlen.

September 1994

Die Verfasser und der Holzmann Buchverlag

Im Vorwort muß es bei allen drei Bänden auf Seite VI in der viertletzten Zeile statt „Rechts- und Sozialwesen“ heißen: „Grundzüge des Rechts- und Sozialwesens“.

Band 1

Seite 5 Abschnitt 1.1.2.1 (Allgemeine Hinweise):
Bezüglich der größenabhängigen Einteilung der Kapitalgesellschaften wurden zwischenzeitlich geänderte Merkmale beschlossen. Die neue Abgrenzung kann bereits rückwirkend auf die sich an 1990 anschließenden Geschäftsjahre angewandt werden. Die Abbildung 5 lautet dann folgendermaßen:

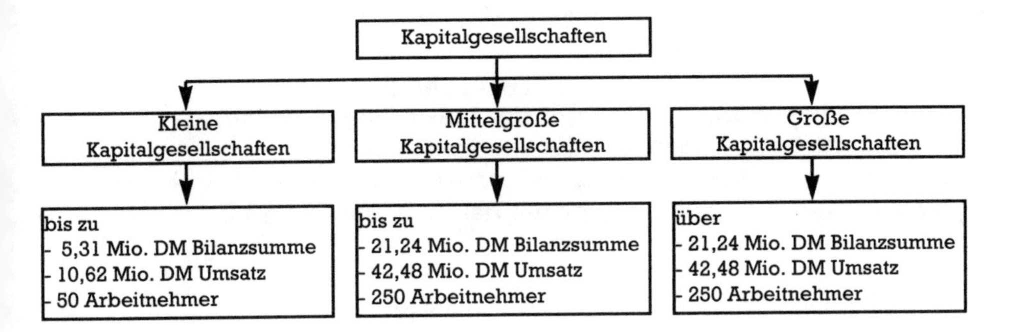

Hinsichtlich der künftigen Rechnungslegungs- und Publizitätspflichten der GmbH & Co. KG bestand zum Zeitpunkt der Drucklegung dieses Ergänzungsheftes noch keine endgültige Klarheit, weil die Bundesregierung gegen die Umsetzung der entsprechenden EG-Richtlinie eine Klage vor dem Europäischen Gerichtshof angekündigt hat.
Ferner gelten jetzt weitere Erleichterungen für kleine Kapitalgesellschaften. So brauchen diese den Lagebericht nicht mehr aufzustellen. Hinzu kommen Erleichterungen für die Abschlußaufstellung, die sich insbesondere beim Anhang auswirken (z. B. Befreiung von der Pflicht zur Erläuterung bestimmter Forderungen und Verbindlichkeiten).

Seite 7 Abschnitt 1.1.2.3 (Die steuerrechtlichen Vorschriften):
Im dritten schwarzen Punkt des farbig unterlegten Textes muß es statt „36.000 DM“ nunmehr heißen „48.000 DM“.
Das gleiche gilt dann für Abbildung 7 (rechter Kasten).

Seite 10 Abschnitt 1.1.2.3 (Aufzeichnungen für Zwecke der Umsatzsteuer):
Im letzten Absatz zu diesem Unterpunkt muß es statt "100.000,00 DM" heißen: „120.000,00 DM".

Seite 73 Frage 5:
Die Antwort d) muß jetzt lauten: „500.000,00 DM Umsatz oder 125.000,00 DM Betriebsvermögen oder 48.000,00 DM Gewinn aus Gewerbebetrieb haben."

Seite 180 Abschnitt 2.1.1.4 (Betriebliche Tätigkeitsbereiche und Aufgabenschwerpunkte):
Die ersten beiden Sätze der Seite 180 lauten:
„Die betrieblichen Tätigkeitsbereiche beziehen sich im Handwerksbetrieb auf die Ausübung eines oder mehrerer Vollhandwerke oder Teilhandwerke bzw. Arbeiten in anderen Handwerken im Rahmen der Bestimmungen der Handwerksordnung. Anhand des oder der Berufsbilder werden die vorgesehenen Arbeitsgebiete zusammengestellt."

Seite 198 Abschnitt 2.2.3.1 (Betriebswirtschaftliche Aufgabenschwerpunkte im Bereich der Leistungserstellung):
Nach dem ersten Absatz ist folgender Satz einzufügen:
„Dabei ist auch zu entscheiden, ob und inwieweit Arbeiten in anderen Handwerken im Rahmen der Regelungen der Handwerksordnung ausgeführt werden sollen oder nicht."

Seite 305 Abschnitt 2.5.4.1 (Lieferantenkredit):
Im zweitletzten Satz dieses Abschnitts muß es statt „235.66" heißen: „235.33".

Seite 309 Abschnitt 2.5.5.1 (Handwerkskreditprogramme):
Der Klammersatz hinter dem Wort „Eigenkapitalhilfeprogramm" ist zu streichen, da das Eigenkapitalhilfeprogramm auch in den alten Bundesländern, wenn auch mit anderen Konditionen, wieder gilt.

Band 2

Seite 59 Abschnitt 3.1.3.3 (Einzelheiten zur Bauhandwerkersicherungshypothek):
Nach dem dritten schwarzen Punkt nach obenbezeichneter Überschrift ist einzufügen:
„Sicherheitsleistung durch den Besteller: Für die zu erbringenden Vorleistungen kann der Unternehmer vom Besteller die Leistung einer Sicherheit verlangen.

Die Sicherheit kann bis zur Höhe des voraussichtlichen Vergütungsanspruchs verlangt werden, sie kann auch durch eine Garantie oder ein sonstiges Zahlungsversprechen eines Kreditinstituts oder Kreditversicherers geleistet werden. Leistet der Besteller die Sicherheit trotz vorheriger angemessener Fristbestimmung nicht, ist der Unternehmer berechtigt, seine Leistung zu verweigern. Hat der Besteller Sicherheit geleistet, besteht daneben kein Anspruch auf Einräumung einer Sicherungshypothek."

Seite 61 Abschnitt 3.1.3.3 (Gesetzliche Kündigungsfristen bei Mietverträgen)

Im Schema über die gesetzlichen Kündigungsfristen bei Mietverträgen ist für den Bereich „Geschäftsräume" der Text unter dem Wort „Besonderheiten" zu ändern wie folgt: „bei Monatsmietzins ist die Kündigung spätestens am 3. Werktag eines Kalendervierteljahres für den Ablauf des nächsten Kalendervierteljahres zulässig." Der Klammersatz entfällt.

Seite 62 Abschnitt 3.1.3.3 (Besonderheiten des Pachtvertrages gegenüber dem Mietvertrag):

Am Ende der Seite, unter der obengenannten Überschrift, ist der Text bei dem ersten schwarzen Punkt zu ändern wie folgt:
„Die Parteien können die Kündigungsfrist vertraglich vereinbaren."

Seite 92:

Die Abbildung 77 „Die Zwangsvollstreckung wegen Geldforderung" kommt an den Anfang der Seite, darunter folgt der Abschnitt 3.1.8.3 „Eidesstattliche Versicherung (ehem. Offenbarungseid) und Schuldnerverzeichnis".

Seite 111 Frage 90 und 91:

In Frage 90 ist die Auswahlantwort a) wie folgt zu ändern: „Die gesetzliche Kündigungsfrist beträgt sechs Monate zum Ende eines Kalendervierteljahres."
In Frage 91 ist die Auswahlantwort d) wie folgt zu ändern: „Es kann eine längere oder kürzere Kündigungsfrist von den Parteien vereinbart werden."

Seite 112 Frage 94:

Die bisherige Antwort d) wird a). Die bisherige Antwort a) entfällt.
Die neue Antwort d) lautet: „Ja, die Parteien können eine längere oder kürzere Kündigungsfrist vereinbaren."

Seite 133 Abschnitt 3.2.1.3 (Eintragung in die Handwerksrolle):

In der Abbildung 85 ist der 2. Kasten rechts von oben (Ausnahmebewilligung) wie folgt zu ergänzen: „Ausnahmebewilligung/Ausübungsberechtigung".
Im 4. Kasten rechts von oben ist das Wort „Flüchtlinge" zu ersetzen durch „Spätaussiedler".

Seite 134 Abschnitt 3.2.1.3 (Eintragung in die Handwerksrolle):
Nach dem ersten Beispiel auf dieser Seite ist folgendes einzufügen:
„Gleichgestellt sind auch Diplome, die in einem Staat der Europäischen Union oder des europäischen Wirtschaftsraumes erworben wurden, wenn sie nach der Regelung zur Anerkennung der Hochschuldiplome anerkannt sind."
Die Überschrift „Ausnahmebewilligung" (siehe erster schwarzer Punkt von oben) ist zu ergänzen durch das Wort „Ausübungsberechtigung".
Der Satz vor dem diesbezüglichen Beispiel ist zu ändern wie folgt:
„Ausnahmebewilligungen erhalten auch Unternehmer aus Staaten der Europäischen Union oder des europäischen Wirtschaftsraumes, die nach den Vorschriften ihres jeweiligen Staates die Voraussetzungen zum Betrieb eines Handwerks nachgewiesen haben."
Nach dem Beispiel ist folgendes zu ergänzen:
„Wer bereits ein Handwerk betreibt, kann von der Regierung eine Ausübungsberechtigung für ein anderes Handwerk oder wesentliche Tätigkeiten dieses Handwerks erhalten. Voraussetzung ist, daß er die hierfür erforderlichen praktischen und theoretischen Kenntnisse und Fertigkeiten nachweist. Anders als bei der Meisterprüfung oder Ausnahmebewilligung sind betriebswirtschaftliche, kaufmännische und rechtliche Kenntnisse gesondert nicht mehr nachzuweisen, weil ja bereits ein Handwerk selbständig ausgeübt wird."
Nach der Überschrift zum dritten schwarzen Punkt von oben (Flüchtlinge/ Vertriebene) ist im ersten Satz das Wort „Flucht" durch das Wort „Aussiedlung" zu ersetzen. In der danebenstehenden Randbemerkung ist das Wort „Flüchtlinge" durch das Wort „Spätaussiedler" zu ersetzen.

Seite 135 Abschnitt 3.2.1.3 (Gesetzliche Erleichterungen für den Zugang zur selbständigen Handwerksausübung):
In der Abbildung 87 ist unter der Nummer 2 (Inhaber der handwerklichen Befähigung) der Kasten „Inhaber" und der Kasten „Persönlich haftender Gesellschafter" jeweils um die Worte „angestellter Betriebsleiter" zu ergänzen.
Im anschließenden Text (Einzelheiten zu den verschiedenen Betriebsformen) sind die Ausführungen zum Einzelbetrieb (erster schwarzer Punkt) nach dem ersten Satz wie folgt zu ergänzen:
„Ist er bereits mit einem Handwerk in die Handwerksrolle eingetragen, kann er auch ein anderes, damit wirtschaftlich zusammenhängendes Handwerk ausüben, wenn er einen Betriebsleiter anstellt, der hierfür die handwerklichen Voraussetzungen erfüllt."
Die Ausführungen zur „Personengesellschaft" (zweiter schwarzer Punkt von oben) sind nach dem ersten Satz wie folgt zu ergänzen:
„Das beim Einzelbetrieb beschriebene Betriebsleiterprivileg gilt auch hier."

Seite 137 Abschnitt 3.2.1.4 (Unbefugte Handwerksausübung, Schwarzarbeit, Rechtsfolgen):

Hinweis zum zweiten schwarzen Punkt/unberechtigte Handwerksausübung: Das Bußgeld für unberechtigte Handwerksausübung beträgt statt 10.000,00 DM nunmehr 20.000,00 DM.

Seite 137 Abschnitt 3.2.1.4 (Unbefugte Handwerksausübung, Schwarzarbeit, Rechtsfolgen):

Im letzten schwarzen Punkt (Schwarzarbeit) wird der bisherige Text gestrichen und wie folgt neu gefaßt:

„Erbringt ein Unternehmer handwerkliche Dienst- oder Werkleistungen in erheblichem Umfang ohne in die Handwerksrolle eingetragen zu sein, verstößt er auch gegen die Vorschriften des Schwarzarbeitsgesetzes. Gegen ihn und den Auftraggeber kann ein Bußgeld bis 100.000,00 DM verhängt werden. Gleiches gilt, wenn ein Unternehmer diese Arbeiten von einem Nachunternehmer ausführen läßt, von dem er weiß oder leichtfertig nicht weiß, daß dieser illegal Ausländer beschäftigt. Mit Geldbuße bis 10.000,00 DM kann im übrigen derjenige belegt werden, der in Zeitungen oder anderen Medien anonym, z.B. mittels Telefonnummer, für Schwarzarbeit wirbt.

Bewerber um öffentliche Aufträge, die gegen das Schwarzarbeitsgesetz oder andere näher bezeichnete Gesetze verstoßen haben, können von der Teilnahme an Ausschreibungen bis zur Dauer von zwei Jahren ausgeschlossen werden. Besteht kein vernünftiger Zweifel an einer derartigen Verfehlung, kann der Ausschluß bereits vor Durchführung des Straf- oder Bußgeldverfahrens erfolgen."

Seite 140/141 Abschnitt 3.2.1.7 (Verzeichnis der Handwerke, die handwerksähnlich betrieben werden können):

Das Verzeichnis der Gewerbe, die handwerksähnlich betrieben werden können (Anlage B) wird an jeweils nummernmäßig passender Stelle um folgende zehn handwerksähnlichen Gewerbe erweitert:

- 7a Betonbohrer und -schneider
- 7b Theater- und Ausstattungsmaler
- 11a Fahrzeugverwerter
- 11b Rohr- und Kanalreiniger
- 11c Kabelverleger im Hochbau (ohne Anschlußarbeiten)
- 18a Einbau von genormten Baufertigteilen (z. B. Fenster, Türen, Zargen, Regale)
- 32a Fleischzerleger, Ausbeiner
- 37a Maskenbildner
- 40a Theaterplastiker
- 40b Requisiteure

Seite 174 Frage 20:
In Auswahlantwort c) muß es statt „50.000,00 DM“ nunmehr „100.000,00 DM“ heißen.

Seite 187 Abschnitt 3.3.1.2 (Arbeitsvertrag auf bestimmte Zeit):
In dem Beispiel zum Arbeitsvertrag auf bestimmte Zeit ist die Ausnahmeregelung des Beschäftigungsförderungsgesetzes für die Befristung von Arbeitsverträgen nunmehr bis 31.12.2000 verlängert. Statt „31.12.1995“ muß es heißen: „31.12.2000“.

Seite 189 Abschnitt 3.3.1.3 (Lohnzahlungspflicht/Zuschläge–Zulagen, Sondervergütung):
Mit Inkrafttreten des neuen Arbeitszeitrechts ab 1.7.1994 (s. Seite 223 Abschnitt 3.3.6.2 – Arbeitszeitordnung) entfällt der gesetzliche Mindestzuschlag für Mehrarbeit von 25 v.H.
Die über die werktägliche Arbeitszeit hinausgehende Arbeitszeit muß innerhalb eines Zeitraums von 6 Monaten bzw. 24 Wochen ausgeglichen werden.
Der Ausgleich muß so erfolgen, daß im Durchschnitt acht Stunden werktäglich im Ausgleichszeitraum nicht überschritten werden.
Ein Anspruch auf Mehrarbeitszuschlag kann sich aus Tarifvertrag, Betriebsvereinbarung oder Einzelarbeitsvertrag ergeben.

Seite 191 Abschnitt 3.3.1.3 (Lohnzahlung an Feiertagen, Abbildung 121):
Die Übersicht über die gesetzlichen Feiertage in der Bundesrepublik Deutschland (Stand 30.10.1993) wird ab 1.1.1995 eine Änderung erfahren, da nach dem Pflegeversicherungsgesetz die Länder zum Ausgleich der mit den Arbeitgeberbeiträgen verbundenen Belastungen der Wirtschaft einen gesetzlichen landesweiten Feiertag, der stets auf einen Werktag fällt, aufheben werden (voraussichtlich: Buß- und Bettag).

Seite 192 Abschnitt 3.3.1.3 (Lohnzahlung im Krankheitsfall):
Im letzten Satz muß es statt „unberücksichtigt bleiben solche Leistungen, die der Arbeitnehmer auch bei Arbeitsunfähigkeit...“, heißen: „unberücksichtigt bleiben solche Leistungen, die der Arbeitnehmer auch bei Arbeitsfähigkeit...“

Seite 192,193 Abschnitt 3.3.1.3 (Lohnzahlung im Krankheitsfall):
Mit Inkrafttreten des neuen Entgeltfortzahlungsgesetzes ab 1.6.1994 hat die Entgeltfortzahlung im Krankheitsfall wesentliche Änderungen erfahren.
Die Ausführungen auf den Seiten 192 und 193 sind zum Teil überholt; die Abbildungen 122 und 124 sind nicht mehr anwendbar.
Die Abbildung 123 „Entgeltberechnung nach dem Lohnausfallprinzip“ gilt weiter.

Die wesentlichen Änderungen sind:

1.) Das neue Entgeltfortzahlungsrecht gilt einheitlich für alle Arbeitnehmer – Angestellte, Arbeiter und Lehrlinge – sowie in den neuen und alten Bundesländern.
2.) Der Entgeltanspruch entsteht grundsätzlich mit Beginn des Arbeitsverhältnisses; auch bei Eintritt der Arbeitsunfähigkeit vor Aufnahme der Arbeit.
3.) Dauert die Arbeitsunfähigkeit länger als drei Kalendertage, hat der Arbeitnehmer eine ärztliche Bescheinigung über das Bestehen der Arbeitsunfähigkeit sowie deren voraussichtliche Dauer spätestens an dem darauffolgenden Arbeitstag vorzulegen. Der Arbeitgeber ist berechtigt, die Vorlage der ärztlichen Bescheinigung früher zu verlangen.
4.) Der Arbeitgeber hat das Recht, die Fortzahlung des Arbeitsentgelts zu verweigern, solange der Arbeitnehmer schuldhaft seiner Pflicht zur Vorlage der ärztlichen Bescheinigung nicht nachkommt oder den Übergang eines Schadenersatzanspruchs gegen Dritte auf den Arbeitgeber verhindert.
5.) Der gesetzliche Anspruchsübergang bei Dritthaftung (z. B. bei einem Verkehrsunfall) gilt auch bei Angestellten und Lehrlingen; einer Abtretungserklärung durch den Arbeitgeber bedarf es nicht mehr.

Hinsichtlich des Ausgleichsverfahrens – siehe Seiten 193 und 194 – ergeben sich keine Änderungen.

Seite 195 Abschnitt 3.3.1.3 (Vertragspflichten des Arbeitgebers – Urlaub):

Ab 1.1.1995 beträgt der gesetzliche Mindesturlaub 24 Werktage.
In Abbildung 128 muß es deshalb im linken unteren Kasten statt „18 Werktage" heißen: „24 Werktage".
Im vierten schwarzen Punkt auf Seite 195 muß es statt „bereits 18 Jahre alt ist 18 Werktage" heißen: „bereits 18 Jahre alt ist 24 Werktage".

Seite 219 Abschnitt 3.3.5.3 (Zusammenarbeit zwischen Arbeitgeber und Betriebsrat):

In der 17. Zeile von oben (Einigungsstellen) muß es statt „Kommt eine Einigung über einen unparteiischen Vorsitzenden nicht zustande, wird dieser vom Arbeitgeber bestellt" heißen: „Kommt eine Einigung über einen unparteiischen Vorsitzenden nicht zustande, wird dieser vom Arbeitsgericht bestellt."

Seite 222 Abschnitt 3.3.6 (Arbeitsschutz):

In Lernziele muß es in der ersten Zeile statt „Arbeitszeitordnung" ab 1.7.1994 „Arbeitszeitgesetz" heißen.

Seite 222 Abschnitt 3.3.6.1 (Allgemeines zum Arbeitsschutz):

In Abbildung 150 muß es im 2. linken Kasten statt „Arbeitszeitordnung" heißen: „Arbeitszeitgesetz".

Seite 223 Abschnitt 3.3.6.2 (Arbeitszeitordnung):
Ab 1.7.1994 gilt ein neues Arbeitszeitrecht. Der Abschnitt 3.3.6.2 (Arbeitszeitordnung) ist deshalb wie folgt neu zu fassen:

3.3.6.2 Arbeitszeitrecht:
Das Arbeitszeitgesetz vom 6.6.1994 regelt den gesetzlich zulässigen Rahmen für die Beschäftigung der Arbeitnehmer und der zu ihrer Berufsbildung Beschäftigten über 18 Jahre.
Abweichungen hiervon können sich durch tarifliche Regelungen ergeben.

Werktägliche Arbeitszeit
Die werktägliche Arbeitszeit darf acht Stunden - wöchentlich 48 Stunden – nicht überschreiten.

Höchstarbeitszeit
Die werktägliche Arbeitszeit kann auf bis zu zehn Stunden verlängert werden, wenn innerhalb von sechs Kalendermonaten oder innerhalb von 24 Wochen im Durchschnitt acht Stunden werktäglich nicht überschritten werden (Ausgleichszeitraum).
Der Arbeitgeber ist verpflichtet, die über die werktägliche Arbeitszeit von acht Stunden hinausgehende Arbeitszeit der Arbeitnehmer aufzuzeichnen und die Aufzeichnungen mindestens zwei Jahre aufzubewahren.
Nur in außergewöhnlichen Fällen darf die Höchstarbeitszeit überschritten werden.

Beispiel:
In Notfällen und außergewöhnlichen Fällen, die unabhängig vom Willen des Betroffenen eintreten und deren Folgen nicht auf andere Weise zu beseitigen sind, besonders wenn Rohstoffe oder Lebensmittel zu verderben drohen.

Ruhepausen
Während der Arbeitszeit müssen Ruhepausen eingehalten werden, die nicht auf die Arbeitszeit angerechnet werden.

Ruhepausen für Arbeitnehmer

	bei täglicher Arbeitszeit von mehr als	Ruhepause in Minuten
Alle Arbeitnehmer ab dem 18. Lebensjahr	6 Stunden bis 9 Stunden 9 Stunden	30 45

Abbildung 151

Die Ruhepausen können zusammenhängen oder aufgeteilt werden; sie müssen aber jeweils mindestens 15 Minuten betragen.

Ruhezeit
Nach Beendigung der täglichen Arbeitszeit muß eine ununterbrochene Ruhezeit von mindestens 11 Stunden liegen.

Nachtarbeitszeit
Nachtzeit ist die Zeit von 23 – 6 Uhr, Nachtarbeit ist jede Arbeit, die mehr als zwei Stunden der Nachtzeit umfaßt. Für die Beschäftigten mit Nachtarbeit gelten besondere Regelungen hinsichtlich der Überschreitung der werktäglichen Arbeitszeit von acht Stunden, der Berechtigung zu arbeitsmedizinischen Untersuchungen innerhalb bestimmter Zeiträume und des Anspruchs auf Umsetzung auf einen geeigneten Tagesarbeitsplatz in den im Gesetz genannten Fällen.

Sonn- und Feiertagsarbeit
An Sonn- und Feiertagen dürfen Arbeitnehmer von 0 – 24 Uhr nicht beschäftigt werden. In bestimmten Fällen sieht das Gesetz Ausnahmen vor.

Beispiel:
Arbeiten, welche in Notfällen und im öffentlichen Interesse vorgenommen werden müssen oder in bestimmten Wirtschaftsbereichen, wie Gaststätten und Verkehrsgewerbe.

Nachtbackverbot
Für die Beschäftigung von Arbeitnehmern in Bäckereien und Konditoreien gelten die Vorschriften des Gesetzes über die Arbeitszeit in Bäckereien und Konditoreien.
Bäcker- und Konditoreiwaren dürfen
- von Montag bis Freitag von 4.00 – 22.00 Uhr
- am Sonnabend von 00.00 – 22.00 Uhr

hergestellt werden. Mit Vorarbeiten darf von Montag bis Freitag ab 3.00 Uhr begonnen werden. Bäckereien, die einen höheren Bedarf an anderen Werktagen der Woche haben, können statt am Sonnabend an diesem Tag ab 00.00 Uhr mit der Arbeit beginnen, wenn sie dies dem Gewerbeaufsichtsamt rechtzeitig anzeigen.

Seite 228 Abschnitt 3.3.6.4 (Heimarbeiterschutz):
Im 5. bis 7. schwarzen Punkt dieses Abschnitts muß es heißen:
„• Urlaubsentgelt
• Feiertagsgeld
• Entgeltforzahlung im Krankheitsfall
werden in Form von Zuschlägen gewährt, die sich prozentual aus dem Arbeitsentgelt berechnen."

Seite 231 Abschnitt 3.3.6.6 (Beschäftigungspflicht):
Die Frist für die Nichtanrechnung von Auszubildenden auf die Zahl der Arbeitsplätze wurde bis 31.12.2000 verlängert. Statt „31.12.1995" muß es heißen: „31.12.2000".

Seite 233 Abschnitt 3.3.6.8 (Betriebsaushänge):
In Abbildung 158 muß es im 1. linken Kasten statt „Arbeitszeitordnung" heißen: „Arbeitszeitrechtsgesetz und hierzu erlassene für den Betrieb geltende Rechtsverordnungen".
Der 2. linke Kasten „Anschlag über Beginn und Ende der Arbeitszeit und Ruhepause für Erwachsene" entfällt.
Neu einzufügen ist ab 1.9.1994 nach dem Kasten „Ladenschlußgesetz" folgender Kasten:

Gesetz zum Schutz der Beschäftigten vor sexueller Belästigung am Arbeitsplatz	in allen Betrieben

Seite 238 Frage 17:
Die Frage entfällt und wird durch folgende Frage ersetzt:
„17. Was versteht man unter dem Begriff Leistungslohn?"

Seite 239 Frage 25:
Die Frage 25 wird durch folgende Frage ersetzt:„25. Wann muß der Arbeitnehmer nach den gesetzlichen Bestimmungen dem Arbeitgeber eine ärztliche Bescheinigung über seine Arbeitsunfähigkeit vorlegen?
a) Innerhalb einer Woche nach Beginn der Arbeitsunfähigkeit
b) Am 1. Tag der arbeitsunfähigen Erkrankung
c) Nach Ablauf der Arbeitsunfähigkeitsdauer
d) Am letzten Tag des jeweiligen Kalendermonats
e) Wenn die Arbeitsunfähigkeit länger als 3 Kalendertage dauert, spätestens am darauffolgenden Arbeitstag."
Die richtige Antwort ist „e)".

Seite 240 Frage 30:
Der Mindesturlaub beträgt ab 1.1.1995 24 Werktage. In Frage 30 ist die richtige Antwort ab 1.1.1995 statt „b)": „d)".

Seite 250 Frage 99:
Die Frage entfällt und wird durch folgende Frage ersetzt:„99. Innerhalb welchen Zeitraums muß nach dem Gesetz eine über die gesetzlich zulässige werktägliche Arbeitszeit von acht Stunden hinausgehende Arbeitszeit ausgeglichen werden, um im Durchschnitt die höchstzulässige Arbeitszeit von acht Stunden täglich nicht zu überschreiten?
a) Innerhalb von 2 Kalenderwochen
b) Innerhalb von 1 Kalendermonat
c) Innerhalb von 3 Kalendermonaten
d) Innerhalb von 6 Kalendermonaten
e) Innerhalb von 12 Kalendermonaten."
Die richtige Antwort ist „d)".

Seite 260 Abschnitt 3.4.2.2 (Familienversicherung):
Im vierten schwarzen Punkt von oben muß es statt „(1993: 530,00 DM; im Beitrittsgebiet 390,00 DM)" heißen:
„(1994: 560,00 DM; im Beitrittsgebiet 440,00 DM)".

Seite 260 Abschnitt 3.4.2.3 (Versicherungsfreiheit):
Im ersten schwarzen Punkt dieses Abschnitts muß es statt „(1993: 64.800,00 DM; im Beitrittsgebiet 47.700,00 DM)" heißen:
„(1994: 68.400,00 DM; im Beitrittsgebiet 53.100,00 DM)".
Im dritten schwarzen Punkt dieses Abschnitts muß es statt „530,00 DM (im Beitrittsgebiet 390,00 DM") heißen:
„560,00 DM (im Beitrittsgebiet 440,00 DM)".

Seite 261 Abschnitt 3.4.2.5 (Einzugsstelle):
Die Krankenkasse, bei der der Arbeitnehmer krankenversichert ist, ist ab 1.1.1995 auch Einzugsstelle für die Beiträge zur Pflegeversicherung.

Seite 261 Abschnitt 3.4.2.5 (Beitragstragung):
Im zweiten schwarzen Punkt dieses Abschnitts muß es statt „(im Beitrittsgebiet 450,00 DM)" heißen: „(im Beitrittsgebiet 480,00 DM)".

Seite 263 Abschnitt 3.4.2.5 (Beitragsberechnung):
In der Überschrift zu Abbildung 164 muß es statt „Beitragsbemessungsgrenzen 1993" heißen: „Beitragsbemessungsgrenzen 1994".

In der Abbildung 164 sind die Zahlen wie folgt zu berichtigen:

	monatlich	jährlich
Krankenversicherung	5.700,00 DM	68.400,00 DM
Rentenversicherung	7.600,00 DM	91.200,00 DM
Arbeitslosenversicherung	7.600,00 DM	91.200,00 DM

Seite 265 Abschnitt 3.4.2.6 (Meldepflichten und Meldefristen):
Die Verpflichtung zur Erstattung von Sofort- und Kontrollmeldungen gilt seit 1. 8. 1993 auch für die Beschäftigten im Gaststätten- und Beherbergungsgewerbe (z. B. Café-Ausschank und Imbißecke).

Seite 266 Abschnitt 3.4.2.6 (Sozialversicherungsausweis):
Zur Mitführung des Sozialversicherungsausweises sind seit 1. 8. 1993 auch die Beschäftigten im Gaststätten- und Beherbergungsgewerbe (z. B. Café-Ausschank und Imbißecke) verpflichtet.

Seite 269 Abschnitt 3.4.2.7 (Pflegehilfe bei Schwerpflegebedürftigkeit):
Die Leistungen der gesetzlichen Krankenversicherung bei Schwerpflegebedürftigkeit entfallen ab 1.4.1995 und werden durch die Leistungen der Pflegeversicherung ersetzt.
Aus diesem Grunde entfällt ab 1.4.1995 auch bei der Abbildung 166 (Seite 267) der untere linke Kasten.

Seite 270:
Nach dem Kapitel 3.4.2 „Die Krankenversicherung" und vor dem Kapitel 3.4.3 „Unfallversicherung" wird als Kapitel 3.4.2**a** die „Soziale Pflegeversicherung" eingeschoben.

3.4.2a Soziale Pflegeversicherung:
Aufgrund des Pflegeversicherungsgesetzes vom 26.5.1994 wird ab 1.1.1995 die Soziale Pflegeversicherung als eigenständiger Zweig der Sozialversicherung unter dem Dach der gesetzlichen Krankenversicherung errichtet.
Sie tritt stufenweise in Kraft:

- Ab 1.1.1995 beginnt die Versicherungspflicht mit einem Beitragssatz von 1,0 v. H. des Bruttoarbeitsentgelts bis zur Beitragsbemessungsgrenze der gesetzlichen Krankenversicherung (1994: 5.700,00 DM [West]; 4.425,00 DM [Ost]).
- Ab 1.4.1995 werden die Leistungen der häuslichen Pflege gewährt, deren Höhe sich nach dem Grad der Pflegebedürftigkeit bemißt.
- Ab 1.7.1996 wird das Leistungsrecht durch die stationäre Pflege ergänzt; gleichzeitig wird der Beitragssatz auf 1,7 v. H. erhöht.

Versicherungsträger
Träger der sozialen Pflegeversicherung sind die Pflegekassen, die bei jeder gesetzlichen Krankenkasse errichtet werden.

Beiträge
Die Beiträge werden jeweils zur Hälfte vom Arbeitnehmer und Arbeitgeber getragen und mit den Gesamtsozialversicherungsbeiträgen an die zuständige Krankenkasse abgeführt.

Bei Rentnern trägt der Rentenversicherungsträger die Hälfte des Beitrags.
Die Beiträge für Arbeitslose trägt die Bundesanstalt für Arbeit.
Unterhaltsberechtigte Kinder und Ehegatten sind im Rahmen der Familienversicherung beitragsfrei mitversichert.
Selbständig Erwerbstätige tragen ihre Beiträge selbst.

Versicherungspflicht
Versicherungspflichtig sind
- die in der gesetzlichen Krankenversicherung versicherungspflichtigen oder freiwillig versicherten Mitglieder, sowie
- die in der privaten Krankenversicherung versicherten Personen mit vollem Krankenversicherungsschutz.

Privatversicherte
Privatversicherte haben bei ihrem Versicherungsunternehmen einen Pflegeversicherungsvertrag abzuschließen. Sie können innerhalb einer Frist von sechs Monaten nach Eintritt der Versicherungspflicht ein anderes Versicherungsunternehmen wählen.
Die Leistungen in der Privatversicherung müssen denen der Sozialpflegeversicherung entsprechen; die Prämien dürfen den Höchstbeitrag der Sozialpflegeversicherung – zuzüglich 50 v. H. für den in der Privatversicherung mitversicherten Ehegatten – nicht übersteigen.

Leistungen
Die Sachleistung zur Pflege (Pflegeeinsätze durch ambulante Dienste) beträgt je nach Kalendermonat
in Pflegestufe I bis zu 750,00 DM
in Pflegestufe II bis zu 1.800,00 DM
in Pflegestufe III bis zu 2.800,00 DM
in besonderen Härtefällen bis zu 3.750,00 DM.

Das Pflegegeld für selbst beschaffte Pflegehilfen beträgt monatlich
in Pflegestufe I bis zu 400,00 DM
in Pflegestufe II bis zu 800,00 DM
in Pflegestufe III bis zu 1.300,00 DM
Bei Verhinderung der Pflegeperson werden einmal im Jahr für vier Wochen die Kosten für eine Ersatzpflegekraft bis zu 2.800,00 DM übernommen.
Bei stationärer Pflege trägt die Pflegeversicherung die pflegebedingten Aufwendungen bis zu 2.800,00 DM monatlich; für Schwerstpflegebedürftige in Höchstfällen ausnahmsweise bis zu 3.300,00 DM.

Seite 276 Abschnitt 3.4.4.2 (Beiträge):
Statt „17,5 v. H." muß es heißen: „19,2 v. H."

Seite 277 Abschnitt 3.4.4.4. (Beiträge):
Im letzten Satz dieser Seite muß es statt „(1993: zwischen 92,75 DM und (1.260,00 DM)“ heißen: „(1994: zwischen 107,52 DM und 1.459,20 DM)“

Seite 283 Abschnitt 3.4.4.8 (Rentenformel):
Der aktuelle Rentenwert beträgt ab 1.7.1994 46,00 DM; im Beitrittsgebiet 34,49 DM.
Das Berechnungsbeispiel der monatlichen Altersrente muß deshalb lauten:
40 persönliche Entgeltpunkte x 46,00 DM aktueller Rentenwert = 1.840,00 DM.

Seite 285 Abschnitt 3.4.5.4 (Pflichtbeitrag):
Im ersten schwarzen Punkt muß es statt „(1993: 649,25 DM monatlich; im Beitrittsgebiet 477,75 DM)“ heißen:
„(1994: 752,64 DM monatlich; im Beitrittsgebiet 591,36 DM)“.
Im zweiten schwarzen Punkt muß es statt „(1993: 324,63 DM monatlich; im Beitrittsgebiet 238,88 DM)“ heißen:
„(1994: 376,32 DM monatlich; im Beitrittsgebiet 295,68 DM)“.

Seite 286 Abschnitt 3.4.5.4 (Pflichtbeitrag):
In Abbildung 175 sind folgende Aktualisierungen vorzunehmen:
Im 1. rechten Kasten (Regelbeitrag in Höhe des Durchschnittsentgelts aller Versicherten):
statt „1993: 649,25 DM“ muß es heißen: „1994: 752,64 DM“
Im mittleren Kasten (Beitragserleichterung für Junghandwerker):
statt „1993: 324,63 DM“ muß es heißen: „1994: 376,32 DM“.

Seite 288 Abschnitt 3.4.6.5 (Förderung der beruflichen Bildung):
Die Förderung der beruflichen Bildung ist ab 1.1.1994 nur noch eine Kannleistung und setzt voraus, daß die Maßnahme notwendig ist, um Arbeitslose beruflich einzugliedern oder von Arbeitslosigkeit Bedrohte vor Arbeitslosigkeit zu bewahren.

Seite 289 Abschnitt 3.4.6.5 (Produktive Winterbauförderung):
Der Text zum Abschnitt „Produktive Winterbauförderung“ ist wieder so richtig, wie er in der „Neuen Handwerker-Fibel“ abgedruckt ist.

Seite 290 Abschnitt 3.4.6.5 (Höhe des Arbeitslosengeldes):
Statt „68 v. H.“ und „63 v. H.“ muß es heißen: „67 v. H.“ und „60 v. H.“.
Statt „Nettoarbeitsentgelts der letzten, mindestens 60 Tage umfassenden Lohnabrechnungszeiträume;“ muß es heißen:
„Nettoarbeitsentgelts der abgerechneten Lohnabrechnungszeiträume der letzten sechs Monate;“.

Seite 291 Abschnitt 3.4.6.5 (Höhe des Arbeitslosengeldes):
In Abbildung 178 muß es im 2. Kasten von oben rechts statt „68 bzw. 63 v. H.“ heißen: „67 bzw. 60 v. H.“

Seite 291 Abschnitt 3.4.6.5 (Arbeitslosenhilfe):
Im ersten schwarzen Punkt muß es statt „für Arbeitslose mit mindestens einem Kind 58 bzw. 56 v. H.“ heißen:
„für Arbeitslose mit mindestens einem Kind 57 v. H.“.
Im zweiten schwarzen Punkt muß es statt „für die übrigen Arbeitslosen 56 v. H.“ heißen: „für die übrigen Arbeitslosen 53 v. H.“

Seite 292 Abschnitt 3.4.6.5 (Kranken- und Rentenversicherung):
Statt „Außerdem werden diese Bezugszeiten in der Rentenversicherung als Anrechnungszeiten berücksichtigt.“ muß es heißen:
„Außerdem werden diese Bezugszeiten in der Rentenversicherung als Beitrags- bzw. Anrechnungszeiten berücksichtigt.“

Seite 292 (Zusammenfassende Übersichten):
Folgende Aktualisierungen sind in Abbildung 179 vorzunehmen:
Krankenversicherung: Statt „(1993=64.800,– DM Jahresbruttoentgelt)“ muß es heißen: „(1994=68.400,– DM Jahresbruttoentgelt)“.
Kranken- und Rentenversicherung: Statt „530,– DM (1993)“ muß es heißen: „560,– DM (1994)“.

Seite 293 (Sozialversicherungsdaten für das Beitrittsgebiet):
Ab 1. 1. 1994 gelten folgende Daten statt der auf dieser Seite aufgeführten:

Beitragsbemessungsgrenzen	monatlich	jährlich
Krankenversicherung	4.425.00 DM	53.100,00 DM
Rentenversicherung	5.900,00 DM	70.800,00 DM
Arbeitslosenversicherung	5.900,00 DM	70.800,00 DM
Versicherungspflichtgrenze in der Krankenversicherung	4.425.00 DM	53.100,00 DM
Geringfügigkeitsgrenze Kranken-Rentenversicherung	440,00 DM	
Einkommensgrenze für Wegfall der Familienhilfe in der Krankenversicherung	440,00 DM	
Entgeltgrenze für die vom Arbeitgeber zu tragenden Pflichtbeiträge zur Kranken-, Renten- und Arbeitslosenversicherung	480,00 DM	

Handwerkerversicherung

Pflichtbeitrag	591,36 DM
höchstmöglicher Beitrag	1.132,80 DM
Beitrag bis Ablauf von drei Jahren nach Existenzgründung	295,68 DM
Aktueller Rentenwert	34,39 DM

Seite 294:
In Abbildung 181 muß es in den weißen Kästen der Rentenversicherung statt „17,5 v. H." und „8,75 v. H." heißen: „19,2 v. H." und „9,6 v. H.".

Seite 294 Zusammenfassende Übersichten (Beitragssätze zur Kranken-, Renten- und Arbeitslosenversicherung für pflichtversicherte Arbeitnehmer):
Ab 1.1.1995 sind bei Abbildung 181 die Pflichtbeiträge zur Pflegeversicherung mit zu berücksichtigen, die Bestandteil des Gesamtsozialversicherungsbeitrags sind:

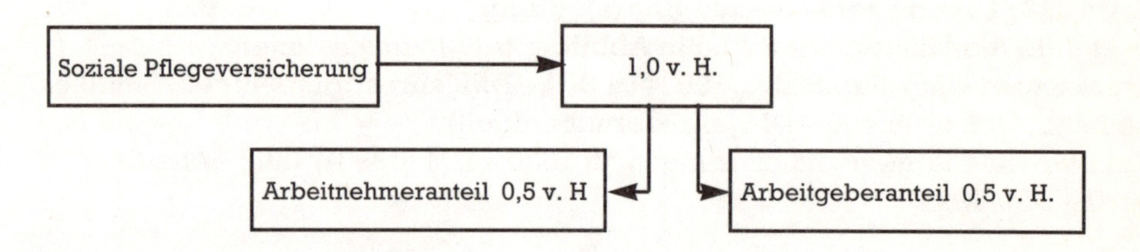

Seite 295 Abschnitt 3.4.7.1 (Höhe des Erziehungsgeldes):
Für ab 1. 1. 1994 geborene Kinder mindert sich das Erziehungsgeld von 600,00 DM auch in den ersten sechs Monaten, wenn der Anspruchsberechtigte höheres Einkommen erzielt.

Seite 295 Abschnitt 3.4.7.2 (Höhe des Kindergeldes):
Im sechsten schwarzen Punkt muß es statt „140,00 DM für jedes weitere Kind" heißen: „70,00 bzw. 140,00 DM für jedes weitere Kind (je nach Höhe des Einkommens)".

Seite 300:
Nach Kapitel 3.4.8.4 Abschnitt „Versicherungszweige" (Private Krankenversicherer) wird vor „Private Unfallversicherung" ein Untertitel „Private Pflegeversicherung" eingeschoben wie folgt:

Private Pflegeversicherung
In der privaten Krankenversicherung versicherte Personen mit vollem Krankenversicherungsschutz müssen ab 1.1.1995 bei ihrem Versicherungsunternehmen einen Pflegeversicherungsvertrag abschließen.
(Siehe hierzu „Soziale Pflegeversicherung“ in diesem Ergänzungsheft).

Seite 309 Frage 47:
In Frage 47 ist die richtige Antwort ab 1. 1. 1994 statt „d)“: „e)“.

Seite 313 Frage 77:
In Frage 77 trifft keine Antwort mehr zu; die richtige Antwort wäre „67 v. H.“ des Nettoentgelts.

Seite 319 Abschnitt 3.5.3.3 (Arbeitnehmersparzulage):
Die Arbeitnehmersparzulage beträgt ab 1. 1. 1994 einheitlich nur noch 10 v. H. der Aufwendungen.

Seite 320:
In Abbildung 186 muß es im 2. Kasten von oben (Mitte) unter „Arbeitnehmersparzulage“ statt „10 bzw. 20 v. H. der Aufwendungen“ heißen: „10 v. H. der Aufwendungen“.

Seite 330 Abschnitt 3.6.1.3 (Entnahmeeigenverbrauch):
Die Bemessungsgrundlage ist wie folgt zu ergänzen (letzter Absatz):
„Ist aber ein Vorsteuerabzug für den Gegenstand selbst nicht möglich (z. B. Erwerb eines Gegenstandes – Pkw – aus privater Hand für das Unternehmen), dann unterliegt die Entnahme nicht der Umsatzsteuer.
Sind aber bei einem vom Vorsteuerabzug ausgeschlossenen Gegenstand Bestandteile eingefügt worden, die zum Vorsteuerabzug zugelassen waren, dann unterliegt dieser Entnahmeeigenverbrauch der Umsatzsteuer.
Aus Vereinfachungsgründen kann die Umsatzbesteuerung des Entnahmeeigenverbrauchs unterbleiben, wenn die vorsteuerberechtigten Bestandteile 20% der ursprünglichen Anschaffungskosten nicht übersteigen.
Dies gilt auch analog für den Verwendungseigenverbrauch!“

Seite 331 Abschnitt 3.6.1.3 (Verwendungseigenverbrauch):
Im Beispiel zum Verwendungseigenverbrauch ist ausgeführt, daß der private Nutzungsanteil des PKW umsatzsteuerpflichtig ist. Ergänzend wird festgehalten, daß bei Berechnung des privaten Kfz-Nutzungsanteils die Kosten, bei denen kein Vorsteuerabzug möglich ist, außer Betracht bleiben. Hierzu zählen z. B. die Haftpflicht-, Kasko-, Insassenunfallversicherung, Rundfunkgebühren für Autoradio und Garagenmiete, soweit die Vermietung umsatzsteuerfrei erfolgt.

Seite 333 Abschnitt 3.6.1.4 (Besteuerung von Abschlagszahlungen):
Die Abbildung 196 muß im linken Kasten wie folgt abgefaßt werden:

Bei Sollbesteuerung

↓

Mit Lieferung bzw. Fertigstellung der Leistung
und bei Erhalt von Abschlagszahlungen

Nach Abbildung 196:
„Die Ausführungen zur Mindest-Ist-Besteuerung sind hinfällig. Alle Abschlagszahlungen sind ohne Rücksicht auf ihre Höhe ab sofort umsatzsteuerpflichtig."

Seite 346 Abschnitt 3.6.2.4 (Die Einkünfte aus Gewerbebetrieb):
In Abbildung 207 (Gewinnermittlungsmethoden) muß es bei den Voraussetzungen (linker unterer Kasten) statt „Gewinn darf 36.000,00 DM nicht übersteigen" heißen: „Gewinn darf 48.000,00 DM nicht übersteigen".

Seite 346 Abschnitt 3.6.2.4 (Die Einkünfte aus Gewerbebetrieb):
Am Ende des Kapitels ist noch anzufügen: „Bilanzen und Inventare müssen zehn Jahre, sonstige Unterlagen sechs Jahre aufbewahrt werden".

Seite 347 Abschnitt 3.6.2.6 (Fahrtkosten):
Zu den Fahrtkosten bei Benutzung des Betriebs-Pkws zählen u. a.: die Garagenmiete, Reparaturen, Benzin, Kfz-Steuer, Fahrzeugversicherungen – dagegen nicht Insassen- und Unfallversicherungen – das Autotelefon, soweit betrieblich notwendig und die Absetzung für Abnutzung (Afa).
Die Nutzungsdauer für die Afa bei Neuwagen wurde von vier Jahren auf fünf Jahre erhöht; die Afa bei Gebrauchtwagen auf höchstens fünf Jahre festgelegt; der betriebliche Nutzungsanteil bei gemischt genutztem Kfz von 80% auf 70% gesenkt.

Seite 348 Abschnitt 3.6.2.6 (Die Repräsentationsaufwendungen):
Bei den Repräsentationsaufwendungen wird die Abzugsfähigkeit der Kosten für die Bewirtung von Geschäftsfreunden erheblich eingeschränkt.
Neben den in Abbildung 210 aufgeführten Voraussetzungen ist ab 1. 7. 1994 die Angabe der einzelnen Leistungen nach Art, Umfang, Entgelt und Tag der Bewirtung erforderlich. Ab 1. 1. 1995 werden nur noch maschinell erstellte und registrierte Rechnungen anerkannt.

Seite 355 Abschnitt 3.6.2.6 (Die Ansparabschreibung):
Zur Ansparabschreibung sind folgende Änderungen zu berücksichtigen:
- Die Rücklage darf 50 % der Anschaffungs- und Herstellkosten des begünstigten Wirtschaftsguts nicht überschreiten.

- Anschaffung oder Herstellung des beweglichen Wirtschaftsgutes bis Ende des zweiten auf die Bildung der Rücklage folgenden Wirtschaftsjahres. Ist die Rücklage am Ende des zweiten auf die Bildung folgenden Wirtschaftsjahres noch vorhanden, weil z. B. die Anschaffung nicht getätigt oder nicht in Höhe des rückgelegten Betrags getätigt wurde, dann ist zu diesem Zeitpunkt der Rücklagebetrag gewinnerhöhend aufzulösen und für jedes volle Wirtschaftsjahr, in dem die Rücklage bestanden hat, um 6 % des aufgelösten Rücklagenbetrages zu erhöhen.
- Des weiteren darf der Einheitswert des Betriebsvermögens 240.000,00 DM und das Gewerbekapital 500.000,00 DM nicht übersteigen. Das bewegliche Wirtschaftsgut muß neu sein und zumindest 90 % betrieblich genutzt werden und mindestens ein Jahr im Anlagevermögen verbleiben.

Seite 355 Abschnitt 3.6.2.6 (Die Afa bei unbeweglichen Wirtschaftsgütern des Anlagevermögens [Gebäuden]):
Abbildung 214 rechter Kasten: Degressive Afa:
Die Frist der Inanspruchnahme der degressiven Afa für betrieblich genutzte Gebäude wird voraussichtlich auf den 1. 1. 1995 verlängert.

Seite 357 Abschnitt 3.6.2.7 (Beschränkt abzugsfähige Sonderausgaben):
Beim abzugsfähigen Unterhaltsbetrag (siehe letzter Satz vor „Beispiel") gelten als Jahreshöchstgrenze „27.000,00 DM" und nicht „2.700,00 DM".

Seite 360 Abschnitt 3.6.2.9 (Der Kinderfreibetrag):
In der Abbildung 217 ist der mittlere Kasten „Kinder von 18 bis 27 Jahre" folgendermaßen neu zu fassen:
„Kinderfreibetrag auf Antrag, wenn das Kind
- für einen Beruf ausgebildet wird
- eine Berufsausbildung mangels Arbeitsplatz nicht beginnen oder fortsetzen kann
- den gesetzlichen Grundwehrdienst oder Zivildienst leistet oder
  freiwillig für die Dauer von nicht mehr als drei Jahren Wehrdienst leistet, der anstelle des gesetzlichen Grundwehrdienstes abgeleistet wird oder
  eine vom gesetzlichen Grundwehrdienst oder Zivildienst befreiende Tätigkeit als Entwicklungshelfer ausübt.
  Voraussetzung für diesen Absatz ist, daß dadurch die Berufsausbildung unterbrochen worden ist.
- ein freiwilliges soziales Jahr oder ein freiwilliges ökologisches Jahr leistet
- wegen körperlicher, geistiger oder seelischer Behinderung außerstande ist, sich selbst zu unterhalten."

Seite 360 Abschnitt 3.6.2.9 (Der Unterhaltsfreibetrag):
Am Ende des Abschnitts „Unterhaltsfreibetrag" ist anzufügen:
„Die unterhaltene Person darf kein oder nur ein geringes Vermögen besitzen. Hat die unterhaltene Person andere Einkünfte oder Bezüge, die zur Bestreitung des Unterhalts geeignet sind, dann vermindern sich die Beträge von 6.300,00 DM bzw. 4.104,00 DM um den Betrag, um den die Einkünfte und Bezüge 4.500,00 DM im Kalenderjahr übersteigen. Zu diesen Einkünften zählen auch Ausbildungsbeihilfen aus öffentlichen Mitteln oder von Förderungseinrichtungen (z. B. BaföG)".

Seite 361 Abschnitt 3.6.2.9 (Der Kinderbetreuungsfreibetrag)
Anstelle der Ausführungen zum Abschnitt "Kinderbetreuungsfreibetrag" tritt folgende Neufassung:
„Bei diesen steuerlich berücksichtigungsfähigen Aufwendungen handelt es sich nicht um Freibeträge im üblichen Sprachgebrauch, weil sich der Steuerpflichtige auf diese Aufwendungen die zumutbare Eigenbelastung nach den Bestimmungen über die außergewöhnlichen Belastungen gegen Einzelnachweis anrechnen lassen muß.
Unter Berücksichtigung der Eigenbelastungsberechnung können aber die Betreuungskosten bis 4.000,00 DM für ein Kind, bis 2.000,00 DM für jedes weitere Kind gegen Einzelnachweis im Kalenderjahr geltend gemacht werden. Erfolgt kein Einzelnachweis, dann wird ein Pauschbetrag von 480,00 DM je Kind und Kalenderjahr gewährt.
Unter Kinderbetreuungskosten fallen die Aufwendungen für die behütende oder beaufsichtigende Betreuung des Kindes, z. B. Aufwendungen für Besuch von Kindergarten, Kindertagesstätten, Unterbringung bei Tagesmüttern. Aufwendungen jeder Art für Unterricht, einschließlich Nachhilfeunterricht, für Schreibmaschinen- und Stenographiekurse, für Fahrschule, Tanzschule sowie für sportliche und andere Freizeitbeschäftigungen sind nicht mehr berücksichtigungsfähig. Hingegen können Aufwendungen für die Hausaufgabenbetreuung Berücksichtigung finden.
Das Kind muß zum Haushalt eines Alleinstehenden gehören und zu Beginn des Kalenderjahres das 16. Lebensjahr noch nicht vollendet haben. Der Alleinstehende muß erwerbstätig oder krank oder körperlich, geistig oder seelisch behindert sein.
Das Kind kann auch zum Haushalt von nicht dauernd getrennten Ehegatten gehören. Hier ist aber Voraussetzung, daß die Aufwendungen wegen Krankheit, körperlicher, geistiger oder seelischer Behinderung eines Ehegatten erwachsen und der andere Ehegatte erwerbstätig oder ebenfalls krank oder behindert ist."

Seite 361 Abschnitt 3.6.2.10 (Der Steuertarif):
Bezüglich der Freistellung des Existenzminimums sind nunmehr folgende Werte festgelegt:

	bei Alleinstehenden	bei nicht dauernd getrennt lebenden Ehegatten
1994	11.069,00 DM	22.139,00 DM
1995	11.555,00 DM	23.111,00 DM

Seite 362 Abschnitt 3.6.2.10 (Steuertarif):
Es ist folgende Ergänzung des Kapitels notwendig:

Solidaritätszuschlag
Ab 1995 wird ein Solidaritätszuschlag als Ergänzungsabgabe erhoben. Bemessungsgrundlage sind die für den Veranlagungszeitraum festgesetzten Einkommensteuern oder Körperschaftsteuern bzw. die Vorauszahlungen, soweit sie zu leisten sind bzw. die Lohnsteuer vom laufenden Arbeitslohn.
Der Solidaritätszuschlag beträgt 7,5 % von der Bemessungsgrundlage.
Der Solidaritätszuschlag wird nicht erhoben, wenn die Bemessungsgrundlage:
- bei Einkommensteuerpflichtigen nach Splitting-Tabelle 2.664,00 DM, nach Grundtabelle 1.332,00 DM nicht übersteigt
- bei Lohnempfängern mit monatlicher Lohnzahlung in Steuerklasse III 222,00 DM, in den übrigen Steuerklassen 111,00 DM nicht übersteigt (Freigrenze).

Seite 363 Abschnitt 3.6.2.12 (Verlustrücktrag – Verlustvortrag):
Ab 1994 hat der Steuerpflichtige ein Wahlrecht zwischen Verlustrücktrag und Verlustvortrag. Der Steuerpflichtige kann zugunsten des Verlustvortrags ganz oder teilweise auf den Rücktrag verzichten.

Seite 363 Abschnitt 3.6.2.12 (Der Vorauszahlungsbescheid):
Ab 1994 gibt es keine Schonfrist mehr bei Barzahlung oder Zahlung mit Scheck. Die Schonfrist gilt also nur noch bei Banküberweisungen, die vor den Zahlungsterminen getätigt sein müssen.

Seite 364 Abschnitt 3.6.2.12 (Die Säumniszuschläge):
Hier ist der Text „sowie Mahngebühren" am Ende des Abschnitts zu streichen und statt dessen einzufügen:
„Gegen denjenigen, der seiner Verpflichtung zur Abgabe einer Steuererklärung nicht oder nicht fristgemäß nachkommt, kann ein Verspätungszuschlag bis zu 10 % der festgesetzten Steuer bis höchstens 10.000,00 DM festgesetzt werden."

Seite 364 Abschnitt 3.6.3.1 (Wesen der Lohnsteuer):
Der erste Absatz ist dahingehend zu ergänzen, daß die Verpflichtung des Arbeitgebers auch dann besteht, wenn der Arbeitnehmer selbst eine Einkommensteuererklärung abgibt, weil er neben seinen Lohneinkünften noch andere Einkünfte über 800,00 DM bezieht oder sein Arbeitslohn 27.000,00 DM bei Alleinstehenden, 54.000,00 DM bei Verheirateten, nicht dauernd getrennt Lebenden, übersteigt.

Seite 368 Abschnitt 3.6.3.5 (Gelegentliche kurzfristige Beschäftigung):
Statt „bis 18,00 DM durchschnittlicher Stundenlohn" muß es heißen:
„Bis 19,60 DM (1/200 der Bezugsgröße von zur Zeit 3.920,00 DM) durchschnittlicher Stundenlohn".

Seite 368 Abschnitt 3.6.3.5 (Unvorhergesehene kurzfristige Beschäftigung):
Statt „18,00 DM durchschnittlicher Stundenlohn" muß es heißen:
„Bis 19,60 DM (1/200 der Bezugsgröße von zur Zeit 3.920,00 DM) durchschnittlicher Stundenlohn".

Seite 368 Abschnitt 3.6.3.5 (Beschäftigung in geringem Umfang und gegen geringen Lohn):
Bei den zu erfüllenden Kriterien muß es heißen:
- bei Monatszahlungszeitraum „bis 560,00 DM (1/7 der Bezugsgröße von zur Zeit 3.920,00 DM) monatlich" statt „bis 520,00 DM monatlich"
- bei kürzerem Lohnzahlungszeitraum: „bis 130,67 DM (1/30 obiger Bezugsgröße) wöchentlich" statt „bis 120,00 DM wöchentlich"
- Voraussetzung: „bis 19,60 DM (1/200 obiger Bezugsgröße) durchschnittlicher Stundenlohn" statt „18,00 DM durchschnittlicher Bruttolohn".

Seite 369 Abschnitt 3.6.3.5 (Versicherungsgrenzen):
Im zweiten schwarzen Punkt muß es statt „530,00 DM" heißen: „560,00 DM".

Seite 370 Abschnitt 3.6.3.6 (Arbeitnehmer – Werbungskosten):
Der Begriff der Dienstreise ist wie folgt zu ergänzen:
„Mindestanforderungen für das Vorliegen einer festen, regelmäßigen Arbeitsstätte ist, daß der Arbeitnehmer mindestens für vier Stunden Arbeit wöchentlich im Betrieb oder jährlich mindestens für vier Stunden Arbeit im Betrieb an mindestens vierzig Tagen tätig wird."

Seite 372 Abschnitt 3.6.3.6 (Arbeitnehmer – Werbungskosten):
Die Ausführungen zu den Fahrten Wohnung – Arbeitsstätte (siebter schwarzer Punkt von oben) müssen folgendermaßen aktualisiert werden:
„Folgende Beträge können angesetzt werden:
- bei Benutzung öffentlicher Verkehrsmittel der Fahrkartenpreis. Arbeitgeberzuschüsse zu den Aufwendungen der Arbeitnehmer für Fahrten mit einem öffentlichen Verkehrsmittel im Linienverkehr zwischen Wohnung und Arbeitsstelle sind lohnsteuerfrei.
- bei Benutzung des PKWs des Arbeitnehmers ab 1994 0,70 DM je Entfernungskilometer."
  In den Lohnsteuerkarten sind sowohl für den lohnsteuerfreien Arbeitgeberzuschuß bei Benutzung öffentlicher Verkehrsmittel als auch für den pauschaliert lohnsteuerpflichtigen Fahrkostenersatz des Arbeitgebers bei Benutzung des Arbeitnehmer-Kfz eigene Eintragungsrubriken vorgesehen. Der Arbeitgeber ist zur entsprechenden Ausfüllung verpflichtet."

Seite 374 Abschnitt 3.6.3.8 (Lohnsteuerhaftung):
Es ist abschließend folgender Hinweis einzufügen: „Solidaritätszuschlag für Arbeitnehmer: siehe Ergänzungsheft Hinweis zur Seite 362".

Seite 379 Abschnitt 3.6.5.4 (Hinzurechnungen):
Im ersten schwarzen Punkt muß es statt „mindestens sechs bis zehn Tage" heißen: „mindestens sieben Tage".

Seite 381 Abschnitt 3.6.5.5 (Hinzurechnungen):
Im ersten schwarzen Punkt muß es statt „mindestens sechs bis zehn Tage" heißen: „der in der Zeit von einem Jahr vor und einem Jahr nach dem Einheitswertstichtag (Zweijahreszeitraum) in Anspruch genommen wird. Für die Ermittlung der Mindestschuld gilt die Sachbehandlung beim Gewerbeertrag (Seite 379) entsprechend".

Seite 382 Abschnitt 3.6.5.6 (Der Hebesatz):
Am Ende des Abschnitts „Der Hebesatz" ist zu ergänzen:
„Für die zu zahlende Gewerbesteuer ist in der Bilanz eine gewinnmindernde Rückstellung für das Jahr des Anfalls abzusetzen. Ab 1994 beträgt der Ansatz 5/6 der errechneten Gewerbesteuer."

Seite 385 Abschnitt 3.6.6.1 (Steuerbefreiungen):

Die ersten drei schwarzen Punkte werden ersetzt durch:

- „Hausrat in Steuerklasse I und II bis 40.000,00 DM
  übrige Steuerklassen bis 10.000,00 DM
- andere bewegliche körperliche Gegenstände
  in Steuerklasse I und II bis 5.000,00 DM
  übrige Steuerklassen bis 2.000,00 DM
- Daneben gibt es einen besonderen Versorgungsfreibetrag
  für den überlebenden Ehegatten 250.000,00 DM
  für Kinder nach Alter gestaffelt von 5.000,00 DM bis 10.000 DM

u. a. m."

Im vierten schwarzen Punkt ist anzufügen:

„Weitere Voraussetzung für den Freibetrag des Betriebsvermögens ist, daß der Empfänger dieses Vermögen oder wesentliche Teile davon innerhalb von fünf Jahren nicht veräußert oder aufgibt."

Seite 388 Abschnitt 3.6.6.3 (Kriterien der Vermögensteuer):

In Abbildung 239 ist der linke Kasten am Ende wie folgt zu ergänzen:

„ab 1995 davon 1% = Vermögensteuer".

Seite 389 Abschnitt 3.6.6.3 (Freibeträge):

Bei Abbildung 240 ist die erste Querspalte (Freibeträge beim Vermögen) wie folgt zu ändern: Bei Edelmetallen und bei Kunstgegenständen muß es statt „Freibetrag" „Freigrenze" heißen.

Die zweite Querspalte (Grundfreibeträge beim Steuerpflichtigen) ist wie folgt zu ändern:

„Grundfreibetrag bei unbeschränkt steuerpflichtigen Personen:
70.000,00 DM; ab 1995 120.000,00 DM
Grundfreibetrag bei Zusammenveranlagung 140.000,00 DM; ab 1995
240.000,00 DM
Grundfreibetrag bei Zusammenveranlagung mit Kindern: je Kind
70.000,00 DM; ab 1995 120.000,00 DM"

In der dritten Querspalte (Sonderfreibeträge beim Steuerpflichtigen) muß es statt „Kind" heißen: „Kind(ern)".

In der letzten Zeile der dritten Querspalte wird „Zusammenveranlagten" ersetzt durch „Personen, bei denen die obigen Voraussetzungen erfüllt sind".

Seite 389 Abschnitt 3.6.6.3 (Hauptveranlagung):

Nach dem zweiten Satz ist einzufügen:

„Die letzte Hauptveranlagung war zum 1. 1. 1993. Die nächste Hauptveranlagung mit Hauptfeststellung des Betriebsvermögens ist auf den 1. 1. 1995 und 1. 1. 1999 festgelegt."

Seite 390 Abschnitt 3.6.6.3 (Steuersatz):
Ab 1995 sind die Steuersätze für die Vermögensteuer bei natürlichen Personen wie folgt festgelegt: 1 % für Grundvermögen und sonstiges Vermögen mit Ausnahme von Aktien, GmbH-Anteilen usw.; 0,5 % für Betriebsvermögen, Aktien, GmbH-Anteilen, Geschäftsguthaben bei Genossenschaften usw. (Produktivvermögen).
Die Abbildung 239 auf Seite 388 muß ebenfalls entsprechend berichtigt werden.

Seite 396 Fragen 11 und 12:
Beide Fragen sind zu streichen.

Seite 399/400 Frage 31:
In Antwort c) muß es statt „36.000,00 DM" heißen: „48.000,00 DM".

Seite 403 Frage 54:
Die Frage ist zu streichen.

Seite 405 Frage 62:
In Antwort a) muß es statt „520,00 DM" heißen: „560,00 DM".
In Antwort b) muß es statt „120,00 DM" heißen: „130,67 DM" sowie „19,60 DM" statt „18,00 DM".

Seite 410 Frage 93:
In Antwort d) muß der bisherige Teil ersetzt werden durch:
„0,5 % – ab 1. 1. 1995 1 % für Grundvermögen und sonstiges Vermögen, außer Aktien, Gmbh-Anteilen usw. bzw. 0,5 % für Produktivvermögen vom jeweils am 1. des Jahres vorhandenen Vermögen".

Seite 410 Frage 95:
In Antwort c) muß angefügt werden: „– ab 1995 360.000,00 DM".

Seite 432 Abschnitt 3.7.4.3 (Die Mitgliederversammlung/Vollversammlung):
Nach dem ersten Satz dieses Absatzes ist folgender neuer Text einzufügen:
„Sie setzt sich zusammen aus den gewählten Vertretern des gesamten Handwerks und des handwerksähnlichen Gewerbes im Kammerbezirk. Die Mitglieder und ihre Stellvertreter werden aufgrund von Wahlvorschlägen (Wahllisten) in allgemeiner, gleicher und geheimer Wahl für eine Amtszeit von fünf Jahren gewählt. Eine Wiederwahl ist zulässig. Da zwei Drittel der Mitglieder der Vollversammlung selbständige Unternehmer von Handwerksbetrieben bzw. handwerksähnlichen Betrieben und ein Drittel Gesellen oder andere Arbeitnehmer mit einer abgeschlossenen Berufsausbildung sein müssen, werden die Wahlvorschläge für diese zwei Gruppen getrennt eingereicht.

Jeder Wahlvorschlag muß von 100 Wahlberechtigten unterzeichnet sein und muß die Namen von so vielen Bewerbern enthalten als Mitglieder und Stellvertreter nach der Kammersatzung zu wählen sind.
Von den selbständigen Unternehmern ist wählbar, wer seit mindestens einem Jahr im Kammerbezirk selbständig ein Handwerk oder ein handwerksähnliches Gewerbe betreibt, das aktive Wahlrecht hat, die Ausbildungsbefugnis für Lehrlinge hat und am Wahltag volljährig ist.
Die Wahl der Selbständigen erfolgt durch alle selbständigen Handwerker und selbständigen Unternehmer des handwerksähnlichen Gewerbes im Kammerbezirk, die Wahl der Gesellen bzw. der anderen Arbeitnehmer mit einer abgeschlossenen Berufsausbildung durch diese Personengruppe.
Ist nur ein Wahlvorschlag eingereicht, so gelten die darin aufgeführten Personen als gewählt, ohne daß es einer Wahlhandlung bedarf."

Band 3

Seite 25 Abschnitt 1.2.1.5 (Das Bundesinstitut für Berufsbildung):
Der Text zum vierten schwarzen Punkt von oben ist zu streichen.

Seite 25 Abschnitt 1.2.1.6 (Die Berufsbildungsplanung):
Der letzte Absatz dieses Abschnitts ist zu streichen und erhält folgende neue Fasssung:
„Der zuständige Bundesminister hat Entwicklungen in der beruflichen Bildung ständig zu beobachten und darüber bis zum 1. April jeden Jahres der Bundesregierung einen Bericht (Berufsbildungsbericht) vorzulegen. In dem Bericht sind Stand und voraussichtliche Weiterentwicklungen der Berufsbildung darzustellen. Erscheint die Sicherung eines regional und sektoral ausgewogenen Angebots an Ausbildungsplätzen als gefährdet, sollen in den Bericht Vorschläge für die Behebung aufgenommen werden."

Seite 63 Abschnitt 2.1.1.1 (Ziele und Aufgaben nach dem Berufsbildungsgesetz):
Im farbig unterlegten Text zum § 1 des Berufsbildungsgesetzes muß es im ersten Satz statt „Die Berufsbildung..." heißen: „Die Berufsausbildung...".

Seite 175 Abschnitt 3.1.2.3 (Leistungsprofil im Ablauf des Lebens):
In Abbildung 147 müssen die Bezeichnungen für den Verlauf der Leistungsprofile geändert werden:

————	körperliche Leistungsfähigkeit
....	geistige Leistungsfähigkeit

Seite 231 Abschnitt 4.1.3.3 (Die Handwerksordnung):
In Abbildung 196 muß es im letzten Kasten statt „50" heißen: „50a".

Seite 234 Abschnitt 4.2.1.2 (Fachliche Eignung für die Ausbildung):
In Abbildung 199 ist im linken Kasten „+ Vollendung des 24. Lebensjahres" zu streichen.
Im folgenden Absatz ist in Satz 1 zu streichen: „...verbunden mit der Vollendung des 24. Lebensjahres". Der nachfolgende Satz entfällt.
Im nächsten Abschnitt ist beim ersten schwarzen Punkt das Wort „Technischen" zu streichen. Nach dem letzten Satz dieses Punktabschnitts ist folgender Text anzufügen: „Der Abschlußprüfung an einer deutschen Hochschule gleichgestellt sind Diplome, die in einem anderen Mitgliedsstaat der Europäischen Gemeinschaft oder in einem anderen Vertragsstaat des Abkommens über den Europäischen Wirtschaftsraum erworben wurden und entsprechend der Richtlinie des Rates 89/48 EWG anzuerkennen sind."
Der Absatz mit dem zweiten schwarzen Punkt erhält folgende Fassung:

- wer auf Antrag die fachliche Eignung durch die nach Landesrecht zuständige Behörde nach Anhören der Handwerkskammer zuerkannt erhalten hat aufgrund einer bestimmten anerkannten Prüfung einer Ausbildungsstätte oder Prüfungsbehörde, in der mindestens die gleichen Anforderungen gestellt wurden wie in der Meisterprüfung und wenn in dem Handwerk, in dem ausgebildet werden soll, die Gesellenprüfung oder eine entsprechende Abschlußprüfung bestanden wurde oder mindestens eine vier Jahre umfassende praktische Tätigkeit vorliegt.

  Das Bundesministerium für Wirtschaft kann im Einvernehmen mit dem Bundesministerium für Bildung und Wissenschaft durch Rechtsverordnung bestimmen, welche Prüfungen den Anforderungen einer Meisterprüfung entsprechen.

Seite 238 Frage 5:
In Frage 5 lautet die Auswahlantwort b) wie folgt: „Die bestandene Meisterprüfung in dem Handwerk, in dem ausgebildet werden soll".

Seite 244 Abschnitt 4.3.2.4 (Eintragung in das Verzeichnis der Berufsausbildungsverhältnisse (Lehrlingsrolle):
Der erste Satz wird durch folgenden Text ersetzt: „Die Handwerkskammer hat zur Regelung, Überwachung, Förderung und zum Nachweis der Berufsausbildung in anerkannten Ausbildungsberufen ein Verzeichnis der in ihrem Bezirk bestehenden Berufsausbildungsverhältnisse nach Maßgabe der Anlage D zur Handwerksordnung einzurichten und zu führen (Lehrlingsrolle). Dies gilt auch für Umschulungsverhältnisse (Umschulungsrolle)."

Seite 246 Abschnitt 4.3.3.1 (Die Pflichten des Ausbildenden):
In Abbildung 208 muß es im Kasten 12) statt „Benutzung" heißen: „Bezahlung".

Seite 276 Abschnitt 4.5.1.1 (Berufsbildungsausschuß):
In Abbildung 232 muß der Inhalt des unteren mittleren Kastens wie folgt lauten: „Gewählt von der Gruppe der Vertreter der Gesellen und der anderen Arbeitnehmer mit einer abgeschlossenen Berufsausbildung in der Vollversammlung."

Seite 280 Abschnitt 4.5.2.1 (Zwischenprüfungsausschuß):
In der Abbildung 237 ist im Kreissegment „Ein selbständiger Handwerker" wie folgt zu ergänzen: „oder ein Betriebsleiter, der die Voraussetzungen für die Eintragung in die Handwerksrolle erfüllt."
Im rechten Kreissegment muß es heißen: „Ein Arbeitnehmer mit Gesellenprüfung oder einer entsprechenden Abschlußprüfung in einem anerkannten Ausbildungsberuf sowie handwerklicher Betätigung oder mit Sonderregelung für ausländische Befähigung".

Seite 282 Abschnitt 4.5.2.2 (Gesellenprüfungsausschüsse):
In Abbildung 239 ist im Kreissegment „Ein selbständiger Handwerker (Meister)" wie folgt zu ergänzen: „oder ein Betriebsleiter, der die Voraussetzungen für die Eintragung in die Handwerksrolle erfüllt."
Im rechten Kreissegment muß es heißen:
„Ein Arbeitnehmer mit Gesellenprüfung oder einer entsprechenden Abschlußprüfung in einem anderen anerkannten Ausbildungsberuf sowie handwerklicher Betätigung oder mit Sonderregelung für ausländische Befähigung."
Nach der Abbildung ist folgender Satz anzufügen:
„Die Mitglieder und deren Stellvertreter werden längstens für fünf Jahre berufen oder gewählt."

Seite 283 Abschnitt 4.5.2.2 (Anmeldung und Prüfungszulassung):
In Abbildung 240 entfällt der rechte untere Kasten (Lebenslauf/tabellarisch).

Seite 284 Abschnitt 4.5.2.2 (Anmeldung und Prüfungszulassung):
Unter „Weitere Zulassungsmöglichkeiten bestehen in folgenden Fällen" ist nach dem dritten Absatz, nach dem zweiten schwarzen Punkt auf dieser Seite einzufügen:
„Ausländische Bildungsabschlüsse und Zeiten der Berufstätigkeit im Ausland sind dabei zu berücksichtigen."

Seite 285 Abschnitt 4.5.2.3 (Ziel der Meisterprüfung):
Der zweite Satz erhält folgende Fassung:
„Der Prüfling hat in vier selbständigen Prüfungsteilen darzutun, ob er die in seinem Handwerk gebräuchlichen Arbeiten meisterhaft verrichten kann (Teil I), die erforderlichen fachtheoretischen Kenntnisse (Teil II), die erforderlichen betriebswirtschaftlichen, kaufmännischen und rechtlichen Kenntnisse (Teil III) sowie die erforderlichen berufs- und arbeitspädagogischen Kenntnisse (Teil IV) besitzt."

Seite 285/286 Abschnitt 4.5.2.3 (Meisterprüfungsausschüsse):
Im auf Seite 285 beginnenden letzten Satz werden die Worte „für drei Jahre" durch die Worte „für längstens fünf Jahre" ersetzt.

Seite 286 Abschnitt 4.5.2.3 (Meisterprüfungsausschüsse):
Im linken unteren Kreissegment der Abbildung 244 wird der Text durch folgenden ersetzt:
„Arbeitnehmer mit Meisterprüfung oder Recht zum Ausbilden von Lehrlingen und handwerkliche Tätigkeit".
In den **zwei** Kreissegmenten „Selbständiger Handwerker" ist zu ergänzen:
„mit Meisterprüfung oder Recht zum Ausbilden von Lehrlingen".
Der erste und zweite Satz nach der Abbildung 244 lauten:
„Die Mitglieder und die Stellvertreter sollen das 24. Lebensjahr vollendet haben. Die Mitglieder des Meisterprüfungsausschusses können aus wichtigem Grund abberufen werden."
In der dazugehörigen Randbemerkung ist „30" durch „24" zu ersetzen.

Seite 286 Abschnitt 4.5.2.3 (Anmeldung und Prüfungszulassung):
Die Sätze eins bis drei sind durch folgenden Text zu ersetzen:
„Der Antrag auf Zulassung zur Meisterprüfung ist schriftlich an die für die Geschäftsführung des Meisterprüfungsausschusses fachlich (beruflich) und örtlich zuständige Handwerkskammer zu richten. Hierbei sind deren Anmeldevordrucke zu verwenden.
Der Meisterprüfungsausschuß ist örtlich zuständig, wenn der Prüfling in seinem Bezirk
- entweder eine Fachschule oder Ausbildungsstätte besucht oder
- in einem Arbeitsverhältnis steht oder
- seinen ersten Wohnsitz hat oder
- das Handwerk selbständig betreibt.

In Ausnahmefällen kann die Handwerkskammer auf Antrag des Prüflings die Genehmigung zur Ablegung der Meisterprüfung oder einzelner Prüfungsteile vor einem örtlich nicht zuständigen Meisterprüfungsausschuß erteilen, wenn dieser zustimmt."

In der Abbildung 245 ist im linken Kasten an Stelle des bisherigen Textes folgendes einzusetzen: „Zeugnis über eine Gesellen- oder entsprechende Abschlußprüfung oder ein gleichgestelltes Zeugnis".
Im zweiten Kasten von links ist wie folgt zu formulieren: „Nachweis über die vorgeschriebene Berufstätigkeit".
Der rechte Kasten „Lebenslauf tabellarisch" entfällt.

Seite 287:
Die Abbildung 246 ist durch die nachstehende Abbildung zu ersetzen:

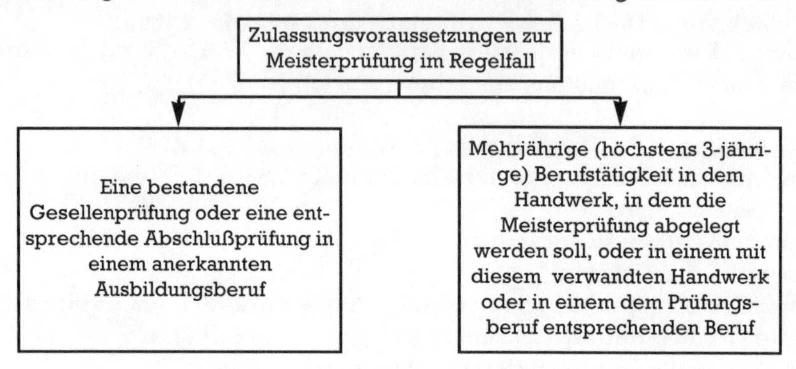

Nach der Abbildung ist folgender Text einzufügen:
„Zur Meisterprüfung ist ferner zuzulassen, wer in einem Handwerk, in dem er die Meisterprüfung ablegen will, die fachliche Eignung zum Ausbilden von Lehrlingen besitzt.
Der Nachweis einer Berufstätigkeit (siehe rechter Kasten der Abbildung 246!) ist nicht erforderlich, wenn der Prüfling bereits eine Meisterprüfung oder eine entsprechende Prüfung nach dem Berufsbildungsgesetz abgelegt hat."

Der Text zum ersten schwarzen Punkt ist zu streichen.

Der Absatz mit dem vierten schwarzen Punkt (auf dieser Seite von oben gerechnet) ist zu streichen.

Der Absatz mit dem fünften schwarzen Punkt (auf dieser Seite von oben gerechnet) erhält folgende Fassung:
„Der erfolgreiche Abschluß einer Fachschule ist bei einjährigen Fachschulen mit einem Jahr, bei mehrjährigen Fachschulen mit zwei Jahren auf die Beufstätigkeit anzurechnen."

Der nächste Absatz (sechster schwarzer Punkt auf dieser Seite von oben) bleibt unverändert.

Der Absatz mit dem siebten schwarzen Punkt (auf dieser Seite von oben gerechnet) wird gestrichen und durch folgenden Text ersetzt:
„Die Handwerkskammer kann auf Antrag eine auf drei Jahre festgesetzte Dauer der Gesellentätigkeit unter besonderer Berücksichtigung der in der Gesellenprüfung und während der Gesellenzeit nachgewiesenen beruflichen Befähigung abkürzen. Sie kann ferner auf Antrag von den oben aufgeführten Zulassungsvoraussetzungen ganz oder teilweise befreien. Die Handwerkskammer kann auch auf Antrag unter Berücksichtigung ausländischer Bildungsabschlüsse und Zeiten der Berufstätigkeit im Ausland von den Zulassungsvoraussetzungen ganz oder teilweise befreien.
Bei diesen Befreiungen kann die Handwerkskammer eine Stellungnahme des Meisterprüfungsausschusses einholen."

Seite 288 Abschnitt 4.5.2.3 (Prüfungsgegenstand/Inhalt der Prüfung):
Der erste Satz wird gestrichen und durch folgenden Text ersetzt:
„Die Meisterprüfung gliedert sich in vier selbständige Prüfungsteile. In diesen vier Teilen hat der Prüfling darzutun, ob er die in seinem Handwerk gebräuchlichen Arbeiten meisterhaft verrichten kann (Teil I), die erforderlichen fachtheoretischen Kenntnisse (Teil II), die erforderlichen betriebswirtschaftlichen, kaufmännischen und rechtlichen Kenntnisse (Teil III) sowie die erforderlichen berufs- und arbeitspädagogischen Kenntnisse (Teil IV) besitzt.
Jeder der vier Prüfungsteile bildet eine rechtlich selbständige Einheit (siehe auch Ergänzung zu Seite 291 - Prüfungsergebnis, Prüfungszeugnis!). Die einzelnen Teile der Meisterprüfung können in beliebiger Reihenfolge zu verschiedenen Prüfungssterminen abgelegt werden."
In der Abbildung 247 ist in die vier nebeneinanderliegenden farbig unterlegten Kästen in der Reihenfolge I bis IV unter dem Text jeweils einzutragen: „Teil I", „Teil II", „Teil III", „Teil IV".

Seite 290, 291 Abschnitt 4.5.2.3 (Befreiungen von Teilprüfungen):
Der gesamte Abschnitt „Befreiungen von Teilprüfungen" wird gestrichen und durch nachstehenden Text ersetzt:
„Befreiungen von Prüfungsteilen und Prüfungsfächern
1. Der Prüfling ist von der Ablegung der Prüfungsteile III und IV der Meisterprüfung befreit, wenn er die Meisterprüfung bereits in einem anderen Handwerk bestanden hat.
2. Der Prüfling ist auf Antrag von der Ablegung der Prüfung in gleichartigen Prüfungsfächern durch den Meisterprüfungsausschuß zu befreien, wenn er die Meisterprüfung in einem anderen Handwerk bestanden hat.

3. Prüflinge, die andere deutsche staatliche oder staatlich anerkannte Prüfungen mit Erfolg abgelegt haben, sind auf Antrag durch den Meisterprüfungsausschuß von einzelnen Teilen der Meisterprüfung zu befreien, wenn bei diesen Prüfungen mindestens die gleichen Anforderungen gestellt werden wie in der Meisterprüfung. Der Abschlußprüfung an einer deutschen Hochschule gleichgestellt sind Diplome, die in einem anderen Mitgliedsstaat der Europäischen Gemeinschaft oder in einem anderen Vertragsstaat des Abkommens über den Europäischen Wirtschaftsraum erworben wurden und entsprechend der Richtlinie 89/48 EWG (Hochschuldiplom-Richtlinie) anzuerkennen sind.
   Das Bundesministerium für Wirtschaft kann im Einvernehmen mit dem Bundesministerium für Bildung und Wissenschaft durch Rechtsverordnung bestimmen, welche Prüfungen nach obigen Ziffern 2. und 3. den Anforderungen einer Meisterprüfung entsprechen und das Ausmaß der Befreiung regeln. Das Ausmaß der Befreiung bestimmt sich nur noch dann nach der vom Bundeswirtschaftsministerium erlassenen Rechtsverordnung, wenn diese eine Befreiung im konkreten Einzelfall vorsieht. Die "Verordnung über die Anerkennung von Prüfungen bei der Eintragung in die Handwerksrolle und bei Ablegung der Meisterprüfung" gilt weiter. In allen übrigen Fällen entscheidet der Meisterprüfungsausschuß über die darüber hinausgehenden Befreiungsanträge.
4. Der Prüfling ist auf Antrag durch den Meisterprüfungsausschuß von der Ablegung der Prüfung in Teil IV (berufs- und arbeitspädagogische Kenntnisse) der Meisterprüfung zu befreien, wenn er eine nach dem Berufsbildungsgesetz, dem Seemannsgesetz oder dem Bundesbeamtengesetz geregelte Prüfung bestanden hat, deren Anforderungen den in Teil IV der Meisterprüfung geregelten Anforderungen entsprechen.
   Wer befreiungs- oder teilbefreiungsfähige Prüfungen vor Beginn der Meisterprüfung abgelegt hat, sollte sich rechtzeitig beim Meisterprüfungsreferat der zuständigen Handwerkskammer beraten lassen.

<u>Seite 291 Abschnitt 4.5.2.3 (Prüfungszeugnis):</u>

Der Überschrift „Prüfungszeugnis“ wird das Wort „Prüfungsergebnis,“ vorangestellt.
Der bisherige Abschnitt wird gestrichen und durch den folgenden ersetzt:
„Durch die rechtliche Selbständigkeit der vier Prüfungsteile muß das Prüfungsergebnis für jeden Prüfungsteil getrennt festgestellt werden. Über das Bestehen eines jeden Prüfungsteils ist ein Zeugnis zu erteilen, aus dem die Prüfungsnote hervorgehen muß. Jeder Prüfungsteil ist für sich durch Rechtsmittel anfechtbar.

Die Meisterprüfung ist insgesamt bestanden, wenn in jedem der vier Prüfungsteile im rechnerischen Durchschnitt ausreichende Prüfungsergebnisse erbracht und die für das Bestehen der einzelnen Teile vorgeschriebenen Mindestvoraussetzungen erfüllt sind.
Das Zeugnis über das Bestehen der Meisterprüfung insgesamt ist nach Ablegung der letzten Prüfungsteile von dem zuletzt tätig werdenden, fachlich zuständigen Meisterprüfungsausschuß zu erteilen. Aus diesem Zeugnis müssen die in den einzelnen Prüfungsteilen erzielten Noten hervorgehen."

Seite 291 Abschnitt 4.5.2.3 (Wiederholungsprüfungen):
Der bisherige Abschnitt wird gestrichen und durch folgenden Text ersetzt:
„Ein Prüfungsteil kann zweimal wiederholt werden. Bei abschnittsweiser Prüfung ist die Wiederholung vor Ablegung der Meisterprüfung insgesamt möglich. Eine weitergehende Regelung (z. B. dritte Wiederholungsprüfung bei Vorliegen wichtiger Gründe) kann in der Meisterprüfungsordnung der Handwerkskammer erfolgen."

Seite 297 Frage 20:
Die Auswahlantwort c) wird gestrichen und durch folgende ersetzt:
„c) Der Nachweis einer bestandenen Gesellenprüfung oder Abschlußprüfung und einer höchstens 3-jährigen Berufstätigkeit."

Seite 303 Abschnitt 4.6.3.2 (Finanzielle Förderung der Umschulung):
Satz 1 wird gestrichen und durch folgenden Text ersetzt:
„Finanzielle Leistungen können nach dem Arbeitsförderungsgesetz für die berufliche Umschulung gewährt werden, wenn
- der Antragsteller vor Beginn der Teilnahme über die in Frage kommenden Bildungsmaßnahmen beraten worden ist und
- die Teilnahme an der Maßnahme notwendig ist, damit ein Antragsteller, der
  - arbeitslos ist, beruflich eingegliedert wird
  - von Arbeitslosigkeit unmittelbar bedroht ist, nicht arbeitslos wird
  - keinen beruflichen Abschluß hat, eine berufliche Qualifikation erwerben kann.

Von Arbeitslosigkeit unmittelbar bedroht ist ein Arbeitnehmer insbesondere dann, wenn eine Kündigung bereits ausgesprochen oder die Eröffnung des Konkursverfahrens über das Vermögen des Arbeitgebers bereits beantragt ist. Der in Abbildung 257 dargestellte Umfang der förderfähigen Kosten wurde erheblich eingeschränkt. Wer sich einer Umschulungsmaßnahme unterziehen will, sollte sich aufgrund der sich häufig ändernden Förderbedingungen vorher rechtzeitig beim zuständigen Arbeitsamt informieren."

Seite 305 Abschnitt 4.6.3.3 (Finanzielle Förderung der Fort- und Weiterbildung):
Die Abbildung 260 ist durch einen Kasten rechts mit folgendem Text zu ergänzen:
„Darlehensprogramm des Bundesministers für Wirtschaft zur Förderung von beruflichen Fortbildungsmaßnahmen (BF-Darlehen)."

Seite 305 Abschnitt 4.6.3.3 (Förderung nach dem Arbeitsförderungsgesetz):
Die Förderung der beruflichen Fortbildung, insbesondere der Meistervorbereitung wurde mit Wirkung vom 1. 1. 1994 wesentlich eingeschränkt. Die Förderung von „zweckmäßigen" Maßnahmen ist weggefallen.
Für bereits begonnene Maßnahmen gibt es Übergangsregelungen. Gefördert werden nurmehr sogenannte „notwendige" Maßnahmen, für die die gleichen Voraussetzungen gelten wie sie unter „Seite 303 Abschnitt 4.6.3.2 (Finanzielle Förderung der Umschulung)" in diesem Ergänzungsheft erläutert werden, mit Ausnahme der vorgeschriebenen Beratung vor Beginn der Teilnahme an der Bildungsmaßnahme. Die in der Abbildung 261 aufgeführten förderfähigen Kostenbereiche wurden erheblich eingeschränkt. Eine rechtzeitige Beratung beim Arbeitsamt wird jedem Interessenten dringend empfohlen.

Seite 306 Abschnitt 4.6.3.3 (Finanzielle Förderung der Fort- und Weiterbildung):
Nach dem letzten Satz **vor** der Überschrift „Wichtiger Hinweis" ist folgender Text einzufügen:

Darlehensprogramm der Bundesregierung zur Förderung von beruflichen Fortbildungsmaßnahmen (BF-Darlehen)
Da ab 1. 1. 1994 die Förderung von „zweckmäßigen" Fortbildungsmaßnahmen nach dem Arbeitsförderungsgesetz weggefallen ist und davon im Handwerk insbesondere die Meistervorbereitungsmaßnahmen betroffen sind, hat die Bundesregierung ein Darlehensprogramm zur Förderung von beruflichen Fortbildungsmaßnahmen geschaffen.
Die Förderung gilt für Fortbildungsmaßnahmen, die ab dem 1. 1. 1994 beginnen. Gefördert wird im gesamten Bundesgebiet die Teilnahme an Meisterkursen und an anderen Fortbildungsmaßnahmen im Handwerk nach § 42 Handwerksordnung sowie an Fortbildungsmaßnahmen an Fachschulen und Fachakademien. Die Fortbildung muß mit einer anerkannten Prüfung abgeschlossen werden. Die Anmeldung zur Fortbildungsmaßnahme und die Angaben zur Prüfung sind von der zuständigen Handwerkskammer oder den anderen Veranstaltern oder zuständigen Stellen zu bestätigen.

- Die Förderung erfolgt in der Form von Darlehen.
- Förderfähig sind folgende Kosten der Fortbildungsmaßnahme:
  - Teilnahme- und Prüfungsgebühren, Materialkosten und Lernmittel
  - bei Vollzeitlehrgängen (maximal für zwei Jahre) zusätzlich für die Kosten der Lebenshaltung pauschal ein Beitrag von 1.100,00 DM pro Monat und monatliche Beiträge zur Krankenversicherung von pauschal 150,00 DM bzw. im Einzelfall darüber hinaus zu leistende Beiträge gemäß Beitragsbescheinigung der Krankenkasse oder Krankenversicherung
- Der Darlehens**mindest**betrag beläuft sich auf 5.000,00 DM, der Höchstbetrag
  - 30.000,00 DM bei Vollzeitkursen und
  - 10.000,00 DM bei Teilzeitkursen.
- Der Zinssatz wird für die gesamte Laufzeit des Darlehens festgelegt. Dieser Zinssatz wird aus Bundesmitteln für die ersten drei Jahre um vier Prozentpunkte pro Jahr verbilligt, höchstens jedoch auf einen Zinssatz für den Darlehensnehmer von 4 % pro Jahr.
- Die einmalige Bearbeitungsgebühr der Bank beträgt 2 % des Darlehensbetrages.
- Die Laufzeit des Darlehens ist auf zehn Jahre festgelegt, davon drei Jahre tilgungsfrei. Eine vorzeitige Vollrückzahlung ist frühestens nach fünf Jahren möglich.
- Für das Darlehen werden keine Sicherheiten verlangt.
- Der Antragsberechtigte darf das BF-Darlehen nur einmal und nicht neben anderen individuellen öffentlichen Fördermitteln (AFG, BAföG, Meisterprüfungslehrgänge in den neuen Bundesländern mit dem Ziel der Existenzgründung, Landesförderungsmittel) beantragen. Die „Begabtenförderung in der beruflichen Bildung“ fällt nicht unter das Kumulierungsverbot.
- Anträge auf Gewährung des Darlehens können mit den vorgesehenen Bestätigungen des Veranstalters und der zuständigen Stelle an jedes Kreditinstitut nach freier Wahl durch den Antragsteller gerichtet werden. Das Darlehen wird über das Kreditinstitut ausgezahlt. Ab 1. November 1994 müssen die Anträge auf Bewilligung eines Darlehens **vor Beginn** der Maßnahme gestellt werden. Die Maßnahme muß innerhalb der nächsten drei Monate nach Antragstellung beginnen.

Seite 307:

Die Fragen 2 und 5 gelten als gestrichen.